북한의 녹색혁명

붉은 녹색혁명

Red Revolution, Green Revolution:
Scientific Farming in Socialist China

마오 시대 중국의 농업개혁과 군중과학

시그리드 슈말저 Sigrid Schmalzer 지음
이종식·문지호 옮김

푸른역사

나의 아버지
빅터 슈말저Victor Schmalzer(1941~2015)를 기리며

Red Revolution, Green Revolution: Scientific Farming in Socialist China
by Sigrid Schmalzer
ⓒ 2016 by The University of Chicago. All rights reserved.

This Korean edition is published by Purunyoksa in 2025 by arrangement with The University of Chicago Press through KCC(Korea Copyright Center Inc.), Seoul.

이 책의 한국어판 저작권은 ㈜한국저작권센터KCC를 통한 저작권자와의 독점계약으로 푸른역사에서 출간되었습니다. 저작권법에 의해 한국 내에서 보호를 받는 저작물이므로 무단전재와 복제를 금합니다.

일러두기
- 원문에서 이탤릭체로 강조된 곳은 고딕체로 표시했습니다.
- 본문의 (소괄호)는 저자가 추가한 것이고, [대괄호]는 역자들이 내용의 이해를 돕기 위해 삽입한 내용입니다.
- 중국어 인명과 지명은 표준 외국어표기법을 따랐으나 일부 화교들의 인명은 원발음에 최대한 가깝게 옮겼습니다.

한국 독자들에게

쉽지 않은 시대입니다. 그럼에도 한국에 계신 여러분들과 여러분의 모국어로 소통할 수 있게 되어 커다란 희망과 영감을 품게 됩니다.

이 책에서 다루는 과거의 이야기는 오늘날 우리가 공유하는 세계에 대해서도 여전히 중요한 일련의 질문들을 던지고 있습니다. 어떻게 하면 더 많은 사람들이 충분한 먹거리를 확보할 수 있게 하면서 동시에 바로 그 먹거리 생산을 책임지는 농민들의 처우를 개선할 수 있을까요? 어떻게 하면 농업과 여러 분야에서 과학기술의 발전이 우리 사회 전체를 이롭게 할 수 있도록 담보할 수 있을까요? 어떻게 하면 농촌을 지키고 있는 사람들이 보존하고 있는 전통지식이 존중받을 수 있도록 할 수 있을까요? 어떻게 하면 더 현명하게 유한한 자원을 사용하면서도 우리의 대지를 돌볼 수 있을까요? 어떻게 하면 세상을 더 나은 곳으로 바꿔나가는 데 그들의 재능과 역량을 쏟도록 미래 세대를 잘 길러낼 수 있을까요?

　이 책은 구체적으로 마오쩌둥 시대 중국이라는 역사적 맥락에 천착하고 있습니다. 저는 미국, 한국, 심지어 오늘날 중국의 일반적인 경우와는 현저하게 다른 전망과 비전에 의해 과학과 기술이 형성되던 시공간에서 농업 과학에 참여했던 다양한 사회적 행위자들(과학자, 농민, 관료와 간부, 지식청년 등)이 가졌던 경험과 생각을 가능한 한 생생하게 재구성하고자 했습니다. 우리가 속한 사회의 지배적인 패러다임 너머로 상상력을 더 넓게 확장함으로써, 우리는 역사적 경험의 다양성에 대해, 우리의 세계 자체와 이 세계의 여러 문제들과 가능성들을 이해하기 위한 여러 다채로운 방법들에 대해 눈을 뜨게 됩니다. 무엇보다도 계급적 억압과 식민주의에 주목하면서 정치적·사회적 변화 없이 오직 기술의 힘만으로 사회 정의와 환경적 지속가능성을 달성할 수 있다는 안일한 믿음에 일침을 가하는 통찰을 얻을 수 있을 것입니다.

　다만 이 책이 그러하듯 지리적으로 국한된 연구에는 한계가 있을 수밖에 없습니다. 중국에서 일어난 일과 다른 지역, 특히 그 주변 국가에서 일어난 일 사이의 관계를 살펴볼 수 있었다면 더 좋았을 텐데 하는 아쉬움이 남습니다. 이 지점에서 언어는 중대한 장애물입니다. 여러 언어를 구사할 수 있는 다른 많은 학자들의 고귀한 노고를 통해 향후 여러 지역의 역사들을 잇는 연결고리에 대해 더 폭넓고 더 깊게 생각할 수 있게 되기를 바랄 따름입니다.

　학문의 지평을 넓히려는 노력과 더불어, 학자 또는 지구의 시민으로서 우리는 필히 더 초국가적인transnational 사람들이 되어야 합니다. 그러한 의미에서 제2(또는 제3 심지어 제4) 언어로 해외에서 교육받은 학인들과 나고 자란 곳에서 멀리 떨어진 지적 공동체에 뿌리내린 학자들의 기념비적인 다리 놓기bridge-building 작업에 깊이 감사드립니다. 미국인 연구자가 쓴 중화인민공화국사에 관한 이 책의 한국어판 또한 우리의 세계를 서로 더욱 긴밀히 결속시키는 데 도움이 되리라 믿습니다. 마지막으로 전 지구를 망라하는 학문 공동체의 성장에 제가 조금이나마 기여할 수 있도록 도움을 준 이종식과 문지호—두 사람은 다언어 구사 능력과 세계시민주의적 태도를 지닌 연구자의 모범입니다—에게 심심한 감사의 뜻을 전합니다.

연대하는 마음을 보내며 2025년 1월
미국 매사추세츠 노샘프턴에서
저자 시그리드 슈말저 드림

차례 · 붉은 녹색혁명

- 한국 독자들에게　007
- 서론　013

| 제1장 |
농업 과학과 사회주의 국가

서론　063
농업지식과 국가　066
토와 양　075
삼결합과 과학 실험 운동의 대두　082
모범, 네트워크, 그리고 지식　090
뿌리 뽑힌 토 과학　095

| 제2장 |
푸저룽: 사회주의 과학의 탄생

근현대 중국인 과학자의 전형적인 이야기:
　하나의 비틀림과 더불어　104
사회주의 중국 해충방제학의 초국가적인 세계　111
토 과학자 만들기　120
초국가적 세계 속 토의 의미　130
포스트마오 시기 양과 토의 운명　138

| 제3장 |
위안룽핑: 농민 지식인

마오 시대 사료 속의 위안룽핑　152
화궈펑 주석과 위안룽핑　160
포스트사회주의 시대에 다시 쓰인 교잡벼의 역사　169
유전학자들과 리센코주의자들 사이에서　177
"농민 지식인"　183
토 과학과 미국 전자기타의 만남　189
결론　195

| 제4장 |
중국 농민: '경험'과 '후진성'

'노농'의 구성, 노농 지식의 구성　205
"농업 과학을 장악한 농민들"　217
기술 변혁의 모호함: 오래된 기술인가, 새로운 기술인가　226
농촌 공동체의 변혁　234
결론　244

| 제5장 |
지방 간부처럼
보기

다샤공사: 기층의 관점 256
하향식과 상향식 사이에서 262
"인재를 키우다" 267
자력갱생과 현장의 책임 275
저항의 수단으로서 자력갱생 281
농민의 저항에 대처하기 286
저항과 과학 실험의 의의 296

| 제6장 |
레이펑의
역설

책을 통한 학습을 둘러싼 정치 308
"내게는 지식이 있었으니까요" 315
혁명 과학 대 부르주아 과학: 프로파간다의 관점 319
혁명 과학과 부르주아 과학: 청년들의 관점 330
부르주아 과학이란 무엇인가:
   1978년 이후 청년과 과학의 변화 340

| 제7장 |
기회와
실패

"훌륭한 기회" 356
기회의 범위와 한계 368
솔선수범과 인맥 동원 376
실패 380
'실패의 서사' 재검토하기 386

에필로그

포스트사회주의 중국에서의 적색혁명과 녹색혁명 395
오늘날의 모범촌락 405
농민들과 새로운 언어의 정치 414
중국에서의 식량주권 운동 421
중국, 전 지구적 식량 운동,
   그리고 마오 시대 과학적 영농의 유산 426

- 감사의 말 433
- 옮긴이의 말 439
- 주 450
- 참고문헌 506
- 찾아보기 541

서론

뉴스를 챙겨보는 사람들은 오늘날 유전자변형 농산물GMO(Genetically Modified Organism)의 사용을 둘러싸고 농민, 기업, 과학자, 활동가, 정부 사이에서 국제적으로 전개되고 있는 격렬한 논쟁이 꽤 익숙할 것이다. 그러나 이는 농업이나 식량과 관련하여 해결되지 못한 일련의 오래된 논쟁들 가운데 가장 최근의 사례일 따름이다. 지난 세기에 도입된 농업기술들―다수성 품종多收性品種(high-yield varieties) 종자와 이 종자들이 풍작을 이루는 데 필요한 농화학물agrochemicals―을 어떻게 이해할 것인가라는 문제에는 여전히 뚜렷한 합의가 없다. 이를 '녹색혁명green revolution'이라고 하면서 전 세계의 빈곤 문제를 해결했다며 찬사를 보낸 사람들도 있었다. 그에 맞서 환경주의자들은 녹색혁명 기술들이 야생동물, 생태의 지속가능성, 그리고 인간의 건강에 부정적인 결과를 초래했다며 비판해 왔다. 사회운동가들은 새로운 기술이 도리어 경제적 역경과 사회적 단절을 야기하여 가난한 농민들과 제3세계 주민들에게 피해를 주었다고 지적했다. 연구자들은 신기술의 발전 이면에 특정 자본의 이해관계가 존재하며, 미국이 이러한 기술을 전 세계적으로 전파하는 것이 자국의 정치적 이해관계에 부합하는 것이었음을 드러냈다.[1]

이러한 비판 뒤에는 녹색혁명에 의해 야기된, 그리고 그 개념 자체에 내재된, 잘 인식되지 않는 보다 일반적인 문제들이 놓여 있다. 그중 하나는 과학과 기술의 관계를 어떻게 이해할 것인가라는 문제이고, 다른 하나가 사회정치적 변혁을 어떻게 볼 것인가라는 질문이다. 녹색혁명을 설계한 미국 과학자와 관료들이 의도했던 것처럼 과연 과학은 정치를 대신하여 전 세계의 여러 문제를 해결할 대안을 제시할 수 있는가? 아니면 마르크스주의자들이 오래전부터 주장해 왔으며 오늘날 과학기술학STS(science and technology studies) 연구자들이 계속해서 이야기하고 있듯 과학이란 정치적 맥락과 불가분의 관계에 있는가?[2]

사회주의 시대 중국에서 전개된 녹색혁명의 역사는 인류 전체의 미래를 위한 여러 가지 문제를 해결하는 과정에서 반드시 고려해야 할 하나의 퍼즐 조각을 대표한다. 새로운 농업기술은 중국의 경제 변혁에서 대단히 중요한 의미를 지닌 것이었다. 사람들의 식탁에 오르는 음식의 양과 다양성이 증대되었으며, 산업이 다변화되어 더 많은 사람들이 여러 일상적인 소비재를 향유할 수 있게 되었다. 동시에 물 공급, 오염, 식품 안전 등 각종 농업 관련 의제들은 주지하다시피 환경과 건강의 위기에 있어서도 중요하다. 중국 또한 전 지구적 경제 및 생태 네트워크로 외부 세계와 연결되어 있는 만큼 이러한 위기에서 결코 예외일 수 없다. 이 같은 이유들만으로도 중국의 녹색혁명이 초래했던 환경적·사회적 결과에 대해 더 많이 알 필요가 있다. 그러나 이 역사는 보다 일반적으로 중국의 혁명 정치와 과학기술을 향한 끝없는 욕망 사이의 관계에 관한 것이기도 하다.[3] 더욱이 사회주의 중국의 녹색혁명사는 과학과 사회에 관한 일련의 근본적인 전제―미국 주도의 녹색혁명을 떠받쳤으며 오늘날에도 여전히 세계의 지배적인 정치 이데올로기를 지탱하고 있는―에 대해 반드시 필요한 비판을 개진할 것이다.

　이 책의 목표는 적색혁명과 녹색혁명의 교차라는 중국의 독특한 경험을 조망하는 것이다. 사회주의 중국의 농업 과학을 모범 사례로 보기는 어려울 것이다. 역사에서 전범을 찾고자 하는 시도는 언제나 각별한 주의를 요한다. 더욱이 사회주의 중국은 다른 어떤 현실 사회보다 훨씬 더 큰 복잡성들로 점철되어 있었다. 그러나 그렇다고 이 책이 사회주의 중국의 농업 과학사를 단순히 경각심을 고취시키기 위한 반면교사로서 취급하려는 것은 아니다. 마오쩌둥 시대는 수많은 영어권 선행연구에서 말해 온 것처럼 전체주의적 폭압이나 생태적 재앙이라는 단순한 그림으로 수렴되지 않는다. 오히려 이 책에서는 무엇이 과학을 구성하고, 과학이 정치와 어떻게 관련을 맺으며, 누가 권위 있는 과학자로 간주되고, 어떻게 농업이 조직되거나 변혁되는지 등의 문제에 대한 통념과 전제에 도전하기 위해 사회주의 중국의 농업 과학을 소환할 것이다. 이러한 일련의 문제에 대해 사회주의 중국의 역사는 독특한 대답을 제시했다. 물론 여기에는 여러 한계와 대가가 따랐다. 그러나 이러한 이질적인 대답, 한계, 대가를 이해하기 위해 노력하는 과정에서, 우리는 아마도 우리 자신의 시간과 공간 속에서 농업과 과학의 미래에 대해 더 비판적으로 사유하고 새로운 영감들을 상상할 수 있게 될 것이다.

녹색혁명과 적색혁명

'녹색혁명'이라는 용어는 1968년 미국 국제개발처USAID(US Agency for International Development)의 윌리엄 가우드William Gaud 처장에 의해 처음 만들어졌다. 그는 이렇게 말했다.

> 오늘날 토양에서의 기록적인 수확량, 그리고 전례 없는 규모의 생산물과 작물들은 개발도상국들에서, 특히 아시아에서 바야흐로 우리가 농업혁명의 코앞에 다다랐음을 보여 준다. 이는 소련의 혁명처럼 격렬한 적색혁명도 아니고, 샤Shah 치하의 이란과 같은 백색혁명도 아니다. 나는 그것을 녹색혁명이라고 부르겠다.[4]

가우드가 색채에 지정학적인 의미를 부여했다는 점에서 분명히 알 수 있듯, 녹색혁명은 단순히 사람들의 생명을 구하고 생활수준을 향상시키는 것 이상의 의미를 지닌 것이었다. 냉전 시기에 탄생한 녹색혁명은 미국이 반대하는 이데올로기의 확산을 저지하기 위해 구사했던 하나의 전략이었다. 만약 전 세계 농민들이 농업기술 개선을 통해 빈곤에서 벗어날 수만 있다면, 그들은 사회주의 혁명과 같은 정치적 해결책으로 경도될 필요가 없을 것이다.[5] 이는 본질적으로 기술관료주의적인 기획이었다. 즉 기술이 사회적·정치적 문제를 해결할 수 있다고 전제했으며, 그러한 기술적 해결책을 제공할 수 있는 기술 전문가들에 의존했다. 또한 이러한 관점은 미국 국제개발처를 특징짓는 인식이기도 했다. 미국 국제개발처는 애초에 존 F. 케네디가 공산주의자들이 혁명의 잠재력을 활용하고 "장악하여 혁명의 물결을 일으키지 못하도록" 빈곤한 국가들의 경제 발전을 장려하고자 1961년에 설립한 기관이었다.[6]

녹색혁명의 중요성은 중국에서도 인정되었다. 이는 1949년 마오쩌둥이 '적색혁명'을 승리로 이끌었을 때에도, 심지어 '문화대혁명'(1966~76)이라는 격동의 시기 동안에도 마찬가지였다. 1969년 《런민일보》는 인도에서 추진되던 '녹색혁명'을 비판했다. 해당 기사는 녹색혁명을 "반동적인 인도 정부가 인민들을 기만하기 위해 채택하고 있는 이른바 '농업혁명'이라는 것"으로 규정했다. 기사는 "만약 '녹색혁명'이…… 성공하지 못하면 적색혁명이 뒤따를 것"이라고 여러 차례 경종을 울리던 인도 식량농업부 장관의 발언을 소개하며, 기본적으로 녹색혁명이 왜 "반동적"인 것인지 분명하게 서술했다.[7]

그렇다면 이러한 논조가 사회주의 중국이 녹색혁명의 신기술 혹은 보다 일반적으로는 농업의 근대화에 저항했음을 이야기해 주는 것이라 말할 수 있는가? 그렇지 않다. 일반적인 인식과 달리, 사회주의 중국에서는 가장 급진적인 지도자들조차 과학과 근대화라는 이상을 수용했다. 기실 여러 핵심적인 측면에서 붉은 중국의 녹색혁명은 가우드가 구상한 녹색혁명과 매우 유사해 보이기도 했다. 다른 나라들과 마찬가지로 중국의 목표는 생산을 증가시키고 인민의 생활수준을 높이기 위해 기계, 새로운 종자, 근대적 화학물을 도입하여 농업의 물질적 조건을 변혁하는 것이었다.

　중국의 이러한 노력은 부분적으로 소련의 경험을 참조하여 전개되었다. 사실 소련의 조언은 1950년대 중국의 과학 및 경제 발전 관련 업무의 대부분에 영향을 끼쳤다.[8] 그러나 놀랍게도, 중국의 방식은 20세기 초 미국이 고안했으며 이후 록펠러재단을 비롯한 여러 미국 측 조직에 의해 해외—1949년 이전의 중국도 포함하여—로 확산된 농업 과학 연구 및 보급 체계와 훨씬 더 유사했다. 중국과 미국의 방식 모두 농민의 수요를 충족시키는 데 초점을 맞춘 연구기관을 두었으며, 새로 개발된 기술을 시험하고 보급하기 위해 현장 실험소를 중시했다.[9]

　그러나 이러한 유사성에도 불구하고, 중국의 농업 변혁은 미국이 추진했던 녹색혁명과는 명백히 다른 과학철학에 뿌리를 두고 있었다. 가우드가 매우 분명하게 천명한 기술관료주의적 입장과 대조적으로, 사회주의 중국에서의 주류적 관점은 과학이 정치와 분리될 수 없으며 근대화는 혁명과 분리될 수 없다는 것이었다. 중국의 급진주의자들이 미국식 녹색혁명의 지지자들에 대해 날을 세웠던 부분은, '근대화' 또는 '개발'에 대한 찬성 여부가 아니라 과학과 기술이 본질적으로 비정치적인 힘이라는 인식이었다. 중국의 입장에서 더욱 문제적인 측면은 녹색혁명론자들이 과학과 기술의 힘을 사회적·정치적 혁명을 회피하기 위한 목적으로 활용하려 한다는 점이었다. 이런 이유로 사회주의 중국은 '녹색혁명'이라는 용어를 결코 받아들이지 않았다. 대신 그와 동일한 종류의 농업기술들을 '과학적 영농'이라고 지칭했다.

　사회주의 중국에서 과학과 정치에 대한 주류 견해는 마오 주석이 1963년 발표한 성명에서 구체화되었다.

계급투쟁, 생산투쟁, 과학 실험은 강력한 사회주의 국가를 건설하기 위한 위대한 3대 혁명 운동이다. 이는 공산주의자들이 관료주의로부터 자유로울 수 있고, 수정주의와 독단주의로부터 벗어날 수 있게 해 주며, 그리하여 영원히 꺾이지 않도록 확실하게 보장해 줄 것이다.[10]

사회주의 중국에서 마오를 비롯한 급진주의자들에게 과학은 곧 계급투쟁,❖ 생산투쟁❖❖과 어깨를 나란히 하는 '혁명 운동'이었다. 마오와 그의 동지들이 보기에, 녹색혁명 기술의 도입은 오직 적색혁명이라는 수단을 통해 진행될 때에만 정치적으로 정당화될 수 있었다.

따라서 1960년대 중반에 시작된 '농촌 과학 실험 운동'은 실천적 경험이 풍부한 '노농老農', 혁명적 열의를 가진 '지식청년', 그리고 올바른 정치적 견해를 견지한 현장 간부가 협력하는 이른바 '삼결합'의 원리에 입각하여 중국 농촌 전역에서 조직된 기층 '과학 실험 소조小組'에 뿌리를 두고 있었다. 이들은 함께 농촌 현장의 필요를 파악하고 해결책들을 강구하고자 했다.[11] 또한 과학계 엘리트와 반동적 '주자파走資派'에 의해 촉진된 '기술관료주의적' 접근법을 전복시키고자 했다. 그들은 과학 기술 영역에서도 '정치 우선주의'를 관철시키고자 했다.

국가가 이러한 작업을 중시했다는 사실은 중국에서 사회, 정치, 과학, 기술이 서로 불가분의 관계에 있었음을 보여 준다. 10대 소녀들을 중심으로 '국제 여성의 날'을 기념하며 구성된 3·8 농업 과학 소조의 사례를 살펴보자. 황폐한 밭에서 생산량을 증대시키

❖ 구 엘리트 계급에게 유리한, 불평등한 권력 구조가 부활하는 것을 저지하기 위한 노력.
❖❖ 노동의 사회주의적 조직화를 통해 물질적 기반을 증대시키기 위한 경제적 노력.

기 위해 돼지 분뇨를 비료로 사용했을 때, 이들의 활동은 과학적 영농의 일환으로 이해되었다. 이는 그들이 새로운 기술을 사용해서라거나(분뇨 비료는 매우 오래된 방법이다), 애석하지만 생태적 지속가능성을 인정받았기 때문이 아니었다(당시 생태적 지속가능성은 정치적으로 유의미한 가치가 아니었다). 중요한 점은 여성의 경작 능력을 둘러싼 비과학적이고, 낡고, 성차별적인 기존 사상들을 극복하는 데 과학 소조 조원들이 돼지 분뇨 퇴비 활용을 통해 일조했다는 것이었다.[12] 사회주의 중국에서 '과학적 영농'은 혁명 없이도 여러 문제를 해결할 수 있게 해주는 탈정치적인 힘이 아니라 급진적인 사회 변혁의 수단으로 간주되었다.

중국이 식민주의의 유산과 제국주의의 지속적인 압력에 맞서 싸우고자 했던 제3세계를 지도하기 위해 노력함에 따라, 앞서 언급한 농업 변혁의 급진적인 접근 방식은 중국 국경 너머로까지 확장되었다. 아프리카 국가들은 미국발 원조 녹색혁명의 수혜국이 아니었다(버락 오바마는 자신의 첫 아프리카 대륙 방문을 앞두고 이를 바로잡아야 한다고 언급한 바 있다).[13] 아프리카는 중국에 일종의 열린 공간으로 남아 있었다. 냉전 시대에 중국이 지정학적으로 고립되어 있었다고 간주되지만, 실제로는 초강대국들의 간섭이 상대적으로 적었던 지구상의 여러 지역에서 활발하게 활동했다. 중국인 전문가들은 서아프리카의 라이베리아, 시에라리온, 잠비아 등을 방문하여 현지식 쌀 타작기의 생산을 감독했고, 동물의 배설물을 어떻게 비료로 쓸 수 있는지 시연했으며, 현지인들이 먹을 수 있도록 닭과 돼지를 사육했다. 동시에 이러한 활동들이 모두 반제국주의적 자력갱생이라는 마오주의 원칙을 실천하는 사례라는 점을 강조했다.[14] 과학에 대한 마오주의적 접근 방식은 동아프리카의 모잠비크에도 분명한 영향을 끼쳤다. 혁명 지도자 사모라 마헬Samora Machel은 농민과 기계공들의 지혜를 찬양하는 한편, 군중과 선을 그은 채 자신들을 '특권 계급'으로 상정하는 (엘리트) 전문가들의 오만함을 비난했다. 이런 오만함을 견지하는 한 전문가들의 지성은 "서랍 속에 갇혀 있는 씨앗처럼 쓸모없는" 것일 수밖에 없다는 것이다.[15]

인도의 녹색혁명 경험은 흥미로운 대척점을 제공한다. 인도 정부는 미국식 녹색혁명의 전개에 기꺼이 동참했다. 하지만 인도와 미국의 이해관계가 완전히 일치하지는 않았다. "미국 정부기관의 주된 동기가 공산주의적 소요를 미연에 방지하고 자유시장경제를 촉진하기 위함이었다면, 인도 정부는 '주권의 위기'를 극복하고 통치의 도덕적 정당성을 확보하는 데 더 많은 주의를 기울였다. 식량 안보를 확립하고 기근으로 인한 고난을 제거함으로써 인도 독립 정부의 통치를 영국 식민지배와 구별 짓고자 했던 것이다."[16] 인도 지도자들은 오직 미국만이 모델이라고 여기지 않았다. 1950년대 중반 인도는 농업 근대화에서 중국이 자국보다 더 선진적이라고 생각했고, 중국의 경험을 배우기 위해 특별히 대표단을 파견했다. 아킬 굽타Akhil Gupta에 따르면, "인도에게 중국은 모델이자, 경쟁자이자, 대안으로서 '본질적으로 유사한' 문제와 자원과 목표를 가진 국가였다. 그러나 중국은 인도와는 상이한, 즉 비민주적인 정치 체제를 갖고 있는 국가였다(이 점이 네루 같은 인물에게는 결정적이었다)."[17]

어쨌든 결국 인도 정부는 가우드의 '녹색혁명'이 대표하는 기술관료주의적 농업 변혁 노선을 수용했다. 이렇게 해서 인도는 중국과 달리 기술관료주의적인 방향으로, 그리고 식민주의-제국주의적 권력의 위계가 그대로 내재된 더 거시적인 구조에 도전하기보다는 대체로 그 구조를 굳히는 방향으로 자국의 사회경제적 변화를 추동해 나갔다. 뿐만 아니라 중국이 정책적으로 사회주의적 농업을 지지하는 농민 겸 기술인들peasant technicians의 전국적인 네트워크를 발전시키고자 했던 반면, 인도의 지도자들은 "농민들을 전통적이고 후진적인 존재로 간주했으며, 이러한 농민들을 '위험을 감수할 줄 알면서 이윤을 창출할 줄 아는 개인들'로 개조하고자 했다."¹⁸

녹색혁명은 미국의 대외 정책 및 전 지구적 자본주의와 긴밀히 얽혀 있었다. 오늘날 중국에 비해 규모도 크고 더 폭넓은 표현의 자유를 향유하며 더 적극적인 학문 공동체를 이루고 있는 남아시아와 중남미의 좌파 학자들과 활동가들은 바로 이 점에 착안하여 녹색혁명을 비판해 왔다. 녹색혁명식 발전 개념에 대한 인도 학자들의 한걸음 더 나아간 비판 흐름은, 일찍이 1998년 일종의 정교한 '비판의 비판'❖을 통해 확인된다. 《포스트식민주의적 개발들Postcolonial Developments》에서 굽타는 자본주의와 식민주의에 대해 비판을 견지하면서 동시에 '선주민 지식indigenous knowledge'을 주창하는 논자들이 어떻게 인도인들의 실제 농업 관행과 우선고려사항들을 본질적으로 잘못 재현하는 우를 범했는지에 대해 심도 있게 분석했다.¹⁹

❖ 자본주의/식민주의를 비판하면서도 그 대안으로 흔히 거론되는 선주민 지식 상찬이나 비서구인의 주체성을 무조건 추종하지 않고 이 또한 비판한다는 일종의 이중 비판이라는 의미이다.

반면 중국 녹색혁명의 역사의 경우, 지금까지 중국학 연구자들에 의해 거의 주목받지 못하다가 상대적으로 규모가 작은 중국 학계 내 좌파 공동체가 근래에 막 그 정책적 중요성을 탐구하기 시작했다.[20] 최근 몇 년 동안 중국의 일부 단체들이 시장자본주의와 농업 과학의 관계에 의문을 제기하기 시작했으며, '선주민 지식'의 가치를 인정할 것을 주장하며 '식량 주권'의 대의를 중심으로 결집하고 있다. 이러한 움직임에 대해서는 〈에필로그〉에서 더 자세히 논의할 것이다. 이러한 현재의 흐름과 과거를 잇기 위해 우선 지금까지 제대로 조명되지 못했던 마오 시대라는 역사적 뿌리를 이해할 필요가 있다.

녹색혁명과 중국 농업의 변혁

1960~70년대에 국가가 공식적으로 지원했던 기술들의 성격은 대단히 다양했다. 바로 이 점 때문에 중국의 녹색혁명사를 도식화하여 이해하기 어려운 측면이 있다. 화학적인 기술과 유기적인 기술, 현대적인 기술과 전통적인 기술이 모두 활용되었던 것이다. 이런 이유로 어떤 관찰자는 엄청난 속도로 건설되는 화학비료 공장에 감명을 받기도 했고, 다른 관찰자는 어디에서나 쉽게 볼 수 있던 거름 채집 관행이나 화학비료 대신 돼지 분뇨를 사용하는 생태적 감수성을 높이 평가하기도 했다(〈그림 1〉과 〈그림 2〉).[21] 매우 드물지만 한 선전 포스터가 파종에 비행기를 활용한 사례를 강조하기도 했던 반면, 초등학교 교실에 부착하기 위해 디자인된 또 다른 선전 포스터는 개구리, 새, 무당벌레를 활용한 병충해 방제법을 부각시키기도 했다(〈그림 3〉과 〈그림 4〉). 이처럼 다양한 접근 방식들을 재현하는 여러 시각자료를 〈그림 6〉과 〈그림 7〉에서도 확인할 수 있다.

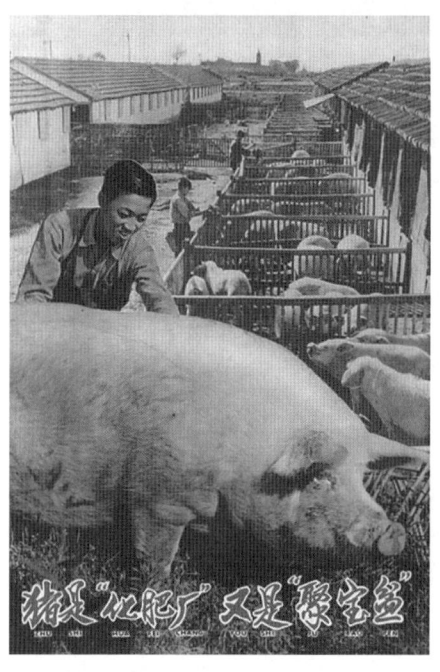

〈그림 1〉
국가는 공식적으로 비료 생산을 위해 양돈을 장려했다. 이러한 양돈의 장려는 대약진 운동 시기 최고조에 달했으며 이후 마오 시기 내내 지속되었다. 다음 자료에서 복사했다. "Zhushi 'huafeichang' you shi 'jubaopen'"(Pigs are "fertilizer factories" as well as "treasure bowls") (Shanghai renmin meishu chubanshe, December 1959). Stefan R. Landsberger Collection, International Institute of Social History, Netherlands, http://chineseposters.net.

중국에서 모자이크식[22] 농업 실천이 나타난 데에는 실용적인 목적과 정치적인 목적이 모두 작용했다. 현지 농민들은 화학비료, 살충제, 트랙터를 이용할 수 있을 때에는 그러한 농업기술을 열정적으로 받아들였다. 이러한 열망은 퇴비, 생물학적 해충방제 그리고 그 외 '지속가능한' 방법들에 대한 끊임없는 강조가 실은 순전히 경제적인 필요에 의한 자구책이었을 수 있음을 암시한다. 그러나 동시에 새로운 기술과 오래

〈그림 2〉
화학비료 공장이 더 많이 가동됨에 따라, 선전물들은 화학비료를 더 많이 사용할 것을 권장했다. 그림에서 바구니를 든 사람들은 화학비료를 살포하고 있고, 괭이를 든 사람들은 흩뿌려진 비료를 골고루 퍼뜨리고 있다. 이 그림의 출처는 해외 독자들을 염두에 두고 출판된 산시성 후현 회화집이다. 주로 장칭江靑의 후원 덕분에 《후현 농민화》는 다른 지역이 따라야 할 모범으로서 명성을 누리게 되었다. 수집된 후현의 회화들은 1973년 베이징에서, 이후 차례로 프랑스, 영국 등 여러 나라에서 전시되었다. Zhang Fangxia, "Fertilizing the Cotton Fields", Fine Arts Collection Section of the Cultural Group under the State Council of the People's Republic of China, *Peasant Paintings from Huhsien County*(Peking: Foreign Languages Press, 1974), p. 34. 〈그림 1〉과 〈그림 2〉는 '오래된 것'과 '새로운 것'을 병렬함으로써 만들어지는 '모자이크'의 감각을 강화한다. 분뇨는 "오래된" 비료 기술이지만 〈그림 1〉에서와 같이 공장식으로 운용되는 반면, 화학비료는 "새로운" 기술임에도 목가적인 장소에서 수많은 사람이 기계 없이 작업하는 모습과 함께 묘사된다.

된 기술은 모두 사회주의 시대의 정치적 가치를 대변했다. 한편으로 농업에 투입하는 물자의 근대화는 번영하는 신농촌을 건설한다는 이상과 공명했으며, 다른 한편으로 노동 집약적인 유구한 농업 관행에 대한 긍정은 농민 군중의 지혜, 그리고 그들이 집단적 노력을 통해 이룰 수 있을 위업을 강조하는 데 도움되었다.

〈그림 3〉
농민들이 파종 중인 비행기를 향해 환호하고 있다. 농업에 비행기를 활용하는 사례는 극히 드물었다. 이 그림은 생물학적 해충방제를 홍보하는 〈그림 4〉와는 대조되는 미래 비전을 제공한다. 또한 이 그림과 〈그림 24〉가 각각 보여 주는 비전을 비교·대조해 보자. Reproduced from Xinhua tongxun she, ed., *Wei nongye shengchan fuwu* (Beijing: Xinhua tongxun she, 1964), cover.

중국의 농업 변혁에서 가장 극적이며 주목을 받았던 요소 가운데 하나로 물리적 지형의 변화가 거론된다. 계단식 농법 및 여러 형태의 급진적인 토지 재구성은 경작 가능한 면적을 늘렸으며, 댐과 관개 시스템은 필요한 곳에 농업용수를 공급할 수 있게 해주었다. 이러한 물리적 자원의 재구성은 점차 더 큰 규모의 농업과 기계화를 가능케 했다. 기계화는 마오에게 농업의 근대화를 위한 모든 노력 중 가장 중요했다. 기계화는 사회를 혁명적으로 재편하기 위한 물적 토대를 제공했다. 트랙터의 도입은 더 큰 규모의 땅을 경작할 수 있도록 함으로써, 가족 영농에서 코뮌 농업communal agriculture으로의 전환을 가능케 하는 것이었다.[23] 그러나 마오 시기 내내 트랙터 공급은 부족했으며, 생산대生産隊(production team)[24] 차원에서 이 농기계를 확보하려면 약간의 독창성 내지는 심지어 현지 지도자의 기업가 정신까지 필요했다. 이런 점에서 국가가 기계화를 중국 농업 딜레마의 돌파구로 선전함과 동시에, '정경세작精耕細作(intensive cultivation)'이라고 알려진 방법, 즉 막대한 노동력을 좁은 면적의 토지에 투입하는 농법을 통해 다양한 작물을 대량으로 생산할 수 있다고 홍보했던 점은 놀랍지 않다. 특히 1960년대 초 국가는 하나의 단위 토지에 한 종류 이상의 작물을 심는 간작間作이라는 관행을 옹호하기 시작했다. 간작은 제한된 토지를 최대한 활용하면서 서로 다른 유기체들 간의 시너지를 기대할 수 있다는 장점이 있지만 기계화에는 불리한 관행이었다. 그러나 간작과 여타 전통적이고 노동집약적인 중국식 농법의 요소들은, 농생태적 영농, 자급자족적인 환경 보호 농업, 그리고 쌀 품종 내실화rice intensification 등 이른바 지속가능한 형태의 농업을 추구하는 전 세계인에게 영감을 주었다. 이처럼 마오 시대 중국에서 근대적 기계화와 전통 농법의 강화는 생산 증대를 위한 전략으로서 공존했으며, 두 접근법 모두 마오의 승인을 얻었던 것이다.[25]

다른 나라와 마찬가지로 중국에서도 녹색혁명의 핵심적인 혁신은 곡물 신품종 개발, 특히 토양의 영양분을 효과적으로 사용하여 무게 때문에 넘어지지 않는 강하고 짧은 줄기를 가진 곡물을 많이 생산하는 왜성矮性 또는 반왜성 품종의 개발에 달려 있었다. 이러한 품종은 일반적으로 영어로는 "다수성 품종HYV"이라고 불린다. 녹색혁명을 비판하는 일부 논자들은 이 품종들이 화학비료에 효과적으로 반응하게끔 특별히

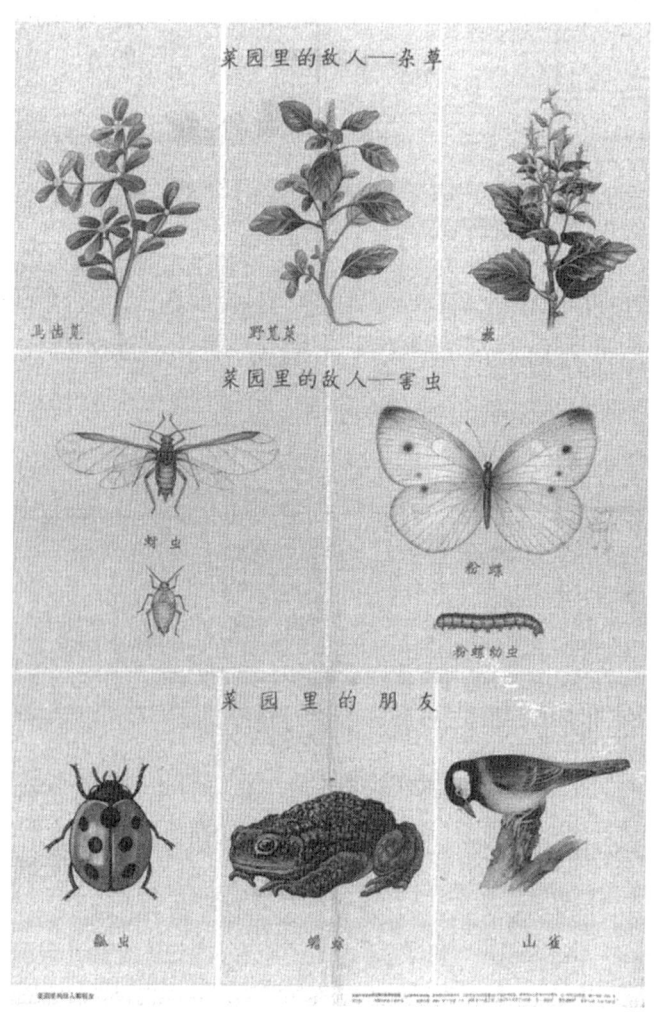

〈그림 4〉
초등학교 중국어 수업에 활용하려는 용도로 제작된 포스터이다. 이는 핵심 교과 교육이 경제 생산 및 여타 국가의 우선고려사항과 결합된 전형적인 사례이다. 포스터의 위 칸은 세 가지 "적" 잡초인 쇠비름, 아마란스, 명아주를 소개한다. 포스터의 중간 칸은 두 종류의 "적" 해충인 진딧물과 흰나비를 소개한다. 마지막 칸은 세 "친구"(즉 생물학적 방제제)인 무당벌레, 두꺼비, 박새를 소개한다.
Renmin jiaoyu chubanshe, ed., *Caiyuanli de diren he pengyou* (Beijing: Jiaoyu tupian chubanshe, 1956).

육종된 것으로서, 화학비료를 사용하지 않을 경우 재래품종들보다 딱히 생산성이 좋지 않다는 점을 명확히 하기 위해 그 이름을 "고반응성 품종"으로 바꾸어 부르자고 제안하기도 했다.[26] 중국어로는 일반적으로 "개량품종"으로 불린다. 이와 관련하여 중국에서의 획기적이고 중요한 발전으로는 1956년 홍췬잉洪群英과 홍춘리洪春利의 왜각남특矮脚南特 품종과 그보다 더 성공적이었던 1959년 황야오샹黄耀祥의 광장왜廣場矮가 있다. 마오 시대 내내 전국의 연구기관 및 생산대에서는 곡물, 채소, 가축의 육종을 중요하게 여겼다.

중국은 냉전 기간 동안 상대적으로 고립되어 있었음에도, 해외 주요 연구기관에서 진행되고 있던 개량 신품종 연구 추세에서 완전히 단절된 것은 결코 아니었다. 예를 들어 1966년 포드재단의 자금을 지원받아 필리핀에 본부를 두고 창설된 국제미작연구소International Rice Research Institute는 타이완산 모체 종자parent stock를 기반으로 주요 왜성 품종인 IR8을 개량해 내는 데 성공했는데, 이 품종은 적어도 1967년경에 중국으로 전파되었다.[27] 제4장에서 충분히 설명하겠지만, 1970년대 초 교잡벼hybrid rice의 개발은 이후 중국 농업의 유전적 지형상의 중대한 변화를 대표했다.

녹색혁명은 사람들의 먹거리를 바꾸어 놓았다. 새로운 품종은 맛이 달랐다. 인민들에게 어느 정도 선택권을 줄 수 있을 만큼 식량이 풍부해졌을 때, 그들은 종종 신품종이 맛과 영양 면에서 부족하다고 느꼈다. 특히 중국에서는 세계 다른 지역과 마찬가지로 녹색혁명의 결과 소수 "개량" 품종의 확산으로 인해 곡물의 다양성이 감소했다. 동시에 새로운 기술 덕분에 전통적으로 더 좋다고 여겨진 음식을 더 많은 사람들이 먹을 수 있었다. 오랜 기간 중국 한족의 문화에서는 쌀—그리고 두 번째로 밀—이 다른 곡물보다 중시되었지만, 수천 년 동안의 생태적·경제적 제약으로 인해 대부분의 사람들은 기장 또는 수수를, 최근 몇 세기 동안에는 옥수수와 고구마를 주로 먹을 수밖에 없었다.[28] 톈진시 일대의 화북 지역에 대한 제러미 브라운Jeremy Brown의 연구에 따르면, 마오 시대에 "촌락과 도시 간의 격차는 거친 잡곡과 입쌀의 대비로 요약될 수 있는데, 이는 곧 싸구려 옥수수 가루와 값비싼 가공 밀의 맛 차이를 의미했다."[29] 마오 시대 개량품종의 도입, 그리고 그와 함께 진행된 계단식 농법 및 관개 시설에 대한 투자는, 원래 쌀이 아닌 다른 작물들을 기르기에 더 적합한 자연환경에서도 쌀 경작을 점점 더 가능하게 만들면서 단위면적당 생산량을 증가시켰다. "녹색혁명의 아버지"라 불리는 노먼 볼로그Norman Borlaug는 1977년 중국을 방문했을 때 건조한 화북 지역에서의 쌀농사를 목도한 뒤 다음과 같은 기록을 남겼다. "저지대의 침수 지역을 제외하고 쌀이 여기서 이토록 잘 자랄 수 있는지 믿을 수 없다. 아마도 다자이大寨가 '그렇게 하라'라고 했기 때문일 것이다."[30] 다자이 모델[31]이 직접적인 원인이었든 아니든, 더 중요한 점은 중국에서는 쌀 선호가 컸고 오늘날에도 여전히 그렇다는 것이다. 만약 어느 공동체가 쌀 외에 가치가 떨어지는 다른 곡물을 대신 재배한다면, 그 이유는 그럴 수밖에 없었을 확률이 높다. 만약 평야가 있었다거나 더 비옥한 땅이나 더 나은 관개 시설을 이용할 수 있었다면 그들은 분명히 쌀이나 밀을 심었을 것이다.[32]

다수성 품종의 개발에서 역사가들이 주목해 온 중요한 원인 중 하나는 제2차 세계대전 이후 미국에서 암모니아가 새롭게 사용될 수 있게 되었다는 점이다. 군사용 폭약 제조에 사용된 방대한 양의 암모니아를 공급했던 공장들이 전후 뜻밖에도 질소가 풍부한 화학비료를 생산하게 되었다.[33] 그러나 중국의 경우, 국가가 '개량품종'을 장려함에 따라 화학비료의 수요는 증가했지만 수십 년 동안 공급은 언제나 부족했다. 이러한 경제적 압력 외에도, 마오가 1959년 "소규모 유기비료 공장"이나 다름없는 돼지들이 여타 가치 있는 부산물과 더불어 화학비료보다 "10배 더 좋은" 비료를 생산한다고 천명했던 것에서 잘 드러나듯, 화학비료의 대체재로서 유기비료에 중대한 정치적 의미가 부여되었다는 점을 특기할 수 있다.[34] 그러나 돼지 분뇨로 대표되는 유기비료를 강조한다고 해도 농민들은 할 수만 있다면 언제나 화학비료를 사용하고자 했다. 또 화학비료 공장을 세우려 했던 기층 인민들을 국가가 완전히 막지는 못했다. 《런민일보》가 미국식 '녹색혁명' 모델을 따른다고 인도를 비난한 지 불과 5년 후인 1973년 중국은 미국의 켈로그사, 네덜란드와 일본의 두 회사와 질소비료의 생산을 위한 10개의 대형 암모니아 공장을 건설하는 계약을 체결했다.[35] 그럼에도 1950~70년대에 걸쳐 화학비료 공장을 건설하려는 노력과 병행하여, 동물 분뇨, 인분, "녹비綠肥"로 쓸 수 있는 지피작물地被作物의 활용, 퇴비화, 강과 못의 준설, 일부 지역의 경우 동굴에서 박쥐 거름guano을 채취하는 작업 등이 강조되었다.

20세기 농업을 변화시켰던 또 다른 주요 농화학물은 화학농약, 특히 제초제와 살충제였다. 제초제는 잡초를 표적으로 삼으며, 손으로 일일이 제초하는 노동을 절약하게 해준다. 해충은 고대에서부터 언제나 농민들을 괴롭혀 왔다. 그러나 일부 근대적 농업의 실천—대규모 단일작물 재배법,[36] 해충에 대한 저항성보다 비료에 대한 반응성에 초점을 맞춘 육종 방향, 그리고 아이러니하게도 화학 살충제의 사용 그 자체―으로 인해 종종 상황이 더 악화되어 병충해 통제가 어려워졌다. 결과적으로 더 많은 양의 화학 살충제가 요구되지만, 도리어 내성을 갖춘 해충이 더욱 급격하게 증가하게 되고, 결국 또다시 더 많은 살충제를 생산할 수밖에 없게 되는 '농약의 악순환pesticide treadmill'이 발생한 것이다.[37] 여기에 더해 농지로부터 유출된 농약과 비료 성분이 인근 수질에 악영향을 미친다는 점은 물론 예상 가능한 것이었다. 이에 따라 1970년대까지도 여전히 많은 농촌 주민들의 식단에서 매우 가치 있는 영양원이었던 생선과 어패류가 폐사했다.

화학비료와 마찬가지로 중국이 농약을 경험한 시기도 다른 나라와는 다소 차이가 있었다. 1950년대와 1960년대, 그리고 1970년대까지도 농약 문제는 주로 공급 부족과 관련된 것이었다. 농약이 공급될 때마다 많은 사람들은 효율적으로 해충을 잡는 그 유용함에 매료되었다. 그러나 살충제를 구할 수 있던 사람들은 얼마 안 가 과잉 사용이 불러오는 단점을 빠르게 파악하기 시작했다. 게다가 중국인 곤충학자들은 여전히 국제 과학계와 깊은 관계를 맺고 있었으며, 그들은 해외 동료들이 제기하던 해충의 내성과 화학 독성에 관한 문제들에 촉각을 곤두세우고 있던 참이었다. 결과적으로 살충제의 공급 부족 문제와 그 내성 및 독성에 관한 우려가 동시에 작용함에 따라, 과학자들과 농업 부문 관계자들은 생물학적 방제―해충에게 치명적인 천적, 기생충, 질병을 배양하여 활용―와 경농적 방제cultural controls―해충의 생애주기를 교란시키는 재배법을 채택―를 포함하여 농화학물에 의존하지 않는 다양한 해충방제 해결책들을 탐구하는 데 앞장섰으며, 이러한 대안적인 방법들은 종종 해외의 환경주의자들에게 "선진적"인 것으로 간주되기도 했다.

중국의 녹색혁명이라는 모자이크가 여러 방법의 조각들로 구성되어 있다고 할 때, 각각의 조각들을 두고 어떤 것은 근대적이며 어떤 것은 전통적이라고 규정하기는 어렵다. 전통적 방법도 새롭게 다른 지역에 보급되었다면 현지인들에게는 사실상 새로운 것이었고, 적어도 익숙한 이전 형태의 것과는 어느 정도 차이가 나는 경우가 많았다. 예를 들어 질소가 풍부한 지피작물을 활용하여 다음 해의 수확기가 오기 전까지 토양에 양분을 공급하는 방법은 수 세기 동안 중국에서 잘 알려져 있었지만, 그렇다고 중국 전역의 모든 농민이 일률적으로 이 방법을 숙지하고 있었던 것은 아니다. 이러한 방법은 많은 사람들에게 일종의 새로운 기술로서 경험되었으며, 적어도 새로운 종류의 식물을 재배하면서 도입되었다. 그들은 아마도 '과학적 영농'이라는 용어를 듣고 초봄에 계단식 농지가 펼쳐진 언덕 아래 다채롭게 꽃피운 지피작물들을 떠올릴 것이다. 계단식 농지 언덕 바닥 쪽의 붉은색, 가운데 쪽의 보라색, 그리고 가장 윗부분에 위치한 녹색은 서로 다른 조건에 적합한 특정 품종들을 가리키는 색이었을 것이다.[38]

뿐만 아니라 아무리 친숙한 방법이라 할지라도 국가가 인민들을 동원하여 그러한 기술을 다소 생소한 방식을 통해 전례 없이 큰 규모로 추진했을 때에는 완전히 새로운 경험이 될 수도 있었다. 농민들은 수 세대에 걸쳐 인분을 모으고 손으로 곤충 알을 으깨 왔을 것이다. 그러나 작황이 좋지 않은 경지에 한 번 시비施肥하기 위해 변소에 3년 동안 쌓인 거름을 파내게 하고, 중고등학교를 졸업한 청년들을 훈련시켜 해충을 관찰하게 하면서 해충의 생애주기상 전략적으로 중요한 시기에

손으로 알을 일일이 제거하게 했던 일은 농업의 실천에서 근대적 화학 물질의 도입만큼이나 극적인 변화를 의미했다.

마오는 중국인들에게 "계급투쟁을 절대 잊지 말라"고 강하게 권고하면서 '계속혁명continuous revolution' 사상을 장려한 것으로 잘 알려져 있다. 끊임없이 경각심을 유지하지 않으면 중국의 붉은혁명은 금방 승자의 지위를 상실하게 될 것처럼 보였다. 이런 점은 녹색혁명에서도 마찬가지였다. 트랙터와 관개 수로 설비는 지속적인 보수가 필요했다. 개량된 작물 품종들은 새로운 유전물질을 주기적으로 새롭게 유입시키지 않으면 퇴화해 버렸다. 생물학적 방제체로 선종되어 길러진 기생말벌도 육종가들이 더 많은 부모개체군을 수집하기 위해 수시로 야생 지역을 수색하지 않는 한 마찬가지로 퇴화될 수밖에 없는 운명이었다. 토양 또한 영양분을 끊임없이 보충하지 않으면 곧 지력이 고갈되어 버렸다. 이 모든 유지 보수에는 상당한 인적 노동이 필요했다. 에드워드 멜릴로 Edward Melillo가 상기시킨 것처럼, 노동하는 사람들의 무고한 땀과 피가 빠진 일종의 순수한 기술적 해결책으로서 "농업의 기적"이란 결코 있을 수 없다.[39] 일련의 기술들은 결국 사회사와 정치사로 귀결되지 않을 수 없는 것이다.

자료의 해석, 과거의 재조명

오늘날 앞날을 모색하는 차원에서 중국 사회주의를 검토한다는 것이 시대착오적으로 보일지 모르겠다. 혹자는 우리가 포스트사회주의 세계에 살고 있다고 말한다. 비록 사회주의의 가능성들과 사회주의 혁명의 잠재력이 여전히 잔존할지라도, 냉전은 서구 자본주의의 승리로 끝났다는 평가가 지배적이다. 중국이나 소련과 같은 곳의 사회주의 역사는 실패라는 프리즘을 통해 독해될 따름이다. 이러한 프리즘 속에서는 여러 미국인을 포함하여 당대의 수많은 사람들이 사회주의의 특정 측면을 매우 흥미롭게 받아들였다는 점을 상상하기가 쉽지 않다.[40] 심지어 제2장에서 설명할 것처럼, 중국을 방문한 서구 과학자들이 상한 우유가 유통되어 유아 사망을 초래한 사례, 강의 물줄기를 남방에서 건조한 북방으로 향하도록 바꾸려는 가망 없는 시도까지 기록하면서도 전체적으로는 중국을 합리적이고 지속가능한 환경 정책의 모델로 높이 평가했다는 점은 더욱 황당하게 들릴 것이다. 역사학자로서 나의 목표는 불과 몇십 년 전의 일이었음에도 이미 매우 흐릿한 역사가 되어 버린 이 과거의 시간을 재조명하는 것이다. 이를 위해서는 숱한 문제가 있지만 그럼에도 불구하고 핵심적인 사료 속에서 드러나는 다양한 역사적 행위자들의 관점에 세심한 주의를 기울일 필요가 있다.

마오 시기에 관해 이용 가능한 자료의 대다수는 직간접적으로 국가가 생산한 것이다. 이 중 다수는 일반적으로 국가의 선전물로 여겨지는 범주에 속한다. 다시 말해 국가의 우선고려사항들을 특별히 홍보하기 위해 제작된 자료들이다. 정부 문서(당안檔案), 기술 편람(수책手冊), 심지어 과학자들이 저술한 학술지 논문도 국가의 정책 입안자들의 입김의 흔적을 일정 부분 지니고 있었다. 비록 선전만이 유일한 목표는 아니었다고 하더라도 말이다. 이러한 자료들에는 프로파간다적인 수사가 너무 노골적이고 빈번하게 사용되어, 예컨대 '빈하중농貧下中農 군중the masses of poor and lower-middle peasants' 같은 용어들은 자칫 아무런 의미 없이 읽힐 위험이 있다. 그러나 역사학자들이 자료의 이러한 속성에 질린 나머지, 실제로 현장의 인민들에게는 상당한 의미를 가졌으며 매우 실질적인 결과를 만들어 냈던 정치 이데올로기를 제대로 다루는 데 실패해서는 곤란하다. 이어지는 장에서 나는 주로 선전물과 국가가 생산한 여타 자료에 묘사된 사회상像을 재구축한다. 이는 내가 그러한 상들이 "진실"이라고 믿기 때문이 아니라, 그것들이 서구 자본주의의 주류 관점에 도전하는 대안적인 과학의 비전들을 그려 내고 있기 때문이며, 중국 내부와 세계 각지에 이데올로기적으로 중요한 영향력과 영감을 주었기 때문이다. 이러한 자료들은 국가 간부들state agents(공산당 간부들 등)이 인민들에게 부과하고자 했던 이데올로기를 이해하는 데 귀중한 근거를 제공한다.[41]

'이데올로기'는 일반 대중들에게는 말할 것도 없고 서로 다른 분야의 연구자들에게 각기 다른 함의를 제공하는 너무도 많은 의미를 내포한 개념으로서, 이 용어를 사용하기 위해서는 어느 정도 부연 설명이 필요하다. 이데올로기는 어느 사회에나 존재한다. 사회주의 중국에서 이데올로기(의식 형태意識形態, 문자 그대로 '의식의 패턴')는 부정적인 개념이 아니다. 오히려 국가는 적극적이고 명시적으로 이른바 '사상 공작thought work'을 전개함으로써 "올바른" 이데올로기적 지향성을 만들어 내고 이를 인민들에게 전파하고자 했다.[42] 자유주의와 자본주의를 채택한 나라들의 경우 국가가 그토록 통일적일 수 있다고 기대하지 않고, 정부 관료들은 대체로 '사상 공작'과 관련하여 명시적인 역할을 수행하지 않는다. 그러나 카를 마르크스가 자본주의 이데올로기에 대한 독창적인 분석을 통해 설명했듯이, 국가사회주의든 자유주의-자본주의liberal-capitalist든, 어떤 역사적 맥락에서도 이데올로기들은 만들어지고, 이러한 이데올로기들은 바로 그 이데올로기들을 만든 사회집단의 관점과 이해관계를 반영하고 강화한다. 과학에 대한 이데올로기의 역할과 관련하여, 나는 윌리엄 린치William Lynch가 "중립적" 개념이라고 불렀던 관점을 채택하고자 한다. 이는 "특정 이데올로기의 존재를 식별하는 것만으로 비판성이 담보되지는 않으며, 진실된 이데올로기도 거짓된 이데올로기도, 진보적인 이데올로기도 반동적인 이데올로기도 존재할 수 있다"는 입장을 의미한다.[43] 그러나 이데올로기 식별이 그 자체로 비판을 함의하지는 않지만, 그렇다고 비판을 불가능하게 하는 것도 아니다. 이데올로기가 존재한다는 사실에 대해 비판의 강도를 높이는 대신에, 사회적 억압, 문화적 제국주의, 환경 파괴, 그리고 그 외 여타 부정적인 권력 작동과 관련하여 이데올로기가 수행하는 역할을 보다 비판적으로 고찰할 수 있다.[44]

여러 연구자들이 이데올로기가 어떻게 등장하며 사람들이 이데올로기를 통해 어떤 일들을 벌이는지 논의해 왔다. 어떤 이들은 마르크스를 따라 무의식적으로 개개인의 사고 방식을 형성하는 통치 이데올로기의 힘을 강조했고, 미셸 드 세르토Michel de Certeau 같은 이들은 인민이 가지고 있는 행위능력, 즉 지배 이데올로기들에 저항하거나 그것들을 자신의 욕망에 부합하게끔 변화시키는 능력을 강조해 왔다.[45] 이런 비판적 논쟁은 특히 일기, 회고록, 인터뷰를 활용하여 과학 실험 운동에 참여한 "지식청년"에게 과학이 어떤 의미였는지 분석한 6장과 7장을 이해하는 데 도움이 된다. 이 두 장에서는 적극적인 저항의 증거뿐만 아니라, 프로파간다가 전달한 이데올로기적 메시지를 청년들이 무의식적으로 수용했을지도 모른다고 판단할 만한 근거를 제시한다. 동시에 나는 "제도화된 권력에 맞서 싸우려는 욕망이 자연스럽고 불가피하며 심지어 사회적 삶의 가장 흥미로운 측면이라고 가정한 채 저항을 낭만화해서는 안 된다"고 이야기했던 주디스 파커Judith Farquhar와 치청 장Qicheng Zhang의 경고에도 주의를 기울였다.[46]

청년들이 때때로 국가 프로파간다의 여러 요소들을 그저 거부만 했던 것이 아니라 자신들에게 유의미하고 유리한 방식으로 적극 수용하기도 했다는 점은 사실이다. 게일 허샤터Gail Hershatter 또한 여성 농민과 관련하여 유사한 통찰을 제시한다. 정부 관료들은 모범 노동자로 선정된 여성들의 말을 그대로 인용하여 각종 선전물의 내용을 구성하고는 했다. 다만 허샤터는 이러한 선전물을 비판적으로 분석하면서 "국가의 자의적인 권력 행사의 층위 아래에 …… 때로는 유순했고 때로는 저항적이었던, 그러나 언제나 이른바 '국가the state'라는 실체와는 구별되는, 사회주의 체제하에서 오랫동안 고통받아 온 농민들이 살아갔던, 미숙하지만 '진정한' 중국의 시민사회가 존재했다고 상정하지 말자"고 촉구한다. 오히려 "촌락의 여성들"은 모범 노동자로 거듭나라는 국가의 요구에 부응하기 위해 "스스로 새로운 기술을 배우고 사적 폭력personal terrors을 극복하려는 노력을 기울였다."[47]

선전물의 주된 유용성은 국가 이데올로기를 이해할 수 있게 해 준다는 점이다. 그러나 프로파간다 자료를 주의 깊게 독해함으로써 인민들의 실제 경험, 공동체의 작동 방식, 그리고 문화의 실상을 이해하는 데 필요한 단초를 찾아낼 수도 있다. 가장 철저했던 선전원들이 최선의 노력을 기울였을 때조차도 보다 거시적인 정치적·사회적 맥락에서 비롯되는 일정한 긴장이 프로파간다 자료 속에 담겨 있을 수밖에 없었다. 프로파간다의 행간을 비판적으로 읽어 냄으로써 간접적으로 선전원들이 무엇을 염려했는지 엿볼 수 있다. 예를 들어 농업을 근대화하려는 노력을 폄훼하는 "계급의 적"이 거론되었을 때, 역사가들은 아마도 자연스럽게 그 구체적인 내용을 의심할 것이다(프로파간다 자료에서 흔히 이야기되는 것처럼 혁명을 전복시키려는 지주계급의 일부 후손들이 단지 그 이유만으로 신기술에 저항했을 가능성은 매우 작다). 다만 역사가들은 이러한 자료를 통해 변화를 충분히 빠르게 수용하지 않는 인민들을 국가가 우려하고 있었다거나, 기층 현장에서 특정한 형태의 저항이 있었음을 큰 무리 없이 유추해 낼 수 있다. 실제로 무엇이 그러한 저항을 추동했는지 판단하기 위해서는 대개 프로파간다 자료가 아닌 다른 종류의 사료를 살펴볼 필요가 있다. 따라서 기층 현장의 인민들에 의해 이미 다양한 방식으로 공유되고 있었거나 새롭게 수용되었거나 저항에 부딪히고 거부되었던 공식적 가치들을 이해하기 위해 사료 속 수사의 표층을 읽는 동시에, 반드시 그 표층 이면의 층위까지도 살펴봄으로써 프로파간다가 묘사하고자 한 사회의 실상을 탐구해야 한다.

후난성湖南省 화룽현의 "4단계 농업 과학 실험 네트워크four-level agricultural scientific experiment network"에 관한 포스터 시리즈 중 하나인 〈그림 5〉를 예로 들어보자. 해당 포스터들은 농업 과학과 관련하여 화룽현에서 완성된 하나의 접근 방식을 홍보하기 위해 전국의 인민공사에 배포되었다. "자력갱생: 근면함과 검소함을 갖고 과학 연구를 실행하라"라는 제목의 이 포스터는 현장에서 이용 가능한 자원들을 갖고

〈그림 5〉 화룽현 '4단계 농업 과학 실험 네트워크'에 관한 포스터 세트 가운데 여섯 번째에 해당하는 포스터이다. 과학 실험에 관한 영감을 불러넣기 위해 디자인 된 이러한 포스터들은 중국 전역 인민공사 내 공공장소에 부착되었다. 이 포스터의 제목은 "자력갱생: 근면함과 검소함을 갖고 과학 연구를 실행하자"이다. 포스터의 문구는 "자력갱생, 노력분투" 정책을 찬양하고, 화룽현이 "꾸준히 현장의 자원을 활용하고 현지의 토착적 방법을 사용하고 각종 설비를 자체적으로 마련함으로써 농업 과학 연구를 가능하게 했으며, 군중에 기반한 과학적 영농 활동을 추진했다"며 높이 평가한다. 왼쪽 사진에 대한 해설은 다음과 같다. "1971년 봄 화룽현은 온실 육묘 재배의 확산을 위해 '모범' 온실을 설립했으나 결국 건설 비용이 너무 많이 들어 이를 대중화하지 못하고 있었다. 신허공사의 신젠대대는 붉은 벽돌, 강화 콘크리트, 유리, 육묘판 같은 자재들 대신에 흙벽돌, 목재, 종이막, 갈대를 활용하여 10위안 넘게 비용을 절약했다. 이러한 종류의 '토법土法(native) 온실'은 군중의 열렬한 환영을 받았으며 매우 빠르게 현 전역에 보급되었다." 오른쪽 사진에 대해서는 다음과 같은 설명이 부기되어 있다. "군중이 농업 과학 조직의 모든 단계에 동원되었으며, 소박하고 간단한 방법들이 채택되었다. 이렇게 하여 양洋(the foreign)을 토土(the native)로 대체함으로써 과학 실험에 필요한 설비와 물자 부족 문제를 해결했다. 그들은 과학적 저울 대신 구식 저울을, 정식 묘판 대신 점토 용기를 사용했으며, 인큐베이터 대신 난로를 사용하여 온도를 조절했다. 이들은 징강공사의 지식청년들이며 점토 용기를 사용하여 과학 실험을 수행하고 있다." Xinhua tongxun she, ed. *Dagao kexue zhongtian, jiasu nongye fazhan*(Beijing: Renmin meishu chubanshe, 1975).

농업 실험에 임하는 지식청년들을 상찬한다. 역사학자들은 다양한 층위에서 이러한 자료들을 분석할 수 있다. 우선 이 자료들은 사진이므로, 누가 실험에 참여했고 그들이 어떤 옷을 입고 있었으며 그들이 작업했을 때 어떠한 자원들을 사용했는지에 대해 약간의 통찰을 제공한다. 그러나 이를 결코 자연스러운 사진이라고 할 수는 없다. 이 사진들은 의심의 여지 없는 프로파간다로서, 선전 효과를 극대화하기 위해 신중하게 기획된 것이다.[48] 복장이 어떤 목적을 위해 특별히 선택되었다든가, 선전 담당자가 생각하는 과학 실천에 부합해 보이게끔 공책이 제공되었다든가, 심지어 사진에 등장하는 인물들이 사실은 실험에 한 번도 참여해 본 적 없는 사람들이었음에도 불구하고 그들의 성별 혹은 외모의 어떤 측면 때문에 동원되었을 가능성은 언제나 존재한다. 프로파간다 이해 차원에서 이런 포스터를 분석하는 것은 상대적으로 덜 논쟁적인 작업이며, 따라서 그것들은 국가의 우선고려사항과 가치들을 이해하기 위한 귀중한 자료이다. 허름한 창문, 모종이 담긴 흙으로 만든 분盆들, 말아 올린 바지, 진흙이 묻은 발은 모두 국가가 농촌 과학 실험을 겸손하고, 소박하며, 자립적인 활동으로 표상하려 했다는 점을 드러낸다. 이러한 활동이야말로 보통의 농민들이 할 수 있거나 해야만 하는 일이었다. 그러나 소탈함에도 하한선이 있었다. 국가는 인민들의 의복과 영양상태가 지나치게 미진해 보이는 것을 결코 원하지 않았다. 특히 국가가 특별한 책임을 지고 있던 지식청년들에 대해서는 더더욱 그러했다. 또한 사람들이 이러한 포스터들을 전시하고 관람하는 방식도 분석해야 한다. 포스터들은 공공장소에 게시되어 명백하게 정치적이고 교육적인 목적으로 활용되었다. 뿐만 아니라 분명히 그 색감으로 인해 미적으로 소비되기도 했다.

자료들이 "실존했던 사람들"을 묘사하는 것인지 아니면 정치적 의제 아래 만들어진 "포스터의 아이들"을 묘사하는 것인지 분명치 않을 때도 있다. 포스터, 신문 기사, 교과서, 심지어 정부 문건에 등장하는 인물들은 실제 인민들의 예상된 반응을 염두에 두고 재현되었다. 심지어 때때로 허구일 수도 있는 선전물 속 인물들은 실존하는 인민들의 롤모델이 되기도 했다. 또한 보통 인민들의 실제 삶은 프로파간다에 저항하는 만큼 프로파간다를 모방했다. 때문에 선전 포스터, 회고록, 인터뷰, 공문서, 과학 논문, 문학 작품에는 기묘하게도 비슷비슷한 인물 군상과 목소리가 등장하곤 한다.

이런 이유로 화룽의 포스터에 표현된 자력갱생과 노력분투라는 가치가 당시 보통 사람들의 글에서도 발견된다는 점은 결코 놀라운 일이 아니다. 예를 들어 도시에서 농촌으로 "하향下鄕"된 한 청년은 일기에 자신이 1971년에 과학 실험 운동 참가를 자원했다고 기록했다. 그는 자신의 작업을 다음과 같이 요약했다. '과학 연구'를 통해 "현장의 방식을 활용하고, 무에서 유를 창조하며, 자력갱생하고, 열심히 일하며, 실패를 두려워하지 않고, 고난을 극복하는 프롤레타리아 혁명 정신을 발휘했다"는 것이다.[49] 과학 실험이 국가만의 비전을 넘어 실제 인민들에게 어떤 의미였는지 이해하기 위해, 일기를 비롯한 각종 "기층基層" 자료들을 검토하여 프로파간다 자료의 신뢰하기 어려운 부분을 보충하는 작업은 매력적이다. 이 작업을 통해 프로파간다와 실제 인민들의 경험이 얼마나 깊게 얽혀 있었는지 알 수 있다.

신중하고 비판적인 분석을 요하는 것은 국가가 생산한 자료만이 아니다. 일기, 회고록, 인물의 전기, 인터뷰, 학술적 출판물은 대개 그것이 생산되었던 특정한 맥락의 산물이며, 그것이 유통되는 또 다른 맥락 속에서 그 의의가 변할 수 있다. 더욱이 학자들이 이데올로기적 성격이 강한 마오 시대 자료를 배제하고 포스트사회주의 시대에 생산된 자료에만 집중한다고 해서 이데올로기로부터 쉽게 벗어날 수 있는 것이 아니다. 포스트사회주의 시대의 자료들이 반영하고 있는 탈혁명적인 정치적 우선고려사항들이 보다 친숙하게 느껴질 수 있고 따라서 독자들이 보기에 덜 이데올로기적으로 보일 수는 있겠지만, 그럼에도 불구하고 그러한 자료들 역시 이데올로기와 완전히 무관할 수 없다.[50] 오늘날 사람들이 주고받는 이야기들은 오늘날의 정치적 기준에 의해 걸러질 뿐만 아니라, 연구하고자 하는 과거의 시간에 의해서도 영향을 받는다. 예를 들어 1970년대 화룽 포스터의 일부 주제가 2007년에 출판된 "교잡벼의 아버지" 위안룽핑袁隆平의 전기에서도 되풀이되는 점에서 이를 확인할 수 있다. 후난성 외곽에서 농업 과학을 가르치는 교사였던 위안룽핑은 자신의 연구를 수행하기 위해 현장에서 확보할 수 있는 모든 것을 동원했다고 한다. 심지어 인근 가마 공장에서 버려진 토기를 주워 실험에 쓰기도 했다. 그러나 위안룽핑의 전기는 "자력갱생"을 비롯한 마오 시대 군중과학mass science의 여러 가치를 강조하기보다는, 그가 각종 장비를 구입하는 데 개인적으로 저축한 돈을 지출함으로써 가족들에게 부담을 지우고 싶어 하지 않았다는 점을 강조한다. 이러한 논조는 각 가정의 재산 증식을 독려하던 포스트마오 시기의 시대적 가치를 반영하는 것이다.[51]

'사인방'이 몰락하고 문화대혁명의 급진주의가 사양길에 접어든 이후, 선전 자료에서 볼 수 있던 마오 시대 과학의 다채롭고 인상적인 이미지들은 눈에 띄게 사라져 갔다. 대신 그에 못지않게 생생한 폭력과 고통의 이미지가 등장했다. 이러한 이미지에는 구타당하고 모욕당하고 강제노동에 처해지거나 자살로 내몰렸던 과학자들이 존재한다. 의사들이 모두 논밭에서 노동하고 있었기 때문에 혹은 아마추어들이 의사들의 자리를 빼앗았기 때문에, 병원을 찾았지만 제대로 된 의료 서비스를 받지 못한 환자들이 나타난다. 다자이를 모방하려는 헛되고, 궁극적으로는 파괴적이기까지 했던 사업으로 인해 고향의 자연경관을 개조하려다 목숨을 잃을 뻔했던 농민들의 이야기도 부각된다. 포스트마오 시대 저술들은 마오 시대 과학사를 망가진 신체와 좌절된 희망의 부조리극으로 묘사했으며, 간혹 없지 않았던 작은 성취들은 전적으로 위안룽핑 같은 고귀하고 뛰어난 개인의 사심 없는 헌신 덕분에 가능했던 것으로 그리고 있다.

그러나 2010년대에 들어 다수의 중국인들이 집체주의 시대의 여러 측면들 가운데 재검토할 만한 가치는 없는지 규명하는 작업에 관심을 갖기 시작했다. 나 또한 이러한 관심을 공유한다. 마오 시기에 농업 추광agricultural extension❖52과 관련된 일을 했던 사람들은 마오 시대의 일부 장점들이 오늘날에 이르러 점점 더 무너지고 있는 것 같다는 감각을 분명하게 표현한다. 이러한 추세는 모든 개별 농가를 조직하는 것의 어려움, 부유한 관료와 가난한 농민들 사이에서 생겨난 격차, 집체주의적 가치들의 손상으로 인해 발생하고 있다.53 나 같은 연구자들에게는 현재 중국의 이러한 정치적 맥락이 일종의 기

❖ 농민들에게 새로운 기술들을 가져다 주고 확산시키는 시스템.

회로 다가온다. 중국의 과거와 현재를 겪어 본 사람들은 우리의 흥미를 강하게 유발하는 이야기들을 들려줄 준비가 되어 있다. 그러나 인터뷰 자료를 해석할 때에는 바로 이러한 이유 때문에 각별한 주의를 기울일 필요가 있다. 인터뷰이가 말하는 내용과 그 내용을 전달할 때의 프레임에 대해 특히 비판적으로 접근할 필요가 있는 것이다. 문제는 사람들이 단순히 역사에 대해 전반적으로 긍정적인 평가를 내리느냐 부정적인 평가를 내리느냐가 아니라, 현재의 구체적인 정치적 맥락이 과거에 관한 특정한 내러티브를 구성하는 데 영향을 미치고 있다는 점이다. 인터뷰 내용에 오늘날 관료들이 가장 관심을 갖고 있는 문제들—관개 시스템과 신기술 보급은 이러한 문제 목록의 맨 위쪽에 위치한다—이 반영될 소지가 클 뿐만 아니라, 그 프레임 자체가 개발주의라는 현재의 주류 패러다임에 부합하는 방식으로 짜여질 수 있다는 것이다.

제4장에서 제7장까지는 과학 실험 운동에 참여했던 사람들의 인터뷰에 크게 의존하고 있는데, 이 중 대부분은 내가 2012년 광시좡족자치구廣西壯族自治區[54]의 여러 지역을 답사하는 동안 수행된 것이다. 인터뷰 내용과 그로부터 생산된 지식은 이러한 만남이 성사된 구체적인 맥락에 의해 형성되었다고 할 수 있으므로, 여기서 이를 조금 더 자세히 논의하고자 한다.

마오 시대 농업기술원들과 진행했던 인터뷰의 대부분은 베이징에서 활동하는 농업사 연구자 차오싱수이曹幸穗의 도움 덕분에 가능했다. 나는 2010년에 그를 처음 만났다. 그때 그가 문화대혁명 시기 광시의 서북부 농촌으로 "하방"되었던 도시 출신 청년으로서 과학적 영농과 관련하여 어떤 경험을 했는지 인터뷰를 진행했다. 2년 후 그는 광시의 농업 연구 및 추광 계통 내부에서 일했던 다수의 친구와 지인들을 내게 소개해 줬다. 처음부터 차오싱수이는 농업 추광을 마오 시대의 몇 안 되는 성공 사례 중 하나로 꼽았으며, 광시에서 만난 대부분의 인터뷰이들도 같은 관점을 갖고 있었다.

 그들이 들려준 이야기들은 설득력이 있었고 정확성을 의심할 만한 여지는 특별히 없었다. 그러나 그들은 국가와 사회 쌍방이 모두 농업 추광이라든지 1970년대에 이룩한 농업 발전, 특히 관개 시스템과 관련된 발전을 유지하는 일을 예전처럼 중시하지 않는다는 점에 대해 깊이 실망하고 있으며, 이는 분명히 마오 시대에 대한 그들의 해석에 영향을 미치고 있었다.[55] 인터뷰 대부분은 집단적인 환경에서 이루어졌다. 나는 차오싱수이와 그의 조교와 함께 국영 농업시설 세 곳을 방문하여 마오 시기에 농업 추광 분야에서 일한 경험이 있는 5명 내지 10명의 사람들과 이야기를 나눌 기회가 있었다. 나는 무엇이든 자유롭게 물을 수 있었고, 사람들의 답변은 대부분 거리낌 없는 것처럼 보였다. 하지만 사람들이 들려주는 이야기들은 명백하게 집단적 환경이 주는 영향 아래 있었다. 세 번의 집단 인터뷰 중 첫 번째와 두 번째의 경우, 인터뷰이 집단의 지도자 격인 인물이 매우 효과적으로 답변 내용의 전반적인 방향을 정했다. 이 인물은 동료 인터뷰이 사이에서 어느 정도 권위가 있는 것 같았고, 마오 시대 농업 추광이 성공적이었음에도 근래에 이러한 점들이 모두 간과되고 있음을 강조하는 프레임을 갖고 있었다. 그러나 세 번째 집단 인터뷰는 조금 달랐다. 물론 대체로 긍정적인 분위기에서 인터뷰가 시작되었지만, 첫 번째 인터뷰이가 개인사적인 서사로 답변을 시작했고, 이는 마오 시대 농업 과학사에 대한 앞선 두 번의 인터뷰와는 다른 프레임을 세우는 데 일조했다. 이러한 프레임은 이후 이어진 토론의 논조를 결정지었다.

세 번째 인터뷰 내용이 앞선 두 사례와 달랐던 것은 부분적으로 경제적·문화적 요인들 때문이었을 것이다. 이 지역은 현저히 더 가난했으며, 현지 인구 가운데 소수민족—한족 기술원 대부분은 소수민족 인민들을 더 "후진적"이라고 여겼다—의 비율이 훨씬 더 높았다. 그러나 이러한 요인들 외에도 부정적인 기억들이 더 잘 표출될 수 있도록 물꼬를 텄던 첫 번째 인터뷰이의 권위를 간과해서는 안 된다. 인터뷰가 진행된 전반적인 환경을 이유로 이 인터뷰들의 가치와 신빙성을 깎아 내릴 수도 있을 것이다. 그러나 그보다는 마오 시대라는 역동적인 시대를 살아 냈던 인터뷰이들이 과거의 경험을 풀어 내는 방식과 그들이 사용했던 다층적인 해석의 프레임들에 주목하는 것이 좀 더 생산적일 것이다.

또한 나는 농민 가정 출신의 도우미 한 명만을 대동하여 광시 내 다른 지역들에서 따로 농민들과 몇 차례 인터뷰를 진행했다. 이런 인터뷰들은 확실히 마오 시대를 긍정적으로 평가하고 오늘날 농업 추광에 무관심한 국가에 비판적인 관료 및 기술자들의 최신 논의에 훨씬 덜 영향을 받았다. 그럼에도 인터뷰이들은 인터뷰 도중 이와 유사한 생각들을 자신들만의 방식으로 표현했다. 뿐만 아니라 기술원들과 마찬가지로 농민들 역시 강력한 개발주의적 서사를 채택하여 자신의 고향을 포함한 일부 지역은 "낙후"되어 있는 반면 다른 어떤 지역은 "선진적"이라는 식의 이야기를 했다.

한편 정식 인터뷰 외에도, 식사 자리나 이동 중인 차 안 혹은 집 안에서 농업기술원, 지식청년들, 농민들과 함께 편하게 대화할 기회가 꽤 많았다. 이러한 비공식적 대화들은 사람들이 자신의 과거에 대해 가지고 있는 복잡한 감정이나 기억의 모호함을 더 잘 이해할 수 있게 해 준다. 어떤 사람은 시시콜콜한 이야기를 나누던 도중 돌연 자신이 호박을 혐오한다고 말한 적이 있다. 1970년대 광시 농촌에 머물 때 자신이 먹을 수 있던 유일한 채소인 호박을 너무 많이 먹었던 탓이다. 다른 어떤 이는 향수에 젖어 광시에서 반찬 삼아 먹곤 했던 호박 덩굴의 맛을 이야기하면서, 현재 살고 있는 베이징에서는 그것을 거의 찾아볼 수 없다고 불평했다(그는 자신의 사무실 건물 바깥 마당에 호박을 키우고 있었다).

이러한 자료들을 종합해 볼 때, 우리는 밝은 면과 어두운 면 모두를 가진, 눈이 아득할 정도로 다채로운 만화경에 다다르게 된다. 역사학자 주쉐친朱學勤이 말했던 것처럼, 문화대혁명 시대는 "시인과 사형집행인이 다스리던 시대였다. 시인은 온갖 장미를 사방에 흩뿌렸지만, 동시에 사형집행인이 테러의 긴 그림자를 드리웠다."[56] 역사의 밝고 어두운 조각들은 서로 뒤섞여 탁한 회색으로 흐려지지 않는다. 또한 역사학자들이 그 장단점을 단순 나열하여 빛과 어둠을 평균화한 후 그토록 복잡했던 한 시대의 전체적인 평가를 내리기 위해 일종의 결산서를 들이미는 것도 말이 되지 않는다고 생각한다. 오히려 사회주의 시대 중국은 새로운 세계를 상상하기 위한 비범한 기회들이 제시되었던 시공간이다. 이러한 기회들 가운데 일부는 성공적이었고 일부는 그렇지 못했다. 그러한 성공과 실패 뒤에는 극도로 고된 노동 그리고 결코 간과할 수 없는 폭력과 환희와 다정함이 자리하고 있었다.

요약

이 책의 전제 중 하나는 과학적 영농이 각기 다른 사람들에게 상이한 의미로 이해되었다는 점이다. 따라서 이 책은 중국 과학자들, 농민, 지방 간부, 기술원과 "지식청년"의 경험들을 개별적으로 살펴볼 것이다. 나는 의도적으로 몇몇 사람들과 장소에 이야기를 집중했다. 그렇게 하지 않았으면 아마도 세부적으로 사람들의 삶을 조명할 수 없었을 것이다. 그러나 되도록 중국의 다양한 지역들의 사례를 책에 싣기 위해 노력했다. 일부는 다양한 의미로 "모범"—"포스터의 아이들"의 변주—이라 불렸던 사례였고, 일부는 특정 지역의 독특함의 정도가 다른 지역에서도 일반적이었다는 의미에서, "일반적인" 사례들이었다. 일부는 국제적인 교류가 일어나는 장소의 사례였고, 일부는 현county 중심지에서 내려온 방문객이, 접촉할 수 있는 외부 세계의 전부에 불과한 오지를 배경으로 한 사례였다. 중국적인 것과 외국적인 것, 지식인스러움과 농민스러움, 동물과 인간이 뒤섞인 매우 흥미로운 경로들이 광둥성 남동부에 위치한 다샤인민공사大沙人民公社(Big Sand Commune)에 수렴되었다. 이 장소, 특히 이곳의 유명한 해충방제 프로그램은 이어지는 장들에서 상세히 논의될 것이다. 이 외에 몇몇 주요 지역이 책에 등장하는데, 이는 단순히 해당 지역들에 관한 자료들을 입수할 수 있었기 때문이다. 해당 지역들이 전국적으로 중요했거나, 우연히 헌책방에서 관련 자료를 입수할 수 있었거나, 중국 내 동료들과 친구들이 너그럽게도 인맥을 통해 도와준 덕분이다.[57] 자료 수집의 방법론에 대해 이야기하자면, 나는 전국의 모든 사례를 종합할 수 있는 과학적 영농 활동의 포괄적인 자료집을 생산하기 위해 자료를 모으지는 않았다. 또한 나의 자료들만으로는 몇몇 심도 있게 연구된 사례들을 체계적으로 비교하기에도 무리가 따를 것이다. 그러나 이 책의 사료적 증거는 사람들의 다양한 경험을 탐구하고 또 서로 다른 지역들을 가로지르는 어떤 강력한 패턴들을 보여 줄 수 있을 만큼 충분히 폭넓고 깊이가 있다.

제1장에서는 농업 과학에 가장 직접적으로 영향을 미쳤던 국가 정책과 이데올로기의 여러 요소들을 소개한다. 정치적 '온건주의자'만이 과학을 옹호했으며 '급진주의자들'은 과학과 근대화에 반대했다는 통념은 재고될 필요가 있다. 오히려 나는 과학과 농업 발전이 역사적 시기 구분과 정치적 견해차를 가로질러 널리 공유되었던 가치였다고 주장한다. 물론 이 폭넓은 합의 내부에 중요한 모순들이 존재했지만 말이다. 혁명적인 상향식 실험의 과정을 이상적으로 보는 경향성이, 전국적인 모범 사례를 지역 공동체에 하향식으로 부과하려는 충동과 모순적으로 공존했다. 이와 유사하게, 군중과학을 우선시하는 급진적 주장과 엘리트적이고 전문적인 과학을 특권화하는 기술관료주의적 입장이 이른바 토土와 양洋이라는 이분법의 양극에 대응하고 있었다. 비록 국가가 "토양병거土洋竝擧" 같은 슬로건이나 간부, 기술원, 농민을 하나의 과학 실험 소조로 묶는 "삼결합" 조직법 등을 통해 해소하고자 했으나, 그러한 모순들은 결코 사라지지 않았다.

제2장과 제3장에서는 중국인 농업과학자들의 경험을 살펴보고 그들의 삶과 업적을 다룬 내러티브를 검토한다. 과학자에 초점을 맞추는 접근법은 과학사 분야의 독자들이 흔히 기대할 법한 방법이다. 하지만 나는 여기서 오로지 전문가 집단 내부의 지식 순환과 연구기관의 시각에

서 과학적 성취를 설명하려는, 과학사의 보다 일반적 경향에 도전하고자 한다. 그러한 방법 대신 나는 두 명의 과학자가 과학의 토/양 이분법에 서로 다른 방식들로 대응했다는 점을 살펴볼 것이다. 제2장에서는 푸저룽蒲蟄龍(1912~1997)을 소개한다. 그는 1949년 미네소타대학교에서 곤충학 박사학위를 취득한 후 생물학적 해충방제법을 통해 중국 농업에 기여하는 데 여생을 바쳤던 인물이다. 명문 중산대학中山大學의 과학자이자 연구자였던 그는 의심할 여지 없는 엘리트, 즉 양 과학자였다. 그러나 그가 가진 사회주의에 대한 강한 정치적 헌신과 농민에 대한 애정은 그를 토 과학의 영역에서도 성공할 수 있도록 했다. 이렇게 그는 문화대혁명 시기 반지성주의적 정치의 한복판에서도 비교적 잘 버텨 낼 수 있었다. 제3장에서는 위안룽핑(1930~2021)을 다룬다. 그는 마오 시대 과학의 겸손함을 상징하는 인물이었지만, 종국에는 푸저룽보다 훨씬 더 유명해졌다. 위안룽핑은 중국 국내에서 교육 받았으며 그저 그런 하류 농업대학에서 일하게 되었음에도 문화대혁명 기간 동안 교잡벼 기술에 관한 중요한 연구 업적을 이룩해 냈다. 이를 바탕으로 1970년대 후반부터 유명해지더니 결국 "교잡벼의 아버지"라는 칭호를 얻게 되었다. 위안룽핑의 사례는 역사 서술에서 정치가 갖는 중요성을 다시 한번 상기시킨다. 화궈펑華國鋒의 짧은 통치 기간(1976~1978) 동안 그의 연구는 "군중과학"이라는 친숙한 개념 틀을 통해 이해되었다. 반면 포스트사회주의 시기에 위안룽핑은 문화대혁명이라는 급진 정치에 의해 곤경에 처했던 지식인의 전형으로 묘사되었다. ㄱ 아중에도 엘리트는 아니든 직접 손에 흙을 묻혀야 한다는 마오 시대 특유의 소탈함에 대한 향수는 분명히 도드라지기는 했지만 말이다.

제4장과 제5장은 과학자들을 넘어 농촌 공동체 내 인민들의 경험을 탐구한다. 이러한 기층 공동체들이야말로 녹색과 적색의 혁명적 변혁의 실험장과 다름없었다. 국가는 정치적 이유와 현실적인 이유 모두로 인해 농촌 인민들의 적극적인 협력 없이는 일을 제대로 할 수 없었다. 과학적 영농은 농촌 공동체 내의 농업과 관련된 권위를 급진적으로 재편했으며, 화학적·유기적·노동집약적·노동절약적 접근법을 모두 포괄하는 일련의 새로운 농업적 실천들과 관련된 광범위한 지식을 갖춘 다수의 "농민기술원들"을 탄생시켰다. 어떤 경우 과학적 영농은 농민들이 보유하고 있던 기존의 지식을 정당화하고 키웠다. 반대로 다른 경우에는 그것들을 배격하고 대체하려 했다. 농촌의 과학 실험 운동은 기층 공동체에 대한 국가의 물질적 지원에 대한 책임은 회피하면서 국가가 원하는 특정한 변화를 밀어붙이는 데 도움이 되었다. 그러나 동시에 과학 실험 운동은 지역 공동체가 국가에 저항하기 위한 수단이 되기도 했다. 농민들이 실제로 저항에 나섰을 때, 그들은 국가가 교육에 훨씬 더 많이 투자하고 다양한 사안들에 보다 포괄적으로 개입할 것을 요구했다. 제4장에서는 농민의 과학적 영농 참여를 다루는데, 특히 농민들을 "경험이 있는" 행위자로 보거나 혹은 반대로 "낙후된" 행위자로 보는 국가의 이중적 관점에 초점을 맞출 것이다. 제5장에서는 대체로 유사한 주제들을 다루지만, 이를 구체적으로 지방 간부와 농업기술원의 관점을 통해 살펴볼 것이다. 이들은 상부로부터 내려온 국가의 명령과 그들이 봉사했던 농촌 공동체의 현실 사이의 괴리를 감당해야 하는 존재들이었다. 동시에 이 두 개의 장은 농촌 과학 실험 운동의 놀라운 역사적 계보를 더 잘 이해할 수 있게 해 줄 것이다. 농촌 과학 실험

운동은 '시험 지점'에서 획득한 성공적이고 혁신적인 조치들을 골라 다른 지역으로 전파하는 공산당의 정책 결정 과정에 연원을 둔 것이었는데, 이는 놀랍게도 미국 농업 모델을 본떠 시행했던 1930년대 농업 추광 시도에서 영감을 받은 것이었다.[58]

제6장과 제7장은 사회주의 중국의 농촌 과학 실험 운동에 참여했던 방대한 수의 "지식청년들"의 이야기를 다룬다. 이들에게 농업 과학은 때로는 농촌 생활의 무료함을 달래 줄 흥미로운 취미였으며, 때로는 매우 중대한 과업이었다. 문화대혁명의 역사에 관한 문헌들에 등장하는 여러 인물들 가운데 가장 자세히 다루어지고 잘 알려진 사람들은 단연코 이들 청년들이다. 그러나 이러한 문헌들이 청년들의 경험 전체를 모두 말해 주는 것은 아니다. 고난과 역경을 강조하는 주류 서사는 당시 청년들이 진실로 해결하고자 분투했던, 또한 여전히 지속되고 있는 문제들의 중요성을 모호하게 만들어 버렸고, 청년들이 문혁 시대를 살아냈던 복잡하고 다양한 방식들에 대한 보다 섬세한 이해를 방해하고 있다. 뿐만 아니라 우리가 현재 지식청년에 대해 알고 있는 바는 거의 전적으로 농촌으로 "하방"된 도시 출신 청년들의 경험에 관한 것이다. 도시에서 중고등학교를 졸업하고 고향으로 "회향"했던 훨씬 더 많은 농촌 출신 지식청년의 경험은 훨씬 덜 알려져 있다.[59] 이 두 장에서는 도시 출신 지식청년과 농촌 출신 지식청년 양쪽의 경험을 모두 살펴볼 것이다. 각자 받아들였던 결과가 같을 수만은 없었지만, 청년들은 모두 무언가 중요한 것을 성취하고 싶다는 열망과 과학 실험에 참여함으로써 귀중한 기회를 잡을 수 있었다는 감각을 공유하고 있었다. 과학은 혁명적이면서 동시에 지적인 활동이었기 때문에 정치적 영광과 개인적인 성취 모

두 이룰 수 있는 기회를 제공했으며, 그렇기에 많은 청년들에게 중요한 의미로 다가왔던 것이다. 제6장에서 나는 내가 '레이펑雷鋒 역설'이라 부르는 것, 즉 지식청년들이 한편으로는 혁명적인 영웅으로 거듭나라는 요구에, 다른 한편으로는 단순한 '부품'이 되어 거대한 혁명을 위해 개인을 희생하라는 상반된 요구에 직면해야 했던 상황을 검토한다.[60] 제7장은 과학 실험 운동에 참여함으로써 지식청년들이 맞닥뜨릴 수 있었던 기회와 실패 사이의 긴장을 드러낸다.

〈에필로그〉에서는 녹색혁명과 적색혁명의 유산들을 다룬다. 이러한 유산들은 포스트마오 시기에 극적으로 변화한 정치적·경제적·사회적·문화적 조건들에 의해 새로이 재해석되고 있다. 과학적 영농에 의해 야기된 기술적 변화들은 오늘날 중국 경제 성장의 여러 동인들 가운데 과소평가된 것 중 하나다. 동시에 그러한 기술들은 막대한 환경 파괴와도 무관하지 않다. 그러나 마오 시대의 급진주의에 대한 거의 맹목적인 비난에도 불구하고, 오늘날의 중국 사람들은 계속해서 현재의 문제에 대한 해결책을 모색하기 위해 과거의 실천에서 영감을 발견하고자 한다. 기술관료주의적이고 녹색혁명적인 농업 정책은 명백히 승리를 거두었다. 그러나 이는 마오 시대로부터 물려받은 보다 급진적이고 적색혁명적인 농업 과학이 오늘날에도 여전히 유효할 수 있다는 점을 간과하게 한다.

마오 시대 농업 과학의 역사는 실제로 살아 숨 쉬던 사람들—그리고 포스터의 아이들—이 1960~70년대 중국의 거대한 격변과 정치적·기술적 혁명을 살아내는 과정에서 발생했던 온갖 미묘함과 복잡성을 보여 준다. 그래서 모순으로 가득 차 있기도 하다. 사회주의 시대 중국의 농업 과학은 서구, 특히 미국의 과학지식 및 제도적 네트워크와 깊은 연관성을 지니고 있었다는 점에서 고도로 초국가적인 영역이었다. 또한 중국은 자본주의 및 제국주의 국가에서 과학이 수행되는 방식에 대한 대안으로서 토 과학을 추구했기 때문에, 농업 과학에 대해서도 자각적으로 자력갱생이라는 가치를 추구했다.[61] 토 과학은 기술관료주의에 대한 아래로부터의 중대한 도전을 표상했지만, 동시에 언제나 특정 모델을 교조주의적으로 그리고 하향식으로 각지의 현장 조건을 무시한 채 강제하는 경향성과 부딪혀야만 했다.[62] 게다가 토 과학의 대안적 비전은 전 세계 사람들에게 깊은 영감을 주었지만, 그것은 또한 국가 관료들에게, 그리고 특히 1978년 이후에는 전 지구적 자본의 힘에 너무나도 쉽게 포섭되어 버렸다.[63]

다른 분야의 과학자들과 마찬가지로 농업과학자들도 정치적 박해의 피해자였던 동시에 사회주의 국가와 핵심 가치를 공유하는 능동적인 행위자이기도 했다. 이들은 사회적 필요에 봉사하면서 자신들의 전문성을 추구할 수 있는 일종의 풍부한 기회로서 토 과학을 받아들였다.[64] 다른 나라들과 마찬가지로 중국에서도 녹색혁명을 통해 도입된 신기술들은 수 세기 동안 실행되어 왔던 보다 지속가능한 전통적 농업기술들을 밀어냈으며, 이로써 농민들의 "탈숙련화"를 초래했다. 그러나 다른 나라들과 다르게 중국에서는 동일한 농업 과학의 네트워크를 통해 농약과 화학비료라는 환원주의적 해결책이 홍보되면서 동시에 생물학적 방제의 수단으로써 말벌을 기르는 복잡한 신기술이 도입되기도 했으며 "전통적"인 녹비green nature 기술이 여러 지역으로 확산되기도 했다.[65] 청년들의 입장에서 농업 과학에 참여한다는 것은 숭고한 혁명의 목표에 봉사한다는 마음으로 자신들의 지적 역량을 마음껏 발휘할 수 있는 진정한 기회이기도 했다. 그러나 비극적이게도 이는 또한 여러 제약으로 인해 너무 자주 그들 개인의 차원에서나 그들이 돕고자 했던 공동체의 차원에서나 실패의 경험으로 끝나 버리고 말았다. 한발 떨어져서 더 거시적으로 이러한 역사를 평가해 보면, 인식론적이고 정치적인 기대와 의도라는 차원에서 붉은 중국의 녹색혁명이 대단히 눈에 띄는 사례였다는 점을 알 수 있다. 그러나 결과의 차원에서 보면, 결국 중국도 세계의 여타 지역들과 전반적으로 크게 다르지 않았다는 점을 애써 무시할 필요 또한 없을 것이다.[66]

해결 불가능한 모호함에도 불구하고, 이러한 역사적 경험에 대한 이 책의 분석은 중국의 적색혁명과 녹색혁명에 관해, 그리고 보다 일반적으로 과학과 정치의 관계에 관해 몇 가지 탄탄한 결론들을 도출한다. 우선 나는 마오 시대 중국의 정치적 변동을 친과학파와 반과학파 간의 투쟁으로 규정할 수 없다고 주장한다. 물론 기술관료들과 급진주의자들은 과학이 어떻게 작동해야 하는가라는 문제를 놓고 서로 다른 관점을 가지고 있었으나, 양자 모두 과학을 핵심적인 가치로 받아들였다. 같은 이유로 과학과 근대화가 약속하는 가능성들을 맹목적으로 믿는다는 것은 급진주의자들에게나 기술관료들에게나 매우 위험한 일일 수 있었다. 비록 급진주의자들이 과학기술의 영역에서 정치 우선주의를 주창하긴 했지만, 그들은 레이첼 카슨으로 대변되는 환경 보존의 관점에서 녹색혁명의 기술들을 비판했던 사람들만큼 강력하게 기술을 비판하지 않았을 뿐만 아니라 노동과 사회 정의의 관점에서도 충분히 비판적이지 못했다. 아마도 오로지 힘으로 밀어붙여 자연 지형을 변화시키려 했던, 자주 조롱받곤 하는 다자이 학습 운동보다 이를 더 잘 보여 주는 예는 없을 것이다. 이 운동에 참여했던 한 인물의 회고에 의하면, 그와 그의 동료들은 "오로지 대지에 용서받지 못할 죄를 저지르기 위해 소나 말처럼 죽도록 일해서 전례 없는 규모로 초원을 황폐하게 만들었다."[67] 이 사례와 다른 수많은 사례를 통해, 급진주의자들과 기술관료들 모두에게 널리 공유되고 있던 개발주의적 지향성이 초래한 환경적인 후과와 그러한 개발을 추진하는 과정에서 강압적인 정치가 인민들에게 몰고 온 대가를 확인할 수 있다.

그러나 이것이 곧 과학기술과 정치를 반드시 분리해야 한다는 생각으로 귀결되어서는 곤란하다. 수잔 그린홀지Susan Greenhalgh가 보여 주었듯, 덩샤오핑 시대의 한 자녀 정책은 혁명 정치로부터 분리된 기술관료주의가 낳은 서늘한 결과물이다. 국가 지도자들은 인구 정책을 입안하는 과정에서, 대부분 마르크스주의적 휴머니즘의 전통을 따르던 인구통계학자들을 신뢰하는 대신 더욱 객관적일 것으로 기대되었던 탄도미사일 과학 전문가들에게 의지했다. 이들 미사일 과학자들은 1980년 이래로 국가가 추구해 온 무자비한 계획에 맞춰 인구수를 가차없이 줄여 나갔다.[68] 한 자녀 정책이 탄도미사일 과학의 엄격한 계산에 의존한다는 이유만으로 덜 정치적인 정책이 되는 것은 당연히 아니었다. 더욱이 그것은 덜 정당하고, 덜 민주적이며, 덜 인간적인 정책이었음이 틀림없다. 농업 분야에서도 기술관료주의적 접근들은 정치를 가려 버림으로써 긍정적인 정치적 참여의 가능성을 원천봉쇄했다. 제임스 퍼기슨James Ferguson에 따르면, '개발' 이라는 기술관료주의적 개념은 "일종의 반정치적 기제로서, 그것이 건드리는 모든 것을 탈정치화하며 어디에서든 정치적 현실들이 드러나지 않도록 은폐해 버리는데, 이 모든 일을 진행하는 동시에 거의 알아챌 수 없는 방식으로 관료주의적 국가 권력의 확장이라는 현저히 정치적인 목표를 실현하는 방향으로 작동하고 있다."[69] 잭 클로펜버그Jack Kloppenburg는 생명공학적인 작물 산업을 정치경제학적으로 비판한 연구서의 감동적이고 반기술관료주의적인 결론에서 "궁극적으로 농업 과학 내부에서 비판자 집단을 양성할 필요가 있다"고 주장한다. 그러면서 그는 미국 전 농무부 장관 헨리 월러스Henry Wallace가 1961년에 발표한 성명서를 숙고하는 것에서 시작해 볼 것을 제안한다. "무언가를 과학적으로 이해한다는 것은 우리에게 기쁨을 주지만, 경제적·정치적으로 이해한다는 것은 우리의 의무이다."[70] 중국에서 발생했던 역사를 살피면서 나는 단순히 마오 시기에 정치가 과학에 지나치게 깊이 관여하여 문제가 되었다고 주장하지 않을 것이다. 오히려 기술 승리주의technological triumphalism를 철저히 비판하기에는 정치가 너무 부족했던 반면, 폭력적인 파벌주의와 박해와 관련해서만 너무 많은 정치가 행해졌던 것이 문제였다.

전 세계의 여러 사람들은 농업 과학을 어떻게 다르게 실천할 수 있을지 여전히 고민하고 있다. 더 많은 사람들을 먹여 살릴 수 있도록 생산력을 증대시키기 위해 개발된 기술들이 오로지 영리만을 위해 사회적이고 환경적인 요구를 묵살해서는 안 된다는 사회적 신뢰를 만들어 갈 필요가 있다. 그리고 이와 관련하여 사회적·정치적 관계들이 중요하다고 주장할 수 있어야 한다. 또한 이러한 문제들을 전 세계의 5분의 1이 살고 있으며 지구의 미래를 만들어 가거나 혹은 파괴할 역량을 가진 중국이라는 장소의 역사와 관련지어 이해할 수 있어야 한다.

정치와 과학이 연계된 과학철학을 실현하고자 했던 사회주의 시기 중국인들의 노력은 정작 자신들이 불붙인 희망에는 크게 못 미치는 것이었다. 물론 다른 어떤 역사적 사례도 그러한 과제를 완수한 경우는 없다.[71] 그러나 이 책에서 탐구된 역사에는 과학과 사회에 관한 여러 가지 통념들을 다시 생각할 수 있도록 영감을 주는 많은 것들이 담겨 있다. 이러한 자기반성과 재조명에 참여함으로써, 우리는 굶주림과 지속(불)가능성이라는 문제에 사회적이고 정치적인 방식으로 보다 적절하게 대응할 수 있는 위치로 나아갈 수 있을 것이며, 우리가 직면한 문제들을 순수하게 기술적으로 해결할 수 있다는 공상의 함정에 빠지지 않을 수 있을 것이다.

| 제1장 |

농업 과학과 사회주의 국가

서론

마오 시대 중국 과학사에 관한 기존의 주된 서술은 극단적으로 다른 두 시기를 오가는 시계추의 궤적과 같다. 두 극단의 한쪽은 정치투쟁이 지식 탐구와 경제 발전을 질식시켰던 '급진주의' 시기로 본다(대약진 운동과 문화대혁명 기간의 대부분을 아우른다). 다른 한쪽은 특히 저우언라이周恩來, 류샤오치劉少奇, 덩샤오핑鄧小平의 주도하에 안정이 추구되는 가운데 보다 자유주의적인 정책들이 실행되며 실의에 빠져 있던 과학자들이 다시 희망을 갖게 된 '온건주의' 혹은 기술관료주의적 시기라고 말한다.[1] 데이비드 츠바이크David Zweig는 농업에 관한 마오주의적 급진 정책이 "경제 발전을 혁명의 안티테제라고 간주했던 반反근대화 정신에 의해 추동되었다"고 설명한다.[2] 그러나 실상은 그렇지 않았다. 사회주의 중국의 농업 과학 역사에는 급진주의적 시기와 온건주의적 시기를 가로지르는 거대한 연속성이 존재했으며, 정치 스펙트럼과 무관하게 모든 지도자들이 과학의 발전에 기초한 근대화라는 가치를 수용했다. '과학적 영농'을 발전시키려는 움직임은 온건한 기술관료들의 전성기인 1961년경 시작되었다. 그러나 그것은 1950년대 후반 대약진 시기의 중요한 몇몇 선구적 업적에 뿌리를 두고 있었으며, 1965년 급진주의 정치가 고조되는 가운데 본격적으로 모양새를 갖추었고, 문화대혁명 시기(1966~1976)에 걸쳐 크게 발전한 뒤, 오늘날까지 여전히 영향력을 미치고 있다.[3] 그러므로 중국에서 녹색혁명은 다른 국가들이 녹색혁명을 추진하던 때와 거의 같은 시기에 진행되었다고 봐야 한다. 뿐만 아니라 이는 대륙의 적색혁명이 한참 전개되던 시기와도 겹친다.

냉전 시대는 마오쩌둥과 그를 따르던 사람들이 옹호했던 패러다임을 포함하여, 발전에 관해 서로 경쟁하는 적어도 세 가지의 서로 다른 패러다임을 낳았다.[4] 제3세계 여러 나라들이 국가 주도의 마르크스-레닌주의적 경제 발전 모델에 매력을 느끼고 있다는 사실은 동시대 미국의 많은 학자와 정치 지도자들을 긴장케 했으며, 월트 로스토Walt Rostow가 이른바 "비공산주의 선언"으로 불리는 《경제 성장의 단계들The Stages of Economic Growth》(1959)이라는 대단히 영향력 있는 책을 집필하는 계기가 되기도 했다. 레닌주의와 로스토의 '근대화 이론' 사이에는 몇 가지 분명한 유사점이 존재한다.[5] 두 이론은 모두 기술 개발을 통한 근대화라는 구상을 신봉했으며, 경제 발전이 구체적인 단계들을 거치면서 진행될 것이라는 일종의 결정론적 기대에 입각하고 있었다. 소련의 농업 정책은 근대화를 통한 진보라는 목표를 수용했으며, 심지어 영농 관행상의 효율성을 증진시키기 위해 미국의 테일러주의를 채택하기도 했다.[6] 마오는 자신을 레닌주의자로 간주했으며 근대화와 진보라는 가치를 믿어 의심치 않았다. 그럼에도 그의 경제·정치 프로그램—그리고 그것과 연동된 과학철학—은 소련에서 추구되었던 방식의 근대화와는 대단히 상이하게 전개되었다. 마오는 중국이 소련을 학습하는 과정에서 형성된 관료주의적이고 기술관료주의적인 권위 구조에 실망했다. 또한 소련인들의 권고를 따라 엄격하게 '단계들'을 하나하나 밟아 나가다 보면, 공산주의를 향한 중국의 진보가 도리어 지연될 것이라고 생각하며 좌절감을 느꼈다. 이에 마오는 단계론적 성장이라는 결정론적 접근법을 방기하고, 그 대신 군중의 힘에 대한 주의주의적 믿음voluntarist faith에 희망을 걸게 되었다. 진정한 공산주의 경제를 조속히 실현시키기 위해 군중의 집단적 혁명 의지를 동원하겠다는 생각이었다. 마오의 계획은 발전에 관한 하나의 정치적 비전이었으며, 육체노동보다 정신노동을, 농촌보다 도시를, 농민보다 노동자를 우선시하는 이른바 '삼대 차별'을 철폐할 것을 약속했다.

　이 장은 시계추 내러티브에서 벗어나 사회주의 국가 중국에 농업 과학이 갖는 정치적 중요성과 농업 과학 발전에서 국가가 갖는 중요성에 대해 보다 온전한 이해를 추동할 수 있는 일련의 문제들에 집중하고자 한다. 중후반 장들의 주요 등장인물이 상부에서 하달된 임무와 씨름하던 기층 인민들인 반면, 첫 번째 장인 이 장에서는 국가 상층부에서 고안된 정책들과 이데올로기적 우선고려사항들을 살펴볼 것이다. 농업 과학, 특히 농업 추광agricultural extension[7]을 뒷받침하는 철학과 실천은 국가 정책 및 이데올로기와 역사적으로 깊은 관계를 맺고 있었다. 사회주의 중국의 국가 지도자들은 국내의 여러 정치적·경제적 조건에서 파생된 문제들과 식민주의 및 냉전이라는 지정학적 맥락에서 기인하는 딜레마들을 해결하기 위해 분투했다. 그 과정에서 그들이 직면해야 했던 보다 거시적인 긴장들은 농업 과학 정책을 둘러싼 주요 갈등과도 긴밀하게 얽혀 있었다. 정책의 실험과 실행의 '유점도면由點到面(point-to-plane)' 체제,[8] 마오 시기 과학을 둘러싼 정치를 상징하는 토와 양의 이분법, 급진적인 국가 지도자들과 기술관료주의적 지도자들 모두로부터 지지를 받았던 농촌 과학 실험 운동의 출현, 그리고 기층 농업 과학과 관련하여 국가가 간행한 출판물의 인식론적 밑바탕이 되었던 '삼결합' 방법론 등은 중국에서 적색혁명과 녹색혁명이 서로 긴밀히 교차되고 있었다는 점을 보여 줄 것이다.

농업지식과 국가

프란체스카 브레이Francesca Bray가 보여 줬듯, 중화제국 시기의 중국은 "시초부터 말 그대로 농업국가"였으며, 따라서 "농업과 관련된 기술과 지식의 전파는 국가의 필수적인 통치 기술로 간주되었다."[9] 유사한 임무를 끌어안고 있던 사회주의 국가는 일종의 광범위한 지식 네트워크를 창출했다. 그 전제가 되었던 생각은 과학이 농업에도 적용될 수 있으며, 따라서 어떤 촌락에서 어떻게 잘 경작할 것인가라는 문제와 관련하여 촌락 외부의 과학 연구기관들이 더 나은 지식을 생산할 수 있다는 것이었다. 사회주의 시대에 정치적으로 지대한 영향력을 지니고 있던 노농(문자 그대로 '나이가 혹은 경험이 많은 농민')이라는 용어는 18세기 중국에서도 비슷한 용례로 사용되었다. 윌리엄 로William Rowe에 의하면, "열정적인 총독들은……현지 농민들 가운데 기술적으로 숙련된 농민들을 '노농'으로 선발하여 본보기로 삼았다."[10] 쌀을 이모작하도록 농민들을 설득하던 19세기 후난의 관료들에 관한 피터 퍼듀Peter Perdue의 연구 또한 국가의 개입 의지와 지역 사회의 저항을 지적하고 있는데, 이는 1960~70년대 중국에서 발견할 수 있는 구도와 놀랄 만큼 유사하다.[11]

이른바 '봉건주의'❖에 대한 노골적인 적개심에도 불구하고, 사회주의 국가는 스스로를 전통적인 상징 세계와 완전히 단절시킬 수 없었다. 대표적인 예가 바로 농업의 '팔자헌법八字憲法'(〈그림 6〉과 〈그림 7〉)이다. 1950년대 중반 마오쩌둥에 의해 승인되고 대약진 시기(1958~1960)에 널리 대중화되기 시작한 팔자헌법은 각각 토지 관리, 비료, 물, 종자, 밀식 재배密植栽培, 작물 보호, 농기구, 관리 경영을 뜻하는 여덟 글자[土, 肥, 水, 種, 密, 保, 工, 管]를 중심으로 일련의 농업 지식 및 실천을 정리한 일종의 외우기 쉬운 연상 구호였다.[12]

내용 자체는 새로운 것이었지만 팔자헌법이라는 형식은 농촌에 널리 알려져 있던 '팔자운세八字算命'를 떠올리게 했다. 이는 어떤 사람의 태어난 날짜와 시간과 관련된 글자들을 통해 그 사람의 운명을 예측하는 관습과 관련이 있었다. 농촌에서 나고 자랐던 마오는 이에 대해 매우 잘 알고 있었을 뿐만 아니라, 유명한 1927년 〈후난 농민 운동 고찰 보고〉에서 이 '팔

❖ 중화제국 시기 중국 사회에 존재했던 계급적 억압과 종교적인 "미신"을 지적하기 위해 사용되던 용어.

1. 농업 과학과 사회주의 국가

〈그림 6〉
마오에 의해 승인된 앞쪽에서 언급된 팔자헌법-농업의 여덟 가지 활동-에 관한 묘사에 의하면, 비료 파트(강과 못을 준설하는 그림)는 사회주의 시기에 대규모로 활용될 수 있게 된 오래된 기술로 표상되고 있는 반면, 작물 보호 파트(화학 살충제를 살포하는 그림)는 새로운 기술의 이미지로 표상되고 있다. 또한 테두리에 쌍희囍囍를 써서 '전통'에 어필하고 있음을 주목하라. 미래의 행복을 상징하는 이러한 테두리 디자인은 '팔자헌법'과 '팔자운세' 사이의 의미론적 유사성을 통해 이미 강조되고 있는 농촌문화의 색채를 더욱 강화시킨다. Xu Jiping, "Nongye bazi xianfa" (Eight-Character Charter) (Shanghai: Shanghai renmin meishu chubanshe, December 1959). Stefan R. Landsberger Collection, International Institute of Social History, Netherlands, http://chineseposters.net.

〈그림 7〉

(《그림 6》에 해당하는) 1959년도 포스터와 비교했을 때 여기서 묘사되고 있는 농업의 비전에는 훨씬 더 많은 신기술들이 포함되어 있다. 비료 파트에는 강을 준설하는 작업과 돼지 분뇨를 사용하는 모습에 더해 화학비료가 추가되었다. 농기구 파트에서는 1959년 포스터의 인력 농기계 대신 동력 기계들이 새로이 등장했다. 또한 직물업을 발전시키기 위해 이 시기에 대단히 강조되었던 작물인 면화에 대한 묘사가 두드러지고 있다는 점도 특징적이다. Ren Meijun·Li Zuowan·Liu Yushan, "Nongye 'bazi xianfa' hao" (The Eight-Character Charter for agriculture is best) (Shanghai: Shanghai renmin chubanshe, October 1974). Stefan R. Landsberger Collection, International Institute of Social History, Netherlands, http://chineseposters.net.

자운세'를 비판하기도 했다. 중국공산당은 이처럼 국가가 중시하는 바를 널리 알리기 위해 전통의 풍속을 활용하되, 동시에 오래된 관습 가운데 미신적이거나 바람직하지 않다고 판단되는 요소들을 과학적이고 이데올로기적으로 올바른 어떤 것으로 대체하는 전략을 자주 활용했다. 또한 스티브 스미스Steve Smith가 보여 준 것처럼, 농민들은 그들 나름대로 "초자연적이고 종교적인 요소들과 공산당 담론의 세속적 요소들을 완벽하게 결합해 조화롭게 만들 수 있는 능력이 있었다.……따라서 혹여 농민들의 세계관이 본질적으로 종교적 우주론에 뿌리를 두고 있었다 하더라도, 그러한 세계관과 혁명 정책 및 당의 공식적인 선전은 완벽하게 양립할 수 있었다."[13]

중화제국 시기 이래의 선례들이 존재했음에도 불구하고, 사회주의 국가의 농업 추광 메커니즘은 지리적으로 멀리 떨어져 있으며 정치적으로 더 의심스럽게 보였던 미국의 농업 과학으로부터 보다 직접적인 영향을 받았다. 모든 분투와 실패에도 불구하고, 20세기 초 중국에서 농업 개혁을 추진했던 존 로싱 벅John Lossing Buck을 비롯한 몇몇 미국인들의 작업은 심대한 유산을 남겼다.[14] 1953년 미국의 한 농업경제학자는 다음과 같이 걱정스럽게 말했다. "중국을 탈출한 난민들이 계속해서 발표하는 보고서에 따르면, 유엔과 미국이 설립하고 자금을 댄 실험농장이 공산주의자들에게 접수되었으며, 그곳의 실험 성과들이 수용되었고, 그 가르침을 공산당원들이 농민들에게 강요하고 있다고 한다."[15] 실제로 1950년대에 중국 정부가 채택한 농업 추광 시스템은 분명히 미국의 그것과 유사한 측면이 있었다.

1918년 존 로싱 벅이 집필한 한 논문은 농업 변혁에 대한 그의 접근법이 훗날 전개될 마오 시대의 농업 변혁을 매우 강력하게 예고하고 있음을 보여 준다. 벅은 다음과 같이 썼다. "내가 보기에 이 일이 계속되기 위해서는 그 절차를 실험농장, 시범 작업, 학습 활동이라는 세 부분으로 나누어야 한다.……농업의 과학적 원리들은 어린 학생들에게 가장 잘 주입될 수 있다. 무지한 농민들에게 무언가를 가르치려면 농장에서의 시범·시연 작업을 통해 가르칠 수밖에 없다. 반면 소년들은 새로운 생각을 훨씬 더 잘 받아들일 준비가 되어 있다."[16] 실험, 시범, '학습 활동'으로 구성된 벅의 구상은 마오 시대에 이르러 실험, 시범, 추광의 통합을 강조하는 경향에 맞춰 새로운 모습으로 거듭나게 된다.[17] 또한 이어지는 장들에서 자세히 살펴볼 것처럼, 젊은 세대에 대한 벅의 믿음은 청년이야말로 사회 행위자 가운데 "가장 보수적이지 않은" 사람들이며 따라서 변화의 선봉에 설 가장 소중한 존재들이라는 마오의 확신과 분명하게 공명하고 있었다.

중국계 미국인 농업 추광 전문가 신파오 양Hsin-Pao Yang은 〈중국의 집단적 농업 추광 사업 촉진Promoting Cooperative Agricultural Extension Service in China〉이라는 1945년도 논문에서 미국 제도를 토대로 시도되었던 다수의 중국 추광 프로젝트들을 검토한 바 있다. 검토 대상에는 제임스 옌James Yen(晏陽初)이 허베이성河北省 딩현定縣에서 진행한 농촌 재건 사업도 포함되어 있었다. 신파오 양의 논문은 훗날 마오 시대 추광 사업이 실시될 때 다시 강력하게 부각되는 몇몇 주제를 강조하고 있다.[18] 그는 추광 공작이란 "기층 현장 중심의 사업"이라고 천명하면서, 미국에서 훈련받은 중국인 경종학자들agronomists이 "미시시피에서 어떻게 면화를 기르는지, 아이오와에서 어떻게 옥수수를 재배하는지, 캔

자스에서 어떻게 콤바인을 동원하여 밀을 수확하는지 등은 생생하게 설명할 수 있으면서 정작 감자밭이나 논에서 고생하는 농민들을 어떻게 도울 수 있는지에 대해서는 알지 못하는" 상황을 비판했다. 신파오 양에 따르면, 성공적인 추광 사업자들이라면 현장의 문제들을 잘 이해해야 할 뿐만 아니라 농민에게 존경을 받기 위해 겸손한 태도를 견지해야 한다. "10여 년 전 한 대학교수가 모내기 현장에서 맨발로 손에 흙을 묻혀 가며 몸소 제대로 된 작물 이식 방법을 시범 삼아 보여 주었을 때, 촌락 주민들 사이에서 엄청난 붐이 일었다. 그 교수가 가장 자연스러운 방식으로 농민들을 가르쳤기 때문에 교육이 제대로 효과를 발휘할 수 있었던 것이다."[19]

그러나 몇몇 지점에서 신파오 양의 처방은 훗날 사회주의 정부가 채택했던 것과는 매우 다른 정치적 우선고려사항들을 다루고 있었다. 마오가 자력갱생을 강조했던 것과 대조적으로, 양은 "누구도 오로지 혼자의 힘만으로 살 수 없다"면서 다음과 같이 주장했다. "중국은 온전히 스스로의 노력만으로 이러한 농업 발전이라는 목표를 달성할 수 없을 것이다. 다른 나라의 원조와 국제적 협력이 반드시 필요하다." 또한 그에 따르면, 추광 사업자들은 중국 농민들이 "잘 확립된 행동 패턴에 따라 살아가는" 존재들이며, "관습과 관행은 공동체 생활을 지켜 주는 역동적인 안전장치"라는 점을 인정할 필요가 있었다.[20] 1970년대에 중국을 방문한 미국 농업과학자 대표단에게 중국의 추광제도가 미국의 제도와 매우 다른 것으로 보였다면, 그 원인은 의심의 여지없이 중국의 추광제도 안에 스며든 혁명 정치의 영향 때문이었다. 혁명 정치는 자력갱생과 사회 변혁을 주창했으며, 기술 전문가에게만 의존하는 것이 아니라 청년, 당 간부, 노농을 포함한 모든 인민을 동원하는 것을 정치적으로 더 높이 평가했다. 더 나아가 전문가가 개발한 기술들을 하향식으로 전파하는 일뿐만 아니라, 기층 농민들이 상황에 맞춰 현장의 필요에 부응하여 주체적으로 수행한 실험과 혁신을 중시했다.[21]

미국의 농업 추광제도는 중국 사회주의 농업뿐만 아니라 중국공산당의 핵심적인 정치적 의사결정 과정 자체에도 영향을 미쳤다. 여기서 다시 한번 중국의 녹색혁명과 적색혁명이 서로 얼마나 촘촘하게 얽혀 있었는지를 확인할 수 있다. 미국 식물학계 대표단 덕분에 1974년 중국을 방문할 수 있었던 중국학 연구자 필립 쿤Philip Kuhn은 '실험'이라는 용어가 "오늘날 중국의 이데올로기"에서 대단히 강력한 의미를 지닌다는 점을 간파했다.[22] 보다 근래에는 정치학자 세바스찬 헤일만Sebastian Heilmann이 '실험 지점'에서의 현장 실험을 강조하는 중국 특유의 정책 프로세스를 연구한 바 있다. 이러한 정책 결정 과정을 통해 중국공산당 중앙은 광범위하게 적용할 수 있는 가장 유망한 정책을 선별할 수 있게 된다. 헤일만은 이 과정의 역사적 기원을 추적했는데, 그중 하나가 '실험적 추광', 즉 신기술을 시험적으로 도입해 보고 이에 입각하여 효과가 있는 기술을 확산시키는 절차를 채택했던 1910~20년대 농업 개혁가들의 작업이라고 주장한다. 1960년대에 이르면 "한 지점의 경험을 주변 일대 전체로 확대[以點帶面]"하거나 "점에서 면으로 넓혀 나가는 유점도면由點到面" 방식이 이미 중국공산당의 정책 결정 과정에 깊이 뿌리내린 뒤였다. 1960년대 농업기술원들은 이러한 방식을 일종의 지도 이념으로 받아들이고 있었다. 그럼에도 이들은 이러한 정책 프로세스 자체가 20세기 전반기 농업 추광에서 발원했다는 사실에 대해서는 전혀 알지 못했다.

헤일만은 실험을 중시하는 공산당의 정책 프로세스가 1949년 집권 이후 마오 시대에, 특히 대약진 운동과 문화대혁명이라는 급진주의적인 시기에 결정적인 변화를 겪었다고 주장한다. 이데올로기적 올바름을 강요하는 정치적 압력으로 인해 각지 현장에서의 진정한 혁신을 장려하기보다는 국가 차원의 모범 사례들을 전국의 모든 현장에 강압적으로 내리꽂는 방식을 선호하게 되었다는 것이다. 이 하향식 정책 집행 과정에서 과연 모범 사례들이 특정 지역의 구체적인 상황에 비추어 적합한 모델인가 하는 의문은 부차적인 것으로 치부되어 버렸다. 그러나 헤일만은 다음과 같이 덧붙였다. "아무리 1960년대와 1970년대였다 하더라도, 정책을 둘러싼 정치적 맥락이 비교적 덜 경직된 상황에서 최고 지도부의 지지를 얻은 일부 프로그램들은 유의미한 실험과 단계적 추광을 통해 정책적으로 널리 집행될 수 있었다."[23] 나는 과학 실험이 농업 추광과 관련하여 지속적으로 중요한 역할을 수행했다는 상당한 증거를 발견할 수 있었다. 게다가 지방 행위자들은 실험이라는 가치와 지역의 자력갱생이라는 혁명적 가치에 헌신함으로써 상부가 강요한 부적절한 모델을 견제할 수도 있었다. 즉 흥미롭게도 위로부터의 과도한 모델 적용에 저항할 때, 지방 현장의 행위자들은 상부의 급진적인 지도자들이 자주 내세우곤 했던 정치적 이상들을 역으로 활용했던 것이다.

토와 양

마오 시대 과학 담론에 관한 용어로 말하면, 정치계와 과학계의 급진적 지도자들은 양보다 토를 강조했다고 볼 수 있다. 토土란 다수의 군중이 사회주의 혁명의 목표들을 달성하기 위해 생산해 낸 과학이라는, 마오 시대의 급진적인 과학 비전을 구성하는 일련의 의미들―토착적, 중국적, 지역적, 소박한, 군중의, 투박한―을 가리킨다. 이는 양洋―외국적, 서양적, 엘리트적, 전문적, 상아탑의―과 대조되는 것이었다. 공식적인 정책은 토와 양을 생산적이고 협력적으로 함께 이용할 것을 장려했다(토양병거土洋竝擧 혹은 토양결합). 그러나 급진주의자들은 외국 인맥이 있는 과학자들을 경계했으며, 토를 앞세워 끊임없이 양을 지도하려 했다. 반면 기술관료들은 전문 과학자들의 능력을 통해 중국을 근대화할 수 있다고 믿었으며, 모든 기회를 이용하여 과학자들의 리더십을 보장해 주려 했다. 토와 양의 이분법은 과학에 대한 마오주의적 접근법을 구성했던, 보다 더 잘 알려진 이분법들―예를 들어 홍紅red 대 전專 expert, 즉 사회주의 혁명 정치에의 헌신 대 기술적 전문성, 그리고 이론 대 실천―뿐만 아니라 녹색혁명과 적색혁명이라는 이 연구의 핵심적인 이분법과도 호환 가능하다.

사료로부터 도출된 역사가 너무나 쉽게 이분법에 맞춰진다는 사실은 그러한 이분법이 그만큼 해당 시간과 공간을 이해하는 데 중요할 수 있다는 점을 시사한다. 토와 양으로 대표되는 이분법은 특히 마오주의식 변증법적 유물론의 특징이면서 냉전 시대 지정학의 특징이기도 했다. 이러한 이분법을 채택하는 나의 의도는 단순히 이분법 자체에 의존하려는 것이 아니라, 오히려 그러한 이분법을 각각의 역사적 맥락에서 비판적으로 생각하고 의식적으로 적용해 봄으로써 그것들이 사회주의 시기 중국 과학에 대해 무엇을 드러내고 무엇을 감추는지를 살펴보려 함이다.

과학사학자들은 '과학과 기술'을 한 쌍으로 다루는 것에 매우 익숙하며, 상이한 시공간에서 과학과 기술이라는 용어들이 갖는 의미와 상호관계에 대해 논의해 왔다. 그러나 과학사학자들이 서구의 맥락에서 이루어진 이러한 도발적인 논의들을 같은 강도로 중국에 대해 제기한 적은 거의 없다. 중국 같은 경우 초국가적 관계성—외국적인 것 대 토착적인 것—과 계급을 가로지르는 관계성—지식인 대 농민—이 함께 논의되어야겠지만, 그럼에도 토와 양의 관계성이 실질적으로 더욱 중요했다고 할 수 있을 것이다. 그러므로 토/양 이분법을 살펴봄으로써, 과학지식의 생산과 이동—제임스 시코드James Secord는 어떻게 과학지식이 일군의 사람들로부터 다른 집단의 사람들에게로 이전되는가에 관한 문제를 '이동 중인 지식'이라는 문제의식으로 정리한 바 있다[24]—에 대한 마오 시대 중국인들의 접근 방식을 이해하는 데 도움이 되는 통찰을 얻을 수 있을 것이다.

토/양 이분법은 식민주의에서 근대화로 이어지는 글로벌한 맥락들에서 과학을 보다 심도 있게 이해하는 데에도 유용하다. 이집트를 중심으로 이 문제를 탐구한 대단히 영향력 있는 연구서의 저자 티모시 미첼Timothy Mitchell은 20세기 사회과학이 세계를 분할하는 암묵적인 방식들을 조명하기 위해 '이분법주의'라는 용어를 사용한다. 그는 다음과 같이 말한다. "이집트에서, 보다 더 일반적으로 20세기 세계에서, 권력이라는 것은 실제로 무언가가 일어나는 복합적인 방식을 직시하기보다, 이론과 실제 세계, 개념들과 그 대응 대상물들, 인간과 비인간 등이 서로 깔끔하게 분리되는 영역인 것처럼 보이게 만드는 효과를 생산한다. 이것이 바로 권력이 작동하는 방식이다."[25] 사회주의 중국의 토와 양은 이와는 조금 다른 그림을 그려 볼 수 있는 기회를 제공한다. 미첼이 폭로한 것과 같은 식민주의의 이분법들에서 파생되었으나 그럼에도 그 이분법들에 저항했으며 또한 동시에 미묘하게 그것들을 강화하기도 했던, 토와 양이라는 대안적 분석 범주들을 명시적으로 채택한다는 것이 어떤 의미를 갖는지 조금 더 자세히 살펴보자.

　토와 양 개념—특히 이 이분법이 한편으로 토착적인 것과 농민적인 것에, 다른 한편으로 외국적인 것과 엘리트적인 것에 연결되는 방식—이 식민주의의 산물임은 분명하다. 많은 학자들이 주장했듯, 중국 '농민'이라는 개념은 20세기 초에 만들어진 것이며, 이는 이후 중국 사회에 심원한 영향을 미쳤다. 한때 '농부' 혹은 '촌민'이라고 불렸던 사람들이 이제 억압과 후진성이라는 부정적인 요소로 정의되는 '농민' 군중으로 불리게 된 것이다. 그러나 비단 농촌 주민들의 정체성만 변화를 겪었던 것이 아니라, 중국이라는 나라 자체가 점점 더 '농촌' 국가 혹은 심지어 '농민' 국가로서의 정체성을 갖게 되었다. 이렇게 '중국'이 "농촌적인 것rural" 혹은 "농민적인 것peasant"과 직결되게 된 데에는 리다자오李大釗의 공이 컸다. 그는 중국처럼 경제적으로 낙후된 국가가 어떻게 공산주의 혁명을 성공시킬 수 있을 것인가라는 문제를 고민하는 과정에서 중화민족 전체가 식민주의에 의해 세계의 프롤레타리아로 전락했다는 명제를 세운 바 있다.[26] 이는 곧 중화민족 전체가 외부 세계와 일종의 계급 관계를 맺고 있다는 생각이다.[27] 이러한 관념은 1949년 혁명 이후에도 지속적으로 강화되었다. 이러한 세계관에서 마오 시대 중국의 초국가적 과학은 필시 민족과 계급에 의해 분할된 공간을 가로질러 이동하는 어떤 것이었다.[28]

토 과학은 중국혁명사에서 중요한 위치를 차지하고 있다. 토와 연관되는 가치들인 자력갱생, 군중 동원, 실용적 쓸모 등은 1940년대에 중국공산당이 혁명 근거지에서 두 전쟁—항일전쟁 및 장제스蔣介石의 국민당과의 국공내전—을 수행할 때 인민들을 동원하는 과정에서 형성된, 서로 맞물리는 일련의 우선고려사항들을 구성하는 핵심 가치들이었다. 당시 새로운 냉전 질서를 주도하던 세력들은 노골적으로 장제스를 지지했거나(미국), 혹은 적어도 그에 대해 불가침 정책을 펴고 있었다(소련). 이러한 국제정세에서 중국공산당 당원들이 보기에 유일하게 확실한 노선은 긴요한 경제적·군사적 수요를 충족시키기 위해 근거지 일대의 토착적 자원들—물질적·방법론적·인적 자원들—을 개발하는 것이었다. 혁명의 "요람" 옌안延安에서 확립된 자력갱생, 응용과학, 토착적 방법론[土法], 군중 동원 등은 이후 마오 시대 내내 지속되는 국정운영의 형식이 된다.[29]

1939년 중국공산당 당원들은 경제 봉쇄에 대응하여 산업과 국방의 자력갱생 운동을 전개했다.[30] 과학지식은 성냥, 비누, 촛불, 폭발물 같은 필수 물자들의 생산수단 발전에서 대단히 중요했다. 이러한 상황에서 불가피하게 과학지식의 실용적 응용이 매우 강조되었던 것이다. 그러나 그럼에도 중국공산당은 수년간 근본적이고 이론적인 기초과학의 중요성을 결코 경시하지 않았다. 이러한 흐름은 1942년 중반에 발생한 정풍 운동이라는 대규모 정치 격변으로 인해 변화를 겪게 되었다. 마오가 "부르주아" 지식인들과 친소련파 간부들에 대한 비판을 통해 자신의 권력을 공고히 하려 하자, 이에 맞춰 과학계의 상층부에도 심대한 변화가 발생했던 것이다.

이러한 변화는 쉬터리徐特立와 러톈위樂天宇라는 두 인물을 중심으로 전개되었다. 쉬터리는 옌안 자연과학연구소 소장이었다. 그는 기초과학을 가르치고 연구하는 것이 과학과 경제의 발전을 위해 반드시 필요한 토대라는 믿음을 갖고 있었다. 정풍 운동과 더불어 상아탑의 추상적 이론이 아닌 군중의 실제 경험을 배워야 한다는 움직임이 대두되자, 쉬터리의 프로그램은 위기를 맞게 되었다. 자연과학연구소 생물학과 과장 러톈위는 정풍 이후 새롭게 유행하게 된 움직임에 훨씬 더 잘 부합하는 접근법을 택했다. 그는 외부의 지원 없이 오로지 현지의 사탕무와 수제 장비만으로 설탕 생산 공장을 설립하는 데 성공했다. 이러한 성공은 일찍이 그를 일종의 '지방 명사'로 만들어 주었다.[31] 정풍 운동 동안 러톈위는 정치적 흐름에 올라타 연구소 전체가 자신의 연구 모델을 따라야 한다고 주장했다. 러톈위는 자력갱생과 실천을 통한 학습이라는 가치를 강조하며 연구소가 외국 교재를 사용하는 것을 비판하기 시작했다. 러톈위의 지도하에 있던 생물학과 학생들은 의무적으로 농민들을 방문하여 그들로부터 현지 식물을 활용해 염료와 약품을 만드는 법을 배워야 했다. 이것이 곧 러톈위가 추구했던, 현장 자원을 충분히 활용하는 군중 기반의 응용과학이었다. 다수의 교원과 학생들은 쉬터리와 그가 중시하는 기초과학 일반을 옹호했다. 그러나 1943년 초에 이르러 과학에 대한 러톈위의 접근법이 승리를 굳히게 되었다. 결국 자연

과학연구소는 당의 완전한 통제하에 놓여 있던 런민대학人民大學의 일부로 흡수되었다.[32]

토/양 이분법은 옌안 시대에 기원을 두고 있었으나 대약진 시기에 본격적으로 대두되기 시작했다. 다시 말해, 토와 양은 소련 고문들의 지도하에 진행된 중화인민공화국 건국 초기 사회주의 경제 건설 노선에서 벗어나려는 마오의 대약진 구상과 밀접한 관련이 있다.[33] 이 시기에 중요했던 것은 "토 전문가"❖를 "양 전문가"❖❖와 구분하는 일이었다.[34] 당국이 공식적으로 토와 양의 '결합'을 주문하긴 했지만, 선전물들은 종종 토의 가치를 우선시하고 양을 폄하하는 메시지를 담고 있었다. 토를 추구하는 데 공식적으로 어떠한 거리낌이나 정치적 위협이 존재하지 않았다. 반면 양과 엮이게 될 경우, 특히 문화대혁명 시기에는, 부르주아적이라거나 외국 제국주의와 내통한다는 이유로 박해를 받게 될 가능성이 컸다. 그러나 다른 한편으로 토보다 양의 계급적 특권이 훨씬 더 강했다는 점을 부인하기는 어렵다. 심지어 문화대혁명 시기에도 국가는 전문 과학자들의 지식이 필요했다. 과학자들은 모진 고초를 겪었던 만큼 특권을 누리기도 했다는 점은 부인할 수 없는 사실이었다.

워릭 앤더슨Warwick Anderson이 설명했듯, 과학이 지구적으로 발달할 때 식민주의 체제가 생산해 내는 이분법들—"글로벌한 것과 지역적인 것, 제1세계와 제3세계, 서구적인 것과 선주민적인 것, 근대적인 것과 전통적인 것, 개발과 저개발, 거대 과학과 작은 과학, 핵 보유와 미보유 그리고 심지어

❖ 특히 노동계급 출신의 토착 전문가들.
❖❖ 소련인 전문가들, 해외에서 교육받은 중국인 전문가들, 어떤 식으로든 외국스럽다고 간주될 만한 기관 및 지식과 관련성을 갖고 있는 중국인 전문가들을 두루 가리킴.

이론과 실천" 등—은 과학의 구조에 결정적인 영향을 미쳤으며, 언제나 힘의 불균형을 수반했다.[35] 마오를 비롯한 중국공산당 지도자들이 추구했던 바는 이론과 실천, 홍과 전, 토와 양 등을 비롯한 식민주의에 뿌리를 둔 이러한 이분법들을 감추기보다는 통치 이데올로기의 일환으로 명확하게 가시화하는 것이었다. 더 나아가 공산당 치하의 국가는 권력으로부터 배제되어 있던 토 쪽의 사람들, 곧 포스트식민주의 이론에서 말하는 '서발턴'을 대표하는 데 정통성의 근간을 두었다.[36] '일궁이백一窮二白'[37]이라는 중국의 현 상태를 오히려 장점으로 받아들였던 마오는, 서발턴에게 권력을 부여할 것을 주장함으로써 이분법의 위아래를 역전시키고자 했다. 그러나 동시에 이러한 시도는 역설적이게도 식민주의적 근대성의 이분법이라는 틀 자체를 강화하는 것이기도 했다.[38]

  이러한 인식론적인 개입은 특히 과학자들에게 주목할 만한 영향을 끼쳤다. 지식인으로서의 과학자들은 일단 농민은 아니었다. 토착적인 것과 농민적인 것을 동일시하는 입장에서 볼 때, 지식인으로서의 과학자들은 농민적이지 않은 존재들이므로 토착적이지 않은 혹은 중국적이지 않은 존재라고 쉽게 낙인찍힐 수 있었다. 토가 식민주의적 근대성의 이분법 안에서 권력으로부터 배제된 쪽에 속해 있었다면, 양은 마오주의 정치문화 안에서 언제든 박해받을 수 있는 취약한 쪽에 속하게 되었다. 제2장과 제3장에서 상세히 다루겠지만, 이에 따라 중국 과학자들은 포스트식민주의적 맥락에서 전형적으로 나타나는 혼종적 정체성들을 갖게 되었다. 그저 중국인인 동시에 과학자로 존재하기 위해 그늘은 반드시 토와 양 모두를 체현해야 했다. 국가는 이러한 혼종성이 과학자들에 의해 자발적으로 출현했다는 점에 만족하지 않고 더욱 적극적으로로 밀어붙이고자 했다. 이를 위해 국가는 일련의 정책들을 통해 지식인을 농민으로, 농민을 지식인으로 변화시키고자 했다. 또한 내적 자원과 외적 자원을 동시에 활용할 수 있는 방법들을 모색했다.

사회주의 국가는 토 과학을 옹호함으로써 중화민족을 위해 '서발턴의 목소리'를 드높였다. 이러한 목소리는 수많은 사람에게 깊은 영감을 주었다. 그러나 이러한 목소리가 과연 원래 대변하고자 했던 사람들을 위해 제대로 정의를 구현하는 데까지 나아갔는가라고 묻는다면, 답은 부정적일 수밖에 없다. 서발턴으로서의 목소리는 인간이 자연을 장악할 수 있다는 개발주의적 근대화 패러다임에 결코 제동을 걸려 하지 않았다. 바로 이런 점에서 마오주의에는 세계 어디에나 만연해 있던 근대적 테크노사이언스의 근본적인 전제들이 철저히 내재되어 있었다. 따라서 핵심적인 문제는 다음과 같다. 과연 토와 양이라는 형식이 과학을 '비非식민화'하는 유의미하면서도 유효한 방법이었는가? 아니면 그것은 단지 식민주의 인식론의 여러 개념들을 재생산했을 뿐이었는가?[39]

삼결합과 과학 실험 운동의 대두

전문가의 전문지식을 둘러싼 실용적 필요성과 농민의 경험이 갖는 이데올로기적 중요성 사이의 균형을 어떻게 맞출 것인가? 이 문제는 토/양 이분법뿐만 아니라 농업 과학 단체들을 조직화하는 이른바 '삼결합三結合' 원리에도 영감을 주어, 삼결합의 세 요소 가운데 두 요소를 구성하게 했다. 삼결합의 세 요소 중 나머지 세 번째 요소는 바로 국가의 정치적 권위에 관한 것이었다.⁴⁰ 대약진 시기에 이르러 정치 지도자, 농업기술원, 농민을 '삼결합' 조직으로 묶어 내려는 노력이 《런민일보》에 처음으로 보도되었다. 목적은 시험전experiment fields을 마련하고 신기술을 대중화하는 데 있었다.⁴¹ 1960년경에는 동북 지린성吉林省의 한 현에만 645개의 삼결합 조직이 존재하고 있었다.⁴² 그해에 중국은 역사상 가장 심한 기근에 시달리고 있었다. 대약진 운동의 목표는 전무후무한 속도와 규모로 공산주의의 완전한 발전을 달성하는 것이었다. 이런 상황에서 국가 간부들은 비현실적인 생산 할당량을 맞추기 위해 무리하게 폭력적인 수단까지 동원할 수밖에 없었다.⁴³ 이처럼 무리한 운동의 결과로 초래된 대기근의 여파로 인해 마오가 일시적으로 정치 일선에서 물러나게 되었으며 류샤오치 등 이른바 온건파들이 중국을 다른 길로 이끌어 갈 가능성이 열리는 듯했다.

대약진·대기근 이후 1960년대 전반 정책 조정기에 과학자들과 지식인들은 전문적이고 심지어 기술관료주의적인 연구와 교육 모델을 주창하며 자신들의 의제를 진전시켜 나갔다. 동시에 농업경제는 농가 중심의 영농과 각종 부업 활동을 보다 적극적으로 수용하는 방향으로 개편되었다. 많은 지역에서 농가들은 국가의 계획에 구애받지 않고 각자 소비할 수 있는 채소를 재배할 수 있는 작은 토지(자류지自留地)를 받았다. 가축을 집체로 환수시키라는 압력도 줄어들면서, 닭과 돼지들이 개별 농가의 생계 유지에 차지했던 비중이 과거 농업집체화 이전 수준으로 다시 회복되기도 했다.⁴⁴ 그럼에도 마오의 영향력은 결코 완전히 소멸되지 않았다. 1962년 중국공산당 제8기 중앙위원회 제10회 전체회의(중공 8기 10중전회)는 한편으로 대약진 이후의 온건한 방향과, 다른 한편으로 명백하게 좌파적 전환을 암시하는 정치 언어가 뒤섞인 경제 정책을 천명했다.[45] 요컨대 "과학적 영농"을 발전시키려는 움직임은 온건주의와 급진주의라는 두 개의 방향성 모두로부터 파생되었으며, 이는 이 책의 중심 주제인 녹색혁명과 적색혁명이 교차하는 결과가 출현하는 배경이 되었다.

    1962년 말의 각종 정책 지시들은 1950년에 출범한 농업기술추광참 agrotechnical extension stations 제도에 더욱 투자를 늘릴 것을 명령했다. 각 추광참推廣站은 반드시 농업학교 이상의 학위와 생산·추광 경험이 있는 3~10명의 간부를 보유하고 있어야 했다.[46] 10중전회에서 의결한 바대로, 전국 농업 과학기술 공작 회의 참석자들은 1963년 2월부터 4월까지 "1960년대 농업 과학기술 및 농업 발전 전반에 관한 핵심 기획 회의"를 개최하기로 결정했다.[47] 회의의 가장 영향력 있는 결정사항 중에는 양판전樣板田✦을 확대하는 방안이 포함되어 있었다. 양판전이란 새롭게 도입된 종자와 농법이 현지 여건에 적합한지 검토하여 지역 인민들에게 시범적으로 보여 줄 가치가 있는지 여부를 판단하는 공간이었다. 기술관료주의적 비전이 이 회의를 지배했으며 녜룽전聶榮臻 국가과학기술위원회 주임이 농업, 공업, 국방, 과학기술 등 네 분야의 '4대 현대화' 실현을 촉구하는 연설을 했다.[48] 〈지금은 과학자들이 최선을 다해야 할 때이다〉라는 1963년 4월 6일 자 기사에서 《런민일보》 기자들은 해양생물학자 쩡청쿠이曾呈奎(C. K. Tseng) 같은 저명한 과학자들의 연구를 치켜세웠다. 또한 해당 기사는 류샤오치를 인용하면서 4대 현대화가 "모든 사람의 노력뿐만 아니라 과학

✦ 문자 그대로 '모범 전답model fields' 혹은 시범농장을 의미함.

자들의 노력에 달려 있으며, 특히 원로 과학자들의 리더십을 필요로 하는 일"이라고 말했다. '군중'은 기껏해야 맨 마지막 줄에 의례적으로 언급될 뿐이었다.⁴⁹

그러나 얼마 못 가 레토릭이 다시금 급변했다. 대약진·대기근 이후 사회주의에 대한 신념이 긴급히 재정립될 필요가 있다는 마오의 의중에 따라 새롭게 '사회주의 교육 운동'이 발동된 것이다. 사회주의 교육 운동의 핵심은 지방 간부들과 정치적으로 불량한 계급 구성원들의 부패와 이데올로기적 오류를 적발한 후 정치 재교육을 통해 그들을 구제하는 것이었다. 이처럼 1963년 마오가 일단 과학 실험을 계급투쟁, 농업 생산 활동과 함께 묶어 내자, 그다음부터는 일부 간부들과 불량 계급 출신자들이 어떤 식으로 과학 및 농업 신기술의 중요성을 제대로 이해하지 못하는 과오를 범했는지 비판하는 이야기들이 무수하게 유통되었다.⁵⁰

1964년 5월, 《런민일보》는 "새로운 것"이 등장했다고 보도했다. 새로운 것이란 군중성 과학 실험 소조mass scientific experimental small groups였다.⁵¹ 시범농장—앞에서 언급된 '양판전'—의 중요성은 유지되었다. 그러나 이제 시범농장은 "전문가의 연구"와 "군중과학"을 결합하는 수단으로 재해석되었다.⁵² 1965년 2월 전국 농업 실험 회의는 사회주의 교육 운동의 물결을 타고 새로운 농업 과학 실험 운동을 전개하기로 결정했다.⁵³ 《런민일보》는 이와 같은 노력이 10중전회의 정신뿐만 아니라 혁명 운동으로서 과학 실험을 추진하라는 마오의 요구와도 부합한다고 보도했다. 그 결과 기술적 해결책과 급진적 정치가 하나의 우산 아래 함께 공존하는 상황이 펼쳐졌다. 해당 기사는 또한 현재 진행 중인 혁명적인 '삼결합 통합'에는 여러 가지 형태가 있을 수 있다고 강조했다. 즉 간부, 과학계 노동자, 농촌 군중의 통합 이외에 '시범농장, 실험실, 시험전'의 통합이나 '실험, 시범, 추광'의 통합도 있을 수 있다는 것이다.⁵⁴ 기사에 의하면, 이 모든 것은 "당의 지도하에……시범농장을 핵심으로, 전문화된 과학기술 인력을 근간으로, 그리고 군중의 과학 실험 활동을 토대로 삼는 하나의 혁명 운동"으로 귀결될 것이었다.⁵⁵

과학 실험 운동의 정확한 구조와 활동은 각 지역마다 차이가 있었지만, 널리 공유되고 있던 일정한 패턴이 존재했다. 농민을 기술원으로 변모시키기 위해 필요한 훈련 프로그램을 개설하는 과정에서 가용한 모든 교육 자원이 총동원되었다. 이러한 교육훈련 과정은 때때로 야학의 형태를 띠기도 했다. 현지 당 서기가 몇몇 농민과 지식청년을 선발하여 인근 도시의 농업학교로 파견해 단기 교육 과정을 수료하게 하는 경우도 있었다. 성 예하의 지방급, 성급, 전국급 다양한 정기 회의들이 개최되었으며, 이를 통해 기층 과학 실험 운동 참가자들이 모여 경험을 서로 공유할 수 있었다. 또한 이러한 각종 회의들을 통해 당 간부들은 지역 공동체에 영감을 줄 수 있는 개인 또는 생산대 차원의 모범 사례들을 발굴해 내고 널리 홍보할 수 있었다.

매우 일반적이었던 또 하나의 패턴은 실험 참가자들이 시범, 실험, 종자 보급을 중심으로 이른바 '삼전三田three field'의 방법을 확립했다는 것이다.✤⁵⁶ 1965년 베이징시 농촌 과학 실험 소조 활동가 회의는 이 제도에 대해 다음과 같

✤ 이 개념의 뿌리도 마찬가지로 1949년 건국 직후부터 발견된다. 그러나 1965년 이후 훨씬 더 명확하게 체계화되어 널리 알려지게 되었다. 과학 실험 운동과 관련된 모든 것은 삼三의 형식으로 전개되었던 것 같다. 과학 실험 운동 그 자체가 '삼대 혁명 운동' 중 하나였다.

이 상술했다. 종자전seed fields이란 신품종 개발 절차에 박차를 가하면서 일단 신품종이 개발되면 그 품질이 악화되지 않도록 하는 공간이었다. 지역 차원의 종자 생산을 조직함으로써, 개별 농민들은 직접 파종할 종자를 선정할 필요가 없게 되었던 한편, 공동체 차원에서 종자 확보가 이루어지기 때문에 외부 단체에 의존할 필요가 없게 되었다. 양판전demonstration fields은 신기술을 직접 보고 만질 수 있는 기회를 군중에게 제공했다. 이로써 농민들은 신기술의 효용을 재빠르게 인식하고 채택할 수 있었다. 반드시 입증이 끝나 논란이 없는 기술들만 양판전에 도입될 수 있었다. 아직 현지에서의 수용 여부가 결정되지 않은 최신 신기술들은 우선 시험전으로 이관되었다.[57] 양판전은 농업 분야에 유점도면 체제를 전면적으로 부활시켜 "한 지점뿐만 아니라 여러 지점에서, 여러 지점에서뿐만 아니라 특정 지역 전체에서" 생산을 증대하는 데 핵심적인 역할을 수행할 것으로 기대되었다.[58]

농촌 과학 실험 운동 가운데 가장 두드러지는 측면은 실험 소조를 '삼결합'으로 조직했다는 점이다. 1969년 광둥성에서 올라온 한 보고서는 삼결합 방식이 갖는 장점에 대해 "간부는 자신감이 있고, 청년은 기술이 있으며, 가난한 노농에게는 경험이 있다"고 설명한다. 보고서는 더 나아가 다음과 같이 부연한다. "간부는 현지 상황의 모든 측면을 파악하고 있으므로 생산에 가장 필요한 실험이 어떠한 것인지 판단할 수 있다. 노농은 농업 활동의 제반 현실을 가장 잘 아는 사람들이며, 이익이나 명성을 신경 쓰지 않고, 생산 주기를 이해하고 있으며, 또 풍부한 실용 지식을 갖고 있다. 청년은 기술적 지식을 갖고 있으며, 신기술을 잘 받아들이는 데다가 과감하게 생각하고 과감하게 행동한다."[59]

'삼결합' 형태의 조직을 구성하는 구체적인 집단들은 그때그때 다를 수 있었다. 가장 주목할 만한 점은 일할 수 있는 농업기술원이 존재했던 지역에서는 이 '과학기술 인력'이 '청년'을 대체하는 경우가 많았다는 것이다. 한편 내가 인터뷰한 전직 생산대 대장의 말에 따르면, 그의 생산대에서 '삼결합'이란 농촌으로 하방된 도시 청년, 현지 출신 농촌 청년, 그리고 자기 자신과 같은 간부들—앞 두 그룹의 젊음에 균형을 줄 수 있을 만큼 충분히 "나이가 들었다"고 간주된—을 의미했다.[60] 그러나 구체적으로 어느 집단이 참여했든지 간에, 전반적인 방점은 "광범위한 군중"을 동원하여 농업 과학에 참여시킨다는 데 찍혀 있었다. 그리고 이러한 방향성을 추구하게 된 배경에는 정치적인 원인뿐만 아니라 현실적인 문제들도 있었다. 물론 급진주의적 분위기가 보다 강했던 시기의 경우 상아탑의 엘리트 과학자들이 신기술을 일방적으로 하달하는 모양새는 반드시 지양되어야 했다. 그러나 중앙 당국이 농업 관행을 변화시키기 위해 농업과학자들을 필요로 할 때조차도 충분한 전문 인력을 확보하기 힘들었다. 1965년 베이징 회의에 보고된 바에 따르면, 베이징 교외 농촌에 파견되어 직접적으로 농민들과 함께 일한 과학기술 인원의 수는 1,200명 정도였다고 한다. 그러나 이들의 전문성을 활용하기에는 그들의 수가 지나치게 적고 넓게 흩어져 있었다. 같은 지역에만 8,000개가 넘는 기층 실험 소조가 존재하고 있었고, 4,000여 개의 학교가 농민들에게 농업 과학을 가르치는 야간 학습반을 운영하고 있었다.[61] 따라서 처음부터 목표는 농촌 주민들—특히 농촌 청년들—에게 기초적인 훈련을 제공하는 것이었다. 그렇게 함으로써 새로운 종자, 화학물질, 그 외 여러 기술들을 평가하고 보급할 역량을 갖춘 '농민기술원'이 양성될 터였다.[62] 청년들이 과학 실험 운동에 참여하는 것은 대단히 중요한 일이었다. 청년들이 두루 과학을 배워야 한다는 생각은 현대 사회 어디에서나 찾아볼 수 있는 흔한 것이다. 그러나 중국의 경우 과학 그 자체가 젊음의 상징으로 간주되었을 뿐만 아니라, 청년들이 스스로를 혁명적 과학 변혁의 주체로 여겼다는 점이 매우 독특했다고 할 수 있다.[63] 과학 실험 운동에 참여한 청년들의 숫자만으로도 이 운동에서 그들이 차지하는 비중을 알 수 있다. 1965년 베이징 농촌 과학 실험 소조 회의에 간부 55명, 노농 23명, 지식청년 371명이 참가했다.[64] 1966년 출판된 한 문헌에 따르면, 허난성의 대표적인 과학 실험 소조에는 40명의 간부, 10명의 농민, 120명의 지식청년이 소속되어 있었다고 한다.[65]

'지식청년', '과학기술 인력', '간부', '노농'이라는 용어들은 다방면으로 통용되었다. 이러한 개념어 뒤에는 실제로 살아 숨 쉬던 사람들이 있었다. 후반부 장들의 목표 중 하나는 이 사람들이 과학 실험 소조의 형성과 과학적 영농의 확산을 경험하는 다양한 방식들을 종합하는 것이다. 그러나 이러한 용어들은 꽤나 모호했으며, 종종 여러 가지 면에서 서로 중복되는 범주들이었다.

청년이 간부가 될 수도 있었다. 특히 청년들이 생산대 지도자의 위치로 올라갔을 때 그러했다. 또 특별한 훈련을 받았다면 청년은 기술원으로 간주될 수도 있었다. 그리고 도시 출신 '하향청년들'과 달리 일부 청년들은 본디 농민이었다. 이러한 용어들은 단순히 특정한 사람들을 지칭하는 것을 넘어 대단히 강력한 정치적 상징성으로 가득 차 있었다. 예컨대 굳이 "교육"이라는 수식어를 청년—'지식청년'—에, "나이 듦"

이라는 표현을 농민—'노농'—에 결부시키는 데에는 분명히 이데올로기적인 이유가 있었던 것이다.

'삼결합' 체계는 정교하게 발달되고 구조화된 '위치의 인식론'을 구성했다. 여기서 위치의 인식론이란 사람들이 자신의 사회적 위치에 따라 각각 상이한 방법으로 지식 생산에 기여한다는 관념이다. 농민들과 실험실 과학자들은 쌀에 대해 서로 다른 경험을 가지고 있다. 또한 쌀이 그들에게 중요한 이유도 각기 다를 것이다. 그러므로 그들이 쌀에 대해 알고 있는 바는 서로 다르다고 할 수 있으며, 각자가 상이한 방식으로 그 지식을 전달할 것이다. 사회주의 중국은 서로 다른 세 부류의 사람들을 삼결합 과학 실험 소조로 불러 모아 그들이 갖고 있는 다양한 형태의 전문지식이 과학지식의 형성으로 귀결될 수 있도록 했다. 그렇게 함으로써 과학지식이 오롯이 혁명적일 수 있도록 보장하고자 했던 것이다. 요컨대 삼결합 체계는 토/양 이분법과 마찬가지로 과학지식의 생산 과정에 여전히 존재하고 있던 식민주의와 계급의 모순을 극복하고자 했던 사회주의 중국의 노력을 상징하는 것이라 할 수 있다.

모범, 네트워크, 그리고 지식

국가는 자칫 추상적으로 보일 수 있는 군중과학 실험 운동의 정치적 가치에 설득력을 배가해 줄 수 있는 어떠한 물적 형태를 부여하길 원했다. 이에 국가는 전국적인 모범으로 내세울 수 있는 구체적인 인물들, 프로그램들, 공동체들을 육성했다. 모범 사례에 대한 강조는 어느 정도 유점도면 체제의 논리적 귀결이었다고도 볼 수 있다. 일단 한 지역에서의 실험이 효과적이라고 입증되면 그것은 모범으로 간주되어 다른 지역들에서도 시도될 것이며, 적절하다고 판단될 경우 인근 일대에 확대 적용될 것이다. 그러나 이와 반대로 모범 사례들은 종종 농업 변혁에 대한 하향식 접근법을 강화하기도 했으며, 이는 각 지역이 자체적인 혁신을 통해 현지 상황에 맞는 해결책을 모색하려는 상향식 방향성을 약화할 여지가 있었다. 이 지점에서 다시 한번 사회주의 국가가 직면했던 정치적 긴장들—특히 중앙집권적 기술 전문성에 의존하려는 하향식 경향과 기층에서의 지식과 실천을 고양시키려는 상향식 경향 사이의 모순—이 작동하고 있었음을 분명히 알 수 있다.

마오 시대 가장 중요한 농업 모델로 산시성陝西省 다자이大寨인민공사를 꼽을 수 있다.[66] 전국적인 '다자이 농업 학습 운동'은 1965년에 개시되었다. 이는 모범의 중요성이 강조되던 당시의 일반적 경향—"모방하기, 학습하기, 따라잡기, 서로 돕기, 넘어서기[比學趕幇超]"라는 슬로건으로 요약된다—과 일맥상통하는 것이었다. 이 운동의 요점은 각 지방 공동체들로 하여금 다자이 같은 모범 사례를 보고 영감과 가르침을 얻어 절차탁마하게 한다는 것이었다. 그렇게 함으로써 공동체들은 언젠가 스스로를 새로운 모범의 지위로 격상시킬 가능성도 있었다. 다자이 학습 운동은 1967년에 더욱 고조되었으며, 다자이라는 이름은 곧 선진적이고 혁명적인 농업의 대명사가 되었다.[67] 문화대혁명 기간 내내 중국 전역의 인민들은 다자이에 대해 학습했다. 심지어 일부는 건조한 화북 지역에 위치한 다자이 생산대대가 이룩한 농업의 일대 혁신을 눈으로 직접 확인하기 위해 그곳으로 여행을 떠났다. 그러나 다자이를 통해 배워야 할 교훈들은 시간이 흐르면서 변해 갔다. 그것은 때로는 계단식 농법, 기계화, 전답 모양의 표준화, 농민 소득을 결정하기 위한 노동점수[工分](work points) 제도 도입 같은 구체적인 실천을 의미했다. 때로는 자력갱생이나 군중 동원 같은 보다 추상적인 개념을 뜻하기도 했다. 또한 때로는 다자이의 핵심은 곧 사회주의에 대한 충성이라는 보다 초월적인 정신에 다름 아니므로 "다자이를 배우자"라는 구호에 어떠한 구체적 부연도 필요하지 않다는 듯 취급되기도 했다.[68] 포스트사회주의 시기의 인터뷰 및 문헌 자료를 살펴보면, 전국의 농업 공동체들이 다자이 모델로 홍보된 계단식 농법 및 여타 관행들을 부적절하게 적용함으로써 겪었던 엄청난 난맥상에 관한 이야기들이 넘쳐난다. 그러나 제5장에서 살펴볼 것처럼, 다자이는 무엇보다도 상향식 자력갱생의 원리를 구현했다는 이유로 높이 평가받았다. 따라서 역설적이게도 다자이는 하향식으로 부과된 외부 모범 모델에 저항하고자 했던 지역 공동체에 영감을 주기도 했다.[69]

단연코 다자이는 가장 유명한 모범이었지만, 그렇다고 유일한 모범은 아니었다. 1969년 후난성 화룽현은 '4단계 농업 과학 실험 네트워크'를 만들어 냈다. 화룽의 제도가 다른 지역의 패턴들과 근본적으로 달랐다고 보기는 어렵다. 그러나 그것은 보다 정교하게 체계화되어 있었기 때문에 다른 지역 사람들이 모방하기에 좋은 본보기가 되었다는 점에서 주목할 필요가 있다. 이러한 4단계 네트워크의 최상위에는 현 농업과학연구소agricultural science institute가 있었다. 그리고 현 내의 모든 인민공사에 각각 농업과학참agricultural science station을 두었다. 각 공사 예하의 모든 생산대대에는 농업과학대대agricultural science brigade

가 있었고, 대대 예하의 각 생산대에는 농업 과학 소조 혹은 과학 실험 소조가 설치되었다. 1973년까지 후난성 등 일부 성의 많은 현들이 자체적으로 이러한 4단계 네트워크를 구축했다. 목표는 현 내의 모든 생산대에서 각각 3~5명의 기술원을 양성하여 총 2,000만 명의 기술원을 확보하는 것이었다. 1974년 당국은 전국적으로 1,300만 명이 이미 4단계 네트워크에 참여하고 있다고 추산했으며, 계속해서 더 많은 사람들의 참여를 독려했다.[70]

그해 10월 농림부는 중국과학원과 함께 화룽 4단계 농업 과학 실험 네트워크의 경험을 공유하기 위한 전국 규모의 회의를 조직했다. 400명 이상이 이 회의에 참석했다. 1974년에 발생했던 거의 모든 다른 사건들과 마찬가지로, 이 회의에도 비림비공批林批孔 운동의 정치적 분위기가 반영되었다. 비림비공 운동이란 문화대혁명 시기 급진주의자들이 이데올로기적 동원을 통해 온건파에게 반격을 가하려 했던 시도였다.[71] 회의의 총결 문건에는 다음과 같이 기록되어 있다. "4단계 농업 과학 실험 네트워크를 활용하여 군중을 조직하고 그들로 하여금 과학 연구를 진행하도록 하는 것은, 과학기술의 수준을 제고하고 생산 발전을 촉진할 뿐만 아니라 이데올로기를 혁명화하는 데에도 큰 역할을 할 것이다."[72] 4단계 네트워크를 확산하는 과정에서 주된 역할을 수행했던 각지의 혁명위원회가 이처럼 강력한 정치 레토릭을 구사했다는 사실이 곧 기술적 능력의 결핍을 방증하는 것이라고 섣불리 판단해서는 안 된다. 오히려 4단계 네트워크는 군중과학이라는 상향식의 급진적 패러다임 안에서 농업의 추광—하향식 기술관료주의적 프로그램의 전형—을 수행하려는 시도를 대표하는 제도로 이해되어야 한다.

4단계 네트워크는 유점도면 제도와 밀접한 관련이 있었다. 두 제도는 모두 정치경제적 시스템상의 상부와 지역민들을 연결시키는 일종의 계서화된 구조에 의존했으며 동시에 그러한 구조를 강화했다. 4단계 네트워크는 새로운 정책과 기술이 위로부터 하향식으로 전파되는 과정을 촉진시키기도 했지만, 동시에 기층 인민들이 아래로부터 새로운 정책 및 기술의 발전 과정에 참여할 수 있도록 일정한 역할을 부여하기도 했다. 예를 들어 1976년 교잡벼가 처음 현장에 도착했을 때, 광시 천시현忻溪縣은 예하의 인민공사들에 좋은 여건을 갖춘 몇 개의 생산대를 선정하여 실험 지점으로 지정할 것을 명했다. 간부들과 군중들은 해당 실험 지점에서의 경험을 관찰한 후 교잡벼 기술을 다른 생산대로 확대 적용할지 여부를 결정할 수 있었다.[73] 농업 신기술의 하향식 확산이라는 관점에서 볼 때, 이는 모든 면에서 대단히 효율적인 시스템이었다. 그러나 만약 어떤 지역의 지도자가 현지의 필요와 현지의 의사결정에 전적으로 헌신하는 간부였다면, 이러한 지도자를 둔 공동체는 4단계 네트워크 제도를 활용하여 역으로 상부가 기획한 큰 변화를 아래로부터의 저항을 최소화하면서 밀어붙이려 했던 상급 지도자들을 견제할 수도 있었다. 제5장에서 보다 상세히 다루겠지만, 지역 공동체의 경험, 실천, 자력갱생에 부과된 이데올로기적 중요성—토 과학의 이름으로 낮은 곳을 지향하는 가치들이 부여됨—은 국가가 하달하는 농업 모범 모델의 장점은 극대화하고 폐해는 최소화하기 위해 고군분투했던 지방 행위자들에게 핵심적인 발판이 되기도 했다.

뿌리 뽑힌 토 과학

1976년 9월, 마오쩌둥 주석이 별세했다. 그해 10월, 급진파 지도자 4인—마오의 부인 장칭江靑도 포함되어 있었다—이 체포되었다. 마오가 선택한 후계자였던 화궈펑의 권력을 찬탈하려 했다는 혐의였다. 이후 이들은 "사인방"으로 불리게 되었다. 화궈펑은 곤란한 상황에 처해 있었다. 그는 자신의 리더십을 정당화하기 위해 자신의 입지를, 몰락한 사인방뿐만 아니라 강력한 라이벌인 '온건파'와도 차별화할 필요가 있었다. 덩샤오핑과 여타 온건파 지도자들은 경제적 근대화와 과학기술에 대한 투자를 보다 강조해야 한다고 주장하고 있었다. 화궈펑은 한편으로 엘리트 교육과 전문 과학에 투자를 늘리면서도, 다른 한편으로 마오주의 정치 노선-군중과학을 포함하는-을 계속해서 견지함으로써 두 방향을 모두 아우르고자 했다.[74] 이처럼 그는 자신의 지위를 강화하기 위해 후난성 당 서기로 재직하던 시절 자신이 그곳에서 이룩했던 두 가지 과학적 업적, 즉 4단계 농업 과학 실험 네트워크와 교잡벼 기술의 발전을 전면에 내세웠다.[75]

1978년 덩샤오핑은 화궈펑으로부터 권력을 접수했으며, 곧 탈집체화 과정—즉 인민공사를 해체하고 농가 생산책임제(포산도호包産到戶 혹은 분전도호分田到戶)를 도입해 나간 과정—에 착수했다. 또한 1981년에 사인방 재판을 마무리하고 〈건국 이래 당의 몇 가지 역사 문제에 관한 결의〉를 발표함으로써 장칭 등 개별 급진파들을 부정했을 뿐만 아니라 문화대혁명 시기의 급진주의 정치 자체와도 결별을 고했다.

이와 같은 새로운 정치 풍토에서 토 과학이 완전히 사라졌던 것은 아니다. 앞으로 살펴볼 것처럼 오늘날에도 그 흔적을 찾을 수 있다. 그러나 토 과학은 빠르게 영향력을 잃어 갔다. 이는 '4대 현대화'로 대표되는 덩샤오핑의 기술관료주의 노선하에서 막대한 투자를 받게 된 전문(양) 과학과 극명하게 대조되었다. 이러한 변화와 더불어 중국 전역의 기층 과학 실험 소조들과 그것들이 대표했던 삼결합 인식론 또한 종언을 고하게 되었다. 이 시점 이후로 과학적 영농은 점점 더 "녹색혁명적"으로 변해 갔고 점점 더 "적색혁명적" 색채를 잃어 갔다.

국가 정책과 레토릭의 변화는 마오 시대가 기억되는 방식에도 심대한 영향을 미쳤다. 오늘날 사람들은 중국 농업 과학의 역사를 생각하면서 일종의 양의 역사를 떠올릴 것이다. 다시 말해 국가가 어느 정도로 전문화된 과학을 지원했는지, 또 과학자들이 얼마나 유능하게 연구 성과를 축적하여 생산력을 증대하고 굶주린 농민들을 살찌우며 경제를 부강하게 하는 데 기여했는지와 같은 기준으로 평가되는 역사 말이다. 이어지는 장들은 이와는 매우 다른 접근법을 취할 것이다. 과학과 정치의 관계 그리고 농업 변혁과 사회혁명의 관계에 대한 나의 접근법은 어떤 면에서 마오 시대의 그것과 유사하다고 볼 수도 있다. 그러나 나는 결코 마오 시대에 국가가 펼쳤던 주장을 무비판적으로 되풀이하지는 않을 것이다. 다만 나는 오늘날의 지배적인 패러다임에서 파생된 여러 전제로부터 잠시 벗어나 보려 한다. 그렇게 함으로써 한때 중요하다고 생각되었으나 지금은 간과되고 있는 일련의 질문들을 강조하면서, 적녹혁명의 교차라는 중국만의 독특한 현상을 가능케 했던 정치적 갈등과 지향을 조명해 보고자 한다.

| 제2장 |

푸저룽:
사회주의 과학의
탄생

마오쩌둥 시대가 대중적으로 기억되는 주된 방식 중 하나는 지식인들이 겪은 고난에 관해 이야기하는 것이다. 비록 국가가 그들의 기술적인 전문지식을 필요로 했기 때문에 어느 정도까지는 보호받기도 했으나, 과학자들이라고 인문계 지식인들이 겪었던 것과 같은 폭력과 박해로부터 완전히 자유로울 수는 없었다. 농업과학자들 중에서도 그러한 박해를 받은 이들을 쉽게 발견할 수 있다. 식물유전학자 리징슝李競雄은 코넬대학교에서 박사학위를 취득한 옥수수 육종 전문가였다. 그러나 문화대혁명 기간 동안 그가 감독하던 작물들—텍사스 세포질Texas cytoplasm을 활용한—이 병충해를 이겨 내지 못하자 비판에 직면했다.[1] 경종학자 예두좡葉篤莊—공교롭게도 그의 딸은 과학 실험 운동에 참여한 지식청년으로서 제6장과 7장에 등장한다—의 경우, 중국과 사회주의를 향한 진심 어린 헌신에도 불구하고 정치적 안전을 확보하지 못했다. 그는 두 차례—처음은 반우파투쟁의 여파로 인해, 다음은 문화대혁명 기간 동안—장기간 옥고를 치러야만 했다.[2] 1969년 병사하기 전까지 "가치 없는 박해"를 당했던 곤충학자 류충러劉崇樂의 사례도 있다.[3] 그 외에도 유사한 사례를 수도 없이 거론할 수 있을 것이다.

그러나 고난만이 마오 시대의 과학과 과학자에 관한 이야기의 전부는 아니었다. 중국 과학자들은 주로 정치적 저항 세력으로서 혹은 5·4 운동 이래 과학과 민주주의라는 표준적인 가치의 담지자로서 활동해 왔으며, 그러한 점에서 중요한 사회 집단이었다.[4] 그러나 과학자 집단의 중요성은 여기에만 국한되지 않았다. 오히려 일부 과학자들은 사회주의적 이상에 대단히 헌신적이었을 뿐만 아니라, 마오주의적 토土 과학—전문적이고 초국가적인 양洋 과학과 대비되는 대중적이고 토착주의적인 과학—의 부상이 가져온 기회를 성공적으로 쟁취하기도 했다. 내가 푸저룽에 대해 처음 알게 된 계기는 미국의 급진주의 단체 '인민을 위한 과학Science for the People'의 일원으로서 1973년 중국을 방문했던 한 미국인 과학자와의 대화에서였다. 그는 나에게 푸저룽에 대해 조사해 보라고 제안했다. 이 말을 건네준 과학자와 다른 미국 대표단원들은 "인민을 위해 복무하라"라는 가치와 "농민으로부터 배우라"라는 더욱 혁명적인 개념에 대단히 진지한 신념을 품었던 푸저룽으로부터 깊은 인상을 받았다고 회고했다.[5]

이번 장은 푸저룽을 집중적으로 다룬다. 나는 결코 그를 일반적인 중국 과학자들을 대표하는 인물로 그리지 않는다. 오히려 나는 마오 시기 중국인 과학자들과 관련된 하나의 서사적 포물선, 즉 희망으로 시작하여 비극이 뒤따르고, 생존자의 경우 문화대혁명이 끝나고 급진주의자들이 몰락한 이후 복권되거나 심지어 승리함으로써 종결되는 이 익숙한 이야기에 중차대한 예외가 존재했음을 제시하고자 한다. 푸저룽은 바로 이러한 예외적 사례에 속한다고 할 수 있다. 그의 이야기의 시작과 끝은 일반적인 서사와 크게 다르지 않지만, 중간 과정에서 여러 특이한 이야기들을 덧붙여 이야기해 볼 수 있을 것이다.

비록 일반적인 사례라고 할 수는 없지만, 그럼에도 불구하고 푸저룽의 이야기는 사회주의 중국의 농업 과학사라는 보다 큰 주제, 특히 해충방제와 관련하여 다양한 통찰을 제공한다. 푸저룽의 경험을 통해 볼 때, 사회주의 중국의 과학은 대단히 초국가적이었으며, 혁명 이전 시기 및 포스트사회주의 시기 모두와 밀접한 연관성을 갖고 있었음을 알 수 있다.[6] 동시에 푸저룽의 작업은 경제적 제약, 냉전의 지정학적 정세 속 중국의 독특한 위치, 그리고 마오주의 이데올로기가 강조했던 민족주의적 자력갱생의 논리를 반영한다.

푸저룽의 삶은 또한 한 명의 사회주의 과학자의 탄생 그리고 그 과정에서 특히 토/양 이분법이 갖는 중요성을 이해하는 데 유용한 창을 제공한다. 포스트사회주의 시기에 저술된 푸저룽의 전기들은 토 과학에 내재된 자력갱생, 군중 동원, 토착주의를 향한 그의 헌신보다는 그가 자신의 전문 분야에서 이룩한 업적(양)을 강조한다. 푸저룽의 삶과 연구에서 토의 측면을 복원하는 것은 그의 개인적인 성취를 일별함에 있어서 중요할 뿐만 아니라, 보다 넓게는 사회주의 중국에서 어떤 종류의 과학이 작동했는지 이해하는 데도 중요하다. 푸저룽의 경험은 토 과학이 농업과학자들에게 자연스럽고 적합한 것일 수 있다는 사실을 보여준다. 동시에 그는 능수능란하게 냉전 시대 특유의 여러 대립 구도를 가로지르며 1970년대 중국에 새롭게 떠오른 초국가주의의 유력한 행위자로서 활약하기도 했다. 흥미롭게도 중국과 미국의 관계 개선이 곧바로 양 과학의 부상으로 이어지지는 않았다. 오히려 푸저룽과 그의 동료 과학자들은 우선 중국이 세계 무대에 선보일 수 있는 사회주의 중국 고유의 토 과학 개념을 홍보하기 위해 자신들이 과거 가지고 있던 양 과학계와의 커넥션을 활용했다. 그러나 결국 양은 마오 시대의 종언과 급진주의 정치의 종말 이후 비로소 토를 상대로 승리를 거두게 되었다. 이 장은 포스트사회주의 시기에 저술된 푸저룽의 전기들 속에서 발견되는 이러한 전환을 정리하며 결론을 맺을 것이다.

근현대 중국인 과학자의 전형적인 이야기: 하나의 비틀림과 더불어

푸저룽은 중화민족이 전쟁과 정치적 분열의 시련을 겪고 있을 때 막 성인이 된 도시 엘리트 계급 청년 세대의 일원이었다. 여러 측면에서 푸저룽이 과학의 길에 들어서게 된 계기에 관한 이야기는 그의 동세대 청년들에 관한 전형적인 이야기와 크게 다르지 않다. 푸저룽의 해외 경험 또한 결코 특별하지 않았는데, 그의 세대에 속하는 많은 중국인 학생들이 그와 마찬가지로 미국 유학길에 올랐다. 그곳에서 푸저룽은 전쟁과 빈곤으로부터 고국을 구하는 데 도움이 되리라 여겨졌던 농업 과학을 비롯하여 여러 분야를 공부하던 동료 학생들과 더불어 중국 유학생 커뮤니티를 형성했다. 푸저룽의 젊은 시절을 미네소타대학교 동문인 화이 치앙Huai C. Chiang의 경험과 비교함으로써 양자의 공통점을 드러냄과 동시에 푸저룽의 경력에서 독특했던 부분을 강조할 수 있을 것이다.

1912년생인 푸저룽과 1915년생인 화이 치앙은 모두 민국 초기 부유한 가정에서 태어났다. 둘은 모두 국제적인 도시—푸저룽은 남방의 광저우, 화이 치앙은 북방의 베이징—에서 자랐다. 중고교 시절 푸저룽은 이미 광저우 주변의 농촌 지역들을 방문한 경험이 있었는데, 농촌 풍경의 아름다움과 농민들의 빈곤이라는 대조적인 양면성은 그로 하여금 자연과학 연구를 통해 낙후한 중국의 농촌을 변모시키고 싶다는 열망을 갖게 했다.[7] 이는 1920년대 중국의 도시 청년들의 전형적인 이야기이며, 이 시대를 연구하는 역사가들에게는 매우 친숙한 서사다.

푸저룽과 화이 치앙은 미국에서 박사학위를 받은 교수들이 포진해 있는 중국 일류 대학에 진학했다.[8] 그들의 지도교수도 미국에서 훈련받은 과학자였으며, 미국이 주도하는 초국가적인 농업 과학계의 일원이었다. 화이 치앙은 〈동부 텐트나방의 자연적 방제〉라는 제목의 논문으로 1926년 코넬대학교에서 박사학위를 취득한 류충러에게 사사받았다. 류충러는 1935년 연구기금을 받아 생물학적 방제—즉 해충을 방제하기 위해 천적을 이용하는 것—와 관련된 최신 성과들을 조사하기 위해 미국으로 돌아갔다.[9] 푸저룽의 지도교수였던 천푸 우Chenfu F. Wu(胡經甫)는 1922년 코넬대학교에서 곤충학 박사학위를 받은 후 귀국하여 옌징대학燕京大學에서 교편을 잡았다. 그 후 그는 주로 면화, 과수, 곡물류 작물의 해충방제를 위한 미국의 '기계적이고 경농적인 cultural 방법론'을 연구하기 위해 연구비를 신청했다(여기서 'cultural'이란 'agricultural'을 의미한다. 즉 작물 심기, 밭갈이, 수확 등을 포괄하는 의미이다).¹⁰ 또한 저명한(사회주의 국가에서는 대단히 논쟁적이었던) 유전학자 토머스 모건Thomas Morgan의 지도하에 컬럼비아대학에서 1926년 박사학위를 받은 전도유망한 유전학자 리루치李汝祺도 푸저룽의 스승 중 한 사람이었다.

1937년 일본과의 전면전이 발발한 이후, 화이 치앙과 푸저룽은 서부 내륙으로의 후퇴 행렬—역사상 가장 큰 규모의 전시 이주였다—에 합류했다. 당시 푸저룽은 막 석사학위를 받고 광저우의 중산대학에서 강의하고 있었고, 치앙은 아직 베이징의 칭화대학에서 학부 과정을 밟고 있었다. 항전기에 중산대학과 칭화대학은 모두 서남부 윈난성으로 이전했다. 전쟁의 참화 속에서 각 분야의 중국인 과학자들은 본인들의 전문 분야에서 갈고닦았던 지식을 실용적으로 활용하기 위해 분투했다. 조국이 필요로 하는 식량 및 각종 원자재의 공급에 기여할 수 있다면 어떤 것이라도 고귀한 민족주의의 명분 아래 장려되었다.¹¹ 곤충학자로서 화이 치앙과 푸저룽은 어렵지 않게 유용한 프로젝트를 찾을 수 있었다. 윈난에 머무르는 동안 화이 치앙은 중요한 생물학적 방제체 중 하나인 무당벌레의 생애주기, 양초 및 기타 물품 제작에 활용할 수 있는 납린wax scale을 분비하는 벌레들, 배 농사에 피해를 주는 해충들에 관한 연구를 진행했다. 푸저룽은 숲에서 해충방제를 위해 박테리아를 활용한 실험을 진행하며 삼림 곤충forest insects에 대해 탐구했다.¹² 화이 치앙과 푸저룽이 곤충학 박사과정을 시작할 즈음 중국에서 미네소타로 향하는 길은 이미 잘 닦여 있었다고 할 수 있다. 화이 치앙이 1945년 미네소타대학교 곤충학 대학원 과정에 등록했을 때에는 이미 중국인 유학생 선배들의 탄탄한 커뮤니티가 존재했으며, 선배들은 따뜻한 외

투를 사 주며 미네소타대학에 적응할 수 있도록 치앙을 도와주었다.[13] 일 년 후 푸저룽이 이 커뮤니티에 합류했다. 그는 미네소타가 곤충학 연구뿐만 아니라 외국어 학습—프랑스어, 이탈리아어, 일본어—과 음악에 몰두하는 데에도 이상적인 장소라고 생각했다.[14]

화이 치앙은 1948년 초파리의 개체군 동태에 관한 주제로 박사학위를 끝냈다. 푸저룽은 이듬해에 클래런스 미켈Clarence Mickel의 지도하에 중국 호리가슴땡땡이Chinese moss beetles 분류학에 대한 박사학위 논문을 마무리했다.[15] 푸저룽의 아내 리추이잉利翠英도 같은 해에 미네소타에서 곤충학 석사학위를 취득했다. 〈그림 8〉은 서로 유대감이 강했던 미네소타대학 곤충학 프로그램 내 중국인 대학원생들이 1948년도에 함께 찍은 사진이다. 리추이잉과 또 한 명의 여성은 멋들어진 모피 코트를 입고 있다. 〈그림 9〉는 졸업을 전후한 시기 푸저룽과 리추이잉의 편안하고 근심 없는 모습을 담고 있다.

1949년 중국공산당의 승리로 인해 당시 해외에 살고 있던 수많은 중국인은 어려운 선택에 직면해야만 했다. 1949년 화이 치앙은 당시 미국에 체류하던 5,000여 명의 중국인 학생 및 과학자들과 더불어 미국에 남기로 결정했다.[16] 그러나 푸저룽과 리추이잉을 비롯한 수백여 명은 새로운 사회주의 조국과 운명을 함께하기로 했다. 그들은 중화인민공화국이 성립된 지 한 달이 채 되지 않은 시점에 귀국했다. 화이 치앙과 푸저룽은 미국에서 교육받은 중국 출신의 과학자들이 초국가적 과학계에 기여할 수 있는 두 개의 서로 다른 길, 즉 미국 잔류와 중국으로의 귀국이라는 길을 각각 대표했다고 볼 수 있다. 줘위에 왕Zuoyue Wang이 적절하게 표현했듯, 1949년 공산주의 혁명 이후 미국에 남기

〈그림 8〉
1948년 푸저룽(아랫줄 오른쪽 끝), 리추이잉(윗줄 오른쪽에서 두 번째), 화이 C. 치앙(아랫줄 한가운데)이 미네소타대학 곤충학과의 동료 중국인 학생들과 포즈를 취하고 있다. 맨 윗줄 왼쪽에서 세 번째 인물은 알렉산더 허드슨Alexander (Alec) Hodson으로 추정되는데, 허드슨은 곤충학과의 중국인 대학원생 다수를 지도했다. *출처: 古德祥 編,《蒲蟄龍紀念影集》, 2002, p. 4.

〈그림 9〉
박사학위 취득 이후인 1949년 푸저룽과 리추이잉. *출처: 古德祥 編,《蒲蟄龍紀念影集》, 2002, p. 4.

로 결정한 이들이 "미국 과학계의 초국가화"를 진작시켰다면, 중국으로 귀환한 과학자들은 "국제 과학의 미국화"에 기여했다고 말할 수 있을 것이다.[17]

마오 시대 동안 곤충학자들은 나름의 어려움과 트라우마로 인해 고통받았다. 하지만 푸저룽은 정치적 풍파를 대단히 잘 헤쳐 나갔다. 푸저룽의 학생이자 동료인 구더샹古德祥의 회고에 의하면, 몇 안 되는 '과격행동'—오늘날 문화대혁명 시기의 폭력을 지칭하는 표준적인 표현—을 제외하면 푸저룽은 대체로 사건 사고 없는 정치적 삶을 살았다고 한다.[18] 물론 그러한 "몇 안 되는" 폭력적 사건들의 중요성을 간과해서는 안 될 것이다. 푸저룽과 리추이잉은 값비싼 소장품의 상당수를 포기할 수밖에 없었다. 지식인이면서 음악 애호가였던 푸저룽으로서는 은화나 동전 혹은 청대淸代 우표 컬렉션 따위보다 음반, 악보, 도서를 상실하게 된 점이 특히나 괴로웠을 것이다.[19] 더욱이 1967년과 1968년에 푸저룽은 후난성 첸양黔陽에서 누에 육종에 대한 연구를 감독하고 있었는데, 문화대혁명 초기의 혼란 속에서 연구 성과의 대부분이 수포로 돌아갔다.[20] 1969년 푸저룽과 리추이잉이 함께 5·7간부학교로 보내져 노동에 참여하게 되었을 때 그는 매우 낙담하여 심지어 영어를 가르치는 교수직을 그만두겠다고 여러 차례 이야기했고, 또 몇 년 내로 은퇴하는 것이 낫겠다는 뜻을 내비치기도 했다.[21] 그러나 다른 수많은 과학자들의 경험과 비교해 볼 때 이 정도의 정치적 고난은 그래도 가벼운 축에 속했으며, 푸저룽은 대단히 놀라울 정도로 무탈하게 격동기를 살아냈나고 말할 수 있을 것이다.

푸저룽의 지인들은 그의 상대적인 행운을 설명할 때 언제나 그의 성격으로 이야기를 시작하곤 했다. 푸저룽은 너그러움과 진정으로 타인을 돕고자 하는 열망이 있었고 이 때문에 그에게 원한을 품은 사람이 거의 없었다고 한다. 이러한 성품은 그가 정치 운동의 타깃이 될 가능성을 낮춰 주었다.[22] 그러나 그 모든 풍파와 끝없이 변하는 정치적 풍향계 속에서도 푸저룽이 예외적으로 성공을 거둘 수 있었던 데에는 또 다른 중요한 요인이 있었다. 다시 말해 푸저룽은 문화대혁명 시기의 문제들을 그저 요행히 피해 가기만 했던 것이 아니다. 그는 전문지식에 대한 요구와 정치적인 요구 모두를 만족시키는, 진정으로 생산적인 작업을 수행해 낼 수 있었으며, 사회주의 중국 과학의 토와 양이라는 두 가지 이상을 성공적으로 결합시킬 수 있는 능력을 갖추고 있었다. 푸저룽은 의심의 여지 없이 엘리트 지식인이었지만 농민에 대해 깊은 존경심을 품고 있었으며, 도시와 농촌 간 그리고 정신노동과 육체노동 간의 격차를 해소하려는 마오주의의 이상을 기꺼이 수용한 인물이었다.

포스트마오 시기에 저술된 중국 과학자들의 전기는 주로 개혁개방 이후 비로소 가능해진 전문 분야에서의 과학적 성취들을 강조하곤 한다. 그러나 푸저룽의 경우 그의 그러한 전문적인 성과가 문화대혁명의 종식으로부터 비롯되었다기보다는, 마오 시기 이래로 수십 년간 지속적으로 수행된 생산적인 작업의 집대성이었다고 볼 수 있다. 나는 이어지는 절에서 이 주제를 보다 심도 있게 다룰 것이다. 그러나 그에 앞서 우선 사회주의 중국의 해충방제학이라는 보다 넓은 역사적 맥락 속에서 푸저룽의 연구가 갖는 중요성을 간략하게 살펴보고자 한다.

사회주의 중국 해충방제학의 초국가적인 세계

1949년 이전 중국 곤충학자들은 미국이 주도하는 더 넓은 세계 학계의 일원이었다. 당시 생물학적 해충방제는 국적을 불문하고 곤충학자들에게 이미 중요한 연구 주제로 널리 받아들여지고 있었다. 1950년대가 되자 미국은 공식적으로 중국의 적국이 되었다. 중국은 급기야 1960년 이후부터는 냉전의 두 초강대국 모두와 척을 지고 있었다. 하지만 국가 간 관계에서 벗어나 과학 연구에 실제로 관여하고 있던 사람들을 중심으로 살펴보면, 중국 과학계는 20세기 전반기와 마찬가지로 계속해서 글로벌 과학 네트워크의 일부였음을 쉽게 알 수 있다. 경제적 조건이라는 핵심적인 측면에서 서로 크게 달랐음에도 불구하고 중국과 미국 양국의 해충방제학의 역사는 대단히 유사한 경로로 발전해 나갔다.[23]

훗날 중국 안팎의 관련 문헌들은—전문적인 글과 대중적인 글을 막론하고—푸저룽이 중점 연구 과제로 생물학적 방제를 선택했다는 사실에 주목했고, 이를 근거로 푸저룽이 유독성 살충제가 환경과 건강에 미치는 악영향을 일찍이 인식하고 있었다며 극찬했다. 그러나 이러한 생태·보건 관련 쟁점들이 마오 시기에 생물학적 방제 연구를 추동했던 주된 요소는 아니었다. 마오 시기 중국의 다른 모든 경제 부문에서와 마찬가지로 생물학적 방제 부문에서도 자력갱생—양보다 토를 강조하는 것과 연관된—을 달성하기 위한 투쟁이야말로 일관되게 중요한 요소였다.

《런민일보》에 의하면, 푸저룽 본인이 생물학적 방제를 연구하게 된 최초의 동기는 "제국주의자들"이 중국에 살충제를 팔지 않기로 한 일에 대한 분노였다고 한다.[24] 농화학물을 둘러싼 냉전 시기 지정학적 정세야말로 중국과 세계 각국의 농업 과학 발전에 작용했던 유력한 구조적인 힘이었다. 예를 들어 1960년대 초 쿠바가 화학 살충제 및 비료 지원을 요청하자, 중국 지도부 내에서 국내 수요도 아직 충족시키지 못했다는 현실적인 지적과 그럼에도 국제 사회주의 연대에 헌신해야 한다는 의견 간에 격렬한 논쟁이 일었다.[25] 한마디로 푸저룽 본인이 환경에 대해 어떻게 생각했든—기실 환경이라는 측면에서도 그는 시대를 앞선 생각을 갖고 있었던 것 같기는 하다—더 넓은 맥락에서 볼 때, 그가 생물학적 방제에 주목한 이유는 적어도 1950년대부터 환경을 의식하여 화학물의 사용을 제한하려 했던 의도 때문이었다기보다는, 당시 화학 살충제가 부족했던 열악한 상황에서 생물학적 방제가 하나의 자구책이 되었기 때문이라고 보는 편이 타당하다.

사실 중국은 마오 시기 내내 적극적으로 살충제 공급을 늘리고자 했다. 1957년부터 1965년까지 전국적으로 살충제 사용량이 10배 증가했으며, 1974년에는 1957년 사용 수준의 20배까지 올라갔다.[26] 이러한 수요에 대응하기 위해 중국 제조업계는 꾸준히 BHC(육염화벤젠), DDT, 유기인산염 살충제의 생산을 늘렸다. 콜라 및 탄산음료 제조의 부산물인 BHC의 경우, 특히 상대적으로 저렴하게 생산할 수 있을 뿐만 아니라 매우 효과적이라는 점 때문에 주목을 받았다. 사실 1954년의 한 《런민일보》 기사에 의하면, 예상과 달리 더 많은 사람들에게 BHC를 사용하라고 설득하는 일이 쉽지는 않았던 것으로 보인다. 그러나 이 문제가 해결되는 데에는 그리 긴 시간이 걸리지 않았던 모양이다.[27] 불과 일 년 후인 1955년 한 현급 농업 관계자는 돌연 농민들을 상대로 BHC의 한계와 위험성에 대한 교육을 강화해야 한다는 글을 《런민일보》에 기고했다. 사람들은 그것을 '만능약'으로 생각하여 말의 피부병 환부에 바로 바르거나(이로써 병세를 더 악화시켰다) 논에 들이부었다(이는 그저 낭비였다).[28] 국내 생산량의 증가에도 불구하고 1950년부터 1979년 사이에 중국은 살충제 90만 톤 이상을 수입해야 했다.[29] 심지어 그토록 막대한 양을 수입하고도 살충제가 모자랐다. 이처럼 효과가 있는 화학 살충제가 부족했기 때문에 국가는 지역 주민들에게 이용 가능한 식물성 물질로부터 '토종 살충제'를 제조해 볼 것을 장려했던 것이다.[30]

통합방제라는 개념—생물학적·화학적·경농적 방법론을 결합—의 부상은 중국과 미국에서 매우 유사한 패턴을 보인다. 통합방제와 관련하여 중국에서 최초로 출간된 문헌자료로 1952년 유력 곤충학 학술지인 《곤충학보Acta entomologica sinica》에 실린 한 논문이 있다. 같은 해 말 미국의 한 학술지 논문에도 '통합방제'라는 개념이 등장했는데, 이 논문은 출간 이후 곧장 당대의 고전으로 인정받게 된다.[31] 이 두 논문을 비교해 볼 때 흥미롭게도 중국 논문에서 제시된 통합방제 개념이 훗날 미국뿐만 아니라 국제적으로 통용되는 해당 개념의 의미에 더욱 근접해 있다.[32] 그러나 중국의 해당 논문은 미국의 통합방제 옹호론자들이 일반적으로 가정한 것처럼 화학적 방제와 생물학적 방제의 통합을 강조하기보다, 화학 살충제가 경농적 방제와 같이 활용되어야 한다고 제안했다.[33] 더욱이 1985년에 진행된 논문 주저자와의 인터뷰에 따르면, "해충방제를 전적으로 경농적 방법에만 의존할 수 없었으므로 통합방제를 제안함으로써 화학적 방제를 강조하고자 했다"고 한다.[34]

푸저룽 본인도 결코 화학 살충제 사용을 명시적으로 반대한 적은 없다. 1961년의 한 공저 논문에서 그는 사탕수수 바구미를 방제하기 위해 BHC와 DDT를 사용해야 한다는 견해를 긍정적으로 평가했다.[35] 그러나 1953년부터 푸저룽은 사탕수수 천공벌레를 방제하기 위해 국제적으로 통용되던 생물학적 방제체인 트리코그람마 기생말벌을 배양하는 연구를 시작했다. 1956년 그는 연구 결과를 현장에 적용해 보았고, 1958년까지 훌륭한 성과들을 거두었다. 푸저룽은 또한 상대적으로 덜 활용되는 유형의 난자기생말벌 아나스타투스를 이용하여 리치 과수원 내의 방구벌레를 방제하는 방법을 고안한 선구자이기도 했다.[36]

　중국의 1950년대는 '소련 배우기'의 시대였다. 중국 전역의 정부 부처, 연구소, 대학에서 약 1만 명의 소련 고문들이 중국인과 협력하면서 조언해 주었다. 이들은 때로는 중국인들을 불쾌하게 하거나 분노케 하기도 했다.[37] 그러나 몇몇 경우 이러한 프로그램은 진정한 협력을 꽃피웠다. 중국의 초청자들만큼이나 소련인 전문가들 또한 많은 것을 배우며 교류 관계를 돈독히 하는 데 큰 관심을 기울였다.[38] 중산대학을 방문한 소련 곤충학 고문들은 푸저룽과 바로 이러한 협력 관계를 맺었다. 당시 소련인들은 트리코그람마 말벌과 여타 생물학적 방제체를 이용해 병충해를 방제하는 전문지식을 보유하고 있었다. 푸저룽은 깍지진디 방제를 위해 소련의 무당벌레 두 종을 수입했다.[39] 공식 보고서에 의하면 1975년 중국을 방문한 미국 곤충학자 대표단은 중국에서 생물학적 방제 수단으로 트리코그람마가 주로 사용되는 것은 소련의 영향 때문일 것이라고 추측했다.[40] 그러나 사실 중국에서 트리코그람마 연구는 1930년대에 시작되었다. 다른 농업 과학 분야들과 마찬가지로 이 연구도 미국의 지배적인 영향을 받은 것이었다.[41] 그럼에도 불구하고 트리코그람마 및 기타 생물학적 방제체에 대한 소련 연구는 1949년 혁명 이후뿐만 아니라 그 이전에도 중국에 분명히 영향을 끼쳤음을 확인할 수 있다.[42] 소련 연구를 참조한 글들이 과학 학술지 및 《런민일보》에 수록되었고 해충방제에 관한 다수의 소련 서적이 중국어로 번역되었던 것이다.

보다 중요한 점은 소련이 곤충생태학 분야에서 선진적이라고 여겨졌으며 푸저룽과 그의 동료들은 소련 전문가들의 지도로부터 도움을 받았다는 것이다.[43] 1957년 푸저룽은 모스크바대학의 안드레아노바 Andreanova 교수를 초빙하여 중산대학 생물학과에서 1년 동안 강의해 달라고 요청했다. 그의 고학년 대상 곤충 생태학 세미나 덕분에 두 차수에 걸쳐 학생들이 이 중요한 분야를 수학할 수 있었다. 안드레아노바가 떠날 즈음 푸저룽은 레닌그라드대학의 그리신Grishin 교수를 초청했고, 그리신은 중국 최초의 기후조절 생태실험실 건설을 총괄했다.[44] 푸저룽과 그리신 간의 서신을 통해 그리신이 푸저룽과 리추이잉를 포함한 생물학과 구성원들에게 호의를 품고 있었음을 확인할 수 있다. 또한 중소 분열로 인해 상주 고문 프로그램이 종료된 이후인 1961년까지도 그가 곤충생태학 분야에서 전문적인 중소 협력을 지속하는 데 강한 열망을 갖고 있었다는 점을 알 수 있다. 푸저룽과 중산대학 내 그의 상사들도 중소 협력을 계속 추진할 방법을 찾고자 했다. 그러나 중소 양국의 악화된 관계를 감안할 때, 그들의 희망이 실현되지 못했다는 점은 그리 놀라운 일이 아닐 것이다.[45]

1962년은 통합방제와 관련하여 괄목할 만한 해였다. 그해 미국에서 레이첼 카슨Rachel Carson의 《침묵의 봄*Silent Spring*》이 출판되었다. 같은 해 1월 중국 곤충학회에 참가한 과학자들은 과거 십수 년 동안 여러 나라에서 과도한 살충제 사용으로 인해 내성을 가진 해충의 개체 수가 증가했다는 데 의견을 모았다. 어떤 이들은 생물학적 방제에 관심을 쏟아야 한다고 주장하는 반면, 다른 이들은 그럼에도 단기적으로 화학 살충제의 사용을 확대해야 한다고 강력히 주장했다.[46] 같은 해 4월에는 과거 민국 시기에 (특히 트리코그람마를 활용한) 생물학적 방제 연구를 주도했던 과학자가 동료 과학자와 함께 《중국 농업과학*Chinese Agricultural Science*》지에 "화학적 통제와 생물학적 통제의 통합"을 설파하는 논문을 게재했다. 마침 이때 마오가 대약진 운동 이후 정치 일선에서 후퇴함에 따라 자력갱생에 대한 강조도 일시적으로 시들해져 있었다. 이러한 상황에 발맞춰 논문 저자들은 캐나다, 미국, 독일, 호주, 이집트, 소련 등에서 생산된 관련 연구들을 인용하면서 통합방제라는 주제에 국제적인 이목이 집중되고 있음을 피력했다.[47] 그러나 그해 말 식물 보호와 관련된 전국 단위 학회에 참석한 66명의 과학자와 기술원들은 해충방제 현황이 좋지 못하다고 증언하며, 살충제의 생산과 유통에 보다 신경을 써야 한다고 촉구하는 보고서를 채택했다. 생물학적·경농적 방제는 전혀 논의되지 않았으며, 해충의 내성과 관련된 언급은 살충제 가격과 관련된 항목 안에 묻힌 채 주목받지 못했다. 즉 살충제와 관련된 문제의 관건은 결국 공급 부족이라는 기존의 지배적인 관점이 여전히 유지되고 있었던 것이다.[48] 1975년 봄 농림부는 전국 식물 보호 회의를 소집하여 향후 "예방을 최우선으로 하는 통합방제"를 국책으로 삼겠다고 결정했다.[49] 그러나 중국 전역에서는 여전히 노동집약적인 경농적·수작업 방식이 해충방제의 근간을 이루고 있었으며, '통합방제'란 주로 값비싼 화학 살충제의 사용을 최소화하기 위해 경농적·수작업 방법들의 효율성을 극대화하는 것을 의미했다.[50] 미국에서처럼 중국에서도 생물학적 방제는 표준이라기보다는 예외에 속했다. 그리고 비록 화학 살충제에 대한 의존도를 대대적으로 높이려 했던 미국식 화학 기업이 중국에 존재했던 것은 아니지만, 살충제 제조에 대한 투자가 지역적 수준에서 계속해서 이루어지고 있었으며, 이는 때때로 과학자들에게 살충제에 대해 지나치게 비판적인 언설을 쏟아 내지 말라는 정치적 압력으로 작용했다.[51]

통합방제에 대해 푸저룽이 남긴 가장 지속적이고 영향력 있는 공헌은 광저우의 중산대학으로부터 약 70킬로미터 떨어진 다샤공사에서의 활동을 통해 이루어졌다. 1972년 가을 푸저룽은 다샤공사를 방문하여 농민들과 간부들에게 해충방제에 대해 강연을 해 달라는 요청을 수락했다. 그는 특히 '곤충을 이용한 곤충 방제[以蟲治蟲]' 방법의 활용과 미생물 중심의 접근법microbial approaches에 초점을 맞췄다.[52] 곧이어 현지 간부 마이바오샹麥寶祥의 열정적인 지원하에 푸저룽은 시범 사업에 착수했다.

문화대혁명 시기 중국 농촌 한복판에서 푸저룽은 여전히 그가 한때 활약했던 국제적인 곤충학 전문가 공동체와 지적으로 깊이 연결된 양 과학자였다. 1973년 8월 푸저룽은 다샤공사에서 70여 명의 인민들에게 강연을 진행했다. 그의 주장들은 전형적으로 서구 과학자들의 입에서 나올 법한 것들이었다.[53] 첫째, 그는 살충제를 만능 해결책으로 간주해서는 안 된다고 강조했다. 19세기 유럽과 미국에 화학 살충제가 도입되었을 때 사람들은 해충이 박멸될 것이라고 생각했다. 그들은 심지어 그러한 박멸에 대비하여 해충들의 표본을 수집하기까지 했다! 하지만 20세기를 거치며 살충제는 점점 더 강한 독성을 갖게 되었다. 예를 들어 다샤공사에서 사용되던 살충제 몇몇은 단 한 방울로 사람까지 죽일 수 있을 정도였다. 반면 해충들은 그러한 살충제로부터 살아남을 수 있었고 심지어 번성할 수 있었다. 둘째, 해충을 근절하는 것은 결코 쉬운 일이 아니며 또 굳이 그럴 필요가 없다는 것이었다. 대신 인민공사는 경제적 피해를 막기 위해 해충 개체 수를 통제하는 데 힘써야 한다. 셋째, 단 하나의 완벽한 방제법이라는 것은 있을 수 없으므로, 인민공사는 서로 다른 여러 가지 방법들을 결합한 통합방제 전략을 따르는 것이 좋겠다는 것이었다.[54]

1974년 말 푸저룽과 그의 동료 구더샹은 논농사와 통합적 해충방제에 대한 전국 규모 학회에 참석했다. 그들은 다샤공사로 돌아와 학회에서 다른 참가자들에게 다샤공사의 사례를 어떻게 학습시켰는지, 또 다른 지역 사례들에 관해 들은 내용들은 무엇이 있는지 다샤의 인민들에게 알려 주었다. 이를 계기로 다샤공사는 전국적인 주목을 받게 되었다. 그러자 다샤의 구성원들은 1975년부터 즉각 공사 전역에서 통합방제를 시행하기로 결의할 정도로 고무되었던 것 같다. 구더샹은 해충방제를 위해 더 거시적인 관점에서 생태 전체의 중요성에 주목해야 한다는 글을 작성했다는 사실을 기억하고 있다. "낮에는 제비가 하늘을 날고 저녁에는 거미가 제 집을 짓는 저 오솔길을 따라 개구리와 새가 지저귀는 소리를 들으며 걸어가자."[55] 인민공사 사원社員들은 기꺼이 해충을 잡는 데 유익한 개구리 포획을 금지하고, 미생물 방제시설 및 말벌 사육장을 건설하려 했다. 또한 농민들을 교육하고, 기술팀을 설치·양성하며, 논 해충을 방제하기 위해 오리 사육을 체계화하기로 결정했다.

중국에서 오리가 생물학적 방제에 이용된 것은 이때가 처음이 아니었다. 1930년대 장쑤성江蘇省 농민들은 메뚜기와의 전쟁에 오리를 활용했으며, 이외에도 수많은 선례가 존재한다.[56] 그럼에도 불구하고 1970년대 다샤공사에서의 대규모 오리 동원—첫해에 3만 4,000마리, 그다음 해에는 30만 마리—은 보다 신중한 계획과 기술적 지원을 필요로 했다. 처음에는 수많은 오리들이 병을 앓다가 죽었다. 이에 푸저룽은 농업연구소의 전문가를 초청하여 실태조사를 진행하고 사양飼養 관리 개선을 위한 권고안을 제공받았다. 이들의 노력은 결실을 맺는 듯했다. 1975년 한 공작 단위는 9,000마리의 새끼오리를 시장에 팔아 1만 8,000위안을 벌어들인 반면, 살충제 지출 비용은 종래의 2,560위안에서 무려 32.8위안으로 줄었다고 보고했다.[57] 다샤공사 오리들의 역할은 단순히 해충을 잘 잡거나 생산대의 자금을 벌충하는 데 그치지 않았다. 오리들은 말벌이나 박테리아보다 훨씬 더 귀엽고 맛도 좋아 공사를 찾아온 방문객들의 이목을 끌었다. 오리의 도움을 입어 푸저룽이 이끄는 중산대학 연구팀과 다샤공사의 지도자들은 자신들의 해충방제 프로그램을 다른 인민공사의 사원들, 공산당 간부들, 대학 지도자, 언론 기자, 국제 대표단에게 널리 홍보할 수 있었다(《그림 10》). 다샤공사의 이러한 노력이 단순히 자력갱생을 표상할 뿐이라고 보기에는 다소 무리가 있다. 미국 곤충학자들의 시찰을 계기로 다샤공사의 성과를 둘러싼 해충방제학 분야의 국제적 교류가 전면화되기도 했기 때문이다. 아래에서는 이 통합방제라는 문제의 토적인 측면을 먼저 고려한 후, 초국기적인 [양의] 이야기가 다시 시작되었음을 살펴볼 것이다.

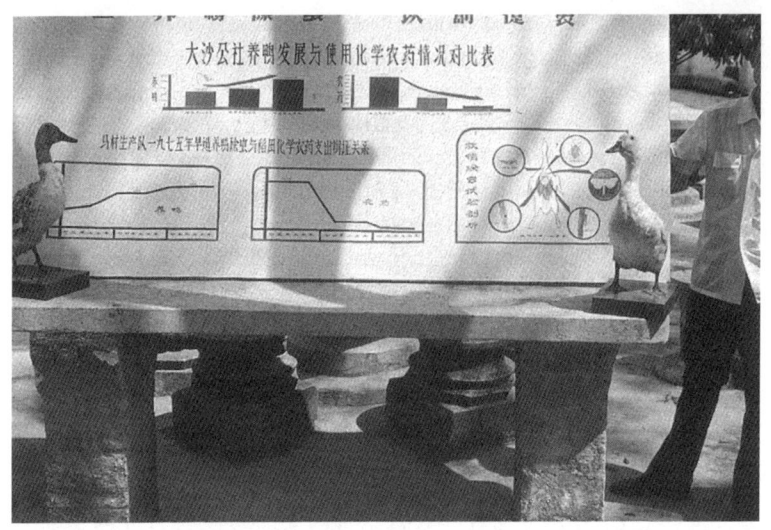

〈그림 10〉
다샤공사에서 오리가 화학비료의 수요를 낮추는 데에도 효과가 있음을 설명하기 위해 활용한 두 마리의 토실한 오리와 도표. *출처: the Robert L. Metcalf Papers at the University of Illinois Archives.

토 과학자 만들기

푸저룽 등 해외에서 귀국한 젊은 과학자들은 "신중국"의 과학을 위해 초국가적 토대를 세우는 데 일조했다. 그러나 중국 사회주의 과학은 옌안의 공산주의 근거지를 중심으로 하는 또 다른 뿌리를 가지고 있었다. 그곳에서 겪은 전쟁과 혁명의 경험은 오랫동안 영향을 미칠 일련의 가치들을 생산했다. 엘리자베스 페리Elizabeth Perry의 표현을 빌리면, 이러한 가치들은 곧 '혁명 전통'으로 옌안 시기 이후에 과학의 토/양 이분법 가운데 토의 측면을 강화하기 위해 "발굴"되었다.[58]

유학파 과학자들에게 중국으로의 귀국은 생각과 행동의 상당한 전환을 요하는 일이었다. 미국에서 농업과학자들의 지위는 그들이 농민들에게 얼마나 헌신적이냐와는 무관했다. 이들은 필연적으로 기초과학 혹은 "근본적인" 과학에 대한 그(때로는 그녀)의 공헌에 따라 개별 과학자의 가치가 평가되는 과학문화와 제도의 일부일 수밖에 없었다. 다른 많은 곤충학자와 마찬가지로 푸저룽은 분류학적 주제에 관한 박사학위 논문을 마쳤으며, 따라서 기초과학 연구자로서 자신의 기여를 확립한 바 있다. 반면 사회주의 중국은 분야를 막론하고 모든 과학자에게 토착적·프롤레타리아적·응용지향적·소탈한 토 과학의 가치들을 수용할 것을 요구했다. 이로 인해 미국에서 돌아온 과학자들의 경우 냉전정치와 연관될 가능성과 위험성에 대처하는 데 특히 어려움이 많았다.

이러한 어려움들을 감안할 때 푸저룽의 정치적 성공은 매우 인상적인 것이었다. 심지어 그의 공식적인 계급 배경이 정치적으로 매우 불리한 '지주'였고 그가 공산당원이 아니었음을 고려했을 때 특히 그러하다.[59] 그는 1956년에 전국 "선진 노동자"라는 칭호를 수여받았다. 또한 여러 해에 걸쳐 중산대학(훗날 푸저룽은 이 대학의 부총장을 역임했다) 및 다수의 여러 과학 관련 조직에서 지도적인 역할을 수행했을 뿐만 아니라 전국인민대표대회의 대표로서도 활동했다.[60] 이러한 영예는 단순히 푸저룽의 전문적인 업적에서 기인한 것이기도 하지만 사회주의 시대 특유의 과학이라는 특정 흐름에 올라탈 수 있었던 그의 능력과 의지의 결과이기도 했다.

1949년 승국으로 귀환한 푸저룽은 재빨리 연구의 초점을 분류학에서 해충방제학으로 전환했다. 후자가 훨씬 더 직접적으로 사회적 이익을 가져올 수 있는 주제였고, 따라서 사회주의 체제하의 과학과 더 잘 공명할 수 있는 분야라고 판단했던 것이다. 외부 세계의 관찰자들은 그러한 전환이 정치적 압력 혹은 심지어 강압에 의한 것일 수 있다고 보았던 것 같다. 1963년 《사이언스》에 기고한 논문에서 펜실베이니아주립대학의 중국계 미국인 동물학자 티엔-시 쳉Tien-Hsi Cheng은 푸저룽을 일컬어 "분류학 연구에서 사탕수수 천공벌레에 대한 생물학적 방제법으로 연구 분야를 바꾸는 것이 시류에 부합한다"고 생각했던 '딱정벌레 전문가'라고 말했다.[61] 그러나 연구 주제의 변화를 초래한 정치적 압력에 대한 쳉의 우려를 푸저룽 본인도 공유하고 있었는지는 확실치 않다. 해충방제학은 미네소타 유학 직전 푸저룽의 연구 주제이기도 했다. 또한 혁명 직후 중국으로 돌아가기로 선택했던 과학자가 새로운 국가의 필요—단지 국가가 요구해서라기보다 때때로 과학자들 스스로도 인정한 필요이기도 했다—에 맞춰 기꺼이 자신의 연구 활동을 조정했다는 점이 결코 놀랍기만 한 일은 아닌 것이다. 푸저룽의 동료인 구더샹은 당시에 대해 이론적인 문제에만 과도하게 초점을 맞춘 연구자는 그게 누가 됐든 비판에 직면했던 시절이었다고 지적한다. 그러나 푸저룽 또한 이론보다는 실용성을 중요시하는 사회주의적 입장에 동의하고 있었다고 강조한다.[62]

푸저룽이 기초곤충학에서 응용곤충학으로 연구를 전환하여 해충방제 분야에서 중국의 자력갱생에 공헌했다는 사실은 여러 가지 요인으로 설명될 수 있을 것이다. 푸저룽의 행보는 비단 그가 "군중과학"이라는 마오주의적 비전에 깊이 헌신했다는 사실만을 말해 주는 데 그치지 않는다. 그는 심지어 대약진 운동의 정신, 즉 군중의 위대한 혁명 정신을 동원함으로써 불과 몇 년 안에 완전한 공산주의를 이루겠다는 급진적 흐름에까지 발맞춰 일할 수 있는 능력을 갖추고 있었다. 푸저룽은 군중도 트리코그람마 말벌 시험에 참여해야 한다고 강조하면서, 현장에 있는 인민들이 현장의 요구에 따라 기술을 변형시키는 과정에 일조해 달라고 독려했다.

예를 들어 푸저룽의 보고에 의하면, 중산현에서는 현지 인민들이 말벌 사육에 필요한 관tubes을 세우기 위해 대나무 줄기 혹은 기타 "현지에서 쉽게 구할 수 있는 자재들[就地取材]"을 이용했다. 푸저룽은 과거 성냥갑을 활용한 방법을 고안했는데, 인민들이 스스로 이를 개선한 것이었다. 푸저룽은 또한 바람과 비를 피하기 위해 관을 북동쪽을 향해 세워야 한다는 점, 관 위에 유연성 있는 밀봉재를 사용하기 위해 두꺼운 종이를 사용해야 한다는 점 등을 농민들 덕분에 알게 되었다고 했다. 이처럼 '군중' 주도의 혁신을 장려하는 것 외에도 푸저룽은 대약진의 시대정신에 맞도록 대규모—1,000무 이상의 토지—로 말벌을 방사하는 방법도 개발했다. 1959년까지 광둥, 광시, 푸젠 일대에서 푸저룽이 설계한 방법을 채택하여 좋은 결과를 거두었다는 보고가 이어졌다.[63]

확실히 푸저룽은 대약진 시기 과학 학술논문 지면에 군중의 참여와 심지어 군중에 의한 혁신을 거론했던 유일한 과학자는 아니었다. 그러나 그는 당시의 급진 정치에 동조하는 강도 측면에서 상당히 예외적이었다. 가장 눈에 띄는 것은 그가 흰개미를 방제하는 방법을 개발한 농민 리스메이李始美를 널리 알리는 데 적극적인 역할을 했다는 점이다. 푸저룽은 1958년 4월 제1차 광둥성 과학 공작 회의에서 리스메이가 흰개미 방제에 관해 발표한 내용을 듣고 그를 중산대학으로 초청했다. 그러고는 리스메이가 이 주제에 관해 과학 논문을 완성할 수 있도록 리추이잉과 함께 그를 지원했다. 뒤이어 푸저룽이 이끌던 생물학과 내 곤충학 분과는 리스메이에게 교수직을 제안했으며, 리스메이는 이를 수락했다. 이 사건은 《런민일보》 6월 22일 자 1면에 실렸다.[64] 사실 마오 시기를 통틀어 리스메이는 푸저룽 본인보다 훨씬 더 자주 《런민일보》에 등장했다. 그는 중국의 발전을 위해 '토종 전문가native experts'를 배출해야 한다고 강조하던 당시의 급진적인 시대정신을 완벽하게 체현하는 인물이었던 것이다. 푸저룽에게 리스메이를 후원하는 일은 '유학파 전문가'라는 양의 정체성을 결코 잃어버리지 않으면서도 자기 자신이 군중과학이라는 토의 의제를 지지한다는 점을 보여 줄 수 있는 매우 효과적인 방법이었다.[65]

푸저룽과 리추이잉이 5·7간부학교로 파견된 지 얼마 되지 않아 그들의 명성은 널리 알려지게 되었다. 해충방제에 대한 그들의 연구가 생산 현장의 필요와 너무나도 밀접하게 연관되어 있었기 때문이다. 동시에 중산대학에서는 '교육혁명'이 전개되고 있었다. 푸저룽은 광둥 지역에서 신임을 받고 있었기 때문에, 일군의 학생과 더불어 둥관현으로 파견되어 해충방제 업무와 교육혁명을 진행하는 임무를 맡았다.[66] 그의 행보는 1970년 중산대학 생물학과 교육혁명공작대가 작성한 《런민일보》 기사에 게재될 정도로 성공적이었다. 둥관현 농민들은 살충제에 내성을 갖춘 해충이 나타났다고 보고했다. 리치 과수원에서 방구벌레는 점점 더 큰 골칫거리가 되고 있었다. 화학 살충제는 그다지 효과적이지 않았고, 설상가상으로 벌의 수분을 교란했다. 생물학과의 교수진과 학생들은 난포자충 말벌 아나스타투스[平腿小蜂]가 방구벌레를 억제하는 이상적인 수단이 될 것이라 판단했다. 그들은 아나스타투스의 기생률 98퍼센트라는 성과를 달성했을 뿐만 아니라, 현장에서 비롯된 쉽고 간편한 방법을 받아들이는 과정에서 대학이라는 울타리 너머로 자신들의 세계관을 넓힐 수 있었다고 보고했다. 이러한 경험을 바탕으로 학과는 해충방제학 실습 교과를 개설했다. 《런민일보》 기사는 이러한 과정을 통해 "새로운 곤충학"이 창조되었으며 교육혁명이 승리로 마무리되었다고 평했다.[67]

푸저룽의 연구가 토 과학의 비전 및 문화대혁명 시기 정치의 핵심적인 측면들과 대단히 효과적으로 공명하자 《런민일보》는 2년 후 또다시 그에 관한 특집 기사를 냈다. 이번에는 푸저룽 본인에게 스포트라이트가 맞춰졌다. 기사는 이 "나이 많은 교수의 새로운 젊음"을 찬양하며 다시 한번 그의 연구의 혁명적인 측면을 강조했다. 기사에 따르면 푸저룽은 아나스타투스 말벌을 실험실에서 배양했지만, 그러한 경험이 현장에서의 대규모 작업에까지 충분히 유효하다고 볼 수는 없었다. 이에 그는 자신의 연구를 농촌으로 가져가 "누추한 오두막"을 그럴 듯한 말벌 배양장으로 개조하여 그곳에서 아나스타투스 말벌을 키우는 실험을 진행했다. 동시에 그는 해충방제 작업을 진행시킬 수 있는 기술 인력을 30명 이상 양성했다. 기사는 푸저룽이 농촌에서 반년 동안 농민과 더불어 생활하며 노동하며 많은 것들을 배움으로써 마치 용광로에서 강철이 다듬어지듯 점점 '단련'되어 갔다는 점을 높이 평가했다.[68] 이때부터 푸저룽은 "정기적으로 생산투쟁의 최전선에 뛰어들면서 자신의 연구 안으로 군중의 풍부한 경험을 녹여 냈다." 예를 들어 메이현의 농민들이 미생물 방제체를 통해 좋은 결과를 얻고 있다는 소식을 듣자 그는 농민들에게 직접 배우기 위해 제자들을 이끌고 그곳을 몸소 방문했다. 사람들은 그가 연구실이나 집에서 농촌 인민공사의 농민들과 과학 실험 결과에 대해 논의하는 모습을 자주 목격하곤 했다. 기사는 결과적으로 푸저룽의 연구 및 교육이 이론과 실천의 연계를 중시하는 방향으로 심대하게 변화되었다고 평가한다. 결론은 "그가 해충의 바이러스를 활용한 방제를 둘러싼 참신한 과학 연구를 진척시키며 조국 사회주의 건설에 새롭게 기여할 것을 다짐함에 따라 …… 이 노교수의 젊음이 되살아나고 있다"는 것이었다.[69]

의심의 여지 없이 공식 언론의 이러한 묘사는 양의 중요성을 덜어 내고 토를 더 높이 평가하기 위해 실상을 왜곡한 것이다. 이러한 사료들을 이용하는 나의 요점은 이 사료들 속에서 진정한 역사적 경험과 사실을 포착하려는 데 있는 것이 아니라, 토 과학의 패러다임 안에서 푸저룽의 연구가 갖는 정치적 중요성을 보여 주는 것이다. 그렇기는 하지만 문화대혁명 시기 푸저룽과 함께 일했던 사람들과의 인터뷰를 통해서도 그가 각별히 농민과의 협력에 헌신했으며 농촌 현장에서 기꺼이 자신의 손에 흙을 묻히려 했다는 사실이 확인된다. 마오 시대에 화학 살충제 사용에 따른 환경적·보건적 우려가 크게 확산되었다고는 볼 수 없다. 그러나 생물학적 방제에 관한 푸저룽의 연구는 또 다른 측면에서 대단히 강력한 정치적 중요성을 지닌 것이었다. 즉 그의 업적이 "홍紅"에 고개 숙이는 "전專", 토로부터 배우는 양을 찬양하는 데 활용될 수 있었던 것이다.

1972년 푸저룽은 전문 대표단 자격으로 해외에 나가기 위해 출국 신청서를 제출했다. 이 신청서에 첨부된 당국의 메모는 그에 대한 국가의 정치적 신뢰를 단적으로 보여 준다. 메모에는 푸저룽이 당의 영도를 잘 따르며, 사회주의 조국을 사랑하고, 새로운 것들을 수용하며, 열심히 일하고, 사회주의 사업에 기꺼이 봉사한다고 적혀 있었다. 메모는 또한 그의 연구에 대해 설명하며, 곤충 분류학에 대해서도 언급하지만 특히 해충방제학을 강조했다. 이 메모는 문화대혁명 시기 이런 종류의 문서가 가지는 특징을 전형적으로 보여 준다. 메모는 푸저룽이 과거 "자산가 계급의 개인주의적 영달 정신"에 영향을 받았으며, 이로 인해 "군중들의 비판과 계도를 받은 바 있다"고 밝혔다. 그러나 곧 푸저룽이 문화대혁명에 관심을 갖고 "마오 주석과 당 중앙의 사상을 학습하는 데 주의를 기울인다"며 칭찬했다. 메모 작성자는 푸저룽이 1969년 간부학교에서 겪은 경험과 관련하여 불만이 있다는 말을 들은 적이 있다고 밝혔다. 그러나 메모 작성자는 이 문제를 보고하면서, 푸저룽이 과거 캠퍼스에서의 교육혁명 참여를 통해 "인민을 위해 복무해야 한다"는 점과 "그의 전문 분야와 특기가 인민에게 쓸모가 있다"는 점을 학습했다는 사실을 더욱 강조했다. 무엇보다도 둥관현의 빈하중농貧下中農들이 다음과 같이 푸저룽을 칭찬하는 노래를 만들어 부른다고 보고했다. "중산대학에 푸저룽 같은 사람이 있어서 다행이다. 무슨 문제가 생기면 언제든 그를 찾아갈 수 있으니."[70]

푸저룽의 업적은 정치적으로 상찬되었으나, 1972년 중산대학 당국은 푸저룽이 한 가지 핵심적인 분야, 즉 "곡물을 핵심으로 한다"는 강령의 측면에서 볼 때 아직 부족함이 있다고 평가했다. 곡물은 대약진 이래 중국 농업의 최우선 과제였다. 사탕수수 밭이나 리치 과수원에서의 해충방제만으로는 충분치 않았다. 푸저룽은 쌀에 초점을 맞춘 프로젝트를 찾을 필요가 있었다.[71] 이번에도 해결책은 다샤공사에 있었다. 그곳에서 푸저룽은 문화대혁명 시기 과학에 부여된 여러 우선고려사항들을 그의 전문적인 생물학적 방제 연구와 접목시키는 데 성공했다.

푸저룽의 동료 구더샹의 회고에 의하면, 과거에는 교통수단이 너무 열악하여 공무 출장을 가는 과학자들조차도 사흘 전에 미리 표를 구매해야 했다고 한다. 도로는 흙투성이였고, 산수이三水와 다샤 사이에 위치한 베이장北江을 가로지르는 교량이 아직 만들어지기 전이었다. 경우에 따라 기생말벌 상자나 다른 기자재를 든 채로 중간중간에 배와 자전거를 갈아타야 했다. 지금은 두 시간이면 갈 수 있지만 과거에는 이처럼 열악한 도로를 6~7시간 달려야 했다. 따라서 연구자들이 한 번 출장을 가면 한 달, 때로는 몇 달씩 머물다 오곤 했다.[72]

일단 현장에 도착하면 푸저룽과 그의 동료들은 인민공사에서의 생활에 몰두했다. 정신노동과 육체노동 사이의 장벽을 허문다는 토의 비전에 부합하게끔 과학자들은 육체노동에 종사했고, 농업 생산에 관한 회의에 참석했으며, 연구 활동에 농민들이 참여할 수 있도록 그들을 훈련시켰다. 이들 연구자들은 현지 인민공사에서 몇 안 되는 가용 자원을 활용해 연구에 필요한 설비들을 만들었으며, 미생물 방제체를 배양하기 위해 신설한 공방에서 노동자들과 함께 잠을 청했다. 역설적이게도 이 해충 전문가들은 밤새도록 자신들을 물어 댔던 벼룩을 잡으려는 가망 없는 시도를 반복하며 잠을 설쳤다(중국의 현 최고 지도자인 시진핑은 자신도 겪은 바 있는 이러한 경험을 '벼룩의 시련'이라며 추억했다).[73] 그들에게는 먹을 쌀이 있었지만 결코 넉넉하지는 않았다. 도시 생활과 농촌 생활의 차이는 너무나도 극명했다. 아마도 그들은 그리 머지않아 "과

거 농촌에서의 삶"을 추억하지 않게 될 터였다.[74]

다샤공사의 농민들은 모든 면에서 푸저룽을 흠모했으며 그와 함께 일할 수 있다는 점을 자랑스럽게 생각했다. 현지 간부 마이바오샹은 자신의 일기에 푸저룽이 실험에 쓰기로 한 토지를 점검하기 위해 처음으로 현장을 방문했던 날을 기록했다. 순식간에 젊은 여성 노동자들이 푸저룽을 둘러싸고 논밭에 무엇을 심었는지, 실험을 위해 어떤 준비를 했는지 쉴 새 없이 떠들어 댔다고 한다.[75] 현지의 한 농민은 특히 푸저룽이 교육 프로그램을 조직할 때 필요한 도서들을 도시로부터 조달하기 위해 들인 노력에 대해 회고했다. "그는 우리 농업기술원들을 챙겨 주었습니다. 진정으로 우리를 보살펴 주었어요."[76] 현장에서 개인적인 인간관계와 정치는 긴밀히 연결되었다. 농민들에 대한 푸저룽의 헌신은 강력한 혁명 정신의 표상이기도 했지만, 동시에 그것은 개인 차원 관계를 통해 표현된 인간적인 친절함으로 경험되었으며, 양자는 결코 서로 모순되지 않았다.

1974년 1월, 푸저룽과 구더샹은 현지 지도자들이 협력을 계속하고 싶어 하는지 확인하기 위해 다샤공사를 방문했다. 수많은 감사의 말과 찬사를 뒤로하고—푸저룽이 마오에게 바치는 찬사로 마무리되었다—다샤공사의 지도자들은 2년 차 협력 사업을 계속해 나가기로 결정했다. 마이바오샹의 일기는 푸저룽이 종종 정치적으로 적절한 발언들을 했으며, 농민과 혁명에 헌신하는 마음이 대단히 강했다는 점을 알려 준다. 이를 두고 당시 정치 캠페인의 압도적인 분위기에 푸저룽이 마지못해 편승했던 것이라고 생각할 수도 있을 것이다. 한번은 푸저룽이 유교를 비판하는 집회 도중 마이바오샹을 찾아온 적이 있었다. 푸저룽은 마이바오샹에게 집회에 참석하는 대신 자신과 함께 논밭으로 시찰이나 나가자고 제안하며, "저들이 인간들 간의 투쟁에 몰두할 때 우리는 자연과의 투쟁에 매진해야 합니다"라고 말했다. 어쨌든 푸저룽과 마이바오샹의 동행은 중국 사회주의와 관련하여 보다 거시적이고 중요한 몇몇 현안에 대해 이야기를 나눌 수 있는 기회를 제공했다. 마이바오샹은 푸저룽이 중국 농촌의 역경에 대해 근심하고 있으며 국가가 농민을 돕기 위해 가능한 모든 일을 할 것이라 믿고 있었다고 기록했다.[77]

다샤공사는 문화대혁명 시기에 고취되었던 일련의 과학—토 과학—의 비전을 보여 주는 특별한 사례다. 푸저룽은 성공적인 프로젝트를 개발하여 도시 청년과 농촌 청년 모두를 참여시켰고 이론과 실천을 통합했으며 상아탑의 실험실 연구를 농촌 현장의 "누추한 오두막"으로 이식시켰다. 또한 현지에서 말벌과 오리 등 다양한 여러 생물학적 방제체를 배양함으로써 다샤공사의 자립도를 높였다. 이 모든 것은 농민에게 봉사하기 위해 이루어졌다. 더욱이 각종 연구 보고서들이 자주 인민공사의 혁명위원회, 현급 과학기술 부문, 중산대학 생물학과에 의해 공동으로 저술되었으며, 이는 "토양병거"의 슬로건을 제도적으로 정당화하는 데 일조했다.[78] 다샤공사는 곧 문화대혁명 시기 일류 과학자로서 푸저룽이 갖는 명성이자 상징 그 자체였다.

초국가적 세계 속 토의 의미

마오 시대 과학의 성공이 단지 토에 대한 지향성을 고취시키는 데에만 그쳤다면, 푸저룽 같은 전문 과학자들보다는 리스메이 같은 '토종 전문가'들 중에서 전형적인 사례를 찾을 수 있었을 것이다. 그러나 토 과학은 결코 중국 농촌에만 머물러 있지 않았다. 냉전 시기 두 초강대국 모두로부터 고립되어 있을 때조차도 중국은 제3세계를 지도하는 국가가 되고자 했다. 중국이 1970년대 초 핑퐁외교 전후 과학 및 문화 교류를 통해 미국과의 관계를 재정립하려 했을 때에도, 토 과학은 중국이 세계 과학계를 위해 제시할 수 있는 하나의 중요한 공적으로 간주되었다. 토종 전문가들도 물론 이 중대한 대의를 위해 복무했다. 그러나 결국 푸저룽 같은 사람들이 없었다면 그러한 대의는 달성될 수 없었을 것이다. 토의 신뢰를 받고, 양과 연계되어 있으며, 냉전 정치의 격랑을 헤쳐 나갈 수 있는 수완을 두루 갖춘 과학자들 말이다.

1951년 2월, 푸저룽과 리추이잉은 리추이잉의 지도교수였던 미네소타대학 글렌 리처즈A. Glenn Richards와 그의 아내에게 다음과 같이 편지를 적어 보냈다.

미국에서 식량과 상품 물가가 상승하고 있다고 들었습니다. 그러나 그런 일로 선생님들의 생활이 크게 위협받지는 않으리라 생각됩니다. 저희들의 생활은 여전히 여러모로 힘들지만, 그래도 4~5개월마다 임금이 오르고 있기는 합니다.……아마도 신문이나 라디오를 통해 중국과 관련된 이런저런 소식을 접하셨을 것입니다. 저희로서는 중국이 앞으로 나아가고 있다고 솔직하게 말씀드릴 수 있을 것 같습니다. 더 이상 인민을 억압하는 세력도 없고, 소작인들 또한 중국 근대화의 진정한 적이었던 지주들의 압제로부터 진실로 해방되었습니다.

그들은 또한 리추이잉의 석사논문 이후 어떤 논문들이 《생물학 회보 *Biological Bulletin*》에 실렸는지, 또 집파리의 정액주입반응의 조직학적 연구에 관한 문헌으로는 어떤 것들이 있는지 물었다.[79] 아마도 이것이 편지를 쓰게 된 진정한 동기였을 것이고, 앞부분의 정치적 언사들은 검열을 의식하여 쓴 문구였을 것이다. 그러나 푸저룽과 리추이잉의 정치적 헌신과 관련된 다른 증거들을 참고할 때, 나는 이러한 언사들이 당시 푸저룽 부부가 진정으로 믿고 있던 바를 반영한다고 해석한다. 당시의 다른 많은 지식인들과 마찬가지로, 푸저룽과 리추이잉도 신중국 건설을 둘러싼 이런저런 전망 앞에서 기대에 부풀어 있었으며, 이 과정에서 중국공산당의 영도에 대해 낙관하고 있었다.

이 시점 이후 푸저룽과 리추이잉이 계속해서 미국의 스승 및 동료들과 편지를 주고받았는지는 불분명하다. 중국과 미국 두 국가가 전쟁 중일 때 괜히 미국과의 관계 때문에 눈에 띄는 일을 하는 것은 확실히 위험했을 것이다. 푸저룽과 리추이잉의 미네소타대학 곤충학과 동료 학생이던 마스쥔馬世駿은 1952년 다른 과학자들과 함께 자신이 미국 과학계 내에서 들은 이야기들을 공개적으로 증언하며, 한국전쟁 당시 미국이 중국에 대항해 세균전을 벌였다는 비난에 무게를 실어 주었다. 심지어 몇몇 개개인의 이름을 언급하기까지 했다.[80] 마스쥔과 다른 과학자들은 아마도 진실로 그러한 혐의가 사실이라고 믿었을 수도 있고, 혹은 단순히 자신들의 미국 박사학위가 초래한 정치적 취약성을 희석시키고 싶었던 것일지도 모르겠다.[81] 이와 달리 푸저룽은 새로운 정치 질서에 적응하는 데 큰 문제를 겪지 않았던 것으로 보인다. 나는 그가 정치 지도자들의 환심을 사기 위해 미국의 옛 스승들과 동료들을 굳이 비난했다는 증거를 찾지 못했다.⁸² 앞서 보았듯, 푸저룽은 냉전 질서의 정반대편에 서 있던 상대와 중국 간의 변화하는 관계에 적응하는 데도 매우 성공적이었다.

1970년 당정 간부들은 '교육혁명'을 수행할 만한 정치적으로 믿을 수 있는 지식인이 필요해지자 푸저룽을 선택했다. 1971년 핑퐁외교 이후 국제 과학 대표단의 중국 방문을 관장할 유능하고 신뢰할 수 있는 인사가 필요할 때에도, 간부들은 망설임 없이 푸저룽을 선택했다. 푸저룽의 국제적 인맥, 외향적인 성격, 그리고 사회주의 중국 과학의 가장 근본적인 원칙 대부분에 대한 진정성 있는 헌신 등이 그를 이상적인 대표자로 만들었다. 영어를 통한 효과적인 의사소통이 가능했기 때문에 푸저룽은 통역을 거쳐야 하는 다른 사람들보다 더욱 설득력 있는 인터뷰 대상이 되기도 했다. 또한 푸저룽은 미네소타 시절의 경험 때문에 서양인들과 함께 있는 것을 불편하게 생각하지 않았다. 푸저룽은 이러한 자질을 공유하고 있는 부인 리추이잉과 함께였고, 리추이잉은 대표단이 자신들의 자택을 방문했을 때 중국의 가정문화를 일부 선보일 수 있었다. 물론 푸저룽의 이러한 활동은 당국의 면밀한 감시를 받았다. 1973년 푸저룽의 옛 제자였던 뤼밍헝呂銘衡은 귀국하여 푸저룽을 방문하려 했을 때 중산대학 당 위원회의 비준을 얻어야 했다.⁸³ 심지어 푸저룽이 베이징 주재 이라크 대사에게 해충방제학에 관한 책을 보낼 때에도 유사한 비준이 필요했다.⁸⁴ 그러나 푸저룽은 확실히 누구보다—지식인들 가운데에서는 특히—신뢰를 받았던 인물이었다. 따라서 수많은 외국 방문객들이 세심하게 조율된 중국 여행 일정 가운데 푸저룽과의 만남을 추진했다는 사실은 결코 놀라운 일이 아니었다.⁸⁵

모든 중국인이 푸저룽처럼 외국인들에게 문화대혁명 시기의 정치 현실을 세련되게 번역할 수 있는 능력을 갖춘 상태로 손님을 맞이한 것은 아니었다. 1974년 "녹색혁명의 아버지" 노먼 볼로그가 중산대학을 방문했을 때, 대학 혁명위원회 주석이 진행하는 의례적인 "간단한 소개" 연설을 들은 적이 있었다. 그중에는 문화대혁명 초기에 린뱌오林彪의 영향력과 "문화적 부르주아 철학"을 "말살"하기 위해 "노동자들이 대학으로 진격해 들어와" 교수들을 논밭과 공장으로 내쫓고 농민들을 대학으로 데려와 열정적으로 수업을 하게 했다는 내용이 포함되어 있었다. 이러한 내용은 볼로그로서는 쉽게 받아들일 수 없는 것이었다. 볼로그는 관련 메모를 몇 페이지에 걸쳐 남긴 후, "이곳의 빨갱이 주석은 완전히 돌대가리다!", "여기 빨갱이 윗대가리는 과시하기를 좋아하는 '핫도그'다"라고 끄적거리며 재미를 느꼈던 것 같다.[86]

해외 방문자들로서는 대학 연구실에서 푸저룽을 만나 그의 다샤공사 연구 현장을 방문하거나 인민공사 공공식당에서 오리구이를 함께 먹는 것은 완전히 새로운 경험이었다. 만남 와중에도 정치적 긴장이 완전히 사라진 것은 아니었다. 화이 치앙이 1975년 미국 해충방제학 특별 대표단과 더불어 푸저룽을 방문했을 때, 푸저룽은 과거 미네소타 유학 시절 친구인 화이 치앙과의 "특별한 관계"를 드러내길 조심스러워했다. 화이 치앙은 눈치껏 그러한 푸저룽의 거리 두기를 존중해 주었다.[87] 그러나 이러한 불협화음은 푸저룽의 성취에 대한 외국인들의 감탄이라는 전체적으로 훨씬 긍정적인 분위기 속에 조용히 묻혔다. 서양인들은 자국 내에서 화학 살충제의 환경 부작용이 점점 더 문제가 되던 상황에서 다샤공사 및 중국의 여타 지역의 통합방제 모델을 활용하여 본국 과학계와 정계 지도자들에게 변화를 촉구할 수 있겠다는 생각에 대단히 기뻐했다.[88] 보고서에 따르면, 대표단의 일원이었던 한 영국인은 다샤공사 인민들에게 다음과 같이 말했다. "서방 국가들에서는 사람들이 통합방제에 대해 말만 많이 하지 실제로 무언가를 하는 경우는 거의 없습니다. 당신들은 정말 많은 일을 하셨습니다. 당신들이 우리의 모델입니다."[89] 마찬가지로 스웨덴 대표단의 공식 보고서도 스웨덴에서의 생물학적 방제가 상대적으로 뒤쳐져 있으며 생물학적 방제법과 통합적 해충방제가 보다 발달한 중국으로부터 관련 지식을 배워야 한다고 제안하고 있다.[90] 실제로 다샤공사의 사례는 대단히 효과적이었다. 미국 대표단의 열정적인 보고서에 입각하여 1979년에 작성된 유엔식량농업기구UN Food and Agriculture Organization의 《쌀 병해충 통합방제에 관한 지침*Guidelines for Integrated Control of Rice Insect Pests*》은 다샤공사의 경우를 선진적인 통합방제의 사례로 제시했다.

혹자는 핑퐁외교가 국제무대에서 중국의 위치를 극적으로 변화시킴과 동시에 사회주의 중국에서 종래 강조되어 오던 자력갱생 논리를 약화시키고 토보다는 양을 강조하는 방향으로 과학 담론을 전환시켰다고 예상했을 수 있다. 그러나 이는 사실과 크게 다르다. 외국 과학자 대표단을 초청하고 자국 과학자들을 해외에 파견했을 때조차 중국 정부는 강력한 반제국주의 자력갱생 노선을 유지했다. 이는 제3세계에서 사회주의 혁명을 지도하려는 지속적인 노력과 중국에는 중국만의 고유한 역사가 있다는 서사 속에서 반복적으로 확인되었다. 도리어 중국이 국제적으로 더 영향력 있는 지위로 올라서게 되면서, 어떤 면에서 중국 과학의 토적 측면이 더욱 적극적으로 부각되었다.

중국 연구기관들은 분명히 설비가 부족했고, 중국 과학자들은 서방의 과학자들에 비해 내놓을 만한 성과가 훨씬 부족했던 것이 사실이다. 중국은 양 과학 분야에서는 상대가 되지 않았다. 그러나 다른 나라들이 배울 수 있는 사회주의 중국만의 독특한 스타일의 과학으로서 토라는 토대를 제고하는 것은 얼마든지 가능했다. 이는 세계를 향해―제3세계뿐만 아니라 스웨덴 같은 유럽의 우호적인 국가들을 향해서도―미국과 소련이라는 초강대국이 제공하는 선택지 외에 '제3의 길'을 제시하려 했던 데탕트 시대 중국의 열망과 연결되어 있었다.[91] 예컨대 1976년 국제미작연구소IRRI(International Rice Research Institute) 대표단이 다샤공사를 방문했을 때 대표단원들은 푸저룽으로부터 이론과 실천의 통합이나 인민공사에서 학생과 교사가 농민과 함께 일하는 방법 등에 관해 배우기도 했지만, "모든 수업자료는 현장의 것"이며 "해외 교재는 오직 국내에 대체할 자료가 없을 경우에 한하여 사용한다"는 이야기도 전해 들었다.[92]

외국 대표단을 유치하는 일 외에도 푸저룽은 1975년에 스웨덴과 캐나다를 방문했고, 그곳에서 문화대혁명 특유의 과학 비전과 당시 지배적이었던 역사인식을 강렬하게 설파했다. 스웨덴에서 한 학회에 참석한 후 출판된 그의 에세이에 의하면, 푸저룽은 유교와 봉건주의가 중국의 과학 발전을 지연시켰지만 '프롤레타리아 문화대혁명'으로 인해 일보 전진이 가능했으며 이제 과학계 인사들은 농민과 협력하여 실제적 문제에 초점을 맞춘 연구를 수행하며 인민공사 현장에서 곧바로 여러 해결책을 제시하고 있다고 강조했다.[93]

같은 해, 중국의 권위 있는 동물학 학술지에 푸저룽에 대한 논문이 한편 등재되었다. 해당 논문은 푸저룽의 연구 프로젝트—특히 둥관현과 다샤공사에서의—에 대해 간략히 언급한 뒤, 과학과 정치에 관한 1975년 당시의 관점들을 밀도 있게 정리했다. 해충방제학의 역사는 서구적 과학 실천의 문화적 헤게모니에 저항하고 사회주의 중국 과학만의 독특한 스타일을 창조하기 위한 투쟁을 완벽하게 보여 주는 것이었다.

> 우리 자연과학 연구자들은 과거 노예처럼 서양을 떠받드는 철학[洋奴哲學]에 영향을 받아 줄곧 좋은 경험과 나쁜 경험을 구별해 내지 못했으며 심지어 어떤 사람들은 모든 외국의 경험은 다 좋다고 생각했을 정도였다. 예를 들어 과거 우리 동지들 중 몇몇은 외국의 농화학물에 완전히 현혹되었다. 이제 한때 각광받던 DDT는 인간에게 분명히 해를 가하며 해충들은 그에 대해 얼마간 내성을 발달시켜 왔음이 밝혀졌다. 지난 몇 년 동안 우리는 중국의 구체적인 현실을 출발점으로 삼아 생물학적 방제를 탐구해 왔고, 이제는 제법 우리 자신의 경험을 축적했다. 따라서 우리는 과학을 중국의 산업 및 농업 생산과 통합하고 부지런히 다양한 경험을 총결해야 한다. 또한 과학 발전을 향한 우리 자신의 길을 개척하기 위해 "양노철학을 전복하고 교조주의를 배격"하며 "자력갱생과 성실한 노동을 통해 미신을 타파하고 사상을 해방하라"는 위대한 마오 주석의 가르침을 따라야 할 것이다.[94]

물론 해충방제와 관련된 "외국의 경험"에는 농화학물뿐만 아니라 생물학적 방제까지도 포함되어 있음을 푸저룽 스스로도 잘 알고 있었다. 푸저룽에게 곤충학을 가르쳤던 중국인 지도교수들은 미국에서 생물학적 방제를 접했으며 푸저룽 자신도 앞장서서 곤충 생태학과 이로운 기생충에 관한 소련의 연구를 중국에 소개한 바 있다. 중국 과학자들은 그들의 경력을 시작할 때 몸담았던 초국가적 네트워크와 이후로도 줄곧 연결되어 있었다. 그럼에도 사회주의 중국 과학의 양적 측면은 강조되지 못했고 또 그러한 연결 관계들이 간과되어 왔다. 그러나 이는 역설인 동시에 어떤 면에서는 적절한 것이기도 했다. 사회주의 중국은 세계 무대에서의 새롭고 보다 두드러진 역할을 자임하게 되면서 과학을 위해 공헌할 수 있는 자신만의 독특한 기여가 무엇인지 명확히 해 둘 필요가 있었다. 그렇게 토의 신뢰를 받으면서도 양과 연계되어 있던 푸저룽이라는 인물이 이러한 과업을 책임질 이상적인 인물로서 각광받을 수 있었던 것이다.

포스트마오 시기 양과 토의 운명

푸저룽이 직접 이야기한 것을 포함하여 마오 시대의 이런저런 서사들은 농민과 노동자의 공헌들, 과학이 현지 여건에 맞추고 생산에 복무할 필요성, 자력갱생이라는 핵심 목표 등을 강조했다. 그러한 서사들은 스스로를 농촌 속에 깊이 위치시킨 과학자와 대학생에 대해 이야기했다. 농촌에서 그들은 농민기술원과 더불어 연구를 수행하고, 군중의 풍부한 경험을 학습하며, 한정된 자원으로 일을 성사시키고, 생산 및 정치 활동에 폭넓게 참여했다. 마오 시대 서사들은 또한 혁명적인 군중과학을 전문가 중심의 과학보다, 다시 말해 토를 양보다 더 중시했다. 그러나 이러한 서사 구조는 포스트마오 시대에 이르러 극적인 반전을 맞이하게 되었다.

1980년대부터 과학자와 지식인에 관한 전기류 문헌들이 대대적으로 증가하기 시작했다. 전기 작가들과 일반 독자들은 이러한 글에서 전형적으로 보이는 몇몇 특정한 형식에 매우 익숙해졌다. 푸저룽의 일생에 대한 이야기는 어떤 면에서 이 특유의 전기 장르에 꽤나 부합하는 내용이라고 할 수 있다.[95] 즉 포스트사회주의 시기의 인물 전기는 전형적으로 일류대학 과학자들이 실험실 활동 및 현장 실험을 통해 생산한 과학 지식과 과학 학술지 게재 및 국제 과학계와의 연계를 통해 검증받은 연구 성과를 강조한다. 이러한 강조는 포스트사회주의 시기에 전문가 중심의 과학(양)이 혁명적 군중과학(토)보다 더 높은 평가를 받았다는 점을 반영한다. 푸저룽이 음악적으로도 바이올린과 피아노에 뛰어났다는 묘사(《그림 11》)를 통해, 전기 문헌들은 푸저룽의 지성을 한껏 부각시킨다. 또한 포스트사회주의 시기 저술 중에서 새롭게 환경주의적인 가치가 대두되고 있음을 확인할 수 있다. 그러한 글들은 푸저룽이 종종 화학 살충제 사용 증가에 따른 환경의 악영향에 대해 주목했으며, 생물학적 해충 방제 연구에 입각하여 보다 생태적으로 건전한 미래상을 제공하려 했던 보기 드문 지성이었다고 높이 평가한다. 푸저룽을 "선구적 환경주의자"로 서술하는 데서 더 나아가, 그의 인품은 "태산" 같았으며 그의 "고결한 행위들은 영원히 빛나게 될" 것이라고 기록하고 있다.[96]

이러한 서사들은 전형적으로 푸저룽이 어린 시절 농촌의 궁핍한 현실을 목격하고 중국 농민들을 돕겠다는 뜻을 품게 되었다는 이야기로 시작된다. 푸저룽과 같은 세대의 중국 지식인 대부분이 이와 비슷한 이

〈그림 11〉
푸저룽이 바이올린을 연주하고 있다. *출처: 古德祥 編, 《蒲蟄龍紀念影集》, 2002, p. 65.

야기를 갖고 있다. 푸저룽의 전기들은 중화인민공화국 탄생에 즈음하여 중국으로 귀국한 것이 그의 애국주의를 보여 주는 증거라고 한껏 강조한다. "1949년 10월, 톈안먼광장 상공에 오성홍기를 휘날리며 신중국이 막 탄생했을 때, 부부—푸저룽과 그의 아내 리추이잉—는 결연히 미국을 떠나 조국의 품으로 돌아오기로 결심했다."[97] 그러나 이러한 유사성에도 불구하고, 또 다른 측면에서 오늘날 푸저룽은 마오 시기 대부분의 중국 과학자들의 삶과는 현저하게 다른 방식으로 기억되고 있다.

지식인들의 문화대혁명 경험이 전형적으로 "고난과 역경의 이야기"로 틀 지어졌다는 사실과 다르게, 푸저룽의 전기에는 그가 정치적 박해를 받았다거나 그 때문에 연구에 차질을 빚었다는 이야기가 거의 없다. 푸저룽의 전기 가운데 가장 긴 작품이 푸저룽 탄생 100주년을 기념하여 2012년에 출간되었다. 이 책은 첸양에서 푸저룽이 진행한 누에 연구가 실망스러울 정도로 실패하게 된 이야기의 자초지종을 상세히 다루고 있다. 그러나 이 에피소드도 트라우마나 원한에 관한 것은 아니었다. 한 전기는 실제로 정반대 성격의 이야기를 하고 있다. 저자는 1972년까지의 푸저룽의 업적에 대해 논하면서 다음과 같이 말한다. "푸저룽의 과학 연구가 거듭 성공하게 됨에 따라 그에게 계속해서 영예가 뒤따랐다. 그럼에도 그는 결코 전진하기를 멈추지 않았다. 오히려 그는 각각의 성취를 새로운 출발점으로 삼아 끊임없이 새로운 고지를 향해 올라갔다."[98] 또한 다른 과학자들의 전기에서는 '사인방'의 몰락 및 중국공산당 제11기 중앙위원회 이후 덩샤오핑의 집권이라는 역사적 이정표가 매우 중요하게 다루어지고 있음에도 불구하고, 이 책이 참고한 푸저룽의 전기 중에서는 오직 한 종만이 이에 대해 다루고 있다.❖ 즉 다른 대부분의 과학자들의 전기가 문화대혁명을 역사적 단절로 간주하고, 덩샤오핑의 개혁개방이 가져온 중국 과학—양으로 좁게 정의된—의 부활을 강조하는 반면, 푸저룽의 이야기에서는 일종의 연속성—인민공화국 초기에 만들어진 어떤 것이 문화대혁명 시기에 번성했고 이것이 마오 시기 이후에도 중단됨 없이 지속되었다는 인식—을 목도하게 된다.

푸저룽의 전기들은 그의 남다른 리더십을 한층 부각시키고 있는데, 이는 푸저룽과 알고 지낸 사람들이 일상적으로 강조하던 특징이기도 했다. 중산대학의 한 직원은 내게 푸저룽이 매우

❖ 해당 전기의 저자는 제11기 중앙위원회 이후 푸저룽이 "새로운 젊음으로 환하게 빛났다"라고 주장하는데, 흥미롭게도 이는 문화대혁명이 푸저룽의 "새로운 젊음"에 영감을 주었다는 1972년도 《런민일보》 기사를 떠올리게 한다.

훌륭한 행정가였으며 언제나 젊은 동료들의 성공을 장려하기 위해 한 발 뒤로 물러났다고 말했다. 그의 전기 작가들은 푸저룽에게 "사람들을 하나로 모으는 능력"이 있었으며, 후속 세대 과학 인재를 양성하는 데 헌신했다는 점을 강조한다. 푸저룽은 자신이 기른 "복숭아와 자두" ─그는 학생들을 자신의 지적 삶의 열매로 보았다─가 "세상을 가득 채울 것"이라고 말했다고 한다.[99] 전기들은 또한 동관에서 그가 보여준 기술원과 농민을 조직하는 능력을 부각시켰다.

놀라운 일까지는 아니지만 한 가지 눈에 띄는 사안은 두루두루 인정받은 푸저룽의 업적 가운데에서도 언론에서 가장 많은 주목을 받았으며 오늘날에도 곤충학계 외부에서 가장 유명한 일화인, 그가 '토 전문가' 리스메이를 발굴하고 양성한 일이 포스트사회주의 시기 전기 서술에서는 자주 누락되었다는 점이다. 젊은 노동자 리스메이의 잠재력을 알아보고 대학으로 초빙했던 사건은 후학 양성과 관련된 푸저룽의 노력 가운데에서도 확실히 이례적인 것이었다. 이 일은 특히 마오 시기에 장려된 토 스타일의 과학을 만드는 데 푸저룽이 왜 그토록 성공적일 수 있었는지를 이해하는 데 도움이 된다. 그러나 이는 마오주의적 과학의 가장 급진적인, 따라서 이제는 가장 외면받는 측면들과 너무 가까이 맞닿아 있는 사례였다. 포스트사회주의 시기에 쓰인 푸저룽의 전기에서는 더 이상 '토종 전문가'나 농민의 독창성을 찬양하는 논조가 발견되지 않는다. 만약 농민이 언급된다면 그것은 대부분 농민들이 푸저룽에게 군중에게 의지하는 것의 가치를 가르쳐 주었다거나 농민들 스스로 중요한 역할을 해낼 수 있다는 점을 이야기하기 위함이 아니라, 그들이 새로운 해충방제 기술을 도입하려는 푸저룽의 노력을 단순히 "환영"했다는 점을 보여 주기 위함이었다.

이처럼 상이한 두 스타일의 이야기—마오 시기의 이야기와 포스트마오 시기의 이야기—에 공통으로 등장하는 마오주의의 한 요소는 바로 이론과 실천의 통합이라는 논점이다.[100] 이 부분은 "중국 특색의 사회주의"라는 포스트마오 시기의 슬로건과도 일맥상통한다. 이는 마오의 철학 가운데 비교적 안전한 요소들—마오의 고전적인 두 에세이인 《실천론》과 《모순론》에서 두드러지는—을 보존하되, '마오쩌둥 사상'으로 신성시된 나머지 대부분의 급진적인 내용을 은폐하고 있다. 포스트사회주의 시기에 출판된 푸저룽의 전기에서도 어느 정도 토 과학에 대해 우호적으로 서술된 부분을 발견할 수 있다. 그러나 어디까지나 방점은 푸저룽이 과학 활동에 참여시켰던 농민들의 역할이나 사회주의 정치철학 같은 더 거시적인 차원의 문제가 아닌 푸저룽의 개인적인 인격에 찍혀 있다. 이러한 이야기에서 푸저룽의 가장 토적인 면모로 거론되는 점은 그가 허드렛일을 기꺼이 하려 했다는 점이다. 한 전기에 의하면, "그에게서는 교수 특유의 오만함을 전혀 찾아볼 수 없었고, 오히려 그가 수많은 하찮은 일을 도맡아 하며 현지 농민들과 동료 교수 및 학생들에게 깊은 감동을 주었다"고 한다.[101] 푸저룽의 삶과 연구를 기록한 두 권짜리 기념 문헌에 실린 〈그림 12〉는 이러한 그의 품성을 시각적으로 잘 보여 준다. 사진은 다샤공사에서 판자 위에 맨발을 올려놓은 채 생물학적 방제용 박테리아 생산시설을 짓기 위한 노동에 참여하고 있는 푸저룽의 모습을 담고 있다.

그러나 이처럼 마오 시대의 서사와 일부 일맥상통하는 부분들이 있긴 하지만, 이들 포스트사회주의 시기 전기의 지배적인 서사는 전문적인

〈그림 12〉
푸저룽의 손목시계가 그의 높은 지위를 분명하게 보여 주고 있다. 그러나 이 사진에서 그는 다샤공사의 박테리아 비료 공장을 짓기 위한 육체노동에 참여하기를 마다하지 않고 있다. 1975년경. *출처: 古德祥 編,《浦蟄龍紀念影集》, 2002, p. 25.

양 과학에 관한 것이다. 맨발로 일하는 푸저룽의 사진보다 더 눈에 띄는 것은 바이올린이나 피아노를 연주하는 푸저룽의 사진들이다. 두 악기는 전형적으로 지식인의 삶을 상징하는 사물이다. 이 대목에서 중국학 연구자들은 리처드 크라우스Richard Kraus의 저서 《피아노와 정치Pianos and Politics》를 떠올릴 수 있을 것이다. 혹은 다이스지에戴思傑의 원작 소설과 그에 바탕을 둔 영화 〈발자크와 바느질하는 중국 소녀〉*를 떠올리는 사람들도 있을 것이다. 그리고 푸저룽의 모든 전기는 그가 자신의 전문 분야 내에서 이룬 인상적인 업적과 이를 통해 해

❖ 이 작품은 문화대혁명 시기에 농촌으로 몰래 바이올린을 챙겨 간 도시 출신 지식청년에 대한 이야기이며, 작중 바이올린은 주인공의 지식인으로서의 지위를 상징한다.

외 학계로부터 두루 인정받았다는 사실을 당연스레 강조한다. 1970년대 포스트마오 시기 전기류 저작들은 양 과학의 서구적 표준을 넘어서는 대안을 제시하려 하기보다는, 중국 과학자들과 중국 과학을 양의 가치관이 지배하는 세계 무대에서 유의미한 어떤 것으로서 재정립하기 위해 노력했다. 푸저룽 전기의 목표 또한 이러한 관점을 널리 수용시키고 강화하는 데 있었다. 오늘날 푸저룽을 기억하는 데 있어서 요점은 무엇보다 그가 "우리나라 제도권 [전문] 과학계에 소중한 재산을 물려주었다"는 점이다.[102]

다음 장에서는 양과 토의 정체성 사이를 오갔던 또 다른 농업과학자를 다룰 것이다. 푸저룽의 업적에 대한 이야기와 마찬가지로, 위안룽핑에 관한 이야기에서도 마오 시대에는 양보다 토가, 포스트사회주의 시기에는 토보다 양이 강조되는 경향이 발견된다. 그러나 여러 측면에서 두 사람의 삶과 그에 관한 서사들이 서로 현저하게 달랐다는 점 또한 살펴볼 것이다.

| 제3장 |

위안룽핑:
농민 지식인

저명한 벼 육종학자 위안룽핑袁隆平(1930~2021)의 생애는 푸저룽의 삶과 여러 면에서 매우 달랐다. 우선 위안룽핑은 푸저룽보다 20세 연하로 푸저룽의 젊은 동료 구더샹古德祥의 세대에 속했다. 위안룽핑과 구더샹이 대학에 입학할 나이가 되었을 무렵 공산당은 국공내전의 승리를 불과 몇 달 앞두고 있었다. 이들에게는 대학원 유학을 위해 미국으로 건너갈 기회가 주어지지 않았다. 위안룽핑은 신생 서남농업대학을 1953년에 졸업하고 후난성 서부 산지에 위치한 안장농학교安江農校—쳰양黔陽농학교로도 알려져 있다—의 교사로 발령받았다. 농학교 학생 중 상당수는 졸업 후 고향으로 돌아가기로 예정되어 있는 젊은 농민들이었다.[1] 위안룽핑은 이처럼 변변찮은 곳에서 시작하여 훗날 중국에서 가장 유명한 농업과학자로 변모하게 된다(《그림 13》).

포스트사회주의 시대에는 거의 모든 사람이 위안룽핑의 이름을 알고

〈그림 13〉
널리 알려진 위안룽핑(웅크려 앉아 있는 인물)의 사진이다. 내가 베이징의 판자위안潘家園 골동품 시장을 방문했을 때, 농업과 관련된 물건을 찾으니 직원이 이 사진을 건네주었다. 위안룽핑의 명성을 보여 주는 또 다른 이야기로는 매사추세츠대학 애머스트 캠퍼스 역사학과의 한 중국인 대학원생이 내 연구실을 방문했을 때 이 사진을 보고 곧바로 위안룽핑임을 알아본 일이 있었다. 그가 위안룽핑을 알고 있다는 사실에 감명을 받았다고 내가 말하자 그 학생은 당연한 것이라며 도리어 놀라워했다.

있었다. 미국에서는 녹색혁명의 아버지 노먼 볼로그가 제법 널리 알려져 있지만, 중국에서 위안룽핑의 인지도는 이를 훨씬 상회했다. 그러나 그에게 명성을 주었던 교잡벼는 마오 시대의 산물이었음에도 정작 마오 시대의 자료에서는 위안룽핑의 이야기가 거의 발견되지 않는다. 즉 그의 유명세는 포스트마오 시기 프로파간다의 산물이며 결코 당연하게 얻어진 것이 아니었다. 예컨대 교잡수수hybrid sorghum는 교잡벼보다 앞서 등장했고 동일한 기술이 사용되었다. 그럼에도 사람들은 누가 교잡수수를 "발명"했는지 전혀 알지 못한다.[2] 위안룽핑 외에 교잡벼 개발에 참여한 다른 수많은 사람들 역시 그 정도로 찬사를 받은 적이 없다.

그러므로 푸저룽과 위안룽핑 간의 여러 차이에도 불구하고, 우리의 출발점은 동일해야 한다. 즉 상이한 역사적 시기에 발생한 서로 다른 종류의 내러티브에 관해 신중하게 생각할 필요가 있다는 것이다. 이 장에서는 교잡벼와 관련된 성취가 서술되는 방식이 어떻게 변화해 왔는지 추적하면서, 그 내러티브 속 토/양 이분법의 역할에 특히 주의를 기울일 것이다. 푸저룽이 상아탑에서 누렸던 권위와 비교할 때, 위안룽핑이 국내에서 교육을 받았으며 농촌의 농학교에서 근무했다는 사실은 소박하고 토착적인 토 과학과 훨씬 더 잘 부합한다. 그러나 역설적이게도 위안룽핑이 유명세를 얻기 시작했던 것은 전문적이고 초국가적인 양의 가치가 각광받던 포스트마오 시대였다. 마오 시대에 푸저룽이 그러했듯, 위안룽핑도 토와 양 모두를 체현했다. 그러나 푸저룽이 토의 페르소나를 구축하려 한 양 과학자였다면, 위안룽핑과 그에 대한 전기 작가들은 이분법의 양쪽 모두를 동시에 구축하기 위해 분투해야 했다. 즉 한편으로는 전문 과학자로서의 양의 자격을, 다른 한편으로는 위안룽핑의 대단치 않은 배경이 자연스레 연상시키는, 포스트마오 시대에는 향수의 대상이 되어 버린 토의 가치를 사후적으로 주장해야 했던 것이다.

마오 시대 사료 속의 위안룽핑

위안룽핑은 마오 시기를 통틀어 단 한 편의 논문을 발표했다.《과학통보科學通報》1966년 4월호에 수록된 이 논문에서 위안룽핑은 웅성불임male-sterile인 돌연변이 벼 개체 식물을 발견했다고 보고했는데, 이는 쌀 생산에서 잡종강세의 이점을 활용하기 위해 넘어야 하는 첫 번째 중요한 단계였다.[3] 교잡옥수수는 이미 오래전부터 세계 곳곳에서 생산되어 왔지만 쌀이나 수수 같은 자가수분 식물은 훨씬 더 다루기 어려웠다. 특히 쌀은 매우 낮은 교차수분율을 갖고 있어 쌀 종자의 95퍼센트 이상이 단일한 벼 개체의 수꽃과 암꽃의 수분을 통해 생산된다. 따라서 두 개의 벼 개체 식물을 교잡하려면 둘 중 하나에서는 반드시 수꽃 생산 능력을 제거하여 자가수정이 불가능하게 만들어야 한다. 그런 다음에야 비로소 다른 식물의 꽃가루에 노출시켜 후손 종자에 서로 다른 두 식물의 유전물질이 포함되도록 유도할 수 있는 것이다.

이는 당시에 이미 중국과 세계 여타 지역에서 새로운 쌀 품종을 생산하는 데 사용되는 표준적인 방법으로 확립되어 있었다. 그러나 '잡종강세' 현상은 이처럼 교차수분을 통해 생산된 식물의 첫 번째 세대(F1)에만 적용된다. 이러한 신품종은 여러 유용한 특성을 갖고 있을 것이라

추정되었기에 이를 안정화시켜 '개량품종'으로서 두루 생산할 만한 가치가 있었다. 다만 일반적으로 1세대 식물들이 다음 세대보다 더 우수한 성과를 보일 것이다. 교잡옥수수와 마찬가지로 교잡벼를 확산시키는 요령은 매년 교잡 과정을 대규모로 간편하게 반복할 수 있는 방법을 찾아 농민들에게 잡종강세의 효과가 잘 보존되는 1세대 교잡식물로 자라날 종자를 대량으로 공급하는 것이었다. 이러한 점에서 쌀의 경우 이미 웅성불임 상태라 일일이 따로 불임시킬 필요가 없는 개체 식물을 찾는 것이 중요했다. 위안룽핑이 웅성불임인 벼의 개체 식물을 발견한 일이 중국의 가장 권위 있는 과학 학술지의 주목받을 만한 가치가 있었던 것은 이런 이유에서였다.[4]

문화대혁명이 시작되기 직전에 이 논문을 끝으로 위안룽핑의 이름은 지면에서 자취를 감추었다. 그의 이름이 다시 발견되는 것은 마오가 사망하고 문혁 시기 급진파가 몰락하고도 몇 달이 지난 시점에서였다. 첸양농학교 과학 연구 소조의 명의로 《농업 과학기술 통신》에 실린 1972년도 논문은 의심할 여지없이 그의 글이었다. 이 무렵 위안룽핑과 그의 동료들은 1964년에 첸양 현지의 논에서 발견했던 웅성불임 계통의 품종에 관한 연구를 포기한 상태였다. 그러나 그들은 다른 지역에서 웅성불임 벼를 찾기 위해 노력한 끝에 하이난도海南島의 야생 벼 품종 가운데 훗날 '야패野敗(wild abortive·WA)'라고 불리게 되는 웅성불임 개체를 찾아냈다. 이 다음에 이어지는 연구 과제를 위안룽핑의 1972년도 논문이 설명하고 있다. 즉 교잡벼를 만드는 데 필요한 유전적으로 서로 다른 세 벼의 계통 가운데 두 번째 계통을 마련하는 작업이었다.[5] 이러한 계통을 이른바 유지계maintainer line라 하는데, 이 계통의 품종은 웅성불임 계통과 교차되었을 때 웅성불임의 특성을 보존하게 해 준다. 따라서 더 많은 웅성불임 개체 식물을 생산하게 만들 수 있다. 이렇게 생산된 웅성불임 개체들을 회복계restorer line 품종과 교차시킴으로써 원하는 유전적 특성을 가진 일대 잡종F1을 만들어 낼 수 있다(〈그림 14〉). 위안룽핑은 변증법적 유물론에 대한 마오의 언설을 바탕으로 웅성불임계의 등장을 "모순운동의 결과"로 해석하고 "유지계와 불임계는 동일한 모순의 서로 다른 양면"이라고 주장했다.[6] 위안룽핑이 이런 식으로 자신의 연구 과제를 설정했던 것은 당시의 교잡 연구, 더 나아가 과학 연구 일반의 관행을 따른 것이었다. 실제로 1971년에 출간된 한 논문은 교잡수수의 일대 잡종F1 hybrid sorghum 생산을 위한 3계통법에 마오의 모순론을 적용하여 그 의의를 해석했다. 또한 위안룽핑의 논문에 한 달 앞서 안후이성安徽省의 한 농업 과학 소조도 모순론을 통해 교잡벼의 두 계통 교차법을 분석하는 논문을 출판하기도 했다.[7]

위안룽핑이 마오 시대에 집필한 것으로 보이는 또 다른 논문이 한 편 있다. 마오 시대 위안룽핑의 행적이 여러모로 그러하듯 이 글에도 다소간 의문스러운 구석이 있다. 이 논문은 근래에 출판된 위안룽핑 문헌자료집에 수록되어 있으며, 원문은 근래에 간행된 《후난 농업 과학》에 수록되었다고 한다. 그러나 이 논문은 해당 자료집을 제외하면 《후난 농업 과학》뿐만 아니라 다른 접근 가능한 전자 보관소나 웹사이트 어디에서도 확인되지 않는다. 이 논문이 실제로 과거에 과학 학술지에 게재되었던 글인지 여부와 무관하게, 서론에서 사용된 정치적 문구들은 이 글이 1974년 전후에 집필된 것임을 강하게 시사한다.

두 번째이자 더 중요한 의문점은 쌀을 비롯한 자가수분 작물에서는

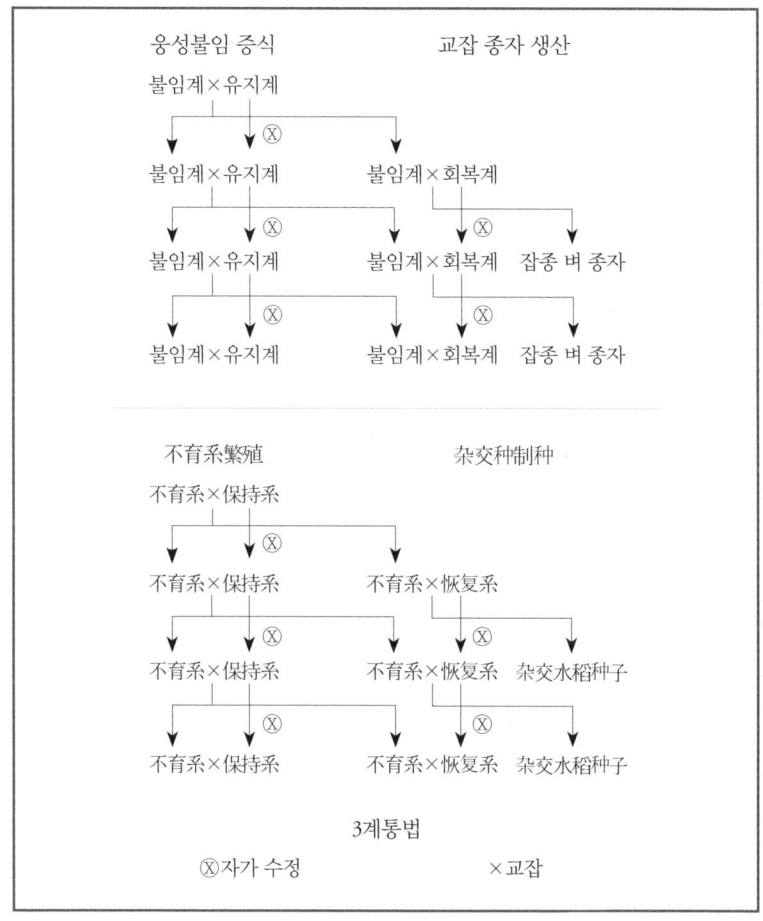

〈그림 14〉
교잡벼 생산의 세 계통 교차법을 설명하는 다이어그램이다. 왼쪽 기둥은 웅성불임 벼의 계통을 유지하는 과정을 보여 준다. 웅성불임계와 교차되었을 때, 유지계에는 웅성불임 유전자가 보존되며, 이로써 육종 작업에 필요한 웅성불임 개체 식물들을 지속적으로 공급할 수 있게 된다. 교잡벼를 생산하려면 웅성불임계가 반드시 다른 계통과 교차되어 그 가임성을 회복해야 한다(오른쪽 기둥 참고). 바로 이 교차를 통해 잡종강세를 보이는 일대 잡종 종자F1 seeds가 생산된다. 이 일대 잡종 종자들은 쌀의 형태로 먹을 수 있는 알곡, 곧 종자를 더 많이 생산하는 개체 식물로 성장한다. 동시에 유지계와 회복계는 오직 자가수정을 통해서 대를 이어 간다. 중국어로 된 다이아그램 원본의 출처는 다음과 같다. Hunan sheng nongye ju and Hunan sheng nongye kexueyuan, eds., *Zajiao shuidao shengchan jishu wenda* (Beijing: Nongye chubanshe, 1977), p. 9.

잡종강세가 나타나지 않는다는 전통적인 이론으로 인해 교잡벼 연구가 방해를 받았다는 해당 논문의 주장과 관련이 있다. 이와 같은 쟁점은 이 논문에서 처음으로 제기되었으며, 훗날 포스트사회주의 시기에 간행된 위안룽핑의 여러 전기에서 여러 차례 반복적으로 거론된다. 후대의 다른 문헌들과 달리 이 논문에서 위안룽핑은 이 "전통적" 이론의 출처로 《유전학 원론*Principles of Genetics*》이라는 "해외" 서적을 제시한다. 그러나 나는 중국에서의 육종 이론 및 실행과 관련하여 이러한 이론이 빈번하게 인용되었다거나 따라서 방해가 될 만한 어떠한 영향력을 발휘했다는 점을 뒷받침할 수 있는 다른 과학 학술지 논문을 전혀 찾지 못했다. 더욱이 1960년대 중반에는 또 다른 자가수분 작물인 교잡수수가 이미 널리 대중화되어 있었다. 나는 이 수수께끼를 뒤에서 다시 한번 살펴볼 것이다. 다만 여기서는 1974년 당시의 정치문화 속에서 위안룽핑의 연구 성과를 돋보이게 하는 방편으로 서양과 적대적 대조를 내세우는 것이 유용했다는 점을 지적해 두기로 하자.

  1976년 말까지 교잡벼에 관한 연구는 《런민일보》나 《과학실험》과 같은 주요 매체에서 거의 조명되지 않았고, 심지어 전국적인 과학 학술지에도 놀랄 만큼 드물게 등장했다. 더욱이 1974년경이면 교잡벼의 1세대 종자가 이미 초기 실험 및 개발 단계를 거쳐 평가 단계에 이르렀음에도 불구하고, 그해에 중국을 방문했던 미국 식물학계 대표단은 이에 대해 전혀 기록을 남기지 않았다. 그러나 성급省級 학술지와 당안자료를 참고하면 당시 교잡벼 연구가 빠르게 진척되고 있었으며 여기에 전국 곳곳의 연구기관 및 추광 시스템이 관여하고 있었다는 사실이 분명하게 드러난다. 1972~73년에 생산된 문건들은 후난, 베이징, 쓰촨, 광둥, 헤이룽장, 안후이, 랴오닝, 푸젠, 구이저우 등지에서 교잡벼 연구와 관련된 발전이 있었음을 기록한다.[8] 광둥성당안관의 1973년도 한 문건은 특히 생물학적 해충방제와 교잡벼라는 두 새롭고 중요한 농업기술에 우선순위가 부여되었음을 강조한다.[9] 심지어 서북 변경 신장新疆 지역에서는 현지 연구자들이 1971년 후난성으로부터 웅성불임 벼 개체식물을 들여와 1974년 3계통법을 통해 일대 잡종 종자를 생산하는 데 성공하기도 했다.[10] 연구 활동은 성 단위 기관에만 국한되지 않았다. 예를 들어 1975년 푸젠성 자오안현詔安縣이 3계통법을 통해 조숙종 교잡벼를 개발했다고 보고한 바 있다.[11] 이처럼 수많은 성급 및 현급 연구 조직이 교잡벼 연구에 참여했다는 사실은 인적 자원의 대규모 동원을 수반하는 마오 시기 과학 연구의 독특한 스타일을 상징적으로 보여 준다.[12]

이 모든 일이 벌어지는 동안 위안룽핑은 어디에서 무엇을 하고 있었을까? 비록 그의 이름이 직접적으로 언급되지는 않았지만, 그가 재직했던 농학교가 교잡벼 연구에서 선구적인 역할을 했음은 거듭해서 인정되었으며, 관련 기록에서 후난성이 중요하게 다루어지게 된 데에는 다름 아닌 위안룽핑의 공이 컸다.[13] 마오 시대의 문헌 기록을 액면 그대로 받아들였을 때, 우리가 접하게 되는 이야기는 개혁개방 시기 위안룽핑 전기에서 보이는 과학자 개인의 영웅적인 서사와는 사뭇 달랐다. 마오주의적 토 과학의 이상에 따라 마오 시대의 문헌은 과학자 개개인을 찬양하기보다는—그러나 종종 위안룽핑의 농민 출신 학생 보조원 리비후李必湖의 이름은 명시적으로 언급되기도 했다—과학 연구 및 작업의 집단적인 성격을 부각시키며 그것이 수많은 인원이 참여해야 하는

3. 위안룽핑: 농민 지식인

일임을 강조했다.¹⁴ 심지어 2012년에 내가 교잡벼의 역사에 대해 인터뷰를 진행할 때에도 농민들은 내가 먼저 그 이름을 언급하기 전까지 위안룽핑을 거론하지 않았다. 농민들은 위안룽핑이 훗날 얻게 된 명성 때문에 그 이름을 알고는 있었다. 그러나 농민들이 한창 교잡벼와 관련된 업무에 참여하던 시절에 관한 이야기를 회고할 때 위안룽핑이 그리 중요한 인물이 아니었던 것은 분명했다.¹⁵

《농업 과학기술 통신》의 1972년도 논문에서 강조되었듯, 효과적인 교잡벼 기술의 발전은 이미 옥수수와 수수에서 큰 진전을 이룬 '군중 교잡육종 과학 실험 운동'의 일환으로 간주되었다. 이 논문은 이미 해당 프로젝트에 참여하고 있던 많은 성省을 언급하면서 특히 후난성에 주목하고 있다. 당시 후난의 경우, 생산대대급 기관을 포함하여 100여 곳의 연구기관에서 800명 이상의 인민들이 400여 종의 쌀 품종에 대해 1만 4,000건의 실험을 진행하고 있었다.¹⁶ 1976년 저장성浙江省의 한 정부기관에서 제작한 《교잡벼를 적극적으로 시종試種하고 추광하자》라는 책자는 당시까지의 연구 성과를 요약하면서 세 개 성의 연구기관들이 거둔 공로를 분명히 했다. "연구 주제를 제안했던 것은 첸양농학교였고, 불임계를 만들어 낸 곳은 (저장성) 핑샹농업과학연구소泙鄕農科所였으며, 보다 이상적인 회복계를 찾아낸 곳은 광시농업과학원이었다. 이로써 온전한 3계통법이 실현될 수 있었다."¹⁷ 마오 시대 농업의 또 다른 특징은 연구와 추광의 통합이었다. 이 시기에 발표된 논문들은 적합한 품종을 육종하기 위해 계통들을 식별하고 교배시키는 연구, 종자를 생산하고 여러 지역에서 그 품종들을 시험해 보는 작업, 효과적인 재배법의 개발 등 다양한 주제들을 포괄했다.

또한 마오 시대 사료 속의 관점을 취한다면, 당연히 교잡벼의 생산이라는 사건은 기술적인 성취에 관한 이야기인 만큼이나 정치적인 투쟁에 관한 이야기가 된다. 일부 자료들은 교잡벼 연구와 추광을 철저하게 당시 진행 중이던 정치 운동의 맥락 내에서 해석했다. 1975년 푸저룽도 경험한 바 있던 갈등과 유사하게(2장 참조), 같은 해 광시에서 생산된 한 논문은 린뱌오와 공자를 비판하기 위한 운동—비림비공 운동—을 전개하는 과정에서 교잡벼를 활용했다. 이 논문은 유가儒家가 과학 발전을 저해했다고 비판하는 한편, 그 라이벌이었던 법가 사상가들은 과학을 지지했다고 찬양했다. 논문은 계속해서 과학자들이 과학의 "차갑게 식은 문", 즉 고립적이고 엘리트주의적인 길 안으로 들어가 개구리의 발성법이나 다리가 여덟 개 달린 돼지 같은 하등 쓸모없는 연구 주제를 고른다며 비판했다.

이 논문의 저자들에 의하면, 지난날 과학 수업은 외국의 선례를 무비판적으로 따랐다. 예를 들어 식물의 번식을 가르치면서 가장 중요한 사례로 백합을 꼽는 식이었다.[18] 1975년도 저작 《교잡벼를 어떻게 재배할 것인가》는, 온갖 정치 운동의 구호로 가득 차 있으며 반드시 적대 계급이 교잡벼 연구와 생산을 방해하려 할 것이라는 경고와 함께 끝맺는다.[19] 이와 유사하게 교잡벼를 주제로 한 어느 학술대회의 성과를 모은 《광시농업과학》 특집호는 "두 노선 사이의 투쟁"에 대한 관심을 환기하며, 교잡벼 생산 때문에 비롯된 부수적인 문제들을 가지고 불평불만을 늘어놓는 사람들은 자본주의 길을 가는 사람들—수자파—이라고 비난했다. 그 해결책은 정치 교육을 강화하는 것이었다. 이를 통해 교잡벼가 프롤레타리아 군중 노선, 비림비공, 선천적 천재성 이론 및 양노철학洋奴哲

學[20]의 배격, 미신 타파와 사상 해방의 필요성, 극단적 보수파의 비겁하고 게으른 세계관과의 투쟁 등과 무관한 것이 아님을 명확히 해야 한다는 것이다.[21] 여기에 더해 덩샤오핑이 그해(1975)에 두 번째로 권력에서 밀려나게 되자, 그 또한 교잡벼 생산투쟁을 포함한 모든 정치적 성격을 띤 투쟁의 타깃이 되기도 했다.[22]

마오 시대 문헌은 교잡벼와 관련된 이야기를 적색혁명의 토양이 길러 낸 녹색혁명의 완벽한 사례로 그려 낸다. 토 과학은 양 과학을 압도했다. 여기에 개개인, 특히 지식인의 영웅주의적인 업적을 위한 공간은 없었다. 과학이란 오히려 농민과 과학자가 함께 참여하면서 이론과 실천, 연구와 추광, 육종과 재배를 모두 통합시키는 공동 작업에 다름 아니었다. 더욱이 기술관료주의적인 미국식 녹색혁명의 비전과 달리, 마오 시대의 사료 속에서 교잡벼는 단순히 하나의 기술적 업적에 불과한 것이 아니었다. 교잡벼란 마오 치하의 중국 사회주의를 규정짓는 동시대의 다른 모든 사회적·정치적 혁명과 뗄 수 없는, 적색혁명의 핵심적인 일부분이었던 것이다.

화궈펑 주석과 위안룽핑

1976년 마오의 사망 이후 중국 정치는 급격한 변화를 겪게 된다. 이에 따라 교잡벼 개발이 이야기되는 방식에도 변화가 생겼다. 첫 번째 변화는 위안룽핑이라는 개인의 업적을 강조하기 시작했다는 점이다. 위안룽핑은 이례적으로 갑작스럽고 빠르게 스타덤에 올랐는데, 이러한 현상의 원인은 화궈펑에게 있었다. 마오가 사망하고 화궈펑에게 권력이 이양되었을 때 그는 막대한 도전에 직면해 있었다. 마오가 자신에게 맡기고 떠난 거대한 규모의 혁명을 계속해서 이끌어 가야 했을 뿐만 아니라, 과학과 기술이라는 매력적인 기치를 앞세운 덩샤오핑과 그의 동료들이 화궈펑의 권력에 도전하고 있었던 것이다.

화궈펑은 일반적으로 '범시凡是파' 지도자로 기억되고 있다. 여기에는 중국 전역의 인민들이 변화를 외칠 때 화궈펑이 도리어 마오가 말하고 추진했던 것은 "무엇이든" 계속 견지해 나가겠다는 공약으로 2년이라는 자신의 짧은 집권 기간을 허비했다는 뉘앙스가 담겨 있다. 그러나 일부 학자들은 사실 화궈펑과 덩샤오핑 간에 정책적 차이는 미미한 수준이었다고 지적한다. 덩샤오핑이 화궈펑을 꺾을 수 있었던 것은 화궈펑에게 비전이 부족해서가 아니라 상대적으로 당의 후발주자로서 덩샤오핑과 같은 정치적 인맥을 구축하지 못했기 때문이라는 것이다.[23]

덩샤오핑과 다른 온건파 지도자들이 1960년대 초반부터 근대화를 향한 개혁을 지지해 왔음은 주지의 사실이다. 그러나 덩샤오핑 등과 비슷한 정도로 화궈펑 또한 교육, 문화, 경제의 개혁에 매진하고자 했다는 점은 의심의 여지가 없다. 다만 농업은 화궈펑과 덩샤오핑 사이의 매우 흥미로운 차별점을 드러내는데, 이는 화궈펑이 농업 분야에서 잔뼈가 굵은 지도자였기 때문이다. 화궈펑은 혁명 속에서 가장 근대화에 부합하는 요소와 근대화 속에서 가장 혁명에 부합하는 요소를 파악할 수 있는 가장 완벽한 위치에 있던 인물이었다.

따라서 화궈펑은 마오의 혁명 노선과 과학적 근대화 노선 모두를 옹호하는 지도자로서 자신의 위치를 정립하기 위해 안간힘을 썼다. 이

에 그는 군중과학을 포용하는 동시에 덩샤오핑과 다른 이들이 1960년
대 초부터 주장해 온 4대 현대화 또한 지지했다. 화궈펑은 1970년부터
1976년까지 후난성 당 서기의 위치에서 마오의 비호 아래 전국적인 농
업 발전의 책임을 맡은 바 있었다. 교잡벼는 농업 분야의 군중과학과
관련하여 후난성이 이루어 낸 몇몇 고무적인 성공 사례 중 하나였으며,
화궈펑은 자신의 이미지를 제고하기 위해 이 사례를 활용했다. 이 시대
에 이르러 교잡벼를 둘러싸고 새롭게 구성된 이야기 속에서 위안룽핑
은 이상적인 영웅으로, '사인방'은 악역으로, 그리고 화궈펑은 공산당
의 대부로 그려졌다. 그러나 교잡벼의 성공에 대한 화궈펑 시대의 서사
는 위안룽핑이라는 영웅적인 과학자를 강조하면서 동시에 군중 동원과
집체주의 원칙을 내세움으로써 마오주의적 토 과학의 노선에 부합하게
끔 세심하게 설계되었다.

1976년 《런민일보》의 〈어떻게 교잡벼가 성공적으로 재배되었는가〉
라는 기사는 처음으로 위안룽핑의 이름을 대중에게 각인시켰다. 이는
화궈펑 본인이 교잡벼 이야기와 연결된 최초의 순간이기도 했다.[24] 이
시기 언론 기사의 도입부는 상투적으로 사인방을 맹렬히 비난하고 화
궈펑 주석의 집권을 열렬히 환영했다. 기사 속 교잡벼의 이야기는 1964
년 위안룽핑과 그의 학생 리비후 등이 혁명의 절박한 요구에 응답하여
교잡옥수수와 교잡수수의 성공을 발판 삼아 교잡벼 연구에 매진하기로 결심하는 순간에서부터 시작된다.❖ 이들의 결심은 "즉각 농업계 내에서 논쟁을 불러일으켰다." 일부 관계자들이 "구체적

❖ 이 기사는 계속해서 "위안룽핑과 다른 사람들"을 언급했다. 즉 이 시점에서는 아직까지 위안룽핑을 혼자서 모든 성취를 이루어 낸 천재로 표상하지 않고 있었다.

인 장과 절까지 인용해 외국의 유전학을 들이밀면서" 다음과 같이 말했던 것이다. "벼 같은 자가수분 작물은 교잡을 시켜도 잡종강세를 보이지 않는다. 교잡벼라는 연구 과제를 설정하는 것은 유전학에 대한 무지의 소치다."

그러나 "위안룽핑과 다른 사람들"은 이러한 "학계의 권위"를 앞세운 주장에 굴하지 않고 마오의《모순론》과《실천론》에서 영감을 얻었다. 그들은 태풍이 몰려와 연구에 피해를 끼쳤을 때에도, 보수적인 생각을 가진 사람들이 늘어놓는 폄하에도, 적대 계급이 그들의 시험전에 대한 파괴행위를 조장했을 때에도 결코 낙담하지 않았다. 그들은 웅성불임 개체 식물을 찾아 여러 성 이곳저곳을 계속해서 누비고 다녔다. "그들은 위대한 프롤레타리아 문화대혁명의 기치 아래 전국 여러 성과 지역의 수많은 육종 노동자와 대다수 빈하중농 군중과 단결하고 밤낮으로 일하고 그들 스스로의 힘에 의지하여 우리나라의 풍부한 쌀 자원들을 활용했다. 그들은 수천 종의 쌀 품종과 관련 자료를 수집했으며, 쌀 품종을 수백만 가지 방법으로 교차시켜 무수한 교잡 실험을 수행했다."

1970년 리비후는 훗날 중국 전역의 수많은 교잡 실험의 토대가 되는 야생 웅성불임 개체 식물을 발견한다. 그리고 1972~73년 장시, 후난, 광시의 연구 소조들이 잇따라 웅성불임계를 배양하여 그것을 유지계 및 회복계와 교잡시켜 3계통법을 성공적으로 달성했다. 기사의 나머지 부분은 "위안룽핑과 다른 사람들"의 이야기를 일단락 짓고, 간부, 군중, 기술원 '삼결합' 연구 소조로 상징되는 "당의 영도"와 "사회주의적 집체주의" 덕분에 교잡벼 연구가 신속하게 진전될 수 있었음을 강조한다. 핵심은 교잡벼 연구가 단지 소수 인원만이 참여하는 소규모 프로젝트가 아니라 "한 지점의 연구 결과 및 육종 자원들이 매우 빠르게 모든 사람의 공유 자원이 되는" 대규모 공동 작업이었다는 점이다. 즉 교잡벼 연구는 "군중과학 실험 운동"이었다는 것이다. 그리고 당연하게도 기사의 저자들은 "당 중앙, 국무원, 화궈펑 동지"가 1970년대 초 교잡벼 연구를 지원했음을 강조했다.[25]

이듬해 4월 《런민일보》에서 교잡벼에 관한 후속 기사가 나올 무렵에는 서사 속 화궈펑의 역할이 확대되었고 정치적 드라마가 고조되어 있었다. 기사는 다음과 같이 과장된 표현으로 시작된다. "화 주석은 마오 주석이 개척한 항로를 따르며 결코 배가 산으로 가게 하지 않을 것이다. 인공위성이 홍기를 나부끼며 상승하는 창공 아래 과학 실험의 새로운 교향곡이 울려 퍼진다." 기사에 의하면 후난의 군중들은 오랜 세월 과학기술을 지원해 온 화궈펑이 국가 최고 지도자가 된 것을 축하했다고 한다. 또한 화궈펑이 화룽현에서 완성된 '4단계 농업 과학 실험 네트워크'를 지지했으며 창더시常德市에서 "현지의 방법[土法]"을 활용해 성공적으로 박테리아 비료를 생산하는 데 일조했다며 그 공로를 치켜세웠다고 한다.

더 나아가 화궈펑은 교잡벼 성공의 주요 인물이 되어 있었다. 화궈펑은 1970년—기사에서는 1971년으로 오기—후난에서 열린 한 회의에서 위안룽핑의 연구 성과 전시를 관람했다고 하며, 개인적으로 위안룽핑과 그의 동료들에게 상을 하사했다고 한다. 곧이어 그는 과학 연구란 이처럼 "모든 분야에서 우리는 반드시 군중 운동을 조직해야 한다"라는 마오 주석의 가르침에 의거해 진행되어야 한다고 지시했다. 기사에 따르면 이후 후난성 전체가 남아 있던 여러 문제를 해결하기 위해 육종 기술원, 간부, 농민을 함께 동원하여 군중 운동을 조직했다. 이들은 린뱌오와 사인방이 과학 연구는 "백색 전문가주의 노선"[26]이라며 "찬물을 끼얹기" 시작하기 전까지 우수한 성과들을 만들어 냈다고 한다. 린뱌오 및 사인방과 달리 화궈펑은 마오의 혁명 노선을 지키기 위해 노력했으며, 이러한 그의 노선이 옳았음을 보여 주듯 교잡벼 연구는 1972년 5월 전국 농림 과학기술 회의에서 국가 핵심 연구 주제로 선정되었다.[27]

그 이듬해에는 한층 더 정교해진 이야기가 등장했다. 이 서사에 따르면, 린뱌오와 사인방이 일으킨 "검은 폭풍"이 끝내 위안룽핑의 농학교에까지 미쳤으며, 위안룽핑은 "백색 전문가주의 노선" 및 "자본주의 기술 협잡꾼"의 대표자로 간주되어 정치투쟁의 표적이 되었다. 일부 사람들은 심지어 위안룽핑이 수년에 걸쳐 공들여 재배한 식물들을 뽑아 버리기까지 했다. 그러나 1970년(여기서 날짜가 정정되었다) 마침내 화궈펑이 위에서 언급한 회의에서 위안룽핑의 연구 성과 전시를 관람하게 되었던 것이다. 화궈펑에게 상을 받기 위해 위안룽핑이 단상 위로 올라왔을 때, 청중들은 "우레와 같은 박수"를 보냈다.[28]

이러한 선례들이 쌓이고 쌓이면서 화궈펑이 교잡벼의 성공에 깊이 관여했다는 식의 이야기는 더욱 더 정교해졌고, 몇몇 핵심 요소들이 확립된다. 1977년도에 화궈펑을 찬양하기 위해 출판된 《후난에서의 화주석華主席在湖南》이라는 저서는 아예 한 장 전체를 교잡벼에 할애했다. 후난성 농업과학원이 집필한 이 장은 문화대혁명 시기의 정치를 반영하면서 위안룽핑의 연구가 류샤오치의 "수정주의 노선"이 아직까지 기승을 부리던 1964년에 시작되었다고 설명한다. 이 시절은 바야흐로 소수의 엘리트 인사들만이 [독점적으로] "열정 없이 생산에 도움이 안 되는" 연구에 매진함에 따라 과학의 진보가 더뎠던 때였다. 문화대혁명은 그 모든 "해악"을 일소해 버리고 과학이 다시 "피어나게" 했다. 화궈펑이 1970년 교잡벼 연구의 든든한 후원자가 되었을 때, 그의 지도하에 있던 후난성은 4단계 농업 과학 실험 네트워크, 성 농업과학원, 농학교, 그리고 가장 중요하게는 빈하중농 군중을 포함하는 모든 가용 자원을 총동원할 수 있었다. 비록 적대 계급 인사들이 외국 유전학 권위자들에 기대 "정확한 장·절까지 인용해 가며" 교잡벼 작업을 말도 안 되는 것으로 폄하하려 했지만, 중국 전역의 간부, 군중, 기술원은 해당 연구를 진전시키기 위해 다함께 협력해 나갔다. 교잡벼의 성공은 화궈펑뿐만 아니라 최고의 농업 모범인 다자이인민공사 지도자 천용구이 陳永貴의 관심까지도 끌었다고 한다. 이윽고 화궈펑은 광저우에서 교잡벼에 대한 대규모 전국 회의를 개최함으로써 사인방에 맞서 싸웠다. 이 책에 따르면 이렇게 하여 "자본주의 진영 학자들"이 여전히 교잡벼의 장점에 대해 탁상공론만 거듭할 때, 중국은 교잡벼를 실제 생산하는 데까지 나아감으로써 외국인들을 크게 앞지를 수 있었다.[29]

1977년 전국 교잡벼 회의와 관련된 보도문에서 사인방을 비난하고 4대 현대화의 기치를 들었지만 동시에 군중 노선을 견지하는 화궈펑 시대 특유의 레토릭을 확인할 수 있다. 보도문에 따르면 화궈펑은 1970년에 위안룽핑을 지원했던 것을 시작으로 "과학기술계 인사들에게 세계통 교잡벼 연구를 군중에게 맡길 것을, 그렇게 함으로써 이 연구를 소수의 전문가들만의 실험에서 천군만마 인민을 위한 새로운 국면으로 도약시킬 것을 격려했다." 기사는 다음과 같이 주장한다.

과학기술계 인사들과 다수의 군중들은 4대 현대화를 신속하게 달성한다는 고귀한 목표를 세워 왔다. 이들은 "자력갱생의 가치와 국가를 부강하게 만들기 위한 열정적 노력"에 헌신하고 있으며 "미신을 타파하고 사상을 해방"시키는 데 전념하고 있다. 그리고 이들은 "만약 해외 국가들이 수년 동안 교잡벼를 성공시키지 못했다면 우리 또한 성공할 리 만무하다"라고 가정하는, 서양을 노예처럼 떠받드는 보수적인 사상을 비판했다. 이들은 마오 주석의 사상을 길잡이로 삼아 이론보다 실천에 방점을 둠으로써 부지런히 과학이라는 산의 정상을 향해 올라갔다. 이들은 벼에서도 잡종강세가 존재한다는 분명한 사실을 바탕으로 "벼는 자가수분 작물이라 잡종화하더라도 강세를 생산할 수 없다"라는 구시대적 유전학 이론을 단호하게 반박했다.······교잡벼 연구 및 추광은 과학기술계를 교란하고, 혁명, 과학 연구, 생산을 파괴했으며, 당 조직과 이데올로기에 혼란을 초래한 '사인방'의 반혁명적 범죄에 대한 강력한 비판이다.[30]

위안룽핑 본인도 화궈펑 시대에 몇 편의 논문을 발표했다. 이 글들은 모두 교잡벼 연구의 성공을 마오주의 노선의 덕으로 돌렸다. 위안룽핑은 농민 출신 학생조교 리비후 및 인화치尹華奇와 공저한 논문에서 벼의 웅성불임의 "내부 기작"을 이해하는 과정에서 마오의 유명한 《모순론》으로부터 영감을 받았다고 주장했다. 벼가 잡종강세를 발휘하지 못할 것이라고 가정함으로써 벼의 내적 본성을 파악하는 데 실패한 채 단순히 외적 형태에만 집중했던 해외 유전학자들이 제기하는 일체의 의혹을 극복하는 데 《모순론》이 도움이 되었다는 것이다. 위안룽핑은 군중 동원, 자력갱생, 사회주의 협력 정신, 자신만의 길을 가는 용기(소련 수정주의 비판과 관련된 오래된 슬로건) 등 여러 마오주의적 가치를 따랐기 때문에 자신의 연구가 성공할 수 있었다고 정리했다. 또한 새로운 벼는 전체 인구 가운데 가장 핵심이라고 할 수 있는 빈하중농 계급의 지지를 받았다. 이들이 교잡벼를 "혁명의 쌀"이라고 불렀던 것에서 이를 알 수 있다고 주장했다.[31]

이런 레토릭이 당시 위안룽핑 본인의 진실된 생각을 얼마나 반영하고 있는지는 확실히 알기 어렵다. 다만 그가 기술적인 세부사항에 더 관심이 많았으며 정치에는 상대적으로 덜 관심을 보였다는 점을 보여 주는 다음과 같은 몇몇 단서가 있다. 예를 들어 위안룽핑이 1966년에 출판한 논문에서는 정치적 레토릭이 전혀 사용되지 않았다. 그가 1977년에 저술한 또 다른 논문에서는 군중 동원과 관련된 마오주의적 표현이 등장하긴 하지만 다소 어설프게 글의 시작과 끝을 장식하고 있을 뿐이다. 논문의 본문에서는 연구 과정에 실제로 '군중'이 관여했음을 보여 주는 증거를 전혀 찾아볼 수 없다.[32] 그러나 곧 살펴볼 것처럼, 위안룽핑은 이보다 훨씬 더 뒷시기에 이르러서야 자신이 마오의 《모순론》에서 영감을 받았다고 증언하기 시작했다. 개혁개방 시기의 각종 정치적 변혁들은 비록 교잡벼를 둘러싼 이야기 속 여러 요소를 바꾸어 놓았지만,《모순론》이 대변하는 마오 시대의 이상 가운데 특정한 일부는 그러한 시대적 변화를 견뎌 내고 살아남았던 것이다.

포스트사회주의 시대에 다시 쓰인 교잡벼의 역사

덩샤오핑 등장 이후 출판된 교잡벼 관련 문헌들은 복잡한 시대적 격변을 반영하고 있었다. 화궈펑의 짧은 집권이 끝났을 때, 덩샤오핑의 공약은 그저 중국이라는 배가 산으로 가게 하지 않겠다는 정도의 수준을 훌쩍 넘어선 것이었다. 대신 그는 극적으로 키를 돌려 새로운 방향으로 나아갔다. 이 새로운 항로에서 토 과학의 가치는 더욱 자리를 잃어 갔다. 이제 교잡벼 이야기는 완전히 폐기된 문화대혁명의 대의와는 철저히 단절된 채 중화민족과 중국공산당에 영광을 가져다주는 이야기로 재구성되어야 했다.

 이렇게 재구성된 새로운 이야기가 담기게 될 그릇은 다름 아닌 위안룽핑이었다. 위안룽핑에 대한 여러 버전의 전기들은 표절을 의식하지 않고 서로 유사한 내용들을 반복하며 교잡벼의 발명에 대한 하나의 강력한 주류 서사를 만들어 냈다. 전기들은 화궈펑 시대 이야기의 여러 요소들 가운데 유지할 것은 유지하고 버릴 것은 버린 후 몇몇 새로운 요소들을 추가함으로써 포스트사회주의 시대의 새로운 정치적·과학적 가치에 부합하는 서사를 직조했다. 이러한 서사 플롯의 핵심에는 개인 위안룽핑이 위치하고 있었으며, 삼결합 단체들의 네트워크는 더 이상 중요한 요소로 부각되지 않았다. '군중' 또한 단순히 극빈한 농민들로서 표상되었으며, 주로 위안룽핑이 이들의 굶주림을 해결하기 위해 더 많은 쌀을 생산하게 되었다는 맥락에서 등장하게 되었다. 마오쩌둥 사상의 여러 요소 중 정치적으로 안전하다고 생각된 부분들과 마르크스주의는 위안룽핑이 마오 시기에 수행한 연구에 지대한 영향을 미쳤다고 인정되었다. 위안룽핑의 연구를 대대적으로 지원한 공산당에도 공로를 돌렸다. 동시에 이 새로운 교잡벼 이야기는 일정 부분 과거 문화대혁명 시대의 틀을 답습하고 있었다. 온갖 예상 가능한 방식으로 영웅과 악당이 출현했다. 그러나 실제로 교잡벼 연구를 뒷받침했던 광대한 농업 과학 네트워크는 놀라울 정도로 이야기에서 배제되었다. 이런 식으로 교잡벼의 성공은 문화대혁명 시대 특유의 방식으로 조직화된 농업 과학 덕분에 가능했던 것이 아니라, 그러한 접근 방식에도 불구하고 가능했던 것으로 탈바꿈되었다.

화궈펑 시대와 포스트화궈펑 시대의 교잡벼 이야기 간의 중요한 연속성은 서사 속에서 마르크스주의 철학, 특히 마오쩌둥 사상이 영감을 불어넣는 역할을 했다는 점이다. 이는 문화대혁명에 대한 비판이 곧 사회주의 국가의 정당성 자체에 대한 훼손으로 귀결되지 않도록 보장하는 핵심적인 서술 요소다. 위안룽핑에 대한 책을 세 권이나 쓴 한 전기 작가는 매 작품마다 "당 사상의 연구 촉진 효과" 또는 보다 구체적으로 마오쩌둥 사상에 대한 장을 반드시 포함시켰다. 그는 위안룽핑을 "한 명의 저명한 육종 전문가일 뿐 아니라, 마르크스주의, 레닌주의, 마오쩌둥 사상을 교잡벼 연구와 긴밀하게 결합시킨 자연철학자"로 묘사했다.[33] 또 다른 전기 작가는 엥겔스의 《자연변증법*Dialectics of Nature*》에 더해 마오의 《실천론》과 《모순론》의 영향력을 강조했다.[34] 또 다른 책에는 후난 교잡벼 연구소 공산당 위원회 서기가 위안룽핑의 연구에 활용된 《모순론》을 주제로 집필한 논문이 별첨으로 포함되어 있다.[35]

우리는 이미 위안룽핑 본인이 마오 시대와 화궈펑 시대에 쓴 글에서 《모순론》을 통해 자신의 교잡벼 유지계에 관한 연구를 정당화했다는 점을 살펴보았다. 위안룽핑 본인의 이러한 정치적 수사학이 선전·선동 간부들의 요구에 따른 것이었든 아니었든 간에, 특히 그가 남긴 구술사 자료를 신뢰한다면, 이때의 위안룽핑은 자못 진실했던 것 같다. 그는 그 자신이 "다른 사람들보다 정치적으로 덜 빠릿빠릿"했지만 여전히 마오의 《모순론》과 《실천론》으로부터 매우 큰 영향을 받았다고 생각했던 것 같다. 그는 다음과 같이 설명했다. "《모순론》에 대해 말하자면, 내적 모순은 만물의 모든 발전에 동력을 부여한다. 잡종강세란 그저 유전적으로 다른 두 품종의 잡종화인데, 오직 모순이 존재할 때에만 강세가 발생한다.……뿐만 아니라 쌀에 잡종강세가 있는지 없는지에 대해 말하자면, 실천을 통해 쌀에도 잡종강세가 존재한다는 점이 드러났다. 우리는 뒤이어 이에 대한 우리의 이해를 이론적인 차원으로 고양시켰으며, 다시 이 이론을 활용하여 실천 방향을 잡았다. 이것이 《실천론》이라는 사상의 방법론이다."[36] 《실천론》의 영향력에 대한 그의 발언은 《모순론》에 대한 부분보다 비교적 설득력이 떨어진다. 이는 부분적으로 마오 시대 또는 화궈펑 시대에 《실천론》의 영향력을 보여 주는 벼의 잡종강세 같은 실제 사례를 제시하지 않았기 때문이고, 다른 한편으로는 위안룽핑의 논리가 모호하고 억지스럽게 느껴지기 때문이다. 그러나 《모순론》이 이후로도 꾸준히 강조되고 있다는 점은 놀라우며, 이는 교잡벼 이야기의 일부로서 굳건히 뿌리내렸다. 이는 아마도 위안룽핑이 연구 초기에 실제로 《모순론》으로부터 영감을 받았기 때문일 수도 있고, 또한 《모순론》이 포스트사회수의 시기의 새로운 정치경제적 질서를 위협하지 않으면서도 당의 유산을 강화하는 방식으로 마오주의를 재현했기 때문이기도 할 것이다.

이러한 여러 저작에서 마오주의가 강조되고 있음에도 불구하고, 교잡벼 이야기는 문화대혁명을 실패로 보던 당시의 주류 서사를 강화한다. 포스트사회주의 시기의 서사 속에서 위안룽핑과 그의 교잡벼를 문화대혁명의 급진주의로부터 구해 낸 것은 훌륭한 당 간부들의 리더십이었다. 위안룽핑의 유명한 전기에 인용된 2001년도 《광명일보》 기사에서 위안룽핑 본인은 이를 두고 다음과 같이 말했다. "혹자는 '문화대혁명' 같은 그런 시대에 어떻게 중국이 교잡벼 같은 혁신을 이루어 낼 수 있었는지 잘 이해하지 못할 겁니다. 내가 생각하기에 여기에는 여러 가지 이유가 있었다고 봅니다. 예를 들면 동료 간의 진실됨과 연대 그리고 다양한 분야의 사람들 간의 긴밀한 협력과 같은 것들 말입니다. 그러나 내가 강조하고 싶은 바는 어떻게 당이 교잡벼라는 훌륭한 결실을 맺을 수 있도록 지도했는지에 대한 점입니다."[37] 이는 여러 버전의 서사 속에서 공통적으로 나타나는 밝은 톤의 이야기 타래이다.

위안룽핑은 문화대혁명 초기에 비판의 대상이 되었다. 전문 학술지에 기고한 글에서 그가 감히 마오의 그 유명한 농업의 '팔자헌법'에 '시 timing'라는 요소를 추가해야 한다고 지적했다는 이유 때문이었다. 위안룽핑은 결국 당시 많은 지식인을 수용하는 감옥 역할을 했던 소 외양간으로 보내졌다. 그러나 다행히 위안룽핑의 논문을 읽고 그 연구의 가치를 알아본 베이징의 한 간부가 개입하여 위안룽핑을 구출했다. 해당 간부는 위안룽핑을 그렇게 방치해서는 안 되며 오히려 연구 자금을 지원해야 한다는 취지의 지시를 내렸다.[38] 몇 년 후 위안룽핑은 또다시 스스로를 "단련"시키고 사상을 개조하라는 명분으로 한 탄광에 보내졌다. 이번에는 정치적으로 안전한 빈농 출신의 제자들이던 리비후와 인화치가 직접 국가과학기술위원회에 전보를 보내 해당 위원회로 하여금 위안룽핑이 끌려간 후난 서부로 감사원을 파견하게 만듦으로써 위안룽핑을 구출해 낼 수 있었다. 리비후와 인화치는 그 감사원에게 저녁 식사를 대접한 후 위안룽핑이 얼마나 걸출한 인물이며 현재 어떠한 고난에 처해 있는지 눈물로 하소연했다. 머지않아 위안룽핑은 다시 연구를 수행할 수 있는 위치로 돌아올 수 있었다. 이 일을 계기로 후난성 고위 간부들은 위안룽핑과 그의 제자들에 대해 더욱 관심을 갖게 되었고, 곧 이들을 보다 상급이며 더 우수한 설비를 갖춘 후난성 농업과학원으로 불러들였다.[39]

이처럼 교잡벼 프로젝트 관리자였던 당의 관료에 초점을 맞춘다는 점은 화궈펑 시대의 서사와도 공통된 특징이었지만, 그럼에도 덩샤오핑 시대만의 서사에는 중요한 차이점이 있다. 가장 명백한 변화 중 하나는 화궈펑의 역할이 평가절하되고 대신 덩샤오핑을 찬양하게 되었다는 점이다. 덩샤오핑보다 화궈펑을 지속적으로 긍정했던 주요 인사는 다름 아닌 위안룽핑 본인이었다. 위안룽핑은 2008년에 자신의 구술 인터뷰집 서문을 화궈펑에게 부탁했다. 화궈펑이 사망하기 불과 몇 달 전의 일이었다. 이 일 외에도 위안룽핑은 여러 차례 화궈펑에게 감사의 뜻을 표하곤 했다. 특히 2006년 화궈펑과의 재회를 회고하며 감동에 젖었던 위안룽핑은 분명한 어조로 다음과 같이 말한 바 있다. "만약 화궈펑의 지원이 없었다면 그토록 신속하게 교잡벼를 추광시키지 못했을 것입니다. 오랜 세월 나는 화라오華老❖ 에게 깊이 감사하는 마음을 품어 왔습니다."[40]

❖ 화궈펑에 대한 애정과 존경을 담은 표현.

이와는 대조적으로 위안룽핑의 전기 작가들은 대체로 화궈펑을 높이 평가하지 않거나 혹은 완전히 무시했다. 예를 들어 1990년도의 한 전기는 1970년 화궈펑이 위안룽핑을 격려했던 일화를 다루면서 화궈펑의 이름을 아예 언급하지 않고 그저 "한 성급 지도자"라고 표현했다. 반면 이 전기 작가는 이름 모를 "후난의 한 농민"이 지어 불렀다는 짧은 민요를 근거로 들며 덩샤오핑과 그의 기술관료주의적 성향에 대해서는 긍정적인 논조를 드러냈다. "우리는 두 명의 핑㊀에게 의지하여 식량 문제를 해결했다네. 우리는 덩샤오핑(의 농가 생산 책임제)에 의지했다네. 우리는 위안룽핑(의 교잡벼)에 의지했다네." 삽입구는 전기 작가가 추가한 것인데, 이 구절에 대해 그는 다음과 같이 부연했다. "이는 농민들이 첫째로는 정책에, 둘째로는 과학에 의지했음을 의미하는 것이다."⁴¹

본질적으로 기술관료주의적인 뉘앙스를 지닌 "두 명의 핑"이라는 관용구는 이후 위안룽핑의 전기에서 자주 등장하게 된다. 또한 전기 작가들은 계속해서 그 후난의 한 농민을 거론하게 된다. 이 농민은 위안룽핑을 찬양하며 그를 기념하는 동상을 세웠으며, "부자가 되고 싶으면 덩샤오핑에게 의지하고, 풍작을 위해서는 위안룽핑에 의지하라"라는 한 쌍의 표구를 집에 걸어놓았다고 한다. 후난성 교잡벼 연구센터의 당 서기를 지낸 한 은퇴한 혁명가는 이 표구에 살을 더 붙였다. "혁명적 변혁에 관해서는 마오 주석을 잊지 말라. 부유함에 관해서는 덩샤오핑을 잊지 말라. 쌀을 먹을 때에는 위안룽핑을 기억하라."⁴²

교잡벼에 관한 서사 구조가 변화하며 덩샤오핑의 역할이 강조되자, 집체주의에 대한 경시 혹은 심지어 비판 또한 두드러지게 되었다. 비록 위안룽핑의 전기들이 위안룽핑 외 인물들의 공헌이나 다른 지역에서 수행된 연구 성과를 간헐적으로 인정하기는 했지만, 그러한 작업들이 위안룽핑의 지시 아래 이루어졌다거나 여타 인물들이 위안룽핑의 가르침을 받기 전에는 교잡벼에 관해 아무 것도 몰랐다는 점을 애써 강조한다.[43] 이는 부분적으로 전기라는 장르가 갖는 스타일의 한계 때문일 수 있다. 무릇 전기란 집단적인 노력이나 구조의 힘보다는 개인의 성취를 더욱 강조하게 마련이다. 그러나 포스트사회주의 중국이라는 구체적인 맥락 속에서 교잡벼 이야기는 훨씬 더 고도로 정치적인 함의를 가질 수밖에 없었다. 즉 덩샤오핑 치하 중국의 새로운 정치경제 노선의 정당성을 뒷받침해야 했던 것이다. 따라서 이러한 문헌 곳곳에 집체주의에 관한 부정적인 논평이 발견된다는 사실은 결코 놀라운 일이 아니다. 또한 이러한 전기 문헌들은 집체 시스템에 체계적으로 뿌리내리고 있던 과학 실험 운동이나 농업 추광 체제를 거의 다루지 않는다.[44] 예를 들어 '집체集體'라는 개념은 2002년도 전기 저서 《위안룽핑》에 단 두 번 사용될 따름이다. 첫 번째 용례는 위안룽핑이 농민들의 '집체 식당'에서 어쩔 수 없이 "돼지에나 어울리는" 음식을 먹을 수밖에 없었던 일화를 이야기할 때였다. 두 번째 용례는 위안룽핑이 하방되어 농민들과 함께 살아가며 석탄을 채굴하고 "군대 같았던 집체에서의 단체 생활"을 주도했다는 일화에서였다.[45] 이러한 논조는 1970년대 후반의 개혁개방에 대해서는 "농민들의 능동적인 행동을 촉발시켰으며 생산력을 해방시켰다"고 평가하는 반면, 마오 시기의 집체주의에 대해서는 농민 노동에 동기 부여가 되지 않게 했다고 비판했던 당시의 정치 인식과 일맥상통한다.[46]

그러나 이러한 포스트마오 시기의 평가와 달리, 위안룽핑 본인은 여전히 화궈펑 시대의 주류 인식을 더욱 충실히 따르고 있었던 것으로 보인다. 구술 인터뷰에서 그는 후난성 외에 다른 성에서, 심지어 중국 외 다른 국가에서 수행된 교잡벼 연구의 진전을 두루 인정했다. 또한 그는 중국에서 교잡벼가 성공하게 된 데에는 "집체의 역량"과 "사회주의적 협력"이라는 토대가 중요했음을 강조했다."[47]

군중과학의 조직들은 마오 시대 문헌 속에서 매우 빈번하게 등장했지만 포스트사회주의 시기의 문헌에서는 외면당하거나 완전히 폄하되었다. 1967년 위안룽핑은 자신의 젊은 조교들에게 당시 막 조직되고 있던 홍위병 집단에 가입하지 말 것을 촉구했다고 한다. 위안룽핑이 이렇게 생각했던 이유는 그들이 이미 군중 조직에 속해 있기 때문에 별도로 홍위병 조직에 가입할 필요가 없다는 것이었다. 여기서 위안룽핑이 거론했던 군중 조직이란 당시 성급 수준의 후원을 받고 있던 안장의 웅성불임벼 연구 소조를 일컬었다.[48] 다른 전기 저작물은 한술 더 떠 위안룽핑이 리비후에게 자신들은 과학 기금으로 운영되는 정부기관에 소속되어 있으므로 "이런저런 군중 조직"에 관여할 필요가 없다고 이야기했다는 일화를 전하고 있다.[49] 마오 시대에 이런 식의 발언은 반혁명적인 것으로 간주될 수 있었다. 이로써 포스트마오 시대의 정치적 가치가 마오 시대의 그것과 얼마나 달라졌는지 새삼 알 수 있다. 사실 문화대혁명 시기에 실험 소조에 청년들이 참여하는 일은 매우 표준적인 관행이었음을 감안할 때, 위안룽핑과 리비후 등의 활동은 문화대혁명 특유의 것으로 쉽게 해석될 수도 있었다. 그러나 포스트사회주의 시기에 출판된 전기들에서는 위안룽핑의 실험 소조가 당시 전국을 휩쓸고 있던 '혁명 운동'의 일환이었다는 인식을 전혀 찾아볼 수 없다.

마지막으로 마오 시대 및 화궈펑 시대의 문헌들은 연구와 추광의 철저한 통합을 강조했지만, 포스트사회주의 시기의 전기들에는 추광에 대한 논의가 거의 없다. 위안룽핑의 구술자료에는 그가 교잡벼 추광에 쏟았던 혁명적 열정에 대한 언급이 남아 있다. 그는 이렇게 말한다. "그것은 진정으로 군중과 함께하는 운동이었습니다. 간부들은 양판전樣板田, 군인들은 비전전備戰田을, 여성들은 삼팔전三八田을, 청년들은 근반전跟班田을, 노농은 전경전傳經田을, 학생들은 학농전學農田을, 농업 과학 조직들은 모범전을 일구었습니다."[50] 그러나 이 언급을 제외하면 추광과 관련된 논의는 극히 드물었다. 위안룽핑의 구술자료 역시 여타 전기들과 마찬가지로 과학에 대한 문화대혁명 시기 특유의 접근 방식, 특히 추광과 관련된 요구를 비판하는 데 훨씬 더 많은 공간을 할애한다. 예컨대 그는 '준점蹲點'(5장 참조) 제도에 대해 비판적이었다. 준점 활동으로 인해 과학자들은 기층 생산대의 농민과 밤새 정치 토론에 매진해야 했으며, 또 어느 현지 간부는 위안룽핑에게 쌀 대신 고구마를 연구하라고 압력을 넣기도 했다.[51] 요컨대 이러한 망각 및 비판과 더불어 문화대혁명 시대 농업 과학의 핵심 구조와 원칙들이 교잡벼의 역사와 관련하여 갖는 중요성이 점점 더 퇴색되어 갔다.

유전학자들과 리센코주의자들 사이에서

과학사 연구자들은 특히 위안룽핑의 이야기가 중국에서 유전학자들과 리센코주의자들 간의 악명 높은 갈등과 어떻게 연결되는지 관심이 많을 것이다. 여기서 정치적인 변화가 과학적 발견 및 학문적 논쟁을 둘러싼 서사에 미치는 영향을 다시 한번 확인하게 된다. 마오 시대의 논쟁거리 중 일부는 지속적으로 문제로 남아 있지만, 포스트마오 시대에는 그러한 논쟁의 함의들이 전혀 다르게 해석되고 있다.

대부분의 위안룽핑 전기에는 그가 "유전학을 모른다"고 비판을 받는 에피소드가 등장한다. 조금씩 변주가 있지만, 큰 틀에서 위안룽핑을 비판하는 사람들은 쌀과 같은 자가수분 작물에는 잡종강세가 나타나지 않는다는 해외의 권위 있는 과학자들의 입론에 근거하여 위안룽핑을 힐난했다. 한 전기 작가는 다음과 같이 썼다. "위안룽핑은 해외의 저명한 과학자들과 그들의 결론에 도전장을 던졌다. 미국의 유명한 유전학자 시노트Sinnott와 던Dunn은 자신들이 집필했으며 1950~60년대에 미국 대학들에서 교과서로 널리 사용된 《유전학 원론》에서 벼가 자가수분 작물이고 따라서 잡종화해도 강세가 나타날 수 없다고 주장했다.……이러한 주장은 유전학계에서 비판이 금지된 하나의 성역이었다. 중국문화의 맥락에서 말하자면 일종의 지뢰밭 같은 주제, 즉 '뇌지雷池'였다.[52] 그러나 위안룽핑은 자신의 이론이 과학의 토대 위에서 증명되었으며 탄탄한 내적 논리를 갖고 있다고 보았다. 그는 금기를 돌파하고 뇌지를 건넜다."[53] 다른 전기 작가에 따르면, 이러한 위안룽핑의 용기는 상아탑에 갇힌 학문과 반대되는 마오주의 혁명 정신을 상징하는 것이었다. "마오 주석이 말씀하신 것처럼, 청년들은 사유에서 가장 덜 보수적이다.……위안룽핑은 강단파學院派가 세운 금기를 깨뜨리기로 결심했다."[54]

그리고 비단 전기 작가들만이 이런 토/양 간 고전적인 갈등의 중요성을 지속적으로 강조했던 것은 아니었다. 위안룽핑도 구술사 인터뷰에서 자신 역시 미국의 유명한 유전학자 시노트, 던, 그리고 도브잔스키Dobzhansky의 《유전학 원론》을 구체적으로 언급한 바 있다. 심지어 이 인터뷰집에는 위안룽핑이 주요 부분에 밑줄을 치며 읽었던 《유전학 원론》의 중국어 번역본 일부의 사진이 수록되어 있었다.[55] 한 구절에서 위안룽핑은 "작물 유전학계는 일반적으로 쌀처럼 거의 예외 없이 자가수분하는 작물에서는 잡종강세 현상을 부정하는 태도를 취했다"고 결론지었다. 그는 과거와 마찬가지로 이후로도 계속해서 이른바 숨 막히는 '잡종강세 부정 이론'을 폭넓게 참고했다고 한다.[56]

유독 주류 유전학자들이 폭넓게 수용하는 이론이라며 단 한 권의 책이 반복적으로 언급되는 점은 다소 의아한 일이다. 비록 시노트, 던, 도브잔스키가 집필한 유전학 교과서가 영향력이 있기는 했지만, 자가수분의 잡종강세와 관련된 서구 유전학계의 합의를 반영하는 책은 아니었다.[57] 중국에서 이토록 강력하게 유통되었던 자가수분 작물의 잡종강세 부재론이 과연 어느 정도로 교잡벼 연구에 부정적인 영향을 미쳤는지 판단하기란 쉽지 않다. 이 책은 적어도 1930~50년대에 교육을 받은 중국 유전학자들에게는 중대한 영향을 끼쳤다.[58] 그러나 위안룽핑 자신의 구술과 별개로, 관련 학술 논문들은 자가수분 식물에서 잡종강세가 제한적으로 발생한다는 점을 크게 의식했던 것 같지는 않다. 심지어 중국에서 서구 유전학의 전성기였다고 볼 수 있는 1962년에도 과학자들은 자포니카 벼 품종과 인디카 벼 품종을 교잡시켜 잡종강세를 성공적으로 확인한 연구 결과를 발표했다.[59] 수수 또한 자가수분 식물이다. 같은 시기 중국 연구자들은 해외 연구 성과를 바탕으로 3계통법을 통한 교잡수수 개발에 대해 학술지에 보고하고 있었다. 머지않아 국가는 수수를 생산하는 여러 성省에 이 기술을 공세적으로 추광하기 시작했다.[60] 교잡수수 "개발자"를 기념하기 위한 어떤 영웅 전기도 등장하지 않았다. 또한 그러한 연구에 반대했다는 사람들에 대해서도 들어본 적이 없다. 〈군중 교잡육종 운동〉이라는 1971년도 논문은 과거 오랜 기간 동안 자가수분 작물에서 잡종강세를 얻는 것이 어려웠으나 최근 들어 웅성불임 수수 개체 식물이 발견되었으며 결과적으로 잡종화 과정을 통해 생산량을 30~50퍼센트가량 증가시킬 수 있었다고 설명한다. 게다가 산시성山西省의 신현忻縣은 1970년 한 해 동안 약 5만 명의 빈하중농을 동원하여 밀과 기장 등의 웅성불임 개체를 발견했다. 이 논문은 또한 쌀에서 잡종강세를 얻어 내는 데 성공한 후난성 첸양농학교 등 몇몇 기관을 언급한다.[61] 이 글 어디에도 서구식 유전학을 전문적으로 수학한 과학자들이 어떤 편견을 가진 채 이 연구들을 억압했다는 내용은 없었다.

분명히 당시 전국적인 분위기는 자가수분 식물로부터 잡종 종자를 생산하려는 연구자들에게 적대적이지 않았다. 당시 교잡벼 연구는 이 분야의 광범위한 연구의 일환으로 받아들여졌다. 때문에 교잡벼 연구가 금기 영역이라는 생각은 의심할 여지없이 과장된 것이었다. 그럼에도 시노트, 던, 도브잔스키의 교과서로 공부했던 일부 유전학자들이 여전히 이 책을 일종의 바이블로 간주했을 가능성은 있다. 만약 이러한 유전학자 중 일부가 실제로 이 책의 "구체적인 장과 절을 인용"해 가며 위안룽핑의 연구를 부정적으로 보았다면, 이는 과학자들이 서구 유전학 텍스트를 우상화함으로써 교잡벼 연구를 방해했다는 비판을 자초할 만한 일이었을 것이다. 이러한 비판의 논조는 마오 시대에는 매우 중요한 것이었지만, 오늘날에는 대체로 진지하게 생각되지 않고 있다.

만약 위안룽핑이 서구 유전학에 대한 동료들의 맹종을 극복했다는 점이 우리가 그에 대해 알고 있는 전부였다면, 우리는 아마도 그를 리센코주의 학파와 연관시킬 수도 있었을 것이다. 공산주의 국가에서 과학을 변모시키려 했던 모든 노력 가운데 가장 매도되고 있는 시도를 꼽자면 의심의 여지없이 리센코주의를 거론할 수 있을 것이다. 그만큼 과학사학자들은 리센코주의라는 부정적인 사례에만 과도하게 집중된 관심을 분산시켜 소련 과학을 더 온전하고 더 공정하게 이해하기 위해 애를 써야 했다.[62] 리센코와 그의 연구에 영감을 주었던 미추린Michurin은 개별 유기체들이 주변 환경에 적응함으로써 획득하게 된 새로운 형질을 자손들에게 전달한다는 신라마르크주의적Neo-Lamackian인 입장을 지지했다. 이와는 대조적으로, 1920년대까지 서구 과학자들은 그레고리 멘델Gregor Mendel의 유전 연구를 부활시켰고, 개별 유기체들이 획득형질을 전달할 수 없다고 점점 더 확신했다. 종species 차원의 변화는 가장 유리하거나 가장 선호되는 특성을 가진 개체들의 선택—자연선택, 성 선택, 혹은 인위적인 선택—을 통해서만 변화될 수 있다는 것이다. 리센코주의자들은 1956년까지 사회주의 중국에서 우위를 점했었고, 마오 시대 내내 멘델주의 유전학자들에게 정치적으로 맹렬하게 도전했다.[63] 육종과 관련된 모든 주제는 리센코주의와 멘델주의 간 논쟁의 소재가 되었는데, 그 시기 많은 학술지 논문들이 증명하듯, 작물에서의 잡종강세에 대한 연구 역시 예외가 아니었다.

그러나 문화대혁명이 종료된 직후, 리센코주의는 해외에서 그러했듯 중국에서도 가차 없는 비난에 직면했다. 리센코주의는 이제 마오 시대의 과학을 둘러싼 잘못된 구식 정치를 상징하게 되었다. 이에 따라 교잡벼에 관해서도 다음과 같은 새로운 서사가 구성되었다. 즉 위안룽핑은 원래 학생들에게 리센코주의에 입각한 실험을 수행하도록 격려했으나 그 결과가 기대에 못 미치자 리센코주의의 타당성을 의심하게 된다. 그러던 1962년 위안룽핑은 공산당 간행물 《참고소식參考訊息》을 통해 DNA에 관한 제임스 왓슨James Watson과 프랜시스 크릭Francis Crick의 연구를 접한다. 이에 위안룽핑은 유전학자 바오원쿠이鮑文奎와 관련 논의를 진행하기 위해 장장 베이징까지 간다. 바오원쿠이는 위안룽핑에게 리센코주의를 둘러싼 이런저런 문제점들을 설명해 주었으며 위안룽핑의 교잡벼 연구를 지속적으로 격려했다.

이는 위안룽핑의 지적인 용기와 독립적인 정신을 보여 주는 일화이다.[64] 이후 위안룽핑은 이 지식을 후난 현지 당 간부에게 전달할 기회를 갖는다. 이러한 서사에 의하면, 위안룽핑은 멘델과 모건을 옹호하며 그들에게 자본주의자라는 딱지를 붙이는 것은 공정한 처사가 아니라고 주장했다고 한다.[65]

잡종화와 관련하여 하버드 등 엘리트 대학 출신의 서구 유전학자들이 가졌던 생각을 패기 있게 반박하는 시도는 토 과학을 강조하는 마오 시대의 정치적 맥락 속에서 위안룽핑의 입지를 다지는 데 도움이 되었다. 반면 포스트사회주의 시대에 이르게 되면, 반엘리트주의는 과학 담론에서 대부분 사라졌지만, 위안룽핑이 시노트와 그의 서양인 동료들을 뛰어넘었다는 이야기는 민족주의적 자부심을 고취시킬 소지가 있었다. 때문에 반복적으로 회자되기에 충분히 가치 있는 이야기로서 보존될 수 있었다. 그러나 위안룽핑이 마오 시대의 과학 비전에 반대했다는 점을 애써 강조할 필요가 있던 전기 문헌들은 그가 개인적인 노력을 기울인 끝에 서구 유전학자들의 편에 서서 리센코주의의 실패와 직면하기로 한 경험에 주목한다. 푸저룽의 전기를 통해 살펴보았듯 이 과정에서 양은 다시 한번 토를 넘어섰다.

"농민 지식인"

여러 위안룽핑 전기에 담긴 큰 그림은 분명히 양 과학의 이야기이다. 우리는 위안룽핑이 지식인 집안 출신이었으며, 심지어 후난 서부의 외진 농촌에서도 지식인으로서의 감각을 유지했다는 점을 알 수 있었다. 푸저룽에 관한 전기물과 유사하게, 이 책이 인용하는 모든 단행본 분량의 전기 문헌들은 위안룽핑을 열정적인 바이올린 연주자로 묘사한다. 그는 자신이 아끼던 바이올린을 후난성 서부 농촌으로 가져왔고, 슈만의 〈판타지아〉와 같은 로맨틱한 멜로디를 연주하는 것을 특히 좋아했다고 한다(《그림 15》).[66] 이 전기물들은 "부르주아 과학"을 추구하는 서방 세계에서나 찾아볼 수 있을 법한 영웅적 개인에 초점을 맞춘 전형적인 서사 구조를 따르면서, 일관되게 위안룽핑을 대담하게 미지의 바다로 뛰어들어 가는 황야의 고독한 과학자로 그려 낸다. 주변의 수많은 의구심과 적개심에도 불구하고, 위안룽핑은 스스로 혹은 극소수의 지지자와 함께 모든 성과를 이루어 냈다는 것이다.

푸저룽의 전기에서처럼 군중이나 군중과학 운동 등은 더 이상 통용되지 않았을지라도, 위안룽핑은 여전히 토라는 소박하고 토착적인 가

〈그림 15〉
위안룽핑이 논 한가운데서 바이올린을 들고 포즈를 취하고 있다. *출처: Xu Jingsong, "Yuan Longping ling yige wenya de aihao: La xiaotiqin", *Yangshi guoji*, 22 May 2007.

치를 체현한 인물로 묘사된다. 예컨대 위안룽핑은 교실에서의 학습보다 현장에서의 실험과 탐구를 강조했다고 한다. 그는 별 볼 일 없는 장비로 버텨 냈고, "실천을 통한 학습과 농민으로부터의 배움"을 위해 헌신했다.[67] 한 전기는 위안룽핑이 안장농학교에서 연구하던 초창기에 모판을 기르기 위해 가마 공장에서 버려진 토기 항아리를 주워 와 사용했다고 전한다. 이는 당시 선전 문헌에서 흔히 볼 수 있는 '자력갱생'과 '근검절약'의 구체적인 예시라고 할 수 있다. 그러나 이 전기에서는 그러한 마오쩌둥 시대의 구호를 일절 언급하지 않았으며, 오히려 이 에피소드는 포스트사회주의 시대에 더 잘 맞게 재구성되었다. 위안룽핑이

버려진 토기를 활용했던 것은 "집안의 재부를 쌓으라"는 덩샤오핑 시기의 시대정신에 발맞추어 가족을 위해 너무 많은 가산을 연구에 쏟아붓지 않기 위함이었다는 것이다. 또 다른 에피소드에서 위안룽핑의 동료들은 그에게 육종 업무에 들이는 시간을 줄이고 가족들과 개인 소유 텃밭에서 더 많은 시간을 보내라고 충고했다. 여기에는 문혁이 과학을 억압했다는 포스트마오 시기의 주류 서사가 반영되어 있다. 위안룽핑 동료들의 조언은 지나치게 눈에 띄게 과학 연구에 매진하다가 혹시라도 맞게 될 정치적 역풍에 대한 두려움에서 기인하는 것으로 묘사되고 있는 것이다. 그러나 이러한 경고조의 논평은 문혁 시기 문헌들의 논조와 어떤 면에서 대단히 유사하게 들린다. 물론 후자는 군중과학을 파괴하고 "자본주의 길"을 가려는 "계급의 적"들을 겨냥하는 것이었지만 말이다.[68]

포스트마오 시기의 전기들 속에서 살아남은 토 과학의 또 다른 사례는 잡종 종자 생산 과정에서 위안룽핑이 채택한 수많은 "토착적 방법들"이다.[69] 위안룽핑은 수십 년에 걸친 군중과학의 레토릭과 일맥상통하는 다음과 같은 생각을 고수했던 것으로 보인다. "농민들은 풍부한 영농 경험을 갖고 있기 때문에 우리 기술원들은 그들로부터 배워야 합니다." 한 전기에 따르면, 위안룽핑은 논밭에서 일하는 동안 땅에 막대를 꽂아 해시계로 활용한 농민들의 기술적 식견에 크게 감탄했다고 한다. 더욱 중요한 것은 그가 현지 농민들이 사용하던 식물 수정 방법을 채택했다는 점이다. 두 사람이 밧줄을 잡고 일정한 간격을 두고 논밭을 가로지르면 밧줄이 벼의 잎귀를 건드려 꽃가루가 방출되게 하는 방식이었다.[70]

전기들은 마오쩌둥 시대가 과학자들에게 강하게 기대했던 바대로 위안룽핑이 기꺼이 현장에서 손에 흙을 묻히려 했다는 점을 빈번하게 칭찬한다.[71] 한 전기는 위안룽핑이 망설임 없이 똥거름 가득한 들판에서 맨발로 일했다며 상찬해 마지않았다. 이 저작은 위안룽핑과 농민 사이에 오간 자못 감동적인 대화를 재구성했다. 한 농민이 어째서 위안룽핑처럼 "배운" 사람이 "흙밭을 구르는 우리 같은 사람들"❖과 함께 지내려 하는지 물었다. 위안룽핑은 "흙밭을 구르는 우리 같은 사람들"이 없었다면 전 세계는 단연코 굶주림에 시달렸을 것이라 대답했다.[72]

그러나 위안룽핑이 결코 단순한 농민으로만 묘사되는 경우는 전혀 없었다. 그의 소박한 토의 면모는 언제나 그의 지식인으로서의 지위를 강조하는 사례들과 균형을 이룬다. 한 전기는 그를 "대도시에서 성장했음에도 척박한 깊은 산골에서의 소탈한 삶을 받아들인 지식인"으로 묘사했다.[73] 또 다른 전기는 그를 "여전히 농민의 풍모를 유지하고 있는 지식인"으로 평가하면서, "그는 잘난 체하거나 특권을 추구하는 법이 없다"라고 설명했다.[74] 위안룽핑 또한 스스로가 "농민 지식인"이라고 단언한다.[75] 2002년에 출판된 한 전기는 이러한 위안룽핑의 이미지를 1973년에 일어났다는 다음 일화를 통해 잘 포착하고 있다. 당시는 위안룽핑이 잡종강세 실험의 결과를 확인하기 위해 자주 현장을 살펴볼 때였다. 어느 날 저녁 그는 바이올린을 들고 밭으로 갔다. 그리고는 무대 위의 밝은 조명 대신 끝없이 펼쳐진 황금빛 알곡 앞에서 "흙밭을 구르는 사람들"을 위해 연주를 펼쳤다. 전기에 따

❖ "흙밭을 구르는 사람들[泥腿子]"은 농민을 지칭하는 마오쩌둥 시기의 상용어이다. 원래는 엘리트주의자들이 농민을 낮춰 부르는 멸칭이었지만 이를 전유하여 명예로운 의미로 사용되었다.

르면, 위안룽핑은 자신의 음악의 원천이 "이 흙밭을 구르는 사람들과 자신이 사랑해 마지않는 살아있는 곡식"이라고 느꼈다.[76] 바이올린은 틀림없이 지식인의 표지다. 그러나 대도시와 척박한 깊은 산골 간의, 그리고 "무대 위의 밝은 조명"과 "흙밭을 구르는 사람들" 사이의 대조는 과학자가 상아탑에서 내려와 현장에서 흙을 묻혀야 한다는 전형적인 마오 시대의 이상을 떠올리게 한다.

위안룽핑이 스스로 농민으로서의 페르소나를 구축해 왔음에도 불구하고, 오늘날의 중국 마오주의자들 중 일부는 그를 미화하기를 거부하고 대신에 "진정한 농민"의 공헌을 강조하려 한다. 예를 들어 한 마오주의 웹사이트에서는 리전성李貞生이라는 인물이 회자된 바 있다. 그는 교육을 받지 못해 과학 논문을 쓸 수는 없었지만 위안룽핑보다 8년이나 앞선 1967년에 쌀을 교잡하는 데 성공했다고 한다. 또 해당 웹사이트의 한 독자의 논평에 따르면, 교잡벼 분야에는 '토종 전문가' 린뤄산林若山이라는 인물도 있었다고 한다.[77] 뒤이은 장들에서는 이 이야기들을 보다 자세히 다룰 것이다. 일단 여기서는 이러한 농민들의 자체적인 연구가 과연 유의미한 것이었는가는 차치하고, 다만 이들이 1세대 교잡벼 종자를 대량으로 생산하는 문제를 해결하지 못했다는 점만 언급해 두고 싶다. 이들뿐만 아니라 다른 수많은 인물들이 과거 쌀의 신품종을 만들어 내기 위해 교잡 혹은 잡종화라는 방법을 시도했지만 결코 잡종강세를 보이는 교잡 종자를 대량으로 생산해 내지는 못했다.

위안룽핑의 명성에 대한 마오주의자들의 비판은 그의 업적 이면에 존재하고 있는 진정한 군중과학적 토대를 강조할 때 더욱 설득력을 얻는다. 위안룽핑을 오랫동안 보조했던 리비후와 인화치를 떠올려 보자. 그들은 위안룽핑을 돕기 위해 하늘에서 뚝 떨어진 사람들이 아니었다. 안장농학교 출신의 다른 많은 학생들과 마찬가지로, 그들은 농촌 공동체의 교육 수준을 높이기 위해 청년들을 대상으로 진행된 전국적인 프로그램을 통해 배출된 인재들이었다. 물론 파괴적인 측면이 많았지만, 문화대혁명은 농촌 청년들에게 전례 없이 많은 교육의 기회를 제공했다.[78] 또 다른 위안룽핑의 가장 중요한 조력자로 뤄샤오허羅孝和라는 사람을 꼽을 수 있는데, 그 또한 농민이었다. 위안룽핑에 대한 한 전기에 따르면, 뤄샤오허는 항상 농사일을 즐겼으며 결코 고생스럽게 여기지 않았다. 그는 위안룽핑에게 어릴 적의 몽상에 대해 말했다. "저는 땅을 큰 침대라고 생각했어요. 일하다 지치면 언제든지 이 침대에 드러누우면 그만이죠. 날 위해 노래를 불러 주는 귀뚜라미에 둘러싸여 낮잠도 한숨 푹 자고요. 너무 좋지 않나요!"[79] 뤄샤오허는 중학교를 마친 후 성급 농학원 입학 시험을 치렀고, 1962년에 졸업했다. 그는 위안룽핑과의 공동 연구를 바탕으로 포스트사회주의 시기에 여러 상을 받기도 했다. 흥미롭게도 뤄샤오허 또한 위안룽핑과 마찬가지로 자신을 "농민 지식인"이라고 부른다. 다만 그는 농민 가정에서 시작하여 과학자 반열에 올랐기 때문에 신분 이동의 방향성이 위안룽핑의 경우와는 반대였다고 할 수 있겠다.[80]

위안룽핑이 어떤 유형의 과학자인가라는 질문은 그가 과연 중국과학원 원사에 선출될 자격이 있는지를 둘러싼 논란으로 번지기도 했다. 위안룽핑은 세 번이나 후보에 올랐으나 번번이 고배를 들어야 했다. 오히려 그는 1995년에 중국공학원Chinese Academy of Engineering 원사로 선출되었다. 이러한 결과는 위안룽핑의 지지자들 가운데 일부를 분노케 했다. 이들은 위안룽핑의 업적이 제대로 평가받지 못하고 있다고 느꼈다. 그러나 여기서 더 큰 질문은 무엇이 '과학'을 구성하는가 하는 것이다. 마오쩌둥 시대에는 쌀을 교잡시키는 기술을 발명하기 위한 활동이 의문의 여지없이 과학으로 간주되었다. 그러나 포스트마오 시기에 중국이 점차 국제적인 표준들을 수용해 나감에 따라 과학을 판단하는 기준이 실천에서 이론으로, 토에서 양으로 변화해 갔다. 위안룽핑이 시노트의 이론을 넘어섰다는 이야기가 지속적으로 강조된 까닭도 바로 이 때문이었다. 이러한 서사는 위안룽핑이 단지 기술 차원의 혁신뿐만 아니라 기초유전학 연구에도 기여했다는 점을 시사한다. 과학자들이 양과학의 영역 속에서 자신의 입지를 다지기 위해 펼 법한 종류의 주장이 위안룽핑의 업적에 대해서도 적용된 것이다.

토 과학과 미국 전자기타의 만남

푸저룽과 달리 위안룽핑은 마오쩌둥 시대의 국제 과학 교류에 호스트로도 게스트로도 참여하지 않았다. 1974년 중국을 방문한 미국 식물학계 대표단은 교잡벼 연구에 대해서는 일절 듣지 못한 채 귀국했다. 이 시점은 이미 위안룽핑 등이 교잡벼 육종에서 상당한 성과를 거둔 뒤였음에도 불구하고 말이다. 내가 지금까지 파악한 바로는, 노만 볼로그 또한 자신을 비롯한 외국인들이 중국의 교잡벼라는 과학적 성취에 대해 처음 인지하게 된 시점을 1977년으로 생각했던 것 같다. 이 해에 볼로그는 국제옥수수밀개량센터CIMMYT[81] 밀 연구 대표단과 함께 중국을 재방문한 바 있다. 비록 대표단원들의 일기에는 방문 일정 초반에 들은 교잡벼 관련 발표에 대한 필기가 남겨져 있지만, 이 당시에는 그 인상이 특별히 선명했던 것 같지는 않다. 어찌 됐든, 위안룽핑이 구체적으로 부각되는 경우는 없었다. 같은 해 위안룽핑이 국제미작연구소 IRRI에서 교잡벼에 대해 논의하기 위해 필리핀을 방문했을 때에도 마찬가지였다.[82]

위안룽핑이 본격적으로 국제 과학 교류에 참여하기 시작했을 때, 세계 과학계는 극적인 변화를 겪고 있었다. 1979년 5월, 미국 산업계 거물 아먼드 해머Armand Hammer가 자신의 회사 옥시덴탈 석유의 임원 15명을 대동하여 중국을 방문했다. 그들은 일상적인 대화를 통해 우연히 중국이 교잡벼를 생산하는 법을 개발했다는 사실을 알게 되었다. 이를 계기로 옥시덴탈의 농업 부문 자회사인 링어라운드프로덕츠 Ring Around Products와 새로이 설립된 국영 중국종자그룹中國種子集團公司(China National Seed Corporation) 간에 교환협정이 체결되었다. 이 협정에 의거하여 중국은 교잡면화를, 미국은 교잡벼를 얻게 되었다.

이 에피소드는 냉전사를 특징짓는 두 진영인 공산주의와 자본주의 사이의 기이한 교차를 보여 준다. 중국이 막 사회주의적 시장경제 체제로 전환을 도모하고 미국 자본가들에게 문호를 개방하려 할 때, 초창기 물밑 작업을 함께할 적임자로서 아먼드 해머는 더할 나위 없는 인물이었다. 그의 부친은 저명한 미국인 공산주의자로서 아들의 이름을 사회주의 노동당의 상징인 '팔과 망치arm and hammer'로 지었으며, 본인 또한 신경제정책NEP 시기 레닌 치하의 소련에 체류한 경험이 있었다.[83] 해머는 덩샤오핑의 유명한 1978년 미국 순방 일정 중에 휴스턴 시내의

로데오에서 그를 만났고, 몇 달 후 중국 여행길에 올랐다. 해머의 눈에는 중국이 막 착수한 4대 현대화가 마치 1920년대 레닌 치하의 소련에서 미국인 사업가들이 누렸던 것과 유사한 기회로 보였다.[84] 링어라운드프로덕츠는 이러한 교류의 기회 앞에 기대감을 감추지 못했다. 심지어 후난의 자택과 근무지를 배경으로 위안룽핑의 일상을 담은 홍보 영화를 만들기까지 했다. 동시대 및 이전 수 세기 동안 중국을 방문한 수많은 서구 방문객들과 마찬가지로, 이 영화의 제작자들은 자신들을 낯설고 이국적인 나라로 탐험을 떠난 항해자로 인식했다. 〈중화의 정원에서From the Garden of the Middle Kingdom〉라는 제목의 이 영화는 쌀 연구를 전형적인 중국 전통문화의 맥락 속에 위치시키며 시작한다. 중국풍의 전통음악 연주가 배경음악으로 깔린 채, 화면은 서서히 전근대 중국의 회화들을 비춘다. 이내 내레이터가 중국 고전시가를 암송하며 벼농사에서 종교 관행과 신비주의의 역할에 대해 설명한다. 그러나 이 영화가 위안룽핑의 문혁 경험을 다루는 방식은 1982년 시점의 정치적 분위기를 반영하고 있다. 이는 해외 과학자 대표단이 중국을 방문하여 푸저룽을 만나 혁명 군중을 중심에 놓고 과학에 접근하는 방식을 확인했던 1970년대의 상황과는 크게 다른 것이었다. 영화의 서사는 완전히 교과서적인데, 한때 조리돌림 당했던 지식인들이 장칭 등 사인방 재판 이후 복권된 화면을 보여 준다. 곧이어 영화는 링어라운드프로덕츠가 어떻게 중국이 교잡벼 생산법을 발명했다는 사실을 확인하게 되었는지 설명한 후, 중국 현지 만찬회에서 아먼드 해머와 그의 동료들이 주최 측 중국 인사들과 건배사로 "우호"와 "세계 평화"를 외치는 장면으로 넘어간다. 그다음 장면으로 링어라운드프로덕츠의 교잡벼 프로젝트

착수 단계를 지원하기 위해 미국으로 건너온 두 중국인 쌀 육종 연구자들의 모습이 그려진다. 마지막으로 영화의 화면은 경쾌한 전자기타 음악과 더불어 미국의 한 대도시를 비춰 준다. 그러고는 전형적으로 미국적인 이 공간을 자전거를 탄 채 가로지르는 두 중국인이 등장한다. 이들은 마오 시대에 인민들이 흔히 입던 특유의 푸른색 정복―인민복―을 입고 있었다. 이들의 존재는 미국이라는 배경과 전혀 어울리지 않았으며, 마치 이제 막 현대 자본주의 세계로 편입한 순진해 빠진 어린애마냥 우스꽝스러운 촌뜨기로 표현되고 있다(《그림 16》). 그리고 어떤 면에서 이러한 묘사는 정확했다. 중국은 지식재산권법에 대해 잘 알지 못했고, 링어라운드프로덕츠와 제대로 된 계약을 맺는 데 실패했다. 링어라운드프로덕츠는 중국으로부터 미국 내에서 교잡벼를 생산할 수 있는 권리뿐만 아니라 전 세계에서 교잡벼를 판매할 권리까지 따낼 수 있었던 것이다.[85]

데이비드 리빙스턴David Livingstone은 과학 활동의 지역성이 그 지적 생산물의 보편타당성을 주장하는 과정에서 자주 소거되고 만다고 주장한 바 있다.[86] 하지만 이 영화는 꽤 다른 메시지를 암시한다. 영화는 이색적인 민족문화의 특징을 강조함으로써 사회주의 중국 과학의 지역성을 드러내며, 동시에 이러한 중국 과학이 매우 원활하게 국경 너머로 이동할 수도 있다는 점을 보여 준다. 사회주의 중국 과학에 내재된 필연적이고 꽤나 멋들어진 중국적 특수성은 결코 그것이 바다를 가로질러 세계 평화와 자본주의에 온전히 공헌하는 데 방해가 되지 않는 것처럼 묘사된다. 전자기타가 울리고 오픈 트럭이 달리는 땅 위에서조차도 중국인 과학자들은 인민복을 입고 자전거를 탄다. 그래도 이들의 과학

〈그림 16〉
영화 〈중화의 정원에서〉의 세 스틸컷 이미지. dir. Kenneth Locker (Armand Hammer Productions, 1982).

적 역량은 훌륭하다. 영화 속에서 인터뷰이로 등장하는 버클리Berkeley 소속의 한 과학자가 인정했던 것처럼, 중국인 과학자들은 "쌀과 관련하여 알아야 할 모든 것을 알고 있었다."

그러나 이와 같은 1982년 시점의 관점에 따르면, 그들의 지식은 마오 시대의 사회정치적 맥락에서 기인한 것이 아니다. 영화는 오로지 마오 시대를 과학의 암흑기로 그릴 뿐이다. 오히려 이들의 지식은 역사를 초월한 일종의 "고대 중국의 지혜"로부터 비롯된 것이다. 여기서 군중동원, 농민기술원의 양성, 혁명적 자력갱생과 같은 요소들은 전혀 찾아볼 수 없다. 어떠한 의미에서든 마오 시기에 추구되었던 과학에 대한 혁명적 비전의 흔적은 영화 속 어디에도 존재하지 않는다. 지식 생산과 관련된 사회주의 시대의 사회경제적 맥락이 갖는 중요성은 완전히 삭제되어 버렸다.

영화가 그려 낸 것은 철저하게 식민주의적 시선에서 바라본 토 과학이다. 이것은 미국 기업에 의해 전유된 토 과학이며, 토 과학을 자본주의 과학의 대항마로 만들었던 혁명 정치 일체를 제거한 결과물이다. 토는 이토록 빠르게 그리고 비극적으로 세계 자본주의의 손아귀 속에서 무력화되고 말았다. 무력화는 두 층위에서 이루어졌다. 상징적인 층위에서 볼 때, 토 과학의 "발칙함"에는 더 이상 논란을 유발하거나 영감을 줄 아무런 힘이 없게 되었다. 실제적인 층위에서도 중국은 링어라운드프로덕츠와의 거래에서 크게 손해를 보았다. 아마도 이러한 운명을 맞게 된 것이 토 과학 자체의 결함 때문만은 아니었을 것이다. 오히려 이것은 자유주의·자본주의적 기술관료주의의 보다 거시적인 승리의 작은 일부분에 불과할 것이다. 그러나 나는 과학의 토/양 구도가 처음부터 식민주의와 근대성의 이분법들을 모방함으로써 형성되었다는 점에서 세계의 경제 권력을 쥐고 있는 자들에 의해 결국 포섭될 운명이었지 않았나 생각해 본다. 20세기의 혁명들은 끝끝내 이러한 세계의 경제 권력을 전복하는 데 실패하고 말았다.

결론

푸저룽과 마찬가지로, 위안룽핑도 식민주의 이후의 세계에서 주체성을 확립하기 위해 마주해야 했던 긴장들을 체현한 인물이었다. 이러한 어려움은 특히 토와 양을 동시에 추구하기 위해 분투하는 과정에서 드러났다. 푸저룽에게 미국 과학계와 연결되어 있다는 느낌은 곤충학 연구 실천뿐만 아니라 개인의 정체성과 관련해서도 대단히 중요했다. 그러나 현장에서의 쓸모 및 군중 동원이라는 사회주의적 가치에 헌신했던 농업과학자 중 한 사람으로서 푸저룽은 기꺼이 신발을 벗어던지고 보다 확실히 토의 면모를 구축해 나감으로써 더 이목을 끄는 인물로 거듭날 수 있었다. 위안룽핑은 해외 유학의 기회를 누리지 못했다. 따라서 푸저룽이 향유했던 것과 같은 종류의 초국가적인 네트워크들을 형성할 계기를 갖지 못했다. 그러나 이처럼 매우 상이한 경험에도 불구하고, 전업 과학자로서 위안룽핑의 지위는 그 또한 충분히 양을 대변하는 인물로 간주될 수 있음을 의미했다. 즉 위안룽핑도 마오 시기에 지식인들에게 가해졌던 숱한 핍박의 희생자가 될 수 있었다는 이야기이다. 포스트마오 시대가 되어 정치적 풍향계가 뒤바뀌자 이제는 위안룽핑이 과연 충분히 양을 대변하는 인물인지가 명확하지 않게 되었다. 전기 문헌들이 바이올린 연주 실력—바이올린 이야기는 푸저룽에 대한 포스트마오 시기 서술에서도 똑같이 찾아볼 수 있다—이나 유전학 이론에의 기여를 유독 강조하는 것도 위안룽핑의 지적인 위상을 보다 강화하기 위한 노력의 일환이다. 동시에 위안룽핑 전기들은 빈번하게 마오 시대의 특정한 측면들에 대한 향수를 불러일으키려 한다. 여기에는 토 과학의 겸손함, 성실함, 인간적인 면모, 중국적 특수성이 포함되며, 많은 사람들이 이러한 요소들을 긍정적으로 기억하고 있다. '농민 지식인'이라는 명예로운 칭호에는 '토양병거'라는 마오 시대의 외침이 분명하게 아로새겨져 있다.

  위안룽핑과 교잡벼에 관해 포스트마오주의 시대에 쓰인 역사는 여러 의미에서 토/양 개념의 지속적인 반향을 증명한다. 그러나 '농민 지식인' 위안룽핑 개인으로 상징되는 토/양을 찬양하는 것과 교잡벼 기술 발전에서 보다 폭넓게 토 과학—연구와 추광의 통합, 기층 연구의 삼결합 모델, 군중 동원에 대한 강조—의 중요성을 인정하는 것 사이에는 차이가 있다. 후자를 포스트사회주의 문헌에서 확인하기란 더더욱 어렵다. 이어질 다음 두 장에서는 사회주의 시기 사료들과 출판물들을 비판적으로 검토하여 과학적 영농이 당시 농촌 공동체에서 어떻게 경험되었는지 살펴볼 것이다.

| 제4장 |

중국 농민:
'경험'과 '후진성'

마오와 중국공산당에게 농민 계급보다 더 중요한 사회집단은 없었다. 더 정통적인 마르크스주의자들의 예측을 깨고 1949년 공산혁명이 승리로 마무리된 것은 이들 덕분이었다.[1] 농민—문자 그대로 '농촌 인민'—이란 단순히 직업을 의미하는 것을 넘어 사회 계급이자 정체성이었다.[2] 1960년대와 1970년대의 공식 보고서와 선전문은 '농민'에 그치지 않고 더 구체적으로 "빈하중농 군중"을 특별히 호명하며 강조했다. 국가는 이들의 정치적 자산을 이용하고자 했다. 영어 단어 '농민peasant'에 내포된 비하의 어감이 이 중국어 용어에도 반영되어 있다. 경멸적인 뜻은 종종 "진흙투성이 다리"나 "시골뜨기"(촌놈이나 무식쟁이)와 같은 다른 표현으로 대체되며 부각되기도 했다. 따라서 프로파간다 전문가들은 농민에게 부여된 낙인을 지우려 노력하기보다, 그 낙인이 오히려 힘이라고 주장하는 데 노력을 기울였다.[3]

과학계와 정계 엘리트들 또한 스스로 농민이라고 주장함으로써 이익을 얻었다. 한 사례로 문화대혁명 기간 동안 외국인 방문객들은 1956년 중국에서 최초로 왜성벼dwarf rice를 개발한 '농민' 훙췬잉洪群英과 훙춘리洪春利에 대해 알게 되었다. 사실 이러한 '농민'들은 생산대대의 당서기이거나 농업 기술인이었다.[4] 앞의 두 장에서도 알 수 있듯, 푸저룽이나 위안룽핑 같은 과학자들도 주변의 농민들과 마찬가지로 자신들의 발이 지저분하다는 것을 증명하기 위해, 그들의 권위에 흠이 잡히지 않게끔 하기 위해 열심히 노동에 임했다.

농민임을 주장하는 데는 두 가지 기능이 있었다. 실상 간부나 과학자였을지라도 '농민'으로 규정된 누군가가 무언가 중요한 성취를 이룰 때마다 해당 인물은 농민의 "천재성"에 대한 국가의 선전을 뒷받침했다. 동시에 간부와 지식인들이 스스로 농민임을 주장하는 것은 '백색 전문가white experts'라는 비난으로부터 자신을 보호하는 데 도움이 되었다.

계급적 의미 외에도, '농민'이라는 개념은 연로하다는 특성과 관련이 있었다. 누구나 그렇듯 농민도 모든 연령대의 개인일 수 있다. 하지만 예를 들어 중고등학교를 다니는 젊은 농민들은 농민이라는 정체성 가운데 특정 측면, 나이가 지긋하고 경험이 많다는 측면을 체현하고 있지 못하다. '지식청년'과 '노농'—반드시 꼭 생물학적인 나이가 많을 필요는 없었다—간의 대조는 농민 계급이 근본적으로 "연로하다"는 인식을 강화했다. '노농'이라는 개념이 이미 후기 제국 시기(명·청 시기의 관용적 표현―옮긴이)부터 귀중한 경험을 가진 농민을 지칭하기 위해 사용되었으며, 농업 발전에 관심이 많았던 일부 사대부들은 기꺼이 이러한 농민들에게 자문을 구하고자 했다.[5] 〈그림 17〉은 이러한 주제에 대한 문화대

⟨그림 17⟩

이 선전 포스터에서는 대학교수와 학생들이 한 노농에게 자문을 구하고 있다. 두건과 허리띠는 그가 노농임을 드러내는 표지와 같다. 정면을 응시하며 서 있는 노농에게 확실하게 중심적인 위치가 부여된 반면, 교수와 학생들은 그의 주변을 둘러싸고 있다는 점을 눈여겨볼 필요가 있다. 논 중간에 세워진 표지판에는 '시험전'이라고 쓰여 있다. Hong Tao, "Daxue ban dao zan shan-cun"(Beijing: Renmin chubanshe, November 1976). Stefan R. Landsberger Collection, International Institute of Social History, Netherlands, http://chineseposters.net.

혁명식의 해석을 드러낸다.

표면적으로 국가가 농민을 과학 실험 소조에 포함시키려 했던 의도는 매우 간명했다. 국가는 농민들이 농업 과학에 기여할 수 있고 또 그래야만 한다고 강조하고자 했다. 그러나 이런 의도를 실현하는 데에는 여러 가지 상이한 방법이 있을 수 있었다. 연로함과 계급 지위 덕분에 노농은 과학적 영농을 추진하는 과정에서 활용 가능한 전문지식을 갖추고 있다는 인식이 공유되고 있었다. 때로는 이러한 생각이 노농에게 여러 세대에 걸쳐 전해져 내려오는 지식 체계가 있다는 인식으로까지 확대되기도 했지만, 대부분의 경우 그저 노농이 유용한 개인적 차원의 경험을 갖고 있다고 여겨졌다. 다만 농민의 개인적 경험에 대한 이 정도의 긍정적 인식조차도 신기술을 신속하게 생산 현장에 투입해야 한다는 관점에서 보면 무언가 미진한 것이었다. 하여 농민들은 주로 연구 기관에서 개발된 새로운 기술들을 빠르게 습득했다거나 때로는 몇몇 신기술을 스스로 개발했다는 이유로 칭송을 받기도 했다.

이는 모두 농민의 농업 과학에의 참여를 승인하는 매우 색다른 방식들이었으며 지식의 정치politics of knowledge와 관련하여 특별한 의의를 갖는다. 이러한 방식들은 신생 국가가 농민을 동원하는 과정에서 직면했던 가장 잠재력 있고 정치적으로 위험할 수 있는 질문들을 내포한 것이었다. 이러한 질문들은 마오주의 토 과학의 탈식민주의 정치와 계급 정치 속에 깊이 뿌리박힌 것이었다. 전통지식을 어떻게 봐야 하는가? 농민이 어떤 종류의 문화—말 그대로 "문화", 그러나 더 광범하게는 '교육'과 '지식'을 의미하기도 함—를 갖고 있는가? 그리고 농민 사회는 어떻게 변혁되어야 하는가? 이러한 난제들과 이것들이 농민과 중국 농촌 사회에 미친 여파가 바로 이번 장의 주제이다. 이런 문제들을 살펴봄으로써 나는 근대화와 지식의 관계에 대한 한 가지 핵심 논점에 대해 더욱 천착하고자 한다. 즉 새로운 농업기술의 도입은 농민들의 '숙련화'를 초래하는가 아니면 '탈숙련화'를 야기하는가?

'노농'의 구성, 노농 지식의 구성

1950년대 초부터 '노농'의 경험과 관련된 글들이 중국 과학 학술지에 등장했다. 이러한 경험들은 특정한 주제—해바라기유 생산, 밀의 후숙 late-ripening 관리, 유채 식물 한해寒害(frost damage) 방지 등—를 논의하는 회의에서 총결되었는데, 노농들도 이 회의에 초대되어 논의에 참여했다.[6] 1960년 《런민일보》는 지린성吉林省의 한 현에서 '노농 고문 부처'를 발전시켜 간부들이 필요할 때마다 노농들에게 조언을 받을 수 있도록 했다고 보도했다. 현 경내 곳곳에 있는 7,250명의 빈하중농 군중들은—대부분은 연로했지만 그중 일부는 젊었다—상부의 새로운 농업 관련 지침을 어떻게 하면 가장 잘 집행할 수 있을지 결정하는 데 고문 역할을 수행함으로써 관료들이 맞닥뜨린 기술적 문제들을 해결할 수 있도록 도왔다. 개개인 '노농'들은 즉석에서 바로 조언하기도 했고, 그들 중 상당수는 더 어려운 문제들을 다루는 회의에 참석하기도 했다.[7]

1965년 장쑤성 농업 과학기술 공작 회의에서 당 서기 쉬자툰徐家屯은 농민들에게는 "다년간 자연과 분투하며 얻은 수많은 귀중한 경험"이 있고, 이를 통해 그들이 "치열하게 투쟁하는 성격"을 갖게 되었다고 선언했다. 그는 계속해서 다음과 같이 주장했다. "농민의 다방면에 걸친 경험이 특수한 과학 연구와 결합하기에 대단히 훌륭하다. 그들의 경험은 오늘날의 생산 수준에 적합하다. 최소한의 투자 속에서도 최대한의 결과를 얻어 내는 데 유리한 것이다." 게다가 그는 농민의 지식이 현장의 조건에 적합하다고 여겼다. 쉬자툰은 과학과 농민 경험 사이의 '차이'에 대해 인지하고 있었으나, 양자를 분리하는 '만리장성'은 없다고 주장했으며, 실로 농민들의 경험이 과학 발전에 필요하다고 단언했다.[8]

우리가 기대하는 만큼 자주는 아니었지만, 그럼에도 때때로 노농은 그들의 개인적 경험뿐만 아니라 전통지식의 담지자로서 자문 역할을 수행했다. 1950년대 중반, 국가는 연구자들에게 중국의 '농업 유산'을 연구할 것을 지시했다. 그 후 10년 동안 연구자들은 과거 왕조 시대의 농업 관련 문헌들을 재출간했고, 당시의 영농 조건에 맞춰 해석하고 적용할 수 있는 전통 '농업 격언'을 수집했다.[9] 이렇게 활자 또는 구술로 전수된 내용들은 연구자들에게 몇 가지 성가신 문제들을 던져 주었다. 연구자들은 이러한 내용을 당대의 적절한 정치적 맥락 속에 어떻게 위치시킬 것인지 고심해야 했다. 이러한 작업에는 과거의 전통적 농업지식이 과학적으로 어떤 의미가 있는지 해설하는 과정도 포함되어 있었다. 예를 들어 1957년 《농업 격언 해설》이라는 제목의 책은 "과학적 합리성에 부합하는 농업 격언은 검증하고 적용하며, 과학적 합리성에 부합하지 않는 것들은 비판하고 기각하고, 농업 격언의 형식을 배워 그 형식을 빌려 새로운 농업 과학 지식을 표현해야 한다"고 주장했다.[10] 1963년 광저우에서 수집된 한 격언집에 따르면, 수록된 격언들은 "전통적인 농업 경험을 비판적으로 계승할 수 있게 함으로써 광대한 농민 계급—특히 젊은 농민과 직접적으로 농업 생산을 이끄는 농촌 간부—에게 실천적 유용성과 참고할 만한 가치를 제공하는 살아 있는 농업 과학 교과서의 일종"이었다. 책의 편집자는 한발 더 나아가 농업 격언들이 '민속 구술 문학'에 해당되며, 이를 학습하는 것에는 향후 새로운 격언을 창조하기 위해 필요한 지적이고 미적인 교육 효과가 존재한다고 주장했다.[11]

　1957년도 《농업 격언 해설》은 농업 격언이 계급적 특징, 지리적 위치, 역사적 시대의 영향을 받는다는 점을 더욱 강조한다. 예를 들어 이 책은 "돼지를 기르면 당장 이익이 되지는 않는다, 하지만 조금만 기다려 보라, 그리고 밭을 보라"라는 격언을 부각시킨다. 널리 퍼진 관행과 부합하는 이 격언은 돼지가 중요한 이유는 분뇨로 땅을 이롭게 한다는 데 있다는 점을 시사한다. 저자들은 다음과 같은 분석을 내놓았다. "얼핏 보면 이 농업 격언은 합리적이지만 그럼에도 지주 계급의 입에서 나온 억압적인 경험을 반영한다. 양돈이 당장 돈이 되지 않는다는 판단이 내려진 이유는 지주들이 스스로 노동에 참여하지 않았기 때문이다. 지주의 입장에서는 돼지를 기르기 위해 반드시 노동자를 고용해야 하는데, 임금에 사료(값)를 더하면 남는 돈이 없다. 돼지우리에서 모은 퇴비를 더해 그것까지 모두 계산에 넣을 때, 비로소 양돈은 수익이 나는 일이 된다." 그렇다면 농민들은 이에 대해 어떻게 이야기할까? 농민들은 다음과 같이 말할 것이다. "가난한 사람들은 결코 돼지로부터 멀어질 수 없고, 부자들은 결코 책에서 멀어질 수 없다", "돼지를 기르는 일은 돈이 들지도 않고 어렵지도 않으며, 푼돈으로 큰돈을 모을 수 있게 한다", ……"돼지를 기르기 위해 당신은 푼돈으로 약간의 사료를 살 필요가 있다. 돼지가 크면 팔아서 큰돈을 벌 수 있는데, 이는 실용적인 의미에서 저축할 돈을 마련할 수 있음을 의미한다."[12, 13]

격언들의 지리적 특수성은 대체로 기후적 조건에 따라 농사짓는 시기 기상의 차이가 있다는 점을 드러낸다. 예를 들어 산둥에서는 개구리가 울기 시작한 지 33일 만에 밀이 익었지만, 안후이에서는 45일이 걸렸다는 식이다. 다만 시간에 따른 변화는 또한 정치적 의미를 수반했는데, 경제가 집체화되고 농업 과학기술이 발전하는 일과 연관되었을 때 특히 그러했다. 예를 들어 "종자를 일찍 선택하면 이듬해 새들의 배를 불리게 될 것"이라는 격언을 살펴보자. 격언집 편집자들의 해설에 따르면, 과거 사유경제 아래에서는 누군가 다음 해 모내기를 위한 종자를 지나치게 일찍 선택하는 것이 불리했다. 그 사람의 작물이 주변 이웃들의 작물보다 일찍 익어 새의 표적이 될 것이었기 때문이다. 그러나 집체화가 진전되고 4대 해충 박멸 정책이 시행 중인 사회주의 시대에는 이것이 더 이상 문제가 되지 않는다는 것이 편집자들의 주장이었다.[14] 마찬가지로 "밀은 촘촘히 심고 면화는 소가 누울 수 있을 만큼 간격을 두어라"라는 속설도 시대에 뒤떨어지게 되었다. 면화를 너무 촘촘하게 심게 되면, 사유경제 아래에서 한 농가가 감당하기 어려울 만큼 많은 노동력이 필요하게 된다. 그러나 집체화와 더불어 대규모 노동력 동원은 더 이상 아무런 문제가 되지 않았다. 또한 이제는 효과적인 살충 수단이 갖춰졌기 때문에 "작년에 메뚜기 떼가 창궐했다면, 올해는 검은 콩과 면화를 심어라"라는 격언을 더 이상 따르지 않아도 되었다.[15]

1965년 중국청년출판사에서 출판한 책 《농업 격언 속의 과학적 합리성》에서도 비슷하게 일부 농업 격언들이 과학적 내용과 부합하기는 하지만, 다른 일부는 과학기술이 발전하고 사회 시스템이 변화하면서 이제는 더 이상 적합하지 않다고 지적했다. 그 책은 농업 과학의 개념들을 청년들에게 가르치는 수단으로 격언을 이용했다. 각 격언은 한 주제를 놓고 더 보편적인 수준에서 토론할 수 있는 발판 역할을 수행했다. 예를 들어 자연의 천적을 활용해서 해충을 통제하는 방법은 "한 동물로 다른 동물을 공격한다, 사마귀가 유해 동물—즉 해충—을 물리친다"와 같은 속담과 더불어 간편하게 소개되었다. 비슷하게 "옥수수 대가리를 따면 소처럼 강해진다"라는 격언은 잡종강세를 만들어 내기 위해 웅성불임 개체를 사용해야 하는 지식을 완벽하게 표현한 것이기도 했다. 또한 이 책은 "종자를 일찍 선택하면 이듬해 새들의 배를 불리게 될 것"이라는 격언의 의미에 대해서도 자세히 논의했다. 즉 비록 "현지 조건에 부합하게 하라"라는 원칙에 따라 날씨, 토양, 그리고 다른 요소들을 마땅히 고려할 필요가 있지만, 종자를 일찍 선택함으로써 곡식이 빨리 익는 것 역시 유의미한 목표로서 채택되어야 한다는 것이다.[16]

문화대혁명이 전문 과학 활동을 뒤흔들어 놓았을 때, 농업 격언은 계속해서 관심의 대상으로 다루어졌다. 다만 방식이 이전과는 사뭇 달랐다. 1974년 문화대혁명 시기 급진파들은 온 나라를 공자에 반대하는 운동에 몰아넣었다. 이 과정에서 법가 사상가들이 유가와는 반대로 농업 격언집을 강조함으로써 농업 과학과 농업 생산의 발전을 촉진시켰다는 찬사를 받았다.[17] 1970년대 그리고 심지어 1981년 말까지도, 매체들은 노농들로부터 농업 격언을 수집한 청년들을 다룬 기사를 게재했다. 노농의 경험과 지식청년의 과학적 탁월함을 결합하려는 노선이 가지는 유의미함을 드러내려는 것이었다.[18] 그 하나의 사례를 1974년 군중 잡지 《과학 실험》에 실린 글을 통해 확인할 수 있다. 한 농촌 출신 청년이 중학교를 졸업하고 고향 촌락으로 돌아오자 어느 기상관측소에 배치되었다. 그곳에서는 빈하중농 계급 인민들이 날씨 예측을 위해 거머리의 활동을 관찰하고 있었다. 당초 그는 농민으로부터 얼마나 많은 것을 배울 수 있을지 알지 못한 채 부정적인 태도로 일관했다. 그러다 어느 날 그 청년은 실수로 거머리들을 분실하고 말았다. 그는 새로운 거머리를 찾아냈지만 이후 모든 기상 예측에 실패했다. 그러자 한 농민이 설명해 주었다. 거머리에도 세 종류가 있는데, 청년이 찾아온 거머리는 잘못된 종이라는 것이었다. 그제서야 청년은 노농들에게 날씨 패턴 관찰과 관련된 모종의 풍부한 경험이 있음을 깨달았다. 그는 동물을 활용하여 날씨를 예측하는 농민들의 지식을 수집하고자 80여 명의 노농을 찾아갔다.[19] 이처럼 농민들로부터 농업지식을 배우려는 당시 청년들의 열정이 너무도 대단했던 나머지 《런민일보》의 한 기자는 《전가오행田家五行》이라는 책—약 600년 전[원대]에 제작된 [농업과 기상 관련] 고문헌집이다—을 두고도 어느 한 명의 지식청년이 손수 노농들로부터 배우고, 농업 격언을 수집하고, 현장을 직접 관찰하며 펴낸 책이라고 [잘못되고] 성급한 판단을 내리기도 했다.[20]

마오 시기 농업 연구자들은 농민들의 오래된 관행에 뿌리를 둔 몇 가지 구체적인 기술들을 특히 흥미롭게 여겼다. 이 가운데 가장 중요한 수정법fertilization 기술은 뒤에서 더 심도 있게 논의하기로 하고, 여기서는 몇 가지 다른 사례들을 거론하려 한다. 1960년과 1961년, 국가는 여러 작물을 하나의 단일한 획지plot에 심는 간작법을 대대적으로 장려했다. 신문 기사들은 간작이 토양 비옥도를 증진시키고, 자연재해에 강하며, 높은 수확량을 달성코자 중국 농민들이 오래도록 사용했던 시스템이라고 강조했다. 과학자들은 간작과 관련된 농민의 경험—오래된 전통적인 경험과 비교적 최근의 영농 경험 모두를 포괄하여—을 총결하고자 했다. 그들은 더 나아가 과거 역사적 선례에 관한 통찰을 얻기 위해 왕조 시기의 농업 관련 고문헌들을 조사했다.[21] 1965년작 《농업 격언 속의 과학적 합리성》은 "부자가 되고 싶다면, 작물을 다양하게 기르라"라는 속담을 필두로 간작법을 소개한다. 여기서도 책의 편자들은 의무적으로 속담이 드러내는 지주 계급의 공격적인 성격을 지적하지만, 다양한 작물을 함께 다루는 일이 과학적으로도 가치가 있음을 피력한다.[22] 간작에 대한 관심은 문화대혁명 기간 동안 지속되었고, 1970년대 외국인 방문객들에게 소개한 사회주의 중국 농업의 핵심 요소가 되었다.❖[23]

내가 친저우欽州와 광시 서부에서 인터뷰한 마오 시기 농업 추광 담당자들은 매년 광둥 차오산潮汕 지역의 노농들을 초청하여 "과학적 영농"에 기여한 그들의 전문지식을 배우려 했던 일을 회상했다.[24] 차오산은 마오가 1957년에 쓴 〈혁명의 선봉대가 되어라〉라는 글에서 높이 평가했던 '정경세작精耕細作'이라는 재배 스타일로 일약 유명해진 곳이었다.[25] 1965년 《런민일보》는 차오산에서 온 노농들 1만 2,000여 명이 광둥 전역에 있는 인민공사에 초대되어 징징세작을 현지 조건에 적합하도록 조율하여 '차오산식 양판전'을 만드는 작업

❖ 녹색혁명의 "아버지"인 노먼 볼로그는 1977년 중국 방문 일정 중 어느 날 근대화된 농업 시스템에서 간작이 어떻게 통용될 수 있는지 새벽 2시 30분까지 잠을 자지 않고 고민했다.

을 맡았다고 보도했다.²⁶ 또 한 명의 인터뷰이는 문화대혁명 당시 하방된 도시 출신 청년이었다. 그녀도 차오산 출신의 노농들을 만난 적이 있었다. 그들은 손발을 모두 사용하는 잡초 제거 기술을 홍보하고 있었다. 양쪽 손발을 계속 사용하는 것인데, 그들은 먼저 발을 사용해서 진흙을 풀어 주고, 손을 사용해서 잡초를 뽑는다. 이는 고된 노동이었지만 수확량을 무畝당 100톤에서 200톤까지 보장해 주었다(에이커 당 600~1,200파운드 정도).²⁷ 또한 차오산 농민들은 황야오샹黃耀祥과 같은 과학자들에게 식물 생장이 억제되어 고꾸라지는 문제—예를 들어 벼가 넘어지는—를 방지하기 위해 독특한 경작법과 수정법을 활용하는 방식을 가르쳐 줌으로써 쌀 육종을 혁신하는 데 핵심적인 영감을 주기도 했다. 이를 계기로 황야오샹은 반왜성semi-dmart 쌀 품종 육종에 매진했다.²⁸ 오늘날에도 차오산의 지속가능한 영농법을 기념하는 작업은 계속되고 있다. 초점은 '정경세작'을 가능케 했던 풍부한 문화적 전통과 씨족 조직에 맞춰져 있다.²⁹ 그러나 1965년 《런민일보》는 섣불리 전통문화의 요소를 강조하는 대신, 파종, 이식, 수정, 관개 등의 실행을 통합하는 "상대적으로 완결된 경험들의 누적"에 더 주목했다.³⁰

《런민일보》 같은 국가 이데올로기 생산자들은 농민들이 지식의 전통적인 요소를 통해 과학적 영농에 기여할 것이라는 인식을 다소 불편하게 여겼다. 이러한 불편함을 느낀 이들은 그들뿐만이 아니었다. 1974년 미국 식물학계 대표단과 함께 중국을 방문한 중국사학자 필립 큔은 농민들이 "공식화되고 신성시된 농촌 구전지식"에 대한 믿음에서 벗어나지 못하고 있다는 사실에 안도감을 표했다.³¹ 농촌으로 파견된 농업기술원들에게 전통지식의 후진성은 훨씬 더 즉각적이고 피부에 와 닿는 문제였다. 게다가 오늘날 수행되는 인터뷰들 또한 매우 제한적인 의미에서만 노농의 풍부한 경험과 박식함이 찬양되었다는 점을, 정부 측 인사들과 심지어 농민들 스스로도 정작 노농의 경험에 대해 훨씬 더 부정적인 인식을 갖고 있었음을 분명하게 보여 준다. 마오 시대의 농업기술원들이나 간부들과 인터뷰할 때 나는 언제나 노농의 참여에 관해 질문했다. 그들 대부분은 노농들이 과학적 영농에 관여했을 가능성을 무시했고, 농민들에게는 과학의 방식을 쓸모 있게 따라가는 데 필요한 문화적—즉 교육—소양이 부재했다는 점을 강조했다. 그러나 계속해서 물어보면, 일부 사람들은 노농들이 과학적 영농에 기여했던 한두 가지 세부적인 분야를 거론하기도 했다.

예를 들어 전직 생산대 대장이었던 한 인물은 다음과 같이 말했다. "우리 대부분은 현지의 토착(토) 수의사들을 그리 신용하지 않았어요." 그는 그러면서도 말이 수천 년 동안 해당 지역에서 교통수단으로 사용되었기 때문에, 말 치료라는 이 한 가지 영역에 대해서만큼은 현지 수의사들이 믿을 만하다는 데 동의했다. 그렇지 않았다면 "서구 수의사들만 일하고, 현지 수의사들은 일거리를 찾지 못했을 것"이라는 것이다. 동일한 인터뷰이는 다른 인터뷰 때, 노농도 삼결합 소조에 참여했던 것으로 추정되는 상황에 대해 회고해 달라는 요청을 받자 다음과 같이 말했다. "대부분이 젊은 농민들이었습니다. 노농들은 보통 참여하지 않았어요.……매년 생산 계획을 짤 때, 우리는 우리와 생산 임무를 함께 수행할 수많은 노농들이 필요했습니다. 그러나 농약과 화학비료를 살포할 때, 노농들은 이러한 선진적인 기술에 관여하지 않았습니다.……다만 생산 계획을 세울 때 노농들은 정해진 획지에 어떻게 심고, 어떤 지역에 물이 많고, 어디가 건조하며, 어떤 품종이 건조한 땅에 더 적합한지 따위를 잘 알고 있었기 때문에 중요한 역할을 맡았습니다. 당시에는 노농들의 역할이 상당히 컸죠. 그러나 노농들은 농업 과학 소조에는 참여하지 않았습니다."[32]

나는 광시 북서부의 다른 지역에서 마오 시기 농업 추광 전문가 7명을 대상으로 집단 인터뷰를 진행했다. 내가 그들에게 현지 농민들이 과학적 영농에 기여할 수 있는 어떤 전통적 지식을 갖고 있었는지, 이 지역에 어떤 토 전문가—즉 그들의 전문지식을 인정받은 농민—가 있었는지 등을 물었을 때, 그들은 "이 근처에는 없었다"고 대답했다. 그들은 더 개발된 지역에서는—구체적으로 광둥 차오산을 언급했다—노농들이 가치 있는 지식을 가지고 있었을 수도 있다는 점에 동의했으나, "후진적" 지역—특히 소수민족 인구가 많은 광시 북서부 같은 지역—에서는 그렇지 않았다고 했다. 나는 광시를 답사하는 과정에서 이와 비슷한 생각을 피력하는 사람들을 여러 차례 만났다. 종합적으로 볼 때, 이러한 언사들은 인터뷰이들이 왜 그토록 농민들이 과학적 영농 운동에 기여한 바를 확인하는 것을 어려워하는지 설명하는 데 실마리를 제공한다. 지식과 기술은 그 정의에서부터 전통적인 것과 농민적인 것의 안티테제로서 이해되었던 것이다(현재에도 여전히 그러하다). 농민들, 특히 소수민족의 농민들은 "낙후"되었다고 여겨졌다(현재에도 여전히 그러하다). "가장 비천한 자가 가장 총명하다"라는 메시지를 담은 마오 시대 프로파간다의 보편성과 신랄함은 도리어 그 반대의 생각—비천한 농민 같은 이들이 가장 낙후하고 무식하다—이 얼마나 만연해 있었는지를 방증하는 증거로서 다루어져야만 하는 것이다.

다른 한편, 나는 동료 학자 차오싱수이曹幸穂와 어느 촌락의 식당에서 저녁을 먹고 있었다. 그때 차오싱수이가 부엌 건물의 한쪽 지붕에 매달린 엉켜 있는 가시덤불을 가리켰다. 그는 식당 주인에게 가시덤불에 대해 물었고, 그 식물이 쥐를 쫓는 역할을 한다는 사실을 듣게 되었다. 차오싱수이는 조교에게 그 덤불의 사진을 찍으라고 했고, 이를 베이징에 있는 국립농업박물관에 전시해야 한다고 제안했다. 그는 쥐를 잡자고 독약을 사용하는 것은 비인도주의적이기 때문에 가시덤불을 활용하는 것이 더 낫다고 생각한 것이다. 이 일화는 직접적인 질문을 하지 않고도 현지 지식을 긍정할 수 있는 방법을 보여 준다. 농민지식에 대한 직접적인 질문은 인터뷰이들이 무의식적으로 갖고 있는 그 낙후성에 대한 생각을 자동적으로 촉발시키는 경향이 있다. 이는 주류 관점이 강하게 깔린 주제들을 인터뷰할 때 흔히 발생하는 현상이다.

그러나 그렇다면 국가가 청년들로 하여금 노농에게서 수집하도록 장려한 전통적인 농업 격언은 도대체 무엇이었나? 차오싱수이는 과거 그러한 격언이 대단히 중시되었으며 자기 자신도 직접 격언 수집 활동에 참여한 적이 있다고 회고했다. 그러나 그는 그것이 농업 과학 소조가 아니라 농업 격언집을 만드는 문화조文化組의 일이었다는 점을 강조한다.[33] 농업 과학 소조 구성원들은 날씨를 비롯해 작물을 언제 심을지 같은 여러 중요한 정보를 노농들이 아닌, 인민공사 농업참農業站에 소속된 기술원들로부터 얻었다. 문화조 구성원들은 공연을 하고, 농민들에게 글을 읽는 법을 가르치고, 역사적으로 축적된 농민문화를 문서화하기 위해 여러 속담들을 수집했다. 내가 광시 동부에서 만난 한 8세 소녀의 말에 따르면, 오늘날에는 일기 예보와 관련된 농업 격언들을 과학이나 자연 수업이 아닌 문과 수업에서 배운다고 한다.

국가가 농민문화를 긍정하기 위해 기울이는 노력이 오직 문화대혁명 시기 때처럼 농업 격언을 문화조의 일로 배당하거나 근래에 그러하듯 인문 강좌에 포함하는 데에만 국한된다면, 이러한 시도는 농민들이 낙후되어 있으며 지식이 부족하거나 능력이 의심된다는 더 강력한 신념에 파묻히고 말 것이다.[34] 마오 시기 농민들이 스스로를 "경험이 많은 사람"과 "낙후한 사람" 가운데 어느 쪽에 더 가깝게 인식했는지는 알기 어렵지만, 놀랍게도 오늘날의 농민들은 대부분 자신들이 과학과 근대화에 필수적인 문화가 부족하다는 사실을 인정하고 있었다. 한 전직 생산대 지도자는 정부가 관개용 물펌프를 설치했을 당시의 일을 말해 주었다. 처음에 그와 다른 농민들은 이 일에 큰 관심이 없었다. 그들은 그 펌프를 어떻게 사용하는지 몰랐고, 차라리 정부가 "그것을 다시 가져가 다른 사람들에게 주는 것이 더 낫겠다"고 생각하기까지 했다. 한 농업기술원이 방문하여 물펌프를 어떻게 사용하는지 보여 준 후에야 그들은 이 도구가 기존에 사용해 왔던 물레방아보다 더 효율적이라는 사실을 깨달았다고 한다.[35] 그의 아내 또한 농민들이 농업 전문가들로부터 얼마나 많은 도움을 필요로 했는지 거들었다. 그녀가 말하길, 과거에 농민들은 독학으로 천천히 무언가를 알아 가는 방식으로 살아갈 수밖에 없었다. 해방 이전에는 오직 부농과 중농만 학교를 다닐 수 있었기 때문에 자신들 같은 빈농들은 교육을 받을 수 없었다는 것이다. 농업 전문가들은 꼭 필요한 지식만을 농민들에게 알려 주었다. 이는 오늘날 중국 농촌에 있는 흔한 종류의 농민과 전문가 사이의 관계 맺음 방식으로, 낙후성과 개발 중심의 서사가 얼마나 널리 받아들여졌고 얼마나 강력했는지를 보여 주는 증거다. 오늘날 전 세계적으로 농민들의 '선주민 지식indigenous knowledge'을 긍정하는 움직임이 두루 확산되고 있다. 그러나 내가 2012년 광시에서 만났던 사람들에게는 이러한 흐름이 느껴지지 않았다. 그럼에도 불구하고, 〈에필로그〉에서 설명할 것처럼, 농민의 선주민 지식을 긍정하는 세계적인 운동들은 광시 내 다른 사회집단에는 깊은 영향력을 끼치고 있다.

"농업 과학을 장악한 농민들"

농민이 가진 전통적 농업지식에 국가가 관심을 가졌음을 보여 주는 사례를 찾는 데는 약간의 노력이 필요하다. 반면 젊든 연로했든 농민들이 새로운 기술을 배움으로써 농업 과학에 기여하는 내용이 담긴 선전물은 어렵지 않게 찾을 수 있다. 1975년 화룽현의 공산당 지도자들은 자신들의 전체적인 입장을 잘 요약했다. 그들은 "농민들이 어련히 농사짓는 법을 잘 알 것이기에 간부들은 그저 약간의 관심만 가져주면 된다"라고 넘겨짚는 것이 위험한 생각이라고 경고했다. 이는 농업에 대한 당의 지도력과 선진기술 추광이 느슨해지는 것에 경각심을 드러내는 것이었다. 당의 적극적인 개입이 필요함을 보여 주는 사례가 바로 화룽의 "4단계 네트워크"였다. 이러한 방법을 통해 볏모 재배의 전통적인 관행을 뒤집었으며, 이 지역에 새싹이 썩는 것을 더 효과적으로 방지할 수 있는 신기술 도입이 가능했다.[36]

이처럼 과학에 대한 농민의 공헌을 찬양해야 한다는 정치적 의무가 곧 전통적인 농법들을 용인한다거나 농민의 영농 활동에 대해 자유방임적 태도를 취함을 의미하지는 않았다. 오히려 그것은 적극적으로 농민들을 '농민기술원', '농민 육종가', 그리고 여타 종류의 "새로운 농민"으로 길러 내야 함을 의미했다. 이를 위해 농민들로 하여금 '사회주의 신농촌'을 건설하기 위해 필요한 과학지식을 갖추게 할 필요가 있었다. 이 과정은 교육, 신기술 추광, 과학 실험 소조 참여, 그리고 드문 경우이지만 과학자들과의 교류를 통해 이루어졌다. 이러한 활동들을 통해 농민들은 신기술을 학습할 뿐만 아니라, 보다 일반적으로 농업 근대화와 과학 소양 학습으로 이어지리라 기대되었다(《그림 18》).[37] 이 과정에서 과거의 옛 지식 중 일부는 확실히 다음 세대로 전수되지 못한 채 소실되거나 아예 기각되어야 할 것으로 비하되었다.

심지어 포퓰리즘이 최고조에 달했던 대약진 시기에도 농업 과학에 대한 농민의 기여는 조상으로부터 대대로 배워 온 전통적인 농민지식 덕분이라는 맥락보다는 특정 농민이 새로운 과학지식으로 무장하여 새롭게 과학적 혁신을 이룩하는 데 성공했다는 맥락에서 논의되는 경우가 훨씬 더 많았다. 1958년 《노동자·농민 혁신가들의 짧은 전기: 토착 전문가 대 외국 전문가》라는 제목의 편집서에는 푸저룽의 가르침을 받은 흰개미 전문가 리스메이에 관한 글들과 더불어 새로운 도구를 개발한 노동자들과 농민들, '쥐잡기 전문가'로 불린 어느 공장 노동자(5장에서 '쥐왕Rat King'이라는 별명을 가졌던 또 다른 전문가를 만나게 될 것이다), 실험을 통해 여러 독창적인 비료를 만들어 사용한 "새로운 농민의 새로운 방식"에 관한 글들이 수록되었다.[38]

푸젠성의 한 인민공사에서 전개된 군중 농업 과학 활동을 다룬 1966

〈그림18〉
Wang Tianjie, "Kexue Zhongtian". 종이에 잉크로 그린 회화, 1961. 그림 아래 표시는 베이징 예원에서 제작한 작품임을 나타낸다. 노농—수염과 두건을 통해 식별 가능—이 현미경을 들여다보고 있다. 한 젊은 여성은 메모를 하고 있고, 한 청년은 옆에서 이를 지켜보고 있다.

년《런민일보》의 기사는 "바야흐로 농민들이 의식적으로 농업 과학을 장악하는 시대가 시작되었다"고 발표했다. 이 기사에 따르면, 1962년 봄 이 인민공사의 노농 자문위원회 위원 장샹자오張祥扯가 한 현급 농업 회의에 참석하여 어느 농민 육종가로부터 신품종 왜성 벼 종자를 하나 얻었다. 이 신종자는 해당 인민공사에서 일반적으로 파종했던 쌀 종자보다 훨씬 더 풍작을 거두었다. 인민공사는 노농들을 골간으로 삼아 과학 실험 활동에 참여시키기 시작했고, 장샹자오는 이제 '노농 자문'이 아닌 '농민 육종가'로 거듭났다.

 노농들이 점점 더 과학 실험 활동에 참여하게 되면서 그들의 태도 또한 큰 변화를 겪었다고 한다. 기사에 따르면, 과거에 노농들은 과학을 신비로운 것으로 간주했다. 그들은 기술 간부들을 바라보며 "저들은 양(외국의 현대 과학지식을 가진 자)이고, 우리는 토(토착적이고 중국 전통적인 지식만을 가진 자)입니다"라고 생각했다고 한다. 그러나 1965년에 이르러 노농들은 기술 간부들과 함께 새로운 농업 연구 소조에 가입했다. "과거에 노농들은 오직 오랜 옛 경험만을 논의했지만, 현재……그들은 새로운 것들에 대해서도 이야기할 수 있다. 이로써 과연 농민도 과학을 수행할 수 있는가라는 문제에 대한 우리의 이해는 더욱 명확해졌다."[39] 이와 유사하게 1965년 베이징에서 개최된 한 회의 보고서 또한 다음과 같이 주장했다. "다수의 노농들이 과학 실험 활동에 참여함으로써 지식의 폭을 넓혀 가고 있다." 육종이나 해충방제 등의 영역에서도 전문가가 될 만큼 충분한 과학지식을 축적한 농민들은 '농민 겸 과학자'나 '문무에 모두 능한 기술원'이라는 영예로운 호칭을 획득했다.[40]

 과학 실험 운동을 다룬 문건들은 공식적인 교육 프로그램들을 빈번하게 언급하고 있다. 이러한 교육 과정들은 농민들에게 기층 과학 추광 및 실험 업무에 유의미하게 참여할 수 있을 정도의 농업 과학지식을 제공하려는 목적으로 개설되었다. 문화대혁명 기간 동안 농민이 기술 훈련을 받을 수 있는 기회는 지속적으로 늘어났다. 여기에는 청년 농민들을 위한 지방 농학교(위안룽핑이 근무했던 기관과 같은), 지방 야학과 농한기에 조직된 단기 훈련반, 그리고 더 임시변통에 가까운 내용들을 교육하는 기술 지도 네트워크 등이 포함되었다.[41] 친저우 농업국 국장까지 승진했던 한 농업 전문가의 증언에 따르면, 문화대혁명 기간 동안 농민들은 농업참農業站으로 파견되어 신기술을 배웠다. 학습 기간 동안 숙식 일체는 모두 무료였다. 농민 중 일부는 대단히 성공적으로 기술을 익혀 수차례 승진한 끝에 간부가 되기도 했다고 한다.[42] 친저우의 또 다른 농업 전문가도 이러한 사실을 다음과 같은 말로 뒷받침했다. "우리는 현지의 농민기술원을 선발하여 다른 농민들을 잘 지도할 수 있도록 투자했던 것입니다. 그들은 우리보다 실용적인 경험을 더 많이 갖고 있었고, 우리는 이론에 더 밝았죠."[43]

문화대혁명 당시에 생산된 문헌들은 오늘날 인터뷰이들이 기억하는 것에 비해 급진적 계급 정치라는 요소를 더 잘 드러낸다. 예를 들어 1975년도의 한 문건은 1964년부터 시작된 농업 과학 활동의 역사를 추적한다. 이 사례 속 생산대대 당 서기는 '다자이 정신'을 갖고 있는 인물로 묘사되며, 이에 그는 1964년 농업 전문 중학교를 설립했다.[44] 그러나 류샤오치와 린뱌오의 영향으로 인해 해당 학교는 빈하중농 군중이 아닌 자본주의 지식인들에 의해 통제되었다고 한다. 학교는 "새로운 신발을 신고도 계속 옛길을 갔으며, 교실에만 갇힌 지리멸렬한 교육을 답습했다. 칠판 위에 면화를 그림으로 그려 심고 기계를 무대 위에서 작동시켰다. 이에 학생들은 정작 시험전에 나가 잘 자란 가지와 길고 가늘게 자란 가지의 차이나 일곱 반점 무당벌레—해충의 '천적'으로 익충이다—와 '방구벌레'—악취 벌레의 속어로 해충이다—의 차이를 분간하지 못했다." 따라서 1966년에 보다 급진적인 사고를 가진 현지 인민들이 학교를 개혁하기에 이르렀다. 학교는 이제 세 종류의 교실—사회, 현장, 실내—에서 세 가지 방법—이론과 실천의 통합, 과유불급, 민주적 교습—을 이용해 정치, 문화, 기술, 군사, 노동 관련 교과를 제공했다. 이렇게 해서 이후 중국 전역에서 농업 과학 실험 운동의 중추 역할을 하게 되는 1,700여 명의 졸업생을 배출했다고 한다.[45] 이러한 기록들은 문화대혁명이 기술적 지식보다 정치에, 이론보다 실천에 더 방점을 두었음을 방증한다.

  이로부터 한 걸음 더 나아가 때때로 농민들은 실천을 수단으로 하여 더 일반적인 과학의 패턴을 이해해 보라는 독려를 받았다. 면화 재배를 장려하면서 거기에 특히 여성의 참여를 권장하려는 국가의 집중적인 노력에 발맞춰, 일군의 산시성陝西省 소녀들이 면화 생산에 초점을 맞춘 실험 소조를 결성했다.[46] 이들의 업적에 대한 1966년도 보고서는 다음과 같이 설명한다. "처음에 우리는 우리가 면화 기술의 전문가가 될 수 있으리라고, 나아가 면화의 생장 패턴을 조사하고 파악할 수 있을 수 있으리라고 믿지 않았습니다. 이러한 일은 과학기술 인사들의 일이라고 생각했습니다. 우리는 그저 심고, 관리하고, 수확하는 정도로 괜찮겠거니 생각했어요. 우리가 혁신을 이룩할 수 있으리라고는 추호도 생각지 못했습니다. 그러나 마오 주석의 글을 공부했을 때, 우리의 사상이 각성되었습니다. 우리는 그저 실천을 통해 학습하면 충분하다는 점을 깨달았습니다. 온 마음을 다해 군중에게 가르침을 받으면서 우리는 기술에 능숙해졌을 뿐만 아니라, 면화의 생장 패턴에 대해서도 정통할 수 있게 되었습니다."[47]

몇몇 농민들은 과학자들과 긴밀하게 교류할 수 있는 기회를 통해 크게 덕을 보았다. 이러한 상호작용으로 어떤 경우에는 농민이 전문적인 과학 활동에 직접적으로 참여하거나, 심지어 아예 농민이 과학자로 성장하는 일까지 생겼다. 나는 2장에서 농민 집안 출신으로 독학하여 흰개미 전문가가 된 리스메이의 사례를 다루었다. 리스메이는 대약진 시기 포퓰리즘의 물결 속에서 푸저룽의 후원을 받아 중산대학의 교수가 될 수 있었다. 리스메이는 농민도 과학에 유의미한 기여를 만들어 낼 역량이 있다는 점을 보여 준 수많은 '토착 전문가'들 중 한 명일 따름이었다. 퇴비 처리, 육종, 쥐잡기에 이르기까지 '팔자헌법'의 모든 요소는 결국 모범 농민의 지적 능력의 범위 내에서 충분히 장악될 수 있는 것들로 간주되었다.

일찍이 농업 과학에 기여한 것으로 유명세를 얻은 농민으로 천용캉陳永康을 꼽을 수 있다. 1907년에 태어난 천용캉은 혁명이 일어났을 때 이미 중년의 나이였다. 1951년 그는 이미 쌀 풍작을 성공적으로 이루며 전국적으로 인지도를 얻었다. 언론에서는 이런 성과가 가능했던 이유로 그가 밀식plant density의 정도와 관개를 세심하게 관리했고, 질소를 고정시키는 식물인 자운영과 퇴비를 비료로 사용했으며, 그가 이웃의 땅에서 주운 개체 식물로부터 해마다 가장 좋은 종자를 골라 내려 노력했다는 점을 들었다.[48] 1955년작 영화 〈묘목 재배〉는 농촌의 관객들—오락성이 있고 유용한 정보가 있는 매체를 접하기를 열망하는—에게 천용캉의 "선진 경험"을 소개했다.[49]

1958년 그는 '삼흑삼황'('삼황삼흑'으로 변주되기도 함)이라 불리는 새로운 작법을 전국 규모 쌀 증산 회의에서 발표했다. 이는 단순 기술이 아니라 벼의 생장주기를 면밀히 관찰하여 얻은 실마리를 바탕으로 적절한 관리법을 도출해 낸 것이었다. 천용캉은 벼가 성장하는 과정에서 명확히 구분되는 몇몇 단계를 거친다는 점을 발견했다. 그에 따르면, 농민들이 우선 이러한 변화를 파악하기만 하면 그저 적절한 시기에 적절하게 비료와 물을 잘 공급해 주어 수확량을 극대화할 수 있었다. 이후 천용캉은 중국과학원 장쑤 분원의 특별 연구원 지위에 올랐고, 몇 권의 저서를 썼다. 더 나아가 1964년 아시아, 아프리카, 라틴아메리카, 오세아니아 여러 나라의 대표들이 참석하는 과학 학회가 베이징에서 열렸을 때, 1976년 국제미작연구소가 중국을 방문했을 때, 천용캉의 연구는 해외로도 알려지게 되었다.[50]

1963년 기념비적인 전국 농업 과학기술 공작 회의가 개최된 후, 《런민일보》는 천용캉과의 만남으로부터 영감을 받은 과학자들에 대한 기사를 실었다. 예를 들어, 토양학자이자 쓰촨 농민들 사이에서 '진흙의사'로 알려진 천위핑陳禹平은 농촌으로 내려가 농민 출신 토양 전문가 리스푸李駟富가 그의 생각들을 과학 논문의 형식으로 집필할 수 있도록 지원했다. 이듬해 쓰촨 토양학회 연례학회에서 천위핑은 더 많은 농민들이 이 분야의 전문가가 될 수 있도록 격려했다.[51]

더 늦은 시기의 '토착 전문가'로는 리전성李貞生의 사례를 들 수 있다. 그는 지린성 출신 조선족 농민으로 "촌놈大老粗"도 과학에 통달할 수 있음을 증명함으로써 유명해졌다. 리전성은 옥수수와 쌀을 잡종화하는 데 성공했는데, 1975년 일련의 언론 보도를 통해 주목을 받으며 명성을 얻었다. 리전성은 당대의 스타였다. 마침 1975년은 문화대혁명의 급진적 옹호자들이 저우언라이나 덩샤오핑과 같은 기술관료주의 성향의 당 지도자들을 겨냥한 공세에 열을 올리고 있을 때였다. 리전성의 일화는 군중으로부터 과학을 훔쳐 빼앗아 가려는 '우파'와 '주자파'를 경계해야 한다는 점을 시사하는 여러 사례 가운데 하나였던 것이다. 리전성은 겨우 3년의 정규 교육만을 받은 농민이었다. 따라서 그의 업적은 농업 과학에서 책으로 배우는 학습이 훌륭한 전통 영농 경험보다 덜 중요하다는 점을 증명해 주는 것이었다.[52] 그의 연구 결과는 《중국 유전학 잡지Chinese Journal of Genetics》에 〈마오쩌둥 사상은 나의 옥수수-벼 재배의 관건이었다〉라는 제목의 정식 논문으로 게재되었다.[53]

물론 이러한 사례들은 매우 드물었다. 리전성의 경우도 그의 '발명'의 정당성을 둘러싸고 심각한 의구심이 들게 한다. 그렇다면 더 중요한 것은 과학 실험 운동이 과학 실험 소조나 다른 조직들—농민들이 신기술이나 심지어 기초과학 방법론을 학습할 수 있었던 곳들로, 예를 들어 23명의 '촌놈'들이 현지 환경에 더 적합하고 질병 면역력이 높은 고구마를 육종하는 데 성공한 산시성山西省 닝우현寧武縣 우량 품종 육종 농장을 들 수 있다—에 참여한 수많은 농촌 주민들에게 끼친 영향력이라고 할 수 있다.[54] 3장에서 논의한 것처럼, 교잡벼 프로그램이 초기에 어느 정도 성공을 거둔 이후 곧이어 수많은 농민들에게 매우 신속하게 종자 생산에 관한 교육을 진행할 필요가 있었다. 오늘날 농민들은 교잡벼 종자 생산법을 학습하기 까다로운 복잡한 기술로 기억한다. 때때로 과학 실험 소조의 젊은 회원을 선발하여 심화 훈련을 위해 하이난으로 파견하기도 했다. 파견 회원은 훈련을 마친 후 촌락으로 귀환하여 교잡벼 관련 업무를 이끌었다. 가장 큰 어려움은 수식물과 암식물을 분리하여 따로 돌보되 동시에 꽃을 피우게끔 발달 시기를 맞춤으로써 잡종화를 가능케 하는 절차에서 비롯되었다.

과학 실험 소조에 참여하는 농민들의 숫자는 광대한 중국 농민 인구의 고작 몇 퍼센트에 불과했다. 이에 몇몇 선전물들은 실험 소조가 인민공사의 다른 구성원들을 교육시키고 끌어들여야 한다는 점을 강조한다. 1966년 허난성 양춘현에서 보고한 바와 같이, "과학 실험 소조의 지도 아래 모든 인민공사 구성원이 약간의 과학지식을 이해하게 됨으로써 그들은 단순히 농사일만 수행하는 데 그치지 않고, 관찰을 거쳐 작물의 생장과 관련된 특이사항이나 병충해의 발생을 과학 실험 소조에 보고한다."[55] 이런 점에서 과학 실험 운동의 이상적인 목표는 모든 농민들을 참여시켜 전 인구를 새로운 사회주의 사회에 걸맞은 과학적으로 유능한 구성원으로 변화시키는 것에 다름 아니었다.

기술 변혁의 모호함: 오래된 기술인가, 새로운 기술인가

전통지식과 선진지식의 관계는 정치적 레토릭에서 거론되는 것보다 훨씬 더 모호했다. 천용캉의 '삼흑삼황' 이론은 사실 여러 지역에서 통용되던 상식적인 지식이었다. 물론 지역마다 조금씩 차이가 있었고 불리는 이름도 달랐지만 말이다.⁵⁶ 이런 상황에서 한 명의 농민을 콕 집어 혁신가로 찬양하고 그 지식을 체계화하고 과학이라고 규정하는 결정은 지식에 대한 매우 특수한 태도를 반영하는 것이었다. 만약 정치적 맥락이 달랐다면 '삼흑삼황'이 필립 큔이 말한 "공식화되고 신성시된 농촌 구전 지식" 정도로 정의될 수도 있었을 것이다. 다만 이러한 정의는 '전통'을, 다시 말해 좋지 못한 옛 봉건 시대의 문화적 구조를 지나치게 강조하는 것일 수 있다. 대신 큔이 "평범한 농민의 타고난 창의성"이라고 표현했던 것에 초점을 맞춘다면 '전통'을 본질화하는 위험을 피하면서 계급에 기반한 위치의 인식론이 드러나게 할 수 있었다.⁵⁷

오래된 지혜가 전면에 부각된 가장 분명한 영역은 바로 시비施肥였다. 다만 다른 어느 작업에 비해 옛것과 새로운 것의 경계가 대단히 모호했다. 한편으로, 중국은 신속하게 화학비료 공장들을 지어 이 기술을 널리 퍼뜨리고자 했다. 당안 사료뿐만 아니라 전직 간부, 농업 추광 책임자, 하향 청년들과의 구술 인터뷰 자료는 모두 화학비료 사용법을 농민들에게 교육시키기 위해 막대한 노력이 경주되었음을 증거한다. 저마다 하나씩 농민들이 화학물질을 제대로 다루지 못해 발생했던 일화들—때로는 우습고 때로는 섬뜩한—을 알고 있는 듯했다. 예를 들어 한 농업기술원은 내게 다음과 같이 말했다. "농민들은 화학비료를 전혀 이해하지 못했어요. 그들은 암모니아를 소에게 먹이기도 했습니다. 비료가 식물을 빠르게 키워 주듯 소도 빠르게 키워 줄 것이라 생각했던 것입니다. 소는 다 죽었죠. 중국의 농민들이 다 이렇습니다. 또 암모니아 저장고가 있었어요. 농민들은 누가 그곳을 지키고 있지 않자 암모니아를 몰래 훔쳐다 야채를 끓이는 데 넣었습니다. 소금인 줄 알았던 거예요."⁵⁸ 농업 전문가들은 화학비료 시비 작업을 대부분의 노농들이 감당할 수 없는 선진기술이라고 보았다. 차오싱수이도 내게 다음과 같이 말한 적이 있다. "정부로부터 배급받은 소량의 화학비료를 잘 관리하고 사용하는 것은 농업 과학 소조의 책임이었습니다. 잘못 사용하면 부작용이 있을 수 있었기 때문이지요. 또 적절한 시점에 잘 쓰지 못하면 오히려 생산량이 줄 수 있었어요. 이는 대단히 복잡한 과학의 문제였던 것이죠."[59]

다른 한편으로, 국가는 화학비료 사용을 확대하려는 노력과 병행하여 명백하게 유기비료를 장려하는 데에도 열을 올렸다. 대약진 기간 동안 마오는 유기비료, 특히 돼지 분뇨를 매우 강력하게 옹호했다. 여기에는 몇 가지 이유가 있었다. 화학비료의 심각한 부작용, 양돈을 발전시키는 데서 오는 여러 다른 경제적이고 영양학적인 이득, 그리고 그가 기본적으로 화학화보다는 기계화―기계화는 대규모 농업 집체화 운동과 훨씬 더 긴밀히 연결될 수 있었다―를 선호했다는 점 등이다.[60] 결과적으로 "농민의 비료―즉 유기비료―를 주력으로, 화학비료를 보조로 하자"라는 전국적인 국가 정책이 세워졌다. 이 정책은 문화대혁명 시기 내내 유지되었으며, 오늘날까지도 생태적으로 민감한 농업 관행의 시금석으로 남아 있다.[61] 예를 들어 1974년에 출간된 과학 실험 운동에 관한 자료집은 다자이의 경험을 "오직 화학비료에만 의존하는 잘못된 생각을 비판"하기 위한 사례로 거론했다. 이 문헌은 '농민 비료'의 이점으로 "토양의 구조를 개선하고, 죽은 땅을 소생시키며, 땅의 수분을 보존할 수 있는" 기능이 있다는 점, 작물의 영양분 흡수와 식물의 생장 촉진에 도움이 된다는 점, 비용은 낮고 이익은 크다는 점 등을 나열했다.[62]

'농민 비료'라는 용어의 사용은 국가가 퇴비 활용이 농민 소유의 지식이라는 점을 공인했음을 시사한다. 다만 이 점을 구체적으로 적시하는 근거를 찾기는 더 어렵다. 자료들—특히 1960년대 초의 자료들—이 산재되어 있는 탓이다. 예를 들어 1960년 푸젠의 농민들은 오랜 세월 경제적이면서도 과학적인 시비 체계를 발전시켜 왔다며 상찬되었다. 이 체계는 특히 땅은 넓지만 노동력이 부족한 지역에 적합했던 방식으로, "단단히 포장된 비료는 완벽함을 불러오며 헐거운 비료는 쉽게 소실된다"라는 옛 격언에 근거를 두었다.[63] 1961년 토양연구소의 한 과학자는 농업 증산 추진 시 비료에 더 많은 관심을 가질 필요가 있다는 과학 논문을 저술했다. "이러한 관점에서 중국 농민들은 오랜 세월 생산에 종사하며 경제적인 비료에 관해 극히 풍부한 경험을 축적해 왔다." 이 과학자는 농민 비료가 토양에 인산을 주입하는 데 효과적이라는 점을 보여 주는 실험 결과를 보고했다.[64] 1961년에 출간된 농화학에 관한 한 문헌에는 다음과 같은 대목이 있다. "오랜 세월 중국 농촌에는 농민의 비료를 수집하고 이용해 온 관습이 있다. 온갖 종류의 유기물을 충분히 이용하여 생물 순환에 참여함으로써 농업 생산을 제고하는 것이다. 이것이 중국 농업 생산의 가장 중요한 특징이다." 해당 문헌은 다음과 같이 이어진다. "중국에서 농민의 비료는 수천 년의 역사를 갖고 있다. 중국 농민들은 그에 대한 깊은 지식과 풍부한 경험을 갖고 있다."[65] 1964년 《저장 농업 과학》 지에 "우수한 전통 비료"인 수생양치식물 아졸라Azolla(綠萍)를 홍보하는 논문이 실렸다.[66] 1965년 《런민일보》 기사는 하얼빈의 한 농학교가 "선진 과학지식"과 "현지 전통 경험"을 결합하여 교학한 일을 높이 평가했는데, 화학비료와 "현지 농민의 비료"를 함께 활용한 일을 구체적인 사례로 강조했다.[67] 같은 해에 또 다른 기사는 송대宋代의 고문헌 《지력상신론地力常新論》을 찬양하는 듯 했다.[68] 문화대혁명 기간 대부분, 사람들은 시비와 관련된 관행을 논의하며 가급적 '전통'을 입에 담지 않으려 주의를 기울였다. 그러나 1975년 《런민일보》에 실린 다자이의 경험과 관련된 한 기사는 "'퇴비로 땅을 비옥하게 만드는 일'과 '지력을 되살리는 일'에 대한 중국 노동 인민의 뛰어난 전통"을 언급했다. 여기서 그들은 토양을 이용하면서도 동시에 비옥하게 만들 수 있다는 송대 고전의 서명을 빌려 왔던 것이다.[69]

비록 유기비료 기술의 "전통적"(또는 적어도 "오래된") 뿌리가 제법 인정되긴 했지만, 그것들은 '과학적 영농'의 맥락 안에서 국가가 의도적으로 추광해야 하는 신기술로 취급되는 경우가 더 많았다. 일부 유기비료 관련 기술들은 특정한 지역에서만 활용되어 왔기 때문에 이를 다른 지역 인민공사의 농민들에게 추광하려면 설득과 교육이 필요한 경우도 있었다. 다양한 '녹비綠肥'—일부 특수하게 생장하는 식물은 토양의 일부가 되어 질소 농도를 높여 줄 수 있다—의 홍보 사례는 이 점을 잘 보여 준다. 녹비 기술은 일찍이 그리스와 로마보다 더 이른 기원전 6세기 중국 고대 문헌에 처음 등장한다.[70] 1907년 중국을 방문했던 미국 농업과학자 킹F. H. King은 중국 농민들이 자운영을 재배하여 토양을 비옥하게 만들 줄 안다는 점을 확인하고 찬사를 보냈다. 그는 아시아 농업을 높이 평가한 영향력 있는 저서 《4,000년의 농민들*Formers of Forty Centuries*》에 이를 자세히 기록했다.[71] 그러나 녹비 기술은 이후 보편적으로 보급되지는 못했다. 마오 시기에 녹비 기술은 화학비료 기술과 마찬가지로 여러 지역의 많은 농민들에게 "추광"되어야 했던 것이다. 예를 들어 1965년 장치장江啓彰—광둥성의 한 과학 실험 소조의 구성원이었다—은 소속 인민공사의 농업 과학참에서 열린 회의에 참석했다. 장치장은 질소를 고정시키는 지피 작물인 자운영을 활용하는 법에 대해 인지한 후 이 기술을 다룬 경험이 있는 노농들에게 가르침을 구했다. 장치장은 과학 실험 소조가 자운영 종자를 구매하여 현지에서 이 기술을 실험해 봐야 한다고 주장했지만, 일부 인민공사의 구성원들은 이러한 녹비 기술의 효용에 의문을 품고 반대 의견을 제기했다. 이들은 차라리 그 돈을 화학비료 구매에 쓰는 게 낫다고 보았다. 장치장의 실험 소조는 결국 인민공사 구성원들을 교육시키고 설득한 끝에 일을 진행할 수 있었다고 한다.[72]

사료와 인터뷰 자료에는 마오 시기에 '과학적 영농'의 일환으로 추광된 다른 종류의 전통 기술들도 발견된다. 예를 들어 광시 친저우에서 진행한 집단 인터뷰 과정에서 인터뷰이들은 "논밭을 햇볕으로 말리는 [曬田]" 관행을 소개했다. 벼농사용 논에서 물을 빼내고 햇볕에 말려 따뜻하게 하는 방법은 일찍이 17세기부터 알려져 있었다. 오늘날 이러한 방식은 토양의 산소 농도를 증가시키고 쌀의 줄기를 튼튼하게 하여 쓰러지지 않게 하는 데 도움이 되는 것으로 확인되었다.[73] 광시의 한 궁벽한 지역 출신 농민도 유사하게 논밭을 햇볕으로 건조시키는 작업을 '과학적인' 실천으로 언급했다. 이 농민은 1965년 밀식 실험 도중 수확량이 줄었던 일을 거론하며, 당시 논을 햇볕에 말리는 작업의 중요성을 이해하지 못했기 때문에 그런 일이 벌어졌다고 비판했다.[74] 또한 친저우의 농업기술원들은 배수된 연못물에 퇴비를 섞은 혼합물을 햇볕에 말린 후 잘게 조각 내면 비료로 사용할 수 있는 기술을 강조했다.[75] 이는 어느 지역에서는 매우 오래된 관행이었을지 모르지만, 다른 어느 지역에서는 완전히 새로운 시도였다. 1976년 지린성에서 간행한 《농촌과학 실험》에는 고온 퇴비 처리에 대해 꽤 많은 글이 실렸다. 이 글들은 퇴비 제작을 전통지식의 하나로 찬양하지 않았다. 오히려 더 효과적인 비료를 생산하기 위해 더 나은 방법들이 필요하다는 점이 강조되었을 따름이다.

농업 추광을 통해 진작된 기술들의 성격이 모호했다는 점은 내가 전직 생산대 지도자와 해당 생산대 소속 청년과 진행했던 인터뷰에서 다시금 논의되었다. 나는 그들이 언제 "화학비료"를 사용하기 시작했는지 물었다. 그들은 우선 토 화학비료 혹은 "현지식" 화학비료[土化肥]를 활용했다고 대답했다. 화학비료를 구매하는 일에는 비용이 많이 들었다. 때문에 그들은 인근 석회 동굴에서 석회를 채굴하라는 지시를 받았다. "현지식 화학비료" 기술은 1960년대 중반 이후 추광되었다. 전직 생산대장이 말하길, "그때 당시……아무것도 모르는 우리를 이끌어 준 것은 추광참과 농업부에서 파견 온 기술원들이었습니다. 우리는 천천히 동굴 전체를 다 파냈습니다." 나는 당시 사람들이 그러한 작업이 너무 고되고 무의미한 일이라고 생각하지는 않았는지 물었다. 그는 "매우 힘들었죠"라고 대답했다. "또 우리는 석회를 태우려고 엄청난 양의 풀과 나무를 베어야만 했어요. 집 하나를 지을 정도의 양이었죠. 당시에는 상황이 너무 어려웠어요.……그때에도 화학비료를 살 수는 있었지만 우리에게는 너무 비쌌죠.……생산은 매우 낙후되어 있었고, 우리 농민들이 먹을 쌀도 부족했으니까요."[76] 이 사례를 통해 어떤 기술이 토 기술이었다고 해서 그것이 해당 지역의 오랜 관행에 뿌리를 두고 있었던 것은 아닐 수 있다는 점을 알 수 있다. 오히려 그러한 기술은 다른 신기술과 마찬가지로 외부에서 유입된 것일 때가 많았다. 인민들은 이러한 기술을 그리 달가워하지 않았다.[77]

그러나 어떤 기술들은 그것이 어느 지역에서 진작되었느냐와 무관하게 전혀 "새로운" 기술로 보이지 않았을 수도 있다. 예를 들어 돼지우리 밑에서 모은 퇴비를 활용하는 일은 전혀 새로운 것이 아니었다. 그러나 3·8농업 과학 소조(3월 8일 국제여성의 날을 기리며 여성(소녀)로만 구성된 농업 과학 소조)—서론에서 논의—가 돼지 퇴비를 이용한 일은 '과학적 영농'을 선도하는 작업으로 찬양받았다. 친저우에서 농업 전문가들과 조찬 모임을 가졌을 때, 나는 그들에게 어째서 분뇨나 퇴비를 사용하는 일이 마오 시대에 과학적 영농으로 간주되었는지 물었다. 그러한 방법들이 '전통적'인 것이었지만, 커다란 노력을 요하는 일이었기 때문에 사람들이 채용하기를 꺼려 했으며, 이런 이유로 정부가 추광 업무의 일환으로 그러한 방법들을 대대적으로 강조할 수밖에 없었다는 대답이 돌아왔다.[78] 마오 시대의 정치경제를 비판하는 논자들은 이런 식의 미온적 태도를 집체주의가 만들어 낸 인센티브 부재의 문제와 연관지으려 할 수도 있다. 즉 인민들은 자신의 가족에게 직접적인 이익이 돌아오지 않을 때 굳이 힘든 일을 하기를 꺼려했다는 것이다. 그러나 오늘날에도 한편으로는 많은 농민들이 화학비료에 비해 유기비료가 우월하다는 확신을 갖고 있지만, 다른 한편으로는 할 수만 있다면 유기비료를 활용한 작업을 최대한 기피하는 경향이 있다는 점이 확인된다.[79] 이는 다른 방식으로 인센티브 문제를 생각해 볼 수 있음을 시사한다. 때때로 사람들은 더 큰 노동을 투입하여 잉여 수확물을 얻거나 더 좋은 품질의 생산물을 확보하는 것보다 휴식을 더 중요하게 생각할 수도 있다. 그리고 바로 이러한 문화적 성향을 중국의 근대주의자들—급진파와 기술관료파를 막론하고—은 뿌리 뽑고자 했던 것이다.

농촌 공동체의 변혁

지금까지 살펴본 것처럼, 중국의 녹색혁명은 다른 나라의 사례와 매우 다른 양상을 보였다. 이러한 차이는 과학과 기술이 사회적·문화적 혁명과 결코 분리될 수 없다는 인식에서 연원했다. 과학 실험 소조는 농업 자체를 변혁하는 동시에 농촌 사회와 농촌문화를 적극적으로 변혁해야 했다. 실제로 이러한 일이 일어났다. 과학 실험 소조와 여타 기관들은 소녀와 여성들이 과학지식을 배워 농업의 권위자로 인정받을 수 있는 새로운 기회를 열었다. 동시에 농업 시장경제의 완고한 요소들을 일소하는 데 일정한 역할을 담당했다. 그러나 농촌 사회와 농촌문화에도 자체적인 힘이 있었다. 따라서 국가는 때때로 농촌 사회와 농촌문화에 역행하기보다는 그것과 더불어 일을 도모하는 것이 더 수월할 수 있다는 점을 깨달았다.

농촌 과학 실험 운동을 다룬 문헌에서는 계급투쟁 외에 젠더 관계를 변혁하는 일도 사회혁명의 가장 중요한 측면 중 하나로 다루어진다.[80] 더욱이 젠더에 대한 담론은 계급투쟁에 대한 담론보다 사회와 문화의 실제 패턴을 반영할 가능성이 더 높았다. 1960년대에 이르면 계급 범주는 당대의 진정한 권력 관계를 직접적으로 반영하지 않게 되었기 때문이다.

비록 과학적 영농에 앞서 계급 갈등을 논의하는 문건들이 많지만,

1960년경에 옛 지주 및 부농 계급이 진지하게 신기술의 도입을 방해함으로써 계급적 이익을 얻을 수 있었다고 믿기란 어렵다. 반면 과학 실험 소조나 그에 준하는 조직에 합류함으로써 새로운 농업 실천에 참여하기 시작한 소녀와 여성들이 종래의 젠더화된 노동 분업에 매몰된 일부 인민공사 구성원들의 거부감에 직면했다는 이야기는 대단히 있을 법한 일이었다. 물론 과학적 영농에 참여하는 여성에 대한 이야기는 국가의 프로파간다 방향과 매우 잘 부합했다. 이러한 여성들의 이야기는 사회혁명의 승리를 과시할 수 있는 계기가 되었을 뿐만 아니라, 더 많은 여성이 농업 노동—여성의 농업 노동은 집체 경제 운영에서 빼놓을 수 없었다—에 가담하도록 고무하는 데 일조했다.[81] 이러한 이야기들이 갖는 프로파간다적 쓰임새를 감안할 때, 우리는 그것들을 한층 더 비판적으로 분석해야 한다. 이러한 종류의 이야기에서 반복적으로 나타나는 특정한 패턴들, 특히 '보수적' 요소와 관련이 있는 성차별적인 언사들은 선전 전문가들의 엄격한 개입의 증거일 수 있다. 그러나 이러한 선전물들에 쏟아부은 국가의 막대한 노력은 역으로 여성들이 특정 형태의 영농 활동에 참여하는 일을 부정적으로 바라보는 성차별적 인식들이 매우 깊이 뿌리 박혀 있었음을 시사하며, 몇몇 일화들은 농촌에서 과학 실험 운동이 진실로 소녀와 여성들에게 새로운 길을 열어 주었음을 시사하기도 한다. 이는 그리 놀라운 일은 아닐 것이다. 매우 다른 역사적 시대 상황—예컨대 농민 반란—속에서 새로운 조직이 등장하여 여성이나 기존 권력 구조 내에서 주변화된 타지들에게 여러 기회를 제공했던 사례는 대단히 많기 때문이다.[82]

국가 간부들이 아무리 맹렬하게 농촌문화 속 성차별주의를 타파하려

했다 하더라도, 그들은 상당 부분 농촌 주민들에게 익숙한 조건에 맞춰 일을 진행해야 했다. 이 점은 '노농'이라는 문자에 담긴 개념을 통해서도 드러난다. 표면적으로 이 개념은 젠더 중립적이다. 그럼에도 실제로 이 단어는 남성들을 지칭한다. 여성들은 아마도 "여사님[老太太]"이라 불렸을 공산이 더 크다. 한편으로 이러한 용어상의 구별은 '노농'의 신분으로 과학 실험 소조에 참여하기 위한 사회적 자본을 갖고 있던 기성세대의 구성원들은 대부분 남성이었음을 암시한다. 또 다른 해석도 가능할 것이다. 연로한 남성이 연로한 여성에 비해 신기술에 저항할 수 있을 만큼 사회적으로 더 나은 지위에 있었기 때문에 국가는 주로 연로한 남성들을 과학 실험 소조로 포섭하고자 했을 수도 있다. 다른 한편으로 "여사님"이라는 용어를 의도적으로 사용했던 것은 연로한 여성들이 갖는 별도의 정치적 중요성을 반영한 것이었다. 과학적 영농에 참여하는 부녀자들의 존재는 과학과 전문지식을 둘러싼 계급차별적인 관점뿐만 아니라 성차별적인 편견을 전복하려는 국가의 노력을 돋보이게 하는 데 도움이 되었다.

 소녀와 여성들은 소녀와 여성들로만 특별하게 구성된 소조에 참여하는 경우도 많았다. 1965년 베이징시 교외 농촌 과학 실험 소조 적극분자 간담회에서 생산된 한 문서는 국가가 여성의 과학 실험 참여를 이데올로기적으로 어떻게 독려했는지 해석할 수 있는 풍부한 텍스트인데, 한 여성 소조의 사례를 제공한다. 이 문건에는 전족을 한 단량위 單良玉이라는 이름의 "여사님"이 등장한다. 단량위는 1960년 소속 현의 인민대표로 선출되었다. 이듬해 현 인민대표 대회에서 그는 국가가 인민들에게 시험전 조성을 장려하고 있다는 소식을 들었다고 한다.

회의에서 돌아온 단량위는 다른 두 여성과 함께 수수 시험전을 재배했다. 2년간 작황이 썩 좋지 못했다. 주변 인민들은 갖가지 성차별주의적 발언들―이러한 종류의 선전물에서 빈번하게 등장하는 표현들―을 쏟아내기 시작했다. "여자들이 시험전을 가꾸겠다니 마치 두꺼비가 백조 고기를 먹고 싶어하는 꼴이다!", "여자들이 좋은 땅에 농사를 짓고 한다는데, 그렇다면 우리 남자들은 두었다가 어디에 쓰겠는가?" 두 동료 여성은 단량위에게 포기하자고 했다. 심지어 한 여성은 자녀들을 이유로 끝내 그만두기도 했다. 단량위는 버텨 보자며 남은 한 여성을 독려했다. "저 자들에게 여자의 쓸모를 보여 줍시다!" 지금까지의 경험을 반추하고 '노농'―필시 남성이었을 것이다―의 조언을 경청하면서, 두 여성은 여러 다양한 방법들―참마, 옥수수, 콩을 간작하는 방법도 포함―을 시험적으로 써 봤다. 주변 일각에서는 이런 방법들에 의구심을 표하기도 했지만, "[과학적] 사실이 이런 냉소적인 자들을 교육시켰다." 이 여성들의 성공은 다른 여성들에게 귀감이 되었다. 1965년 현지 공산당 조직의 지원에 힘입어 단량위는 7명의 여성들과 함께 별도의 과학기술 소조를 결성했다. 결국 단량위는 "철족鐵足"이라는 별명을 얻었다. 전족이었음에도 불구하고 마치 남성처럼 일할 수 있었기 때문이었다.[83]

물론 여성들과 남성들이 함께 과학 소조에 참여하는 경우도 있었다. 1973년 광둥성 내 한 생산대대에서 부녀연합회 회의가 열렸다. 안건은 어떻게 여성들의 농업 과학 실험 참여를 독려할 것인가나. 해당 생산대대에는 14개의 과학 실험 소조가 있었고, 모두 혼성 조직이었다. 여성이 전체 구성원의 53퍼센트를 차지했으며, 여성 3명은 소조의 지도자로, 여성 6명은 부지도자로 활약하고 있었다. 이 여성들을 지원하는 차원에서 부녀연합회 회의는 여성들이 더 전면적으로 과학 실험에 참여하지 못하게 만드는 여러 문제를 해결해야 한다고 강조했다. 예를 들어 노인들이 육아를 돕는다면 여성들을 가사 책임에서 벗어나게 할 수 있었다. 또한 여성과 노동에 관한 보편적인 생각에 발맞춰 여성의 "네 가지 특별한 시기," 즉 월경, 임신, 출산, 수유를 배려해야 한다고 강조했다. 월경 중인 여성들은 "건조한 작업"만 해야 한다(생리 기간에 여성들이 물 위에 서 있는 것이 안 좋다는 관념에 따른 것이다). 임신 중인 여성은 가벼운 실내 작업에만 배치되어야 하며, 편하게 아이들을 돌볼 수 있도록 집 근처에서 일하게 해 주어야 한다. 이 문서에 따르면, 여성들은 풍부한 생산 경험을 갖고 있지만 과학지식은 부족했다. 따라서 부녀연합회는 여성들에게 다양한 농업기술—예를 들어 해충의 식별과 방제—을 가르쳐 줄 것을 기술원들과 현지 전문가들에게 요청했다. 이 회의는 또한 여성이 혼인할 경우—시댁이 있는 촌락으로 이주하기 위해 고향 촌락을 떠나야만 한다—새 공동체에서 "혁명을 지속"하는 데 일조해야 한다고 지적했다.[84]

여성만의 과학 소조를 조직했든 남성들과 함께 참여했든, '과학적 영농'을 실천하는 여성들은 오랜 젠더 규범에 도전했다. 그러나 위의 사례들은 여성의 신체와 사회적 역할에 대한 문화적 기대가 기층 현장의 국가 정책 실현 과정에 지속적으로 영향을 미치고 있었음을 시사한다. 과학[실험 운동]에 참여한 산시 소녀들에 관한 유명한 사례는 국가와 농촌문화 사이의 복잡한 움직임을 더 잘 이해할 수 있게 한다. 1960년대 초, 12~15세의 소녀 9명이 소조를 조직하여 현지 당 서기의 지도를 받아 면화 증산 작업에 착수했다.✤85 계급의 적과 자연 그 자체와의 숱한 투쟁 끝에 소녀들은 성공을 거두었다. 소녀들이 자신들의 경험을 토대로 쓴 노래들은《면화를 심는 아홉 소녀의 노래九女植棉歌》라는 제목의 책으로 출판되었다.86

이 소녀들의 업적을 기념하는 일은 적색혁명과 녹색혁명 모두에 여러모로 도움이 되었다.87 그러나 더 흥미로운 것은 이러한 이야기가 소녀들과 결혼을 둘러싼 문화적 기대에 부합하는 방향으로 해석되는 방식이었다. 1964년《런민일보》는〈은꽃 시집 보내기〉라는 제목의 기사에서 이러한 측면을 더 부각시켰고, 1966년 농업 과학 실험 운동 전반을 다룬 편집서에서는 한층 더 강조되었다. 이러한 글들에 따르면, 면화 전문가로 거듭난 '최초의 아홉 소녀' 참가자들은 혁명 정신, 기술 역량, 노동 능력을 갖춘 52명의 후배 '은꽃 소녀들'을 양성해 냈다. 혼례를 치러 다른 생산대대로 떠난 후, 소녀들은 각지에서 면화 생산조의 지도자가 되었다. 한 소녀가 떠나게 되면 소조 회원 전원이 그녀를 평가하고 강점과 약점을 지적했다. 소조의 남은 회원들은 또한 여섯 가지 지참용 선물을 준비했다. 괭이, 면화 종자 한 봉지, 마오쩌둥 선집 한 권, 작업 계획 요약본 사본, 그리고 마오 주석의 말씀을 받들어 아홉 소녀 소조의 영광스러운 이름을 보존하자는 메시지가 새겨진 유리 현판 등이었다. 때때로 소조는 면화 생산주기 가운데 중차대한 시점이 왔을 때 혼인한 은꽃들에게 고향 가정으로 돌아와 달라고

✤ 이는 면화 생산 부문에서 여성의 참여를 장려하기 위해 1956년부터 1980년대 초까지 장기간 지속된 '은꽃 경쟁' 정책의 일환이었다. 소수의 여성들은 이 정책 덕에 사회의 인정과 명성을 얻을 수 있었지만, 절대다수의 여성들은 이 "보상 없는 생산 촉진 사업"에서 소진되고 말았다.

요청하기도 했다. 돌아온 여성들은 언제나 소조를 먼저 찾았고, 그다음에 비로소 친정에 갔다. 즉 그들은 먼저 면화를 살핀 후 모친을 보러 갔던 것이다. 아홉 소녀 소조에 대한 선전물은 면화 생산 작업을 신부수업의 일종으로 포장하면서 젠더 역할에 대한 해묵은 문화적 기대를 충족시키고 있었다. 혼례 지참물에 대한 주목은 특히 의미심장하다. 공산당은 전통적 결혼제도 속 가부장적이고 봉건적인 측면을 뒤엎기 위한 노력의 일환으로 오랫동안 지참문화에 반대하는 운동을 강력하게 전개해 왔다. 그러나 팔자헌법과 마찬가지로 지참문화와 관련하여 나타나는 이러한 명백한 모순은 사실 군중의 구습을 전면적으로 부정하기보다 이를 용인하면서 동시에 변화시키려 했던 공산당의 익숙한 패턴을 반영했다. 지참물은 국가의 압박에도 불구하고 유지되었다.[88] 아홉 소녀 소조의 지참 물품은 적어도 혁명적이었으며, 문화적 영역—가문에 대한 충성심을 혁명 조직에 대한 충성심으로 대체하기—과 경제 영역—섬유 산업 발전의 토대가 되는 면화의 집체 생산을 촉진하기—에서 국가의 우선고려사항들을 뒷받침했던 것이다.

    과학 실험 운동과 농촌의 젠더 역학 사이의 관계를 보여 주는 추가적인 자료는 내가 한 여성 농업 전문가와 실시한 인터뷰이다. 이 전문가는 광시에서 도시 출신 하향청년으로서 경력을 시작했다. 그녀가 거주했던 촌락이 속한 생산대의 지도자는 상대적으로 가벼운 업무는 소녀들에게, 더 무거운 일—예를 들어 강을 준설하여 암모니아가 풍부한 퇴적물을 확보하는 작업—은 소년들에게 배당했다. 나는 일전에 생산대장이 보인 것과 같은 태도를 성차별적이거나 심지어 봉건적이라고 비판했던 마오 시대 문헌자료를 접한 적이 있었다. 내가 인터뷰 중에 이러한 사료를 언급하자 그녀는 강하게 부정했다. 그녀가 말하길, 그 지도자는 다른 중국 남성들처럼 그저 "여성 동지를 보호하려" 했을 뿐이었다는 것이다. 그녀는 여성들이 수유해야 할 수 있기 때문에 살충제를 살포하는 작업에도 투입되지 않았다고 언급했다. 그러나 몇 분 후 그녀는 해당 생산대장이 그러한 업무를 여성들에게 맡기지 않았던 이유로 여성들이 혼인하여 고향 생산대를 떠나거나 아이를 키우기 위해 이탈하는 상황을 염려했을 수도 있다고 인정했다. "성차별이죠." 그녀는 껄껄 웃으며 말했다. 그녀의 촌락에서 과학적 영농 운동이 젠더 관계에 미친 가장 큰 영향은 매우 구조적으로 드러났다. 해당 촌락은 왜성 품종이 도입되기 전까지 외부로부터 쌀을 수입해야 하는 가난한 마을이었다(즉 일 년 동안 충분히 인구를 먹여 살릴 만큼의 쌀이 확보하지 못했다). 여성들은 그러한 마을로 시집가고 싶어 하지 않았다. 따라서 촌락에는 항상 아내가 없는 나이 든 홀아비들이 있었다. 그런데 신품종이 생산을 증대시키자 곧 이 마을로 시집오겠다는 외지 여성들이 몰려들었다. "노인들은 그것이 제일 큰 변화였다고 말했어요."[89]

젠더 규범이 과학 실험 운동과 긴장 관계에 놓이게 된 농촌 사회의 유일한 요소는 아니었다. 차오싱수이—그 또한 자신의 농업 분야 경력을 하향청년으로 시작했다—가 내게 말하길, 그가 활동했던 광시 서북 지역 농민들은 왜성 신품종을 좋아하지 않았다. 그들은 수 세대에 걸쳐 먹어 온 찹쌀, 흑미, 갱미粳米 같은 전통 품종을 선호했다고 한다. 현지 농민들은 국가의 곡식 배급량의 적어도 3분의 1이 이러한 품종들로 구성되어야 한다고 주장했다. 그렇지 않으면 춘절 명절이나 손님 접대용으로 맛있는 밥을 지을 수가 없다는 이유였다. 이 무렵 "어느 가정이 정부미—정부가 권장하는 품종—로 밥을 지으면 너무 맛이 거칠어 사람들은 이 가정이 손님을 환대하지 않는다거나 혹은 매우 가난하다고 생각할 수 있었다"는 것이다. 또 여성이 아이를 임신했을 때에도 결코 '정부미'를 먹어서는 안 된다고 여겼다. 현지 인민들은 정부미는 영양이 풍부하지 않다고 생각했다. 반드시 갱미를 먹어야 산모와 태아 모두 건강할 수 있으며 모유가 생산된다고 믿었다. 만약 산모가 정부미를 먹으면 아이가 잘 자라지 못할 것이라 생각했다.[90] 기층의 수요와 정부의 지시 사이에 발생하는 이러한 종류의 긴장은 잔뼈 굵은 간부들의 세심한 관리를 요하는 문제였다.

사료들은 또한 농업 관행을 변화시키려는 국가의 노력이 기층의 이해관계와 종종 충돌했음을 드러낸다. 이런 순간들은 놓치기 쉽다. 내부 보고서와 선전물이 "계급의 적"에 대한 의례적인 언어들로 가득하기 때문에 수사적 층위 아래에 존재하는 갈등의 실체를 놓치곤 한다. 예를 들어 한 1965년도 문건에 따르면, 아홉 소녀 소조는 자신들이 면화를 재배하고 있던 토지와 인근 인민공사 구성원들의 개인 소유 토지[自留地]를 병합하고자 했다. 그러나 일부 중농과 부농이 반대하고 나섰다. 그 땅은 자신들의 '생명선'이며 그 땅이 나라에 면화를 파는 데 이용되기를 원치 않는다는 이유였다.[91] 실제로 중농과 부농 계급에 해당하는 인민들에게서만 반대의 목소리가 나왔는지는 확실치 않다. 그러나 이 기록을 통해 다음과 같은 점을 유추할 수 있다. 국가가 국민경제를 위해 면화 생산을 적극적으로 추진했다는 점, 그리고 이 과정에서 대약진 이후 개별 농가 주도의 영농을 실험적으로 시행하며 농민들에게 나누어 주었던 토지—자류지—를 다시금 국가에 양도하도록 압력이 가해졌다는 점이다.

유사한 사례로 과학적 영농을 도입하기 위해 활동하던 또 다른 여성 소조에 관한 기록을 들 수 있다. 1961년 장시성江西省의 한 집체(생산대, 생산대대, 또는 인민공사 규모의 어느 한 공동체를 불특정적으로 지칭한 것)에 대규모로 돼지 열병이 발병했다. 현지에는 정식 수의사가 거의 없었다. 일부 민간 동물의원이 사태를 해결하러 나섰지만 매우 비싼 값을 요구했고 돼지들은 계속해서 죽어 나갔다. 현지 '주부' 우란셴은 당 서기를 찾아가 자신이 직접 수의학을 배울 방도가 없는지 상의했다. 당 서기는 그녀를 다른 세 명의 주부와 함께 소속 현의 수의참獸醫站으로 파견하여 그곳에서 몇 달 동안 수의 기술을 배울 수 있도록 지원해 주었다. 주부들은 고향 집체로 돌아와 폐건물에 치료소를 열고 빨간 종이에 '네 자매 수의참'이라는 이름을 적어 간판을 달았다. 그런데 정식 개업 전부터 사람들이 비방의 말과 성차별적인 언사를 퍼뜨리기 시작했다고 한다. 우란셴의 시어머니는 그녀가 집에 못 돌아오게 막기까지 했다. 특히 문제가 된 것은 수의참에서 수퇘지 한 마리를 기르기로 한 결정이었다. 우란셴과 동료들은 이 수퇘지를 데리고 다니며 집체 내 암퇘지들과 교배를 시킬 셈이었다. 우란셴의 부친은 여성이 이런 종류의 일을 하면 향후 삼대에 걸쳐 가문의 명예를 더럽히게 될 것이라 말했다. 여기에 더해 보다 더 심각한 저항은 과거부터 이러한 일을 해 왔던 현지 주민들로부터 나왔다. 기존의 '수퇘지 아범들boar keepers'은 돼지 교배를 시켜 주고 3위안을 받았는데, '네 자매 수의참'은 단돈 1위안만 받기로 했던 것이다. 이렇게 해서 '네 자매 수의참'은 민간 동물의원들뿐만 아니라 수퇘지 아범들과도 경쟁에 돌입하게 되었다. 수퇘지 아범들은 암퇘지를 기르는 사람들에게 자신들과의 신의를 저버리지 말라며 위협하고 경고했다. '네 자매 수의참'은 겨우 수퇘지 한 마리만 기르고 있는데, 그 수퇘지가 죽으면 두 번 다시 자신들과 거래를 할 수 없을 것이라 엄포를 놓았다.

이 문서에서 나타난 민간 동물의원들과 현지 수퇘지 아범들의 사례는 국가가 주도하는 여러 프로그램 외부에 있는 농촌 사회의 모습을 흐릿하게나마 드러낸다. 여성을 포함한 일부 인민들이 새로운 기술을 배우고 과학지식을 획득할 수 있는 기회를 찾았을 때, 다른 일부 인민들은 이를 자신들의 생계에 대한 위협으로 간주했던 것이다. 이들은 이윤 추구를 위한 소규모 서비스업을 계속하고자 했던 사람들로서 국가사회주의와의 갈등 속에서 살아갔다.[92] 그러한 인구집단의 이해관계는 종종 근대화를 추구하는 혁명 국가의 이익과 상충했다. 이러한 상반된 이해관계—농민의 후진성과 농민 경험에 대한 여러 담론 사이에서 은연중 은폐되는—는 기층 인민들의 저항과 그에 대한 국가의 대응 양상을 구성하는 토대가 되었다. 이에 대해서는 이어지는 5장에서 더 자세히 다룰 것이다.

결론

이 장에서 논의된 증거들은 새로 도입된 기술이 농촌 주민들을 '숙련'시키는가 혹은 반대로 '비숙련화' 하는가를 둘러싸고 활발하게 제출되고 있는 여러 선행연구들과 연결된다. 이 논쟁은 자본주의 아래에서 새로이 도입된 산업 신기술이 기존 노동자들이 갖고 있던 여러 기예를 소실시킨다는 해리 브레이버먼Harry Braverman의 주장에서 시작되었다.[93]

농업사학자들은 근대 농업기술이 이와 유사한 결과를 초래한다는 연구결과를 제시해 왔다. 예를 들어 데보라 피츠제럴드Deborah Fitzgerald는 교잡옥수수의 도입이 농민들이 종래에 선호했던 품종들을 유지·개선하는 데 활용했던 여러 선종seed selection 관련 지식을 도태시켰다고 주장했다.[94] 해충방제와 관련해서도 유사하게, 앤 밴드만Ann Vandeman은 화학 살충제의 등장이 더 지속가능한 형태의 농업을 지탱해 온 정교한 생태지식의 상실로 귀결되었다고 역설한다.[95] 이러한 논의에 대응하여 다른 입장을 가진 학자들은 기존 기예의 소실이라는 측면보다 새로운 기예의 습득이라는 측면—혹자는 이를 '재교육reskilling'이라 부른다—을 더 강조했다.[96]

더 최근에 글렌 데이비스 스톤Glenn Davis Stone은 '탈숙련deskilling' 관련 선행연구를 토대로 인도의 유전자 변형 면화 도입 과정을 분석했다. 그는 비록 탈숙련을 지지하는 상당한 증거들이 발견되지만, 유전자 변형 비티 면화Bt cotton 자체가 "본질적으로 탈숙련과 관련 있는 것은 아니다"라고 지적한다. 오히려 "탈숙련 효과 여부는 현지의 여러 조건에 달려 있다." 그리고 "상이한 조건이 주어진 곳에서는 유전자 변형 종자가 탈숙련을 약화시켰다고 볼 여지도 있었다."[97] 이는 유용한 통찰을 제공하는데, 특히 사회주의 시대 중국의 정치적·경제적·사회적 조건은 농업 탈숙련에 대한 기존 논의들이 주로 참고하는 지역들과 대단히 상이했다는 점을 감안할 때 더욱 그러하다. 탈숙련에 관한 주장들은 자본주의를 비판하는 마르크스주의자들에게 특히 중요하다. 사회주의의 맥락 속에서 탈숙련의 가능성을 어떻게 이해할 수 있을까?

야콥 아이퍼스Jacob Eyferth는 사회주의 중국 국가가 도입한 근대 제지기술이 역사적인 장인 전통을 보유한 공동체의 갑작스러운 비숙련화를 초래했음을 설득력 있게 주장했다.[98] '전통'과 관련된 모든 것에 대한 사회주의 국가의 적대감과 산업 및 농업을 근대화하려는 국가의 열망은 거의 필연적으로 오래된 옛 지식을 공격할 수밖에 없었다. 이는 제지기술에 대해서만큼이나 농업에 대해서도 적용될 수 있는 통찰이다. 그러나 군중과학의 정치는 다수의 '농민기술원'들이 새로운 기술을 습득할 수 있도록 장려했고, 보다 적은 수의 농민 혁신가들—혹은 토착 전문가—의 등장을 추동했으며, 심지어 노농의 '경험'과 관련이 있는 일부 종래의 지식을 긍정하기까지 했다.

과학적 영농이 중국 농민들을 숙련화 또는 탈숙련화했는가라는 문제는 결코 단순하지 않다. 농업기술의 변혁을 위한 노력의 일환으로 화학 살충제가 도입되었지만, 이 새로운 기술은 동시에 감귤 과수원에서 해충을 방제하기 위해 개미를 활용하던 유서 깊은 중국의 관행이 유실되도록 만든 원인이 되었다며 비판받았다. 다른 한편으로, 푸저룽을 비롯하여 생물학적 방제 관행을 옹호했던 인물들은 해충을 통제하기 위해 말벌을 기르는 법을 수많은 농민들에게 가르쳤다. 이러한 상반된 흐름들 중 무엇이 문화적·생태적인 관점에서 궁극적으로 더 중요했는지 판단을 내리기란 쉽지 않으며, 더욱이 이를 일반화하기란 불가능하다.

국가의 선전물에 투영된 비전만 보면 숙련화의 숱한 사례를 확인할 수 있다. 농민들은 여러 신기술을 배우기 위한 특수 교육을 받았고, 그중 일부는 매우 복잡한 과정—가령 생물학적 방제체를 제대로 기르는 법을 학습하는 과정이라든지 3계통 교잡벼 생산기술을 배우기 위해 하이난섬을 방문하는 사례 등—이었다. 1965년 베이징 회의의 내용은 과학 실험 소조들의 기술 수준을 고양시킬 수 있게끔 하는 '삼전三田'제도의 역할을 강조했다. 예를 들어 한 소조는 종자 관리에서 수확 단계까지 밀을 재배하기 위한 여러 기술을 연마하고자 양판전을 활용했다고 한다. 게다가 그들은 적어도 10종 이상의 밀을 구별하는 법과 각각의 특징 및 유의사항에 대해서도 학습했다. 결정적으로, 이러한 지식 덕분에 소조 회원들은 추광참 소속 고문 기술원들의 도움 없이도 개량 신품종의 생장을 관리할 역량을 갖출 수 있었다.[99] 소수의 농민들은 혁신을 이루어 냈다며 찬사를 받았고, 다른 집체에 그러한 지식을 가르쳐 주기 위해 초청을 받기도 했다.

어떤 경우 국가에 의해 신기술이라는 명목으로 새로이 보급된 기술들은 오랜 관행에 뿌리를 둔 것들이었다. 정치적·역사적 환경이 다른 여타의 지역이었다면 이러한 기술들을 아마도 "전통적" 그리고/또는 "지속가능한" 것으로 칭송했을 법했다. 그러나 이른바 '봉건주의'와 조금이라도 관련이 있다면 그 무엇이든 공격했던 마오 시대 급진주의자들의 맹렬함을 감안할 때, 그러한 관행들이 가진 전통적인 뿌리를 부각시키는 것은 부담스러운 일이었다. 바로 이 지점에서 군중적·토착적 토 과학이라는 마오주의적 개념과 선주민의 지식이라는 탈식민주의적 개념의 핵심적인 차이가 드러난다.

국가의 선전물은 숙련화를 찬양했고, 실제로 숙련화의 과정은 존재했다. 그러나 더 깊이 파고 들어가면, 이러한 국가의 비전이 갖는 광채는 엷어지고 만다. 그 수많았던 집체 속에서 숙련화의 혜택을 전혀 경험하지 못한 사람들이 얼마나 많았겠는가. 또한 이러한 비전은 얼마나 자주 막강했던 개발주의 서사—기존의 농촌의 지식들을 뼛속까지 멸시했던—와의 경쟁에 내몰려야 했던가. 또한 경제적 여건이 허락만 한다면, 얼마나 빠르게 풍부하고 숙련된 기예들이 외부로부터 수입된 종자와 화학물에 의해 대체되어 버리고 말았던가.

수 세기에 걸쳐 농촌 사회에서 축적된 기술들의 상실을 아쉬워할 것인가, 아니면 반대로 국가 주도의 교육을 통한 새로운 기술들의 획득을 상찬할 것인가. 이 문제는 결국 어떤 종류의 지식을 더 가치 있다고 여기느냐에 달렸다. 더 나아가 야콥 아이퍼스가 중국 제지 공동체의 사례를 통해 보여 준 것처럼, 기술의 습득은 사회적 조직화와 문화적 실천과 분리될 수 없다.[100] 그렇다면 어떤 종류의 지식을 선호하느냐는 또한 정치적 성향과도 관련이 있는 것이다. 오랜 역사를 지닌 전통 사회를 더 긍정적으로 여기며, 따라서 그 오랜 문화적 관습이 아로새겨진 사회적 관계가 만들어 낸 옛 기술의 상실을 애도할 것인가, 아니면 근대화 그리고/또는 혁명적 변혁이 만들어 낸 새로운 지식에 희망을 걸 것인가? 전통적인 공동체로부터 가부장제와 계급적 억압으로 얼룩진 옛 권력 구조의 흔적을 찾을 것인가, 아니면 글로벌 자본주의와 권위주의적 국가주의라는 새로운 권력 구조에 맞서 싸우기 위한 대안적 자원들을 찾으려 할 것인가?

마오 시대 중국 안팎의 급진주의자들은 하나의 희망을 품고 있었다. 그것은 옛 사회가 무너지고 그 자리에 더 평등주의적인 가치에 입각한 새로운 사회가 들어서기를 바라는 희망이었다. 그것은 바로 그 새로운 사회가 만들어 낸 지식이 보다 더 훌륭한 것이기를 바라는 희망이었다.[101] 도나 해러웨이Donna Haraway는 다음과 같이 말했다(아마도 그의 글 가운데 가장 많이 인용되는 문장일 것이다). "그것은 투쟁의 문제이다.

만약 우리 삶의 역사적 구조에서 지배라는 요소가 최소화된다면, 과연 생명과학은 어떠한 모습을 취할지에 대해서는 나도 잘 모르겠다. 하지만 나는 안다. 기초지식이 옛 세계를 지탱시키는 역할을 했던 것만큼이나 새로운 세계를 담아 내고 재생산시킬 수 있을 것이다. 나는 생물학의 역사를 보며 이를 확신했다."[102] 많은 좌파 관찰자들은 1970년대 중국에서 과학의 재구축 가능성을 확인했다. 그러나 누군가 마오주의 과학이 자연 혹은 동료 인간에 대한 "지배라는 요소를 최소화했다"고 말한다면, 마오 시대의 이상에 대해 가장 공감하는 사람들조차 필시 이에 쉽게 동의하지 못할 것이다.[103] 그것은 틀림없이 '투쟁의 문제'였다. 그러나 결코 비폭력적이지는 않았다. 또한 중국은 급진적 이상에 토대를 둔 일관된 '계승 과학successor science'—산드라 하딩Sandra Harding의 개념을 빌린 것이다—을 생산할 만큼 정치적으로 충분히 안정적이지도 않았고, 경제적으로 충분히 강하지도 않았다.[104] 아마도 현실의 그 어떤 사회도 온갖 복잡성을 떠안고 이러한 이상을 이루어 낼 수 없을 것이다. 사회주의 중국의 농업은 옛 기술과 새로운 기술, 생태적 기술과 화학적 기술, 고된 노동을 요하는 기술과 노동을 절약해 주는 기술이 뒤섞인 모자이크 같은 것이었다. 이는 중국 사회주의 사회의 복잡다단한 정치적·경제적 현실을 담아 내고 재생산했다.

| 제5장 |

지방 간부처럼 보기

국제관계학international relations 연구자 존 케리 킹John Kerry King은 1953년 《포린 어페어스*Foreign Affairs*》에 기고한 기사에서 중국 농업에 관해 다음과 같이 썼다.

> 전체주의적인 방식은 종종 단기적으로 인상적인 결과를 가져오기도 한다. 공산주의자들은 쌀농사를 짓는 농민으로 하여금 어떻게 새로운 품종의 종자를 채택하도록, 혹은 생산, 제분, 저장, 수송과 관련하여 새로운 수단을 이용하도록 유도할 수 있을지 걱정하지 않는다. 공산주의 정권하에서 개인의 선호는 거의 혹은 전혀 고려되지 않는다. 개인은 명령받은 대로 행할 뿐이다.[1]

오늘날의 관점에서 전체주의에 관한 이와 같은 철 지난 믿음은 우스울 정도로 순진한 생각으로 들린다. 간단히 이야기하면 이러한 믿음은 당연히 사실과 달랐다. 중국 정부라고 단지 어떠한 명령을 내린 후 인민들이 무조건 따라주기를 기대할 수는 없었다. 국가는 농민 '군중'의 협조가 절실하게 필요했으며, 이러한 조건 속에서 정책을 입안하는 상급 지도부와 농민들의 중간에는 바로 지방 간부와 농업기술원이 있었다. 새로이 도입된 기술의 성패는 무엇보다도 회의적인, 혹은 때로는 심지어 저항적인 농민들을 설득하여 신기술을 받아들이게끔 만드는 지방 간부와 농업기술원의 노력에 달려 있었다.

이번 장에서는 각종 문헌 기록과 인터뷰에 입각하여 중국의 녹색혁명 과정에서 지방 간부들과 기술원들이 수행했던 역할을 온전하게 규명하고자 한다. 물론 두 집단의 책임은 서로 사뭇 달랐다(그리고 각 집단은 그 자체로 내부적 구성에 있어서도 다양했다). 그러나 두 집단은 쉬지 않고 중국 전역을 휩쓸고 있던 보다 큰 혁명적 정치 운동의 파도 속에서 농업 근대화 정책을 집행할 책임을 짊어진 국가의 하급 대리인들이었다. 이 장의 제목은 제임스 스콧James Scott의 영향력 있는 책의 제목 《국가처럼 보기: 인간의 조건을 개선하기 위한 특정한 기획들은 어떻게 실패하게 되었는가》에서 따왔다.

스콧은 세계 각국 정부들이 복잡다단한 사회적·생태적 조건들을 과학적 계획 안으로 끼워맞추기 위해 노력하는 과정에서 기층 현장의 공동체에 부과하는 '고도 근대주의적high-modernist' 비전의 약점을 드러내는 데 주력한다. 중국 정부도 전국적인 모범 사례들을 모든 지방 공동체에 고집스레 적용하고자 했다. 심지어 현지의 여러 조건이 특정한 모범 사례와 잘 맞지 않는 경우에도 그러했다. 이 점을 감안할 때, 스콧의 비판은 중국에 대해서도 대단히 적절하다고 생각된다. 나는 '국가'라는 추상적인 개념 자체보다 '국가의 대리인'에 분석의 초점을 맞추고자 한다. 그렇게 함으로써 지역 사회와 그 상부의 국가기관에 제대로 된 통치를 요구할 수 있었던 기층 현장 인민들의 꽤나 다양하고 사뭇 삐딱한 시선을 강조하고자 한다.[2]

국가의 현지 대리인들[3]은 녹색혁명과 적색혁명 간의 모순—이는 기술관료주의와 계급투쟁 사이의 모순이자 변화를 만들어 내기 위한 하향식 접근과 상향식 접근 사이의 모순이기도 했다—의 한가운데에 위치하고 있었다. 이들은 간부라는 우월한 지위로 인해 때때로 농민들과 일종의 '후원-피후원patron-client' 관계를 맺기도 했다. 그러나 다른 한편으로 이들의 권력은 아래로부터의 견제에 직면하기도 했다.[4] 그리고 이들은 주기적으로 현실적인 문제들을 둘러싼 난관에 부딪쳤다. 적지 않은 경우, 국가가 부여한 임무는 제대로 실현되지 못했다. 그러한 임무들이 현지의 환경 조건에 맞지 않거나 현지의 뿌리 깊은 관습 및 가치관과 충돌했던 것이다.

이런 상황에서 지방 간부들은 자신들이 맡은 바 임무를 성공시키기 위해 개인적인 인간 관계를 형성하고 다양한 행위자들로부터 선의를 얻어 내는 데 세심한 주의를 기울여야 했다. 그리고 이들은 종종 국가의 필요와 사회의 필요를 능숙하게 중재하는 능력을 갖출 필요가 있었다. 이는 곧 필요할 경우 적극적으로 그러나 은밀하게 국가의 명령에 저항할 수 있는 능력을 뜻하기도 했다.[5] 위로부터 하달된 부실한 정책과 아래로부터의 저항을 관리하는 지방 간부들의 노력은 '과학 실험 운동'이 실제로 무엇을 실험하고 있었는지를 밝히는 데 도움이 된다. 과연 신기술이 주어진 장소에서 통할 것인가 하는 문제는 생물학, 화학, 물리학의 문제였을 뿐만 아니라 사회과학적인 영역까지도 포괄하는 문제였다. 과학과 기술이 사회와 불가분의 관계를 맺고 있음을 감안할 때, '과학 실험'이 사회적·정치적·문화적·경제적 관계들을 포함하는 데까지 확장되어야 했다는 점은 결코 놀라운 일이 아닐 것이다. 이제 다시 다샤공사로 돌아가 보자. 다샤공사는 이러한 탐구를 진행하는 데 있어서 하나의 훌륭한 사례이다.

다샤공사: 기층의 관점

2장에서 보았듯, 다샤공사에서의 해충 종합방제에 관한 성취는 확실히 푸저룽의 비전에 힘입은 바가 컸다. 그러나 교잡벼가 위안룽핑이라는 한 명의 과학자의 업적이라기보다 훨씬 더 많은 사람들이 관여했던 일인 것과 마찬가지로, 다샤에서도 복잡한 농업 과학 네트워크에 속해 있던 다양한 구성원들이 해충방제에 참여했다. 그 가운데 중요한 인물로 현지 간부 마이바오샹이 있었다.

  1969년 다샤의 농업을 책임지는 자리를 처음 제안받았을 때 마이바오샹은 응하지 않았다.[6] 그는 문화대혁명 초기에 "투쟁 대상"으로 지목되어 고초를 겪었으며, 인근 칭쾅공사의 부주임 위치에서 일개 노동자로 강등되었다. 이 일로 그는 1969년까지도 여전히 세상사에 회의적이었다. 다샤에서의 직무와 관련하여 전화가 왔을 때 그는 자택에 3개월째 머물고 있었으며, 일체의 근무지 이동을 거부하고 있었다. 그러나 상급자들은 그를 농업 관리의 적임자로 보았다. 그는 현장에서의 농업 추광에 상당한 경험이 있었고, 1958년부터 1963년까지 스후이현 농업과학연구소 소장을 역임하기도 했다. 결국 한 현급 농업 책임자가 자전거를 타고 마이바오샹의 집을 방문했다. 그 상급자는 적어도 마이바오샹이 다샤공사를 방문하여 그곳의 인민들을 만나보기는 해야 할 것 아니냐고 말했다. 그렇게 해서 결국 마이바오샹은 다샤로 부임하게 되었다.

그러나 임무는 결코 녹록지 않았다. 다샤에는 큰 문제들이 있었다. 네 개의 강이 교차하는 저지대에 걸쳐 있는 토지가 너무 많았으며, 토양에 모래가 너무 많아 땅이 물을 충분히 흡수하지 못했다. 또 높은 수위—겨울에는 무려 10피트(약 3미터) 이상에 달한다—는 자주 평균적인 벼 품종의 키 이상으로 높아져 벼들을 수몰시켜 버리곤 했다. 다샤의 작물들은 또한 잡초, 쥐, 벌레 등이 옮긴 온갖 종류의 병충해에 유독 큰 피해를 입었다.❖7 설상가상으로 다샤의 농업 추광은 심각하게 낙후된 상태였다. 비록 주변의 다른 지역에 비해서는 그나마 양호한 편이었지만 말이다. 단순히 말해, 다샤의 농민들은 추광 담당 간부들이 추진하는 각종 활동에 참가하길 거부했다. 그럴 만한 이유가 있었다. 당시 추광참들은 '정경세작'을 시행하라는 마오의 지시를 따르고 있었다. 마오는 주로 상대적으로 적은 경작지로 가능한 한 많은 인구를 먹여 살리는 전략들을 두루 강조해 왔다. 그러나 다샤의 상황은 달랐다. 비교적 적은 수의 인민들이 비교적 넓은 면적에서 농사를 이어 가고 있었던 것이다. 경작의 밀도를 높이기 위한 일체의 시도들은 모두 과도하게 노동집약적인

❖ "어차피 벌레를 제거하는 데 좋은 방도가 없으니, 그저 빨리 작업을 시작하는 수밖에 없다"는 광둥어 격언은 이 같은 암울한 상황을 잘 보여 준다.

것들이었다.

마오 시대의 정치적 우선고려사항들이 사라진 지 수십 년이 지난 오늘날에도 여전히 마이바오샹은 자신의 업적을 마오주의적 언어로 풀어내고 있었다. 그의 표현에 따르면, 그는 "그곳 농민들의 생산 경험을 총결하기 위해 다샤로 내려갔으며", "물의 특성에 맞춰 새로운 품종을 배양해야 한다는 한 문장이 머리에 떠올랐다"고 한다. 즉 다샤는 주로 물과 관련된 지역만의 특수한 조건을 감당할 수 있는 새로운 쌀 품종이 필요했다.

그는 또한 농민들이 지역 여건에 맞는 농업 신기술들을 기꺼이 받아들이려 했다는 사실도 알게 되었다. '정경세작'의 일환으로 제초 명령이 떨어졌다. 이는 곧 육체노동을 의미했고, 농민들은 잡초를 뽑는 데 너무 많은 힘을 쓰고 싶어 하지 않았다. 일일이 제초하기에는 다샤의 땅은 너무 크고 너무 넓게 퍼져 있었다. 그러나 마이바오샹과 그의 동료들이 광범위한 지역에 걸쳐 잡초를 신속하게 제거할 수 있는 발효물질 활용법을 소개하자, 농민들은 기꺼이 제초 작업에 참여했다. 다샤는 곧 이러한 방법의 선두주자가 되었으며, 관련 회의를 개최하여 타 지역 대표들의 방문을 받는 곳이 됐다. 엄밀하게 말하면, 다샤에서 마이바오샹의 성공은 상급 간부들이 전파하고자 했던 마오의 지시들을 세세하게 준수함으로써 이룰 수 있었던 것이 아니었다. 그럼에도 불구하고 마이바오샹이 현장의 문제에 대한 해결책을 도출하기 위해 "농민의 경험을 총결하는" 것이 자신의 역할이라고 간주했음을 감안하면, 그는 어디까지나 마오주의적 비전에 입각한 농업 과학의 핵심 원칙들에 발맞춰 활동했던 것이라고 이해해도 무방할 것이다.

지식에 대해 마오주의적 토土 과학이 지향했던 관점을 충실히 따랐던 마이바오샹은 당시 토착 전문가로 알려졌던 이들을 찾아내곤 했다. 어디를 가든 그는 그러한 전문가들로부터 농업의 격언들을 수집했고 또 종합했다. 그는 이 시기에 등장한 수많은 토착 전문가들을 기억하고 있지만, 그의 뇌리 속에 가장 생생하게 남아 있던 사람은 '쥐왕老鼠王'이라는 별명을 가진 인물이었다. 쥐를 추적하고 잡는 놀라운 능력 때문에 붙은 별명이었다. 쥐왕은 쥐들의 발자국만 보고 쥐의 몸집이 얼마나 큰지, 어디로 갔는지를 알 수 있었다. 쥐들이 어디로 향했든, 쥐왕은 끝까지 쫓아가 쥐들을 모조리 잡아 냈다.

1972년 여름, 다샤 인민들의 모든 대화는 해충 제거 문제를 둘러싸고 진행되고 있었다. 그러나 사공이 많을수록 배는 산으로 가는 법이다. 이런 저런 방법들을 동원해 봤지만 다샤의 농민들은 여전히 심각한 병충해에 시달리고 있었다.[8] 바로 그즈음, 마이바오샹은 자신에게 기회를 주었던 광둥성 간부로부터 푸저룽이라는 사람이 해충방제에 뛰어난 능력을 갖고 있다는 이야기를 전해 들었다. 마이바오샹이 보기에 푸저룽은 양洋 과학 버전의 쥐왕이었다. 물론 이 경우 쥐 잡기 대신 해충 잡기에 특출난 능력을 갖춘 개인이라는 의미에서 말이다. 이런 이유로 7월 24일, 마이바오샹과 친원펑이라는 다샤의 기술원은 광저우의 중산대학 캠퍼스 내에 위치한 푸저룽의 집까지 먼 여행길에 올랐다.

마이바오샹과 친원펑은 자신들의 곤경을 이야기하며 푸저룽과 그의 아내 리추이잉의 동정심에 호소했다. 문화대혁명 시기의 계급투쟁이 한창이었음에도 불구하고, 마이바오샹은 "하급 간부, 더욱이 농민 출신이었던" 자신과 이 두 명의 존경받는 과학자들 사이에 존재하는 사회적 격차를 결코 망각하지 않았던 것 같다. 오늘날 마이바오샹은 감히 푸저룽에게 찾아가 직접 호소했던 자신의 대담함에 놀라워한다. 그러나 그의 말처럼, 다샤에서 벌어지던 문제의 심각성 앞에서 그에게는 다른 선택의 여지가 없었다. 마이바오샹은 리추이잉이 가정부에게 부탁하여 자신과 친원펑에게 저녁 식사를 대접해 준 점, 또 일을 마치고 다샤로 돌아가려 했을 때 푸저룽과 리추이잉이 함께 아래층으로 내려와 직접 대문 밖까지 자신들을 배웅해 주었다는 사실에 깊은 감명을 받았다고 한다.

마이바오샹을 이 책의 이야기 속에 포함시킬 때, 우리는 마오 시대 농업 과학을 둘러싼 풍부한 사회적 질감에 대해 더 잘 이해할 수 있게 된다. 그러나 마이바오샹은 단지 마오 시대 농업 과학과 연관된 수많은 인물 중 한 명일 따름이다. 1970년 다샤공사 전체에는 과학기술 인원이 예하 생산대대 당 한 명씩 겨우 16명밖에 없었다. 이런 사실은 마이바오샹의 첫 번째 목표 중 하나였던 잡초 제거와 관련하여, 각종 실험을 수행하고 추광 업무를 관리할 역량이 심각하게 부족했음을 의미한다. 1972년까지 이 수치는 극적으로 증가하여 '과학 실험 네트워크'에 참여하는 인원이 무려 1,270명이나 되었다. 각 생산대대에는 과학기술 중앙조가 있었고, 각 생산대에는 과학기술 소조를 두었다. 훗날 유명해진 후난성 화룽현의 '4단계 네트워크'와 놀라울 정도로 유사한 방식이었다. 다샤공사에는 "모든 층위에 조직이 있었고, 모든 급에는 농업 과학 업무를 담당하는 누군가가 있었다."[9] 마이바오샹과 푸저룽은 바로 이러한 시스템 속에서 상호 협력을 도모하고 있었다.

기획 단계에서 마이바오샹과 푸저룽은 현급 및 공사급 농업 실무자와 당 간부로 구성된 영도 조직에 참여했다. 당 위원회는 공식적인 일상 업무에 종합방제를 포함하기로 했다.[10] 또한 대대급 식물보호원의 사기를 진작시키는 정책들을 마련했다. 대대 간부들과 보수를 조정할 수 있도록 함으로써, 식보원들이 "안정적으로 오랫동안 일할 수" 있게 하고, 식보원들에게 살충제 사용 권한을 부여했다. 즉 식보원의 지시 없이는 살충제를 구매할 수 없게 되었다.[11] 또한 생산대대를 주요 회계 단위로 삼았다. 이제 각 대대는 토지에 세를 부과하여 살충제 구입, 현장 실태 조사 실시, 기타 해충방제 등에 필요한 각종 경비를 충당할 수 있었다. 그리고 그들은 천공벌레를 죽이는 박테리아를 생산하기 위해 '토양병거' 계획을 실행했다. 그들은 먼저 바실루스 분말을 수입한 다음, 곡물 껍질, 모래, 진흙, 재 등 현지에서 쉽게 구할 수 있는 물자로 실험 용기를 만들어 그 안에 박테리아를 배양했다.[12] 종합방제를 채택할 필요성을 사람들에게 납득시키는 것이 언제나 쉽지만은 않았다. 문화대혁명 시기 다샤공사의 문건들은 자본가와 그 외 "계급의 적"들이 일을 방해하고 있다고 말한다. 또한 '미신'이라는 해묵은 문제에 대해 언급하고 있다. 해충은 하늘이 보낸 것이라는 관념을 강하게 갖고 있던 인민들은 어떤 종류의 해충방제 기술도 신뢰하려 하지 않았던 것이다. 보고에 따르면, 당 간부들은 정치 교육과 계급투쟁을 통해 이러한 흐름에 맞섰다고 한다. 문화대혁명이 종료된 이후인 1980년대 초에 작성된 문건은 더 이상 현장의 문제를 "계급의 적"이라든지 '미신'이라는 각도에서 서술하지 않는다. 그럼에도 불구하고 여전히 기층 현장에서의 저항은 문제로서 인식되고 있었다. 기술들이 너무 번거롭고 화학적 방제만큼 빠르고 효과적이지 않았기 때문에 인민들이 종합방제에 저항하고

있다는 식이었다.[13]

그러나 문건들의 내용을 곧이곧대로 믿어 본다면, 다샤공사에서의 과학 실험 운동은, 간부와 군중이 한마음으로 다음과 같은 문구로 찬양할 만큼 성공적이었던 것으로 보인다. "종합방제가 최고다. 농약을 적게 사용하면서도 농업 생산을 보장할 수 있다."[14] 저항에서 수용으로, 실패에서 성공으로 가기까지 수많은 정치 공작, 사회 공학, 수사적 수완이 필요했다. 이것이 바로 다샤공사 현장에서 마이바오샹과 그의 동료들이 감당해야 했던 부분이었다.

하향식과 상향식 사이에서

필립 큔은 1974년 미국 식물학계 대표단과 함께 중국을 방문했을 때, '실험'이라는 용어의 이데올로기적 중요성을 알아차렸다. 그러나 그는 추가로 다음과 같이 언급했다. "이런 (기층) 수준에서의 실험 대부분은 사실 농민들에게 개량 종자나 보다 조밀한 경작—정경세작—을 통해 더 많은 수확을 올릴 수 있다는 점을 보여 주는 시범으로 이루어져 있으며, 이렇게 함으로써 보수적인 편견들을 극복하려 했다."[15] 여기서 시범과 실험의 차이는 단순히 의미론적인 질문에 불과한 것이 아니었다. 큔이 지적했던 점은 바로 상향식 방법론과 하향식 방법론 사이의 고전적인 긴장이었다. 이는 중국 혁명 정치뿐만 아니라 세계 각지에서 근대화라는 목표를 둘러싸고 진행된 농업 연구 및 추광에서 핵심적인 문제였다 (이러한 긴장은 어디에서나 어떠한 변화를 만들어 내기 위해 헌신하는 사람들에게 근본적인 문제 중 하나일 것이다). '실험'은 상향식 방법론에 입각하여 현장의 필요에 충실함을 뜻했으며, 현지 행위자들이 행위능력을 발휘할 수 있는 여지를 제공했다. 반면 '시범'은 권위 있는 인사들이 승인한 새로운 실천들을 하향식으로 전파시키고 촉진시키기 위함이었다. 물론 원하는 변화를 이끌어 내기 위해 시범을 사용하되, 이를 정치적으로 보다 만족스럽게 표현하기 위해 실험이라는 말로 포장하려는 유혹이 없지 않았다. 이러한 방식이 실제로 빈번하게 통용되었음은 분명하다. 그러나 국가는 이러한 시범마저도 혁명의 동력으로 삼고자 적극적으로 노력했다. 이러한 모든 긴장의 중심에 바로 기층 현장에서의 국가 대리인들, 다시 말해 지방 간부와 농업기술원들이 있었다.

지방 간부나 기술원들 중에는 현지 촌락 출신 인사들도 있었고, 인근 도시나 심지어 다른 지방에서 전적으로 실험 지점에 "진득하게 체류하기" 위해 파견된 사람들도 있었다. 보다 일반적으로 유점도면 체제와 마찬가지로, '준점蹲點(point-squatting)'[16]이라는 관행 또한 농업 추광을 정치적 조직화와 결부시켰다.[17] 이처럼 외지에서 파견된 기술원들의 경험 가운데 많은 부분은 전 세계의 농업 추광 담당자들이 즉각적으로 이해할 수 있는 내용이었다. 즉 기술원들의 핵심적인 역할은 새로운 농업지식과 실천을 원활하게 전파하기 위해 연구 중심 대학을 떠나 농촌의 일선 기지에서 활동하는 것이었다. 그러나 중국에서는 적색혁명의 맥락이 녹색혁명만큼이나 중요했으며, 농업기술원들은 자신을 더 거시적인 간부 파견제도의 일부로 보았다. 심지어 1949년 이전에도 공산당은 촌급 공동체에 전문지식을 보급하기 위해 정치 간부들과 기술 전문가들을 주기적으로 파견해 왔다. '준점'이라는 구체적인 용어는 1950

년대 중엽에 등장하여 1960년부터 널리 회자되다가 1960년대 중엽 대대적인 사회주의 교육 운동 및 과학 실험 운동과 더불어 일반화되기 시작했다.[18]

1965년 장쑤성 당 서기 쉬자툰許家屯은 장쑤성 내 농업 과학기술 인원의 70퍼센트가 기층 농촌으로 준점하러 내려가 사회주의 교육 운동과 농업 시범[樣板]의 관행을 몸소 경험했다는 점을 높이 평가했다. 나아가 그는 농업 추광의 진전과 사회주의 혁명의 심화가 함께 작동할 수밖에 없다는 점을 설명했다. 준점이란 곧 녹색혁명과 적색혁명을 종합한 활동이었던 것이다. "선진적인 간부 개개인은 오로지 시범 지점에서 준점함으로써, 그리고 과학기술원과 농민 군중과의 삼결합을 실현함으로써, 비로소 삼대 혁명 운동 실천에 참여할 수 있고, 현지 조사 연구를 강화할 수 있으며, 계급투쟁과 생산투쟁을 이끌어 갈 수 있는 수완을 체득할 수 있고, 나아가 농업 과학기술을 익힐 수 있게 될 것이다. 오로지 그렇게 해야만 그들은 객관적인 외부 세계를 변혁하는 동시에 자신들의 주관적인 세계를 일신할 수 있을 것이며, 또 '홍'과 '전' 모두에 매진하여 성취를 이룰 수 있을 것이다. 오로지 그렇게 해야만 간부들은 모범으로서 활약하며 말과 행동으로 다른 사람들을 가르칠 수 있을 것이며 또 과학기술원들의 사상을 혁명화시킬 수 있을 것이다. 오로지 그렇게 해야만 그들은 시대의 문제를 발견하고, 해결하며, 시범 지점의 성과를 활용하여 인근 지역 전체를 지도할 수 있게 될 것이며, 과학과 기술을 혁명화할 수 있을 것이다."[19]

같은 해 진샨바오金善寶—1965년부터 1982년까지 중국농업과학원 원장을 역임하게 되는 밀 전문 과학자—는 농업 과학 종사자들의 역할에 대해 다음과 같이 이야기했다. 그에 의하면 해방 이전에 만약 농업 과학 종사자들이 농촌으로 내려간다고 하면 "반동 정당"은 그들이 혁명을 조장하려 한다고 의심했다고 한다. 반동분자들은 농업 과학 종사자들이 농촌 현장에서 생산에 대해 탐구하기보다는 도시 기관에서 그저 연구에만 충실하기를 원했다. 진샨바오는 《논어》를 인용하며 농업 과학 종사자들이 "스스로의 사지를 움직이지 않았고 오곡을 구별할 줄도 몰랐다"고 비판했다. 공산당이 농업 과학 종사자들에게 농촌으로 내려가라고 요구했을 때, 그들은 다가올 고난이 두렵기도 했다. 그러나 그들이 사회 현실과 생산으로부터 얼마나 유리되어 있었는지를 감안했을 때, 농업 과학 종사자들이 더욱 두려워했던 것은 농민들이 묻는 질문에 제대로 대답하지 못하는 상황이었다. 그러나 근래 들어 과학 종사자들은 당의 요청에 부응하여 "장기간 농민들과 준점하며 먹고 자고 일하고, 스스로의 오만을 내려놓고 우정을 쌓아 나가고 있다." 이들은 시범전에 집중함으로써 "생산을 뒷받침하는 구체적인 과학 정책을 만들어 냈으며" 또 "농업 과학을 혁명화했다."

과학이 혁명적이라는 것이 무엇을 뜻하는지 설명하기 위해 진샨바오는 다음과 같이 부연했다. "수준—중국어 원어는 수평으로 문자 그대로 '수준level'의 의미이다. 여기서는 과학적으로 수준이 높음을 뜻한다—이 높다는 것은 무엇을 뜻하는가? 어떤 사람들은 과학 학술지에 글을 실었다면 그것으로 높은 수준이 확보되었다고 생각한다. 또 어떤 사람들은 만약 전문가들이 고개를 끄덕이는 어떤 것이 있다면, 그것이 바로 수준 높은 것이라고 생각한다. 내 생각은 이렇다. 나는 어떤 것이 생산 현장의 문제들을 해결하고 그 과학적 원리를 설명해 낼 수 있다면,

그것을 두고 수준이 높다고 평가할 것이다. 또 만약 어떤 것이 실전에서 그 효과를 입증하고 농민들의 고개를 끄덕이게 할 수 있다면, 나는 그것으로 수준이 높다고 할 것이다."[20]

간부들과 기술원들에게 미칠 영향을 고려했을 때, 시범전은 단순히 기술관료적인 것이라기보다는 혁명적인 것으로 이해되었다. 쉬자툰이 지적했듯, "과학기술원의 대다수는 지식인이며, 따라서 자본주의 이데올로기의 침식적인 영향력과 자본주의가 강조하는 개인의 명성 및 이윤 추구 앞에 취약하며, 또한 연구 이데올로기, 연구 스타일, 연구 방법론 등 '세 가지 측면에서 군중과 멀어지기' 십상이다."[21] 시범전에서의 준점은 그들의 사고를 혁명화할 수 있는 기회였다. 진샨바오의 말에 따르면, "시범전은 과학 실험의 전장에 다름 아니며, 계급투쟁과 생산투쟁의 최전선이기도 하다. 농업 과학기술 종사자들이 몸소 3대 혁명 운동에 참여하여 농민들과 함께 먹고 함께 거주하고 함께 즐기고 함께 일하기 등 '4대 함께'를 실천할 때, 실생활 속의 투쟁을 통해 자신들의 낡은 세계관을 신속하게 개조시키고, 계급, 변증법적 유물론, 생산, 군중 등을 중심으로 한 혁명적 세계관을 창조해 낼 수 있다."[22]

우리는 끝없이 반복되는 이러한 프로파간다에 회의적인 태도를 갖는다. 그러나 이러한 회의적인 태도 때문에 농업 과학 분야를 위와 같이 정치적으로 프레이밍하는 것에 내재되어 있는 어떤 진실을 놓치게 될 수도 있다. 때때로 국가의 현지 대리인들은 지역 주민들과의 연대를 굳건히 하고 풍년을 보장하겠다는 의지를 확고히 다지면서 이른바 "혁명적 세계관"이라는 것을 실제로 형성해 갔다. 그러나 이 장에서 보여 줄 것처럼, 국가의 현지 대리인들이 상향식으로 사고한다고 해서 반드시 스스로에 대해 갖는 우월의식이나 자격의식을 내려놓았던 것은 아니었다. 오히려 군중 본위의 상향식 방법은 이들 현장의 국가 대리인들이 중앙 정부가 하달하는 임무에 저항할 때 하나의 명분으로 더욱 쓸모가 있었다.

"인재를 키우다"

〈그림 19〉는 지방 간부들이 구현하고자 했던 정치적 이상을 절묘하게 포착한 선전 포스터이다. 책과 필기구는 당 서기의 문화적 소양을 상징한다. 각종 농기구들은 자신보다 정치적으로 낮은 사람들 곁에서 기꺼이 자신의 손에 흙을 묻히는 태도를 나타낸다. 파이프에 불을 붙이는 동안에도 자신의 노트를 검토하는 모습은 잠깐의 여가 시간 동안에도 항상 생산을 염두에 두고 있는 간부의 모습을 암시한다. 이 '나이 든 당 서기'가 남성이라는 점 또한 우연이 아니다. 정치적으로 젠더 평등이 우선시되고 소녀들과 젊은 여성들이 과학 실험에 참여하는 것이 꽤나 흔한 일이었지만, 지도자들은 거의 언제나 남성이었다. 심지어 농업기술원 중에도 여성은 거의 없었다. 몇 안 되는 여성 농업기술원도 젠더적 요소 때문에 여러 기회로부터 배제되었다. 내가 광시에서 인터뷰 중에 만난 한 여성은 마오 시대에 기술원으로 일한 바 있다. 그녀는 두 명의 어린 자녀가 있다는 이유로 사무직에 배당되었다며 불만을 표했다. "마치 그저 그런 여비서처럼요. 그때는 그런 시절이었습니다."[23]

문화대혁명 시대의 선전물들은 특정 정치적 가치를 강제하고 강화하

〈그림 19〉
이 회화에 대한 정보는 다음과 같다. 劉志德, "老書記"(上海: 上海人民出版社, 1973). http://chineseposters.net/posters/e27-321.php. 이는 잘 알려진 산시성 후현의 농민 출신 화가들이 문혁 시기에 생산한 작품 가운데 가장 유명한 회화 중 하나이다. *출처: Fine Arts Collection Section of the Cultural Group under the State Council of the People's Republic of China, *Peasant Paintings from Huhsien County* (Peking: Foreign Languages Press, 1974), p. 14.

기 위해 국가에 의해 신중히 선택되어 배포되었다. 오늘날 전직 농업기술원들이 구두 증언을 통해 마오 시대의 경험을 상기할 때 종종 그러한 가치들을 강조하곤 한다. 그러나 그렇게 하는 데에는 다른 이유가 있다. 과거에 대한 향수는 현재에 대한 실망을 부각시키는 데 도움이 된다.

예를 들어 나는 몇몇 전직 농업기술원들로부터 문화대혁명 시기 현지 당 서기였던 옌칭성閻慶勝이라는 인물에 대해 들었다. 옌칭성은 농업에 대한 깊은 관심으로 인해 사랑받은 간부였다. 그는 기술원들과 더불어 신기술을 배우기 위해 개인적으로 농업부를 자주 방문했다고 한다. 그는 심지어 온실 속의 묘목을 확인하기 위해 한밤중에 기술원들과 동행하기도 했다. 푸베이현의 한 농민이 새로운 품종의 쌀을 재배하자 옌칭성은 즉시 그를 농업과학연구소에서 일할 수 있도록 초빙했다.[24] 내용과 어조 모두를 감안할 때, 이러한 이야기들은 3장에서 다룬 위안룽핑의 생애 동안 꾸준히 관찰되었던 당의 [기꺼운] 지원에 관한 이야기와 대단히 유사한 것처럼 보이며, 문화대혁명 시기의 지혜롭고 사려 깊은 리더십이라는 이상과 공명한다. 이러한 사례를 통해 이처럼 강력한 서사 스타일을 생산해 낸 하나의 정치문화에 대해 이해해 볼 수 있다. 물론 이러한 이야기들에는 몇 가지 중요한 차이가 있다. 그럼에도 상부의 국가 관료들에게나 기층 현장의 농민들에게나 양자 사이의 격차를 매개해 줄 지방 간부가 필요했다는 점을 드러낸다는 점은 근본적으로 유사했다.

현지 지도자들은 일을 잘 해냈을 때 지역 사회로부터 존경을 받았다. 내가 인터뷰했던 한 농업기술원의 말에 의하면, 행정 계통의 최말단에서 "모든 것은 생산대장에게 달려 있었다."[25] 다샤의 마이바오샹 같은 공사급 간부들도 비슷한 이유로 존경받았다. 사료와 인터뷰 자료들에 의하면, 지방 간부의 성공이란 종종 그들이 인민들에게 보이는 관심과 보살핌, 지적인 역량[文化], 기꺼이 자신을 희생하려는 마음, 언제든 기회가 왔을 때 잡으려는 진취성 등에 달려 있는 것으로 묘사된다.

훌륭한 간부의 주요 특징 중 하나는 자신의 관할 구역 내 인민들의 재능을 키워 내는 능력이었다.[26] 식물을 '키우는 것'과 인재를 키우는 것 사이에 연관이 있다는 사실은 결코 우연이 아니었다. 그것은 오늘날까지 전해지는 고대 중국의 비유이다. 차오싱수이가 나와 일군의 농업 기술원들에게 설명한 바에 따르면, 이처럼 '키우다[栽培]'라는 용어가 공통적으로 사용되는 것 외에 '선발하다[選拔]'(가장 뛰어난 것을 고르다)라는 용어 또한 매우 빈번하게 사용되었는데, 이 또한 인재를 알아보고 고양시키는 일이 종자를 고르고 품종을 개량하는 고대의 관행과 깊은 연관이 있다는 점을 연상시켰다.[27] 문혁 시대 자료들도 마찬가지로 이러한 연관성을 강조했다. 산시성 신현에서 작성된 1971년도 한 문건에 의하면, "대다수의 빈하중농 군중"이 "싹을 틔우기 위해서는 먼저 씨앗을 키워야 하고, 씨앗을 키우기 위해서는 사람을 키워야 한다"라고 말했다고 한다. 이런 이유로 혁명 지도자들은 농민과 지식청년 중에서 '싹'을 선발하고 그들이 3대 혁명 운동에 참여하도록 북돋아 과학 실험 소조를 구성케 해야 했다.[28]

모범적인 지방 간부들에 관한 이야기들은 또한 그들의 개인적인 품성, 특히 그들의 관대함을 강조한다. 한 하향청년 출신 인사는 마을 어르신들이 정부가 훌륭한 간부를 준점하도록 파견하여 자신들의 생산대장으로 임명한 것을 얼마나 고마워했는지 말해 주었다. 처음에 마을 사람들은 해당 간부가 토양 개량과 관련하여 고된 노동을 부과하는 것을 두고 분개했다. 하지만 그는 새로운 종자와 비료를 구매하기 위해 자신의 상하이제 시계를 팔기도 했다. 이 시계는 120위안 이상의 가치가 있었는데, 당시 10위안이면 한 사람이 고기를 포함하여 한 달을 먹고 살 수 있는 돈이었다. 해당 간부는 지역 사회의 모범이 되었으며 과학적 영농에 대한 긍정적인 이미지를 만들어 냈다.[29]

또 다른 전직 하향청년도 소속 생산대의 대장에 대해 이야기하다가 감정이 북받쳐 올랐다. 그 생산대장은 이 청년의 잠재력을 알아봐 주었다. 생산대장이 청년을 농업기술원으로 승진시켜 주었을 뿐만 아니라, 청년에게 자신이 입수한 새로운 품종의 종자를 경작해 보라고 현지에서 가장 좋은 토지 두 곳을 맡겼던 것이다. 지도자의 너그러움에 고양된 젊은이는 이 소중한 땅을 어떻게 경작할지 공부하기 위해 책을 읽어 가며 대단히 근면하게 노동했다.[30]

나는 바로 차오싱수이를 통해 이러한 모범적인 마오 시대 지방 간부의 모습을 확인할 수 있었다. 나와 차오싱수이가 어디를 가든, 그의 카리스마, 에너지, 박학다식함으로 인해 그의 옛 동지들은 그를 따뜻하게 반겼으며 그와 동행한 이방인들이 하는 말을 경청했다(특히 기차 안에서 이러한 특징이 눈에 띄었다. 나와 차오싱수이는 붐비는 열차칸에서 다른 일행 몇 명과 함께 앉아 있었는데, 그 사람들은 빠르게 차오싱수이의 지식과 매력에 사로잡혔다). 이 같은 그의 모습을 보면서, 나는 그가 광시 서북부로 하방되었을 때 최악의 계급성분에도 불구하고—그의 부친은 국민당을 위해 싸웠다—생산대장에 임명되었다는 사실을 알고도 놀라지 않을 수 있었다. 재임 기간 동안 차오싱수이는 생산대 내의 여성들로부터 두

터운 신뢰를 받기도 했다. 차오싱수이는 특히 여성들의 어려움을 잘 헤아리고 그것들을 해결하기 위해 주도적으로 노력했다고 한다.

여성들은 낮 동안에는 생산대 노동에 참여해야 했고, 저녁에는 좁은 집에서 자녀 여럿을 돌봐야 했다. 여기에 더해 심지어 다음 날 먹을 옥수수까지 갈아야 했다. 이에 차오싱수이는 옥수수 분쇄 공장을 지었다. 여성들은 그것을 몹시 마음에 들어 했으며, 이웃한 다른 생산대에서도 사람들이 찾아와 곡물을 갈았다. 이들은 공장을 사용한 후 겨를 남겨 두고 떠났는데, 차오싱수이의 생산대는 그것을 가축 사료로 활용할 수 있었다. 여성들에게 지워진 또 다른 부담은 바로 바느질이었다. 비가 와서 하루 종일 밭일을 하지 못할 때면, 여성들은 종일 가족을 위해 옷을 꿰매고 신발을 기워야 했다. 차오싱수이는 하천 바닥에서 퍼 올린 모래를 팔아 번 돈으로 재봉틀을 몇 대 구입했다. 그가 먼저 재봉틀을 써서 간단한 옷가지 만드는 법을 직접 익혔다. 그 후 10명의 여성들에게 사용법을 가르쳐주었다.[31]

농업기술원들은 보통 인민공사의 농업 추광참에 상주하고 있었기 때문에, 그리고 공사 내 모든 생산대에 골고루 자신의 에너지를 나눠야 했기 때문에, 지방 간부들처럼 농민들과 친밀한 관계를 맺기는 어려웠다. 그럼에도 불구하고 기술원의 성공은 기층의 인민들과 좋은 관계를 만들어 갈 수 있는 그 혹은 그녀의 능력에 좌우되었다. 물론 이웃의 '형제' 인민공사의 인민들 및 상급 계통의 간부들과의 관계 형성도 중요했지만 말이다. 오늘날 사람들이 문화대혁명 기간 동안이었음에도 어떻게 그토록 농업 추광이 성공적일 수 있었는지에 대해 이야기할 때, 흔히들 다음과 같이 말한다. 보수를 적게 받고도 장시간 열심히 일하기를 꺼려하지 않았던 농업기술원들이 "질 높은" 사람들이었으며 국가의 "보배"였기 때문이었다는 것이다.³² 한 전직 기술원이 나에게 말했듯, 그들은 소속 인민공사 내 농민들에게 깊은 연민을 갖고 있었으며 "땀을 흘리고 고생을 하며" 그들 곁에서 함께 노동했다. 그는 한 마을에 갔을 때 농민들이 집에 가져가라며 시금치를 챙겨 주던 순간의 감정을 다시 떠올렸다. "그 농민들은 돈이 전혀 없었어요. 그래도 그들은 제게 채소를 주었지요. 참……그들은 어떤 심정으로 그랬을까요."³³ 다른 기술원도 다음과 같이 말했다. "기층 농업기술 추광 노동자들은 정말 고생을 많이 했습니다. 대의를 위해 고통을 감내했지요. 우리는 진심으로 최선을 다했습니다. 우리는 바람과 비를 뚫고 농민들과 함께 너른 벌판으로 나아갔고, 부지런히 농민들과 함께 노동했고, 그들과 함께 신기술을 검증했고, 그들과 함께 실험을 했습니다.……우리는 농민들과 일체화되었고 그들과 동고동락했습니다."³⁴ 차오싱수이 또한 생산대장으로서 자신의 경험에 바탕을 두고 이러한 평가에 공감했다. "그들은 대도시에서 여건이 훨씬 좋지 못한 촌으로 내려온 사람들이었습니다. 그러나 한 번도 불만을 입 밖으로 내뱉은 적이 없었습니다. 그들의 가족들도 함께 촌으로 내려왔지요. 우리와 함께 살면서 불평 한마디 없었습니다. 요즘 같은 시절엔 결코 상상할 수 없는 일이었지요."³⁵ 이러한 향수 어린 묘사는 다소 과장된 것이 분명하며, 사회주의 시대의 실제 인간 관계보다는 현재의 사회적 관계에 대한 사람들의 부정적인 인상에 대해 더 많은 시사점을 준다. 그럼에도 불구하고 그들은 마오 시대 농업기술원들의 노동 속에 내재했던 사회적 측면의 중요성을 증언하고 있다.

기술원들이 지방 간부 및 과학 실험 소조 회원들과 발전시켜 나간 인맥은 특히나 중요했다. 무엇보다 인민공사의 중심지와 지리적으로 인접한 생산대들은 이 점에서 대단히 운이 좋았다. 차오싱수이는 자신과 자신의 과학 실험 소조 회원들이 인민공사급 추광참 기술원들과 맺었던 돈독한 관계에 대해 이야기해 준 적이 있다. 다행히 차오싱수이의 생산대는 추광참이 있는 인민공사의 중심지와 그리 멀지 않은 곳에 위치해 있었다. "우리 생산대에는 큰 연못이 있었어요. 우리는 물고기를 잡아 기술원들에게 대접할 수 있었지요. 그들 먹으라고 물고기를 보내 주기도 했고요. 아니면 우리는 기술원들에게 도시에서는 찾아볼 수 없는, 우리가 직접 기른 훌륭한 채소들을 보냈지요. 그래서 기술원들은 매우 헌신적으로 우리에게 기술을 지도해 주었습니다." 그들은 특히 수의獸醫 기술원들과 가깝게 지냈다. 수의기술원들이 계절마다 자주 촌을 방문하기도 했거니와 수의 지식이라는 것이 특히 일반 인민들로서는 통달하기 어려운 것이었기 때문이다. "수의사가 왔을 때 우리는 맛있는 음식과 마실 것을 잔뜩 내주었습니다. 수의사가 오면, 어제 우리가 먹었던 것처럼 먼저 그를 초대해 식사를 했습니다. 우리는 닭을 잡아 수의사에게 대접했습니다. 그 후에야 비로소 그는 아픈 동물들을 살피러 갔죠."✥ 모든 관계가 항상 그토록 친밀하기만 했던 것은 아니다. 내가 인터뷰한 한 기술원은 개량 쌀 종자를 추광하기 위해 찾았던 생산대의 생산대장 겸 과학 실험 소조 조장에게 느꼈던 실망감을 표출했다. 해당 생산대장은 신품종에 의구심을 품었

✥ 여기서 차오싱수이는 우리가 광시 일대의 농업 추광소들을 방문했을 때 받았던 수많은 연회 가운데 하나를 언급함으로써 환대의 중요성을 나에게 환기시키고자 했다. 나는 인터뷰가 진행된 현재적 맥락과 인터뷰의 대상이 된 과거 시대에 대한 추억 사이의 연관성을 다시 한번 강조하고자 이 세부사항을 굳이 덧붙인다.

으며, 반대의 강도가 너무 심해서 이 기술원이 실제로 그럴 능력이 없었음에도 수확이 부진할 경우 생산대에 보상금을 지급하겠다고 약속해야 했을 정도였다. 생산대장의 의심은 분명 기술원의 심기를 건드렸을 것이다. 그는 이후 신품종이 시범전에서 "말이 필요 없을" 정도로 성공했다고 의기양양하게 말했다.[36] 물론 기술원들은 파견 지점의 현지 인민들에 대한 애정을, 그리고 그들로부터 받은 진정한 사랑을 더 자주 드러냈다. 그러나 선전물 속 수많은 이야기들과 달리, 기술원들의 이러한 애정은 농민들이 갖고 있던 전문지식에 대한 찬미에서 기인했다기보다는, 기술원 본인들이 제공했던 전문지식과 보살핌에 농민들이 충분히 감사해했을 때 나오는 감정이었다.

이러한 진술들은 보다 일반적으로 오늘날의 물질주의와 공공 정신의 결여를 비판하기 위해 등장한 향수 어린 담론의 일부라고 볼 수 있다. 그러나 이 사실이 문화대혁명 동안 실제로 존재했던 인간적인 관계들의 중요성을 부인하는 것은 아니다. 그러한 관계는 당사자들에게 깊은 의미가 있는 것이었으며, 또한 마오 시대의 엄청난 기술적·사회정치적 변혁을 달성하는 데 있어서도 효과적이었다.

자력갱생과 현장의 책임

중앙 정부는 기술적 목표와 정치적 목표를 모두 실현하기 위해 지방 간부들에게 의존하지 않을 수 없었다. 그러나 이러한 의존성은 미덕이 될 수도 있었다. 자력갱생 정책은 그러한 미덕 중 하나였다. 생산대의 자력갱생 역량을 제고시킨 지방 간부들은 상급 간부들의 짐을 크게 덜어 주었다. 상급이 귀중한 자원을 기층으로 공급하지 않아도 되게끔 해 주었던 것이다. 이런 이유로 과학 실험 운동과 관련된 문헌들은 다자이大寨의 유명한 지도자 천용구이陳永貴를 인용하며 "자력갱생이야말로 마법의 무기이다"라고 말한다.[37] 자력갱생 담론은 실제로도 대단히 영향력이 있었다. 그리고 자력갱생이 국가의 비용 절감에 기여했든, 혹은 지방 간부들이 중개하는 현지 인민들의 이익에 기여를 했든, 여러모로 많은 번거로움을 제거해 준 것은 사실이었다.

어떤 정치적 성향을 가졌느냐와 무관하게 모든 외국인 관찰자들은 자력갱생을 과학에 대한 사회주의 중국의 접근 방식에서 가장 중요한 원칙들 중 하나로 보았다. 비록 그들이 매우 다양하게 자력갱생이라는 개념을 이해했지만 말이다.[38] 심지어 중국 내부적으로도 자력갱생은 다면적인 의미를 갖고 있었다. 옌안 시대 때 탄생한 자력갱생 담론은 마오 시대 내내, 특히 중소 분열 이후에 삼엄한 냉전 국제질서 속에서도 중국이 계속해서 홀로 헤쳐 나갈 수 있다는 민족적 자부심을 상징했다. 여기서 한걸음 더 나아가 중국 정부는 자국처럼 제국주의 및 미소 양극 체제의 불확실성에 대항해 투쟁하고자 했던 제3세계 국가들을 위해 스스로 하나의 모델이 되고자 했다. 그러나 동시에, 중국의 기층 공동체들 또한 공동체 차원의 경제 발전을 위한 원칙으로서 자력갱생을 받아들이도록 요구받았다. 널리 수용된 자력갱생의 표준 목표는 현지 공동체들이 더 이상 곡물을 수입하지 않고 자급자족하거나 심지어 수출하는 단위가 되어야 한다는 것이었다. 국가의 공식 문서들과 인터뷰 자료들은 과학적 영농의 발전 덕분에 기층 공동체들이 비로소 국가가 제공한 밥을 축내

기만 한다는 "오명을 벗을 수 있었다"고 이야기한다.[39]

자력갱생 정책에는 많은 장점이 있었다. 그러나 그것은 또한 중앙 정부의 실패를 합리화하는 방법이기도 했다. 중앙 정부는 기층 공동체에 정치적 지시를 하달했지만, 정작 그 지시를 이행하는 데 필요한 물자들을 제공하는 데는 실패했다.[40] 그래서 중앙 정부 부처로부터 성급 정부 기관으로, 그리고 다시 성급 정부에서 예하의 지방 정부로 하달된 문건들은 군중과학 실험 운동에 필요한 자금을 송달하면서 동시에 "자력갱생, 근면성실, 근검절약의 정신"을 이행해 줄 것을 당부했다.[41] 때때로 이러한 인색함은 역효과를 낳았다. 1970년 광둥성 과학기술 영도조는 약속된 자금을 기층 과학 실험 운동 담당자들에게 제공하는 데 처음으로 실패했다고 한다. 그러고는 곧 농업 과학 실험 운동의 최전선에 서 있던 빈하중농들을 위한 지원금의 7배에 달하는 자금을 공업과 교통 인프라를 담당하는 여러 과학기술참에 제공하는 계획을 입안했다. 급진주의자들은 다음과 같이 비판 문서를 송부했다. "그들은 도대체 어떤 깃발을 흔들고 있는 것입니까? 그들은 어떤 길을 가고 있는 것입니까? 그들은 어떤 노선을 추구하고 있는 것입니까?"[42] 그러나 농업 및 다른 분야에서 자력갱생을 강조하는 국가의 노력은 그 후로도 계속되었다. 예를 들어 허난성 난자오현 과학 실험 운동에 대한 1975년도 보고서는 해당 현의 농업과학참이 자체적으로 운영하는 기업체가 현지 자산을 활용하여 벌어들인 금액과 예하의 생산대대급 집체기업들의 기부금에 의존하고 있다고 보고했다.[43] 너무 많은 것이 지방 간부들의 기업가 정신에, 그리고 그들이 주도하는 혁신에 달려 있었다.

지방 공동체의 자력갱생이란 무엇보다도 더 적은 것을 가지고 알아서 더 많은 것을 해내는 것을 의미했다. 1965년 베이징에서 열린 한 회의의 회의록에는 "자력갱생하고 근검하게 과학하자"라는 구절이 있는데, 군중을 동원하여 해결책을 모색하는 것, 간단한 물자들로 맡은 바 일을 해내는 것, 그리고 "토착적인 것"으로 "외국의 것"을 대체하는 것[以土代洋]이 강조되고 있다.⁴⁴ 문화대혁명 시기 내내 유사한 수많은 사례들이 있었다. 화룽현의 1975년도 "자력갱생하고 근검하게 과학하자" 포스터는 이를 생생하게 표현하고 있다(《그림 5》 참조). 이 포스터의 설명문은 화룽현이 "지속적으로 현지의 자원을 활용하고, 현지의 방법들을 사용하고, 필요한 장비를 즉흥적으로 고안해 냄으로써, 농업 과학 연구의 수요를 충족시키고, 군중에 의지하여 과학적 영농 활동을 추동해 나갔다"며 칭찬하고 있다. 왼쪽 사진은 시범 온실을 짓기 위한 시도에 대해 이야기하고 있다. 온실을 건설하는 데 너무 많은 돈이 들기 때문에 대중화시킬 수 없었다는 것이다. 저렴한 현지산 물자들로 비싼 물자들을 대체한 후에야—예를 들어 붉은 벽돌과 강화 콘크리트를 진흙 벽돌과 목재로 대체—비로소 새로운 "토착형 온실"을 만들어 널리 보급할 수 있었다. 오른쪽 그림도 마찬가지로 군중을 동원하고 "쉽고 간단한 방법을 채택하여 토착적인 것으로 외국의 것을 대체하고, 이로써 과학 실험에 필요한 장비를 마련할 필요가 있다"고 강조한다.

여기에서 현지 물자의 활용과 관련하여 인용되는 사례 중 하나는 위안룽핑의 이야기에서 봤기에 이미 우리에게 익숙하다. 특수 제작된 묘목 판을 대체하기 위해 흔한 점토 그릇을 사용하는 것이다. 중앙 정부의 의중은 대중 잡지 《농촌 과학 실험》의 1976년도 기사에서 더욱 분명하게 드러난다. "우리에게는 두 가지 태도가 있다. 첫 번째 태도는 군중에게 의존하기, 자력갱생하기, 토착적인 방법으로 일을 진행시키기, 그리고 실천을 통해 학습하기이다. 다른 하나의 태도는 상부에 도움의 손길 뻗기, 기다리기, 의존하기, 남에게 요구하기, 그리고 거창한 것과 외국의 것만을 갈망하기이다."[45]

국가는 현지 공동체가 도움을 받기 위해 "상부에 연락하는 것"을 방지하고자 기층에서 종자, 비료, 살충제를 생산할 것을 더욱 장려했다. 종자 생산을 두고 "사자일보四自一輔"라는 접근법이 취해졌다. 즉 현지에서 스스로 종자 선정, 보급, 보관, 사용을 책임지고, 그 보유 물량을 다른 이웃 지역과의 적절한 교환을 통해 보충한다는 것이다. 이러한 슬로건은 1958년 전국 종자 업무 회의에서 처음 제시되었고, 마오 시기 내내 정책적으로 뒷받침되었다.[46] 과학 실험 소조들이 탄생했을 때, 이 단체들이 사자일보를 담당하게 될 것이라는 점이 명백해 보였다.[47] 1975년에 출간된 4단계 네트워크에 관한 한 편집서는 사자일보 정책을 높이 평가했다. 이 정책으로 인해 기층 공동체에 종자가 부족할 때 상급에 지원을 요청하거나 개량된 품종의 도입을 외부 역량에 의존하던 과거의 제도가 극복될 수 있었으며, 공동체가 매년 종자 선정을 스스로 책임짐으로써 개량된 품종을 표준화하고 유지하는 새로운 제도를 시행할 수 있게 되었다는 것이다.[48]

개별 공동체가 종자 보급을 관장해야 한다는 관념은 [서구권에서] 녹색혁명 및 대규모 농기업을 비판하는 사람들의 이목을 끌 만한 주제이다. 교잡 종자 생산이나 GMO의 사용과 관련된 일련의 새로운 종자 기술들이 갖는 가장 문제적인 측면 중 하나가 바로 농민에게서 미래에 재배할 종자를 직접 보전하고 선택할 능력을, 심지어 그 권리를 박탈한다는 점이다.[49] 마오 시대에는 전국의 쌀 생산 지역 내 기층 공동체들의 젊은 농민들을 직접 하이난도로 보내 훈련시켰을 정도로 현지 농민들의 전문지식 계발과 자력갱생이 강조되었다. 이 점을 감안할 때 해외 기업을 도입하고 외지산 교잡 종자를 보급한다는 것은 거의 있을 수 없는 일이었다. 만약 군중과학과 현지의 자력갱생을 강조하는 정치적 여건이 오늘날까지 지속되었다면 이러한 자력갱생적 제도가 더 잘 운영되어 나갔을지에 대해서는 단언하기 힘들다. 그러나 1976년경 광시의 한 현은 종자 생산을 생산대급에서 진행하기보다는, 인민공사급이나 생산대대급에서 담당하도록 집중화할 것을 권고하고 있었다. 또한 1978년경 후난의 한 구區는 "규모 있고 공정한[一大二公]" 상태를 실현하기 위해 현급 혹은 인민공사급에서의 집중화를 선호한다면서, 생산대대 및 생산대 차원에서의 종자 보급에 반대하고 있었다.[50]

  1970년대 중국의 다수의 기층 공동체들은 비료를 수급하기 위해 공장을 짓고 있었다. 여기에는 화학비료 공장뿐만 아니라, '5406' 같은 박테리아 비료 생산시설이나 고온 기술을 활용하여 농장 및 가정의 분뇨를 가공하는 설비까지도 포함되었다. 그러나 비료의 종류가 무엇이든, 기층 공동체가 자급자족할 수 있도록 현지에서 생산한다는 점이 핵심이었다. 살충제 생산에 있어서도 화학 살충제든, 식물 성분 살충제든, 박테리아 살충제든 마찬가지였다. 브베리아Beauveria 박테리아 살충제 생산도 화룽현의 저 유명한 시스템과 유사한 네트워크에 의존했다. 현급의 1급 공장에서 높은 품질의 종균 배양을 각 인민공사에 제공하면, 각 공사는 2급 공장을 가동하여 예하 집체로 보급할 더 많은 종균을 생산했다. 그리고 각 생산대는 3급 공장을 가동하여 논밭에 필요한 브베리아 살충제를 생산했다.[51] 내가 광시에서 인터뷰했던 농민들은 담뱃잎으로 직접 자신들만의 살충제를 만들었으며, 또 해충을 방제하기 위해 석회를 채굴했다고 말했다. 한 농민은 특히 담뱃잎이 해충과 박테리아 모두에 대단히 효과적이었다고 기억한다. 그는 담뱃잎이 화학약품만큼이나 효과적이었다고 생각하지만, 현재는 상부 당국에서 담뱃잎 사용을 장려하지 않기 때문에 그리 많이 사용되지는 않고 있다고 말했다. 그에 따르면, 과거에는 "정부가 모든 일을 우리 스스로 하기를, 즉 자력갱생을 고취시켰죠."[52]

자력갱생을 이토록 강조함으로써 지방 간부는 국가에 더욱 중요한 존재가 되었다. 그러나 국가가 자력갱생을 쪼들리는 예산에 대한 기층 공동체의 의존을 차단하는 '마법의 무기'로 간주했다면, 반대로 그것은 유해한 상부 지시로부터 기층 공동체를 지켜 줄 마법의 방패로서 기능할 수도 있었다.

저항의 수단으로서 자력갱생

지방 간부들끼리 마오 시대의 경험을 회고하며 대화를 나눌 때 가장 인기 있는 화두 중 하나는 상급 간부들의 비합리성이다. 누구나 하나씩 이런 류의 에피소드를 갖고 있는 것 같다. 그리고 이러한 상급 간부들의 비합리적인 간섭과 관련된 일화들은 근대화(녹색혁명적) 이데올로기와 사회주의(적색혁명적) 이데올로기 모두의 특징이라 할 수 있는 고도의 개입주의적인 태도에서 비롯된 것으로 보인다. 한 기술원이 절묘하게 표현했듯이, "그저 농업만 하는 것은 허락되지 않았습니다. 반드시 농업을 변혁시키기까지 해야지, 그냥 하기만 해서는 안 됐습니다."[53] 다시 말해 상부는 지방 간부들이 단지 하던 일을 계속하도록 내버려두지 않았다. 끊임없이 무언가를 재발명하도록 요구했다.

보다 구체적으로, 기술원들과 지방 간부들이 보기에 때때로 상급의 지시는 농업을 이해하지 못할 뿐더러 현장 여건을 잘 아는 사람들의 말을 귀담아듣지 않는 관료들이 입안한 엉터리였다. 한 기술원이 내게 말하길, '공작 지시' 제도에는 긍정적인 영향과 부정적인 영향이 모두 존재했다고 한다. 긍정적으로 보면 그것은 좋은 신기술들을 신속하게 도입시킬 수 있었지만, 또한 "실수도 있었다." 예를 들어 대약진 기간 동안 "누군가가 단립도短粒稻를 보급하려 혈안이 되어 있었고, 이에 매우 빠르게 단립도를 심으라는 지시가 떨어진" 적이 있었다. 그러나 단립도가 남방의 기후와는 맞지 않는다는 사실이 곧 밝혀졌으며, 손으로 일일이 타작하기도 매우 어려웠다. 그럼에도 불구하고 그는 "그러한 실패가 많았던 것은 아니며, 대부분은 성급함 때문"이었다고 덧붙였다.[54] 그는 또한 일 년에 벼를 다작해야 한다고 압박을 가하는 것이 실수였다고 언급했다. 이 점은 내가 인터뷰를 진행한 다른 기술원이 제기한 바 있다. 광시의 몇몇 지역의 경우 이모작을 할 수 있을 만큼 경작 기간이 길지 못하다. 그러나 초등 교육밖에 받지 못한 상급 간부들이 상황을 더 잘 아는 기술원의 말을 듣지 않았다. 그들은 단지 매년 기술원들에게 일정 일수만큼 수확을 앞당기라는 시간표만 제시할 뿐이었다.[55] 또 다른 대화에 의하면, 북방 출신으로서 [남방인] 광시로 발령받은 한 현급 당 서기가 친히 현장을 시찰한 적이 있었다. 그는 무턱대고 광시에 진정으로 필요한 것은 사과를 재배하는 일이라고 결정했다. 그는 산시에서 몇몇 농민 전문가들을 초빙하여 사과나무를 심게 했다. 물론 북방과 남방 간의 현저한 기후 차이로 인해 이 프로젝트는 처참한 실패로 끝났다. 이를 계기로 기술원들은 '농민 전문가'라는 개념 자체에 부정적인 인식을 갖게 되었던 것 같다. 반면 보다 섬세한 훈련 체제를 갖췄던 차오산潮汕 출신의 농민 전문가들과 조우했던 기술원들은 농민 전문가에 대해 보다 긍정적이거나 최소한 중립적인 평가를 내리기도 했다.[56]

지방 간부들과 농업기술원들은 위로부터의 열악한 지시에 대해 그저 불평불만만 늘어놓고 있지는 않았다. 그들은 때때로 적극적으로 거기에 저항했다. 가장 효과적인 저항 수단 중 하나는 바로 자력갱생이라는 국가의 무기를 활용하는 것이었다. 포스트마오 시기에 제기된 비판에 따르면, 가장 흔한 실패의 원인은 '모범'을 부적절하게 적용하는 것이었다. 찬양을 받아 정형화된 일부 관행들이 각각의 현장의 현실과 부합하지 않음에도 기층 공동체들에 강요되었다.

천촌陳村에 대한 고전적인 구술사 연구도 이러한 현상을 다룬 바 있다. 다자이라는 '모범'을 모방하도록 강요받았던 이 촌락은 언덕을 깎고 나무를 심는 데 막대한 노동과 자원을 쏟아부었다. 그러나 새로운 작물을 키워 내기에는 표토가 충분치 못한 불량 경작지를 만들어 냈을 따름이었다.[57] 마찬가지로 내가 인터뷰한 한 전직 하향청년이 머물렀던 산시의 한 촌락은 다자이식으로 구릉에 계단식 논밭을 조성하기 위해 촌민들을 동원했다. 그러나 이 촌락의 토지에 바위가 충분치 않아 끝내 완공을 보지 못하고 실패하고 말았다.[58] 당시 꽤나 흔했던 이러한 실패 사례들은 분명히 비판받아 마땅하다. 그러나 마오 시대의 국가 간부들이 일찍이 그러한 문제들에 주목하고 있었음을 인식할 필요가 있다. 포스트마오 시대의 비판론자들이 펜을 들기 훨씬 전부터 이미 하향식 기술 이전에 대한 수많은 비판이 존재했던 것이다.

 1960년대와 1970년대 내내 농촌 각지에 실험 소조들이 존재했다. 이 조직들은 새로운 종자와 농법이 현지에 맞는지 시험하고, 현지의 조건에 더 잘 맞는 새로운 품종과 기술들을 생산하는 데 전념했다. 1965년 전국 과학 실험 참가 농촌 청년 회의에서 결의된 제2원칙은 실험 결과를 "현지 여건에 맞게끔" 그리고 "지금 여기에서 생산에 공헌할 수 있도록" 고쳐 써야 한다는 것이었다.[59] 같은 해 베이징 시립 농촌 과학 실험조 구성원 회의에서는 다자이 같은 모범 사례들의 "선진 기술 경험을 학습하는 것"과 "현장의 조건에 맞춰 행동하는 것" 사이의 관계에 대해 보다 구체적인 논의가 이루어졌다. 예를 들어 인근의 한 생산대대는 신품종 수수로 높은 수확량을 달성했고, 이 새로운 종자를 널리 추광하기 위해 노력했다. '군중'은 불만을 표하며 그 결과를 신뢰할 수 없다고 이야기했다고 한다. 알고 보니 실험 소조가 사용했던 시험전이 최상 등급의 토지였던 것이다. 이듬해에 실험 소조는 평균 등급에 가까운 땅에서 실험을 재개했다. 그러나 보통의 인민들이 일반적으로 사용할 수 있는 양을 훨씬 상회하는 막대한 양의 비료를 사용했다. 이에 인민들은 여전히 불신을 표했다. 3년 차가 되던 해에야 마침내 실험 소조는 해당 지역의 평균적인 경제 조건에서도 신품종 수수가 더 높은 수확량을 올린다는 사실을 보여 줄 수 있었다.[60]

 부적절한 기술 수입이 초래할 수 있는 폐해에 대한 우려는 문화대혁명 기간 내내 그리고 포스트마오 시대에도 계속되었다. 1971년 산시성의 한 현은 수입 품종의 "맹목적인" 추광으로 인해 막대한 농업 손실이 났다고 기록했다. 문건의 저자들은 수입 옥수수 품종을 대규모로 재배하기 전에 그 특징에 대해 제대로 학습하지 못한 점을 한탄했다.[61] 중국 전역의 연구기관들이 교잡벼 연구에 동원되었을 때에도 마찬가지 우려가 반복적으로 제기되었다. 예를 들어 랴오닝성의 연구원들은 현장의 기준에 부합하는지 확인하지 않고 성급하게 외부의 신기술을 수용하지 않도록 주의하자는 차원에서 교잡 품종들을 이미 추광된 기존의 개량 품종들과 면밀히 비교해 볼 필요성이 있다고 지적했다.[62] 흥미롭게도 지방 간부들은 외부 신기술을 채택하라는 압력에 저항하기 위한 하나의 모델로서 다름 아닌 다자이를 활용했다. 1974년도의 한 문건은 다음과 같이 설명한다. "다자이에서의 경험은 개량 품종에도 여러 조건들이 따라줘야 한다는 것을 우리에게 알려 준다. 지역마다 다르고, 토양과 기후마다 다르고, 재배 시기 및 비료와 물의 필요성에 따라 다 다르다." 어떤 주어진 우량 품종이 "모든 곳에서 우량하지는 않을" 것이다. 이에 저자들은 외부에서 온 품종이 반드시 개량된 품종일 것이라는 생각 자체를 비판했다.[63]

다샤공사의 마이바오샹은 상급 당국의 강요에 못 이겨 멕시코산 벼를 심으며 느꼈던 좌절감을 떠올렸다. 화북에서는 멕시코산 신품종의 수확 성적이 좋았다. 이에 당시 사람들은 이 품종이 중국 전역으로 추광되어야 한다고 믿었다고 한다. 그러나 재배 첫해에 농사가 실패하자 마이바오샹은 이를 근거로 이 품종이 다샤에 적합하지 않다고 주장할 수 있었고, 이듬해에 이 품종을 장려하지 않아도 되었다. 지방 간부들이 언제나 현지 조건을 명분으로 외부의 압력을 떨쳐 낼 수 있었던 것은 아니다.

그러나 그들에게는 어느 정도의 재량권이 있었다. 특히 외부의 종자와 관행을 맹목적으로 수용하는 태도는 잘못된 것이라고 널리 인정되고 있었는데, 바로 이러한 태도가 실패의 원인이라고 이야기할 수 있을 때 지방 간부들은 자신들의 재량권을 극대화할 수 있었다.[64]

자력갱생 정책은 기층 공동체에 일종의 양날의 검이었다. 한편으로 그것은 기층 차원의 기술과 역량을 발전시켰다. 이러한 경험은 현지 공동체들이 투입 물자 공급에서 종자나 화학비료를 취급하는 대기업에 종속되게 된 포스트마오 시대나 다른 국가들에서의 패턴과는 확연히 다른 것이었다. 다른 한편으로 자력갱생 정책은 국가가 기층 공동체에 임무를 부여해 놓고도 그것을 완수하는 데 필요한 물자와 전문지식을 제공하지 않아도 되게 만드는 편리한 핑계가 되었다. 여기서 관건은 국가의 대리인들의 재량권이었다. 올곧은 마음을 가진 간부의 손에 쥐어졌을 때, 자력갱생은 기층의 이해를 옹호하고 부적절한 외부 모델에 순응하라는 압력에 저항하는 데 유용한 레토릭이 될 수 있었다.

농민의 저항에 대처하기

국가의 대리인들은 상부 지시의 부당함을 완화하는 것 외에 농민들의 비타협적인 태도도 관리할 줄 알아야 했다. 화학비료 도입 시도에 대한 1965년도의 한 자료에 의하면, 다음과 같은 네 가지 유형의 '공포' 때문에 격렬한 저항이 발생했다고 한다. 첫째, 비료에 돈을 쓰게 됨에 따라 인민공사 구성원들에게 분배될 지원 금액이 줄어들지도 모른다는 공포, 둘째, 화학비료를 뿌려도 소용없을 것이라는 공포, 셋째, "아래"로 부터의 이견, 즉 불만이 제기될지도 모른다는 간부들의 공포, 넷째, 화학비료 때문에 더 많은 물을 써야 하고 따라서 더 많은 문젯거리가 야기될 것이라는 인민공사 구성원들의 공포 등이다.[65]

농민들의 저항은 사회주의 중국에 심대한 위협으로 다가왔다. 그것은 대단히 실제적이었으며 다면적이었다. 그만큼 국가의 대리인들도 정교하게 대응할 필요가 있었다. 마오 시기에 생산된 문건들에는 새롭게 도입된 농업 기술들에 대한 농민들의 저항이 기록되어 있다. 그러나 정치적 제약으로 인해 이러한 문건들의 프레임은 저항을 둘러싼 실제 긴장들을 제대로 조명하지 못한다. 여러 사례들 가운데 하나만 예로 들어 보자.

교잡벼 도입에 관한 광시의 한 과학 실험 소조의 1976년도 보고서는 농민들의 저항에 대해 불만을 표한다. 보고서는 인민들이 이런저런 걱정거리들과 더불어 교잡벼 때문에 비료를 너무 많이 써야 할까 봐 근심하고 있다고 밝히고 있다. 보고서는 이러한 근심거리들이 농민들의 '맹종적 보수주의'와 '인습주의'를 반영하는 것이며, 이 두 가지 잘못된 사상에 대해 "이중의 투쟁을 벌여야 한다"고 주장한다. 그러나 실제로 해당 실험 소조는 여러 해에 걸쳐 교잡벼 때문에 변소 구덩이에 축적된 고온 퇴비와 거름을 더 많이 사용하게 되었다.[66] '이중'의 이데올로기적 투쟁이라는 프레임의 타당성은 의문스럽지만, 이러한 문건들은 비료를 현명하게 써야 한다고 염려했던 기층 농민들에 대해, 또한 아마도 신기술 도입이 자원의 낭비로 귀결되기도 했던 일련의 방식들에 대해 유용한 정보를 제공한다. 저항과 그에 대한 대응의 양상은 농촌 과학 실험 운동이 본격적으로 시작되었으나 아직 문화대혁명의 레토릭이 정점을 찍기 전인 1965년과 1966년 사이의 문건에서 가장 뚜렷하게 나타난다. 이러한 문건들은 저항하는 농민의 힘을 보여 주며, 또 국가가 농민들이 신기술을 받아들이도록 하기 위해 단순 명령이나 위협을 훌쩍 뛰어넘는 수준에서 다양한 방법들을 모색해야 했음을 알려 준다.

저항을 극복하는 이야기들은 전형적으로 매우 익숙한 서사의 포물선을 따른다. 즉 새로운 기술이 도입되고, 인민들이 저항하고, 다양한 방식의 설득이 이루어지고, 결국에는 농민들이 신기술을 받아들였다는 것이다. 이러한 서사에는 특정한 정치적 목적이 내재되어 있다. 예컨대 간부들에게 저항을 극복하기 위한 전략을 제공하거나, 저항은 일시적인 것일 뿐이며 결국 신기술의 수용은 불가피하다는 점을 반복적으로 강조하는 점을 통해 이를 알 수 있다. 이러한 극복의 서사는 간혹 당시의 특정 정치 운동과 연동되기도 한다. 예를 들어 1964~65년의 사회주의 교육 운동은 간부들의 정치 지도 덕분에 기층 농민들의 완고함이 교정되었다는 이야기들, 새로 도입된 농업기술이 이 운동 및 다른 여타 정치 운동의 목적에 부합한다는 류의 이야기들을 수없이 만들어 냈다. 때때로 이러한 내러티브는 "역시 과학 실험은 훌륭하다"는 보다 오래 지속될 교훈을 도출하기도 했다. 심지어 몇몇 이야기 속의 농민 저항은 정치적으로 옳았음이 증명되기도 했다. 그런 이야기는 그런 이야기대로 정치적으로 유용했다. 군중과학이라는 접근법이 옳았다는 인식을 강화시킬 수 있었기 때문이다.

그러나 이야기들이 그저 프로파간다 담당자들의 기발한 상상 속에서 맴돌다 끝났던 것은 아니다. 비판적 읽기를 시도할 필요가 있다. 다른 자료들을 통해 이미 알고 있는 바를 참고하면, 단순히 저항을 '계급의 적'에 의한 것으로 묘사하는 것도 설득력이 떨어지며, 신기술이 끝내 수용되었다는 한결같은 해피엔딩도 곧이곧대로 받아들이기 어렵다. 그러나 이러한 서사 안에 묘사된 갈등만큼은 기층 차원에서 실재했던 긴장들을 반영하는 것이라고 믿을 만한 충분한 이유가 있다.

저항의 서사 속에서 농민들은 제임스 스콧의 저 유명한 《약자의 무기Weapons of the Weak》에서 다루어진 여러 형태의 저항 수단들을 취하고 있다. 저항의 서사 속에서 '군중'—혹은 '인민공사 구성원들', '하급 현장下面', '노농' 등—은 마치 그리스 비극의 코러스처럼 등장한다. 가장 좋게 말하면 그들은 "의견을 제기"했고, 최악의 경우 "여기저기 떠들고 다녔다." 어떤 경우든 위로부터의 명령과 아래로부터의 저항 사이에 낀 지방 간부들로서는 골칫거리가 아닐 수 없었다. 4장에서 이미 살펴본 것처럼, 국가의 지원을 받은 새로운 돼지 교배기관—네 자매 수의참—으로 인해 생계에 위협을 받게 된 수퇘지 아범들은 이미 효과가 증명된 기존의 방식을 따라야 한다고 암퇘지 소유 농가를 설득하기 위해 그들 나름의 프로파간다를 퍼뜨리며 대응했다. 또한 기층 인민들이 과학적 영농의 선전물을 모방하여 영리한 비유와 압운을 사용했다는 점도 살펴보았다. "소녀들이 과학적 영농을 한다고? 그것은 마치 우물 밑바닥의 개구리들이 날개를 만들어 날아오르는 것과 같다!" 인민들의 솔직한 표현도 저항의 힘을 강화시킨다. 예를 들어 어떤 여성들은 그들이 "방구비료"라고 불렀던 암모니아 중탄산염 비료를 사용하길 거부했다. 눈과 코를 톡 쏘고 소변 냄새가 너무 강하게 났기 때문이었다. 이때 여성들은 "저는 못합니다. 간부 나으리들이나 하실 수 있겠죠!"라고 말

했다.⁶⁷

　농민들은 또한 자신들의 지식과 경험에 입각하여 직접적으로 저항하기도 했다. 여기서 농민이 불리한 신기술에 저항하는 과정에서 농민이 경험에 토대를 두고 전개했던 주장을 지방 간부들이 자력갱생을 명분으로 전개했던 주장과 비교해 볼 수 있다. 두 유형의 주장 모두 국가 이데올로기의 힘을 끌어다 쓰고 있다. 한 기술원이 내게 말했듯, 신기술에 불만이 많았던 것은 주로 연로한 농민들이었다. "수십 년 농사를 지었지만 이런 건 한 번도 해 본 적이 없습니다. 별로네요."⁶⁸ 때때로 그들은 매우 강력할 수 있었다. 농민들은 부실하게 설계된 실험을 두고 "이런 식으로 농사를 짓는다면 처자식까지 내다 팔아야 할 판"이라 비판했다. 이런 식으로 농민들은 농사를 망쳤을 때 인민들에게 닥칠 수 있는 통렬한 진실을 간부들에게 단박에 상기시킬 수 있었다. 국가는 인민들이 과거 "해방 이전"에 겪었던 트라우마를 기억하도록, 그리고 이러한 트라우마를 종식시킨 공산당의 정당성을 기억하도록 각종 고난의 이야기들을 장려했다. 위의 농민의 일갈은 바로 이 익숙한 고난의 서사와도 연결되었다.⁶⁹

　더 나아가 농민들은 농업 현장에 무엇이 필요한지는 자신들이 가장 잘 안다면서 구체적으로 신기술에 대한 반대 의견을 개진했다. 예를 들어 1964년 광둥의 한 농민은 새로 도입된 왜성矮性 품종의 쌀이 "오리의 배를 터트려 죽게 하고 소들을 굶게" 할 것이라고 했다. 이 말은 벼들이 키가 작아 모두 땅에 떨어져서 오리가 먹어치울 것이며, 이에 소에게 먹일 사료가 부족하게 될 것이라는 의미였다. 비록 이 구체적인 쌀 품종에 관한 이러한 의견은 훗날 틀린 것으로 "증명"되었지만, 어쨌든 해당 농민은 곡물 생산과 가축 관리의 연관성에 대해 해박한 사람으로 비춰졌다.[70] 한편 닝샤寧夏의 일부 인민공사 구성원들은 "각 지역마다 고유의 물과 토양이 있다"고 공언했다. 그들은 맑은 물이 있는 지역에서는 새로 도입된 쌀 품종이 효과적이겠지만, 닝샤처럼 물이 탁한 곳에서는 그렇지 못할 것이라 생각했다.[71] 이러한 반대 의견은 이 단일 사례를 훨씬 뛰어넘어 모든 지역에 각각의 특별한 환경적 특징이 있다는 오랜 관념에 뿌리를 둔 것이었다. 이런 인식은 주로 모든 장소마다 각각 다른 곳과 구별되는 특별한 기氣가 있다는 식으로 표현되기도 했다.

공식 보고서와 프로파간다는 저항에 대한 다양한 대처법이 존재했음을 보여 준다. 많은 경우 저항은 미신과 관련지어졌다. 예를 들어 1965년 광둥의 농민들은 특정한 밭에 작물을 심으면 죽게 된다고 믿었다고 한다. 1966년 푸젠의 농민들은 완두콩이 귀신을 불러오기 때문에 재배하기 꺼렸다고 한다.[72] 특히 정치적으로 보다 불안정했던 시기에 저항은 종종 "계급의 적"에 의한 파괴행위로 간주되기도 했다. 두 경우 모두에 대한 일반적인 해결책은 마오쩌둥 사상을 다시금 학습하는 것이었다.

그러나 이러한 예측 가능하고 손쉽게 비판할 수 있는 대응들 외에도, 국가-사회 관계가 훨씬 더 역동적이었음을 보여 주는 수많은 대응 전략들이 있었다. 다샤공사에서 마이바오샹은 농민들이 "간단하고 싼" 신기술들을 기꺼이 받아들이고자 한다는 점을 깨달았다. 그들은 인구에 비해 토지가 부족했던 차오산 농민들이 촉진시키던 '성경세작' 대신 화학 제초제를 선택했다.[73] 다른 지역의 문건들 또한 유사하게 현지 생산 업무상의 필요에 기반을 두고 연구를 지시하는 것의 중요성과 과학 실험 설계에서 현지인들의 경험을 참고하는 것의 중요성을 강조한다. 이는 1966년 닝샤의 한 보고서에 잘 요약되어 있다. 이 보고서는 "군중이 과학 실험을 지지하게 될 것인지 말 것인지, 과학기술이 농촌에서 뿌리를 내리고 싹을 틔우고 꽃을 피워 열매를 맺을 수 있을 것인지 결정지을 핵심 관건"은 바로 "생산의 실제 필요로부터 시작하는 것"이라고 말한다. 보고서는 더 나아가 지방 차원에서의 과학 실험은 반드시 고급 과학 연구기관의 전문성과 현지의 전통적인 경험을 결합하는 방식으로 전개되어야 한다고 주장한다. "실험을 통해, 우리는 신속하게 외지의 선진기술을 현지화해야 한다."[74] 그러므로 농민들이 어떤 신기술이든 무조건 단순하게 수용하리라 기대해서는 안 됐다. 어떤 기술과 방법을 도입할 것이냐는 현지 맥락에 부합하게, 인민들에게 부당한 부담을 주지 않도록, 신중하게 선택되어야 했다.

'군중'을 참여시키는 것은 현지에 신기술을 뿌리내리게 하기 위한 하나의 의식적인 전략이었다. 1965년도 베이징 회의의 회의록은 이 점을 분명히 하고 있다. 보고서에 의하면, 첫째, 과학 실험은 군중의 '의견'에 기초해야 한다. 둘째, 과학 실험 소조가 문제에 직면했을 때, 그들은 군중의 집단지성에 의지하여 군중들과 함께 문제를 해결할 계획을 세워야 한다. 실험이 완료되면 그 결과를 평가하기 위해 군중을 회의에 초청하고, 성공적인 경우에 한하여 해당 신기술을 추광하는 데 군중과 협력해야 한다. 만약 실험이 실패했다면 실험 소조는 군중에게 상황을 상세히 설명해야 하며, 군중들과 더불어 실패의 원인을 분석하고 시정할 방법을 찾아야 한다.[75]

이러한 이야기 속에서 농민들은 때때로 보수적이거나 후진적이라고 묘사되기도 했지만, 확실한 실증적 증거에 입각한 설득에는 열려 있는 사람들이기도 했다. 1959년도 한 논문에서 푸저룽은 농민들이 기생말벌을 해충방제에 활용하기를 거부했었다고 보고했다. 농민들에게 작은 말벌들이 딱히 효과적으로 보이지 않았던 데다가, 사람을 쏠 수도 있었고, 이래저래 너무 번거로워 보였던 것이다. "농민들은 평생 동안 해충을 잡기 위해 벌레를 활용한다는 이야기를 들어본 적이 없었다. 그러므로 결과를 보지 않고서 어떻게 믿을 수 있겠는가?" 한 가지 효과적인 해결책은 해충의 알을 가른 후 돋보기를 이용해 농민들에게 어떻게 말벌이 해충 알에 기생하는지 직접 보여 주는 것이었다.[76] 또 다른 1966년 보고서는 다음과 같이 강조했다. "군중의 보수적인 사고 및 경작 관행과 관련하여, 실험 소조는 실제 사실을 보여 줌으로써 군중들을 만족시킬 수 있는 실험의 절차 그 자체에 주의를 기울일 필요가 있다."[77] '완두콩 귀신'의 사례와 관련하여, 사상이 불통인 군중들과 마주쳤을 때 간부들에게 가장 좋은 방법은 주도적으로 시범을 보임으로써 [과학적] 사실로써 군중과 대화하고 그들을 교육시키는 것이라고 보고했다. 갓 수확한 완두콩을 보여 주자 "농민들의 입술이 움직이기 시작했고, 그들의 사상은 즉시 교정되었다."[78]

기술원들은 유점도면 체제 아래 모든 '점'들에서 일일이 농민들에게 신기술의 가치를 설득해야 하는 길고 지난한 과정을 기억하고 있다.[79] 한 사람은 왜성 품종 쌀 도입과 관련하여 다음과 같이 상기했다. "처음에 농민들은 전혀 믿지 않았습니다. 아이고! 그들은 벼의 키가 얼마나 짧은지 보고는 수확량이 적을 것이라 생각했습니다. 그러고는 '좋지 않다'고 말했지요." 이에 기술원들은 비교 실험을 진행했고 농민들에게 그 결과를 직접 검수하도록 했다. 이러한 과정을 거치자 농민들은 머지않아 왜성 쌀의 가치를 인정하게 되었다.[80]

이 지점에서 다시 한번 다른 나라 같았으면 그저 '시연' 정도로 치부했을 이 과정을 중국 기술원들이 '실험'이라 일컬었다는 점에 놀라게 된다. 농민 출신으로 다샤에서 과학 실험 소조의 조장으로 활동했던 한 기술원은 내게 어떻게 추광을 효과적으로 할 수 있는지에 대해 자신의 생각을 이야기해 준 적이 있다. 그의 견해는 명백히 마오쩌둥의 《실천론》에서 발견되는 지식 이론으로부터 영감을 받은 것이었다. "모든 신기술은 농민의 인정을 받아야 합니다. 먼저 시연하고[樣板], 실험 모델을 만들어야 합니다. 기술적 절차를 학습하는 과정에서 농민들은 지식을 머리로 획득하게 됩니다. 실험 모델이 기대된 결과를 얻었을 때 농민들은 지식을 마음으로 받아들이게 됩니다. 그 후에야 비로소 해당 기술은 농민들에게 수용되고 활용될 수 있지요."[81]

이런 문건에서 제시되고 있는 추광 전략들은 실증적 증거가 설득에 쓰이는 역할뿐만 아니라 권위와 신뢰의 중요성에 대한 하나의 통찰을 보여 준다. 사람들이 과학을 믿느냐 마느냐 하는 문제는 '사실'에 대한 그들 자신의 해석뿐만 아니라, 누가 그러한 사실을 전달하는가에도 달려 있는 것이다.[82] 완두콩 귀신 딜레마의 사례도 비슷했다. 과학 실험 소조는 현지 농민들을 설득하는 데 도움을 얻고자 완두콩 농사 경험이 많은 이웃 공동체의 한 노농을 고문으로 초청하여 수확기까지 머무르도록 했다. "방구비료"의 사례의 경우에도, 과학 실험 소조의 한 여성이 나서서 암모니아 중탄산염 비료의 장점을 설명했던 것이 그 냄새에 대해 불만을 표하며 다시는 쓰지 않겠다고 장담하던 다른 여성들을 설득하는 데 도움이 되었다.

만약 같은 동료들조차 일부 반대자들을 설득할 수 없다면, 가장 좋은 방법은 그들을 직접 참여하게 만드는 것이다. 예를 들어 장자타오라는 농민은 어느 청년의 실험을 듣고 그것이 당최 무슨 쓸모가 있는지 의구심을 품었다(6장 참고). 그는 우호적인 검증 논쟁에 참여한 후 결국 설득되었다고 한다. 이러한 이야기는 상당히 일반적이었던 것 같다. 베이징에 사는 자오광이라는 79세의 노농은 밀식이 "사람을 두들겨 패는 것"과 같다고 비유했다. 자오광은 한 밭에서 원하는 방식대로 작물을 심도록 허락받았다. 또 다른 밭에서는 과학 실험 소조가 좁게 심기를 하여 작물을 재배했다. 결국 자오광은 밀식이라는 새로운 농법의 우수성을 인정할 수밖에 없었다고 한다.[83] 동일한 문건은 왕청린이라는 노농에 대해서도 이야기하고 있다. 왕청린은 묘목을 심은 토지에 물과 화학비료를 더하면 안 된다고 반대했다. 작물들이 너무 빨리 자라 제대로 익기 전에 쓰러져 버릴 것이라 생각했던 것이다. 그러나 실험이 성공적으로 끝나자, 그는 실험 소조가 마련한 강의에 참석하기 시작했고, 훗날 실험 소조의 골간 조원이 되었다.[84] 프로파간다가 이러한 사례들을 부각시킨 것은 그것이 '군중과학'에 참여한 농민들을 상찬하는 방법이었을 뿐만 아니라, 저항적인 농민들을 (국가 정책에) 순응하도록 하는 과정에서 활약했던 지방 간부들의 중요한 역할을 강조하는 방법이기도 했기 때문이다.

저항과 과학 실험의 의의

이런 이야기들은 국가가 얼마나 필사적으로 기층 인민들의 협력이 필요했었는지를 드러낸다. 그러면서도 기층 공동체를 지탱해 나가는 동시에 국가 정책을 실행시킬 능력이 있던 "지혜로운" 지방 간부들을 찬양했으며, 그들이 가만히 두었다면 계속 진창에 처박혀 있었을 노농들을 농업 근대화의 노정에 동참시키기 위해 얼마나 노력했는지를 보여준다. 다음 두 장은 이 주제를 확장하여, 농업기술원으로서 혹은 심지어 '과학 실험'의 지도자로서 유의미한 일을 할 수 있을 것이라 장담하며 농촌 출신 청년들을 [도시에서] 농장으로 되돌려보내고자 했던 국가의 노력을 살펴볼 것이다. 이 모든 것을 이해하는 것은 '과학 실험'이 과연 무엇을 의미했는가라는 질문에 대답하기 위해 반드시 필요한 작업이다. 과학 실험은 농업지식을 증진시키기 위한 프로그램이기도 했지만, 동시에 국가와 농촌 사회 사이의 협상의 한 형태이기도 했다. 즉 과학 실험은 자연 세계와 관련된 것인 만큼 사회 세계에 관한 것이기도 했다. 그리고 그러한 협상의 주요 행위자들은 녹색혁명의 최전선에 있던 지방 간부들과 농업기술원들이었다.

앞 장에서 좋든 나쁘든 간에 새로운 농업기술에 의해 위협을 받았던 문화적 풍습과 사회적 관계들을 살펴보았다. 국가 관료들은 전선을 신중하게 선택할 필요가 있었다. 예를 들어 간부들은 자기 지역의 품종을 선호하는 경향이 있던(지금도 그러하다) 인민들에게 새로운 품종의 곡물을 홍보하기 위해 엄청난 에너지를 투자하면서도, 가축의 품종을 선택할 재량은 현지 인민들에게 내어주기도 했다. 일부 갈등은 중국공산당의 이데올로기적 우선고려사항을 강화하는 데 유용하기도 했다. '과학적 영농'을 실천하는 젊은 여성들이 주로 교배용 수퇘지를 키우던 남성들—수퇘지 아범—과 경쟁 관계에 놓이게 되었을 때, 이러한 갈등은 신품종 돼지를 장려하면서 동시에 기존의 젠더 관계에 도전하는 이중적인 기능을 수행하는 데 도움이 되었다. 따라서 이는 선전의 중요한 소재로 활용되었다. 그러나 관료들에게 농업의 변혁을 위한 모든 노력을 일일이 사회혁명의 계기로까지 확장시킬 여력은 없었다. 다른 많은 경우 국가 간부들은 기존의 제도 내에서 움직였다. 예를 들어 추광참은 '과학적 영농'을 실천하는 젊은 여성들의 이해관계에 반하는 일임에도 일가친척이 없는 노인을 고용하여 계속해서 개량된 품종의 수퇘지 한 마리를 기르게 했다. 노인은 며칠에 한 번씩 수퇘지를 데리고 마을을 돌아다니며 교배가 필요한 암퇘지가 없는지 살폈다.[85] 이러한 '수퇘지 아범'은 많은 중국 기층 공동체의 빼놓을 수 없는 구성원이었다. 체제는 어쨌든 별다른 생계 수단이 없는 인민들을 도와줄 수밖에 없었다.[86] 스스로 전선을 선택했음에도 불구하고 국가는 결코 완전한 승리를 보장받지 못했다. 농민들은 기존의 품종보다 신품종이 맛이 더 좋을 때에만 후자를 기꺼이 받아들였다.[87] 신품종이 만족스럽지 않았을 때, 지방 간부들은 전통적인 품종을 지속적으로 재배할 방법을 찾아야만 했다. 심지어 상급 조사관의 시선을 피해 은밀히 언덕에 따로 논밭을 조성하는 한이 있더라도 말이다.[88]

 지형을 극복한, 혹은 많은 경우 저항을 흡수한 이러한 이야기들은, 국가가 '실험'이라고 불렀던 것이자 필립 쿤 및 다른 외국인 관찰자들에게는 '시연'에 지나지 않는 것으로 보였던 어떤 것에 대해 또 하나의 생각거리를 제시한다. 1960년대와 1970년대에 '실험'이라는 개념의 중요성은 중국 혁명의 이데올로기와 매우 깊게 연관되어 있었으며, 실제로 이데올로기적으로 의미화된 '실험' 개념은 그것이 처음 등장했던 장소인 농업 과학으로 다시 스며 들어갔다.[89] 농촌에서 진행되었던 활동들을 '실험'으로 불러 마땅하다는 주장은 이러한 과학문화와 정치문화를 둘러싼 맥락이 있었기에 가능했던 것이다. 즉 농업 '실험'을 수행한다고 말하는 것은 적어도 과학적 엄정함에 관한 주장인 만큼이나 혁명적 진정성에 관한 주장이기도 했던 것이다. 마오 시대에 '과학'이라는 용어와 '실험'이라는 용어가 정치적 의미를 지니고 있었다는 점을 확인했다면, 이제 농촌 과학 실험 운동이 사실 엄청나게 많은 것들을 시험해 보려는 시도였음을 더 명확하게 알 수 있을 것이다. 신기술은 현장에서 "시험적으로 사용되어 봐야" 했다. 더욱이 신기술이 제대로 작동하기 위해서는 현지의 환경 조건뿐만 아니라 이를 이용할 인민들과도 잘 맞아야 했다.[90]

작물 육종, 비료, 호르몬, 그리고 그 외 다른 프로젝트들에 종사했던 기층 과학 실험 소조들이 새롭고 대단한 과학 이론을 생산했던 것은 아니다. 그러나 그들은 농촌 인민들이 기초적인 장비를 가지고 어느 정도까지 새로운 농업 투입 물자를 생산하고 적용할 수 있는지 그 한계를 실로 실험해 보고 있었다. 또한 그러한 각종 신기술들이 기층 현장에 적합한지 실험하고 있었다. 새로운 기술들이 중국 농촌의 특정 지역에서 효과가 있었는지 묻는다면, 많은 경우 그것들은 제대로 작동하지 못했다고 대답해야 할 것이다. 그렇다면 실패한 실험을 시간과 자원의 낭비로 한탄할 것인가, 그렇지 않다면 흔히 말하는 과학의 "굴곡진 길"

위에 있을 수 있는 하나의 굴곡으로서 받아들일 것인가 하는 문제가 남게 된다. 이러한 문제는 수많은 요소들과 뒤엉키게 되는데, 그중에서도 가장 중요한 것은 역시나 사회적이고 정치적인 요소들이었다. 상급 관료들이 얼마나 기층 인민들의 목소리를 들었는가? 인민들이 자신들의 지도자의 지능과 선의를 얼마나 신뢰했는가? 비록 문헌 및 인터뷰 자료를 통해 비슷비슷한 이야기가 반복되는 것처럼 보이지만, 이상과 같은 문제들에 관한 한 사회주의 중국에 존재했던 수많은 촌락의 수만큼이나 다양한 대답들이 존재할 수 있을 것이다.

| 제6장 |

레이펑의 역설

상산하향 운동上山下鄉運動은 1968년부터 1975년 사이에 약 1,200만 명의 도시 청년을 농촌으로 대거 이주시킨 운동이었다. 이 과정에서 랴오닝성 성도인 선양瀋陽에서 자란 청년 선뎬중沈殿忠 또한 한 국영농장으로 "하향"되었다. 1968년 9월 집을 떠날 즈음, 선뎬중은 10대 치고는 양자물리학과 과학철학에 대해 상당히 심오한 고민을 갖고 있었다. 농촌으로 떠나기 며칠 전, 선뎬중은 일기에 다음과 같이 적었다. "우리는 왜 과학 실험을 하는가? 한 명의 개인으로서 입신양명을 하기 위함인가? 아니면 혁명을 위해서인가? 방문을 틀어막고 홀로 과학 실험을 해야 하는가? 아니면 너른 들판으로 나아가 군중과 연대해야 하는가?"[1]

몇 년 후 선뎬중은 배정받은 국영농장에 와 있었다. 그리고 과학 실험 소조에 가입할지 여부를 결정해야 하는 상황에 처해 있었다. 과학에 대한 그의 깊은 관심을 감안할 때, 일견 간단한 결정으로 보일 수 있는 이 사안에 대해서조차 그는 상당한 자기성찰을 거쳐야 했다. "과학 실험을 수행하는 과정은 실상 하나의 투쟁 과정이다. 이런 종류의 투쟁은 내가 사랑하는 투쟁이요, 내가 뛰어들고 싶은 투쟁이요, 내가 환영하는 투쟁이요, 내가 지지하는 투쟁이다." 마치 자신의 주장을 미리 준비라도 한 듯, 그는 과학 실험에 참여하고 싶은 세 가지 주된 이유를 열거했다. 지난 3년 동안 그는 다른 사람들이 농장에서 진행하고 있던 과학 실험 활동을 지켜보며 열광했고, 자신 또한 "랴오닝의 농업을 변혁하기 위한 전투"에 기여하기를 원했으며, 마지막으로 과학 실험은 하나의 학습 경험으로서 자기 자신을 변혁시킬 수 있는 계기가 될 것이라 생각했다.[2]

선뎬중의 숙고의 이면에는 많은 청년들이 1960년대와 1970년대에 겪었던 경험을 특징짓는 하나의 핵심적인 긴장이 놓여 있었다. 그것은 곧 개인으로서 자신의 경력에 중요한 무엇인가를 성취하여 영웅이 되고 싶다는 욕망과 개인주의적 성취에 대한 부적절성, 심지어 위험성을 철저히 이해하는 것 사이의 긴장이었다. 선뎬중은 진정으로 과학 실험에 투신하길 원했다. 그러나 이러한 자신의 열망이 순수한 혁명적 헌신이라기보다는, 행여 자기 자신만을 위한 입신양명의 부르주아적 충동으로 간주될까 염려했다. 어쩌면 본인조차도 어느 쪽이 진실인지 혼란스러워했을지도 모르겠다.

이것이 바로 레이펑의 역설이다. 젊은 군인 레이펑雷鋒(1940~1962)은 사후에 간행된 일기로 중국 전역의 수많은 청년들에게 영감을 주었다. 청년들은 레이펑을 따라 일기를 쓰기 시작했고, "레이펑을 본받아" 자신을 버린 채 마오 주석을 숭배해야 한다는 불가능에 가까운 의무를 기꺼이 짊어지고자 했다. 레이펑의 명성은 마오쩌둥 사상 학습에 전념했던 자기희생적인 삶에서 비롯되었다. 그는 쓰러진 전신주에 깔려 생을 마감했다. 삶과 마찬가지로 죽음도 자기희생적이었다. 역설적이게도 그가 인정과 영광을 얻게 된 이유는 전적으로 평범하게 자기 자신을 내세우지 않는 삶을 살았다는 점 때문이었다. 문화대혁명 시대의 청년들은 한편으로 혁명 영웅이 되라는 요구와 다른 한편으로 혁명이라는 기계의 단순한 "부품"이 되라는 상반되는 요구 사이에서 분투해야만 했다. 문혁 시대 청년들이 직면했던 이와 같은 보다 거시적인 곤경의 결정체가 바로 레이펑 본받기 캠페인이었다.[3]

이러한 모순은 '지식청년'이라는 이름 자체에 내포되어 있다. 이 용어에는 농촌으로 하향된 도시 청년과 도시에서 중등 교육을 마치고 '회향回鄕'한 농촌 출신 청년이 모두 포함되었기 때문이다. 마오 시기에 대한 서구의 관점은 주로 문화대혁명 시기에 성인이 된 도시 출신 청년들의 회고록들에 의해 형성되었다. 즉 우리가 상상하는 중국 농촌의 젊은이들은 선덴중 같은 하향된 도시 출신 지식청년으로 환원된다. 국가의 입장에서 청년들을 하향시키는 일은 도시 실업률을 줄이기 위한 안전판이자, 문화대혁명 초기 홍위병들이 초래한 혼란을 완화하는 수단이자, 사회주의 국가가 건국된 이후 태어난 세대의 혁명 정신을 심화시키는 기회이자, 몇몇 꼭 필요한 지식을 농촌으로 보급하는 방법과 다름없었다. 그러나 1968년 훨씬 이전부터 이미 청년의 이촌향도는 도시의 실업 문제와 농촌의 두뇌 유출이라는 동전의 양면과도 같은 현상을 야기하고 있었다.[4] 이에 당국은 중등 교육을 받기 위해 현縣의 중심지로 유학했던 농촌 출신 청년들을 그들의 고향 촌락으로 돌려보냈으며 고향에서 농업 노동에 종사하게 했다. 애당초 이러한 의미의 회향 지식청년이 다음과 같은 마오 선언의 주요 대상이었다.✦ "농촌으로 가 노동할 수 있는 모든 지식청년은 기꺼이 그렇게 해야 한다. 농촌은 이룰 수 있는 것이 많은 하나의 거대한 세상이다."⁵

　도시 출신이든 농촌 출신이든 지식청년이라면 직면할 수밖에 없었던 모순이 하나 있었다. 그것은 양洋(전문적, 초국가적, 엘리트적)과 토土(소박한, 토착적, 군중 기반) 사이의 긴장과 밀접한 연관이 있다. 한편으로 지식청년은 지식과 '문화적 소양[文化]'을 가졌다는 점에서 상찬의 대상이었다. 다른 한편으로 교육 엘리트주의의 전복은 문화대혁명 시기의 가장 중요한 의제 중 하나였으며, 각종 선전물은 반복적으로 상아탑에만 갇힌 가치를 전적으로 신뢰해서는 안 된다며 경종을 울렸다. 청년들은 근대적 학교 교육을 통해 혁명에 필요한 문화적 소양을 보유한 사람들로 비춰졌다. 그러나 동시에 청년들은 그들의 지성주의에 내재한 부르주아적, 심지어 반혁명적 경향성 때문에 의심과 경고를 받는 일이 잦았다. 이러한 두 가지 관점 사이의 경계선은 너무나도 모호했다. 한쪽에는 일평생 육체노동에서 벗어나지 못할 수도 있다는 리스크가 있었고, 다른 한쪽에는 지식인들을 경멸하는 꼬리표였던 "구역질나는 아홉 번째 부류[臭九]"⁶로 낙인찍힐 위험성이 있었다. 심지어 "소홍서小紅書"라고도 불렸던 《마오쩌둥 어록》에도 이 둘의 차이가 제대로 다루어지지 않았다. '청년'이라는 제목이 붙은 장에 정작 '청년'에 관한 언급은 전혀 없고, '지식인들'을 자세히 그리고 비판적으로 다루는 인용구들만 있는 것이다.⁷

✦ 이러한 선언은 전형적인 문혁 시기의 구호 같지만 실제로는 1955년까지 거슬러 올라간다.

청년과 지식인을 동일시한 것은 아마도 5·4운동 시대(대략 1915~1925)의 유산 때문이었을 것이다. 당시 문자 그대로의 의미로서, 그리고 상징적인 의미로서 '청년 정신'은 곧 "새로운 사상의 조류"를 의미했다. 보다 구체적으로 말하면, 이는 새로운 사회를 열기 위한 문화적 변혁의 동력으로 '교육받은 청년'(지식청년)의 역할을 강조하던 담론에서 비롯된 결과였다. 각종 선전물들은 청년이야말로 "가장 덜 보수적인" 사회 세력이라는 마오의 선언을 좇아 "새로운 것들을 쉽게 받아들이는" 청년의 능력을 수시로 찬양하곤 했다. 이는 기존의 농업 관행들, 다시 말해 전 세계 어디에서나 농업 개혁의 걸림돌이 되고 있던 농민들의 "보수주의"를 변혁하기 위해 반드시 필요한 능력이었다. 그리고 이러한 능력은 청년들 스스로가 생각하는 자기 정체성의 핵심적인 부분이기도 했다. 설문 조사와 인터뷰를 통해 옛 지식청년들에게 왜 과학 실험 운동에 참여했냐고 질문했을 때, 그들은 자주 "젊은이들은 새로운 것을 능히 받아들일 수 있다"는 표현을 언급했다.[8]

청년으로서 과학자가 되기를 열망하는 것은 지나친 부르주아적 성향을 의미할 수도 있다는 점에서 잠정적으로 위험한 일일 가능성이 있었다. 마오 시대에는 과학자들도 인문학 분야의 지식인, 권위자, 전문가와 마찬가지로 지위 때문에 박해를 받았다. 그러나 과학자들에게는 또한 그러한 위험을 현저하게 감소시켜 주는 몇 가지 요소가 존재했다. 첫째, 과학은 사회주의 건설에 필수적인 것임과 동시에 전통적인 사고방식을 타파할 수 있는 힘으로 간주되었다는 점이다. 둘째, 때때로 과학 활동에는 위험하기까지 한 육체적인 작업이 수반되며, 이로써 노동이라는 특권적인 범주 안에 포함될 여지가 있었다.[9] 그러므로 과학 그 자체가 공격받는 일은 결코 일어나지 않았다.

오히려 문제가 되는 것은 과학계 내의 엘리트주의적·부르주아적 권위자들이었다. 앞선 장들에서 다룬 내용들을 다시 떠올려 보면, 과학은 토가 될 수 있었다. 과학은 흙먼지를 뒤집어쓸 수 있었다. 과학이 혁명적 이상을 추구할 때, 그 과정에서 심지어 육체적 위험과 희생을 감수해야 할 수도 있었다. 프로파간다는 청년의 과학 실험 운동 참여를 이런 식으로 그려 내고 독려할 수 있었다. 활력이 넘치고 용감하며 제도권에 반대하는 세력으로서 청년들은 혁명적인 과학을 위해 크나큰 공헌을 일구어 낼 수 있었다. 그러나 일단 청년들이 지식인으로 간주되면, 그들의 역할은 언제나 의심을 받을 수밖에 없었다. 어떻게 청년들이 이 모순을 조율해 나갔는가가 바로 이번 장의 핵심 주제다.

책을 통한 학습을 둘러싼 정치

학교 교육 덕분에 지식청년이 우월한 지식을 보유하게 되었다는 관념은 문화대혁명의 가장 근본적인 신조와 충돌했다. 이에 국가의 공식 간행물들은 반복적으로 책을 통한 학습에 의존하는 것은 위험할 수 있다고 강조했으며, 농민의 경험으로부터 배우고 실천 속에 지식의 토대를 뿌리내려야 한다고 거듭 이야기했다.

1972년 《런민일보》의 한 기사는 장쑤성 농촌으로 하향된 일군의 난징 출신 청년들에 대해 보도하고 있다. 청년들은 책에서 읽은 씨앗 발아에 관한 내용이 실제 현장에서는 잘 통하지 않는다는 점을 깨달았다.

이에 청년들은 실험 소조 내 노농老農의 충고를 따라 물 공급 방법을 바꾸었고, 그 결과 더 좋은 성과를 얻을 수 있게 되었다고 한다.[10] 또한 한 지식청년은 앞으로 머물게 될 촌락에 처음 도착했을 때, 학교에서 배운 대로 염화코발트를 활용해 작물 생산을 개선할 생각에 들떠 있었다. 그러나 생산대장은 곧 큰 비가 올 텐데 그렇게 되면 청년이 말한 방법은 무용지물이 될 것이라고 부드럽게 충고해 주었다. 청년은 그 생산대장이 그저 과학에 무지해서 그럴 뿐이라고 넘겨짚었다. 그러나 얼마 후 폭우가 내려 논밭이 범람하는 것을 보자, 그는 다음과 같은 마오의 말에 담긴 진리를 다시금 되새기게 되었다고 한다. "만약 지식인이 노동자·농민 군중과 연합하지 않으면, 무엇을 하든 모두 헛것이다."[11]

이는 잘 알려진 마오 시대, 특히 문화대혁명 시기의 반지성주의와 다름없다. 그러나 다른 한편으로 1960~70년대의 프로파간다는 빈번히 책과 책을 통한 학습에 대해 긍정적으로 이야기하기도 했다. 물론 가장 중요한 서적은 다름 아닌 마오의 말과 글이 담긴 책들이었다. 과학과 기술에 관한 문헌들도 중요한 역할을 했다. 과학기술 서적들이 없었다면 국가가 어떻게 청년들에게 농업 변혁의 임무를 맡길 수 있었을지 상상하기 어렵다. 한 옛 하향청년의 설명에 의하면, 청년들이 학교에서 접한 지식은 매우 형식적이었고 대부분 구체적인 세부사항들이 빠져 있었다. 또한 지식청년이 "자기 자신을 개조시켜 농민의식을 갖게 된다는 것은 결코 쉬운 일이 아니었다"고 회고했다. "아무도 구체적인 내용을 가르쳐 준 적이 없었기" 때문에, 하향청년들이 맡은 바 업무를 해내는 유일한 방법은 필요한 정보를 얻기 위해 책에 의존하는 것뿐이었다. 예를 들어 이 청년은 다음 파종에 쓸 종자를 선정하는 방법을 책으로 배웠다. 줄기의 높이가 중간 정도 되는 식물을 식별하여 그 종자를 보관하는 방법이었다. "이건 제가 알아 낸 게 아니에요. 그저 책에서 읽고 그 규칙을 따라했을 뿐이죠."[12]

일단 그 실질적인 필요성을 인식하게 되면, 과학 실험 운동에 참여한 청년들의 공로를 상찬하는 선전물들이 왜 주기적으로 책에서 얻은 지식의 중요성을 강조했는지 이해할 수 있다. 1965년에 출판된 한 회고록에 의하면, 농촌 출신 청년이 개량 품종 육종에 실패했던 이유는 생산 경험이 부족했을 뿐만 아니라 과학지식이 모자랐기 때문이었다. 이에 대한 해결책은 "책 몇 권을 소화"하는 것이었다. 교육을 충분히 받지 못한 농촌 출신 청년으로서 여러 권의 책을 독파하는 일은 결코 쉽지 않지만, 그는 한 글자 한 글자 읽어 내려갔다. 결국 무려 22권의 농업 이론서를 완독했고, 그 결과 현장에서 더 나은 결과를 거둘 수 있게 되었다고 한다.[13] 1974년에 출판된 회고록에 실린 한 이야기는 실천(을 통한 학습)과 서적을 통한 학습 사이의 딜레마를 기발하게 다루고 있다. 회향청년 왕춘링은 약한 새끼돼지들이 더 빨리 자랄 수 있도록 어미돼지의 앞쪽 젖꼭지를 물리는 실험을 했다고 한다. 이후 한 축산 업무 경험 교류회에서 그녀가 자신의 발견에 대해 발표하자, 한 나이 많은 동지는 이 방법이 옛날부터 책에 있었다고 설명했다. 그녀는 불필요하게 우회로를 걸었던 것이다. 그녀는 당시의 관행에 따라 류샤오치, 린뱌오, 그리고 이른바 '선천적 천재론'을 비판한 뒤, 책이란 곧 "앞서 간 사람들의 경험의 총결"이라고 결론 내렸다. 즉 자기 스스로 실천을 추구하는 것에 더하여, 시행착오를 최소화하기 위해 책을 읽는 것도 매우 중요했던 것이다.[14] 이 경우 책은 곧 너무 많은 일을 혼자서 개인적으로 처리하려 한다는, 전형적으로 부르주아적인 착오를 면할 수 있는 방법으로서 중요하게 여겨졌다.

지식청년이 책, 잡지, 팸플릿 등을 입수하는 방법은 다양했다. 차오싱수이는 농촌에 하향되어 있는 동안 "수많은 책을 읽었다"고 회고한다. 일부는 추광참에서 제작된 구체적인 농업기술 서적들이었다. 또 다른 책들은 하향청년들을 관리하는 성급, 현급 기관에서 생산한 자료들이었다. 농업 외 다른 많은 분야에 관한 책들도 많았다. "당시 상급 간부들은 지식청년을 더 공부시키려 했습니다. 이에 간부들은 고고학, 인류학, 철학, 마르크스주의, 생물학, 분류학 등 거의 모든 분야의 책들을 제공해 주었습니다." 물론 육종, 비료, 해충방제, 보관 등의 핵심 주제를 다루는 농업 관련 서적들도 빠지지 않았다.[15] 또 다른 하향청년의 회고에 의하면, 마땅히 가르쳐 줄 사람이 없는 상황에서, 청년들은 인민공사 당 위원회가 무료로 제공하는 책과 팸플릿을 통해 학습하는 수밖에 없었다. 그는 특히 광시 농업과학원이 발간한 《식물 보호 편람植保手冊》이라는 책을 기억하고 있다. 이 서적은 원래 여러 권의 시리즈로 기획된 것이었지만, 문화대혁명으로 인해 편찬 작업이 중단됨에 따라 청년은 쌀의 질병과 해충에 관한 책 딱 한 권밖에 구하지 못했다고 한다. "너무 재미있었어요. 하루 종일 그 책을 훑어보았죠. 제가 난생처음으로 읽은 전문 서적이었습니다." 그는 또한 대대적으로 권장되었으며 실제로도 효과가 좋았던 녹비에 관한 수많은 팸플릿도 떠올렸다. 비록 논의만 되었을 뿐 본격적으로 권장되기 시작했던 것은 더 훗날의 이야기지만, 당시 그는 에너지 생산을 위한 메탄 포획 관련 자료들도 접할 수 있었다고 한다.[16]

어떤 청년들은 정부가 무료로 배포한 책들로 독서에 대한 자신의 욕구를 모두 충족시킬 수 없었다. 인터뷰, 일기, 선전물은 모두 농촌에서 청년들이 책을 구하기 위해 다방면의 노력을 기울였음을 증언하고 있다.[17] 내가 인터뷰한 한 남성은 성省의 수도에 위치한 온갖 책방을 돌아다니며 눈에 띄는 대로 벼농사에 관한 과학 서적을 모조리 사 모았다고 한다. 선뎬중의 일기에도 책을 구매하기 위해 성의 수도를 다녀온 여행길이 기록되어 있다.[18] 광시 서북 지역의 한 실험 소조에 소속되어 있었던 인터뷰이도 농업 서적을 구하기 위해 현 중심지에 위치한 서점을 찾아간 기억이 있다고 했다. 농업이라는 주제 자체에 관심이 많기도 했지만, 그가 정규 교육을 충분히 받지 못했다는 점과 실험 소조에서 자신의 의무를 다하기 위해 지식이 더 필요하다는 생각이 그로 하여금 이토록 책을 찾아다니게 만들었던 것 같다고 증언했다. 비료 제작 방법에 대해 읽은 후, 그는 실제로 그 방법대로 비료를 만들어 낼 수 있게 되었다.[19]

과학 실험 운동에 참여한 청년들을 다룬 1965년도 자료에 수록된 한 문헌은 청년들이 구현하고자 했던 이상을 강조하면서 책 구매 현상을 소개하고 있다. 덩옌탕鄧炎棠은 이미 농촌에서 13년을 보낸 도시 출신 청년이었다. 덩옌탕은 차와 담배 살 돈을 아껴 책과 잡지를 샀다. 그는 종종 음식을 사기 위해 번화가로 나갔다가 서점으로 빨려 들어가곤 했다. 그 자리에서 책 몇 권을 훑어보고는 결국 가진 돈 전부를 책을 사는 데 써 버린 후 공복으로 귀가하기 일쑤였다. 그는 농업 이론에 관해 처음에는 팸플릿들을, 나중에는 전문서들을 읽기 시작했다. 만약 이해하기 어려운 용어를 접하게 되면, 그는 자신이 가진 다른 책들을 뒤져 보거나 성급 농업연구기관에 근무하는 전문가에게 편지를 써서 물어보았

다. 그는 "육종에 관한 지식 습득에서, 실천은 토대요 책은 길"이라고 결론 내렸다.[20]

때때로 청년들은 합법적이지 않은 방법으로 읽을거리를 구하기도 했다. 청년들에게 문화대혁명 시기의 농촌은 제약과 자유가 기묘하게 조합된 공간이었다. 한편으로 성sex에서부터 철학까지 그들이 알고 싶어 했던 수많은 영역에 금지의 빗장이 쳐져 있었다. 다른 한편으로 상부로부터 끊임없이 하달되는 정치 운동과 일상적인 농업 노동의 고단함으로 인해 촌락의 어른들이 청년들의 일거수일투족에 언제나 주의를 기울일 수 있던 것은 아니었다. 이와 같은 상황에서도 다수의 청년들은 원하는 책을 얻기 위해 감히 불법적인 방법을 동원하지는 못했던 것 같다. 물론 선전물 속에서 이와 관련된 이야기를 찾기란 어려운 일이다. 그러나 회고록과 반半자전적인 문학 작품들은 문화대혁명 시기 청년들에게 지하 문학이 미친 영향의 중요성을 강조한다. 아마도 가장 생생한 이야기로 다이스제戴思傑의 《발자크와 바느질하는 중국 소녀》를 꼽을 수 있을 것 같다. 한 하향청년이 자신의 여행가방 안에 금서 한 권을 몰래 숨겨 왔는데, 이 책이 다른 동료 하향청년들뿐만 아니라 그들과 친구가 된 현지의 젊은 농민 여성에게까지 영감을 주었다는 이야기이다.[21] 한 옛 하향청년은 내게 더 놀라운 이야기를 들려주었다. 당시 그에게는 도서관 사서를 친척으로 둔 친구가 있었다. 이 두 청년은 어찌어찌 함께 열쇠를 훔쳐 도서관 안으로 들어가 문학과 역사에 관한 온갖 책을 빼돌려 도망쳤다고 한다. 그러고는 게걸스럽게 책들을 읽어 치웠다. 이 청년은 이런 식으로 배우게 된 지식 덕분에 훗날 대입 시험에 성공할 수 있었다고 이야기한다.[22]

청년들은 단순히 금지된 책을 탐독하는 데서 그치지 않았다. 그들은 스스로 글을 쓰고 이를 동료들과 공유하기도 했다.[23] 특히 성공적인 이야기들은 전국적으로 퍼져 나갔다. 청년들은 손으로 일일이 이야기를 필사했으며, 종종 거기에 새로운 내용들을 덧붙이기도 했다. 이와 같은 필사 문학 가운데 가장 널리 읽힌 작품은 《두 번째 악수第二次握手》라는 장양張揚의 미출간 소설이다. 이 책은 두 과학자 사이의 로맨스에 관한 소설인데, 주인공 중 한 명은 미국으로 떠나간다.[24] 이런 글을 쓴다는 것은 분명 위험한 일이었다. 1975년 이 소설이 적발되었을 때, 간부들은 미국 도시에 관한 묘사, 소설 속에서 저우언라이 총리가 중요하게 다루어지는 지점(당시 사인방 등 급진파들은 저우언라이를 좋아하지 않았다), 그리고 위태로운 정사가 묘사된 선정적 장면 등을 문제삼았다. 틀림없이 이러한 부분들은 필사자들에 의해 이런저런 세부 묘사가 덧붙여지며 보다 자극적인 내용으로 탈바꿈되었을 것이다. 어용 평론가들은 마르크스주의가 아니라 과학이 중국을 '구원'할 것이라는 용납할 수 없는 관점을 제시했다며 장양에게 융단폭격을 가했다. 장양은 자신이 그런 관점을 갖고 있음을 부인하지 않았다.[25] 이 책을 소지하는 것만으로도 투옥되거나 보다 심각한 위험에 처할 수도 있었다. 장양 본인은 4년간 감옥에서 복역해야 했다. 문학을 위해 적지 않은 대가를 지불했던 셈이다. 그러나 이 일화를 통해 문화대혁명 시기의 청년들 가운데 얼마나 많은 사람들이 놀랄 만큼 용감했는지 알 수 있다.

"내게는 지식이 있었으니까요"

이처럼 많은 청년이 독서의 즐거움을 위해 상당한 위험을 감수했지만, 책이 청년들의 농촌 생활 속에서 갖는 중요성은 그저 즐거움에서 그친 게 아니었다. 독서는 문화적 소양을 갖춘 지식청년의 자기 정체성과 관련해서 빼놓을 수 없는 요소였다. 옛 지식청년들이 회고하기를, 그들은 그들이 가진 지식으로 인해 하향된 촌락의 보통 농민과 구별되었다고 한다. 한 하향청년은 "당시 지식을 갖춘 우리가" 농민들에게 어떻게 농업을 개선할 수 있을지 "알려 줘야 한다"고 생각했다고 내게 말한 바 있다.[26]

지식청년이 알고 있다고 간주된 지식은 어떤 의미에서 그들이 교실에서 배운 지식의 범위를 넘어서는 것이었다. 그들의 문화적 소양은 곧 근대성과 등치되었으며, '선진적'이라고 생각된 기술 일체에 관한 한 그들에게 모종의 권위가 주어졌다. 내가 인터뷰한 몇몇 옛 지식청년들은 노농들이 화학비료나 살충제 살포 같은 고급기술을 감당할 수 있을 것이라 믿지 않았다(《그림 20》). 한 지식청년은 자신의 실험 소조가 처음으로 화학 살충제를 시연하려던 날을 떠올렸다. 우선 그들은 밤에 불빛을 이용해 해충이 얼마나 많은지 확인하려 했지만, 아무것도 볼 수 없었고 이 방법을 포기했다. 대신에 청년들은 자금 지원을 요청해 이 돈으로 현 중심지에서 BHC, DDT, 그리고 두 통의 배낭식 분무기를 사 왔다. "당시의 시점에서 이런 장비들은 매우 첨단기술이었습니다. 인민공사 전체에서 아무도 본 사람이 없을 정도였죠. 우리가 그것들을 사용했을 때, 농민들은 빙 둘러서서 구경했어요. 매우 신기하고 매우 선진적인 기술이라고 여겼습니다. 몇 시간 후 해충들은 빠르게 죽어 나

〈그림 20〉
이 1964년도 사진은 살충제의 통상적인 취급 방법을 보여 준다(이 사진의 경우 DDT이다). 앞쪽에 있는 청년들은 배낭식 탱크를 채우고 있고, 뒤쪽에 있는 청년들은 스프레이를 뿌릴 준비를 하고 있다. 이 이미지는 〈그림 3〉과 동일한 프로파간다 포스터 세트에 수록되어 있었다. 이 포스터들은 모두 어떻게 공업이 농업을 지원할 수 있는지 설명하기 위한 것들이다. 이 포스터에 함께 기재된 설명에 의하면, 청년들은 충칭 살충제 공장 소속 노동자들이다. 이들은 어느 면화밭에서 해당 살충제를 시험해 본 직접적인 경험이 있었는데, 이 경험을 바탕으로 농민들을 도와 목화다래벌레를 제거했으며 또 "체계적으로 조사 연구를 수행했다"고 한다. *출처: Xinhua tongxun she, ed., *Wei nongye shengchuan fuwu* (Serve agricultural production) (Beijing: Xinhua tongxun she, 1964), p. 10.

갔고,······농민들은 화학 살충제가 대단하다고 생각했습니다."[27] 이처럼 지식청년들이 새로운 기술을 선보이자 이를 신기하게 여기거나 놀라워하는 농민들의 이미지 속에는 지식청년이 곧 근대문화의 담지자라는 일반적인 생각이 잘 포착되어 있다.

자신들이 교육과 문화를 보유하고 있다는 감각은 청년들에게 엄청난 자신감을 불어넣어 주었다. 나는 또 다른 하향청년에게 살충제의 해로움에 대해 걱정해 본 적은 없었냐고 물었다. 그는 다음과 같이 대답했다. "우리는 지식청년이었습니다. 우리에겐 문화적 소양이 있었지요. 우리는 마스크를 썼고 바람 부는 방향에 맞춰서 작업을 진행했습니다. 예를 들어 바람이 이 방향에서 불어오면 나는 이렇게 뿌렸죠(마치 노즐이 그의 손에 쥐어져 있는 것처럼 손 모양을 취하고는 반대 방향을 가리켰다). 우리는 농민과 달랐어요. 농민들은 아마 왜 이렇게 해야 하는지 이해하지 못했을 수도 있습니다.······어쨌든 우리는 지식청년이었습니다. 우리에겐 지식이 있었죠. 나는 한 번도 살충제 독성에 중독된 적이 없었습니다.······오직 극소량만을 사용했죠.······이런 식으로요(신중하게 스프레이를 뿌리는 시늉을 했다).······나는 해충이 있건 없건 사방에 살충제를 쓸데없이 뿌려댄 생산대 농민들과는 달랐습니다. 그 사람들은 너무 낭비가 심했어요. 어쨌든 우리는 모두 지식청년이었습니다. 나는 내가 지식청년의 명성에 걸맞게 행동했다고 생각합니다. 왜냐하면 내게는 지식이 있었으니까요. 농민들은 '농사를 수십 년 지었지만 이제 막 3년째 농사를 짓고 있는 자네가 나보다 낫네'라고 말하기도 했습니다. 내가 한 말이 아니고요. 농민들이 한 말입니다."[28]

모든 농민이 지식청년의 지식을 존중했던 것은 아니다. 나는 1970년대에 중년기를 보낸 한 농민과 이야기를 나눌 기회가 있었다. 그에 의하면, 농민들에게는 경험이 있었기 때문에 농민들이 도리어 청년들에게 식물성 살충제로 어떻게 해충을 잡는지, 또 이런저런 다른 방법들을 많이 가르쳐 주었다고 한다. "청년들의 지식은 여전히 부족했습니다. 그들이 태어나면서부터 지식을 갖춘 건 아니었으니까요."[29] 여기서 이 농민의 발언은 '선천적 천재론'을 전복시키려 했던 문혁 시대의 담론과 일맥상통한다. 또한 농민의 입장에서 보기에 지식청년들은 종종 노농의 지식을 진심으로 폄하했다. 한 옛 지식청년은 자신이 집필한 미출간 에세이 한 편을 내게 공유해 주었다. 이 글에는 자신이 직접 겪은 "문화적 소양이 없는 노농들"이 여러 번 언급된다. 농민들은 "천 년 동안 바뀌지 않은" 물 관리 방법을 여전히 답습하면서, 햇빛으로 논밭을 말리는 "과학적인" 방법을 이해하지 못했거니와 청년에게 배우려 하지도 않았다. "다행스럽게도" 생산대장이 청년의 입장을 지지해 주었고, 이에 생산대 전체가 청년이 책에서 배운 방법을 통해 효과를 볼 수 있었다고 한다.[30]

 지식청년들의 지식은 몇 가지 이유에서 충분히 비판받을 만했다. 농업사학자 겸 옛 하향청년인 차오싱수이는 청년들이 잡종화를 통해 새로운 작물 품종을 육종해 냈다는 당시의 보고들은 죄다 엄청나게 과장되었거나 심지어 완벽한 거짓이었다고 지적한다. 잡종화는 중국 농촌의 익히 알려진 열악한 조건 속에서 겨우 중등 교육밖에 못 받은 사람들이 해내기에는 너무 복잡한 작업이었다.[31] 그러나 마찬가지로 과거 하향청년이었으며 현재 공직에서 일하고 있는 황샤오슝黃少雄은 한걸음 더 나아가 생각해 보기를 촉구한다. "지식청년들이 학교에서 배운 지식을 농업 생산 현장에 막 적용하려 했을 때, 그들의 지식은 당연히

조악하고 피상적이었습니다.……그러나 오늘날의 기준으로 당시를 판단할 수는 없는 일이죠. 당시에는 과학 실험 기술이 워낙 낙후되어 있었고, 기술이 발전하기 시작한 것은 그 이후의 시대이지 않습니까."[32]

이들 두 명의 옛 지식청년들은 한 세대 전체에 관한, 감정적으로 매우 민감할 수 있는 역사적 논쟁의 단면을 보여 준다. 한편에는 적색혁명과 녹색혁명 모두를 위해 많은 것을 희생한 젊은이들의 역할을 높이 평가하려는 바람이 존재한다. 물론 이러한 청년들의 공헌은 의심의 여지 없이 매우 중요했다. 그러나 다른 한편에는 문혁 시기 지식청년에 대한 이와 같은 찬양이 마오 시대의 프로파간다와 너무 비슷하게 들리는 데서 오는 불편함이 존재한다. 이러한 관점을 가진 사람들에게 지식청년에 대한 찬양은 헛소리일 뿐만 아니라 심지어 유해한 의견인 것이다. 그러나 이러한 입장 차이에도 불구하고, 두 지식청년은 그들이 보유했던 책과 문화적 소양에서 비롯된 일종의 자긍심을 공유하고 있었다.

혁명 과학 대 부르주아 과학: 프로파간다의 관점

비록 과학 실험 운동 과정에서 지식청년들이 책을 통한 학습에 의존하는 것을 차마 근절하지는 못했지만, 국가는 동시에 끊임없이 지식인 특유의 부르주아적 가치가 갖는 위험성에 대해 경고했다. 1965년 전국 과학 실험 농촌 청년 회의에서 채택된 제1원칙은 바로 과학 실험을 통해 혁명에 봉사해야 하지 명예나 사적 이익을 얻고자 하면 안 된다는 것이었다.³³ 이 회의에 관한 《런민일보》의 기사는 이 점을 분명히 하고 있다. 즉 혁명의 이상을 받아들였을 때 청년들은 성공할 것이며, 개인적인 명성이나 이익을 위해 과학을 추구할 때 청년들은 실패할 것이다.³⁴

 1971년 산시성에서 출판된 과학 실험 운동에 관한 서적에 수록된 한 생산대대 과학 실험 소조에 관한 이야기는 기술관료주의와 과학 엘리트주의를 정면으로 겨냥한다. 실험 소조의 조원 전원은 빈하중농 출신이었으며, 계급혁명, 생산혁명, 과학 실험이라는 "삼대 혁명 최전선에 서 있는 청년 민병"의 일원이었다. 그러나 이들마저도 과거 류샤오치의 "반혁명적 과학기술 노선"의 악영향에 시달려 왔다고 기록되어 있다. 그들 중 일부는 급기야 "기술관료주의적"인 태도를 갖게 되었다. 생산투쟁과 분리된 탁상공론으로 가득한 "기술 서적에 깊이 빠져", 그들의 "두 귀는 정작 주변 세계의 소리를 듣지 못했다." 이들은 빈하중농들의 비판을 받았다. "이론에 관해 저들은 "천화난추天花亂墜"❖요, 실천에 관한 한 "희니연단稀泥軟蛋"❖❖이다."³⁵

 농민들의 불만은 계속되었다. "저들은 사치스러운 옷을 입고 이국적인 말을 한다. 끝내 빈하중농의 본모습을 상실하고 자본주의자들 특유의 악취를 풍기는 지경에 이르게 되었다." 이른바 류사오치의 영향을 받은 청년들 가운데 "빈하중농이 기껏 가르쳐 준 기술들을 가져다가 다른 사람들과 공유하지 않고 사적으로 전유한" 자들은 더욱 최악의 부류였다.³⁶

 비슷한 사례들은 수도 없이 많다.

❖ 사방에 어지러이 떨어지는 하늘의 꽃. 번드르르한 말의 인위성과 공허함을 지적하는 불교적 표현이다.
❖❖ 엉터리 진창과 무른 달걀. 일관성이 부족할 뿐만 아니라 심지어 최소한의 아름다움도 없는 상태를 암시하는 표현이다.

1972년 《런민일보》는 난징에서 장쑤성 농촌의 한 생산대대로 하향된 일군의 청년들을 소개했다. "한때 청년들 중 일부가 부와 명예를 좇는 자산 계급 사상의 영향을 받았기 때문에, 그들은 생산대대의 실질적인 필요와 무관하게 실험 주제를 선정했다." 그들은 "하룻밤 사이에 명성을 얻기"를 바랐다. 요행히 많은 수확을 거두길 희망하여 "화학비료를 요구"했다. 당 서기는 이들에게 혁명적 자아비판을 실시할 것을 지시하며, "과학 실험이란 개인의 영달이 아니라 농촌의 현실을 변혁하기 위한 것임을 깨달아야 한다"고 꾸짖었다.[37] 또 하나의 사례를 들면, 허베이성의 한 하향청년 단체가 현지 당 지도부의 지원을 받아 실험소를 설치했다고 한다. 그러나 이들은 현지 노농의 지도를 받기를 거부하면서, 자신들만의 혁신적인 방법으로 사람들을 "깜짝 놀라게" 해 줄 생각만 했다. 이들이 말하는 혁신에는 면화와 오동나무를 접목시켜 다년생 '면화나무'를 만들어 보겠다는 비현실적인 생각도 포함되어 있었다. 당 간부들이 이 문제를 알게 되었을 때, 그들은 지식청년들에게 군중과의 연대가 갖는 중요성을 다시 교육시켰다. 그 결과 청년들은 새로운 형태의 해충방제법과 비료 사용법을 매우 성공적으로 고안해 낼 수 있게 되었다. 이는 단순히 주목을 받기 위해 행한 일이 아니었으며, 실제 농민들의 필요에 부응하는 성과들이었다.[38]

"부르주아 과학"과 혁명적인 과학을 구별하기 위한 노력의 일환으로, 프로파간다는 종종 과학 실험 운동에 참여한 청년들의 노력을 담대하고 투지 넘치는 것으로 묘사하고자 했다. 청년들은 새로운 생각을 실천에 옮겨 보고 육체적 어려움을 견뎌 내는 데 필요한 에너지와 용기를 갖고 있는 사람들로 간주되었다. 대약진 운동 시기 언론은 류진메이라는 이름의 "젊은 소녀" 겸 지질학계의 "영웅"이 대량의 광물 자원을 발견했다는 사실을 대대적으로 보도했다. 류진메이는 이러한 성취를 위해 "호랑이와 곰이 어슬렁거리는 동북 지역의 험준한 창바이산長白山의 우뚝 솟은 산등성이 사이사이를 7,000킬로미터나 횡단"했다.³⁹ 지질학과 달리 농업 과학 분야에서는 "우뚝 솟은 산등성이" 같은 거대한 스케일의 어려움에 직면할 일은 거의 없었기 때문에, 선전물 제작자들은 대신 농화학물과 다른 위험물의 부작용을 강조했다. 1973년 베이징 근교 미윈현의 회향청년 랑위핑郎玉平은 매우 독성이 강한 화학물질로 밀에 해로운 바이러스를 억제하려 했다. "한번은 정말로 독에 노출되어 어지럽고 구역질이 나고 땀이 났었는데……저는 추수를 못할까 봐……죽을 만큼 무서웠습니다. 병원으로 가 주사를 맞고 다시 일을 계속했습니다. 당 서기는 제게 병원에 가서 진찰을 받고 며칠 쉬라고 했지만, 저는 그 말을 듣지 않았어요."⁴⁰ 비록 자기비판의 형식을 취하긴 했지만, 사실 이 이야기는 청년의 용기와 자발적인 자기희생 정신을 강조하려는 목적으로 집필된 것이었다. 이 밖에도 오로지 과학과 생산에 헌신하기 위해 몸이 아파도 치료를 거부할 정도로 용감하게 추위, 비, 모기, 땀과 맞서 싸웠던 청년들을 찬양하는 이야기들은 셀 수 없이 많다.⁴¹

프로파간다는 이런 식으로 청년들에게 상아탑에 갇혀 노동을 기피하고 명예를 좇는 자본주의적 인간이 되지 말라고 경고했지만, 동시에 청년들을 고취시켜 혁명 영웅이 되는 꿈을 꾸게 만들었다. 청년들이 영웅적 행위를 열망하도록 북돋는 선전물 속에는 역설적으로 개인의 노력과 성취를 찬양하는 논조가 제법 두드러진다(《그림 21》). 과학 실험 청년 회의 문헌들은 모범이자 영감의 원천으로서 주목할 만한 개인들의 경험을 부각시키고 있다. 이에 발맞춰 과학 실험에 참여했던 청년들도 지식의 원천으로 "자기 자신의 직접적 실천"을 거론했다. 이러한 입장은 "객관적 현실에 대한 이해의 토대로서 개인의 주관성"이라는 관념에 기초한 마오주의 특유의 지식 이론과 일맥상통하는 것이었고, 건국 이전 혁명 시기 마오 본인이 직접 수행한 농촌 조사에 영감을 받은 것이기도 했다.[42]

〈그림 21〉
이 이미지는 농촌 지역에 전시되었던 작은 프로파간다 포스터 컬렉션에 실려 있었다. 여기서 우리는 "동지와 함께 밀의 불임성 활용법을 연구하고 있는" 허베이 하향청년 청유즈程有志를 만날 수 있다(웅성불임성male sterility을 띠는 식물은 교잡 종자를 생산하는 데 활용된다. 4장 참조). 사진에 부기된 설명은 '토 전문가' 청유즈가 빈하중농과 함께 일하는 가운데 그가 얻은 성취를 대대적으로 강조한다. 여기에는 과수나무의 효율적인 가지치기 연구, 70여 종이 넘는 개량 작물 종자의 성공적 육종 등이 포함되는데, 이 기술들은 허베이성을 넘어 15개 이상의 다른 성과 시로 추광되었다. Xinhua tongxun she, *Zhishi qingnian zai nongcun* (Beijing: Renmin meishu chubanshe, 1974), p. 9.

또한 제3자의 시점에서 서술된 청년들의 이야기들은 대단히 개인화된, 심지어 낭만적인 방식으로 쓰여 있었다. "까무잡잡한 얼굴에 머리를 짧게 자른" 덩옌탕은 "파란 셔츠에 맨발 차림으로 머리부터 발끝까지 흙을 뒤집어쓰고 있었다." 이 겸손하고 아름다운 청년은 "길을 찾는 용감한 탐험가처럼" 신품종 쌀을 연구했으며, "현 내 다른 청년들에게 미치는 그의 영향력도 나날이 커져 갔다." 다른 젊은 기술원들은 그의 경험으로부터 배우기 위해 끊임없이 그를 쫓아다니며 질문을 퍼부었다.[43] 또 1974년도의 한 잡지는 최근 중학교를 졸업한 신원辛溫이라는 이름의 도시 출신 청년을 상찬했다. 신원은 퀴닌이 추출되는 키나나무를 심기 위해 자진해서 윈난으로 내려갔다.[44] 신원은 만장일치로 실험 소조 조장으로 선출되었으며, 신속하게 강력한 리더십을 발휘하기 시작했다. 잡지 기사에 의하면, 신원은 낮잠 시간까지 희생적으로 반납해 가며 약한 키나나무가 두터운 토양을 뚫고 성장하지 못하는 현상을 어떻게 해결할 것인지, 탈수를 어떻게 막을 것인지 고민하고 다양한 방법들을 시도했다. 머지않아 실험 소조 전체가 그녀의 방식들을 사용하기 시작했다. 건기가 지나고 우기가 되어 날씨가 추워지자, 그녀의 주도하에 실험 소조는 묘목들을 따뜻하게 관리하기 위해 화분에 따로 흙을 담아 보온하기로 결정했다. 그녀는 누구보다도 오래 일했고, 가장 무거운 책임을 짊어졌으며, 모든 중요한 발견을 가능케 했다. 이로 인해 그녀는 개인적인 영광을 누릴 수 있었다.[45]

요컨대 프로파간다는 과학 활동에 참여한 청년들에게 매우 대조적인 메시지를 발신하고 있었다. 그들은 영웅적인 개인으로 거듭나라는 격려를 받았으나, 이와 동시에 명예 추구에 내재된 정치적 위험성에 관해 지속적으로 경고를 받았다. 이와 같은 근본적인 모호함은 청년들이 현지 농민과의 관계 속에서 어떤 위치를 점해야 하는지에 대한 문제와도 연결되었다. 프로파간다 속 서사와 이미지는 거의 변함없이 과학 활동에 참여하는 청년들이 신뢰할 만한 간부들의 지도를 받아야 하며(〈그림 22〉), 더 중요하게는 농민들과 협력하거나 심지어 농민들에게 복종

〈그림 22〉
Wang Junliang, "Jingxin Peiyu", 1972. 과학 실험에 참여한 청년들이 한 간부로부터 식물 호르몬 혹은 미생물에 기반한 비료 생산에 관해 지도를 받고 있다. 모자와 재킷이 중앙의 인물이 간부임을 알 수 있게 한다. Stefan R. Landsberger Collection, International Institute of Social History, Netherlands, http://chineseposters.net.

해야 한다고 강조한다(《그림 23》). 그러나 다른 한편, 프로파간다는 때때로 농민들을 후진적, 보수적, 심지어 반동적 사유의 총체로서 비판하기도 했다. 더욱이 일부 선전물은 과학 실험을 논밭에서의 노동에서 열외되기 위해 참여하는 시시껄렁한 활동으로 생각하는 농민들이 있다며 비난했다. 프로파간다에 의하면, 청년들은 그들의 과학 실험 업무를

〈그림 23〉
이 사진에서는 하향청년 린차오林超가 한 노농으로부터 콩 관리기술과 관련하여 지도를 받고 있다. 린차오는 흰가슴 대두라는 개량 품종을 개발한 장본인으로 널리 알려져 있다. *출처: Xinhua tongxun she, *Zhishi qingnian zai nongcun* (Beijing: Renmin meishu chubanshe, 1974), p. 9. 이 특정한 콩 품종의 육종에 대해서는 다음을 참고. Heilongjiang sheng, "Bai ying dadou".

"새로운 놀이"라고 조롱하며 은근히 헐뜯는 농민들의 시선을 견뎌 내야 했다.❖46 농민에 대한 당국의 공식적인 태도에 내재된 이러한 모순은 프로파간다가 정작 청년들이 언제 농민에게 복종해야 하고 언제 농민들에게 맞서야 하는지 명확한 지침을 주지 못했음을 의미했다.

5장에서 관방 자료들 속 계급투쟁에 관한 내러티브를 농민 저항의 실마리로서 분석한 바 있다. 이런 서사들은 지식청년을 다룬 수많은 자료 속에서도 발견된다. 이 자료들을 분석함으로써 농업 신기술 수용과 관련된 정치적 이해관계를 드러낼 수 있다. 1956년 말에 집필된 한 문건은 장옌카오張彦考라는 청년이 현재 수행 중인 실험의 가치를 현지 농민들에게 설명하기 위해 누차 노력하는 모습을 그려 내고 있다. 그러나 1957년 소속 집체의 일부 "독선적인" 구성원들은 장옌카오가 최상급 경작지를 독차지하고도 제대로 작물을 심지 않았다고 불만을 토로했다. 어떤 부분은 작물의 키가 높게 자랐고 어떤 부분은 짧게 자랐는데, 마치 땅이 "점박이 표범같다"고 비아냥댔다. 장옌카오는 참을성 있게 왜 이런 차이가 발생하는지 설명했다. 하루는 그가 회의에 참석하기 위해 현 중심지로 출장을 나갔는데, 그 사이에 이 완고한 반대론자 농민들 중 한 명이 벼를 모두 베어 버리고 옥수수를 대신 심어 버리는 일이 발생했다.

이에 장옌카오는 다시 한번 시험전을 유지해야 할 필요성에 대해 설명했다. 1962년과 1963년은 과학 실험에 우호적인 세력과 반대하는 세력 간 거대한

❖ 내가 인터뷰한 한 회향청년은 약간의 짜증과 함께 이를 확인해 주었다. 몇몇 사람들은 과학 실험이 단지 '놀이'에 불과한 것이라고 여겼다. 실제 과학 실험은 "전혀 놀이가 아니었으며, 정말 힘든 일"이었음에도 불구하고 말이다. 한 하향청년도 내게 자신이 속해 있던 생산대 내의 몇몇 사람들이 "청년들은 놀러 가는 것을 좋아한다며 빈정댔다"고 말해 주었다.47

투쟁이 절정에 달했던 시기였다. 장옌카오는 종자, 비료, 재배, 식물 보호를 위한 4개의 전문 연구팀을 둔 과학 실험 소조를 설립했다. 이 조직은 빈하중농 군중으로부터 광범위한 지지를 받았다. 그러나 상층 중농 출신의 생산대 부대장 장자타오張家桃는 과학 실험을 너무 번잡스러운 것으로 간주하면서, 그로 인한 자원 낭비가 식량 부족으로 이어질 수 있다고 우려를 표했다. 분쟁은 과학 실험 찬반 세력 각각이 각자의 방법으로 일을 진행했을 때 어느 쪽이 더 좋은 결과를 얻는지 살펴보는 우호적인 경쟁 방식을 통해 해결되었다고 한다. 장옌카오 측이 더 나은 결과를 얻어 냈고, 장자타오는 장옌카오의 성공을 인정하며 한발 물러섰다.[48]

많은 사례에서 반동적인 세력의 반대는 빈하중농의 열정적 찬동과 모종의 균형을 이루었다. 그러나 때때로 빈농들 스스로 과학 실험 연구에 반기를 들기도 했다. 덩옌탕은 교잡벼의 육종에 성공했으나 노농들의 비판에 직면했다. 농민들은 잡종이 보기만 좋지 맛이 없다고 꼬집으며, "높은 등불은 멀리까지 빛을 비추지만 가까운 곳을 비춰 주진 않는다"고 말했다.[49] 당 서기는 농민들의 비판에 힘을 실어 주며 덩옌탕에게 과학 실험은 반드시 생산에 복무해야 한다는 점을 상기시켰다. 이에 덩옌탕은 마오의 "인민을 위해 복무하라"는 구호를 되뇌며 자신의 생각을 다시 정리했다. "그래! 우량 품종을 육종하는 것은 일견 기술의 문제인 것처럼 보이지만, 무엇보다 누구를 위해 육종하며 누구를 섬길 것인가와 관련된 정치적인 문제인 것이다. 만약 방향이 잘못되었다면, 실험은 올바른 길에서 이탈하고 말 것이다."[50]

문화대혁명 시기의 한층 가열된 분위기 속에서 이와 같은 계급 정치는 더욱 첨예화되었다. 1969년 봄에 발생한 한 사태에 대해 다룬 문건이 1974년에 출간되었다. 이 글에 따르면, 현 지도자들이 삼결합의 방식으로 조직된 실험 소조 소속 회향청년들에게 수수의 잡종교배 실험을 명했다. 청년들에게 이는 전혀 새로운 것이었다. 그때까지 청년들 중 아무도 수수 식물에 암수가 있는지, 즉 '성'이 있는지 알지 못했다. 많은 사람들이 의구심을 표했고, 청년들은 이 일을 과연 진행하는 것이 맞는지 고민했다. 그러나 그들은 곧 "과학은 새로운 방법으로 새로운 길을 만들어 내는 것"이라며 마음을 다잡았다. 초기 실험들이 실패로 끝나자 "계급의 적"들이 그것을 기회 삼아 과학 실험 소조를 공격하기 시작했다. 부농들이 말하길, "당신네들이 계속 이런 식으로 한다면, 우리는 결국 다 굶어죽게 될 거요." 그러나 생산대대의 당 서기는 청년들과 인민공사의 군중들을 함께 조직하여 계급의 적들과 맞서 투쟁하는 한편, 마오쩌둥 사상을 학습하게 했다. 그 결과 청년들은 더 정확하게 수수를 교배시키는 방법을 익히게 되었고, 궁극적으로 잡종교배에 성공했다.[51]

과학 실험 소조 활동에 반대하는 농민들은 놀랄 만큼 영리한 리듬과 운율을 활용하여 비판을 전개할 줄 알았다. 이러한 면모는 청년들의 실험 활동에 대한 이런저런 기록에 고스란히 담겨 있다. 이 같은 서사에서 이른바 보수파 혹은 계급의 적들은 "실험, 또 실험하며 밥만 축내더니 아무것도 이룬 것이 없다네", 또는 "과학 실험을 한다는 애송이들을 보면 꼭 마차를 끌어보겠다는 토끼같다"며 조롱했다.[52] 과학 소조원들은 이러한 공격에 직면하여, 자신들의 연구가 단순히 증산에 관한 것일 뿐만 아니라 하나의 정치적 투쟁임을 깨닫게 되었다고 한다.[53] 그리고 이러한 기록에서 특히 젊은 여성들은 더 가혹한 비난에 직면하곤 했다. 이 점은 결코 놀랍지 않다. 그러한 여성들의 고난에 관한 서사가 계급투쟁뿐만 아니라 가부장제에 대한 투쟁까지 강조하는 것은 이 때문이다. 예를 들어 1965년 전국 과학 실험 농촌 청년 회의의 한 보고서에 의하면, 과학 실험 활동 초창기에 가축 육종 일을 맡아 하던 젊은 여성들을 꾸짖던 사람들이 있었다. "자네들은 어떻게 하루 종일 당나귀와 말을 교배시키고 앉아 있는가?"[54] 1974년도의 문건에 등장하는 한 여성 지식청년은 돼지와 관련된 수의학 기술을 배우려 도전했다가 보수적 성향의 사람들로부터 멸시를 당했다. 이들은 말했다. "여성 동지는 이런 일을 할 수 없습니다. 소녀들이 돼지를 거세하고도 부끄러워하지 않을 모습을 상상해 보십시오!"[55] 이러한 상황에서 과학적 농업을 실천한다는 것은 성차별주의와 보수적 사고방식을 극복하기 위한 하나의 방법이기도 했다. 청년들은 농민의 사상 개조를 위해 이 같은 종류의 문화혁명을 주도해야 하는 당사자들로 호명되고 있었던 것이다.

혁명 과학과 부르주아 과학: 청년들의 관점

이제 프로파간다는 충분히 살펴봤다. 그렇다면 과연 청년들 스스로는 과학에 대해 어떤 생각을 갖고 있었을까? 일기, 회고록, 문학 작품, 그리고 인터뷰를 통해 그 답을 찾을 수 있다. 이러한 자료들은 몇몇 청년들이 과학적 영웅주의의 주인공이 되기를 열망할 때조차도 부르주아적 유혹에 대한 경고를 진심으로 받아들이고 있었음을 보여 준다. 자료들은 또한 수많은 청년들이 과학을 혁명적인 활동이라고 묘사하는 국가의 관점을 수용했음을 보여 준다. 그러나 동시에 청년들은 국가의 프로파간다 가운데 몇몇 다른 요소들에 대해서는 별 다른 매력을 느끼지 못했던 것 같다. 오늘날 자신들의 과거 경험을 매우 다양한 관점에서 해석하고 기억하는 옛 지식청년들을 만날 수 있다. 이들은 과거 자신들이 품었던 사상과 이상이 역사적으로 어느 정도의 중요성을 갖는지에 대해서도 매우 상이한 생각을 갖고 있다.

프로파간다의 끊임없는 경고와 이에 회의적인 일부 농민들 사이에서 청년들은 자기 자신이 주변 사람들에게 어떤 모습으로 비춰지는지 걱정했다. 하향청년 선뎬중은 과학 연구에 열을 올리는 사람들은 무언가 잘못되었다는 세간의 인식에 민감하게 반응했다. 과학 실험 운동에 발을 담그기 전 그는 마르크스를 인용하며 과학 학습과 인민에 대한 봉사 사이의 연관성을 일기에 남긴 바 있다. "과학은 개인의 이기적인 즐거움이어서는 안 된다. 과학 연구에 전념할 수 있는 행운을 누리는 사람들은 무엇보다 자신의 지식이 인류를 위해 쓰일 수 있도록 노력해야 한다."[56] 그럼에도 그는 훗날 지나치게 자기 이름을 내건 저서를 쓰고 싶어 한다는 이유로 주위로부터 비판을 받았다. 사람들은 그가 명성을 추구한다고 꾸짖었다. 선뎬중은 자신을 비판하는 사람들이 "동기의 문제에만 집중하고 있다"고 억울함을 표했다. 그는 자신의 "경험이 인민들에게 심대한 교훈을 줄 수 있다"고 스스로를 변호했다. 자신의 진정한 야심은 스스로를 위대하게 만드는 것이 아니라 바로 인민을 위하는 데 있음을 그는 강조해 마지않았다.[57]

아마도 혁명적 과학에 대한 청년들의 헌신을 보여 주는 가장 강력한 증거는 소설 《두 번째 악수》의 필사 열풍 현상에서 찾을 수 있을 것이다. 이 소설은 20세기 초 사랑에 빠진 두 젊은 남녀 과학자를 중심으로 전개된다. 여성 주인공 딩제충丁潔瓊이 미국 유학길에 오르고 그 후 원자탄 프로젝트에 참여하게 되면서 운명은 두 연인을 갈라놓았다. 그녀의 지식은 끝내 많은 민간인을 죽게 만드는 무기를 제조하는 데 쓰이게 되었다. 1959년 그녀는 조국에서 옛 연인과 재회한다. 하지만 그들의 인연을 다시 잇기에는 너무 늦어 버린 뒤였다.

《두 번째 악수》의 작가 장양은 최근 자신이 어떻게 이 소설을 집필하게 되었는지를 설명한 단행본 분량의 회고록을 출판한 바 있다. 회고록에 따르면, 그 뿌리에는 과학에 대한 열정과 과학자들에 대한 깊은 경애로 가득했던 어린 시절의 경험이 있었다.❖ 장양은 1950년대와 1960년대에 지식인들의 고난을 함께했던 일, 저우언라이가 추진했던 1950년대 중반 '과학을 향한 진군'의 희망이 반우파투쟁에 의해 짓밟혔을 때 극심한 고통을 겪었던 일, 그리고 〈문혁 16조〉가 생산에 실제적 "공헌을 한 과학자들을 더욱 보호"하라고 규정했을 때 "그저 그런 보통의 과학자들"이 처하게 될 운명에 대해 고민했던 일을 회상한다. 그는 《두 번째 악수》를 쓰기로 결심하게 된 경위를 다음과 같이 설명한다.

"나 자신이 과학자는 될 수 없었기 때문에, 나는 펜을 이용하여 과학자를 묘사하고, 그들을 대변하고, 그들을 칭송했다. 그렇게 함으로써 나의 독자들도 나처럼 과학자들을 이해하고 존경하고 또 사랑할 수 있게 되기를 바랐다." 그는 자신의 삼촌 세대의 과학

❖ 이 귀중한 자료는 저우언라이에 대한 찬양, 지식인들을 더 우대해야 한다는 관점, 정치보다 과학을 믿는 태도 등 포스트마오 시대의 일련의 가치들로 점철되어 있다. 따라서 독해에 신중을 기할 필요가 있다.

자들을 대변하기로 선택했다(바로 곤충학자 푸저룽의 세대이다).

이 세대의 과학자들은 "구사회"에서 교육받았지만, 예컨대 한국전쟁 기간에 미군이 전개했다고 주장된 세균전에 대응할 방법을 연구함으로써 혁명을 위해 헌신할 준비가 되어 있는 사람들이었다. 주목할 만한 점은 여성을 가장 권위 있는 과학자의 자리에 앉혔다는 것이다. 딩제충은 과학에 대한 열망을 가진 수없이 많은 젊은 여성에게 큰 영감을 주었다. 훗날 이와 비슷한 이름을 가진 한 간부는 자신에게 조언과 격려를 요청하는 수많은 팬레터를 받아 일을 못 할 정도였다고 한다.[58]

이 소설은 과학자들을 용감하고 애국적이며 낭만적인 사람들로 묘사했고, 이는 독자인 청년들 사이에서 큰 반향을 불러 일으켰다. 또한 소설에는 국가의 프로파간다에서 발견되는 여러 혁명 테마들이 눈에 띄게 반영되어 있다. 1979년 문화대혁명이 종식되고 덩샤오핑의 새로운 정권이 탄생한 후, 중국청년출판사는 검열을 거쳐 이 소설을 다시 제작하여 새 판본으로 330만 부를 인쇄했다. 1980년대 후반까지 이 소설은 "장르를 막론하고 중화인민공화국 역사상 가장 널리 유포된 이야기"였다.[59] 문화대혁명 시기 청년들이 정치 권력에 대한 저항의 일환으로 이와 같은 소설을 탐독했을 수 있다는 점은 이들이 과학의 가치를 어느 정도로 내면화했는가라는 문제에 대해 많은 시사점을 준다. 마찬가지로 이 소설에 등장하는 과학자들이 강한 영웅주의에 물들어 있다는 사실은 과연 청년들이 국가가 공인했던 과학에 대한 비전을 얼마나 수용했었는지 가늠할 시금석이 될 수 있다.

혁명적 과학이라는 비전의 여러 요소는 과학적 영농에 참여했던 옛 청년들의 기억 속에 여전히 선명하게 남아 있다. 내가 다샤공사 해충방제에 참여했던 사람들을 대상으로 진행했던 설문 조사는 이를 뒷받침한다. 천하이둥陳海東은 문화대혁명 시기 어느 잡지에 나올 법한 사연을 갖고 있는 회향청년이었다. 그는 광둥성 둥관東莞 출신이었다. 둥관은 리치(열대 과일)가 유명한 지역이다(오늘날에는 수출 제조업과 농민공의 쟁의로도 유명하다). 따라서 일찍부터 푸저룽이 아나스타투스 말벌을 활용하여 리치 농장의 해충을 방제했다는 소식을 들어 알고 있었다.[60] 그는 18세이던 해에 과학 실험에 처음 참여했는데 그 순간을 다음과 같이 설명한다. "청년들은 새로운 것들을 받아들일 수 있습니다. 그래서 나는 우리 생산대대의 과연 소조(과학 연구 소조)에 들어갔습니다." 과연 소조는 어설프고 간단한 장비를 이용하여 해충방제를 위한 보베리아 박테리아를 생산하는 등 여러 토착적 방법들을 활용했다. 이러한 작업에는 "풍부한 과학지식뿐만 아니라 과학 연구를 향한 정신력과 끈기가 필요했다"고 회상한다.

비록 청년들이 국가가 선전했던 과학의 혁명적이고 토적인 비전을 수용하긴 했지만, 그러한 비전의 모든 면면을 전부 동등하게 수용했던 것은 아니다. 영웅주의, 애국주의, 인내, 과학 정신, 자기희생은 인기 있는 테마였다. 프로파간다 자료에서와 마찬가지로, 옛 지식청년들과의 인터뷰에서 공통적으로 발견되는 주제 중 하나는 위험한 화학물을 다루는 일이었다. 예를 들어 맨손으로 BHC 살충제를 배합하는 일은 그들의 일상이었다.[61] 인민을 위해 복무하고 생산을 증가시키기 위해 위험을 감수하고 허리가 휘도록 노동하는 것은 그들의 자부심의 원천이 되었다. 그러나 농민의 지식이나 계급투쟁 같은 요소가 회자될 때, 그들은 냉담했다.

한 옛 하향청년에게 과학 실험 운동에 참여했던 경험을 계급투쟁의 관점에서는 어떻게 생각하느냐고 물었다. 그는 단호하게 대답했다. "사실 계급투쟁은 그저 구호에 불과했습니다. 우리는 계급투쟁과 관련해서 아무것도 하지 않았어요. 우리 생산대 사람들은 그저 먹는 문제를 해결하고 싶었을 따름입니다. 농민들은 계급투쟁에 대해 이야기하고 싶어 하지 않았어요. 오직 정부나 마오쩌둥만 계급투쟁을 입에 담았죠." 그러나 이 말이 곧 당시 청년들이 다른 혁명적인 이상에 대해서도 시큰둥했다는 뜻은 아니었다. 그는 말을 이어 갔다. "인민을 위한 복무는 다른 이야기지요. 모두가 그 가치를 믿었습니다.……그 시절 우리는 온 마음을 다해 진심으로 인민을 위해 복무했습니다.……진정으로 우리 능력과 지식을 지역 농민들에게 바치고자 했습니다. 지역 주민들을 위해 혼신을 다해 복무했습니다. 그리고 농민들을 위해 복무할 때 우리는 마음속 깊이 행복을 느꼈습니다."[62] 내가 인터뷰했던 또 다른 하향청년은 자신의 감정을 쉽게 말로 표현하지 못했다. 결국 그녀는 매우 비슷한 이야기를 어렵게 해냈다. "지식청년들은 하향되어 농촌에 뿌리를 내렸어요.……제 생각에 지금 시점에서는 많은 사람들이 이렇게 말을 하고 싶어 하지 않을 것 같은데요. 당시 우리는 마오 주석의 말씀을 진심으로 따랐습니다. 우리는 정말 혁명을 하고 싶었습니다. 뭐, 그게 진짜 혁명은 아니었던 것 같아요. 하지만 우리는 진심으로 우리의 이웃 촌민들을 위해 무언가를 하고 싶다는 생각이 강했어요.……그땐 그랬어요. 이웃 촌민들을 위해 무언가를 하고 싶다는 게 청년들의 마음이었어요." 이 두 명의 옛 지식청년들은 모두 계급투쟁에 가담하여 "혁명을 하자"라는 마오쩌둥의 부름에 양가적인 감정을 갖고 있었다. 그럼에도 이들은 모두 과거 농촌에서의 세월을 인민을 위해 복무하라는 혁명의 이상에 열정을 다해 헌신했던 시간으로 회고했다.

이러한 이상들은 지식청년들에게 그때나 지금이나 대단히 중요하다. 이러한 이상을 저버린 기억은 여전히 강렬한 수치심을 불러일으킨다. 두 명의 남성과 한 명의 여성 지식청년들과 내가 나눈 대화는 이를 잘 보여 준다. 우리의 대화는 매우 활발한 토론으로 이어졌으며, 두 남성 중 한 사람은 자신의 가슴속에 담아 두었던 이야기를 풀어 내기 전까지 여러 번 발언할 틈을 눈치껏 살펴야 했다. 그는 과연 소조 동료들과 "장난을 친 적이 있다"며 운을 뗐다. 그들은 드넓은 과수원에 비료를 뿌려야 하는 임무를 맡았는데, 한 번은 맡은 바대로 골고루 시비하는 대신 과일나무 한두 그루 아래에 비료를 몽땅 다 묻어 버렸다고 한다. 이 나무들이 곧 괴사하자 이들의 행위는 정치적 사건으로 비화했다. 이야기를 듣고 있던 여성 지식청년은 그러한 행위가 "과학을 이해하지 못한 결과"라며 부드럽게 핀잔했다. 그러나 나머지 한 명의 남성 지식청년은 그것을 무책임의 소치로 규정했다. 이 일화를 털어놓은 장본인 또한 자신의 게으름을 탓하면서도 "만약 뒤에 어떤 일이 일어났을지 미리 알았다면 차라리 죽을지언정 우리도 절대 그런 일을 하지 않았을 거예요"라고 덧붙였다.[63]

오늘날 옛 지식청년들은 과거 자신들이 발휘해야 했던 혁명 정신의 역사적 중요성을 이해하기 위해 애쓰고 있다. 위에서 인용한 하향청년이 반복적으로 강조했듯, 청년들 중 다수는 진정으로 혁명 정신을 갖고 있었다고 느꼈다. 또 다른 세 명의 옛 지식청년들과 나눈 다음의 대화는 이 문제가 여전히 얼마나 중요하고 또 복잡한지 보여 준다.

황샤오숭은 현재 광시좡족자치구 허저우시賀州市 인민정치협상회의 부주석을 맡고 있다. 그는 2010년에 광시의 옛 지식청년들이 쓴 여러 에세이를 편집하여 책을 냈고, 2012년에는 광시좡족자치구 인민정치협상회의의 후원을 받아 지식청년의 역사에 관한 심포지엄을 조직했다. 근래에 개최되고 있는 유사한 행사들과 마찬가지로, 황샤오숭이 중시하는 주요 주제도 지식청년들이 농촌에 불어넣은 엄청난 활력, 열정, 그리고 혼신의 노력이었다. 지식청년 출신인 판이웨이潘益偉는 위의 심포지엄에 참가했으며 그의 에세이도 황샤오숭이 편집한 책에 포함되어 있다. 7장에서 후술할 것처럼, 그는 농촌에서의 경험이 훗날 더 좋은 기회로 이어지지 못한 수많은 하향청년 중 한 사람이었다. 그러나 문화대혁명 시절만큼 그가 사회를 위해 중요한 일을 할 수 있는 시기도 다시 오지 않았다. 그런 점에서 판이웨이가 하향청년의 중요성을 강조하는 황샤오숭의 의견에 동의하는 것은 결코 놀라운 일이 아닐 것이다. 마찬가지로 지식청년이었던 천용닝陳永寧은 대학에서 식물보호학을 전공했으며 이 지식을 활용하여 일련의 벤처 사업을 성공적으로 일으켰다. 가장 최근에는 유기농업과 생태관광을 결합한 사업을 추진하고 있다.

판이웨이: 당시 사람들의 사상이 요즘 사람들보다 더 혁명적이었다고 생각합니다.……아무도 "나는 실험 소조에 참여하지 않을 것"이라고 말하지 않았죠. 다들 서로 하려고 경쟁했으니까요. 회향청년이냐 [하향] 지식청년이냐 그런 것은 중요하지 않았어요. 모두가 다 참여하고 싶어 했어요. 나는 수많은 기술을 가지고 있었고 책도 많이 읽었습니다. 그때는 텔레비전이며 인터넷이며 뭐 그런 것은 다 없었을 때고요.

황샤오슝: 지식청년들은 온 정신을 공부에 몰두하는 데 썼지요.……그리고 생산에 참여할 땐 어떤 고난도, 심지어 죽음까지도 결코 두려워하는 법이 없었습니다. 머리끝에서 발끝까지 흙투성이가 되어 홍심紅心을 단련했죠.

천용닝: 내 생각은 좀 달라요.……사실 당시 과학기술의 추광과 연구는 국가 간부들이 대대적으로 강조한 활동이었죠. 그게 아니라면 왜 그들이 과학 실험 소조를 만들었겠어요? 당신이 스스로 과학 실험 소조를 조직한 건 아니었잖아요? 안 그래요? 그런 조직들이 처음에는 인민공사급 혁명위원회에 설치되었고, 그다음에는 생산대로 점점 더 내려왔던 거죠. 이미 일종의 체계와 행정적 패턴이 다 세워져 있었던 거죠. 이런 행정적인 측면에 대해 당시에도 대체로 감을 잡고 있었던 것 같아요. 비록 그것을 명확하게 자각했던 것은 아니었지만요. 우리 실험 소조를 비롯해서 다 상급 유관 부처의 지시를 받았어요. 내가 왜 실험 소조의 조장이 될 수 있었을까요? 내가 스스로 결정해서도 아니고, 내가 일을 주도했기 때문도 아니었어요. 그런 식으로 일이 처리되지 않았잖아요. 우리는 다른 누군가에 의해 조직되었던 거고 특정한 업무를 배당받은 거잖아요. 일을 배당한 건 바로 생산대장이었죠. "자네, 실험 소조의 소장을 맡아 보게!" 일단 이렇게 결정되고 나면, 누가 실험 소조의 조원이 되더라도 무조건 조장과 함께 일을 하게 됐죠. 이 또한 행정적으로 조직당한 거라고 말할 수 있는 거죠.

황샤오슝: 지식청년이 되려면 각종 활동에 참여하려는 열정이 필요했어요. 행정 계통은 별개의 이야기였지만, 어쨌든 지식청년들 스스로도 열정을 가질 필요가 있었어요. 그렇지 않으면 이름을 날릴 수가 없었

으니까요.

판이웨이: 내가 있었던 곳도 바로 이런 식이었어요.……명령을 받은 게 아니라 우리 스스로 결정한 거였어요.……물론 상급에서 행정 명령을 내렸죠. 하지만 그들이 생산대 차원에서까지 명령을 직접 집행할 수 있었던 건 아니잖아요.

천용닝: 무엇보다도 간부들이나 집체의 지도자들은 청년들에게 이런 생각을 심어 둘 필요가 있었죠. 그래야 일이 진행되니까요. 말하자면 당시 그 사람들은 어떻게 하면 생산을 촉진하기 위해 과학적 영농을 이용할 수 있을지 고민해야 했던 거예요.

판이웨이: 문화대혁명 때 저는 조반파에 속해 있었습니다. 제가 왜 이 이야기를 하냐고요? 우리 조반파 쪽 사람들의 동기는 우리가 부당한 대우를 받아 왔다는 사실이었습니다. 그래서 우리 같은 사람들은 진정으로 무언가를 해내고 싶었고 무언가를 증명해 내고 싶었던 거예요. 그런데 나는 그런 종류의 사람은 아니었어요. 천용닝이 말한 것처럼, 행정 계통을 따라서 인민공사급에서 생산대대급으로 이런저런 것들이 추진되었어요.……만약 우리 생산대장이 품종 개량을 강조하지 않았다면 아마 나도 그 일을 할 수 없었을 거예요.

천용닝: 맞아요. 그 사람이 당신에게 무대를 마련해 준 거죠.

판이웨이: 우리 생산대장은 가난이 얼마나 쓴 건지 잘 알고 있었어요. 그 사람이 만약 당신이 어느 정도 문화적 소양이 있다는 걸 알게 되면 곧 이렇게 말했을 거예요. "자네에게 일을 한번 맡겨 보겠네. 자네가 잘 해내는지 보자고. 만약 잘 해낸다면 나도 자네 덕을 좀 보겠지."

옛 하향청년들의 이 대화는 이들 세대의 역사적 중요성에 대한 보다 거시적인 논쟁을 반영하고 있다. 이는 어느 정도 앞서 소개한 황샤오슝과 차오싱수이 사이의 논쟁과도 유사한 성격을 띤다. 다른 수많은 간부나 옛 하향청년과 마찬가지로, 황샤오슝과 판이웨이가 문화대혁명을 바라보는 시각은 지식청년들의 행위능력을 강조하는 해석이며, 이들은 바로 이러한 관점을 적극적으로 옹호한다. 반면 천용닝은 정책과 행정의 하향식 작동 방식을 강조하는 또 다른 해석을 따르고 있다.

오늘날 성공한 농업기술자 겸 사업가로서의 삶을 구가하고 있는 천용닝은 판이웨이보다 자신들 세대가 과거 문혁 시대에 수행했던 역할에 대한 역사적 판단에 훨씬 덜 민감한 편이다. 판이웨이의 경우, 그의 전성기는 그가 농촌에서 활동했던 옛날 그 시절이었다. 그는 포스트마오 시대에 이르러 기회 대신 좌절을 맛본 수많은 옛 하향청년 중 한 사람이다. 따라서 만약 하향청년의 혁명 정신이 겉보기와 달리 실제로는 역사를 움직이는 힘이 아니었다고 한다면, 그가 감내해야 하는 실망과 좌절감은 더욱 커져 버리고 말 것이다.

부르주아 과학이란 무엇인가:
1978년 이후 청년과 과학의 변화

과학에 내재된 부르주아적 가치들에 대한 문화대혁명 시대의 비판을 분석할 때, 주로 그것들을 지나치게 이데올로기적이거나 궁극적으로는 우스꽝스러운 것으로 치부해 버리는 경향이 있다. 더욱 중요하게는, 문혁 시대의 그러한 비판들이 사람을 학대하는 전반적인 분위기를 만들어 결국 수많은 과학자들과 청년들의 심신을 병들게 만드는 데 상당 부분 기여했음을 부인하기 어렵다. 사람들을 숙청하기 위해 "부르주아 과학"이라는 유령을 이용하는 것은 변명의 여지 없이 부도덕하며 부인할 수 없이 파괴적인 행위였다. 그러나 청년들의 과학 활동 참여를 독려하는 문화대혁명의 과학 비전을 개혁개방 초창기에 전면에 등장했던 과학 비전과 비교해 보면, 부르주아 과학이라는 것이 단지 프로파간다가 만들어 낸, 말도 안 되는 허구는 아니었다는 점이 분명해진다. 과학 연구가 어떻게 수행되어야 하는지, 어떠한 질문들이 탐구되어야 하는지, 과학자와 사회의 다른 구성원들 사이의 관계는 어떠해야 하는지 등은 모두 따져 봐야 할 문제들이다. 이 모든 문제에 어떤 대답을 하느냐에 따라, 과학을 위해 청년들이 해야 할 역할과 청년들의 삶을 위해 과학이 해야 할 역할이 무엇인지, 사람들이 생각하는 방식이 달라질 수 있다. 여기서는 1978년 이후 과학과 청년에 대한 국가의 비전이 어떻게 달라졌는지 간단히 살펴봄으로써 과연 부르주아 과학이 무엇이었는지 짚어 보고자 한다.

마오쩌둥의 죽음과 '사인방'의 체포 이후, 도시 출신 하향청년과 그들을 지지하는 사람들은 점점 더 상산하향 정책에 반감을 드러내기 시작했다. 1978년과 1979년의 전국적인 민주화 운동의 물결을 타고 수많은 사람들이 하향청년들을 도시의 집으로 돌려보낼 것을 요구하며 시위에 나섰다.[64] 지도부는 하향청년 문제에 관해 아무런 해결책도 준비해 두지 못했다. 한편으로 화궈펑과 덩샤오핑은 각자 사인방이 초래한 왜곡을 비난하고 나섰다. 그러나 다른 한편으로 1,400만 명의 청년들을 도시로 다시 불러올리고 그들을 위한 일자리를 마련하는 일은 결코 간단한 일이 아님을 잘 알고 있었다. 이러한 정치적 긴장들은 농업출판사가 1979년 도시 출신 하향청년들의 이야기를 모아 출판한 《용감무쌍하게 고산을 향해 오르는 청년들: 국영 농장 지식청년들의 과학 실험 성취들》이라는 책에도 반영되어 있다.

어떤 면에서 이 책 속에 등장하는 이야기들은 이전 시대의 이야기들을 상당 부분 반복하고 있었다. 이 이야기들은 청년들이 농촌에서 만들어 낸 과학적 기여의 긍정적인 측면들을 찬양했다. 이야기들은 또한 청년들이 정치적으로 의심스러운 인물들이 제기했던 반대에 부딪힌 적도 있었지만 공산당—당시에는 화궈펑 주석이 당을 대변했다—의 영도와 농민들의 열정적인 지지에 힘입어 결국 성공을 거두었다는 익숙한 서사 구조를 답습했다. 그리고 온갖 역경을 극복하고 새로운 생각들을 과감하게 실천에 옮겨 보는 청년들의 용기를 변함없이 강조했다. 먹지 않고 자지 않으며 일을 했든, 혹은 악천후에도 논밭의 상태를 살폈든 간에, 청년들은 1960년대와 1970년대 내내 높은 평가를 받았던 바로 그러한 종류의 영웅적인 과학 활동에 참여했던 것으로 되어 있다.[65]

이러한 유사성에도 불구하고, 1979년에 출판된 이야기들은 문화대혁명 시대의 그것과는 달랐다. 이 이야기들은 사인방을 과학 진보의 주요 장애물로 적시했을 뿐만 아니라, 책을 통한 학습을 훨씬 더 긍정적인 것으로 강조했다. 여러 이야기들 속에서 주인공으로 다루어지는 청년들은 모두 긍정적인 의미에서 책벌레들이었다. 한 이야기에 등장하는 청년은 문화대혁명 시대의 '무정부주의'와 사인방의 정치적 낙인찍기에 저항하기 위해 수학, 물리학, 역학, 콤바인 농기계의 이론과 디자

인을 꾸준히 독학했다는 이유로 높은 평가를 받았다.⁶⁶

《용감무쌍하게 고산을 향해 오르는 청년들》의 가장 대표적인 이야기에는 중학교 시절부터 공상과학소설과 과학 잡지를 탐독했던 한 청년이 등장한다. 그는 '식보원植保員'으로 일하도록 배정받았는데, 이때 식물 질병 및 해충 예방에 관한 문헌들을 구입했다. 한번은 책을 더 사기 위해 버스표를 포기하고 배편으로 자신의 농장까지 돌아가는 고생도 마다하지 않았다고 한다. 그는 먹을 때, 잠잘 때, 심지어 길을 걸을 때도 가능한 모든 순간에 책을 읽었다. 하루는 그가 공부하던 책에 너무 몰두한 나머지 전신주 바로 앞까지 걸어가 부딪칠 뻔했던 적도 있었다.⁶⁷ 이 이야기는 담뱃값과 점심값까지 아껴서 농업 서적을 샀다는 1965년 덩옌탕의 이야기와 흡사하다. 그러나 개혁개방 이전 1970년대의 맥락에서 보면, 그토록 강렬하게 책을 통해 무언가를 배우려 했던 도시 출신 청년의 이야기로부터 도출되어야 하는 주요 메시지는 의심의 여지 없이 지식인들이 뜬구름 잡기에서 벗어나 현실을 직시하고 농업에 대한 실제 경험을 가진 농민들과 긴밀한 관계를 맺어야 한다는 당위였다. 반면 1979년 이후의 맥락에서 책을 통한 공부는 그 자체로도 분명한 자랑거리가 되었으며, 버스나 전신주 등 평범한 것들에 방해받지 않는 비범한 정신을 상징했다.

《용감무쌍하게 고산을 향해 오르는 청년들》은 사실상 상산하향 운동을 긍정적으로 보는 마지막 목소리였다. 이 운동은 개혁개방 시기의 새로운 정치 풍토에서 살아남지 못했다. 상황이 바뀌었고, 지식인들은 더 이상 농촌에서 재교육을 받지 않아도 되게 되었다. 이러한 추세에 발맞춰, 대중적인 과학 잡지 《과학 실험》은 갑작스럽고도 결정적인 방향 전환을 단행했다. 과거 문화대혁명 시기에는 명백히 '군중'과학적인 내용들이 농업 관련 내용과 함께 지면을 채웠던 데 반해, 이제 군중이라는 단어는 색인에서조차 사라지게 되었다. 대신 잡지는 도시 청년들의 전반적인 관심사에 더 잘 부합하는 글들을 수록하기 시작했다. 예를 들면, 컴퓨터 과학의 획기적인 발전들이라든지 미 항공우주국NASA 바이킹호 탐사선에 의해 새롭게 밝혀진 화성에 관한 지식 같은 주제들이었다. 이제 청년들은 도시에 위치한 자신의 방 안에서 이러한 호기심 가는 주제들에 탐닉할 수 있었다. 지식을 현실에 어떻게 적용할 것인지 따위는 생각하지 않아도 되었다. 그렇게 도시 출신 청년들은 도시로 돌아왔다. 그리고 농촌 출신 청년들은 역사의 무대에서 거의 완벽하게 사라졌다.

최신 과학 잡지《소년과학》은 포스트마오 시대가 가져온 가치관의 변화를 더욱 선명하게 드러낸다. 1979년 1월에 발행된 창간호에는 〈향촌의 미래〉라는 제목의 글이 실려 있다(〈그림 24〉). 기술에 대한 강조가 이 글에 담겨 있는 부르주아적 비전을 구성하는 핵심은 아니다. 첨부된 삽화에 표현된 것처럼, 파종에 비행기를 활용하는 것을 비롯하여 고도로 기계화된 농촌의 풍경은 1950년대 이래 줄곧 추구되어 왔던 꿈이었다(〈그림 3〉 참고). 심지어 원격 조종 농기계도 앞선 대약진 시기의 미래 구상 속에 이미 등장한 바 있다.[68] 여기서 놀라운 점은 농민의 관점이, 그리고 도시 사람들이 농촌에 자신을 몰입시켜 스스로를 단련시킨다는 생각이 완전히 사라져 버렸다는 것이다. 대신 이 잡지 기사가 그려 내고 있는 것은 도시 소녀와 할아버지가 고급 자가용을 타고 들판을 누비는 모습이다. 물론 여기에는 기계에 의한 농민들의 노동—그리고 고용

⟨그림 24⟩
《소년과학》 창간호에 수록된 삽화 만화이다. 이 그림이 그려 내는 농업의 미래 비전을 ⟨그림 3⟩의 비전과 비교해 보라. 둘 모두 농작물 보호를 위해 비행기를 활용하는 모습을 상상하지만, 주인공은 농민에서 도시민으로 바뀌어 있다. Reproduced from Shan Ren, "Xiangcun de weilai", *Shaonian kexue* 1979. 1, pp. 38~44.

―의 감소가 암시되어 있다. 그러나 내가 보기에 이 새로운 비전이 진정으로 약속하는 바는 혁명적 하향 운동을 도시민들이 "그저 짧게 방문하는" 자본주의적 농촌 관광 프로그램으로 대체하는 것이었다.⁶⁹

도시 사람들의 판타지에 영합하는 것 외에, 이 잡지는 사람들에게 영감을 주는 비전을 제시하기도 했다. 물론 이러한 비전은 마오 시대였다면 틀림없이 '부르주아 과학'으로 분류되었을 것이다. 창간호에 수록된 첫 번째 글은 다름 아닌 마오쩌둥이 1941년에 자신의 아들들에게 보낸 편지였다. 이 편지에는 이런 구절이 있다. "젊었을 때 자연과학을 더 많이 공부해 두거라. 정치에 대해서는 조금은 덜 이야기해도 괜찮단다."⁷⁰ 잡지는 이 편지에 뒤이어 유명한 대중 과학 작가 가오스치高士其의 시 〈봄날春天〉을 수록함으로써, 개혁개방 신시대 초창기에 중국의 최고 지도자들이 수용했던 "과학의 봄"이라는 꿈을 아이들에게 심어 주고자 했다.⁷¹ 여기에 담긴 구상은 지난 시절을 지배해 왔던 정치투쟁에서 벗어나 과학기술에 투자함으로써 중국을 근대화시키겠다는 것이었다. 과학기술은 농업, 공업, 국방과 더불어 덩샤오핑 시대의 초석으로서 높이 평가되는 '4개 현대화'를 구성한다. "봄은 어디에 있을까?" 가오스치는 묻는다. 그리고 이렇게 대답한다. "네가 바로 봄이란다. 네가 바로 우리 조국의 봄이란다." 그는 다음과 같이 덧붙였다. "오늘의 너는 과학문화를 공부해야 해. 그리고 내일의 너는 깨달음을 얻어 4개 현대화의 위대한 책무를 실현하게 될 거야."⁷²

봄을 과학과 젊음의 비유로 사용한 것이 과거와의 극적인 단절은 아니었다. 오히려 이는 5·4운동의 유산을 강하게 환기한다. 이러한 유산이 1960년대와 1970년대까지 지속되는 가운데, 청년들은 '청춘'(말 그대로 젊고 푸르른 봄)을 조국에 바치라는 부름을 받았고, 이들이 수행한 과학 실험은 상아탑의 낡고 죽은 지식과 대조되었다. 그럼에도 포스트 마오 시대의 봄과 마오 시대의 봄 사이의 미묘하지만 중요한 차이를 식별할 필요가 있다. 1978년 이후의 청년들은 더 이상 그들의 에너지와 용기로 현재를 변혁하라는 사명을 부여받지 않았다. 이제 그들은 중국의 미래로 묘사되었다. 《소년과학》은 매호 저명한 과학자들의 글을 실었다. 이들 과학자들은 독자인 아이들에게 "과학의 미래가 여러분들의 어깨에 달려 있기 때문에 과학 공부를 열심히 해야 한다"고 당부했다.[73] 청년과 아이들의 역할과 가치를 이런 식으로 개념화한다는 점에서 중국은 자본주의 국가들과 거의 다를 바가 없게 되었다. 청년과 아이들은 미래를 위한 투자의 대상이 되었다. 이러한 인식의 전환이 포스트마오 시대의 지도부가 혁명 정치보다는 시장경제의 논리에 맞춰 국정을 운영하기 시작했던 시점과 동시에 발생했다는 것은 결코 우연이 아닐 것이다. 이는 덩샤오핑의 경제 개혁이라는 더 냉철한 기획의 요점이기도 했다. 이러한 기획 아래에서 중국은 오늘의 투쟁이 낳은 영광이 아니라 더 나은 내일의 가능성을 보다 중시하는 나라가 될 것이었다.

| 제7장 |

**기회와
실패**

내가 판이웨이를 처음 만났을 때, 그는 자기 이야기를 쏟아 내려는 욕구로 가득 차 있었다. 황샤오슝—판이웨이와 나의 만남을 또한 주선해 주었다—이 조직한 지식청년의 역사에 관한 심포지엄(6장 참고) 이후 그는 그 자리에 자신을 초대해 준 것에 감사를 표하며 이야기를 시작했다. "만약 그가 나를 추천하지 않았다면 아무도 내가 누군지 몰랐을 겁니다." 판이웨이는 계속했다. "왜냐고요? 나는 사회에 어떠한 영향력도 없는 보이지 않는 부류의 사람이었요. 그러나 과거 당시 농사일 방면에서 나는 완전히 전문가였습니다." 판이웨이의 자기비하적인 표현과 자기 이야기를 전하려는 강한 열의는 듣는 사람들—과거 하향을 경험했던 다른 세 명의 옛 지식청년들과 나—에게 동정 어린 웃음을 불러일으켰다. 그가 풀어 내기 시작한 성공과 실망의 얽히고설킨 이야기에 걸맞은 완벽한 서두였다.

판이웨이는 하향청년으로 활동하는 동안 소속 생산대장에게 능력을 인정받았다. 그는 새로운 쌀 종자를 도입하는 일에 일조했고 이를 통해 농업기술원 칭호를 얻었다. 그러나 농촌 현장에서 얻은 그의 성취는 그 이상의 다른 기회들로 전환되지 않았다. 오히려 그는 대학 진학에 실패했을 뿐 아니라, 공산당 가입 제의를 받았을 때 당원이 되기에는 "너무 멍청"했다. 오랜 후회가 남았다.

그가 농촌에서의 하향 생활을 끝내고 도시로 돌아온 후 수십 년간 그에게 가장 중요했다고 할 만한 일은 황샤오슝의 심포지엄에 참여했던 것과 언론사의 공모전에 몇 편의 에세이를 제출한 일이었다. 2004년 판이웨이는 수필 〈꿈의 여행〉으로 공모전에서 차상위 입상했다. 이 수필은 과거 자신이 하향되었던 촌락을 다시 찾아가는 여정과 모금 활동을 벌여 새로운 관개시설을 설치함으로써 그곳의 주민을 돕고 싶다는 그의 희망이 담긴 글이다. 판이웨이의 하향 경험, 그 촌락을 다시 방문한 일, 공모전 수상 이야기는 신문에 보도되기도 했다(《그림 25》). 이어서 2007년에는 문화대혁명 이후 대학 입학시험 재개 30주년을 기념하는 공모전에 응모하기 위해 〈1977년: 잃어버린 대학의 꿈〉이라는 제목의 에세이를 썼다. 그는 2등상—상금은 500위안(100달러 조금 못 미치는)—을 받았다. 그의 생애는 실패의 굴곡으로 정의된다. 그러나 동시에 과거 무언가 중요한 일을 했다는 오랜 감정 또한 판이웨이를 정의했다. 그는 새로운 농업기술들을 스스로 터득하고 이로써 자신의 생산대에 공헌했다는 점을 매우 자랑스럽게 여겼다. 충분히 이해할 만하다.[1]

판이웨이의 이야기는, 문화대혁명 기간 동안 농촌에 있던 다른 수많은 청년들의 이야기와 마찬가지로, '기회'와 '실패'라는 두 극단적인 서

〈그림 25〉
역사적 기억의 층위를 보여 주는 흥미로운 이미지. 2012년 옛 하향청년 판이웨이를 인터뷰했을 때 그가 제공한 기사의 사본에서 수집한 것이다. 판이웨이는 자신의 인터뷰가 실린 2006년도 한 신문 기사에서 이 사진을 수집했다고 한다. 이미지의 뒷배경에 앉아 있는 인물이 판이웨이이고, 문화대혁명 시기 사진을 신문 기자가 들고 있다. 이미지 속 문화대혁명 시기 사진의 원본—판이웨이는 이를 오늘날까지도 보물로 여긴다—은 1972년 10월 8일에 찍힌 것으로, 판이웨이와 그의 동료 하향청년이 논밭에서 종자를 고르는 모습을 담고 있다. 이 사진은 과학적 영농과 해당 촌락의 증산에 기여한 판이웨이의 공로를 기리고 있다. Cai Limei, "Lao chaqing de 'yinshui meng'", *Nanning R. ribao*, 2006년 1월 10일 자, 후면.

사의 포물선 사이에서 헤매는 경향이 있다. 문화대혁명 시기의 프로파간다는 "농촌은 많은 것을 성취할 수 있는 커다란 세계다"라는 1955년 마오의 선언에 바탕을 둔 프레임 속에서 생산되었다. 하향청년들은 어려운 여건 속에서도 사회주의를 건설하려는 그들의 노력을 영웅적인 것으로 긴주하도록 독려받았고, 용광로에서 강철을 단련시키듯 고난과 투쟁을 통해 그들 자신을 단련시킬 것을 요구받았다. 농촌은 위대한 업적을 쌓을 수 있는 기회를 제공하고 그 과정에서 자신을 변화시킬 수 있는 곳으로 회자되었다.

다수의 하향청년들은 농촌에서의 여러 기회 중에서도 과학 실험 운동에 참여하는 것을 가장 전도유망하다고 여겼다. 지식청년들의 입장에서 이는 확실히 자신들의 지적 욕망에도 잘 들어맞는 활동이었다. 한편 훨씬 더 많은 수의 농촌 출신 청년들이 도시에서 중고등학교를 졸업한 후 고향 촌락으로 돌아왔다[회향청년]. 아마도 마오 시대 '기회' 서사의 가장 중요한 타깃은 도시 출신 하향청년이라기보다도 바로 이러한 농촌 청년들이었을 것이다.[2] 농장으로의 귀환이 그들의 재능을 낭비하는 게 아니라 어떤 성취를 이루기에 매우 좋은 기회라는 점을 농촌 출신 청년들에게 설득하는 것은 훨씬 더 품이 많이 드는 일이었다. 농촌에서 청년들이 과학 실험에 참여할 수 있도록 장려하는 여러 프로그램이 중요했던 이유는 바로 이 때문이었다.

비록 선전 포스터에 담긴 것과 비슷한 엄청난 낙관주의에 가려져 잘 보이지 않지만, 사료에는 실패의 서사가 있으며 이 또한 마오 시대에 그 뿌리를 두고 있다. 과학 실험 운동에 관한 자료들을 자세히 살펴보면 수많은 실패들을 언급하고 있다. 그럴 만한 이유가 있었을 것이다. 실패는 흔한 경험이었으며, 청년들이 실패를 긍정적으로 받아들이도록 격려할 필요가 있었을 것이다. 그러므로 "실패는 성공의 어머니"라는 오래된 격언을 받아들이고 과학의 길은 본래 어려움과 오답으로 가득한 "구불구불한 길"이라고 되뇌다 보면, 새로운 발견을 향한 길이 열릴 것이었다.

최근 들어 기회의 서사는 "지나간 청춘 후회는 없다"라는 슬로건 아래 하향 프로그램에 대한 향수를 불러일으키는 문예 활동 및 전시 속에서 새로운 활력을 얻고 있다.³ 그러나 실패의 서사는 '상처 문학'—구체적으로 북미와 유럽 독자를 대상으로 옛 하향청년들이 쓴 반#자전적 소설과 회고록이 포함된다—이라는 상당한 규모의 설득력 있는 장르 덕분에 구미의 독자들에게 훨씬 더 친숙하다. 실패 이야기들은 하향 프로그램이 헛되고 쓸모없고 비이성적이며 유감스러운 것이었다고 역사적 심판을 내린다. 이러한 이야기들로부터 청년들이 직면했던 강압, 그들이 경험했던 폭력, 그리고 가장 중요하게는, 부실하게 기획되고 궁극적으로 무의미했던 숱한 사업에 헌신할 것을 요구받았을 때 그들이 느꼈던 깊은 좌절감에 대해 이해할 수 있게 된다. "소모된" 청춘과 잃어버린 교육 기회를 뒤돌아봤을 때 많은 이들이 느끼게 되는 그 씁쓸함이 '10년 동란', 즉 문화대혁명을 비판하면서 정치적으로 부상한 덩샤오핑 신정권의 성공과 결합되며 실패의 서사를 더욱 강화했다. '잃어버린 세대'라는 주제는 주로 도시 출신 청년들의 비극을 지칭하는 것이었지만, 수많은 농촌 출신 청년들 또한 실현되지 못한 꿈을 품고 있었다. 그러한 회향청년 또한 소모와 상실이라는 유사한 감각으로 문화대혁명을 기억한다.

　이런 이유로 기회와 실패라는 두 가지 서사는 이미 마오 시기에도 존재했고, 농촌으로 하향한 도시 출신 지식청년들의 경험과 고향으로 돌아온 농촌 출신 지식청년들의 경험에 동일하게 적용되었다. 포스트사회주의 시기에 이러한 서사들은 지식청년으로서 문화대혁명 시대를 살았다는 것이 어떤 의미였는지 반추하는 데 중요한 기억들을 규정하는 힘을 계속해서 발휘한다. 비록 농촌 출신 지식청년들의 중요성, 심지어 그들의 존재 자체도 종종 대중적인 기억 속에서 사라져 버리곤 하지만 말이다. 도시 출신 지식청년이든 농촌 출신 지식청년이든, 공적으로 또는 사적으로 인정받았는지 여부와 무관하게, 판이웨이 같은 청년들의 이야기는 기회와 실패라는 두 극 사이의 자장 안에 있었다. 이 장은 그러한 이야기들과 그것이 중국의 적색혁명과 녹색혁명의 역사에서 갖는 중요한 의미를 발굴하고자 한다.

"훌륭한 기회"

농촌에서 보람을 찾고자 했던 지식청년을 다룬 수많은 출판물들은 하나같이 "일평생을 농촌에 뿌리내리자"라는 슬로건 이면의 불확실성과 비관주의를 완화시키고자 했다. 농업 과학을 강조했던 많은 이야기들은 구체적으로 청년들이 농촌에서 교육 받는 꿈을 이룰 수 있다는 점을 납득시키려 했다. 이는 농업 근대화라는 국가의 꿈을 반영한 것이었다.

도시 출신 하향청년들에게 농업 노동은 경험한 적 없는 육체적 도전이었다. 그들에게 농촌 생활은 전례 없이 고된 삶을 의미했다. 게다가 많은 도시 청년들은 새로운 삶에의 적응을 도와줄 가족이 없는 상태로 낯선 곳에 정착했다. 메이민취안梅民权이라는 상하이 출신의 하향청년을 다룬 1972년도 《런민일보》 기사는 이러한 청년들의 근심을 전형적으로 드러낸다. 메이민취안이 "위대한 일을 이루라"는 마오의 요구에 응하여 "북방의 너른 광야"로 떠난다는 내용이었다.

메이민취안은 숲이 울창하고 가난한 어느 지역으로 파견되었다. 기사에 따르면, 그는 상하이 일대로부터 '은목이銀耳silver ears', 또는 백목

이|white tree ears라고 알려진 담자균류를 들여와 그 숲을 은목이가 가득 핀 곳으로 만들려는 계획을 세웠다고 한다. 이러한 생각은 다른 인민들의 반대에 부딪쳤다. 어떤 사람들은 기후 환경이 너무 다르다고 반대했고, 어떤 사람들은 과연 중학교 졸업생인 메이민취안이 이러한 사업에 필요한 수준의 미생물학 지식을 갖고 있는지 의문을 제기했다. 그러나 빈농들은 그를 매우 지지하며 다음과 같이 말했다. "지난 몇 년간 이곳의 나무는 목재로 만들 가치가 없다는 것이 분명해졌네. 청년이여, 자네는 야망과 문화적 소양을 갖고 있으니, 뜻대로 일을 진행해 보시게!" 메이민취안은 빈농의 지지에 용기를 얻었으며, 여러 염려의 의견 또한 고맙게 여겼다고 한다. 그는 상하이에 있는 농업연구소에서 별도의 교육 훈련을 받았다. 이후 북방의 거대한 황야에 아름다운 은목이를 피워 내는 데 성공했다. 기사에 따르면, 이 이야기의 교훈은 다음과 같다. "은목이와 지식청년은 비슷하다. 둘 모두 광야에서 피어날 수 있고, 이를 위해 투쟁의 시련을 경험할 필요가 있다."[4] 이렇게 이 기사의 이야기는 하향 운동을 정당화하고, 투쟁을 찬양하고, 과학으로써 농업을 개선할 수 있다는 영감을 불어넣었다.

  도시에서 주로 중등 교육을 받고 귀향한 농촌 출신 청년들은 도시 출신 청년들 못지않은 어려운 문제에 직면했다. 문제의 성격은 달랐지만 말이다. 농촌 출신 청년들이 지적인 분위기에서 자라지는 않았을지라도, 이들은 더 뚜렷한 개인적 야망을 갖고 있었다. 이들은 농촌에서의 삶이 어떤 것인지 직관적으로 알고 있었다. 그렇기에 문제가 되었다. 도시에서 중고등학교를 다니며 향후 도시에서 일하면서 살 수 있다는 희망을 가졌던 이들에게 다시 고향 촌락으로 돌아가라는 지시는 씁쓸함과 실망감을 안겨 주었다.[5] 회향청년에 대한 이야기들은 이러한 좌절감을 인정하면서도, 일정 교육을 받은 사람으로서 농촌에서 생활한다는 것이 궁극적으로 엄청난 자산이 되었음을 보여 준다. 이러한 맥락에서 과학 실험에 참여할 기회는 중차대한 혜택으로 이해되었다.

특종으로 소개된 하나의 사례로 광둥 양춘시陽春市 경내의 춘완공사 春灣公社가 있었다. 춘완은 지식청년들을 현장에 붙잡아 두는 과정에서 특수한 어려움에 직면했다. 대부분의 주민들이 서로 다른 도심지에서 온 이주민들이었거니와 그 대다수가 영농 경험이 거의 없었기 때문이다.[6] 공산주의청년단(공청단)과 양춘시 과학기술협회가 제시한 해결책은 농업 과학에 참여할 수 있는 기회를 제공함으로써 춘완의 지식청년들을 논밭에 머물도록 유도한다는 것이었다. 기록에 따르면, 춘완으로 파견된 청년들은 초창기에 농업 노동에 참여하는 일이 자신들의 재능을 낭비하는 것이라고 생각했다.[7] 그들은 농촌에 머무는 것에 만족하지 않았다. 더 나은 미래가 펼쳐져 있을 것이라 상상되는 광저우로 이주할 수 있기를 갈망했다. 그러나 현지에서 과학 실험 소조가 설립됨에 따라 그들은 "한번 해 보자"고 결정했다.[8] 이처럼 농업 과학에 참여한 경험은 점차 청년들에게 농촌에도 배울 점이 많으며 자신들이 기여할 점도 많다는 것을 깨닫게 했다. 그들은 늘상 하던 음식과 옷 이야기들 대신 점점 더 과학과 기술을 공부하는 데 집중하기 시작했다.[9]

베이징 교외에서 과학 실험 운동에 참여한 하향청년 및 회향청년에 관한 1974년도 문헌은 농촌이 학교에서 배운 지식을 적용할 수 있는 곳일 뿐만 아니라 새로운 과학지식을 습득할 수 있는 곳이라는 점에서 청년들에게 둘도 없는 기회를 제공했다고 거듭 강조했다.* 한 청년에 따르면, "우리가 학교를 졸업할 때, 학우들 중 일부가 농업 생산에 참여함으로써 그동안 배운 지식을 잃어버릴까 걱정했던 것이 기억난다. 이 얼마나 우스운가! 이제 나는 과거에 공부한 지식은 사라질 수 있는 것이 아닐 뿐더러 기실 그러한 배움 자체도 결함이 많다고 생각한다. 예측하는 법을 하나의 예로 들어보자. 만약 특정한 해충이 나타날 것인지 여부를 예측하고 싶다면, 곤충학적 지식을 활용하여 해충의 생활 습성을 연구해야 한다. 또한 기후나 지리적 환경 등 여러 조건들이 해충에 어떤 영향을 미치는지를 알아야 하며, 따라서 수많은 현장 조사 연구와 통계 작업을 진행할 필요가 있다. 화학 살충제를 이용하여 해충을 방제할 때, 필수적인 화학지식을 모른다면 안전성이나 적정 사용량과 관련한 문제에 직면하게 될 것이다. 요컨대 중고등학교에서 배우는 물리, 화학, 수학이 모두 필요한 것이다." 또 다른 청년은 다음과 같이 기록했다. "지식청년에게 농촌으로 향하는 것은 학습 임무의 종착점이 아니라 오히려 더 중요한 교육 단계의 시작점이다. 농촌은 또 하나의 거대한 학교이며, 빈하중농 군중은 우리의 훌륭한 스승이며, 과학 실험은 이런 거대한 학교의 교과 과정 중 하나다." 중고등학교 졸업생들을 고향 촌락으로 돌려보내는 것은 "닭 잡는 데 소 잡는 칼을 쓰거나" 또는 "물소가 우물 속으로 뛰어드는" 경우가 아니었다. 그것은 재능 낭비가 아니라 실로 훌륭한 기회였다.[10]

더 나아가 선전물들은 과학 실험을 일종의 강압이 아닌 선택으로 제시함으로써, 개인적 헌신의 고결함을 강조했다. 1966년 부녀연합회(부련)가 생산한

❖ 비록 이러한 글들은 1인칭 시점으로 집필되어 있지만 프로파간다로 편집된 것이었다. 따라서 청년들의 실제 관점을 반영하는 증거로 간주될 수는 없다.

한 문서에 따르면, 황춘라이黃春來라는 이름의 모범 청년은 주변으로부터 어느 국영 농장 기업에서 일할 수 있는 기회를 잡으라는 조언을 들었다. 급여도 좋고 근무 시간도 하루 딱 8시간밖에 되지 않았기 때문이다. 그러나 그녀는 기억하고 있었다. 당이 그녀를 농학교에 보내 준 이유는 새로운 농촌 건설을 준비하기 위함이었다. 이 때문에 황춘라이는 떠나지 않고 촌락에 남아 계속해서 생산과 과학 실험에 헌신했다고 한다.[11]

1972년 미윈현密雲縣에 화학비료 공장이 설립됐다. 인민들은 흥분했다. 그 공장은 '근대화'를 상징했으며, 기술원으로서 공장에서 일할 수만 있다면 진정한 미래가 열릴 것이라 기대했다. 랑위핑朗玉平이라는 이름의 회향청년은 새 비료 공장으로 향할지 아니면 생산대대 당 서기가 제안한 대로 해충방제 예보관이 되기 위한 공부 길에 오를지, 두 기회 사이에서 숙고했다. "그날 밤 나는 이런저런 생각에 안절부절못했다. 내가 어느 쪽을 선택해야 할 것인가? 그때 내 눈앞에 살충제 스프레이를 들고 거염벌레를 박멸하라고 지시하는 당 서기의 모습이 스쳐 지나갔다. 그는 계급의 적들이 들판에서 소요를 일으키지 못하게 하는 것과 마찬가지로 거염벌레를 막아야 한다고 말했다.……나는 농촌이 나를 필요로 한다는 것을 깨달았다. 이에 여기 머물며 해충방제 예보 업무를 하기로 결정을 내렸다."[12] 청년들은 농촌 과학 실험 운동을 선택하여 귀중한 교육의 기회를 그들 자신을 위해 최대한으로 활용할 수 있었다고 말한다. 그러나 더 중요했던 것은 그러한 선택이 청년 자신들보다 결국 농촌, 공산당, 그리고 국가 전체에 유용했다는 점일 것이다.

프로파간다가 청년들의 과학 실험 참여를 주체적인 결정으로 묘사했던 데는 분명한 정치적 목적이 있었다. 다만 일기와 인터뷰 자료들은 지식청년 중 일부는 실제로 어느 정도 선택권을 행사했음을 방증하기도 한다. 베이징 출신의 한 여성 청년의 회고에 따르면, 과학 실험을 통해 훈련받을 사람을 모집한다는 공고가 내려왔을 때, 주변 현지 농민들은 그것이 시간 낭비라고 생각했다. 그녀가 오직 "스스로의 동기"에 이끌려 기회를 잡은 것이었다.[13] 내몽골로 하향된 난징 출신의 한 남성 청년은 1971년 일기에 최근 들어 다수의 청년들이 공장에서 산업 노동자로 일할 수 있는 기회에 올라타고 있다고 기록했다. 이 청년은 공장행 대열에 합류하지 않기로 결정했다. 자신이 빠지면 식물 호르몬 지베렐린(중국어로는 '920'[지우얼링])을 생산하는 업무에 지장을 초래할 것이라는 이유였다. 생산대대는 과학적 영농 사업에 시간과 자금을 투자했다. 초기 단계에서 과학 실험을 포기하면 대대에 큰 타격을 줄 수도 있는 일이었다. "그래서 나는 나의 사익보다 혁명을 위한 이익을 우선시하기로 결정했다. 나는 여기에 머물 것이며, 아무 데도 가지 않을 것이다."[14] 선넨중에게는 공장 노동자가 되는 것과 같은 다른 선택지가 없었다. 그러나 그는 계속해서 스스로의 결정을 곱씹으며 깊은 철학적 고뇌에 빠졌다. 1971년 11월 26일 그는 다음과 같이 기록했다. "물론 나는 아직 마음을 완전히 먹지는 못했다. 여러 상황이 아직까지 무르익지 않았다." 12월 12일과 16일에는 격정적인 어조로 실험실에서 920을 생산하는 일에 헌신할 것이라고 썼다. "죽는 한이 있어도 이 일을 잘 해낼 것이다."[15]

과학 실험 운동에 참여하는 기회는 지식청년들에게 자신들의 진로를 스스로 선택하게끔 하는 드문 기회를 제공했다. 선택 그 자체가 해방감을 주었고, 과학 실험 작업은 정규 농업 노동과 비교하면 더 많은 자율성을 동반했다. 천용닝은 소속 생산대에서의 어느 회의를 기억했다. 그와 회의에 참석한 인원들은 농업 과학 소조를 만들어 과학적인 영농기술을 발전시킬 필요성을 논의했다. 그는 자원했고, 농업 과학 소조의 조장으로 임명되었다. 조원들은 여전히 대부분의 시간을 논밭에서 일하면서 보냈지만, 실험 임무가 생겼을 때 그들은 생산대장에게 통지하고 실험 연구를 하기 위해 자리를 떠날 수 있었다. 그는 1978년 대학에 입학했을 때, 광시농학원에서 식물보호학을 전공하기로 결정했다. 이는 그가 스스로 내린 선택으로, 하향 시절에 형성된 관심사를 반영한 것이었다.[16] 사회 모든 분야에서 사람들이 이런저런 방식으로 정치적 풍파에 시달리던 시절, 천용닝은 과학의 길로 접어들었다. 그 길은 수많은 선택지로 가득 차 있었으며 심지어 일정한 자율성까지 제공했다.[17]

이와 유사하게 농촌 출신 청년 천하이둥도 선택과 기회라는 측면에서 과학을 경험했다. 그는 내가 다샤공사의 옛 구성원들에게 배포했던 설문 조사에 다음과 같이 답변했다. "나는 1969년 과학 연구 소조에 참여하기 시작하면서, 과학 연구 일에 참여해야겠다는 각오를 다졌습니다. 비록 대학에는 못 갔지만, 과학 연구는 계속해서 할 수 있었어요." 하지만 천하이둥은 결국 대학에까지 진학했다. 그는 생산대장으로서 "위대한 인민 군중의 적극성을 이끌어 냈고, 생산 활동을 지도하기 위해 공부했던 과학지식을 활용했으며, 무畝당 쌀 생산량을 평균 650파운드(약 300킬로그램)까지 증대시켰고, 그리하여 농민들의 곡물 자급자족 문제를 해결했다." 이 업적에 힘입어 대학 입학의 영예를 안을 수 있었다. 중산대학에 입학했을 때, 그는 해충방제학 전공을 선택했다. "제가 촌에서 올라온 이래로……농업 생산에 과학지식의 활용법과 그 영향력에 대해 심도 있는 지식을 갖게 되었습니다. 또 우리 고향의 빈곤함과 낙후성을 바꾸고 싶다면 과학에 의지해야 한다는 점을 알게 되었습니다. 그래서 미래에는 농업 생산에 더 잘 복무하기 위해 곤충학을 공부하기로 선택했어요." 다샤공사에서 푸저룽의 연구에 참여했던 경험이 천하이둥을 해충방제학 분야에서 오랫동안 성공적인 경력을 이어갈 수 있도록 했던 것이다.

다샤 출신의 젊은 농민들 또한 현지의 과학 실험 소조를 통해 연구에 참여할 수 있는 기회를 얻었다(〈그림 26〉). '종합방제 영도조'에 속해 있

〈그림 26〉
다샤공사에서 푸저룽이 하향 및 회향 지식청년들과 함께 기생말벌 사육에 관해 논의하고 있다.
Reproduced from Gu Dexiang, ed., *Pu Zhelong jinian yingji*, 2002, p. 23.

던 200여 명의 인원 대부분은 다샤 출신 회향 지식청년들이었다.[18] 뤄중비羅仲弼는 내 설문 조사에 응답한 인물 중 한 명이다. 그는 대학 교육을 받지 못했음에도 젊은 시절 다샤에서의 연구 참여로 인해 이후 수십 년간 농업 과학 분야에서 유의미한 작업을 계속할 수 있었다. 뤄중비는 향수에 젖어 푸저룽이 다샤에 내려와 추진했던 진정한 '열린 문 교육'—교육과 학문에서 군중의 참여를 강조하는 문화대혁명 시절의 표현—을 회고했다.[19] 뤄중비는 농업 과학에 종사하기 위해 누구나 "반드시 자신의 과학과 기술의 수준을 높이고, 과학과 기술을 이해하며, 학습과 실천을 통합해야 합니다"라고 답변했다. 이에 학교를 마치고 농업 생산 일을 시작했을 무렵, 그는 계속해서 농업기술을 공부하기로 마음을 다잡고, 개인적으로 《광둥 과기보Guangdong Science and Technology News》를 구독했다. 뤄중비의 노력은 결실을 맺었다. 그는 농업기술참 소속 식물 보호 전문가로 성장했고, 종국에는 그 기술참을 지휘하는 자리에까지 오르게 되었다.[20]

물론 전국적인 차원에서 보면 그러한 성공 이야기가 드문 것이었음—특히 농촌 출신 청년들에게는 더더욱—을 안다. 그렇다면 왜 청년들은 기회가 생겼을 때 과학 실험에 참여하기로 선택했을까? 어떤 이들에게는 농촌의 빈곤이라는 현실이 즉각적이고도 매우 물질적인 동기가 되기도 했다. 차오싱수이는 회상했다. "그때 우리는 몹시 배가 주렸는데, 먹을 곡식이 정말로 충분하지 않았어요."[21] 그리고 판이웨이가 설명한 바와 같이, "제게 사실 어떤 숭고한 열망이 있었던 것은 아닙니다. 내가 왜 그랬냐고요? 그저 배가 고팠고 아무것도 먹을 게 없었기 때문입니다." 판이웨이는 같은 말을 2004년 과거 문화대혁명 시기에 자신이 하향되었던 촌락을 다시 찾아갔을 때 현지 주민들에게도 건넸다. 주민들은 판이웨이가 "부를 쌓을 수 있는 길 위에 우리를 데려다 놓았다"라고 말했다. 또 판이웨이를 두고 "금전수"(흔들면 돈을 떨어뜨리는 마법의 나무)라고도 불렀다. 판이웨이는 겸손하게 답했다. "나는 그런 것들은 전혀 생각하지 않았어요. 그저 배불리 먹고 싶었을 따름이었죠."²² 차오싱수이와 판이웨이는 강위에Gang Yue가 중국공산당이 "굶주림 혁명"이라고 부르는 것을 경험했으며, 오늘날에는 그에 관한 서사 만들기에 동참하고 있다. 혁명 이전 구 사회의 결핍에 대한 옌안 시기의 묘사에서부터 하향의 박탈감에 대한 포스트사회주의 시대의 회고에 이르기까지, 중국 문학은 "굶주림에 대한 농민의 혁명적 태도를 반영했고 동시에 고취시켰다." 더 일반적으로 중국인들은 몸소 체험한 경험과 문화적 학습을 통해 굶주림을 "사회 현실에 관한 역사적인 핵심 비유"로 활용하는 어법을, 나아가 굶주림을 어떤 사회적 행동도 정당화할 수 있는 가장 설득력 있는 명분으로 간주하는 어법을 구사하게 되었다.²³

아니타 찬Anita Chan, 리처드 매드슨Richard Madsen, 조너선 엉거Jonathan Unger가 인터뷰를 기반으로 천춘陳村에 관해 진행했던 획기적인 연구는 과학 실험 운동에 참여했던 청년들의 또 다른 동기를 드러낸다. "아마추어 연구자들은 그들의 모험을 즐겼다.······결과가 아무리 헛되더라도, 그들은 자신들의 진취성을 활용할 수 있는 기회를 만끽했기 때문이다."²⁴ 더욱이 과학 실험에 참여한다는 것은 논밭에서의 노동의 지루한 일상에서 벗어날 수 있는 환영할 만한 휴식이자 유쾌한 모험이었다. 시험전은 그 자체로 단조로운 농촌 풍경을 긍정적인 의미에서 교란시켰다. 1977년 4월 8일, 산시의 농촌으로 하방한 한 젊은 여성은 그녀의 일기에 다음과 같이 기록했다. "봄이 왔다.······맑은 오후, 괭이를 들고 나는 유채밭에 왔다. 여기는 밀과 유채가 나란히 심어진 커다란 실험용 밭이다. 두 줄의 윤기 나는 초록 사이에 가지런히 정돈된 밀 사이로 샛노란 꽃이 아름답게 피어오른 유채가 줄지어 서 있다. 평평하게 펼쳐진 땅 위로 밀과 어우러진 유채는 마치 금실로 수놓인 에메랄드빛 녹색의 직사각형 카펫처럼 너무나도 아름다웠다." 그날따라 시험전에서 일하는 즐거움은 유난히 더 컸다. 그녀가 막 괭이질을 시작했을 때, 실험참을 이끄는 노농이 다가와 "낚시나 하러 가자!"라고 말했다. 그녀는 이렇게 결론 내렸다. "그런 말은······오후에 일이 없다는 뜻인 거죠."[25]

그러나 다수의 청년들에게 농촌에서 과학 실험에 참여한다는 것은 단순히 밥벌이, 즐거운 도피, 혹은 지루한 일상에서의 탈출 그 이상이었다. 인터뷰, 일기, 회고 등의 자료와 더불어, 앞 장에서 다뤘던 소설 《두 번째 악수》는 마오 시대의 청년들이 과학에 강하게 끌렸고, 과학 실험에 참여하는 일이 그들에게 매우 심대한 의미를 지닌 것이었다는 점을 뒷받침한다. 부모 세대의 지식인들이 굴욕을 당하고, 투옥되고, 신체적 학대를 받았음에도 불구하고, 수많은 청년들은 놀랍게도 과학자가 되기를 꿈꿨고, 젊을 때부터 과학에 중대한 공헌을 이뤄 낼 수 있기를 바랐다. 파티 판Fa-ti Fan은 문화대혁명 시기 지진 예보를 다룬 연구에서 이 활동에 참여함으로써 "무언가 가치 있고, 중요하고, 흥미진진한 일을 하고 있다고 느꼈다"고 증언한 10여 명의 옛 지식청년들을 인터뷰한 바 있다. 파티 판은 그들이 "어린아이들 수준의 과학을 하거나 단순히 교육의 일환으로 과학을 배웠던 것이 아님"을 강조한다. 오히려 그들은 "공식적인 국가의 과학 사업에 실제로 참여했다. 즉 그들은 이미 과학을 수행하고 있었고, 자연재해에 맞서는 국가적 노력에 기여하고 있었던 것이다."[26]

우리는 이미 선뎬중이 표현했던 과학을 향한 열정과 과학 실험 소조 참여를 둘러싼 열의를 확인한 바 있다. 옛 회향청년 자오위에즈도 그녀의 삼촌이 과학기술 소조의 지도자였다는 것에 대한 자부심, 과학적·기술적 혁신의 중요성에 대한 감각, 그리고 중요한 무언가를 이루고자 했던 열망을 또렷이 기억한다.[27] 다샤공사에서의 연구에 참여했던 다른 한 여학생은 설문 조사에 다음과 같은 답변을 기재했다. "우리 반 친구 20명은 배낭을 들쳐 메고 1975년 4월 다샤로 향했습니다.……그해 4월부터 11월까지 우리는 매일 생산의 최전선에서 일하거나, 현장에 나가 조사 연구를 실시하거나, 실험실에서 해충의 천적을 기르거나, 거미류, 각종 해충, 반날개rove betetles(해충의 천적)의 여러 생장 변화 패턴을 연구했죠. 반날개가 낳은 알에서 애벌레가 부화하는 모습을 처음 봤을 때, 너무도 감격스러웠습니다."[28]

이와 비슷하게, 문화대혁명 시기에 자란 여성들의 회고록을 모은 근래의 편집서에 기고한 이들 몇몇은 과학 실험 활동에 참여한 것에 관한 긍정적인 기억과 과학 분야에 대한 열망을 구체적으로 언급한다. 기고자 중 한 명은 자신이 《10만 개의 왜》라는 백과사전류 어린이 도서를 얼마나 좋아했는지 술회한다. "나는 그 책에서 왜 빵에는 작은 구멍들이 있는지, 왜 얼룩말의 몸에는 줄무늬가 있는지, 왜 암탉은 여름에 더 많은 알을 낳는지, 그리고 왜 화성에서는 몸무게가 달라지는지 등을 배웠다. 나는 과학자나 우주비행사가 되어 더 많은 '왜'를 질문하고 그 대답들을 모아 책을 출판하고 싶었다."[29] 또 다른 기고자는 생물학자가

되고 싶어 했다고 한다.[30] 과거 홍위병으로 활동했던 이 기고자는 다음과 같이 회고한다. "우리 세대의 수많은 어린 소년·소녀들이 지질 탐사원이 되기를 꿈꿨다고 믿는다.……이런 일을 할 젊은이들을 모으기 위한 프로파간다는 매우 효과적이었다. 우리 이웃집의 딸아이가 한 명문 대학의 지질학과에 입학했을 때, 우리는 모두 그 미래에 펼쳐질 모험적인 삶을 상상하며 그 아이를 부러워했다."◆[31]

많은 청년들에게 과학 실험 운동에 참여하는 일은 매력적인 기회였다. 물론 과학에 대한 청년들의 이러한 감정은 일정 정도 국가 프로파간다가 성공을 거둔 결과였다. 국가로서는 과학자와 기술자들이 수적으로 턱없이 부족한 상황에서 그 공백을 메우기 위해 지식청년들이 절실히 필요했고, 이에 청년들에게 과학에 대한 긍정적인 정서를 만들어 내는 방향으로 프로파간다를 설계했던 것이다. 청년들 또한 스스로의 꿈을 프로파간다라는 그릇 속에 과감히 쏟아부었다. 그들의 눈에 과학은 어쨌든 지적인 자극을 주었고, 모험적이었으며, 경력 면에서도 전도유망해 보였다. 무엇보다 과학은 평범한 농업 노동자로서의 고된 일생으로부터 벗어날 수 있는 길이기도 했다.

기회의 범위와 한계

물론 '기회'와 '선택'은 상대적인 개념이다. 과학 실험 소조에 자원하는 것은 다른 더 좋은 선택지들을 생각할 수 없을 때 이루어진 결정이었다. 차오싱수이는 자신의 지식을 이용하여 파견된 촌락의 매우 가난한 주민들을 돕고 싶다는 마음과 자기 자신의 삶을 둘러싼 개인적인 야망 사이에서 치열하게 고민했음을 기억한다. 그는 내게 이렇게 말했다. "우리는 물론 기회만 주어진다면 촌을 떠나고 싶다는 느낌을 갖기도 했어요. 그러나 어찌 됐든 우리는 농촌에 있었고, 빠져 나갈 길은 없었죠. 따라서 그곳에 있는 동안 현지 농민들을 도울 수 있는 기회가 있다면 기꺼이 돕고자 했습니다."[32] 다른 시대에 태어났다면 도시 아이들—특히 엘리트의 자제들—은 훨씬 더 큰 기회를 기대할 수 있었을 것이다. 이러한 도시 청년들의 일반적인 기대를 비교 대상으로 삼는다면, 농촌에서 과학 실험 운동에 참여할 '기회'라는 것이 너무나 보잘것없어 보일 것이다. 그러나 엄청난 수의 농촌 출신 청년들에게 주어진 선택지들과 비교한다면 이야기가 달라진다. 야학 조직, 인민공사급 또는 현급 단기 훈련반 과정, 생산대 내에서의 과학 실험 소조 등은 모두 중국 전역의 수백만 농촌 청년들에게 진정한 교육 기회로 받아들여졌다.

몇몇 사람들의 경우, 과학적 영농에 참여함으로써 실로 흥미로운 진로로 이어지는 문이 열리기도 했다. 가장 성공한 청년들은 다른 인민공사를 방문해 새로운 기술을 공유해 줄 수 있는 기회를 얻기도 했고, 심지어 상위 지역 단위 또는 전국 규모의 회의에 참석해 자신들의 업적을 발표할 기회를 얻기도 했다(《그림 27》). 실제로 덩옌탕이나 신원—이 책에서 자주 인용한 전국적으로 유통된 편집서에 이들의 이야기가 나온다—과 같은 이들 외에도, 나의 조력자였던 차오싱수이를 비롯해 다른 수많은 이들이

❖ 이 글의 저자는 자신이 중국의 이러한 프로파간다가 대체로 긍정적인 효과를 일으켰다고 생각한다는 점을 분명히 기록했다. 이는 적어도 소녀들에게 치어리더가 되고 싶은 마음을 불붙이는 미국의 프로파간다보다는 더 긍정적인 효과였을 것이다.

〈그림 27〉
1971년 신현에서 열린 농업 과학 실험 회의에 관한 사진 2장이 보존되어 있다. 틀림없이 참석자들의 대부분은 청년이었다. 젊은 남성들이 젊은 여성들보다 수적으로 훨씬 더 많아 보이지만(위의 사진에서 많은 머리 덕분에 젊은 여성들을 식별할 수 있다), 여성들이 사진에서 두드러지게 나타나도록 배치되었다는 점은 여성들의 과학 실험 참여에 부여된 이데올로기적 중요성을 다시 한번 알려준다. Xinxian diqu dan wei keji xiaozu, *Shanxi sheng nongye kexue shiyan xianchang jingyan jiaoliu hui zhaopian xuanji*, 1971.

이러한 회의에 참석하거나 현지 언론사에 소개됨으로써 주목을 받았다.

심지어 이러한 나름의 유명인들 중 몇몇은 현장에서 마오주의 과학을 외국인 방문객들에게 선보이기 위해 선발되기도 했다. 지린성吉林省 다시위 생산대대의 연구 소조 조장이었던 쑨중천孫中臣이 그러한 인물이었다. 노먼 볼로그와 그의 동료 핼도어 핸슨Haldore Hanson이 국제 밀 연구 대표단을 대동하여 중국을 방문했을 때, 이들은 쑨중천에게 깊은 인상을 받았다. 핸슨은 일기에 이렇게 썼다. "비정규적인 훈련이 밝은 마음, 근면한 작업 습관, 매력적인 성격, 리더십 역량과 한데 어우러져 새로운 농촌의 인재상을 만들어 냈다. 아마 마오 주석이 농민들도 연구기관 및 학자들과 함께 연구를 수행해야 한다고 촉구했을 때, 그가 상상했던 모습이 바로 이것이었던 것 같다."³³

쑨중천의 작업은 과학적 영농을 다룬 잡지 특집호에서도 두드러졌다. 쑨중천을 무언가 새로운 것을 만들어 낸 권위자로 인정한 기사는 그가 이끈 프로젝트가 국제적인 관심을 받았음을 구체적으로 언급했다. "자본주의 국가에서 온 곤충 연구자 그룹은 중국 농민들이 조명충나방을 통제하기 위해 보베리아 박테리아를 키워 90퍼센트 이상의 효과를 얻은 것을 직접 목격했다. 그들은 조명충나방을 이용한 생물학적 방제 분야에서는 중국이 세계 최고임을 인정하지 않을 수 없었다."

여기서 교훈은 "가장 비천한 자가 가장 총명하고 가장 고귀한 자가 가장 우둔하다"는 마오의 격언에 다름 아니었다. 이러한 위계의 전복은 쑨중천처럼 농촌 출신 청년으로서 농업기술원으로 훈련받은 이들에게 혜택을 주었다.³⁴ 쑨중천은 "다년간 훈련과 실습으로 다져졌다"는 이유로 여러 다른 지역에까지 자랑스럽게 알려졌다. 덕분에 그는 "비료, 식물 보호, 재배, 잡종교배 관련 기초 이론을 장악할 수 있었을 뿐만 아니라, 생산과 관련된 몇몇 핵심적인 기술 문제를 해결해 냈다." 이러한 이유로 그는 "'홍紅(red)'과 '전專(expert)'을 두루 갖춘 농민 전문가로 여겨졌다고 한다.[35]

그러나 누구에게나 과학 실험 운동에 참여할 기회가 열려 있던 것은 아니었다. 실험 소조에 참여하길 원했던 수많은 사람들은 낙담할 수밖에 없었다. 천용닝의 기억에 따르면, 그가 있던 촌락에는 10여 명의 하향청년들과 40~50명의 농촌 토박이 청년들이 있었는데 그들 가운데 지도자의 눈에 들어 선발된 사람은 겨우 12명뿐이었다.[36] 차오싱수이는 회상한다. "농촌 출신 회향청년이든 도시 출신 하향청년이든, 모든 지식청년들은 실험 소조에 참여하기를 원했습니다. 인민공사나 현급 기관으로 올라가 훈련받을 수 있는 기회였기 때문이죠." 생산대의 지도자는 청년들을 과학 실험 소조에 투입시키기 전에 책임감, 농업에 대한 이해도, 빠릿빠릿한 대응 능력이 있는지 평가해야 했다. 놀랍게도, 차오싱수이는 이러한 평가에서 가정 배경은 그리 중요하지 않았던 것 같다고 회상했다. 차오싱수이 본인 또한 부친이 국민당을 위해 싸웠다는 사실에도 불구하고 생산대 대장으로 선발된 바 있다. 분명 지역에 따라 달랐겠지만, 그는 생산대의 농민들이 서로의 가정 배경에 대해 묻고 따지는 일에 큰 관심이 없었으며 가정 배경이 어떤 결정에 크게 영향을 끼치지도 않았다고 기억한다. 그러나 어쨌든 모종의 방식으로 심사가 이루어졌다는 점은 과학 실험 운동에의 참여를 열망하던 모든 사람에게 기회가 허용되지 않았다는 사실을 분명하게 보여 준다.

애초에 아예 과학 실험에 참여할 수 없던 사람들이 존재했다는 점

외에도, 실제 수많은 참여자들에게 과학 실험 업무는 지독하게 힘들었으며, 결국 추가적인 기회로 이어지지 못하고 끝나 버렸다는 점을 지적해야 할 것이다. 판이웨이와 마찬가지로 몇몇 하향청년들은 촌락에서 농업 과학기술 활동에 참여했지만, 훗날 대학 진학이라는 훨씬 더 중요한 기회를 얻지 못했다. 판이웨이는 1987년 대학 입학시험에 합격했지만, 이러한 뒤늦은 성공이 젊은 시절 실패의 고통을 지워 주지는 못했다. 실제로 그는 "뒤늦게 이룬 내 대학 진학의 꿈과 1977년에 내가 바랐던 그 꿈은 같은 선상에서 논의될 수 없습니다"라고 말했다. 그 시절의 실패가 초래한 잃어버린 10년에 대한 쓰디쓴 후회는 계속해서 짙게 남아 있었다.[37]

    회향청년들 사이에서 대학 진학의 기회를 누리지 못했다는 것은 대단히 흔한 경험이었고 그만큼 절망스러운 것이었다. 내가 인터뷰한 왕샤오둥이라는 인물의 이야기는 이를 잘 보여 준다. 1974년 고등학교를 졸업한 뒤, 그는 고향 촌락으로 돌아와 과학 실험 소조에 참여했다. 1977년에는 자신의 생산대에 소속된 세 명의 식물 보호 전문가 중 하나가 되었다. 내가 그에게 관련 지식을 어떻게 공부했느냐고 물었을 때, 그는 사실 그것은 "공부가 아니었다"고 답했다. 그는 참고할 만한 몇 권의 책을 갖고 있었고, 매일 그가 직접 본 곤충들이 무엇이었는지, 얼마나 많았는지 기록했다고 한다. 내가 그에게 학창 시절 특별히 과학에 관심은 없었냐고 물었다. 그는 당시는 문화대혁명 시대였고 "아무런 기회가 없었기" 때문에 무언가에 관심 갖고 말고가 아무 의미 없는 일이었다고 답했다. 1977년 대학 입시가 재개되었을 때에는 모든 것이 이미 너무 늦어 버린 뒤였다.[38]

그의 반응은 몇몇 다른 사람들이 내게 해 준 다양한 형태의 논평과 일맥상통했다. 그들은 내가 문화대혁명의 본질적인 측면 가운데 하나를 오해하고 있다고 생각하는 듯했으며, 이러한 오해를 바로 잡아야 한다고 느꼈던 것 같다. 그들은 모든 일이 상부의 누군가로부터 할당되었기 때문에 개인의 관심사는 아무런 영향력이 없었다는 점을 강조했다. 어떤 상황에서도 기회는 거의 없었고 선택의 여지도 없었다는 것이다. 왕샤오둥을 비롯하여 다른 많은 사람에 대한 나의 인상은 그들이 대학 입시를 치를 기회를 갖지 못했다는 비통함이 다른 모든 것—그들이 받은 교육 일체와 농업 과학기술에 참여한 일 등—을 바라보는 그들의 관점을 물들이고 있다는 점이었다. 성공을 거둔 사람들은 자신들의 과거를 국가의 강력한 개입에도 불구하고 여러 선택지가 있던 시절로서 되돌아볼 여유가 있었다. 그리 성공적이지 못했던 사람들 가운데에서도 판이웨이 같은 인물들은 쥐구멍에도 볕들 날이 없지 않았다는 식으로 문화대혁명 기간 동안 자신이 발휘했던 주체적인 행위능력을 강조했다. 반면 왕샤오둥 같은 인물들은 평생 동안 기회다운 기회가 전혀 주어지지 않았다며 비관하기도 했다.

농업 과학 분야에서 여성들은 일련의 매우 복잡한 기회와 장애물을 마주했다. 앞에서 국가가 농촌에서 과학 실험 운동과 젠더 관계의 혁명적인 전환을 결합시키고자 명시적으로 노력했음을 살펴보았다. 프로파간다는 과학 실험 운동의 혁명성을 보여 주기 위해 젊은 여성 지식청년—농촌 출신과 도시 출신 모두 포함—과 "여사님들old ladies"이 거둔 농업 과학적 업적을 자주 부각시켰다. 중국 전역에서 수백만 명의 여성이 농업 과학 활동에 참여할 수 있는 기회를 얻었다. 그들이 맡았던 일이 단순히 분뇨를 사용해 토양에 시비하는 일에 불과했다거나 다른 여러 활동들도 전통적인 관행과 크게 다르지 않았을지라도, 중요한 것은 당시 이러한 일들이 새로운 사회를 위한 무언가 중요한 일을 의미하는 '농업 과학'으로 지칭되었다는 사실이다.

그러나 내가 2012년 광시에서 현장 인터뷰를 진행하며 만난 29명의 옛 과학 실험 운동 참가자 가운데 여성은 단 두 명에 불과했다. 이는 놀라운 일이었다. 이러한 인터뷰들은 대부분 주선자들의 소개를 통해 성사된 것이었다. 내가 젠더 불균형을 지적했을 때, 주선자들 모두 그제야 지식청년으로서 과학 실험 운동에 참여했던 많은 수의 여성들의 존재를 인정했다. 그렇다면 어째서 그 여성들은 인터뷰 요청을 받지 못했던 것일까? 그 여성들 대부분이 농업기술 분야의 진로를 밟지 않았거나 못했다는 점이 중요했다. 이는 단 두 명의 여성 인터뷰이가 내게 암시했듯, 아마도 그들의 부모가 딸이 육체적으로 고생하는 일에 종사하는 것을 반대했기 때문일 수도 있고, 또는 아마도 적색혁명의 사회적 변혁 시도조차도 미처 다 제거할 수 없었던 차별 때문일 수도 있었을 것이다.

내 주선자들은 주로 농업 관련 정부기관에서 일하는 사람들과 긴밀한 관계를 맺고 있었다. 게다가 그들은 '전문가'를 학위나 공식적인 직함을 가진 사람이라고 대단히 좁게 정의하고 있었다. 주선자들은 이러한 전문가들과의 인터뷰를 안배함으로써 나를 가장 잘 도울 수 있다고 생각했다. 이렇게 내가 극소수의 여성만을 인터뷰할 수밖에 없었던 데에는 나름 납득할 만한 현실적인 그리고 평범한 이유들이 존재했던 것이다. 그러나 한걸음 물러서서 보면, 이 모든 이유를 농업, 과학, 사회에 대한 일련의 강고한 문화적 인식의 일부로 이해할 수 있다. 이러한 인식들은 마오 시대의 급진주의자들이 실현하고자 했던 농업, 과학, 사회의 비전과는 대단히 다른 것이었다. 마오 시대에 젊은 여성들은 '지식청년'으로서 과학 실험 운동에 참여할 수 있는 숱한 기회를 얻었고, 그들의 참여는 가부장주의적 분위기를 일소 혹은 적어도 일소했다고 주장하려는 국가의 명시적인 목표를 선전하기 위해 프로파간다 전문가들에 의해 활용되기도 했다. 그러나 이러한 여성들의 노력은 좀처럼 장기적인 경력을 쌓을 기회로까지 전환되지 못했다.

솔선수범과 인맥 동원

청년들은 농업 과학을 추구하며 놀라운 기지를 발휘했다. 옛 하향청년 예와葉娃는 국가가 시험관과 책을 제공했다고 기억한다. 또한 촌락의 목수가 그녀에게 현지에서 구할 수 있는 물자를 이용해 상자를 하나 만들어 주었다. 이 상자는 미생물 비료 생산에 필요한 일종의 장치였고, 구체적인 규격은 예와가 훈련 중 배운 내용을 따랐다. 그러나 공급 물자는 제한적이었다. 그녀는 곧 사비로 더 많은 시험관을 구입했다.[39] 이러한 예와의 이야기를 비롯하여 많은 인터뷰이들의 증언은 역시 마오 시대의 국가 프로파간다—과학 실험에 필요한 여러 기술 책자들을 사비로 구매하기 위해 도시로 여행을 떠났던 청년들을 찬양했다—와 공명한다.

개인과 가족의 인맥은 지식청년들—특히 도시 출신 하향청년들—

이 농촌에서 무언가 성취를 이루는 과정에서 중요한 자원을 제공했다. 예와는 미생물 비료 재배에 배지medium로 쓸 우무를 보내 달라고 어머니에게 부탁한 일을 회상했다. 이와 유사하게 천용닝도 개인적 인맥을 활용하고자 했다. 하루는 천용닝의 친구가 북방에 위치한 선조의 고향 촌락을 방문하러 떠난 일이 있었다. 당시 친구와 천용닝은 그들이 도입하고 있던 옥수수 품종에 대해 편지를 주고받았다. 천용닝은 친구에게 북방의 옥수수 종자를 조금 보내 달라고 회신했다. 천용닝은 이렇게 종자를 받았지만, 종자들은 남방의 기후에서 잘 자라지 못했다.[40] 반면 판이웨이는 운이 좋았다. 판이웨이의 핵심적인 성취는 개량쌀 품종을 도입한 일이었다. 이 일로 그는 소속 생산대 대장의 관심을 받게 되었다. 판이웨이도 개인적인 인맥을 활용하여 종자들을 얻어 낸 것이었다. 판이웨이는 우연히 국경일 기념행사에서 은사의 아들을 만났다. 이후 판이웨이는 당시 은사의 아들이 근무하던 농학원을 찾아갔다. 은사의 아들은 판이웨이를 [상급] 농업과학연구소로 데려갔다. 그곳에는 문화대혁명의 정치적 혼란으로 인해 널리 추광되지 못한 여러 개량 종자들이 보존되어 있었다. 판이웨이는 있는 돈 없는 돈을 털어 사비로 7.5위안을 써 10여 품종의 종자들을 구입했고, 생산대로 돌아가 바로 시험에 들어갔다. 또한 그는 난닝南寧을 방문한 김에 그곳에서 쌀 재배에 관해 찾을 수 있는 모든 책을 모조리 샀고, 원 소속 촌락으로 돌아와 등유 랜턴을 켜놓고 밤새 책을 탐독했다. 새 종자들은 기존의 종자보다 훨씬 더 많은 수확 성적을 냈고, 생산량은 불과 3년 만에 세 배로 늘어났다.[41]

많은 하향청년들은 농촌 공동체의 이익을 위해 솔선하여 개인적인 연줄을 최대한 활용한 경험을 갖고 있었다. 차오싱수이는 1974년 생산대장으로 선출되었다. 그때 그의 생산대는 여전히 키가 큰 쌀 품종—비왜성 품종—을 재배하고 있었는데, 수확량은 무당 300근(한 에이커당 약 1,800파운드) 정도에 불과했다. 그의 생산대에서 1950년대에 육종된 왜성 품종 일부를 구할 수 있었지만, 수확이 썩 좋지 못해 이 품종을 심는 농민들은 거의 없었다. 그러나 "당시 나는 이미 저 바깥 세계에는 한 무당 700~800근씩 생산되는 품종들이 있다는 것을 알고 있었어요." 차오싱수이는 말했다. "나는 지식청년이었기 때문에 이를 알고 있었던 거죠. 한 기술원 역시 내게 같은 사실을 말해 주었고요." 차오싱수이는 부친에게 소속 생산대의 대장으로 선출되었다는 사실을 알리며, 자신도 생산대를 전심전력으로 돕고 싶다고 말했다. 그러자 차오싱수이의 아버지는 그가 "삼촌"이라 부를 수 있는 먼 친척 한 명을 소개해 주었다. 그 삼촌이라는 사람은 1939년 장시 농업과학원을 졸업하고 1974년 현재 광시에서 농업과학자로 활동하고 있었다. 차오싱수이는 삼촌을 만나러 난닝으로 향했다. 그는 사비를 털어 하루 3.6위안씩 장장 3일에 걸쳐 마차를 타고 목적지에 도착했다.[42] 이동 중 밤이 찾아오면 차오싱수이와 마부는 풀밭 위에 마차를 세워 놓고 그 아래서 잠을 청했다.

차오싱수이의 노력은 충분한 보상을 받았다. 그즈음 "삼촌"과 광시 농업과학원의 동료들은 '일전평—剪平'[43]이라는 이름—쌀이 고른 높이로 자랐기 때문에 붙은 이름이다—의 새로운 품종을 육종하는 데 성공했다. "한눈에 봐도 매우 균등하고 매우 튼튼하다는 걸 알 수 있었어요. 더욱이 다수성多收性 품종이었습니다." 이 품종은 이미 광시 전역에서 시험을 마쳤으며 매우 "믿을 만하다"고 여겨졌다. 그러나 1966년 문화대혁명이 발발하며 농업과학원은 혼란에 빠졌고 삼촌은 비판의 대상이 되었다. 이후 사람들은 더 이상 일전평 품종에 관심을 기울이지 않았다. 삼촌은 차오싱수이에게 아직 창고에 일전평 종자들이 어느 정도 남아 있음을 알려 주었다. 삼촌은 종자의 유효 기간이 곧 만료되어 폐기될 것이기 때문에, 차오싱수이가 편하게 가져가도 상관없다고 이야기해 주었다. 이러한 관리감독의 소홀은 문화대혁명 시대 혼란의 이면이었다. 덕분에 일반적인 상황이었다면 불가능했을 많은 일들이 가능해지기도 했던 것이다. 아무도 눈치를 채거나 신경을 쓰지 않는 가운데 차오싱수이는 300근의 일전평 종자를 챙겨 자신의 생산대로 돌아올 수 있었다.

이듬해 봄, 차오싱수이는 시험전에 심어 보는 단계를 건너뛰고, 대신 300근 전량을 100무의 토지에 바로 심었다. 그는 "당시 나는 매우 대담했어요"라고 회상했다. 그는 그저 삼촌의 말을 신뢰했던 것이다. "왜냐하면 그(삼촌)는 과학자였잖아요. 그가 좋다고 했고, 나는 그분을 믿은 거죠." 곰곰이 뒤돌아 잠재적 위험을 생각하고는 "조금 두렵기도 했어요"라고 덧붙였다. 아직 수확하기 전이었음에도 논의 상태가 매우 훌륭해 보였다. 차오싱수이의 생산대가 속한 인민공사 지도부는 군중에게 이 성공을 직접 보여 주기 위해 현장 회의를 소집했고, 예하의 모든 생산대 대장, 노농, 기술원, 심지어 다른 인민공사의 인민들까지 초청했다. "그렇게 나는 일약 유명인이 되었습니다." 그 결과 차오싱수이는 지식청년들을 위한 각종 회의에 연사로 초대되었다. 그런 자리에서 차오싱수이는 해충방제, 감염병 예방, 양식어업 발전, 오리 사육 등에 대해서도 발표했다. "그러나 제가 유명해진 이유는 쌀이었습니다." 당시의 정치적 상황을 감안할 때 그는 자신이 일전평 신품종을 얻게 된 출처를 밝힐 수는 없었다. 어쨌거나 그의 삼촌은 여전히 반혁명분자로 간주되고 있었기 때문이다. 대신 그는 안전한 표현을 떠올렸다. "군중에게 의지한 결과입니다."[44]

하향청년들은 도시에 있는 친구와 친척들에게 간단한 우무에서부터 값비싼 신품종 종자에 이르기까지 온갖 것들을 부탁했다. 다만 그 빈도는 현지에서 이용할 수 있는 자원들에 의존해야 한다는 국가 정책과 충돌하며 조금씩 줄어들었다. 그러나 매우 현실적으로 보면, 지식청년들이야말로 생산대가 보유할 수 있는 가장 중요한 자원 가운데 하나였다. 그리고 그러한 청년들이 솔선수범하며 인맥을 동원했을 때 그들의 몸값은 말할 수 없이 상승했다.[45]

실패

청년과 과학 실험에 관한 문헌에서 가장 두드러진 주제 중 하나는 '실패'다. 실패의 서사가 이토록 반복적으로 회자되는 현상은 마오 시대의 실험들이 대개 실패로 돌아갔다는 점, 그리고 국가는 그것이 받아들일 만한 심지어 혁명적인 실패였다고 인민들을 설득시켜야 하는 중대한 어려움에 봉착했다는 점을 명확히 보여 준다. 대약진이라는 실험이 대기근이라는 실패로 끝나 버린 지 얼마 되지 않은 시점에 농촌 주민들에게는 설득이 필요했다. 주민들은 새로운 실험을 벌였다가 마찬가지로 더 나쁜 결과만을 초래하지는 않을까, 귀중한 토지를 상실하고 식량 부족에 허덕이게 되지는 않을까 두려워하고 있었다.[46] 이런 이유로 1965

년도 과학 실험 농촌 청년 전국 회의는 "실험이 실패했을 때 그 원인을 성실히 분석하여 군중에게 명확하게 설명할 것"이라는 내용을 핵심 원칙으로 채택했다.[47] 이후 1969년 화룽현이 과학 실험을 위한 새로운 모범 네트워크—앞 장들에서 언급된 4단계 농업 과학 실험 네트워크를 말한다—를 세웠을 때에도 "성공과 실패의 관련성에 대해 인민들이 정확한 이해를 가질 수 있도록 도와야 한다"고 강조했다.[48]

청년과 과학을 주제로 한 대부분의 프로파간다는 실험이 궁극적으로 성공하기 전에 겪게 되는 크고 작은 실패 이야기를 포함하고 있었다. 실패한 청년들에게 친절한 당 서기나 빈농이 "실패는 성공의 어머니" 같은 격려의 말이나 마오의 지혜—특히 새로운 무언가를 창조하는 과정은 "구불구불한 길"이라든지 실패를 두려워하지 않았던 우공이산의 노인을 본받아야 한다는 등—를 되새기라는 조언을 건네 준다.[49] 이러한 서사 구조 속에서 초창기의 실패는 최종적인 승리의 달콤함을 더욱 배가시키는 장치에 불과할 따름이다. 청년들은 실패를 딛고 더 성장하게 된다. 1974년에 출판된 한 문헌은 이를 다음과 같이 설명했다. "집체의 생산 임무라는 관점에서 보면 실패는 손실이었다. 그러나 과학 소조, 특히 우리 청년들에게 실패는 훌륭한 교육이었다. 실패로 인해 우리는 이론과 실천을 통합하는 과정, 농민들로부터 재교육을 받아 자신의 세계관을 개조하는 과정을 뼈저리게 경험할 수 있었다."[50]

실패한 실험 프로젝트에 참여했던 청년들의 실제 경험들은 그리 낙관적이지민은 않았다. 하향청년 예와는 기회가 주어졌을 때 열성적으로 과학 실험 소조에 자원하여 참여했다. 과학 실험 소조에 가입하게 되면, 잠시나마 촌락을 벗어나 현의 중심지로 출장을 나갈 수 있는 기회가 있다는 점이 주요했다. 그녀는 박테리아 비료를 만드는 법을 배웠고, 하향된 촌락에 도입할 개량된 교잡수수 종자를 구할 수 있었다. 촌락으로 돌아온 그녀는 새로운 품종을 재배할 가장 비옥한 토지를 할당받았다. 수수가 자라는 과정에서 예와는 수확이 기대만큼 좋지 않을 수 있겠다는, 심지어 기존의 일반적인 품종에도 미치지 못할 수 있겠다는 의구심이 들었다. 그 촌락은 고원 지대 상부에 위치해 있었다. 교잡수수가 큰 성공을 거둔 지역과 비교해 볼 때 더 추운 지역이었다. 더욱이 그해에는 가을장마까지 일찍 찾아왔다. 그녀는 농민들이 그녀에게 양보해 준 땅을 허비하고 말았다는 부끄러움에 사로잡혔다. 그녀는 전략적으로 수확철이 왔을 즈음 일부러 외부 출장 일정을 잡았다. 그녀는 회상한다. "모두가 그 실패를 봐 버렸어요. 저는 부끄럽고 두려웠어요. 현실을 마주할 용기가 없었습니다. 내가 마을 사람들을 배신했다고 느껴졌어요. 당시의 심정은 지금도 말로 표현할 길이 없네요. 그해 겨울 다시 마을로 돌아왔을 때, 창고 안 벽에 그 수수가 매달려 있는 걸 봤어요.……누군가가 이듬해 농사를 위해 크고 잘 익은 수숫대 몇 개를 남겨 둔 거였죠. 내가 그 수숫대를 보고 얼마나 감격했는지 몰라요. 그래도 우리는 이듬해에 그 수수 종자를 다시 심지는 않았습니다."[51]

예와는 내 친구이다.[52] 덕분에 그녀와의 인터뷰는 깊은 사적인 영역까지도 건드리며 실패의 중요성을 보여 주는 일련의 풍부한 경험들을 담아 낼 수 있었다. 다른 수백만 명의 하향청년들과 마찬가지로, 농촌에서 보낸 시간은 예와로 하여금 쓰디쓴 가난이라는 현실에 눈을 뜨게 했다. 중국이 "새로운 사회주의 사회"로 이행한 지 20년이 더 지났음에도 농민들은 계속해서 빈곤에 직면해야 했다. 예와의 촌락은 1970년 큰 흉

작을 경험했다. 하향청년이라는 지위도 그녀를 현지 인민들이 경험했던 굶주림으로부터 완전히 보호해 주지 못했다. 봄이 올 무렵 촌락에는 먹을 게 아무것도 남아 있지 않았다. 인구 100여 명의 그 작은 촌락에서 어린아이 세 명이 세상을 떠났다. 그중 둘은 쌍둥이였다. 쌍둥이의 어미는 아이들을 살릴 수 있을 만큼 충분히 젖을 먹이지 못했다. 나머지 한 아이는 '페이냐오飛鳥(Flying Bird)'라는 불운한 이름을 가진 다섯 살짜리 여아였다. 페이냐오는 이질에 걸려 죽었다. 아이의 영혼은 마치 이름에서부터 그렇게 될 운명이었던 것처럼 "훨훨 날아가 버렸다."

몇 달 후, 예와는 촌락의 여성들로 구성된 작업조의 조장으로 임명되었다. 작업조는 5월을 맞아 묘목을 다듬는 일을 부여받았다. 그녀들은 작업할 땅을 향해 걸어갔다. 예와와 페이냐오의 어미는 행진 대열의 뒤쪽에 있었는데, 일행 앞쪽에 있던 한 여성이 갑자기 멈춰서서 얼어붙었다. 사색이 된 그 여성이 뒤돌아서며 말했다. "우리 이 일 못해요. 우리 이 일 진짜 못해요." 예와가 말했다. "우리는 여기서 작업을 진행해야 돼요. 어떻게 일을 안 할 수가 있겠어요?" 선두의 여성은 그저 같은 말을 되풀이했다. "못해요, 못해요, 못한다고요." 돌이켜 다시 생각해 보면, 예와 자신보다 페이냐오의 엄마가 그 상황을 먼저 이해했던 것 같았다고 한다.

앞줄의 여성들이 발견했던 것은 솜으로 누빈 빨간 꽃무늬 옷이었다. 예와는 생전에 페이냐오가 입던 옷이었음을 떠올렸다. 이제는 다 닳아 못쓰게 되다. 페이냐오의 시신을 묻어 주는 일을 맡았던 사람은 촌락의 어느 노인이었다. 그러나 기근으로 쇠약해질 대로 쇠약해진 그 노인은 소녀의 시신을 제대로 묻어 줄 기력이 없었고, 근처 도랑에 던져 버렸던 것이다. 오늘날 예와는 이 사건을 고통스러울 정도로 생생하게 기억한다. 그때의 극심한 가난을 둘러싼 이런저런 경험들은 의심의 여지 없이 그녀가 자기 때문에 벌어진 모든 실패—좋은 땅을 허비해 버린 일, 농사를 망친 일 등—를 이해하는 틀을 형성하는 데 매우 결정적이었다.[53]

선뎬중의 일기는, 비록 그 내용이 이 정도로 비극적인 것은 아니었지만, 청년들이 실패를 대비하는 법을 얼마나 뼈저리게 배웠는지, 그럼에도 그 실패가 얼마나 좌절스러웠는지에 대해 더 통렬한 증거를 제공한다. 선뎬중의 일기집 초반에는 920(식물 호르몬 지베렐린의 별명) 생산에 참여하기로 한 결정과 관련된 내용이 있다. 일기에는 자기 경고와 자기 격려가 가득하다. "이 일에 진심으로 달려든다면, 좌절과 손해를 마주하게 될지도 모르고, 구불구불한 길을 걷게 될지도 모른다. 나는 정말로 실패를 성공의 어머니로 만들어 내야 한다." 일기는 이어진다. "내 앞길에 숱한 어려움이 있으리라는 것을 깊이 이해하고 있다. 심지어 내가 상상도 못할 어려움들, 좌절감을 주는 난관들이 많을 것이다."[54]

최초의 실험은 실패로 돌아갔다. 1972년 1월 22일, 선뎬중은 그 슬픔을 기록했다. 일주일이 지나도록 그는 여전히 헤어나오지 못했다. "내가 준비한 모든 것은 바로 지금을 대비한 것이었다. 지금, 드디어 지금 상황을 이해하게 되었다. 지금, 드디어 지금 나는 비로소 실제적이고, 엄숙하고 심오하며, 무자비한 시련에 처하게 된 것이다." 그후 2월 12일 다음과 같이 썼다. "또 하나의 실패가 눈앞에 다가왔다. 이런 종류의 충격은 정말이지 너무 고통스러워 숨쉬기도 힘들 지경이다. 나를 무너뜨린다. 그러나 나는 절대로, 결코 무너질 수 없다. 꼿꼿이 서야 한다.

앞으로 나아가야만 한다. 버티고 일어서서 견뎌야 한다. 냉정하고 끈질기게 인내해야 한다. 멈추지 말고 해내야 한다. 넘어지면 기어서라도 가야 한다. 실패하면 반드시 새로이 다시 시작해야 한다."[55]

춘절은 별일 없이 지나갔다. 단지 열정과 인내의 필요성에 대해 쓴 짧은 기록밖에 없었다. 다음 날 그는 생산대장을 찾아갔다. 생산대장은 향후 과학 실험 작업의 전망에 대해 한 줄기 희망을 주면서도, 앞으로 더 힘들어질 것이라고, 쉽지 않을 것이라고 경고했다. 경고는 현실이 되었다. 선덴중은 점점 더 절망적으로 실패에 대한 생각에 매몰되었다. 6월, 그는 920 업무에 관한 '요약문'을 일기에 썼다. 7월에는 상부 구區 공산당위원회 청년조에 제출할 보고서를 작성했다. 청년조는 곧 실험을 중단시켰다. 선덴중을 위한 별다른 위로의 말은 없었다. 그는 다음과 같이 기록했다. "최근의 사건들로 나는 '일할' 권리를 모두 박탈당했다.……앞으로 누가 나와 같이 일하려 하겠는가? 내가 누구와 함께 일할 수 있겠는가? 아마 없을 것이다!……조용히 죽음을 맞이할 수 있다면 그게 최선일 것이다. 물론, 이는 살아 있는 육신의 죽음이 아니라, 내 정치 생명의 죽음이다. 비록 내가 이 죽음을 끝내 받아들일 수 없을지라도, 나는 결국에는 그 죽음 속에서 어떤 중요한 의미를 찾아낼 것이다. 그리고 살아갈 것이다.……나는 비관에 빠지거나 의기소침해지지 않을 것이다. 진리를 위해서라면 내 목숨이라도 걸 것이다."[56] 선덴중의 일기에 담긴 청소년기의 열정을 보고 있자니, 십대 소년에게 작은 실패가 얼마나 크게 다가왔던 것인지 생각하면 피식 웃음이 나올 것만 같다. 그러나 1970년대 중국 농촌의 맥락에서 그 작은 실패에 걸린 정치적 이해관계가 얼마나 컸는지, 사람들의 삶에 미칠 파급력이 얼마나 엄중했는지 헤아려 볼 때, 선톈중의 두려움은 마냥 터무니없는 것은 아니었다.

'실패의 서사' 재검토하기

실패라는 주제는 개인사와 공식적인 역사를 막론하고 마오 시대와 포스트마오 시대를 가로지르는 연속적인 서사의 포물선을 제공한다. 그러나 실패라는 주제는 다양한 서사 속에서 서로 다른 종류의 중요성을 갖는다. 마오가 사망하고 문화대혁명이 종식된 이듬해에 새로운 지도부는 과학, 청년, 경제, 그리고 그 밖의 모든 사항에 대해 추진된 급진적인 정책을 "거대한 실패"로 규정했다. 과거에는 류샤오치, 린뱌오, 그리고 이름 없는 반혁명분자들을 실패의 원흉으로 지목하고 의무적으로 비난했다. 문화대혁명 이후 수십 년간 '사인방' 또는 좌익 노선 일반을 비난하는 것이 의무가 되었다.

   지식청년과 공청단에 관한 최근의 한 역사 연구는 문화대혁명 이전 청년들이 주도한 과학 실험 소조가 겨우 20~30퍼센트의 성공만을 거두었을 뿐이라고 추정한다. 이처럼 저조한 성적에는 여러 원인이 있겠지만, 저자들은 특히 "현실에서 출발하지 않고 여러 고정관념에 맞춰 실험을 진행했다"는 점, "과도한 형식주의와 용두사미식 접근법을 취했다"는 점을 지적한다. 저자들은 또한 '좌익 노선'을 이러한 문제들의 근본 원인으로 강조한다. 모든 것에 마오의 저작을 적용시키려 했던 점이 문제였다는 것이다.[57]

위 연구서와 같은 시리즈에 속한 다른 책도 농업지식을 다룬다. 이 책은 일단 문화대혁명 시기 농촌에서 전개된 '4단계 농업 과학 실험 네트워크'의 유용함을 긍정한다. 그러나 그마저도 "좌익 노선의 영향"으로 인해 엄청나게 불필요한 노력의 낭비를 수반한 것이었다고 결론 내린다.[58]

아마도 과학 실험에 직접 참여했던 다수의 하향청년들은 많은 실험들이 실패였다는, 그리고 이데올로기적 올바름을 과도하게 강조함으로써 너무 많은 노력을 허비했다는 역사적 평가에 동의할 것이다. 그렇다 할지라도, 포스트마오 시대의 '실패 서사'가 과학 실험 운동에 참여한 청년들의 중요성을 온전히 평가하고 있다고 보기는 어렵다. 우선 후대의 실패 서사는 마오 시대 프로파간다에도 실패의 문제가 다루어졌다는 점을 간과한다. 프로파간다는 무조건적인 낙관주의는커녕 농업 [과학] 실험과 관련된 어려움을 강조했으며 실패를 일반적인—거의 보편적인—경험으로 인정했다.

게다가 실패 서사는 마오 시대 농업 작업의 중심에 있던 현실적이고 복잡한 문제들을 인식하지 못하게 만든다. 이런 문제들 가운데 다수는 중국이 아닌 다른 나라에서도 발견된다. 농업 실험은 실패할 수 있지만, 그 실패의 원인이 언제나 정치에 있는 것은 아니다. 더욱이 경제 발전, 환경 보호, 노동 정의, 인간 건강, 그리고 문화적 가치들 사이의 균형을 어떻게 맞출 것인가를 둘러싼 가장 기본적인 질문들에 대해서는 마땅한 합의가 존재하지 않는다. 만약 새로운 쌀 품종을 널리 보급하기 위한 국가 주도의 노력이 증산을 이루는 데에는 성공했지만 환경을 오염시키는 값비싼 비료가 필요하고 현지 주민들이 더 영양가 있고 맛있다고 여긴 재래종 쌀을 도태시켰다면, 이것은 '성공'인가 '실패'인가?

또한 우리가 다른 시간과 장소에 대해 사용하고 있는 분석 도구를 동일하게 활용하여 사회주의 중국을 분석하고 있는지 자문해 봐야 한다. 최근 수십 년 동안 과학기술사회학 분야가 제시한 가장 중요한 통찰 중 하나는 정치적·사회적 설명은 오직 실패했거나 비난받아 마땅한 과학 활동에 대해서만 필요할 뿐이며, 성공적이거나 "좋은" 과학은 "순수하게" 과학적 관점만으로 설명 가능하다는 인식이 이치에 맞지 않다는 것이다.[59] 사회주의 중국에 대한 비판은 포스트사회주의 시대에 표준화되었다. 이러한 비판은 필연적으로, 그러나 주로 노골적이지는 않은 방식으로, 하나의 메시지를 전달한다. 마오 시대의 사회주의는 실패했으며, 우월한 것은 시장자본주의라는 메시지가 그것이다.[60] 실패 서사가 이미 확고히 자리 잡고 있는 상황에서 점점 더 급진주의 노선과 관련된 모든 것을 무가치한 것으로 치부하는 일이 쉬워지고 있다. 마오주의적 특색이 강하면 강할수록, 사후적으로 더 큰 결함이 있는 것으로 간주되기 십상이다. 특히 우리는 사회주의 세계가 아닌 곳에 대해서는 거의 적용하지 않는 방식으로 유독 중국과 사회주의 세계에 대해서만 그 '정치'와 '이데올로기'를 비난한다. 정치와 이데올로기는 언제 어디에나 존재함에도 불구하고 말이다.

역사적 상상력을 발휘하는 연습을 해 보자. 만약 미국의 경제·정치 시스템이 무너지고 무언가 근본적으로 다른 체제가 들어섰다고 가정해 보자. 새로운 시대의 사람들은 미 농무부의 청년 프로그램 '4-H'를 과연 어떻게 평가할까?[61] 직접 참가했던 사람들은 그 프로그램의 다수가 실은 그리 성공적이지 않았다고 증언하게 될까? 그들은 그러한 활동이 시간 낭비, 자원 낭비였다고 평가절하하게 될까? 1973년으로 돌아가 보자. 당시 짐 하이타워Jim Hightower는 저서 《단단한 토마토, 어려운 시대Hard Tomatoes, Hard Times》에서 이미 이러한 질문들을 연결하면서, 이 국가의 농업기술 보급 서비스 체계가 대형 농기업의 배만 불리고 있다고 지적하며, '4-H'를 "세금 7,400만 달러짜리 경박한 관심 돌리기용 사업"이라 혹평했다.[62] 미국 농무부 산하 조직으로서 '4-H'는 분명 농약 대기업의 영향으로부터 자유롭지 못했으며, '4-H' 청년 활동가들은 자본주의 농업의 경제 관계를 반영하거나 강화했다. 가브리엘 로젠버그Gabriel Rosenberg가 말했듯, "'4-H'는 기계화되고 공업화된 농업을 지향하는 더 거시적인 정책과 진보적 농업 개혁의 필수불가결한 일부로서 개발되었다. 이러한 추세는 결국 미국 농촌을 대형 농기업의 안전한 활동 무대로 바꾸어 놓았다." 로젠버그가 추가적으로 보여 준 것처럼, 냉전 시기에 '4-H'는 미군에 의해 운영되는 베트남 지부를 포함하여 활발하게 국제 활동을 전개했다. 이러한 활동은 남반구 여러 국가들에서 공산주의에 대항하여 미국식 자본주의 농업을 발전시키기 위함이었다.[63]

새로운 시대의 역사학자들은 과연 이러한 정치적 연관성과 이데올로기적 편견을 이유로 '4-H'가 궁극적으로 실패했다고 평가하게 될까? 어쩌면 그럴 수도 있을 것이다. 약간의 정당화가 덧붙여질 수도 있을 것이다. 그러나 그러한 분석은 '4-H' 프로그램을 운영했던 공무원들, 현장 지도자들, 청년 참여자들이 해결하려 했던 사안의 복잡성을, 그들의 경험의 다양성을, 그리고 '4-H'가 그들에게 과연 무엇을 의미했는지를 충분히 설명해 낼 수 없을 것이다. 현실의 실제 역사적 사례로 돌아가자. 종종 중화민국 시기에 전개된 중국의 농업 개혁 시도가 정치적 요소를 간과했기 때문에 실패했다는 평가를 접하곤 한다. 기술적으로 아무리 훌륭하더라도, 더 큰 사회적 관계에 대한 고려 없이 성공할 수 있는 개혁은 존재할 수 없다는 것이다.[64] 이 또한 실패의 사례였다. 이처럼 연구자들은 비사회주의적 맥락에서는 실패의 원인으로 정치의 부재를 드물지 않게 문제삼곤 했다. 반면 사회주의 중국에 대해서는 유독 정치 때문에 잘못되었다는 비판이 가해진다.

부분적으로 '정치'라는 용어 자체의 모호함이 어려움을 가중시킨다. '정치'란 한편으로 정치적으로 깨어 있는 과학적 실천을 의미할 수도 있고, 다른 한편으로 정직한 노력을 비판하고 비하하기 위해 특정 정치적 개념들을 협소하게 적용하는 작태를 가리킬 수도 있다. 이 둘을 구별하기란 쉽지 않다. 과학을 정치적 투쟁 또는 '혁명 운동'으로 간주하는 것은 생산적이고 고무적일 수 있다. 그러한 '정치적' 과학이 예컨대 소녀들로 하여금 전통적이지 않은 새로운 역할을 맡을 수 있는 기회를 열어젖혔다면 말이다. 이는 마오 시대 과학이 실제로 작동했던 방식이었다. 그러나 선덴중의 경험은 어떠했는가? 혁명과 군중과학이라는 대의를 위해 그가 성심성의껏 열정을 다해 헌신했음에도 불구하고, 그는 스스로가 실패했다고 느끼게 되었으며 미래에 대한 희망을 박탈당했다. 열악한 조건 속에서 고도로 복잡한 정치적 기준에 맞춰 농촌 과학 실험을 수행해야 한다는 도전 과제는 1960~70년대 중국 청년들에게 과중한 정서적 부담을 안겨 주었던 것이다.

반면 오늘날의 선덴중은 '실패'와 거리가 먼 인물이다. 그는 현재 랴오닝성 사회과학원 사회학연구소의 소장직을 맡고 있다. 선덴중의 경험은 확실히 일반적인 것이 아니었으며, 우리는 수많은 하향청년들이 이후 출세하지 못했음을 알고 있다. 그렇다고 선덴중의 사례가 마냥 특이한 것은 아니다. 이 책에서 논의된 다른 하향청년들 중 몇몇 또한 성공적인 삶을 살아 왔다. 일부에게는 과학 실험 운동 경험이 이후의 경력에 직접적으로 도움이 되기도 했다. 한편 농촌 출신 회향청년들 중 개혁개방 시대에 기회를 잡은 사람들은 확실히 드물었다. 상술한 왕샤오둥의 사례는 과학 실험 운동의 약속이 물거품이 됐을 때 수많은 이들이 겪었던 실망감을 잘 보여 준다. 다른 한 인터뷰이의 증언도 의미심장하다. 농촌에서 자란 그녀는 그녀의 사촌에 대해 이야기해 주었다. 그 사촌은 과학 실험 운동에 참여했고, 인터뷰이는 이에 깊이 감명받으면서도 심히 부러워했다고 한다. 그러나 개혁개방 시대에 사촌은 고향으로 돌아와 그저 그런 농업 노동에 종사했다. 과거 그녀가 연마했던 과학지식과는 아무런 상관이 없는 일이었다.[65] 그러나 동시에 푸저룽의 연구에 참여한 농촌 출신 청년들 가운데 이후 농업 과학 분야에서 만족스러운 경력을 이어 가는 경우도 없지 않았다.

그리고 쑨중첸도 있다. 1988년 〈민영기업들이 농민의 상업의식을 제고시킨다〉라는 제목의 《런민일보》 기사는 중국 농촌 경제의 변화 속도가 빨라지고 있다며 찬사를 보냈다. 기사는 대표적인 사례로 산시성 난완즈향의 유촌榆村(Elm Village)을 꼽았다. 유촌에는 1인당 평균 1.5무(대략 4분의 1 에이커)의 토지가 있었다. 과거에는 촌민 모두가 농사를 지었고 "지독하게 가난했다." 그러나 1978년 이후 많은 기업들이 우후죽순 생겨나 촌락의 전체 노동력의 80퍼센트를 고용하게 됐다. 그 후로 10년 동안 87가구가 솔선하여 그들의 토지를 '농사 전문가'들에게 임대했다. 이로써 농사 전문가들은 더 큰 규모로 농사를 지음으로써 더 많은 이익을 거두었다. 이런 전문가들 중 한 명이 다름 아닌 "쑨중천이라는 이름의 농민"이었다. 농업에서의 군중과학이라는 사회주의 중국만의 독특한 행보의 대변인으로서 외국인 방문객들에게 그토록 깊은 인상을 남겼던, "가장 비천한 자가 가장 총명하다"는 경구를 찬양하는 기사의 주인공이었던 바로 그 쑨중천이었다. 그는 무려 220무의 토지를 끌어 모았다. 재배와 수확을 기계화하고, 화학 제초제를 사용함으로써 수입을 15만 위안까지 증가시켰다. 인민대표 회의의 대표가 된 그는 다음과 같이 발언했다고 한다. "농민들의 벌이가 그토록 낮은 이유는 경영할 땅이 많지 않아 노동력이 낭비되기 때문입니다. 좋은 방법은 민영 기업을 운영하여 잉여 노동력을 활용할 길을 만드는 것입니다!"[66]

쑨중천의 이야기는 해당 《런민일보》 기사의 초점이었던 시장경제에 대한 찬사를 넘어 포스트사회주의 경제로 전환하는 중국의 여러 모순된 진실을 담고 있다. 첫째로 과학 실험 운동, 더 일반적으로는 마오 시대 농업 연구 및 추광이 덩샤오핑 시대 경제 호황의 강력한 토대가 되었다는 점이다. 쑨중천은 농촌 출신 지식청년으로서 토 스타일의 농업 과학에 참여할 수 있는 특별한 기회를 얻었기 때문에 포스트마오 시대에 '전문가'로 거듭날 수 있었다. 또 다른 이유는 다음과 같다. 새로운 자본주의 경제 시스템의 수혜자가 되려면 인민공사가 해체되고 기업가 정신이 있는 사람들에게 기회가 열렸을 때 여러 자원을 확보할 수 있어야 했다. 이 정도의 영향력을 갖춘 사람의 대부분은 마오 시대에 이미 유력한 정치적 지위에 오른 인물들일 수밖에 없었다. 쑨중천이 소유한 220무의 토지는 그의 촌락의 1인당 평균 토지 보유 면적의

146배에 달했다. 게다가 트랙터는 결코 보편적으로 보급되지 않았다. 그가 어떻게 이 모든 자원을 획득할 수 있는 위치에 오르게 되었는지에 대해서 《런민일보》 기사는 아무런 언급이 없다. 그러나 우리는 마오 시대에서부터 쌓아 올린 그의 정치적 인맥과 관련이 있다고 추측할 수 있을 것이다.

포스트마오 시대 쑨중천의 운명이 시사하는 세 번째 함의는 수십 년에 걸친 정치 운동의 피와 땀에 비해 마오가 사망한 후 중국이 급진적인 계급투쟁의 정치로부터 경제 개발의 기술관료주의 정치로 전환하는 데 걸리는 시간이 너무나도 짧았다는 점이다. 중국의 적색혁명은 녹색혁명에 의해 놀랍도록 빠르게 묻혀 버린 것만 같다. 적어도 겉보기에는 그러하다. 적색혁명과 녹색혁명이 포스트마오 시대에 어떠한 운명에 처하게 되었는지 더 온전히 살펴보기 위해, 〈에필로그〉에서는 최근 중국 농업을 변혁하려는 몇 가지 노력을 다시 한번 검토할 것이다.

에필로그

1978년 덩샤오핑이 중국공산당의 최고 지도자가 되었다. 새로운 지도부 아래 중국 농촌의 탈집체화가 시작되었다. 이와 동시에 농업 생산도 빠르게 증가했다. 이 두 현상이 우연히 함께 발생함에 따라, 많은 사람들이 탈집체화를 농업 생산 증가의 가장 중요한 원인으로 파악하고, 농촌의 집체경제는 그간 농업의 활력을 억제해 온 치명적인 장애물이었던 것으로 결론 내렸다.[1] 비슷한 맥락에서 인민공사는 해체되었으며, 혁명이 아니라 기술관료주의적인 해결 방식을 통해 빈곤을 퇴치할 수 있다는 믿음이 광범위하게 퍼져 갔다. 이는 마치 녹색혁명이 적색혁명에 대해 승리했다는 선언처럼 들린다.

이러한 흐름은 1990년대에 프랜시스 후쿠야마Francis Fukuyama가 공산주의와의 경쟁에서 자본주의가 최종적인 승리를 거두었다며 천명한 "역사의 종언"과도 일맥상통할 것이다. 그러나 마오가 해소하고자 했던 도시와 농촌 간, 도시 시민과 농촌 주민 간, 그리고 정신노동과 육체노동 간의 '삼대 격차'는 결코 사라지지 않았다. 뿐만 아니라 이 계속되는 불평등을 해결하기 위한 오늘날의 국가 정책, 다양한 사회적 행위자들의 노력, 그리고 과거 마오 시대의 농업 추광 및 과학 실험 운동 사이에는 현저한 연속성이 존재하고 있다. 비록 그러한 연속성이 전 지구적 자본주의라는 맥락 속에서 새롭게 번역되었지만 말이다.

오늘날 우리는 이와 같은 역사적 연속성을 잘 파악하지 못하고 있는 것 같다. 오늘날 중국에 대한 일반적인 인식은 새로움의 환상에 붙들려 있다. 마오 시대에 적색혁명과 녹색혁명을 선도했던 사람들이 구체제와의 단절을 강조했던 것처럼, 즉 미국 농업 과학이 중국 농업 전반과 심지어 중국공산당의 농업 정책 결정 과정에까지 심대한 영향을 미쳤다는 사실을 망각하려 했던 것처럼, 포스트마오 시기 농업 개혁가들도 자신들의 활동을 완전히 새로운 것으로 표상하고 있으며 정치적으로 불편한 과거는 그저 과거로 묻어 두려 하는 듯하다. 이 책의 주요 목표는 마오 시대의 과학적 영농과 관련된 다양하고 유의미한 경험들을 역사적 망각으로부터 건져 올리는 것이었다. 이 〈에필로그〉는 그러한 과거의 경험이 오늘날에도 여전히 중요하다는 점을 보여 줄 것이다.

포스트사회주의 중국에서의 적색혁명과 녹색혁명

마오 시대 농업 추광 체계와 과학 실험 운동은 이른바 포스트마오 시대 농업의 기적의 밑바탕이 되었다. 사실 녹색혁명의 역사와 적색혁명의 역사를 중첩시켜 생각하면, 이러한 기적이 특별히 포스트마오 시대에만 한정된다고 보기 어려운 측면이 있다.[2] 농민들에게 신기술의 가치를 납득시키고 이를 채택하는 데 필요한 기술을 교육시키는 데 농업 추광과 과학 실험 운동은 빼놓을 수 없는 요소였다.[3] 채택된 신기술들은 대대적인 식량 증산을 가능케 했고, 결과적으로 먹거리를 싼값으로 널리 공급할 수 있게 했다. 이는 포스트마오 시기 경제 성장에서 대단히 중요한 토대가 되었다.[4] 이러한 변화가 인민의 삶에 미친 영향은 실로 막대했다. 깊어지는 불평등과 환경 파괴 등을 비롯한 다양하고 심각한 부작용에도 불구하고, 다수의 인민은 개혁에 지지를 보냈다. 잘 먹고 잘 산다는 것은 대단히 매력적인 것이다. 오늘날 중국인들은 과거에 그들이 꿈꿔 왔던 것보다 훨씬 더 많은 고기와 과일과 채소를 먹으며 살아간다.

경제적 변화는 극적인 사회 변화를 초래했다. 촌락에 살던 중국 젊은 이들이 도시의 공장으로 떠나가는 현상은 세계사에서 가장 큰 규모의 일국 내 이주internal migration 사례로 회자되고 있다. 농촌 청년들은 마오 시대와 마찬가지로 기회가 있을 때마다 도시로 떠나려 한다. 농촌에 머물고 있는 청년들 중에서도 농업 활동에 의욕적으로 참여하고자 하는 사람은 거의 없는 것 같다. 교육과 문화는 여전히 농민으로서의 정체성과 상반되는 어떤 것으로서 간주되고 있다. 교육받은 사람들은 굳이 농사를 지으려 하지 않는다.

이 지점에서 마오 시대의 그 수많은 프로파간다를 다시 떠올려 보자. 농민들은 지식을 보유하고 있으며 농사도 교육의 일환이라던 그 프로파간다 자료들 말이다. 이러한 프로파간다가 그토록 많이 생산되었다는 사실은 당국이 발신하고자 했던 메시지와 정반대되는 현상이 실제로는 더 만연해 있었다는 점을 방증하는 것일 수도 있다. 만약 그렇다면, 인민들의 태도 속에서 사회주의 시대와 포스트사회주의 시대를 가로지르는 심대한 연속성을 발견할 수도 있을 것이다. 다만 차이점이 있다면, 포스트마오 시대의 지도자들은 비록 이러한 문제의 심각성을 항상 인식하고 있음에도 불구하고 그들의 전임자들만큼 농촌 청년들을 농촌에 묶어 두기 위해 노력하지 않는다는 점을 거론할 수 있겠다.

농촌 청년들은 운좋게 도시의 공장에서 자리를 잡았다 하더라도, 대부분 열악하고 외로운 조건 속에서 일하게 될 확률이 높다. 그럼에도 불구하고 이들은 농촌의 빈곤으로부터 벗어날 수 있기를 갈망하며 자신들의 토지를 뒤로한다. 2012년 나는 2주 동안 광시의 한 촌락에 머물렀다. 그곳에서 농사를 짓던 사람들은 대부분 노년 세대였다. 이들에게는 어찌 됐든 고생스러운 농업 노동을 계속할 수밖에 없다는 감각이 있다. 이러한 현상은 오늘날 중국의 주류 매체를 통해서도 광범위하게 다루어지고 있다(《그림 28》).

내 친구의 어머니는 60대임에도 여전히 무거운 비료 상자를 등에 메고 꽤 멀리 떨어진 가족 소유의 과수원으로 가 직접 과일나무에 비료를 뿌린다. 한번은 내 친구에게 그녀의 어머니에게 내가 얼마나 깊은 인상을 받았는지 이야기한 적이 있다. 친구는 어머니께 이제 제발 쉬엄쉬엄하라고 사정하곤 한다고 대답했다. "이제 더 이상 집체 시대가 아니에요, 엄마. 이렇게 열심히 일 안 해도 된다구요!" 그러나 그녀의 부모님이 과일나무들을 돌보지 않는다면 가족 중 아무도 이 일을 맡을 사람이 없다. 과일나

〈그림 28〉
이 사진은 13장의 사진으로 구성된 다음과 같은 제목의 사진첩 중에서 첫 번째 사진이다. "Guangjiao jing: Kongxinhua nongcun zhi tong", *Xinlang tupian*, 2 September 2011. 부기된 설명에 따르면, 사진 속 부부는 산시성의 한 촌락 출신이고, 각각 67, 65세였다. 사진 하단에 포함된 안내문은 다음과 같다. "빈곤을 떨쳐 내기 위해 많은 농민 노동자들은 고향 농촌에 있는 가족들을 뒤로 하고 홀로 도시로 떠나야만 했다. 사실상 "밭을 가는 남성과 바느질하는 여성"으로 상징되는 중국의 전통적 삶의 방식은 더 이상 존재하지 않는다. 때문에 농촌 공동체는 여성, 어린이, 노인을 돌보는 공간이 되었다. 여성, 어린이, 노인은 '386199부대'라고 불렸다. 통계에 의하면, 현재 중국의 피부양 인구는 약 8,700만 명에 달한다. 이 가운데 2,000만 명이 어린이, 2,000만 명이 노인, 그리고 4,700만 명이 여성이다." 유토피아적 과거를 낭만적으로 회상하는 "밭을 가는 남성과 바느질하는 여성"이라는 표현은 충격적이다. 이 사진이 찍히기 훨씬 이전에 이러한 모습이 이미 대부분의 농촌에서 사라졌음은 주지의 사실이다. 숫자 '386199'는 3월 8일, 6월 1일, 9월 9일을 지칭하는데, 각각 여성, 어린이, 노인을 기리는 공휴일이다.

무들은 그저 방치되고 말 것이다. 안 그래도 몇몇 이웃들이 그녀의 가족이 소유한 토지 일부를 비농업적 목적으로 임대해 간 상황이었다. 이 촌락에 사는 농가들은 과거보다 더 잘 먹고 더 큰 물질적 안락함을 누리고 있다. 하지만 이러한 조건에서 농업의 미래는 매우 불확실하다. 게다가, 엄청난 빈부격차로 인해, 많은 사람이 무언가 잘못되고 있다는 생각을 갖게 되었다. 실제로 빈곤과 불균등한 분배 문제는 악화일로에 있다. 굶주림은 여전히 중국의 많은 지역에서 현재 진행형이다.[5]

농민들 입장에서 시장경제는 또한 새로운 종류의 취약성을 부과했다. 농민들은 종자와 농화학물을 취급하는 수많은 기업들 중에서 훨씬 다양한 '선택'을 할 수 있게 되었지만, 어느 상품이 믿을 만한 것인지 자신 있게 판단하기란 매우 어렵다. 중국 정부는 몬산토Monsanto를 비롯한 몇몇 대기업들이 종자 사업을 독점하려는 시도를 차단하는 데 성공했다. 그러나 과거에 그러했던 것처럼 정부가 직접 종자의 생산 및 공급에 관여하고 있지는 않다. 분명히 농민들은 그들이 보기에 국가가 관리하는 것으로 보이는 경로를 통해 종자를 구매하기를 선호한다. 규제가 허술한 시장에는 '해적 종자stealth seeds'❖ 혹은 생산성이나 해충 저항성의 측면에서 허위·과장 광고된 '가짜 종자' 등이 판을 치기 때문이다. 이런 상황에서 농민들은 민간 기업보다는 국가를 신뢰한다. 그러나 과거 존재했던 현縣 정부 직영 종자 기업이나 농업 추광참이 모두 민영화되어 버렸기 때문에, 실상 국가는 농민들이 일반적으로 상상하는 만큼 종자 시장에 통제력을 발휘하지 못한다.[6] 중국 농민들이 겪고 있는 이러한 문제들은 중국뿐만 아니라 전 세계

❖ 승인되지 않은 형질 조작 품종과 불법적인 1세대 형질 조작 종자.

의 소비자들이 직면하고 있는 보다 광범위한 문제의 일부이다. 즉 이는 모두 팽창하는 경제 앞에서 국가가 상품 안전성과 품질을 충분히 통제하지 못하는 데서 비롯된 문제인 것이다.

심지어 시장 중심의 개혁이 시작되기 이전부터, 대대적인 환경 파괴를 야기할 수 있는 여러 여건들이 중국의 녹색혁명에 의해 조성되어 오고 있었다. 이와 관련하여 가장 상징적인 이야기들 중 하나는—이런 종류의 이야기는 다른 모든 강력한 이야기들과 마찬가지로 인민들 주변의 일상적인 요소로 구체화된다—관개 수로에 살던 동물들의 떼죽음에 대한 것이다. 만약 당신이 중국을 횡단하는 여행길에 오른다면, 어디를 가든 논밭을 가로지르는 관개 수로에 있던 다양한 동물들에 대한 이야기를 들을 수 있을 것이다. 농화학물 사용이 증가함에 따라 이 동물들이 모두 사라져 버렸다. 사람들은 어렸을 적 물고기와 가재를 잡으며 놀던 시절이 얼마나 재미있었는지, 그것들을 요리해 먹는 즐거움은 또 얼마나 컸는지 이야기한다. 변해 가는 환경에 대한 거시적인 인식은 이처럼 일상적인 이야기를 통해 구체화된다.[7] 나의 인터뷰이 중 한 명은 사람들이 농약에 열광했던 초창기의 상황을 설명한 후 다음과 같이 말했다. "물론 지금 우리는 (농약이) 그렇게 훌륭한 기술이라고 생각하진 않습니다. 환경에 부정적인 영향을 미치니까요. 과거에는 환경이 아주 좋았습니다. 오염 관련 문제들이 당시에는 아직 심각하지 않았습니다. 나무에는 새들이 가득했고, 밭에는 개구리들이 넘쳐났습니다. 논에서는 거머리가 쫓아오곤 했죠."❖[8]

❖ 거머리가 몸에 달라붙는 것을 좋아하는 사람은 많지 않겠지만, 물속을 꿈틀거릴 때에는 제법 예쁘다. 어쨌든 거머리가 없다는 것은 생태적으로 좋은 징조가 아니다.

환경 문제에 대한 중국의 관심은 물론 중국 국내에만 국한되는 것이 아니라 전 세계적으로도 중요한 이슈이다. 2008년 꿀벌 개체수 감소에 대한 우려가 확산되는 가운데,《뉴스위크》지는 중국의 상황에 대해 다음과 같이 보도함으로써 경각심을 고취시켰다.

> 3,000년 동안, 중국 쓰촨성의 농민들은 오래된 방식으로 과일나무를 수분시켰다. 수분을 벌들에게 맡긴 것이다.……1980년대에 중국이 급속히 배 과수원을 늘리자, 농약 사용량 또한 기하급수적으로 늘어났다. 이때부터 벌을 활용한 오랜 관행이 무너지기 시작했다. 오늘날 봄이 오면 백설 같은 배꽃들은 여전히 온 마을의 언덕을 뒤덮는다. 그러나 꽃가루를 옮겨 줄 벌들은 온데간데없다. 대신 수천 명의 마을 주민들이 나무를 타고 올라가 손으로 직접 수분을 시킨다. 농민들은 플라스틱병 안에 담긴 꽃가루를 닭털과 담뱃대로 만든 '수분용 막대' 끝에 묻혀 수십억 개의 꽃송이 하나하나에 일일이 찍어 준다.[9]

묘하게도 이 이야기는 마오 시대 농업의 군중 동원 경험을 떠올리게 한다. 1970년대에 전 세계의 관찰자들은 해충 문제와 관련하여 노동집약적이지만 생태적으로 보다 세심한 해결책을 성공적으로 제시해 낸 중국 농촌 군중들의 집단적인 힘을 높이 평가했다. 수십 년이 흐른 후,《뉴스위크》는 매우 흡사한 형태의 군중 동원을 소개하고 있다. 그러나 이번에는 훨씬 더 암울한 상황을 전달하기 위한 맥락에서 이를 언급하고 있다. 비록 푸저룽 같은 사람들이 최선을 다했음에도 불구하고 중국 전역에서 과도하게 사용된 화학물로 인해 벌이 사라져 버렸고, 1970

년대의 그 시절 그 농촌 군중들이 이제는 익충의 역할을 대신하기 위해 동원되고 있는 것이다.

중국의 푸저룽과 전 세계의 과학자들이 화학 살충제의 부작용에 대해 경종을 울리기 시작한 지 반세기가 지났다. 점점 더 많은 사람들이 환경 파괴에 대해 경각심을 갖게 됨에 따라 또 다른 의미의 '녹색혁명', 즉 유기농업이 일반화되고 있다. 실제로 오늘날의 중국인들은 '녹색혁명'이라는 개념을, 이른바 '종자혁명' 혹은 중국에서 더 자주 '과학적 영농'이라고 불렸던 20세기 중엽의 왜성 품종 및 농화학물의 도입과 결부시키기보다는, 이러한 보다 최근의 유기농업 운동으로 이해하는 경향이 있다. 유기농업은 도시 중산층뿐 아니라 농민들의 관심도 사로잡고 있다. 몇몇 농민들은 고급 시장을 겨냥하여 경작물의 종류와 규모를 재배치했다. 몇몇 농민들은 그저 더 맛이 좋은 곡물, 채소, 달걀, 고기를 생산할 수 있다고 생각하기 때문에 유기농 방식과 작물·가축의 재래종을 선호한다.[10] 중국 정부, 민간 사기업, NGO 모두 이러한 유기농업 분야에서 일말의 가능성을 보고 있다.

사회적 탈구social dislocations와 점증하는 농화학물에 대한 우려와 더불어, 일부 좌파 학자들은 탈집체화 덕분에 농업 생산이 증가할 수 있었다는 지배적인 관점을 비판적으로 재검토해 왔다. 이들은 1970년대 초에 이미 생산이 증가하기 시작했다는 징후들이 있다면서, 그러한 증산을 추동시킨 정책적 변화가 개혁개방 이전에 발생했다는 점을 지적한다. 또한 이들은 1970년대와 80년대에 비로소 가시화되고 안정화되었던 바로 그 가파른 성장 패턴을 만들어 내는 데, 마오 시기에 도입한 녹색혁명적 기술들의 역할이 상당했음에도 이 점이 제대로 평가받지 못하고 있다고 주장한다.[11] '적색혁명'과 '녹색혁명'이 교차하는 지구사global histories라는 관점에서 이러한 일부 좌파들의 비판을 곱씹어 볼 때, 하나의 딜레마에 봉착하게 된다. 포스트마오 시대 경제 성장의 원인을 개혁개방 이후의 탈집체화가 아니라 마오 시기의 녹색혁명으로 돌리는 것은 확실히 집체경제를 악명으로부터 구출하는 데 도움이 될 것이다. 그러나 동시에 이런 식의 비판은, 환경적·사회적 부작용 때문에 세계 각지의 다른 좌파들에 의해 두루 비판받아 왔던 녹색혁명의 기술들을 정당화할 위험이 있다. 뿐만 아니라 이런 비판은 냉전 시기 지정학적 전략의 일환으로 수립된 농촌 변혁에 대한 기술관료주의적 접근법을 무비판적으로 긍정할 위험성이 있다. 이러한 접근법이 전 지구적 자본주의의 발전을 촉진시켜 왔음은 주지의 사실이다.

포스트마오 시기 개혁을 삐딱하게 보는 논자들은 자유시장의 승리주의적 찬양을 비판하기 위해 한걸음 더 나아간다. 이들은 경제 성장이라는 대의 자체에 의문을 제기할 뿐만 아니라, 많은 경우 개혁이 상향식으로 압력을 가한 결과가 아니라 하향식으로 하달된 것임을 지적한다. 또한 이런 식의 개혁은 현재 중국 농촌이 직면하고 있는 문제, 즉 농민·농촌·농업이라는 세 차원의 이른바 '삼농三農'의 문제를 건전하게 해결하면서 성장을 이어 가려는 방향과는 근본적으로 양립 불가능하다고 주장한다.

이러한 관점을 지지하는 사람들은 협동조합을 중심으로 중국 농촌을 재조직할 것을 촉구한다. 그들은 자신들의 이러한 노선을 신향촌 건설 운동新鄉村建設運動이라고 부르는데, 특히 제임스 옌James Yen(晏陽初)과 량수밍梁漱溟을 비롯하여 1930년대 실험적 농촌 프로젝트들을 입안함으로써 이를 통해 역으로 미국의 농업 보급 관행에도 영향을 미쳤던 사람들의 작업에서 영감을 받고 있다.[12] 이 운동의 지도자 중 한 명인 리창핑李昌平이 주장하듯, 신향촌 건설 운동은 1930년대의 첫 번째 흐름과 50년대의 두 번째 흐름에 뒤이은 중국 근현대사의 세 번째 주요 농촌 협동조합 운동이다.[13]

신향촌 건설 운동은 점점 더 국가 정책에도 영향을 미치고 있다. 이는 국가가 2006년부터 "사회주의 신농촌을 건설"하기 위해 다시 한 번 노력을 경주하기 시작했다는 점에서 더욱 명백하게 드러난다. 비록 "군중에게 의지하되 운동을 발동하지는 말라"던 덩샤오핑의 유훈 때문에 공식적인 담론에서 '운동'이라는 단어가 사용되지는 않았지만, 이러한 당국의 노력은 엘리자베스 페리Elizabeth Perry가 말하는 '관리하의 운동managed campaign'의 중요한 사례 중 하나라고 볼 수 있다.❖[14] 관리하의 운동이 전개되는 가운데, 국가는 '공학적인' 접근법을 취한다. 즉 한편으로 국가는 과거에 사용되었던 수많은 전략들을 다시 꺼내 들었다. 예를 들어 계획한 바를 시행하기 위해 간부, 전문가, 청년들을 하향시키고 있는 것이다.[15] 그러나 이와 동시에 국가는 '과학적 발전'이라는 테두리 아래에서 보다 '실용적'으로 다양한 방법론과 스타일을 수용하고 있다(심지어 현지 상황에 부합한다면 유교적이거나 기독교적인 관행까지도 수용할 수 있다).[16]

신향촌 건설 운동 활동가들이 이러한 국가의 계획을 마냥 비판하고 기피

❖ 중국어 '운동運動'에는 "국가 주도적인" 'campaign'의 뜻과 "아래로부터의 운동"이라는 의미의 'movement'의 뜻이 모두 포함되어 있다. 이처럼 공식적인 정치 활동과 풀뿌리 정치 활동을 구분하지 않는 것은 혁명 국가를 자임하는 중국의 정치 담론 속에서 발견되는 고유한 현상 중 하나이다.

했던 것은 아니다. 알렉산더 데이Alexander Day의 설명에 의하면, 전 지구적 자본주의를 어떻게 보는가와 관련하여, 신향촌 건설 운동론자들의 방향성과 국가 정책의 방향성은 원론적으로 서로 크게 다르다. 신향촌 건설 운동은 대안적인 경로를 추구하면서 중국 농촌에 자본주의적 힘으로부터 보호받을 수 있는 공간을 제공하려 한다. 반면 국가 주도의 '사회주의 신농촌 건설' 계획은 주로 촌락과 전 지구적 시장 사이의 연결성을 지속적으로 강화시키려 한다.[17] 그러나 두 운동 사이의 연계가 형성됨에 따라 이러한 노선상의 차이가 흐릿해지고 있다. 게다가 이 두 운동에 더하여, 중국 농민의 삶을 향상시킨다는 목표를 공유하되 시장이나 마오 시대의 유산과 관련하여 다른 접근 방식을 취하는 또 다른 프로젝트들이 동시에 진행되고 있다. 이어질 두 절에서는 먼저 국가 주도적이고 시장 지향적인 "사회주의 신농촌 건설" 계획을 살펴볼 것이다(이러한 국가의 행보는 신향촌 건설 운동에도 다양한 방식으로 크고 작은 영감과 정당성을 부여하기도 했다). 그 후 서구 사회과학에서 영향을 받고 농업 변혁에 관해 보다 상향식 접근법을 취하는 초국가적 프로젝트를 분석할 것이다.

오늘날의 모범촌락

2012년 캉시에서 현장 연구를 진행할 당시, 나는 마오 시대 농업 전문가들을 인터뷰하기 위해 몇몇 기관들을 방문했다. 그러한 기관 중 두 곳에서 근처 모범촌락을 둘러볼 기회를 마련해 주었다. 첫 번째 기관의 안내를 받아 찾아간 곳은 지방 정부와 화룬 자선기금회가 공동으로 설립한 '희망촌' 중 한 곳이었다. 차이나 리소스China Resources라고도 불리는 화룬華潤은 농산물 기업, 음료 회사, 슈퍼마켓 체인, 시멘트 제조사를 비롯한 다양한 기업체들을 거느린 영향력 있는 국영 대기업이다. 바이서百色에 위치한 화룬 희망촌은 2008년에 착공되어 2010년 완공되었다.[18]

화룬 희망촌은 신향촌 건설 운동에 참여하는 지식인들과 국가의 '사회주의 신농촌 건설' 정책의 동맹을 반영하는 공간이다. 신향촌 건설 운동의 주요 지도자 중 한 명이자 '삼농 위기'에 대한 관심을 환기시킨 장본인인 런민대학人民大學 원톄쥔溫鐵軍 교수가 이 프로젝트의 수석고문을 맡고 있다. 한편 〈꿈에 그리던 마을: 화룬 바이서 희망촌을 소개합니다〉라는 한 온라인 기사는 이 프로젝트를 국가의 농촌 개발 정책의 맥락 속에서 설명한다. 이 기사는 화룬 희망촌을 중국 농촌 협동조합 운동의 오랜 역사의 가장 최근 사례로서 묘사하고 있다. 즉 1930년대에 제임스 옌과 량수밍 등이 추진했던 농촌 재건 운동에서 시작되어 마오 시대 집체화를 거치며 이어진 협동조합 운동 역사의 가장 최근 단계에 바로 화룬 희망촌 건설이 위치하고 있다는 것이다. 이러한 인식은 신향촌 건설 운동에 관여하는 원톄쥔 등의 관점과 일치한다.[19]

또한 다시 한번 원톄쥔 등과 마찬가지로, 이 기사의 필자들도 많은 비판을 받았던 마오주의 정책과 이 프로젝트를 구분지으려 한다. 원톄쥔은 특히 자신의 작업을 구체적으로 제임스 옌과 량수밍의 계보 위에 두려 한다. 그는 오랜 농촌 협동조합 운동의 역사 속에서 마오 시대의 집체화를 일종의 변칙으로 간주한다. 마오 시대의 집체화란 제임스 옌과 량수밍의 기획과 달리 본질적으로 하향식이었으며, 각 현장의 조건에 유연하게 적용되지 못했고, 농촌을 공업 발전을 위한 자원 수탈의 공간으로 취급했기 때문이다.[20] 온라인 기사도 이와 유사하게 마오 시대의 집체들이 "지나치게 성급했으며 결국 실패로 끝났다"는 점을 인정한다. 그럼에도 불구하고 기사의 필자들은 1930년대의 시도와 더불어 마오 시대 집체화의 경험 또한 '촌락 재건 실험'으로서 신중하게 재고될 가치가 있다는 입장이다. 원톄쥔이 화룬 희망촌 프로젝트의 방향성에 대해 어느 정도 만족하고 있는지는 불분명하다. 하지만 원톄쥔과 국영 기업 화룬 사이의 협력이 양자 모두에게 정치적으로 유용하다는 점은 분명해 보인다.

마오 시대 집체화에 대한 비판에도 불구하고, 이 홍보성 기사에 강하게 암시되고 있으며 내가 실제로 현장에 방문했을 때에도 감지할 수 있었던 것은, 바로 화룬 희망촌 프로젝트가 이 책의 주제인 1960~70년대의 경험들과 깊게 공명하고 있다는 점이다.[21] 〈꿈에 그리던 마을〉에 따르면, 희망촌 건설 초기에 화룬은 여러 자회사에서 10여 명의 "골간" 청년들을 차출하여 바이서로 파견했다고 한다. 이들은 "프로젝트 그룹을 결성하여 최전선에서" 일을 맡아 진행했다. 마치 하향청년에 대한 마오 시대의 담론을 그대로 옮겨다 놓은 듯, 이 온라인 기사는 "논밭에서든 건설 현장에서든 마을 주민들과 공동으로 노동하며 작업에 땀을 쏟는 청년들의 모습을 볼 수 있었다"고 묘사한다. 또한 마오주의적 자력갱생 정책을 상기시키며, 기사는 화룬 희망촌 건설이 "공동체 고유의 생산물과 자원이 갖는 경쟁력을 활용하여 농민들을 도와 특산품 협동조합과 새로운 스타일의 농촌 공동 경제를 발전시키는" 프로젝트라고 규정한다.

    동시에 희망촌은 국가가 훨씬 더 최근에 채택한 정책적 우선고려사항들을 반영하고 있다. 예를 들어 시장친화적 환경 정책과 민족 정책 등이 그것이다. 목표는 바이서 희망촌을 "지역의 자연 환경과 조화를 이루는 생태적·유기적·녹색 공간"으로 만들어 내는 것이다. 무엇보다 중요한 것은 희망촌을 "농촌 발전 역량과 독특한 지역적·민족적 특색을 갖는 새로운 사회주의 촌락"으로 탈바꿈할 수 있도록 하는 것이다. 새로운 경제 질서 속에서 광시좡족자치구의 소수민족들은 바이서 희망촌이 내세울 수 있는 시장성의 일부이다.[22] 여기에는 마오주의적 자력갱생과 후진타오의 '과학적 발전관'이 혼재되어 있다. 즉 "혁신 정신을 발휘하여" 희망촌 프로젝트를 통해 "과학적 발전관을 실현"해야 한다는 것이다. 또한 "기업들은 각자의 자원을 이용하여 사회주의 신농촌 건설에 적극적으로 참여함으로써, 하나의 새로운 스타일과 새로운 노선을 추구하여 국가에 이바지"해야 한다는 점이다.[23]

    마오 시대 때처럼, 바이서 희망촌의 농민들은 과학적 농업과 여러 신기술에 정통한 사람들로 추켜세워지고 있다. 또한 마오 시대 때처럼, 촌락 내 공공 구역 구석구석에 설치된 프로파간다 포스터가 이러한 찬양에 활용되고 있다. 물론 포스터 속 메시지에는 개혁개방 시기 중국의 정치적·경제적 관계 또한 반영되어 있다. 예를 들어 한 광고판은 농민들이 화룬의 자회사인 우펑五豐行(《그림 29》) 측으로부터 '과학적 육종'을 배웠다고 자랑스럽게 이야기하는 모습을 담고 있다. 또한 바이서 희망촌에서 사육되는 두 돼지 품종에 대한 정보도 제공되어 있다. 왼쪽에 있는 품종은 바마향 돼지이다. 이 품종은 인근 바마 야오족 자치현

〈그림 29〉
"우펑 덕분에 나는 과학적 육종을 배울 수 있었습니다." 저자가 화룬 바이서 희망촌에서 찍은 사진.

과 관련이 있으며, 따라서 전통적인 매력과 "독특한 지역적·민족적 특색"을 체현한 품종으로 간주된다. 이는 서양에서 이른바 '에어룸 품종 heirloom breeds'이 갖는 매력과 다르지 않다. 오른쪽에는 광시의 토종 품종과 덴마크산 랜드레이스 돼지Danish Landrace(長白猪)를 교배해 생산한 새로운 교잡돼지인 루촨 돼지陸川猪가 소개되어 있다. 덴마크 랜드레이스는 1960년대 이래로 가장 중요한 수입산 개량종 돼지 중 하나였다. 이 품종은 맛이나 다른 주관적인 품질 때문이 아니라, 단지 사료 투입 대비 고기 산출 전환율이 좋다는 이유로 권장되었다. 이에 농촌 주민들은 더 맛있는 '토종' 품종을 선호했다. 이는 돼지뿐만 아니라 닭에

에필로그 | 409

대해서도 마찬가지다. 희망촌을 방문했을 때, 우리 일행은 주민들이 직접 먹기 위한 용도로 키우는 '토종' 닭들이 한가로이 돌아다니는 모습을 보았다(〈그림 30〉).

바이서 희망촌의 농업 연구 및 추광 방식은 과거 마오 시대의 각종 제도에 내재되어 있던 하향식 속성에 토대를 두고 있다. 그러나 이와 동시에 철저하게 시장사회주의라는 개혁개방 시대의 비전을 체현하고 있기도 하다. 〈꿈에 그리던 마을〉에 의하면, "희망촌의 기업들은 현지의 작물과 가축 품종을 개선하고, 농업 생산성을 제고시키며,……현지의 풍미가 가득하면서도 화룬 소속 기업들의 발전과도 양립 가능한 농산물을 개발하기 위해 혁신적이고 개선된 과학적 방법들을 제공하고 있다." 보다 눈에 띄는 점은 국가기관이 추광 서비스를 제공하는 대신, 일개 기업인 화룬이 종축種畜(parent stock)을 선정하고, 검수하고, 공급하는 책임을 모두 지고 있으며, 자체적으로 고용한 '전문가들'을 파견하여 농민들에게 '현대적' 육종기술을 교육시킨다는 사실이다. 이와 같은 새로운 시스템은 농민들이 자율적으로 어린 가축을 구입해 시장에 내놓기 위해 사육하는 종래의 오래된 시스템을 대체했다. 그리고 이렇게 생산된 축산 상품들은 홍콩과 대륙의 주요 도시에 분포한 화룬 슈퍼마켓 체인 점포들로 납품된다. 그러한 대도시에서는 지역 색채를 띠고 유기농 방식으로 생산된 고기에 대한 수요가 높다. 이처럼 상업화된 추광 서비스는 더 효율적으로 시장경제에 기여할 수 있으며 '국가'보다는 '사회'와 더 잘 연계할 수 있다. 이는 국가 스스로 천명한 정책의 방향성과도 일치한다.[24]

며칠 후 나는 톈양현田陽縣에 위치한 또 다른 모범촌락을 방문했는데,

〈그림 30〉
촌민들이 먹기 위한 용도로 키우는 '토종'닭이 목가적인 안뜰을 돌아다니고 있다. 저자가 화룬 바이서 희망촌에서 찍은 사진.

그곳은 바이서 희망촌보다 마오 시대의 색채를 더 많이 간직하고 있었다. 나는 마치 1970년대에 중국을 방문했던 미국인 과학자들의 경험을 반복하는 듯한 이상한 기분을 느꼈다. 물론 그때와 시대적 조건도, 정치경제적 조건도 달라졌지만 말이다. 여행 과정에서 돌아보았던 수많은 장소들과 마찬가지로, 나의 방문 일정은 몇 번 리허설을 거친 듯한 정부 관리의 촌락 소개 브리핑으로 시작되었다.[25] 그녀는 원래 톈양현 내 다른 지역 출신인데, 현 중심지의 한 사범대학을 졸업한 후 공무원 자격시험에 합격하여 이곳으로 발령을 받았다고 한다.

그녀는 먼저 현재 중국의 지도자 시진핑이 마을을 방문하는 모습을 담고 있는 광고판을 소개했다. 그 후 우리를 차례로 촌락에서 생산·판매 중인 유기농 상품들이 전시된 공간, 문화 활동이 이루어지는 공간(서가와 무용 연습실 등), 그리고 민주적인 결정이 이루어지는 회의실로 데리고 갔다. 마지막으로 그녀는 우리에게 과거 생산대장을 역임한 한 노인을 소개해 주었다. 여기서는 약간 일이 꼬였다. 원래 인터뷰는 과거에 대한 나의 관심에 초점을 맞춰 세심하게 안배된 것이었다. 그러나 그 노인이 이야기한 내용은 표준적인 대본을 따른 것이 아니었음이 분명했고, 전적으로 촌락의 현재와 미래에 관한 것이었다.

우리는 NBA 농구 중계에 채널이 맞춰진 거대한 TV가 설치된 넓은 강당에서 그 생산대장과 만났다. 그는 내 질문에 대답해 주기 위해 최선을 다했다. 그러나 그는 매우 불편해 보였다. 여성 공무원이 노인의 답변 중에 수시로 끼어들었고, 심지어 그가 내 앞에서 맨발을 의자 위에 올리자 그러면 안 된다고 훈계하기까지 했기 때문이다.

다음 장소로 이동하는 차 안에서 나와 동행한 일행 중 한 명은 중국의 모든 농촌이 이 촌락처럼 훌륭하면 정말 환상적일 것 같다고 말했다. 그러자 일행 가운데 다른 사람이 재빨리 이곳은 모범촌락임을 잊지 말라고 강조했다. 이 촌락은 일반적인 사례가 결코 아닐 뿐더러, 투자 규모를 보건대 절대로 다른 곳에서 재현될 수 없을 것이라는 말까지 덧붙였다. 보다 구체적으로, 이 촌락은 시진핑이 "점지한" 곳이며, 그 몇 안 되는 사례 중에서도 이런 식으로 현 전체를 개조한 경우는 "많지 않다"는 점을 지적했다. 그런 모습을 통해 마오 시대와의 강력한 공통점을 재확인할 수 있었다. 과거에도 최고 지도자들이 직접 '점지한 장소'들이 있었으며, 그런 공간은 국가의 막대한 지원을 받아 최고 지도자들

의 입맛에 맞는 프로그램의 모델로서 기능한 바 있다.[26]

우리는 이 촌락을 떠나 수많은 온실이 모여 있는 곳으로 이동했다. 이 온실들은 바이서와 동남아시아국가연합ASEAN 간 합작 프로젝트의 일환으로 조성되었으며, 혁신적인 농업기술들이 전시되어 있다. 마치 1970년대의 미국 대표단원들처럼, 나는 그토록 미래지향적이며 환경 감수성을 갖춘 연구 성과들이 존재한다는 사실에 감명받았다. 물론 이곳의 온실처럼 인상적인 규모의 경제적 투자를 받아 만들어진 최첨단 설비들은, 어떻게든 현지에서 구할 수 있는 '질박한' 물자들을 활용하여 맡은 바 임무를 해내야 한다는 마오 시대의 윤리와는 전혀 관련이 없었지만 말이다.

현 내의 또 다른 모범촌락에서 점심식사를 하는 동안, 1970년대의 역사 속으로 들어온 것 같다는 나의 느낌은 더욱 짙어졌다. 촌락 측에서 외부 손님을 맞이하기 위해 특별히 전시 공간 하나를 '농민의 집'이라는 이름의 식당으로 꾸몄다. 옷을 잘 차려입은 수십 명의 도회적인 사람들이 우리 일행에게 "현지" 음식들과 수많은 고기 및 생선 요리들로 채워진 어마어마한 식사를 대접해 주었다. 우리는 음식을 많이 남길 수밖에 없었다. 정작 농민들은 보이지 않는 '농민의 집'이었다. 이러한 경험에는 분명 연극적으로 꾸며진 요소들이 있었다. 그럼에도 불구하고 시종일관 진정한 환대와 우의가 있었으며, 중국 농촌, 중미 관계, 그리고 지구라는 전체 행성의 미래에 대한 공통된 희망을 바탕으로 긍정적인 관계를 형성하고자 하는 진실된 바람이 있었다. 식사가 끝나 갈 무렵, 우리를 초대해 준 간부가 나와 동행한 차오싱수이와 나를 바라보며, 차오싱수이는 토이고 나는 양인데 이 자리에서 이렇게 '토양결합土

洋結合'을 이루었으니 이를 위해 건배하자고 제안했다.

'토양결합'이라는 마오주의적 과학 비전의 가장 중요한 슬로건이 울려 퍼지던 순간은 과거를 여행하는 것만 같았던 나의 여정의 하이라이트였다. 그러나 마오주의 과학 비전의 가장 중요한 몇 가지 요소들은 이 유익한 여행의 모든 순간 속에서 완전히 부재했다. 역설적이게도 마오 시대의 농업 연구 및 추광의 여러 요소 가운데 가장 하향적인 요소들이 시장경제와 가장 잘 들어맞고 있는 것 같았다. 마오 시대 과학 실험 운동과 관련된 정치적으로 더욱 급진적인 유산은 정작 다른 곳에 있었다.

농민들과 새로운 언어의 정치

모두가 농민 협동조합과 시장 지향적 기업체 간의 새롭고 '혁신적인' 협력 관계를 통해 중국 농촌을 쇄신해야 한다는 생각에 동의하는 것은 아니다. 화룬 희망촌 프로젝트와 관련된 원톄쥔의 역할이 무엇이든 간에, 그의 작업은, 그리고 보다 일반적으로 그가 주도하는 신향촌 건설 운동은 농촌이 시장의 힘으로부터 더 단절될 필요가 있다는 점을 강조하며, 전 지구적 자본주의 모델과는 다른 대안적인 중국 농촌 발전 모델을 제시한다.[27]

이러한 관점은 옥수수를 주로 재배하는 광시의 몇몇 촌락에서 참여형 식물 육종 프로젝트를 조직해 오고 있는 다양한 국적의 경농학자들과 사회과학자들의 노력 속에서도 발견된다. 이 일군의 연구자들은 중국과학원 농업정책연구센터, 캐나다 정부 산하 국제개발연구센터the International Development Research Center, 그리고 광시에 기반을 둔 몇몇 연구기관에 소속되어 있다. 이 프로젝트는 또한 국제옥수수밀개량센터 CIMMYT와도 관계를 맺고 있다. 시미트는 지난 세기 녹색혁명의 기술 개발에서 가장 중요한 기관 중 한 곳이었으나, 현재는 몇 안 되는 다수성多收性 품종이 전 세계의 논밭을 휩쓸고 있는 상황에 맞서 농작물의 유전적 다양성을 지키기 위한 여러 대안적인 육종 프로젝트들을 추진하고 있다.

내가 2012년에 인터뷰한 많은 농업 전문가들과 마찬가지로, 중국 농업정책연구센터 소속 사회과학자들은 과거 마오 시대에 존재했던 강력한 농업 추광 시스템의 붕괴를 아쉬워했다. 이들은 '공공' 추광 서비스를 부활시켜야 한다는 의견을 피력하면서, 공공 추광과 상업적인 기업 활동의 경계를 모호하게 만드는 여러 시도들을 비판했다.[28] 그러나 내가 인터뷰했던 주류 농업 전문가들과 달리, 농업정책연구센터 학자들과 여타 참여형 식물 육종 프로젝트에 관여하고 있는 사람들은 적어도 출판된 글의 지면상에서 마오 시대 농업 추광에 대한 향수를 직접적으로 드러내지는 않는다. 드물게 마오 시대의 농업 추광을 언급하는 경우에도, 오늘날의 주류적이고 시장친화적인 추광 활동과 마찬가지로 그 하향식 구조가 문제였다는 점을 주로 거론할 뿐이다.[29]

참여형 식물 육종 프로젝트는 환경 보호, 더 나은 품종 개발, 농촌 주민들의 삶의 질 개선이라는 공동의 목표를 달성하기 위해 '참여형 실천 연구'라는 원칙을 새로운 형태의 농업 연구 및 추광 제도의 토대로 채택했다. 그럼에도 불구하고 이 프로젝트는 앞서 살펴본 모범촌락보다 훨씬 더 깊이 마오 시대 농업 과학과 공명하고 있는 것처럼 보인다. 게다가 모범촌락에서 마오 시대 제도의 하향식 속성이 그대로 지속되고 있다면, 이 프로젝트는 상향식 토 과학적 요소를 보다 구체적으로 되살리려 한다. 이런 이유로 참여형 식물 육종 프로젝트와 관련된 문헌들을 보면, 마치 마오 시대의 관련 논의들이 포스트사회주의적이고 초국가적이며 환경주의적인 사회과학의 언어로 번역된 채 계속 진행되고 있는 것 같다는 인상을 준다. 이 점은 광시 옥수수연구센터 소속 연구자로서 참여형 식물 육종 프로젝트에 참여하고 있는 천톈위안陳天淵과 황카이젠黃開健이 저술한 2006년도 논문에서 한층 더 선명하게 드러난다.

"전통적인 농업으로부터 현대적인 농업을 향해 도약하자"고 촉구하는 바이서 희망촌의 지도자들과 달리,[30] 천톈위안과 황카이젠은 근대 농업에 대해 양가적인 감정을 갖고 있다. 그들은 근대 농업이 전통 농업을 대체함으로써 생산량이 증가할 수 있었다는 점을 인정하지만, 그것은 지속가능성의 쇠퇴와 생물다양성의 훼손이라는 막대한 비용을 수반한 것이었다고 주장한다.[31] 한편 그들은 '하향식'으로 구조화된 농업 연구 및 추광 제도들을 비판한다. 이러한 하향식 제도들은 "농민들을 연구 성과의 단순한 수용자로 볼 뿐 연구의 참여자로 간주하지 않으며," 이런 식으로 수행된 연구들은 오직 "연구소나 실험실에만 집중"됨에 따라 "농민들의 실제 필요를 효과적으로 충족"시킬 수 없다는 것이다. 그들은 다음과 같이 설명을 이어 간다. "저 멀리 높디높은 곳에 위치한 연구 시스템은 수많은 연구 성과를 생산해 내지만, 그 대부분(시험참에서 얻은 결과를 포함하여)은 실용화되기 어렵거나 농업 생산에 아무런 도움도 주지 못한다."[32] 마오 시대의 '상아탑 과학'에 대한 비판과 유사하게, 천톈위안과 황카이젠은 어떻게 연구가 생산 현장의 필요와 '분리'되어 가는지 분석한다. "기존의 연구기관들은 자신들만의 연구 질문에 큰 방점을 둘 뿐, 정작 실제 문제를 해결하는 데에는 충분히 주목하지 않는다. 연구를 하면 할수록 연구 질문들은 점점 더 깊어진다.……그러나 그럴수록 문제 해결은 다른 누군가의 몫이 되며, 대부분 농민들이 스스로 해결해야 한다." 그들은 이러한 하향식 제도가 오늘날 중국 농촌이 처한 새로운 경제적·사회적 조건에 부합하지 않는다고 결론 내린다. "과학 연구는 농민들의 실제 상황과 분리되어 왔고, 품종 개량의 목표 또한 시장의 실제 수요와 분리되어 있다.……그 결과 얻게 된 신품종은 고품질 특산 옥수수에 대한 시장의 수요를 충족시키지 못하고 있다."[33]

천톈위안과 황카이젠은 '관행 주도형' 농업 체계와 달리[34] '참여형' 방법은 "농민들이 능동적으로 참여할 수 있는 여건을 조성할 뿐만 아니라, 과학 연구 부문과 생산 간의 결합을 강화한다"고 주장한다. 참여형 식물 육종 프로젝트는 "농민의 필요와 밀접한 관계를 맺고 있으며," "실험의 대부분이 농민들의 논밭에서" 수행되는 가운데 "연구자와 농민 간의 협력 관계"를 만들어 낸다. 농민들은 단지 보조적인 역할만을 수행하는 것이 아니라 진정한 '협력자'로서 행위한다. 농민들은 집안에서 대대로 발전시켜 온 작물 품종을 활용하여 육종 프로그램에 기여한다. 그 결과 얻게 된 품종들은 "지역 환경에 더 적합하고," 다른 농민들로부터 두루 환영받을 가능성이 높다. 이와 같은 상향식·참여형 제도는 환경을 보호할 뿐만 아니라 더 나은 품종의 광범위한 보급을 촉진시킨다.[35]

저자들은 다음과 같이 강조한다. "참여형 방법이라는 완전히 새로운 농업 연구 방법론의 관건은 어떻게 농민들을 독려할 것인가, 어떻게 농민들로 하여금 적극적으로 참여하게 할 것인가 하는 문제이다. 이를 위해 우리는 평등한 태도를 견지하며 농민들에게 겸손하게 배울 수 있도록 외부인들의 관점을 변화시킬 필요가 있다. 이 과정에서 '향토 지식', '향촌 인재' 그리고 '농민 전문가'의 존재가 강조되어야 한다." 또한 저자들은 특히 여성 농민들에게 초점을 맞춘다. 남성들이 공장 일자리로 떠나감에 따라 농업 노동에 나선 여성들이 점점 더 늘어나고 있기 때문이다. 이 프로젝트에는 여성 농민 단체 다섯 곳이 참여하고 있다. 저자들은 프로젝트 리더 쑹이칭宋一靑의 다음과 같은 말을 인용하고 있다. "여성들은 초창기부터 프로젝트 진행 과정 내내 매우 열정적으로 그리고 적극적으로 참여했다. 일부 남성들은 여성들의 이러한 참여 열기에 다소간 충격을 받았으나, 얼마 지나지 않아 빠르게 이를 받아들였다."[36]

논문 곳곳에 마오 시대의 잔향이 강하게 남아 있다. 물론 마오 시대의 요소들은 새로운 용어로 번역되어 있다. 예컨대 '군중'은 '참여형'으로, '기술관료주의'는 '하향식'으로, "현지의 조건에 부합하라"는 익숙한 구호 속 '현지의 조건'은 '환경'이라는 표현으로 대체되었다. 더 중요한 점은 마오주의 과학의 가장 근본적인 우선고려사항 가운데 일부가 거의 변하지 않은 채 보존되어 있다는 것이다. 특히 토 지식과 농민 전문가 양성, 연구자들이 "농민들로부터 겸손하게 배워야 한다"는 요구, 과학은 "실용적으로 이용되어야 하며" 또 "생산에 봉사해야 한다"는 당위, 여성들이 열성적으로 참여해야 하고 남성들이 재빨리 이러한 새로운 젠더 역학을 수용해야 한다는 인식 등이 바로 그것이다.

그러나 이 프로젝트에 관여하고 있는 연구원들은 자신들의 작업을 마오 시대 과학 실험 운동과 관련짓고 있지 않다. 이는 아마도 그들이 자신들의 접근법을 마오 시대의 급진적인 정치와 연결시키는 것을 불편하게 여기기 때문일지도 모르겠다. 혹은 어쩌면 이들이 역사적인 연속성을 정말로 인식하지 못하기 때문일 수도 있다. 이들은 자신들의 프로젝트가 과거에 존재했던 어떠한 시도들과도 분명히 다른 것이라고 생각하고 있는 듯하다. 이 프로젝트의 또 다른 구성원들이 집필한 영문 저서 《종자와 시너지Seeds and Synergies》도 마찬가지로 마오 시대의 추광이 명백히 '하향식' 제도였다며 비판한다.[37] 마오 시대에 지역적 조건 혹은 '환경'에 대한 고려 없이, 현지 인민들의 관점을 존중하지 않은 채, 부적절한 모델을 각지에 일방적으로 부과함으로써 초래한 막대한 피해를 감안할 때, 아마도 이 '하향식'이라는 꼬리표는 정당한 비판일 것이다. 그럼에도 불구하고 참여형 식물 육종 프로젝트 관계자의 이러한 비판은 사실 마오 시대에 이미 제기되었던 비판들과 일치한다. 농민들의 필요와 생산으로부터 유리된 상아탑 과학, 위로부터 강요된 부적절한 기술, 존중되지 못하는 농촌 인민들의 지식에 대한 마오 시대의 비평들을 떠올려 보라. 《종자와 시너지》의 저자들은 마오주의 담론과 놀라울 정도로 유사하게 다음과 같이 강조한다. "예를 들어 농민이 육종가보다 지식이 부족하다는 믿음 같은, 기성 식물학의 가정들은 대부분 또는 완전히 비판받을 필요가 있다."[38] 물론 이러한 주장을 권위 있게 뒷받침해 주는 근거는 달라졌다. 과거에는 그것이 마오의 말과 글이었고, 오늘날에는 서구의 사회과학인 것이다.

이외에도 참여형 식물 육종 프로젝트와 마오 시대의 과학 실험 운동 사이에 몇 가지 중요한 차이점들이 있다. 가장 분명한 차이로 전자는 온전히 환경주의에 입각하여 구상된 것이라면, 후자의 경우 1960년대에 푸저룽과 다른 중국인 과학자들이 화학 살충제의 대안을 찾고 있을 때조차도, 환경이라는 변수가 크게 고려되지 않았다는 점이다. 여기서 다소 미묘하지만 더욱 중요한 논점은 농민들이 근대적 농업 방법론을 수용하도록 장려하는 것과 국가의 조직 범위 바깥에 존재하는 민간 사회 네트워크 및 지식 공동체가 갖는 정당성과 가치를 인정하는 것이 서로 다르다는 점을 인식하는 것이다. 후자는 참여형 식물 육종 프로젝트가 추구하는 바이다. 이 프로젝트의 관계자들은 농민들이 직접 자신들이 재배할 종자를 선정하고 그것을 비공식적인 시장에 유통시키는 관행들을 인정하고 보호하고자 한다. 한발 더 나아가 이러한 농민들의 비공식적인 네트워크들을 과학자들에 의한 공식적인 연구 및 추광 제도와 생산적으로 연계시키기를 희망한다. 이러한 면모는 분명 마오 시대 과학 실험 운동에서 찾아볼 수 없는 참여형 식물 육종 프로젝트만의 중요한 특징이다. 마오 시기에 국가가 공식적인 정치경제의 질서 바깥의 문화적 형식들과 사회적 활동들을 다루는 방식은 이와는 완전히 반대였다. 그것은 최선의 경우 국가가 주도하는 포섭 관계를 형성하는 것이었으며, 최악의 경우 노골적으로 적대시하는 것이었다.

게다가 사회주의적 프로파간다와 포스트사회주의적 '전문용어jargon' 사이의 수사학적 차이도 주목할 만한 사회적·정치적 결과를 산출한다. '군중과학mass science'이라는 마오 시대의 담론이 자본주의, 제국주의, 가부장제 비판에서 훨씬 더 신랄하고 치열했다는 점을 부인하기는 힘들다. 그리고 마오주의적 담론은 바로 그 치열함으로 인해 "참여형 실천 연구"보다 훨씬 더 많은 사람들에게 영감을 줄 수 있었다. 일찍이 1970년대에도 서구의 좌파 사회과학자들 사이에서 참여형 실천 연구가 점점 더 많은 주목을 받고 있었다. 그러나 동시대에 중국에서 마오주의적 프로파간다 포스터가 유통되었던 방식과 유사하게, 사회과학자들이 등장해 참여형 실천 연구를 홍보하는 수많은 포스터들이 서구의 각종 사회 운동 단체의 사무실이나 대학교 기숙사의 벽면에 붙어 있는 모습을 상상이나 할 수 있는가? 그럼에도 참여형 실천 연구는 덜 요란스러운 만큼 훨씬 더 안전하다는 점은 지적할 필요가 있겠다. 마오 시대의 레토릭은 언제나 "적"들로 가득 차 있었다. 반면 포스트마오 시대 레토릭의 경우, 변화를 논의하기 위해 '체제' 혹은 '세력' 정도의 어휘만 있으면 충분할 것이다. 이처럼 참여형 실천 연구는 포스트사회주의 시기의 기술관료주의적 지도부가 '관리하의 운동'과 더불어 채택했던 더욱 실용적이고 도구적인 접근법과도 일맥상통한다. 이는 또한 오늘날 서구의 정치 활동가들의 폭력 기피적 성향과도 잘 부합한다. 마오 시대에 관한 다른 많은 요소들에 대해서도 마찬가지겠지만, 농업 과학에 대한 급진적인 접근법이 현재와 갖는 꾸준한 관련성과 지속적인 영향력을 인정하면서 동시에 비판적인 시각으로 바라볼 필요가 있는 것이다.

중국에서의 식량주권 운동

최근 이른바 '식량주권food sovereignty' 운동에 헌신하는 중국인 학자들과 활동가들이 점점 더 많아지고 있다. 참여형 식물 육종 프로젝트는 이러한 학자들과 활동가들의 네트워크의 한 갈래라고 볼 수 있다. 식량주권이란 대기업의 전횡과 제국주의적 세계질서에 반대하는 라틴아메리카와 남아시아의 정치 운동에 뿌리를 둔 농업 운동을 지칭하며, 한국과 타이완 같은 중국의 이웃 지역들에서는 이미 상당한 수준으로 확립되어 있다. 식량주권 운동가들은 유전자 변형 농산품GMO 사용에 반대하는 것으로 가장 잘 알려져 있다. 그러나 GMO는 단지 생태적 건전성, 지구 남반구에 속하는 국가들의 경제적 이익, 선주민 지식indigenous knowledge, 그리고 농민들의 권리를 위협하는 수많은 자본 친화적이고 기술관료주의적인 기술들 가운데 하나일 뿐이다.

 2011년 리창핑이 위안룽핑에게 보낸 공개 서한이 식량주권에 대한 인식을 제고시키는 데 큰 역할을 했다. 신문과 각종 웹사이트가 신향촌 건설 운동가인 리창핑이 "자유롭게 종자를 선택할 권리를 농민들에게 돌려줄 것을 위안룽핑에게 촉구"했다며 대대적으로 보도한 것이다.[39] 리창핑은 자신이 위안룽핑의 팬임을 밝히며 편지를 시작했다. 몇몇 좌파 비평가들이 의문을 제기하고 있지만, 자신은 위안룽핑에게 "교잡벼의 아버지"라는 칭호가 실로 "마땅하다"고 생각한다며 편지를 이어 갔다. 또한 리창핑은 13억 중국인이 배 불리 먹을 수 있게 된 것 또한 위안룽핑의 공로라며 치켜세웠다.

 그러나 리창핑이 편지를 쓴 목적은 위안룽핑에게 교잡벼 연구의 "새로운 정점을 향해 전진"하기를 멈추고, 대신 쌀의 재래품종들을 육종하는 데 그의 여생을 바쳐 달라고 요구하기 위함이었다. 리창핑은 "유전학자들과 종자업계의 자본가들"이 "농민들이 선호하는 재래종의 씨를 말려 독점적인 이익을 얻고자 가능한 모든 수단을 동원하고 있다"

고 비난했다. 그는 한 종자 회사에서 종자를 사려고 했으나 "단 한 톨의 재래종 종자도 구할 수 없었다"는 자신의 경험을 덧붙였다. 구할 수 있는 것이라고는 모두 '단자절손斷子絶孫 종자'뿐이었다. 영어권 국가의 활동가들은 종종 이를 '자살 종자suicide seeds'라고 부르기도 한다. 이러한 종자들에는 스스로를 불임으로 만드는 유전자가 포함되어 있기 때문에 농민들은 해마다 새로 종자를 구매하기 위해 종자 회사를 찾아가야 한다. 바로 이러한 이유로 빚에 시달리던 인도의 농민들이 문자 그대로 자살하는 지경에 이르기도 했다.[40]

리창핑의 논점들은 중국 안팎에서 농업과 식량 문제에 관심을 갖고 있는 사람들에게 친숙하게 들릴 것이다. 우선 첫 번째로 식량 안보food security에 관한 논점이다. 중국 정부와 중국 인민들의 국가적 안보는 재래품종에 의존한다. 그도 그럴 것이 테러 공격이나 자연재해로 종자 회사의 창고가 불타 버리면 어떻게 할 것인가? 두 번째는 환경 보호이다. 재래품종들은 재배 과정에서 화학비료를 덜 필요로 하고, 해충에 대한 자연적인 내성이 더 강하다. 세 번째는 농민들의 생계 문제이다. 봄 작물의 작황이 좋지 않으면 농민들은 "가을 농사로 넘어가야" 하는데, 이 경우 가을에는 더 상황이 좋아지길 기대하며 봄에 거둔 곡물의 씨앗 가운데 일부를 종자로 삼아 다시 심어야 한다. 뿐만 아니라 교잡 종자의 가격이 기하급수적으로 올랐다. 과거 재래종 쌀의 종자 가격은 같은 양의 곡식 가격의 두 배에 불과했다. 그러나 오늘날 농민들은 일정량의 교잡 종자를 구매할 때 그에 상응하는 곡식 가격의 20배를 내야 한다.

그러나 이 책의 목적에 비춰볼 때, 리창핑의 가장 중요한 논점은 농민들이 선택한 재래품종들로도 충분히 많은 수확을 거둘 수 있다는 그의 주장일 것이다. 그는 특히 자신이 어느 촌락의 당 서기로 재직하던 1980년대에 널리 사용했던 다양한 쌀들을 구체적으로 거론했다. 성이 후胡인 한 농민이 선택한 품종 하나가 현지 농민들에게 두루 호평을 받았다(품종 개량과 관련된 마오 시대 자료들은 일반적으로 현지 농민들의 선호를 성공의 기준으로 제시한다). 이 품종은 '호선胡選' 품종이라고 알려지게 되었다. 그러나 리창핑에 따르면, 호선 품종의 인기는 독점적 수익을 노리던 종자 연구 및 개발 기업에게 눈엣가시였다. 그 후 호선 품종은 자취를 감추었다. 리창핑은 정부 관계자나 과학계의 필부들과 달리 "진지한 과학자"인 위안룽핑은 능히 "상업화를 향한 폭주기관차에서 내려올 수 있을 것"이라 호소하며 편지를 마무리했다.

리창핑이 '농민 종자 주권'을 외친 것은 점점 더 많은 중국인들이 전 지구적 식량주권 운동(중국어로 식물주권食物主權 또는 양식주권糧食主權)에 참여하고 있는 최근의 흐름을 반영하는 것이다. 이 운동에 가담하고 있는 많은 중국의 지식인과 활동가들은 2013년에 개설된 인민식량주권(http://www.shiwuzq.com/)이라는 웹사이트를 중심으로 연대하고 있다. 이 웹사이트에 모이는 지식인과 활동가들은 중국 대륙뿐만 아니라 타이완과 홍콩에서도 접속한다. 홍콩에 서버를 두고 있는 그들의 웹사이트에서는 중국 집체화의 역사를 재검토하는 논문, 리창핑 같은 인물들의 인터뷰, 국가의 '사회주의 신농촌 건설' 운동이 "자본을 촌락으로 내려보내는 것"만 강조하는 행태를 비판하는 글을 비롯하여, 여러 주제들에 대해 다양한 논의의 장이 열리고 있다. 이 웹사이트는 '인식과 실천', '인민과학'이라는 두 개의 섹션으로 나뉘어 있는데, 그 제목들이 마오주의적 인식론을 연상시킨다. 웹사이트에는 "과학지식과 농촌의 전통적인 지식을 결합하고, 서로가 서로에게 배우고, 이를 끊임없이 지속해 나가라"고 주장하는 쑹이칭의 논문도 실려 있다.[41] 쑹이칭은 양과 토라는 표현을 쓰지 않았다. 그러나 그녀의 인식론의 뿌리가 어디에서 왔는지를 모르기는 쉽지 않을 것이다.

선주민 지식을 옹호하기 위한 전 지구적 탈식민주의decolonial 운동을 이해하는 과정에서, 식량주권 운동의 중국인 참여자들은 토 과학에 관한 마오주의적 담론과의 깊은 연관성을 분명히 드러내고 있다. 이 웹사이트에 실려 있는 미생물 비료에 관한 논문은 선주민 지식이 어떻게 유기농 전문 기업들의 이익을 위해 수탈되는지 비판적으로 검토한다. 익명의 저자는 다음과 같이 주장한다. "근대 과학은 농민과 그들의 선주민 지식에 봉사하는 것이 아니라, 오히려 그들의 전통적인 지혜와 기술들을 빼앗아 이익을 내는 데 이용하고 있다. 그들 과학자들은 숲의 표토를 수집해 실험실로 들고 가 미생물들을 배양한다. 그러고는 각각의 미생물들을 서로 찢어 놓은 다음, 하나하나 이름을 짓고 특허를 출원한 뒤 이를 다시 농민들에게 되판다." 저자는 또한 강조한다. "우리가 말하고 싶은 것은 결국 근대 과학지식과 기술이라는 것이 농민의 전통적이고 토착적인 지혜에서 크게 벗어나지 않았다는 점이다. 더 나아가 유일하게 올바른 과학기술이란 현지에서 사용되는 방법에 적용되어 농민의 행위능력을 제고시키고 보존하는 과학이다."[42] 이 대목에서 특히 마오 시대와의 공명이 두드러진다. 아마도 1965년에 장쑤성의 당 서기 쉬자툰이 농민의 경험과 과학 사이에는 '만리장성'이 없으며, 농민의 경험은 과학 발전을 위해 필요하다고 발언했던 사실을 떠올릴 수 있을 것이다.[43] 또한 문화대혁명 시대에 일부 기술관료주의적 지식청년들이 농민의 지혜를 착취하고 있다는 문제제기를 상기할 수 있을 것이다. 그들은 "빈하중농이 기껏 가르쳐 준 기술들을 가져다가 다른 사람들과 공유하지 않고 사적으로 전유했다."[44]

'식량주권'이라는 개념 자체가 '자력갱생'이라는 관념과 적지 않은 유사성을 지니고 있다. 식량주권과 자력갱생은 둘 다 식민주의에 저항하는 과정에서 등장했고, 따라서 두 개념은 모두 내부의 힘을 키우고 외부의 힘으로부터 독립을 유지하는 것을 중요하게 여긴다. 동시에 식량주권과 자력갱생이라는 개념은 인상적일 정도로 유연하게 해석될 수 있으며, 따라서 다양한 정치적 이해관계를 가진 사람들을 결집시킬 수 있다. 주목할 만한 점은 '안보'에 대한 강조가 민족주의적 정서에 호소하는 방식이다. 잠재적인 테러 공격에 대한 리창핑의 언급은 특히 충격적이다. 그러나 다른 영향력 있는 식량주권 옹호자들도 유사하게 식량 수입이 중국의 국익에 위협이 될 수 있다는 우려를 표했다.[45] 그렇다면 과거 마오 시대에 자력갱생론이 제국주의와 맞서 싸우는 전 세계의 다양한 집단들에 영감을 주었던 것과 거의 같은 방식으로, 식량주권 운동은 오늘날의 탈식민주의적 투쟁이라는 전 지구적 현상의 일면이 될 수 있다고 이해할 수 있을 것이다. 이는 결코 놀라운 일이 아니다.

중국, 전 지구적 식량 운동 그리고 마오 시대 과학적 영농의 유산

광시의 참여형 식물 육종 프로젝트와 연계된 연구자들과 인민식량주권 웹사이트의 다양한 참여자들의 작업은 실로 흥미진진하다. 이러한 노력을 통해 중국의 지식인과 활동가들은 선주민 농업지식에 내재된 생태적 지혜와 지속가능성을 긍정하면서, 자본주의적 농업기술의 맹습에 맞서 이러한 지식을 조직화하려는 전 지구적 운동에 동참하고 있다. 한편 아킬 굽타Akhil Gupta는 선주민 지식 옹호 활동가들이 현장 인민들의 지식을 순수한 어떤 것이라고 상정하는 것은 문제적일 뿐만 아니라, 인민들 스스로가 원하지 않을 때조차 그러한 순수성을 억지로 보존하려 한다고 적절하게 비판했다. 그러나 가야트리 스피박Gayatri Spivak의 논의를 빌리면, 개발주의 담론의 가공할 만한 힘에 대항하기 위해서는 때때로 이와 같은 '전략적 본질주의strategic essentialism'가 어느 정도 적절하고 또 심지어 필요할 수도 있다.[46] 즉 비록 선주민다운 정체성이라는 관념이 하나의 사회적 구성물이며 잠재적으로 해로운 고정관념을 고착화할 위험이 있다 할지라도, 전통적인 공동체가 살아가는 생태계를 부정하고 이를 '개발'하려는 국가와 자본의 시도에 대항하기 위해 반드시 필요한 무기가 될 수도 있는 것이다.

남아시아 및 라틴아메리카 등 다른 지역들과 비교했을 때, 중국에서 개발주의에 비판적인 목소리를 내는 일은 특히 더 지난하고 어려운 일이다. 소수의 일부를 제외하면, 중국의 학자들과 농민들은 모두 근대화를 찬양하고 농민의 지식을 조롱한다. 애석하게도 농민이 전문가들에게 어떤 정보를 제공할 수 있을 때조차도 상황은 별반 다르지 않다. 농민문화를 후진적이라고 폄하하는 일은 마오 시대에도 빈번하게 있었으며, 국가의 개입을 정당화하는 주된 명분으로 작용했다. 그러나 동시에 이러한 태도는 농업 과학 지식의 핵심적인 토대로서 농민의 경험을 높이 평가해야 한다는 정치적 당위와 공존했다. 즉 마오 시기에 국가는 농민문화 혹은 탈식민주의 운동가들이 '선주민 지식'이라고 불렀던 것에 대해 대단히 모순적인 태도를 지니고 있었다. '토양병거' 정책은 곧 이러한 모순을 이데올로기적으로 해소 혹은 봉합하고자 했던 시도와 다름없었다. 외국의 탈식민주의 운동가들이 선주민 지식 옹호 운동을 통해 개발주의 담론에 효과적으로 도전했던 것과 달리, 중국에서는 위와 같은 모순적인 태도 때문에 토종적이고 농민 중심적인 토 과학이 비판의 무기로써 전면화될 수 없었다. 그럼에도 불구하고 그나마 토 과학에 대한 마오 시대의 긍정이라도 없었다면, 아마도 오랜 세월 농촌을 지켜 온 다양한 형태의 지식들이 통째로 부정당했을 공산이 크다. 과거와 비교해 볼 때, 오늘날 국가의 공식적인 정책에서 농민의 지식을 긍정하는 논조를 찾기는 훨씬 더 어려워졌다. 그리고 바로 이 공백을 참여형 식물 육종 프로젝트와 인민 식량주권 운동에 가담하고 있는 비판적인 사회과학자들이 채워 가고 있는 것이다.

그렇다면 농업 과학기술을 둘러싼 전 지구적 투쟁의 거시적 역사에서 중국이 차지하는 위상은 무엇일까? 중국 안팎에서 왜 그토록 많은 사람들이 농업의 역사를 '후진성'에서 '근대성'으로 이행하는 단선적인 과정으로 파악했는지 이해하기란 그리 어렵지 않다. 이러한 목적론은 전 세계 어느 사례를 보더라도 분명하게 확인된다.[47] 어느 날 농업 전문가들과 함께 점심식사를 할 때였다. 나는 몇몇 전문가들이 북한에 다녀온 이야기를 장황하게 늘어놓는 것을 들은 적이 있다. 한 전문가는 오늘날의 북한이 문화대혁명 시기의 중국과 너무나도 비슷해서 충격을 받았다고 한다. 그는 북한에서 목격한 온갖 수준 낮은 기술들, 소비재가 부족한 상황, 또 모든 지역 공동체마다 설치되어 있는 정치선전용 확성기 등을 거론했다. 농업 분야의 경우 그는 특히 종류를 막론하고 개량 품종이 거의 없다는 점을 언급했다. 전부 토착적이고 전통적인 작물과 가축밖에 없었다는 것이다. 그는 자기를 초청해 준 북한 사람들에게 자신을 고용한다면 생산량을 늘려 줄 수 있다고 누차 이야기했다고 한다. 그러나 북한 사람들은 자신들이 원하지도 않고 필요하지도 않은 '수정주의적 기술'을 팔아먹으려 들지 말라면서 그의 제안을 단호히 거절했다고 한다. 점심식사 자리에서 이 이야기를 듣고 있던 다른 사람들은 북한이 "중국보다 30년은 뒤처져 있다"는 데 의견을 모았다.

개발주의 서사는 오늘날의 환경주의적 분위기 속에서도 여전히 놀라울 정도로 건재하다. 바이서와 톈양의 모범촌락에서는 유기농업, 심지어 '현지' 가축의 마케팅이 더 '근대적인' 접근법으로서, 또는 후진타오의 용어로 말하자면 "과학적 발전관"의 증거로서 광고되고 있다. 이러한 형태의 농촌 재건 모델은 시장의 수요를 충족시키는 한 유기농 방식을 손쉽게 수용할 수 있다. 그러나 연로한 농민이 외국인 손님과 대화하는 자리에서 맨발을 의자 위에 올리는 짓 따위는 결코 용납하지 못한다. 이러한 태도는 농민의 '후진성'을 보여 주는 명백한 증거이기 때문이다.

역설적으로 진보 운동의 관점에서 볼 때조차 중국은 여전히 개발주의의 수렁에 빠져 있는 후진적인 국가로 인식될 가능성이 있다. 이럴 경우 참여형 식물 육종 같은 일련의 프로젝트들의 방향성이 서구 학계의 트렌드에 의해 좌우된다고 생각하게 된다. 이 지점에서 마이클 해서웨이Michael Hathaway가 어떻게 자신이 '바람winds'이라고 개념화한 것들이 전 지구적으로 표현되는지 검토한 내용을 살펴보자. 해서웨이는 이 용어를 마오 시대의 정치적 업무 스타일을 의미하는 '정책 작풍作風' 개념에서 차용했다. 그러나 그는 이 개념을 문화적 영향력의 패턴이라는 보다 넓은 의미로 사용한다.[48] 해서웨이는 현대 중국에서 서구의 문화적 영향력이 갖는 중요성을 인정한다. 이는 오늘날 중국의 전반적인 담론이 지역 농민들의 이른바 '화전식' 농업과 여타 파괴적인 관행들을 비난하는 대신, 서구문화의 영향을 받아 농민들이 갖고 있는 환경친화적 지식의 가치를 인정하는 방향으로 전환되고 있다는 점에서 특히 두드러진다. 하지만 이와 동시에 그는 이러한 패러다임의 전환에 중국 행위자들의 행위능력이 크게 기여했음을 강조할 뿐만 아니라, 강력한 문화의 바람이 때로는 반대 방향으로, 즉 비서구에서 서구로 불기도 한다는 점을 지적한다. 예컨대 마오주의가 1960년대 서구의 급진주의 운동에 영향을 미쳤던 것처럼 말이다.[49]

'바람'이라는 메타포는 매우 설득력이 있다. 하지만 이는 지리적 공간을 가로지르는 영향력을 잘 포착하는 반면, 시간을 가로지르는 영향력에 대해서는 그렇지 못하다는 한계를 지닌다. 해서웨이의 이러한 분석에 더해, 나는 어떻게 마오 시대의 급진주의가 시간을 가로질러 오늘날에도 지속적으로 중국의 학자들 및 그들과 함께 고민하는 더 많은 사람들에게 하나의 지적 자원으로서 작용하고 있는지 이해할 필요가 있다고 생각한다. 비록 중국 학자들은 현재 참여형 실천 연구라는 강력한 '서구의 바람'에 훨씬 더 의식적으로 발을 맞추고자 노력하고 있지만 말이다. 역시나 명시적으로 이야기되지는 않지만, 마오 시대의 급진주의는 오늘날 중국의 식량주권 운동에서도 하나의 자원으로 존재하고 있다. 식량주권 운동이 마오의 자력갱생론에 적지 않은 빚을 지고 있다는 점을 상기해 보라.

또 다른 메타포를 하나 떠올려 보면, 아마도 현재의 운동들이 뿌리내리고 있는 토양층으로서 지난 날의 역사를 생각해 볼 수 있을 것이다. 과거는 그저 사라지는 것이 아니다. 그 위에 새로운 지층이 켜켜이 얹힐 뿐이다. 과거의 토양층들은 의식적으로든 무의식적으로든 파헤쳐질 수 있다. 그렇게 지속적으로 과거의 토양은 오늘날의 과제와 새로운 방식으로 혼합된다.[50] 자력갱생, 농민에게 배우기, 실천에 봉사하는 이론은 사회주의 중국의 유산이다. 이러한 유산들이 없었다면 오늘날 중국의 참여형 식물 육종 프로젝트는 상당히 다른 모습으로 전개되고 있었을 것이다. 아마도 마오 시대라는 역사의 지층이 갖는 가장 풍성한 요소는 농업 과학기술을 정치적 사안으로서 추구하기를 망설이지 말라는 주장일 것이다.

'녹색혁명'이라는 용어를 만든 사람은 이 말을 적색혁명의 대안으로 제시했다. 그러나 마오주의자들이 선봉에서 이끌던 좌파 비판론자들은 결코 이러한 녹색혁명의 비전을 곧이곧대로 받아들이지 않았다. 중국의 경험은 결코 녹색혁명 이데올로기의 결함들이 적색혁명에 의해 기적처럼 해결될 수 있다는 점을 시사하지 않는다. 화학물을 집중적으로 사용하는 농업이 불러일으킨 환경적인 악영향은, 그리고 식량과 노동의 공평한 분배보다 오직 생산의 증가만을 강조하는 데에서 비롯된 인적 비용은, 지구의 다른 어느 나라 못지않게 중국에서도 심각한 피해를 야기했다. 하지만 마오주의적 유산이 오늘날의 대안적 농업 운동에 자양분을 공급할 수 있는 자원임을 인식할 때, 활동가들은 비로소 자신들이 몸 담고 있는 운동의 다양한 역사들을 더 명확하게 이해할 수 있을 것이며, 미래의 성장을 뒷받침할 더 단단하고 건강한 뿌리를 확보할 수 있게 될 것이다.

감사의 말

이 프로젝트를 시작할 때 세웠던 목표 중 하나는 지식 생산에 다양한 사회적 행위자들이 참여한다는 점을 인정하고 기록하는 것이었다. 같은 맥락에서 내가 연구를 수행하고 이 책을 수정하는 과정에서 수많은 사람들의 도움을 받았음을 밝히는 것이 마땅할 것이다. 물론 어떤 실수나 누락이 있다면, 그것은 전적으로 나의 책임이다.

나는 몇몇 지적 공동체의 지원과 지지에서 큰 도움을 받아 왔다. 매사추세츠대학 애머스트 캠퍼스 사학과는 내게 더할 나위 없이 고무적인 환경을 제공해 주었다. 특히 학과장 조이 보우먼Joye Bowman의 지속적인 지지에 감사를 전한다. 캘리포니아대학 샌디에이고 캠퍼스 시절을 함께했던 지도교수 조 에셔릭Joe Esherick과 폴 피코비츠Paul Pickowicz, 그리고 두 스승 밑에서 함께 훈련받았던 동료 대학원생들은 지리적으로 모두 떨어져 있음에도 불구하고 여전히 왕성한 공동체를 이루고 있다. 매사추세츠대학 사회사상 및 정치경제 프로그램은 내가 더 과감하게 학문과 실천을 연결하는 방향으로 나아가는 계기가 되었다. 몬트뷰 근린 농장 사업에 관여한 지역 사회 농업의 선구자들로부터도 엄청난 영감을 얻었으며, 귀중한 교훈을 배울 수 있었다. 그리고 나는 영광스럽게도 1970~80년대의 급진주의 조직 '인민을 위한 과학 Science for the People'을 부활시키고자 하는 과학자 및 활동가 공동체의 일원이다. 이들 중 다수는 과거의 원 조직에도 참여했으며, 2014년 매사추세츠대학에 모여 조직의 과거를 회고하고 미래를 전망하며 영감을 나눠 주었다.

사회주의 시대 중국의 과학적 영농을 직접 경험한 수많은 사람들의 도움이 없었다면 이 책은 세상에 나올 수 없었을 것이다. 그들은 기꺼이 자신의 이야기를 공유해 주었다. 여기에서 그들의 이름 모두를 언급할 수는 없지만(실명을 밝히길 원하는 사람들의 이름은 각주에 기록되어 있다), 그중에서도 특별히 신세를 진 몇 분은 강조하고 싶다. 차오싱수이는 자신의 경험에 대해 귀중한 인터뷰를 제공해 주었을 뿐만 아니라, 나를 위해 광시좡족자치구 내 여러 지역을 방문하는 10일간의 여행을 기획해 주었다. 이를 통해 나는 추가로 수십 명을 인터뷰할 수 있었다. 광둥성에서는 구더샹과 마이바오샹이 며칠에 걸쳐 푸저룽과 해충방제의 역사에 관한 나의 질문에 대답해 주었다. 또한 그들은 나를 스후이 四會로 데려가 주었는데 그곳에서 더 많은 인터뷰 자료 및 문헌 사료를 얻을 수 있었다. 이후로도 구더샹은 내게 수많은 후속 도움을 주었다. 심심한 감사를 드린다. 어찌어찌 나는 나의 박사과정 연구에 이어 또 한 번 예와Ye Wa로부터 도움을 받는 호사를 누리게 되었다. 그와의 대화는 나의 연구 과정에서 가장 의미 있고 즐거운 부분 중 하나였다.

자연과학사연구소의 장리Zhang Li는 관대하게도 내게 자신의 시간과 에너지의 일부를 내어 주었다. 중화인민공화국 과학사에 대해 내게 생생한 이야기들을 해주었을 뿐만 아니라, 나의 중국 방문을 성사시키기 위해 수많은 행정 절차들을 도맡아 처리해 주었다. 그의 과분한 친절함에 내가 보은할 길이 있기를 줄곧 희망하고 있다. 내게 차오싱수이를 소개해 준 이는 다름 아닌 중국농업대학의 펑광화Peng Guanghua였다. 뛰어난 안목으로 둘도 없는 기회를 제공해 준 점에 대해 영원히 감사할 것이다. 중산대학의 장구런Zhang Guren과 국립농업박물관의 장수Zhang Su는 각각 광둥과 광시에서 나의 연구를 원활하게 해 주기 위해 많은 품을 들였다. 양양Yang Yang, 보차오Boqiao, 펑Feng은 중국에서의 작업을 가능하게, 또 재미있게 만들어 준 장본인들이었다.

나는 또한 미네소타대학, 일리노이대학 어바나샴페인 캠퍼스, 텍사스A&M대학, 중산대학을 비롯하여 미국과 중국 각지의 사서 및 아키비스트들로부터 받은 도움에 대해 깊은 감사를 표한다. 특히 샤론 다미어Sharon Domier에게 감사드린다. 그의 도움 덕분에 나는 또 한 번 애머스트에 머무르면서도 상당한 성과를 거둘 수 있었다. 또한 매사추세츠대학에서 한 학기 동안 나의 연구조교로 일해 준 돤레이Duan Lei에게 고맙다는 말을 전한다. 베이징에서 장샤오옌Zhang Xiaoyan은 수많은 인터뷰 녹음 파일들을 전문적으로 받아 써 주었다.

여러 학회, 워크숍, 초청 강연에서 받은 피드백은 대안적 관점들을 숙고하고 나의 주장을 더욱 명확히 할 수 있는 계기가 되었다. 이러한 행사를 기획해 준 다음 분들에게 감사한다. 힉슨릭스Hixon-Riggs 과학

기술과사회포럼(줘위에 왕Zuoyue Wang), 근대 중국 및 인도의 과학과 기술 재조명('ReFocus') 워크샵 시리즈(통 람Tong Lam, 자나비 팔키Jahnavi Phalkey, 그레이스 션Grace Shen), 화둥사범대학의 '1950년대 중국 사회와 문화 심포지엄'(양쿠이숭楊奎松), 사이먼프레이저대학의 '혁명과 개혁 사이: 1960~80 기층 중국' 워크샵(제러미 브라운Jeremy Brown, 매튜 존슨 Matthew Johnson), 프란시스 베이컨 학회 '냉전은 어떻게 과학을 변모시켰는가'(에릭 콘웨이Erik Conway, 존 크리지John Krige, 나오미 오레스케스 Naomi Oreskes), '아시아 농업의 알기'와 하기 '워크샵'(야콥 아이퍼스Jacob Eyferth, 던 하퍼Don Harper) 등이다. 나는 대단히 유익했던 학회 패널들을 함께 조직했던 미치타케 아소Michitake Aso, 솬겅Xuan Geng, 척 헤이포드Chuck Hayford, 다녠 후Danian Hu, 유지니아 린Eugenia Lean, 줘위에 왕에게 또한 감사를 전한다. 시카고대학의 야콥 아이퍼스, 주디스 파커 Judith Farquhar, 짐 히비아Jim Hevia, 그리고 그들의 동료들과 하버드대학의 빅터 호Victor Ho, 엘리자베스 쾰Elisabeth Köll, 리즈 페리Liz Perry, 베이징 자연과학사연구소의 장리, 베이징 국립농업박물관의 차오싱수이, 사우스캐롤라이나대학의 딘 킨즐리Dean Kinzley는 감사하게도 이 연구의 일부를 발표하여 청중들로부터 건설적이고 생산적인 의견을 받을 수 있는 기회를 제공해 주었다.

제러미 브라운, 셰인 해밀턴Shane Hamilton, 게일 허샤터Gail Hershatter, 파비오 란자Fabio Lanza는 전체 원고를 읽은 후 매우 유용한 논평을 주고 오류를 정정해 주었다. 부디 이 최종 원고가 예외적으로 관대했던 그들의 도움에 걸맞은 글이기를, 그리하여 그들의 기대에 부응하는 글이기를 바랄 뿐이다. 스테판 랜즈버거Stefan Landsberger와 줘위에 왕은 귀중한 자료를 공유해 주었는데, 그들이 아니었다면 나는 그 자료들을 찾을 수 없었을 것이다. 피터 라벨Peter Lavelle과 가브리엘 로젠버그Gabriel Rosenberg는 자신들의 미출판 원고를 공유해 주었다. 마두미타 사하Madhumita Saha는 '재조명' 프로젝트의 일부로 출판될 예정인 공동 논문을 작업하는 과정에서 훌륭한 파트너가 되어 주었다.

중국에서의 연구를 위해 나는 디킴 재단the D. Kim Foundation 연구 지원금, 마리온 앤 야스퍼 와이팅 재단Marion and Jasper Whiting Foundation 기금, 미국철학협회 프랭클린 연구 지원금, 매사추세츠 애머스트 캠퍼스 교원 연구 지원금 등의 재정 지원을 받았다.

나는 시카고대학교 출판부의 캐런 달링Karen Darling, 켈리 파인프록-크리드Kelly Finefrock-Creed, 에반 화이트Evan White, 태드 애드콕스Tadd Adcox, 그리고 그들의 팀 동료들과 다시 한번 출판 업무를 함께 할 수 있게 되어 행운이라고 생각한다. 그들은 더할 나위 없이 훌륭했으며, 그들과 함께 작업하는 과정은 언제나 즐거웠다. 페이지 브리젠스Paige Bridgens는 교정 단계에서 원고 전체를 읽고 나의 다음 프로젝트를 촉발시키는 데 도움이 된 수많은 질문을 던져 주었다.

나의 부모님과 시부모님은 자주 나를 배려해 주었다. 아이들이 할머니Oma, 할아버지Opa와 노는 동안 나는 글을 쓸 수 있었다. 내가 이 책을 헌정한 나의 아버지 빅터 슈말저Victor Schmalzer는 끝까지 내게 힘이 되어 주셨다. 아버지는 내가 교정 원고를 제출하고 불과 6일 후에 돌아가셨다. 그는 최고의 출판인이셨으며, 열정 넘치는 정원사이자 작곡가셨다. 나는 내가 하는 모든 일 속에서 아버지의 영향을 느끼곤 한다. 이 책이 아버지를 추모하는 데 걸맞은 헌정이기를 희망한다.

나는 책을 쓰기 위해 가족에게 소홀히 했음을 사과해야만 하는 그런 종류의 학자가 되지 않겠노라 줄곧 맹세해 왔다. 이 책의 마지막 완성 단계에서 결국 이 맹세를 제대로 지키지 못한 것 같아 두려운 마음이다. 제대로 된 사과를 전하는 것과 별개로, 감사하다는 말만큼은 꼭 해 두고 싶다. 그 모든 사랑과 지지에 대해 윈스턴Winston, 퍼디난드Ferdinand, 애너레스Anarres에게 깊이 감사한다.

한 가지 사과가 필요하다. 책의 분량을 적당하게 맞추기 위해 나는 사회주의 중국을 방문했던 미국인들에 관한 두 장을 덜어 내야 했다. 유감스럽게도 이 두 장은 파비오 란자와 인민을 위한 과학 소속 친구들의 작업과 가장 관련성이 높은 내용일 것이다. 아마도 내가 할 수 있는 일은 이 내용들을 다른 기회에 제대로 출판하기 위해 최선을 다하는 것이리라.

옮긴이의 말

《붉은 녹색혁명》은 중국 과학기술사가 시그리드 슈말저Sigrid Schmalzer가 2016년 시카고대학교 출판부에서 출간한 *Red Revolution, Green Revolution: Scientific Farming in Socialist China*의 완역서이다. 이 책은 출간 직후 과학기술사학계와 중국사학계에서 공히 혁신적 연구로서 높은 평가를 받았으며, 그런 평가는 아시아학회에서 1900년 이후 시기 중국학 분야 최우수 도서에 매년 수여하는 '조셉 레벤슨 도서상Joseph Levenson Book Prize'을 2018년에 수상함으로써 공식적으로 입증되었다.

이 책의 저자인 슈말저는 매사추세츠 애머스트대학교University of Massachusetts Amherst 역사학과 교수로, 현대 중국 과학기술사 분야의 최전선에서 활발히 연구를 수행하며 학계를 선도하고 있는 활동가적 연구자 중 한 명이다. 그의 연구는 19세기 말에서 20세기 전반을 거쳐, 1949년 중화인민공화국 설립 이후 문화대혁명기에 이르는 마오쩌둥

(1893~1976) 집권기, 그리고 포스트마오 시대까지 광범위한 시기를 다뤄 왔다. 그러나 이처럼 넓은 시간적 범위를 아우르는 연구 속에서도 슈말저의 학문적 관심은 일관되게 과학적 지식의 생산과 유통, 사회주의 국가 체제하에서의 정치와 과학의 관계, 그리고 무엇보다 과학과 정치의 교차점에 놓인 인민의 행위성에 초점을 맞추고 있다.

2008년에 출간된 슈말저의 첫 저서 《인민의 북경원인The People's Peking Man》은 20세기 내내 인간의 기원에 관한 중국의 과학적 지식이 현실과 동떨어진 상아탑 속 연구의 결과물이 아니라, 국가의 정체성 형성이라는 정치적·사회적 문제와 밀접하게 연계된 채 생성되고 활용돼 온 역사적 산물임을 설득력 있게 보인 연구였다.[1] 《인민의 북경원인》에서 과학지식의 사회적 구성과 대중적 전유에 주목하는 과학사학의 연구 방법론을 중국사에 성공적으로 접목한 이후 슈말저의 연구는 마오쩌둥 집권기 농업 과학으로 집중됐다. 물론 슈말저는 초기 연구에서도 축산, 해충방제와 같은 농업과 관련된 이슈를 다룬 적이 있다. 그러나 그가 다소 단편적인 사례 연구를 넘어 농업을 본격적으로 다루기 시작한 배경에는 두 가지 요인이 작용했을 것으로 보인다. 첫째, 마오쩌둥 시대 농업은 다양한 사회적 행위자들이 농업 과학적 지식의 생산과 실천에 직접 참여하였기에 당대 사회주의 과학의 인민 중심적 특징을 가장 잘 보여 주는 분야라 할 수 있다. 그러므로 농업은 사회주의 중국을 연구하는 역사가에게 문제의 중핵으로 접근하게 해주는 주제인 셈이다. 둘째, 농업은 오늘날의 환경 문제, 식량 생산과 소비, 농민의 삶과 같은 현재적 쟁점들과 긴밀히 연결되어 있어 과거와 현재를 동시에 조망할 수 있는 학문적 장을 제공한다는 점에서도 의의가 있다. 이는 활

동가적 정체성을 지닌 슈말저에게 특히 매력적인 주제로 다가왔을 것이다.[2]

슈말저가 바라보는 농업은 역사적으로 다양한 사회적·정치적 투쟁이 교차하는 공간이었다. 특히, 사회주의 중국에서 농업은 경제적 생산활동에 국한된 의의만을 지니는 것이 아니라, 누가 노동해야 하고 어떤 노동이 정당하게 인정받아야 하는지, 누구의 전통이 보존되어야 하고 누구의 전통이 혁신되어야 하는지, 정치적·경제적 권력은 어떻게 분배되고 행사되어야 하는지, 나아가 농업 활동에 의해 지역 생태계는 어떤 영향을 받을 것인지와 같은 질문들이 얽혀 있는, 한마디로 인민의 삶과 사회주의 혁명이 중층적이고 역동적으로 교직되는 영역이었다. 이러한 문제의식이 체계적으로 연구된 결과물이 슈말저의 두 번째 저서이자 본 번역서인 《붉은 녹색혁명》이다.

이 책은 마오쩌둥 집권기 사회주의 중국을 배경으로, 특히 1960년대 초반부터 문화대혁명기(1966~1976)까지의 시기에 집중하여, 농업과 정치가 어떻게 서로의 내용과 형식을 규정하며 실천되었는지를 분석한다. 이를 통해 슈말저는 기존의 냉전기 서구적 녹색혁명 담론이 놓친 중국 사회주의 농업의 성취와 의의를 성찰하고 있다. 기존 연구에서는 마오쩌둥이 당시 세계적으로 확산되고 있던 '녹색혁명Green Revolution'을 거부했다는 해석이 일반적이었다. 그러나 슈말저는 이 책에서 중국 공산당이 고수확 밀 품종, 화학비료, 농약과 같은 다양한 "과학적 영농" 기술을 적극적으로 도입하고 장려했으며, 이를 사회주의적 가치와 결합하여 발전시켰음을 힘 있게 보여 준다.

중요한 점은 중국의 농업혁명이 농업 생산량 증대를 위한 기술혁명이기만 했던 것이 아니라, 정치적 혁명과 긴밀히 연결된 복합적 혁명이었다는 것이다. 이런 해석에 따르면, 마오 시대는 과학적 진보가 정체된 시기가 아니라, 과학적 발전과 정치적 혁명이 상호 영향을 주고받으며 전개된 시기였다. 다시 말해, 책의 원제가 시사하듯 "적색(사회주의) 혁명"과 "녹색(농업 과학) 혁명"이 병행하여 진행된 시기가 바로 마오쩌둥 통치기였던 것이다. 원서의 부제인 "사회주의 중국의 과학적 영농 Scientific Farming in Socialist China"이 암시하듯, 마오 시대 중국의 농업에도 '과학'은 존재했다. 그러나 중국의 녹색혁명은 '사회주의 과학'을 토대로 두고 있다는 점에서 정치와 과학의 분리를 표방한 서구의 녹색혁명과 달랐다. 요컨대 슈말저의 책은 마오쩌둥 시대 녹색혁명의 과학이 정치와 무관한 중립적 생산기술의 발전 토대가 아니라 정치적 혁명과 불가분의 관계에서 형성된 '다른 과학'의 실천 양식이었다는 점을 다양한 자료를 활용해 생동감 있게 보여 주고 있다.

이를 통해 슈말저는 마오 시대를 반反과학적 시기로 간주하는 서구 중심적 역사 서술을 비판하며, 기존 연구가 강화해 온 몇 가지 통념을 재고할 필요가 있음을 역설한다. 슈말저에 따르면 지금까지의 마오 시대 과학기술사 연구들은 대체로 다음과 같은 통념을 공유하고 있었다. 첫째, 마오 시대는 과학적 합리성을 억압한 반과학적 시기였다. 둘째, 적색혁명은 대중 동원과 정치적 선동이 지배한 비합리적 실험이었다. 셋째, 사회주의 중국의 농업 과학 기획들은 과학을 희생한 정치적 실험에 불과했다. 그러나 슈말저에 따르면 이러한 통념을 따른 선행연구들은 사회주의 중국의 과학기술사를 연구하는 데 있어 너무도 중요한 성찰적 선결 문제를 질문하지 않았다. 즉, 사회주의 체제에서는 무엇이 과학을 구성하고, 누가 '과학자'로 인정받는가? 과학적 권위는 어떻게 형성되며, 과학과 정치의 관계는 어떻게 설정되는가? 그리고 농업 과학 발전에 기여한 다양한 사회 집단, 가령 농민, 지방 간부, 지식청년 등은 각각 어떤 역할을 했는가? 바로 이런 질문들이 이 책에서 슈말저가 제기하고 대답하려는 핵심 연구 질문들이다.

이러한 질문에 답하기 위해 슈말저는 무엇보다 다양한 사료를 폭넓게 활용하고, 문헌사료 중심의 통상적 역사 연구 방법론과 구술사적 접근을 결합하여 '기록되지 않은' 역사의 결을 세심하게 읽어내는 탁월한 분석력을 보여 준다. 즉, 신문 기사, 과학 논문, 기록 보관소의 노트와 일기, 국가 선전물, 개인 회고록 등을 포함한 광범위한 자료를 섭렵하고, 여기에 농업 과학 실험에 참여했던 생존자들과의 인터뷰를 추가하여 더욱 생생한 역사를 성공적으로 복원해 낸 것이다. 중국 문화대혁명 시기가 사료의 한계로 인해 역사 연구가 쉽지 않다는 점을 고려하면, 이 책이 다양한 사료와 여러 역사 연구 방법론을 폭넓고 창의적으로 활용했다는 사실만으로도 후속 연구자들의 상상력을 자극하는 충분한 가치가 있다고 평가할 수 있을 것이다. 더불어 일반 독자로서도 문헌과 인터뷰가 교직되어 만들어 내는 생생한 당대적 감각이 흥미롭게 읽힐 수 있을 것이다.

특히 슈말저는 기존 역사 연구에서 이데올로기적 선전 도구로 간주되어 중요한 해석 대상으로 다뤄지지 않은 포스터 자료를 적극적으로 분석에 활용한다. 그는 단순히 포스터의 표면적 레토릭을 해석하는 데 그치지 않고, 그 이면에 숨겨진 중층적 의미를 철저히 탐구함으로써, 프로파간다가 구축하려 했던 사회의 이상과 실제 역사적 현실 사이의 간극을 포착해 내야 한다고 강조한다. 슈말저에 따르면, 당시의 포스터에는 국가가 '선전'하고자 한 이상적인 미래상이 제시되어 있을 뿐만 아니라, 때로 새로운 체제가 극복하고자 한 인민들의 실제 삶의 흔적도 담겨 있었다. 따라서 우리는 국가가 그 흔적을 어떻게 담아 냈는지 탐색함으로써 사회주의 중국의 이상과 현실의 간극과 그 간극이 정치화된 양상을 읽어낼 수 있다. 또한, 포스터를 다른 사료들과 교차 분석함으로써, 인민들이 국가가 제시한 이미지를 그저 수용한 것이 아니라, 이를 모방하거나 때로는 저항하는 방식으로 재구성했음을 밝혀 낼 수도 있다.

더불어 슈말저는 서로 다른 성격의 자료들을 교차 분석하며 국가의 공식적 서사와 실제 역사적 경험 사이의 차이를 조명하고자 한다. 가령 회고록과 인터뷰 자료를 1차 사료로 곧이곧대로 활용하는 것이 아니라, 그러한 사료가 생산된 맥락과 당대 이데올로기의 영향을 분석하며 한층 심층적인 역사적 해석을 시도하는 것이다. 예를 들어, 슈말저는 인터뷰 대상자들이 공적 기록에서는 말하지 않았던 개인적 기억을 공적 기록과 비교 분석함으로써 공식적 서사와 개인적 경험 사이에서 어떻게 기억이 형성되고 변화했는지를 보여 준다. 이러한 연구 방법론은 마오쩌둥 시대에 대한 비판과 상찬이 대개 당대 행위자들의 '기억'에 의존하고 있다는 점에서 시사하는 바가 매우 큰 접근법이다. 또한 문헌 자료가 양적으로 제한되어 있거나 권력에 의해 '오염된' 자료만이 대부분인 시기를 연구하는 역사학자들도 슈말저의 연구 방법론에서 흥미로운 논점과 영감을 얻을 수 있을 것이다.

《붉은 녹색혁명》은 마오 시대 중국에서 사회주의 혁명을 중심으로 과학, 정치, 환경의 역사가 긴밀하게 얽혀 전개되는 과정을 보여 주며, 역사학자, 과학기술학자, 환경사학자들에게 중요한 통찰을 제공해 주는 연구서이다. 무엇보다 이 책은 문화대혁명 시기를 '과학적 합리성'이 억압됨으로써 과학기술이 정치적 이념에 의해 '왜곡'되었다고 해석하는 기존 연구들의 결과주의적 성공–실패 서사를 넘어, 사회주의 중국에서 과학과 정치의 관계를 새롭게 조망할 기회를 제공한다. 슈말저에 따르면, 마오 시대의 과학은 정치적 선전 도구에 그치기만 한 것이 아니라, 인민이 주체가 되는 과학 대중화와 사회주의적 이상을 실현하려는 실험적 시도의 중심에 있었다. 특히, 제2장과 제3장에서 다룬 푸저룽蒲蟄龍(1912~1997)과 위안룽핑袁隆平(1930~2021)의 사례는 사회주의 중국 과학이 '토土(토착적·중국적·지역적·소박한·군중의·투박한)'과 '양洋(외국적·서양적·엘리트적·전문적·상아탑의)'의 긴장 속에서 발전했음을 인상적으로 보여 준다. 이는 당대의 과학적 지식과 실천이 사회주의적 이념과 인민 중심의 '군중과학mass science'이라는 틀 안에서 형성되었음을 보여 주는 대표적 사례일 것이다. 더불어 과학자의 역할과 지식 공동체 속에서의 사회적 위치가 정치적 맥락에 따라 어떻게 변화하고, 또 사회주의 국가에서 과학과 정치가 어떻게 얽혀 있었는지를 분석하는 데 중요하게 참고할 수 있는 사례이기도 하다.

한편, 과학기술학 연구자들에게 이 책은 과학지식이 사회주의 국가라는 특정한 사회적·정치적 맥락 속에서 형성되는 과정을 보여 줌으로써 서구 중심적 과학 발전 모델과의 비교 연구에 기여한다. 특히 군중과학은 마오 시대 과학의 독특한 특징을 집약적으로 보여 주는 모델이었다. 당시 농민은 인구의 대다수를 차지하는 집단이었으며, 국가가 계몽해야 하는 대상이면서 동시에 사회주의 혁명을 실현하는 주체로 표상되었다. 그런 맥락에서 군중과학의 이념은 과학을 상아탑 속 지식인의 전유물이 아니라 인민 군중이 직접 참여하여 생산하고 활용하는, 심지어 그 과정에서 과학자들이 오히려 군중에게서 배우기도 하는 토양 결합의 산물이기를 요구했다. 실제로 슈말저는 군중과학이 실천되는 과정에서 농민들의 경험이 과학 연구의 핵심 자료로 활용되었으며, 전통적 지식과 실천이 새로운 과학적 담론 형성에 중요한 역할을 담당하기도 했음을 구체적으로 보여 준다.

당시 서구의 과학 모델에서는 과학지식의 생산이 전문가 집단에 의해 주도된다고 보았지만, 슈말저는 사회주의 중국에서 과학은 군중을 중심으로 사고되고 실천되었다는 점을 강조한다. 이 책의 제4장에서 제7장은 당시 농업 실험에 참여한 주요 군중 행위자들을 각기 다루며 과학 연구가 전통적인 연구소나 대학에서 과학자들에 의해서만 실천된 것이 아니라, 농민, 지방 간부, 기술 인원 등이 함께 참여하는 집단적 과정으로서 농업 현장과 연동되어 실천되었음을 강조한다. 나아가 이들 행위자는 정부의 명령에 단순히 수동적으로 따르는 존재가 아니었다. 예를 들어, 제6장과 제7장에 등장하는 지식청년知識青年들은 하나의 동질적인 집단이 아니었으며, 각자의 사정에 따라 혁명적 과학 실천과 개인적 성공 사이에서 갈등하고 번민하며 후회하는 상이한 과정을 거쳤다. 이 과정에서 그들은 수동적이고 기계적인 국가 정책의 수행자가 아니라, 변화하는 환경에 적응하며 스스로의 역할을 모색하는 복합적인 행위자의 모습을 보였다.

마지막으로, 환경사학자들에게 이 책은 마오 시대의 농업 과학 정책이 환경을 파괴하는 요인으로만 작용한 것이 아님을 보여 주고, 중국의 지속가능한 농업과 환경 문제의 역사적 기원을 성찰하게 하는 중요한 연구라는 점에서 의미가 있다. 오늘날 많은 환경사 연구들은 중국의 환경 파괴의 기원을 마오 시대에서 찾고 있다. 그러나 슈말저는 마오 시대의 농업 정책이 화학비료와 기계화를 장려하는 등 생태계에 부정적인 영향을 미친 측면이 있었음을 인정하면서도, 다른 한편으로 생태친화적 해충방제법과 유기농 비료를 활용하고, 지역 환경에 대해서 고려하는 등 지속가능한 농업 모델이 형성될 가능성을 보여 주기도 했음을 강조한다. 예를 들어, 1970년대 푸저룽이 주도한 연구에서는 화학 농약 대신 말벌과 오리를 활용한 생물학적 해충방제 방법을 개발했으며, 이는 현대의 유기농 농업 및 지속가능한 농업 운동과 밀접한 관련이 있다. 이 책의 에필로그에서는 마오 시대 농업 과학의 유산이 포스트마오 시대의 농업 개혁과 지속가능성 논의에 어떤 영향을 미쳤는지 조명한다. 슈말저는 마오 시대의 농업 과학을 단순한 이념적 실험이나 개발주의적 실패로만 평가해서는 안 되며, 오늘날 지속가능한 농업과 환경 문제를 다뤄 나가는 데 중요한 역사적 자원으로 활용해야 한다고 주장한다. 요컨대, 슈말저의 연구는 환경사학자들에게 현대 중국의 환경 문제의 역사적 경로 의존성을 이해하는 데 있어 마오 시대의 농업 정책을 더욱 입체적으로 분석할 수 있는 새로운 시각과 가능성을 제시한다.

끝으로 《붉은 녹색혁명》은 두 가지 이유에서 한국의 대중 독자들에게 소개하고 싶은 책이다. 첫째, 한국은 20세기 후반 급격한 경제 성장을 이루면서 과학기술의 발전이 곧 국가의 발전이라는 개발주의적 사고방식이 강하게 내면화된 사회다. 이러한 배경에서 1970년대에 녹색혁명의 영향을 받아 농업의 기계화와 화학비료 사용이 적극적으로 장려되었고, 농업 생산량 극대화가 주요 목표로 설정되었다. 그러나 개발 중심 정책은 장기적으로 토양 황폐화, 농민들의 경제적 부담 증가, 농촌 공동체의 붕괴 등의 부작용을 초래했다. 슈말저의 연구는 이러한 개발주의적 사고가 반드시 최선의 방식인지, 그리고 개발의 방식이 사회적·환경적 차원에서 어떤 영향을 미치는지를 비판적으로 검토할 역사적 성찰의 기회를 제공한다.

둘째, 기후위기 시대를 맞아 한국은 기후 변화와 미세먼지 같은 환경문제뿐만 아니라, 농업의 지속가능성 및 식량 안보 문제에서도 점점 더 심각한 도전에 직면하고 있다. 이러한 상황에서 슈말저는 단순히 "과학기술 발전이 필요하다!"는 명제를 넘어서, "어떤 방식의 발전이 지속 가능한가?"라는 더욱 근본적인 질문을 던진다. 그의 연구는 농업 과학에 대한 논의가 생산성 향상만을 추구하는 도구로서의 측면에 매몰될 것이 아니라, 환경과 사회 문제를 함께 고려하는 방식으로 확장되어야 한다는 점을 강조하며, 지속가능한 농업 정책을 고민하는 한국 사회에도 중요한 시사점을 제시하고 있다.

시그리드 슈말저의 《붉은 녹색혁명》은 지나간 사회주의 중국의 농업 과학을 분석하는 데 만족하는 통상적인 역사서가 아니라, 현대 중국 및 한국 사회에서도 유효한 토론거리를 제공하는 현실 개입적 텍스트로 읽어야 한다. 이 책이 이처럼 다양한 함의를 지니고 있는 이유는 슈말저 자신이 연구자이자 활동가로서의 지향을 동시에 갖고 있기 때문일 것이다. 그의 활동가적 면모는 '인민을 위한 과학Science for the People'의 역사 연구와 복원을 위한 여러 활동들로 표출되었다.[3] 그는

자신의 연구를 바탕으로 아동을 위한 '종합적' 그림책을 저술하기도 했다.[4]

존경하는 학자의 연구서를 한국 독자들에게 소개할 수 있게 되어 매우 기쁘게 생각한다. 번역을 흔쾌히 허락해 준 저자에게 깊이 감사드리며, 또한 이 책의 번역이 이루어질 수 있도록 지원해 준 푸른역사 출판부와 박혜숙 대표님께도 진심으로 감사의 말씀을 전한다.

2024년 2월
이종식, 문지호

주

서론

1 1973년 짐 하이타워Jim Hightower는 계급주의classism와 제도화된 인종주의를 중심으로, 농업 과학 연구 및 보급 과정에서 대형 농기업이 수행하는 역할에 대해 신랄하게 비판했다. "지난 30년 동안 미국 농촌에서는 '녹색혁명' 이상의 무언가가 발생했다. 말 그대로 사회적이고 경제적인 대격변이 일어났던 것이다. 그것은 오랫동안 지속된 폭력적인 혁명이었고, 오늘날까지 계속되고 있다." *Hard Tomatoes, Hard Times*, 2. 녹색혁명이 초래한 남반구에서의 환경 파괴와 사회적 대가에 대해서는 다음을 참조. Shiva, *The Violence of Green Revolution For a Marxist analysis of the science and business of plant breeding*; Kloppenburg, *First the Seed*; Berlan · Lewontin, "The Political Economy." 녹색혁명과 냉전에 대해서는 다음을 보라. Perkins, *Geopolitics and the Green Revolution*; Cullather, *The Hungry World*.

2 사례는 다양하다. 특히 영향력 있고 흥미로운 작업은 다음을 꼽을 수 있다. Haldane, *The Marxist Philosophy and the Sciences*; Bernal, *The Social Function of Science*; Haraway, "Primatology Is Politics by Other Means".

3 이런 관심을 강조하는 최근 연구에서 생각해 볼 만한 논의는 다음을 보라. Rogaski, "Addicted to Science".

4 Gaud, "AID Supports the Green Revolution".

5 Perkins, *Geopolitics and the Green Revolution*; Cullather, *The Hungry World*.

6 Kennedy, "Special Message to Congress".

7 "Zhengzhi jingji weiji riyi jiashen".

8 소련의 영향을 보여 주는 사례로는 기계 트랙터 정비소(Miller, *One Hundred*)와 농업 과학의 여러 주제에 대한 전문 출판물, 예를 들면 생물학적 해충방제에 관한 소련 문헌의 중국어 번역본(Jielianjia, *Nonglin haichong shengwu fangzhi*) 등을 들 수 있다. 미국 농업기술 및 미국인 농업 전문가의 소련 내 영향력에 대해서는 Fitzgerald, "Blinded by Technology"; J. L. Smith, *Works in Progress* 참고.

9 예를 들어 벅John Lossing Buck은 1916년 중국에서 농업 개혁 프로젝트에 착수했을 때 "실험을 위한 시범농장, 전범으로 세우기 위한 시연농장, 소년들을 위한 학교 교과 과정"에 방점을 두고 노력을 경주했다. Stross, *The Stubborn Eart*h, p. 111. 피터 라벨 Peter Lavelle이 최근 발표한 한 연구는 중국에서 최초로 농업실험소가 우후죽순 설립되어 갈 때 그 인원들 가운데 미국보다는 일본에서 전문적인 훈련을 받은 인력이 더 많았음을 보여 준다. 이러한 상황은 1920년대에 급격하게 변했다. 라벨은 또한 1920년대에 이르러 대학에서의 연구에 비해 실험소의 연구 성과의 중요성이 상대적으로 감소했다고 주장한다. Lavelle, "Agricultural Improvement".

10 Quotations from Chairman Mao Tse-tung, 40.

11 또는 종종 '농업 과학 실험 운동' 혹은 간단히 '과학 실험 운동'으로도 불린다. 여기서 '실험'에 해당하는 중국어 어휘로는 '實驗'과 '試驗'이 모두 사용되었다.

12 "Zhuangzu guniang xue Dazhai: Kexue zhongtian duo gaochan." 여기서 '과학'이라는 용어를 사용하는 것이 독자들에게 이상하게 보일 수 있다. 사회주의 시대 중국어 자료에는 서양 학자들이 신경 쓰는 '과학'과 '기술'의 차이가 크게 반영되어 있지 않다. 과거에도 현재에도 '과학'이나 '기술'은 'sci-tech'로 영역될 수 있는 '科技'라는 개념으로 자주 통칭되곤 한다. 동시에 돼지 분뇨 비료의 사용을 '과학' 또는 '기술'의 일부로 표현하는 것은, 가우드 같은 사람들보다, 즉 과학과 기술을 사회와 정치 권력으로부터 독립적인 것으로 간주하는 사람들 그리고 '과학'과 '기술'이라는 개념이 오직 "선진적인" 또는 "근대적"인 방법들만을 의미한다고 보는 사람들보다, 과학과 기술의 개념을 넓고 비판적으로 사용하는 과학기술학 연구자들의 입장에 더욱 가깝다고

볼 수 있겠다. 과학기술학을 연구하는 학자들은 일반적으로 '과학'과 '기술'이라는 범주 안에 훨씬 더 광범위한 지식과 실천을 받아들이며, 이러한 지식과 실행이 사회와 세계 속에 삽입되어 있다고 주장한다. 다시 말해, 과학기술학 학자들은 넓은 의미의 '과학'과 '기술'이 정치, 사회, 인간의 한계와 편견으로부터 분리된 탈정치적이고 '객관적'인 힘이 아니라, 오히려 그에 내재되어 있고 삽입되어 있으며 그와 뒤엉켜 있는 것으로 파악한다. 프란체스카 브레이Francesca Bray의 개념화에 따르면, '기술'이란 "보편적인 것이 아니라 각각의 사회별로 특수한 것이며, 각각의 사회의 세계관과 특정한 사회적 질서를 둘러싼 투쟁이 반영된 결과물"이다. Bray, *Technology and Gender*, p. 16.

13 Cullather, *The Hungry World*, p. 10.

14 Bräutigam, *Chinese Aid and African Development*, pp. 1~2, 176~179. 중국과 마찬가지로 서아프리카의 정치 지도자들은 반제국주의 정서를 자극할 뿐 아니라, 지역 주민들이 중앙 정부의 지원에 의존하지 않게끔 격려하는 (자력갱생) 철학의 유용성을 인지하고 있었다. 이 책의 5장을 보라.

15 Mahoney, "Estado Novo, Homem Novo(New State, New Man)", p. 191. 또한 다음을 참조. Cook, "Third World Maoism".

16 Saha·Schmalzer, "Science and Agrarian Modernization". '주권의 위기crisis of sovereignty'에 대해서는 다음을 참고. Gupta, *Postcolonial Developments*, p. 35.

17 Gupta, *Postcolonial Developments*, p. 51.

18 Saha·Schmalzer, "Science and Agrarian Modernization".

19 Gupta, *Postcolonial Developments*, pp. 172~176. 한편 사하Madhumita Saha는 인도 정부가 '선주민적indigeneus'이라는 개념을 "인식론적 함의가 거의 없는" 방식으로 독특하게 사용하는 방식에 집중함으로써, 조금 다른 방식으로 해당 개념에 대한 우리의 이해를 복잡하게 만든다. Saha, "State Policy, Agricultural Research and Transformation of Indian Agriculture".

20 Han, "Rural Agriculture"; Xu, "The Political Economy of Agrarian Change"; Peng, "De-collectivization and Rural Poverty in Post-Mao China".

21 1974년과 1977년에 중국을 방문했을 때, 노먼 볼로그Norman Borlaug는 화학비료

공장의 건립에 대해 기쁜 마음으로 메모를 남긴 바 있다. Borlaug, "Field Notebooks", China, no. 1, 1974, p. 49, 50, 60; Borlaug, "Field Notebooks", China, no. 2, 1974, p. 51; Borlaug, "Field Notebooks", China, no. 2, 1977, p. 42. 한편 다른 많은 관찰자가 분뇨 채집에 대해 긍정적인 기록을 남겼다. 예를 들어 Metcalf, "China Unleashes".

22 [역자 주] 원문 'patchwork'는 통일적인 계획 없이 임기응변식으로 서로 이질적일 수 있는 다양한 요소를 창의적으로 결합해 나간다는 의미를 표현한 개념이다. '짜깁기'라는 번역어로 직역할 수도 있으나, 다소 부정적인 함의가 강하다고 생각되어 '모자이크'라는 번역어를 사용했음을 밝혀 둔다.

23 Stavis, *The Politics of Agricultural Mechanization in China*.

24 [역자 주] 생산대는 1958년 중화인민공화국이 농업의 집단화를 위해 전국 농촌 지역에 만든 농업생산합작사인 인민공사 내 수행 단위 중 하나이다.

25 두 가지 접근법 모두 마오 주석 어록의 사용을 통해 알려졌다. 1957년 "혁명을 도모하는 활동가 되기[Be Activists in Promoting the Revolution]"에서 마오는 '정경세작'에 의지하여 한 묘로 한 사람이 먹고 사는 게 가능하게 만들자고 제안했다(그런 다음 빨리 산아 제한의 필요성을 추가했다). Mao, *Selected Works*, 5: 486. 마오의 1959년 "농업에 관한 6가지 질문[Six Questions on Agriculture]"에서 그는 중국의 농업을 위한 타개책으로 기계화를 주장했다. Stavis, *The Politics of Mechanizatio*n, p. 129.

26 Shiva, *The Violence*, p. 72.

27 Harlan, "Plant Breeding and Genetics", p. 307.

28 "20세기 후반까지" 기장은 "농민들과 북방 도시 빈민들에게 필수 생존 자원이었다." 수수는 기장과 밀을 심을 수 없는 홍수가 빈번한 토지에서도 견딜 수 있었기 때문에 중요한 보조재였다. Li, *Fighting Famine in North China*, pp. 90~99, 특히 pp. 93~94.

29 Brown, "Spatial Profiling", p. 212.

30 Borlaug, "Field Notebooks", China, no. 3, 1977, p. 83.

31 [역자 주] 다자이는 농촌 군중을 동원한 집단 농업을 효과적으로 수행하며 부강해진 이유로 문화대혁명 시기 전국에 홍보된 지역 중 하나였다. 이후 산시성山西省에 위치한 작은 촌락에 불과했던 다자이는 사회주의 농촌의 모범 사례로 소개되며 '다자이를 배우자'라는 구호의 주인공으로 널리 알려졌다.

32 이는 판이웨이潘益偉가 자신의 마을을 위해 관개시설을 개선하려 한 이유이기도 하다(chapter 7, p. 181).

33 Coffey, "Fertilizers".

34 Mao, "Intra-Party Correspondence".

35 Stavis, *Making Green Revolution*, p. 44.

36 [역자 주] 넓은 지역에 가장 수익성이 높은 단 한 종류의 작물만을 재배하는 방법. 규모화와 기계화에 유리하지만, 종적·유전적으로 다양한 작물을 재배하는 지역에 비해 환경·기후의 변화나 식물 질병의 창궐에 대한 대응력이 떨어질 수밖에 없다.

37 농약의 악순환에 대한 영향력 있는 비판은 다음을 보라. van den Bosch, *The Pesticide Conspiracy*, pp. 17~35.

38 나는 많은 사람, 특히 차오싱수이曹幸穗로부터 1970년대에 녹비로 쓰기 위한 지피작물 재배를 선전했던 일에 관해 들었다. 제일 위쪽에는 녹색을 띠는 알팔파를, 중간에는 자운영이라 알려져 있는 보라색 식물을, 가장 아래 부분에는 홍화초라 부르는 빨간색 자운영 계통의 식물을 심었다.

39 Melillo, "The First Green Revolution", pp. 1028~1060.

40 Fukuyama, *The End of History*.

41 아민다 스미스Aminda Smith가 중국의 사상 개조에 대한 연구에서 말한 바와 같이, "선전물 혹은 당안 자료에 담긴 국가의 공식적인 버전의 내러티브는 그것이 이상화되었다는 사실에도 불구하고 중요한 것이 아니라, 바로 이상화되었기 때문에 중요한 것이다." Smith, *Thought Reform*, p. 7.

42 티모시 치크Timothy Cheek는 그의 저서 《프로파간다와 문화*Propaganda and Culture*》(pp. 13~20)를 통해서, 중국의 주류 지식인들이 이해한 이데올로기와 프로파간다의 중요성에 대해 매우 생각해 볼 만한 논의를 제공한다. 또한 다음을 참고. Schurmann, *Ideology*.

43 Lynch, "*Ideology*", p. 199. 내 입장은 다음과 같은 지점에서 린치와 갈라진다. 린치는 과학지식 내부의 이데올로기적 요소를 식별하고 제거하기 위한 접근법을 취하며, 이러한 목표를 위해 이데올로기를 다음과 같이 부정적으로 협소하게 정의한다. 즉 이데올로기란 "지식의 여러 측면 가운데 사회 내 권력의 격차를 유지하거나 창출하는

데 원인이 되는 효과를 내는 어떤 측면이다. 이는 하나의 완결된 결과물일 수도 있고 과정일 수도 있으며, 과학적인 지식과 일상적인 지식을 모두 포괄한다"(pp. 206~207). 나는 그의 정의의 마지막 부분에서 몇 단어를 바꾸어, "이데올로기란 정치 권력을 유지하거나 창출하는 데" 원인이 되는 역할을 수행하는 지식의 어떠한 측면이라고 읽을 것이다. 나는 이데올로기가 피억압 집단 혹은 서발턴subaltern 집단에게 힘을 부여할 수도 있으며, 그렇게 함으로써 사회 내 권력의 격차를 줄일 수 있다는 점을 인정한다. 이러한 입장 차이는 진보적인 이데올로기들이 존재할 수 있음을 긍정하고 싶은 갈망에서 기인할 뿐만 아니라, 아마도 더 중요하게는 지식을 순수하게 "과학적인" 부분과 "이데올로기적인" 부분으로 구분할 수 있다는 생각에 대한 깊은 의구심으로부터 비롯된다. 나는 과학지식의 이데올로기적 측면을 식별하거나 제거하는 것이 가능하다고 보지 않는다. 이런 이유로 이데올로기를 보다 광범위하고 중립적으로 정의하는 것이다.

44 이러한 맥락에서 과학과 이데올로기에 대한 헬렌 론지노Helen Longino의 논의가 유용할 수 있다. "하나의 진리 개념이나 인식론적 단일성이 주는 축복을 희망하기를 지양하면서도, 동시에 진리와 인식론의 상대주의에 매몰되지 않고 우리는 여러 이론을 그 수용 가능성에 따라, 특히 (해당 이론들이) 우리의 공통의 문제들을 해결하기 위한 집단적 행동의 기반으로서 쓸모가 있느냐를 중심으로 평가해 볼 수 있다." *Science as Social Knowledge*, p. 214.

45 Marx·Engels, *The German Ideology*; de Certeau, *The Practice of Everyday Life*.

46 Farquhar·Zhang, "Biopolitical Beijing", p. 310. [역자 주] 원문에서 Qicheng Zhang의 성姓을 Zheng으로 오기.

47 Hershatter, *The Gender of Memory*, p. 216. 또한 235쪽에서 허샤터는 다시 이 주제에 대해 논의한다. "사회주의하에서의 신여성들은 단순히 국가의 지시에 의해서라기보다는, 간부들의, 여성들 스스로의, 그들의 촌락 공동체들의, 지역과 전국 단위의 선전물을 포함한 각종 텍스트들을 읽고 들었던 대중들의 노동에 의해 복합적으로 형성되었던 것이다."

48 마오 시대의 프로파간다 포스터에 대한 해석으로는 다음 연구를 보라. Evans·MacDonald, *Picturing Power*.

49 Shen Dianzhong, *Sixiang chenfu lu*, p. 286.

50 사회주의 시대를 살아 냈으며 포스트사회주의 시대를 살아가고 있는 몇몇 사람들은 시대를 가로질러 이데올로기의 역할이 연속되고 있다는 점을 파악하고 있었다. 내가 인터뷰했던 사람 중 한 명은 다음과 같이 말했다. "그러한 형식이 마오 시기에 세워졌다. 정부는 당신에게 어떻게 써야 한다고 말해 줬고, 당신의 연설문 원고는 정부의 첨삭을 받아야 했다. 오늘날 우리가 후진타오胡錦濤의 '과학적 발전관'에 대해 이야기할 때에도 마찬가지로 여전히 동일한 형식이 지켜지고 있다. 당신은 그들이 원하는 대로 한 문장 한 문장을 읊어야 한다. 과거의 그 시절과 완전히 똑같다. 당신은 반드시 계급투쟁, 과학혁명, 농촌에서의 혁명 수행에 대해 이야기해야만 했다." 2012년 6월 광시에서의 인터뷰.

51 Deng Xiangzi·Ye Qinghua, *Bu zai ji'e*, pp. 66~67. 이 자료에 대한 상세한 논의는 3장을 참고.

52 [역자 주] 이때 '농업 추광'은 주로 농업과 관련된 새로운 지식, 도구나 설비, 농법 등을 하향식 방법과 상향식 방법 양자를 종합하여 전파한다는 의미를 담고 있다.

53 샤오핑 팡Xiaoping Fang은 문화대혁명 시기의 유명한 '맨발의 의사' 프로그램에 대해 재조명하려는 유사한 흐름에 대해 이야기한 바 있다. 샤오핑 팡의 분석은 맨발의 의사 프로그램의 전반적인 성공을 보여 주는 동시에, 이에 관한 오늘날의 몇몇 통념에 대해 문제를 제기한다. 여기에는 개혁개방 시기를 거치며 '맨발의 의사' 프로그램이 만들어 냈던 농촌의 보건의료 체제의 성과들이 소실되었다는 관념도 포함된다. Fang, *Barefoot Doctors*.

54 [역자 주] 저자의 원문은 광시성Guangxi Province이라고 되어 있다. 그러나 광시성은 공식적으로 1958년 폐지되었으며 오늘날까지 좡족의 성급 자치구로 운영되고 있다.

55 차오싱수이는 내게 특히 농업 추광이 마오의 "세 가지 위대한 성공" 중 하나임을 강조했다. 다른 두 가지는 치수와 국방이다.

56 다음 자료에 나오는 인터뷰를 참고. Hinton·Barmé·Gordon, *Morning Sun*.

57 전국적으로 중요했던 장소로는 베이징 교외 농촌, 화룽현, 다자이 인민공사를 꼽을 수 있다. 2012년에 나는 제4장에 등장하는 농업사학자 차오싱수이와 광시좡족자치구의 여러 지역들을, 또 익명의 다른 여러 친구와 함께 다른 몇몇 지역을 방문했다.

58 [역자 주] 즉 20세기 초 미국의 농업기술 보급(농업 추광) 방법론이 1930년대 중국 농업계에 영향을 미쳤고, 이것이 공산당 특유의 정책 결정 과정 일반에 영향을 미쳤으며, 이는 다시 문화대혁명 시기 농촌 과학 실험 운동 모델의 토대가 되었다는 것이다.

59 마이클 보닌Michel Bonnin은 농촌 출신 지식청년의 존재를 인지하고 있었지만, 그럼에도 불구하고 그의 중요한 저서 《잃어버린 세대: 중국 지식청년의 낙향, 1968~1980 The Lost Generation: The Rustication of China's Educated Youth, 1968~1980》의 제목과 본문에서 "지식청년"이란 곧 "도시 출신 청년"과 동의어라는 인식을 강화시킨다. 그는 또한 청년들의 과학 실험 운동 참여를 심도 있게 다루지 않는다. 이런 패턴과 결을 달리 하는 예외 사례로 주혈흡충병 박멸 운동에 관한 미리암 그로스Miriam Gross의 2010년 박사학위 논문을 꼽을 수 있다. 그로스는 농촌 출신 지식청년들의 역할을 탐구한 후, 과학 및 공중보건 관련 업무에 대한 이들의 참여가 국가 권력의 강화에 도움이 되었다고 주장한다. Gross, "Chasing Snails", pp. 626~664. [역자 주] 미리암 그로스의 박사학위 논문은 2016년에 다음과 같이 단행본으로 출판되었다. Miriam Gross, *Farewell to the God of Plague: Chairman Mao's Campaign to Deworm China*(Oakland: University of California Press, 2016).

60 [역자 주] 후난성 출신의 젊은 청년 레이펑은 마오 시기 모범병사 사례로 널리 알려졌다. 레이펑은 22세에 사고로 짧게 생을 마감했지만 그가 남긴 일기에서 인민과 국가를 위해 헌신한 희생 정신이 드러나며 칭송 받은 것이다. 레이펑을 다룬 내용은 6장 참조.

61 초국가적 관점에서 중국 과학을 다루는 연구로는 특히 다음을 참고. Wang, "The Cold War and the Reshaping"; Wang, "Transnational Science during the Cold War". 토 과학은 다른 문헌에서 "군중과학" 또는 "자력갱생의 과학"이라는 개념으로 논의되기도 한다. Suttmeier, *Research and Revolution*; Schmalzer, *The People's Peking Man*; Schmalzer, "Self-Reliant Science". 파티 판范发迪은 자신이 "시민 과학"이라고 부르는 개념을 분석하면서 중국의 군중 동원을 서구 자본주의 국가에서 찾아볼 수 있는 대중적 참여와 연관 짓는다. "'Collective Monitoring,'" pp. 148~149.

62 파티 판은 지진 예측 프로그램에 대한 연구에서 '마오주의 군중과학'은 "군중 노선을 주장했음에도 실제로는 대부분 하향식으로 전개되었다"고 주장한다. Fan, "'Collective

Monitoring'", p. 149. 나는 마오 시대 과학의 실행이 교조주의로 귀결되는 경향성을 부정하지 않으면서도, 다양한 사회적 행위자들이 하향식 정책 및 전반적인 헤게모니적 압력에 저항하는 과정에서 토 과학을 활용할 수 있던 방식들을 파티 판보다 강조하는 편이다. 중국 타자기를 다룬 토머스 뮬래니Thomas Mullaney의 연구는 군중과학이 내포하고 있는 긴장들에 대해 또 다른 접근법을 제공한다. 그는 군중과학이 실제로 수많은 노동자들의 노동을 극적인 기술 혁신으로 전환시킬 수 있는 방법론이었다고 본다. 그러나 동시에 "아이러니하게도 노동자들이 군중과학에 의해 마오주의의 수사적 영향력 속으로 점점 더 긴밀하게, 개인적인 수준으로까지 결착되어 갔고 더욱 그에 헌신하게끔 만들어졌다"고 주장한다. Mullaney, "The Moveable Typewriter", p. 807.

63 녹색혁명에 대한 중국의 차별화된 접근법이 아프리카에서 복잡한 방식으로 활용되었다는 점에 대해서는 다음을 참고. Bräutigam, *Chinese Aid and African Development*.

64 과학자에 대한 정치적 박해에 대해서는 다음을 참고. 예를 들어 Neushul and Wang, "Between the Devil and the Deep Sea"; Schneider, *Biology and Revolution*; Hu, *China and Albert Einstein*. 과학자들의 능동적인 행위능력과 관련하여, 토머스 뮬래니의 1950년대 소수민족 분류 프로젝트에 관한 연구를 참고할 수 있다. 일반적으로 이러한 종류의 프로젝트를 공산당과 국가가 주도하여 일방적으로 처리했다고 가정하는 경향이 있다. 하지만 뮬래니는 소수민족 분류 작업이 상부에서 하달된 공산주의적 관점들보다는 실무에 뛰어든 중국 사회과학자들의 지적 패러다임과 우선고려사항을 중심으로 전개되었음을 보여 준다. 이들 사회과학자들은 서구 학자들이 과거에 생산했던 중국 소수민족과 관련된 지식에 의존하고 있었다. 그의 저서 *Coming to Terms with the Nation*, 특히 2장을 보라. 나의 저서 *The People's Peking Man*에서 나는 중국 과학자들이 "미신적"이라고 간주되는 지식들을 제거하고 그것들을 사회주의적이고 과학적이라고 간주되는 정당한 지식들로 대체하려는, 당-국가의 입장과 일치하는 주류 헤게모니적 노력에 적극적으로 가담했다고 주장함으로써, 과학자들의 행위능력의 또 다른 측면을 강조한 바 있다.

65 사회주의 시기 중국 농민들의 탈숙련화에 대해서는 다음을 참고. Eyferth, *Eating Rice from Bamboo Roots*. 농업 분야 내의 탈숙련화를 다룬 선행연구는 매우 방대하다. 제4

장의 각주 94~98 참고.

66 샤오핑 팡方小平은 자신의 저서 *Barefoot Doctors*에서 마오 시대의 유명한 맨발의 의사 프로그램이 당-국가의 의도대로 중의학中醫學을 널리 전파시켰다는 기존의 통념과 달리, 실제로는 도리어 전례 없는 정도로 중국 농촌 전역에 서양의학을 도입시켰다는 점을 보여 주었다. 이와 유사하게, 과학 실험 운동 또한 그토록 "자력갱생"과 "토착적인 방법"을 강조했음에도 불구하고, 오히려 중국 농민들이 매우 효과적으로 미국의 지정학적 전략의 일환으로 개발된 '녹색혁명'적 농업 신기술의 우월성을 확인할 수 있는 계기가 되기도 했다. 그러나 의학과 농업은 각각 서로 다른 두 방향성을 대표한다. 20세기를 거치며 '중의'는 하나의 정합적인 지식 체계로서 인정을 받았으며 하나의 통일된 전통을 대표하는 전문적인 의료 행위자들을 보유하게 되었다(Lei, *Neither Donkey*, [역자 주] 이 문헌은 한국어로도 역간되었다. 레이샹린, 박승만·김찬현·오윤근 옮김, 《비려비마: 중국의 근대성과 의학》, 읻다, 2021). 반면 다양한 농업지식과 실천들은 체계적으로 집대성되지 못했고, 그러한 지식과 실천의 존폐를 책임질 조직화된 전문가 집단을 형성하지 못했다.

67 Ma Bo, quoted in Pan, *Tempered in the Revolutionary Furnace*, p. 128.

68 Greenhalgh, *Just One Child*.

69 Ferguson, *The Anti-Politics Machine*, xv.

70 [역자 주] Kloppenburg, *First the Seed*, p. 290. 이 책은 한국어로 번역 출간되었다. 잭 클로펜버그 2세, 허남혁 옮김, 《농업생명공학의 정치경제》, 나남, 2007.

71 오늘날 농업 운동가들은 종종 쿠바를 모델로 지목하는데, 이는 묘하게 수십 년 전에 마오 시기의 중국을 상찬했던 방식들을 여러모로 연상시킨다. 나는 쿠바의 전국적인 유기농법 프로그램과 관련하여 사료에 충실하게 기반을 둔 분석을 아직까지 접하지 못했는데, 이는 그 복잡한 역사를 이해하기 위해 반드시 필요한 연구이다. 다만 쿠바의 유기농업 문제와 관련하여 마르크스주의 생물학자 리처드 레빈스Richard Levins는 자신의 논문 "How Cuba Is Going Ecological"에서 중요하고 흥미로운 출발점을 제공한 바 있다.

제1장 농업 과학과 사회주의 국가

1 많은 사례들 가운데 특히 다음을 보라. Yao, "Chinese Intellectuals"; Dong Guangbi, *Zhongguo jinxiandai kexue*; Williams, "Fang Lizhi's Big Bang"; Neushul·Wang, "Between the Devil"; Schneider, *Biology and Revolution*. 시계추 내러티브는 일정 정도 마오 시대의 급진주의자들이 스스로 발전시킨 '두 노선' 분석을 따른 것이기도 하다. 포스트마오 시기의 반급진주의적 역사 서술은 시계추의 방향을 거꾸로 돌렸으며 그 레토릭을 탈정치화했다. 류샤오치와 덩샤오핑 등을 '기술관료'로 이해하는 나의 관점은 다음 문헌들을 참고한 것이다. Andreas, Rise of the Red Engineers; Fan, "Collective Monitoring". 이 장은 Schmalzer, "Self-Reliant Science"에 기반을 두고 있다.

2 Zweig, *Agrarian Radicalism*, p. 192. 츠바이크는 팝킨Samuel Popkin의 관점을 따라 농민들을 합리적인 경제 행위자로 보고 있다. 그는 농민들의 이해관계가 경제 개발 및 근대화와 일치했다고 보았던 것 같다. 츠바이크가 보기에 급진주의자들은 물질적인 문제보다는 이데올로기에만 전념하면서 자신들의 가치를 농민들에게 일방적으로 덧씌우고자 했던 비합리적인 사람들이었다.

3 《런민일보》에서 '과학적 영농'이 처음 언급된 것은 1961년 7월 22일 자 기사에서였다. 1965년에는 11건의 기사에서 언급되었다. 본문의 이러한 시대구분은 중국 사회주의에 보다 호의적이었던 초기의 관찰자들이 제안했던 시대구분과 유사한 것이다. 예를 들어 베네딕트 스타비스Benedict Stavis는 1960년부터 1962년까지를 주요 분수령으로 꼽았다. 이 시기에 중국 농업의 기술적 변혁이 시작되었으며, 그 흐름이 자신이 중국을 방문했던 1970년대 초까지 강하게 이어지고 있었다는 것이다. Stavis, *Making Green Revolution*. 또한 다음을 보라. Kuo, *The Technical Transformation of Agriculture*.

4 이와 유사하게 매튜 존슨Matthew Johnson은 중화인민공화국의 과학 교육용 영화에 대한 연구에서 냉전 시기의 다양한 근대화 및 발전 관련 정치 이데올로기들을 가로지르는 주요 공통점에 주목했다. 그는 "각국의 특수한 형태들을 뛰어넘는" 이러한 "공유된 지구적 문화"—기술관료주의적이고, 획일화하려 하며, 민족국가 단위로 추진되는—가 20세기 초로 거슬러 올라간다고 주장한다. Johnson, "The Science", p. 31.

5 Gilman, "Modernization Theory", pp. 48~49.

6 J. L. Smith, *Works in Progress*, 특히 pp. 6~12, 120~121을 참고하라.

7 [역자 주] 중국어 동사 추광推廣은 일반적으로 새로운 지식, 기술, 제도 등을 널리 보급하고 전파하는 의미를 갖고 있다. 본문에서 상술되듯, '농업 추광'은 주로 농업과 관련된 새로운 지식, 도구나 설비, 농법 등을 하향식 방법과 상향식 방법 양자를 종합하여 전파한다는 의미로 쓰인다. 한국어 '농업(기술) 확산'이나 '농업(기술) 전파' 등으로 번역할 경우, 이 개념의 독특한 의미를 충분히 담아 낼 수 없다고 판단하여 부득이하게 한자 원문을 한국식으로 독음한 '농업 추광'을 번역어로 채택했다.

8 [역자 주] 새로운 제도나 기술의 도입과 관련하여, 특정한 한 실험 지점(점)에서 인근 지역 일대(면)로 신중하게 실험의 범위와 강도를 확대해 나가는 체제를 말한다.

9 Bray, "Chinese Literati", p. 301.

10 Rowe, "Political, Social and Economic Factors", p. 29.

11 Perdue, *Exhausting the Earth*, pp. 131~135.

12 이 슬로건이 어떻게 등장하게 되었는지에 대한 보다 상세한 논의로는 다음을 참고. Tan Shouzhang, *Mao Zedong*, pp. 103~104. '밀식 재배'는 이후 부정적인 이미지를 갖게 되었으나(그리고 지나치게 극단적으로 작물을 심는 것은 확실히 말이 되지 않는다), 기본 전제에는 어느 정도 타당한 면이 있다. 당시 새로운 품종의 대다수는 기존의 품종들보다 더 적은 공간을 필요로 했다. 따라서 수확량을 늘리기 위해서는 농민들에게 작물을 보다 더 촘촘하게 심도록 설득할 필요가 있었던 것이다.

13 Steve Smith, "Local Cadres", p. 1021. 또한 다음을 보라. Schmalzer, *The People's Peking Man*, pp. 281~282; Perry, Anyuan, e.g., pp. 9, 44, 244~246.

14 중국 농업 근대화에 미친 미국의 영향에 관한 최고의 연구서는 여전히 Stross, *The Stubborn Earth*이다.

15 J. K. King, "Rice Politics", p. 458.

16 J. L. Buck, "Missionaries Begin", p. 78.

17 이와 관련된 사례들은 풍부하다. 예를 들어 다음을 보라. Xu Jiatun, "Shixian nongye kuexue," p. 6.

18 1949년 중공의 승리 이전 민국 시기에 전개된 농업 추광은 훗날 타이완으로 계승됨으로써 녹색혁명의 역사에 계속해서 영향을 미쳤다. 최근의 한 학술지 논문에서, 제

임스 린James Lin은 타이완의 농업 근대화 과정에서 녹색혁명이라는 하향식 기술관료주의적 방법과 농민협회 및 협동조합을 통한 사회 조직화라는 상향식 방법이 혼합된 양상을 보였다고 주장하면서, 이러한 접근법이 제임스 옌 등에 의한 민국 시기의 추광 노력에 토대를 둔 것이었음을 보여 준다. 1930~40년대 농촌 재건이라는 공통의 뿌리에서 파생되었음을 감안할 때, 보다 깊이 있게 대륙과 타이완의 녹색혁명 경험을 비교하는 것은 향후 분명히 필요한 작업이다. Lin, "Sowing Seeds".

19 Yang, "Promoting Cooperative Agricultural Extension", p. 55.

20 *Ibid.*, p. 60, 57.

21 중국 농업 과학에 대한 미국 방문자들의 인식에 대해서는 다음을 보라. Schmalzer, "Speaking about China".

22 Kuhn, "Political and Cultural Factors", p. 66.

23 Heilmann, "From Local Experiments", pp. 13~14.

24 Secord, "Knowledge in Transit".

25 Mitchell, *Rule of Experts*, p. 52.

26 Meisner, *Li Ta-chao*.

27 [역자 주] 리다자오의 논리에 따르면, 식민주의적 세계 질서하에서 중국이라는 국가 혹은 민족 전체가 프롤레타리아 계급적 성격을 갖게 되었으므로, 중국에서는 국내 자본주의의 발전 정도와 무관하게 언제라도 공산주의 혁명이 일어날 수 있다.

28 [역자 주] 즉 일종의 "식민주의의 상처"를 의식적으로 인지하고 있던 리다자오 이래 중국공산당 지도자들로서는 과학을 마냥 탈정치적이고 객관적인 지식으로 받아들이기 어려웠을 것이다.

29 스튜어트 슈람Stuart Schram은 경제 발전에 관한 옌안 시기 마오의 관점과 훗날의 마오의 관점 사이에는 "실존적 연속성"이 있을지언정 "구체적인 정책 구성과 관련된 지적인 연속성은 없다고 봐야 하며, 더 나아가 마오 본인의 사유가 결코 단절 없이 연쇄적으로 발전했던 것은 아니다"라고 주의를 촉구한 바 있다. 나는 자력갱생, 응용과학, 토착적 방법론, 군중 동원 등이 옌안 시대 이후에도 지속적으로 중요했다는 주장을 펼치면서, '실존적 연속성'을 넘어서는 어떠한 강력한 연속성을 이야기할 생각은 없다. 우선은 옌안의 경험뿐만 아니라 이른바 '옌안의 길'을 둘러싼 영웅주의

적 서사가 후대에 끼친 지속적인 영향력을 인정하는 것으로도 충분하다고 생각한다. Schram, *The Thought of Mao Tse-tung*, p. 93; Selden, *The Yenan Way*.

30 Reardon-Anderson, *The Study of Change*, p. 323.

31 Schneider, *Biology and Revolution*, p. 105. 러톈위의 성[樂, Le]이 과거에는 나를 포함한 일부 학자들에 의해 'Luo'(한어병음)나 'Lo'(웨이드-자일스 표기법)로 잘못 로마자화되었음을 짚고 넘어가고자 한다.

32 이 일화에 대한 탁월한 논의들을 다음 두 저작에서 찾아볼 수 있다. Reardon-Anderson, *The Study of Change*, pp. 352~359; Schneider, *Biology and Revolution*, pp. 104~108.

33 흥미롭게도 마오가 더욱 더 강력하게 중국의 자력갱생을 밀어붙이기 시작했을 때, 소련의 지도자들은 농업의 자급자족을 사수하려는 자신들의 오랜 노력이 실패했음을 인정하기 시작했다. 1963년 흐루쇼프는 미국의 밀을 수입하기 위해 케네디와 협약에 서명했다. J. L. Smith, *Works in Progress*, p. 19.

34 '양 전문가'라는 용어의 다양한 용례에 대해서는 다음을 보라. "Tu zhuanjia he yang zhuan jia"(여기서 '양 전문가'는 정식 고등 교육을 받은 사람들을 뜻한다); "Zhonghua ernü duo qizhi".

35 Anderson, "Introduction: Postcolonial Technoscience", p. 644.

36 리사 로펠Lisa Rofel은 다음과 같이 말한다. "사회주의적 권력은 국가가 승인하고 대표하는 서발턴 의식이 노동자와 농민에게 있다고 상정함으로써 작동한다. 중국 마르크스주의자들에게 서발턴의 행위능력이야말로 근대성을 정초하는 주된 수단이었다." Rofel, *Other Modernities*, p. 27.

37 [역자 주] '일궁이백'의 문자 그대로의 의미는 빈곤하고 아무것도 없는 상태이다. 그러나 마오쩌둥은 오히려 이러한 일종의 백지 상태로 출발하는 것이 조속한 사회주의 혁명 건설에 긍정적일 수 있다고 보았기 때문에 '일궁이백'이라는 표현에는 다소간 긍정적인 뉘앙스가 담겨 있다.

38 중국 지식인들은 서구 과학이 불러일으킨 인식론적 도전에 직면하여 여러 가지 대응 방법을 모색했다. 다시 말해 마오처럼 근대 서구 과학의 보편성, 근대성, 식민성에 반대하여 대안 과학의 비전을 제시하는 것이 유일한 경로는 아니었다. 통 람Tong Lam

이 주장하듯, 민국 시기 중국 지식인들이 근대 과학기술에 대해 가졌던 태도는 인도 지식인들의 그것과는 크게 달랐다. 기얀 프라카쉬Gyan Prakash에 따르면, 인도 지식인들은 근대 과학의 보편성을 거부하고 그 대신 인도 고유의 "또 다른 이성"을 제시하려 했던 반면, 중국 지식인들은 서구 과학이 보편적이라는 생각을 비교적 폭넓게 수용했다. Lam, *A Passion for Facts*, p. 115.

39 월터 미뇰로Walter Mignolo가 말한 것처럼, 비식민주의의 목표는 "근대성의 레토릭 및 식민성의 논리와 단절하는 것"이다. 그는 "또 다른 인식론들, 지식과 인식의 또 다른 원리들 그리고 그에 따른 결과로서의 또 다른 경제, 또 다른 정치, 또 다른 윤리를 전면에 내세우는 …… 비식민주의적 인식의 전환"을 추구한다. Mignolo, "Delinking", p. 453.

40 [역자 주] 다시 말해 삼결합의 세 요소란 각각 당정 간부, 전문가, 농민을 말한다. 보다 상세한 설명이 본문에서 후술될 것이다.

41 Zhou Yun, "Cong genben shang", p. 3.

42 Xinhua she, "Nongcun tiandi guangluo", p. 4.

43 최근 들어 대약진 운동에 대한 학술 연구가 급증하고 있다. 그중 가장 유용한 것은 아마도 킴벌리 엔스 매닝Kimberley Ens Manning과 펠릭스 벰호이어Felix Wemheuer가 엮은 단행본 *Eating Bitterness*일 것이다. 또한 비교적 일반 독자를 대상으로 쓰였으며 때때로 집체경제 체제 전체를 맹렬하게 비난하는 저작인 다음 문헌들을 참고하라. Yang Jisheng, *Tombstone*; Dikötter, *Mao's Great Famine*.

44 Schmalzer, "Breeding a Better China".

45 MacFarquhar, *The Origins of the Cultural Revolution*, vol. 2; MacFarquhar, The Origins of the Cultural Revolution, vol. 3, 특히 p. 286.

46 Stavis, *Making Green Revolution*, pp. 174~176; Dangdai Zhongguo, *Dangdai Zhongguo de nongye*, pp. 570~571; Kuo, *The Technical Transformation*, p. 22.

47 Stavis, *Making Green Revolution*, p. 161.

48 《런민일보》가 농업, 공업, 국방, 과학기술이라는 구체적인 내용의 4대 현대화를 명시적으로 이야기한 것은 이때가 처음이며, 이 구상에 입각하여 1978년 이후 덩샤오핑의 유명한 4대 현대화 정책이 확립되었다. "Chanming nongye kexue", 1. 같은 해 1월

상하이에서 열린 과학기술 공작 회의에서 저우언라이도 '4대 현대화'를 언급하긴 했으나 그 구체적인 구성요소에 대해서는 분명하게 밝히지 않았다. 다음을 보라. "Zai shanghai juxing", 1.

49 Lü Xinchu·Gu Mainan, "Shi kexuejia daxian shenshou", p. 2.

50 "Yige shehui zhuyi jiaoyu yundong hou", pp. 42~49.

51 "Ba puji xiandai nongye kexue", p. 1.

52 "'Yangbantian' shi nongye kexue", p. 1. 군중과학을 둘러싼 보다 넓은 정치적 맥락에 대해서는 다음을 참고. Schmalzer, *The People's Peking Man*.

53 Stavis, *Making Green Revolution*, pp. 164~165; Kuo, *The Technical Transformation*, p. 23; Dang dai Zhongguo, *Dangdai Zhongguo de nongye*, p. 571.

54 여기서 시범은 示范이다.

55 "Banhao sanjiehe de yangbantian, cujin nongye kexue shiyan yundong", p. 2. "1962년 9월 중공 8기 10중 전회는 우리가 농업 과학기술에 특별히 주의를 기울이며 과학기술 연구를 강화해야 한다고 결연히 선언했다. 1963년 5월 마오쩌둥 동지는 더 나아가 삼대 혁명 운동을 ……추진해 나가자고 소리 높였다"(ibid.). '근간'의 중요성에 대해서는 Walder, "Organized Dependency"를 참고.

56 여기서의 시범은 樣板이다.

57 "Gao ju Mao Zedong sixiang hongqi gengjia guangfan", p. 9.

58 Jin Shanbao, "Yangbantian", p. 15.

59 Guangdong sheng, "Jieshao yige nongcun", p. 7.

60 2012년 6월 광시에서의 인터뷰.

61 "Gao ju Mao Zedong sixiang hongqi gengjia guangfan", p. 2.

62 주혈흡충병schistosomiasis 박멸 운동을 연구한 미리암 그로스Miriam Gross는 대약진 시대와 구별되는 1960년대 중반의 중요한 특징으로 학교 교육을 받은 농촌 청년들이 훨씬 더 많이 운동에 동원되었다는 점을 꼽는다. Gross, "Chasing Snails", pp. 624~625.

63 예를 들어 다음을 보라. Fyfe, "Reading Children's Books"; Kohlstedt, *Teaching Children Science*; Melanie Keene, "Every Boy & Girl a Scientist"; Owens, "Science

'Fiction'".

64 "Beijing shi nongcun kexue shiyan xiaozu", pp. 20~21.

65 Zhonggong Fuqing xian Yinxi dadui, "Tuchu zhengzhi, kexue zhongtian", Henan sheng, *Quanguo nongcun*, p. 7.

66 [역자 주] 저자는 원문에서 다자이 생산대대Brigade라고 썼으나 다자이는 대대가 아니라 인민공사였다.

67 맥파커Roderick MacFarquhar는 1964년 12월에 마오가 다자이의 현지 간부 천용구이를 자신의 생일잔치에 초대한 바 있으며, 이것은 공식적으로 다자이 학습 운동이 시작되기 전의 일이라고 말한다. MacFarquhar, *The Origins of the Cultural Revolution*, pp. 3, 423~424. 이 운동이 《런민일보》에 처음 등장한 것은 1965년 9월이었으며, 1966년 8월까지 고작 2건의 관련 기사가 작성되었다. 그러다가 1967년에 이르러 이 운동이 대대적으로 확산되었다.

68 정치적 상징으로서 다자이에 대한 흥미로운 비틀기 및 변용의 역사의 경우 다음을 보라. Friedman, "The Politics of Local Models".

69 다자이를 모범으로 삼아 진행된 여러 캠페인 도중 좌절을 경험했던 한 농촌 지역의 사례에 대해서는 Friedman·Pickowicz·Selden, *Revolution, Resistance, and Reform*을 보라. 지역의 이익을 증진시키기 위해 창조적으로 다자이 모델을 활용한 사례에 대해서는 앞의 문헌의 pp. 71~72, 79를 참고.

70 Henan sheng, *Banhao siji nongye*.

71 린뱌오林彪는 마오쩌둥 개인숭배의 주요 설계자였으며 문화대혁명 초기에 마오의 2인자로서 널리 인정받고 있었다. 1971년 그는 마오의 신임을 잃었으며, 같은 해 9월 13일 자신의 가족과 함께 중국을 탈출하다 비행기 추락 사고로 사망했다.

72 Henan sheng, *Banhao siji nongye*, pp. 2~3.

73 Cenxi xian, "Zajiao shuidao".

74 Teiwes·Sun, "China's New Economic Policy"; Meisner, *Mao's China and After*.

75 "Hua Zhuxi zhanduo", p. 1.

제2장 푸저룽: 사회주의 과학의 탄생

1 Borlaug, "Field Notebooks", China, no. 4 (1977), p. 25. 본 장은 다음 글에 기반을 두고 있음. Schmalzer, "Insect Control".

2 Esherick, *Ancestral Leaves*, pp. 263~275.

3 류충러 기념관, 2015년 6월 4일 접속. http://www.yiqin.com/memorial/intro.html?m_id=18318.

4 이는 중국 근현대사에서 중요한 주제인데 이에 대해서는 다음을 참고. Williams, "Fang Lizhi's Big Bang"; Hu, *China and Albert Einstein*; Miller, *Science and Dissent*. 5·4 시기 (1915~1925) 동안 중국 지식인들은 근대화, 민족 주권, 계몽, 사회 변혁 그리고 무엇보다 '과학과 민주주의'를 추구했다.

5 인민을 위한 과학 소속 익명의 회원과의 인터뷰, 2008. 푸저룽은 이하의 글에서도 다루어지고 있다. "Science for the People", China, pp. 155~164.

6 [역자 주] 저자는 1949년 공산주의 혁명 이전의 민국 시기(1911~1949), 1949년부터 1976년까지 마오 시기 혹은 '사회주의 시기', 그리고 1976년(보다 정확하게는 1978년) 이후 '포스트사회주의' 개혁개방 시기 등으로 시기구분을 하고 있다.

7 Mai Shuping, "Shengwu huanbao", p. 10; Su Shixin, "Gaoshan yangzhi", pp. 1~3.

8 20세기 초 중국 과학계에 미친 미국의 영향은 중국 근현대 과학사 관련 선행연구들에 의해 비교적 상세히 다루어졌다. 다음을 참고. Schneider, "The Rockefeller Foundation", p. 1217; Bullock, *An American Transplant*; P. Buck, *American Science*.

9 Liu, Letter to William A. Riley.

10 Wu, Letter to William A. Riley.

11 G. Y. Shen, *Unearthing the Nation*; Reardon-Anderson, *The Study of Change*.

12 H. C. Chiang, "I Am Happy"; Mai Shuping, "Shengwu huanbao", p. 10.

13 H. C. Chiang, "I Am Happy", p. 278.

14 Gu Dexiang·Feng Shuang, *Nan Zhongguo*, pp. 80~81.

15 푸저룽은 미네소타대학 곤충학과 동료들 사이에서도 두각을 나타냈다. 당시 클래런스 미켈은 곤충학 분과의 과장이었던 1948년 화미협진사華美協進社(the China Institute

of America)에 푸저룽에 대한 연구비 지원을 신청할 때, 그를 당시 유학 중이던 10명의 중국 대학원생 중 2위로 꼽았다. Mickel, Letter from Mickel to China Institute of America.

16 1949년 시점 이후 화이 치앙의 경험—1975년 귀국을 포함하여—에 대해서는 다음 글에서 검토되었다. Schmalzer, "Insect Control".

17 Wang, "Transnational Science". "구미 유학파 학자들과 애국주의적 귀환자들"에 대해서는 다음을 참고. Cheek, *The Intellectual*.

18 본 장을 뒷받침하는 논거의 핵심은 구더샹과의 인터뷰로부터 나왔다. 1936년 말레이시아 태생인 구더샹은 유년 시절에 조상의 고향인 광둥성 메이저우梅州로 돌아왔다. 1954년 중등 교육을 마치고 1958년 중산대학 생물학과에서 학사를 취득했다. 그 후 자신의 경력 전체를 중산대학에서 보냈다. 그는 1959년 중국공산당에 가입했다. 그의 경력은 푸저룽의 경력, 특히 그와 푸저룽이 1973년 이래 20년 동안 수행한 다샤공사大沙公社에서의 연구와 밀접하게 연계되어 있다. 푸저룽 사후 구더샹은 그의 유산을 기념하는 각종 문헌과 프로젝트를 조직하는 데 주도적인 역할을 수행하고 있다. "Suiyue de henji: Gu Dexiang jiaoshou jishi" [Traces of time: Professor Gu Dexiang's chronicle], accessed 3 January 2015, http://ch.sysu.edu.cn/gdx/experience/index.html.

19 이러한 손실에 대해 푸저룽은 결과적으로 200위안의 보상금을 받았다. "Guangzhou diqu chu".

20 Gu Dexiang·Feng Shuang, Nan Zhongguo, pp. 80~81. 우연히도 첸양은 위안룽핑이 교잡벼에 대한 선구적인 연구를 수행한 곳이기도 하다. 제3장 참고.

21 "Song jiaoyu ban".

22 광둥에서의 인터뷰, 2010.

23 Wang, "The Cold War".

24 Xinhua she, "Rang kunchongxue", p. 3. 최근의 한 인터뷰에서 구더샹은 거의 동일한 설명을 덜 공격적인 어조로 반복하고 있다(사실 그는 1977년 《런민일보》 기사의 중요한 출처였을 확률이 높다). 외국인 과학자들은 아마도 살충제 사용을 권고했을 것이다. 그러나 당시 중국은 살충제를 생산하거나 수입할 수 없었으므로 "토착적 방법"—예컨대

오리를 이용해 해충을 잡는 것―과 오리, 기생말벌, 박테리아 등을 활용한 생물학적 방제에 의존하는 수밖에 없었다. 2010년 6월 구더샹과의 인터뷰.

25 소련은 쿠바에 1964년분으로 고작 16만 톤의 화학비료를 제공하겠다고 했다. 쿠바는 몇몇 "자본주의 국가들"에도 지원을 요청했지만, 해당 국가들은 화학비료 공급에 미온적이었다(아마도 미국의 압력 때문이었을 것이다). 덩샤오핑은 즉시 20만~25만 톤의 구호물자를 지급하고 다음 협상 기한 동안 한 서유럽 조직으로부터 쿠바를 위한 물자를 추가로 구매하는 안을 지지했다. "Guanyu Guba yaoqiu". 중국은 또한 DDT, BHC, 디프테렉스를 포함한 몇몇 종류의 살충제를 쿠바에 제공했다. "Gei Guba tigong".

26 Zhongguo kexueyuan, *Zhongguo zhuyao*, p. 15.

27 Xia Yunfeng, "Nongmin weishenme", p. 2.

28 Wu Tingjie, "'Liuliuliu' bu shi", p. 6.

29 Dangdai Zhongguo, *Dangdai Zhongguo de nongye*, pp. 478~479.

30 이러한 토종 살충제의 연구 및 사용의 필요성은 이미 1930년대와 1940년대에 중국 과학자들에 의해 인정된 바 있다. 윈페이 순Yun-pei Sun과 밍타오 젠Ming-tao Jen은 미네소타대학에서 이 분야에 관한 연구를 수행했으며, 팅 우(T. Shen의 부인)는 의화단 배상금으로 운영되는 중화문화교육기금회 연구기금을 신청하여 유사한 연구를 진행했다(그녀가 성공했는지 여부는 알 수 없다). Shepard, Letter from H. H. Shepard.

31 Kogan, "Integrated Pest Management", p. 245. 여기서 말하는 논문은 다음 논문이다. Michelbacher·Bacon, "Walnut Insect".

32 Stern, "The Integrated".

33 Qi Zhaosheng, Zhang Zepu, Wang Dexiu, "Mian hongzhizhu".

34 Pan Chengxiang, "The Development", p. 4, 9.

35 Pu Zhelong, Zhu Jinliang, Wu Weiji, "Ganshu xiaoxiang".

36 예를 들어 다음을 참고. Pu Zhelong, Mai Xiuhui, Huang Mingdu, "Liyong pingfu".

37 이러한 구도에 군사 고문들은 포함되지 않는다. Goikhman, "Soviet-Chinese Academic", p. 282; Stiffler, "Three Blows".

38 Goikhman, "Soviet-Chinese Academic".

39 Mai Shuping, "Shengwu huanbao".
40 American Insect Control Delegation, *Insect Control*, p. 91.
41 판청샹Pan Chengxiang은 중화인민공화국 시기 해충방제에 대한 소련의 영향력은 크지 않았던 반면, 미국의 영향은 민국 시기 이래 강하게 유지되고 있었다고 주장한다. Pan Chengxiang, "The Development", pp. 4, 7.
42 Zhu Ruzuo·Hu Yongxi, "Chiyanfeng shenghuo". 인용 자료의 대부분은 미국 출판물이지만 일부 소련 자료도 눈에 띈다는 점이 주목된다.
43 2010년 6월 구더샹과의 인터뷰.
44 Gu Dexiang·Feng Shuang, *Nan Zhongguo*, pp. 91~93.
45 Grishin, Letter from Grishin to Pu Zhelong, 2 November 1959; Grishin, Letter from Grishin to PU Zhelong, 20 April 1961; Pu Zhelong, Draft letter from Pu Zhelong to Grishin, 14 June 1961; Pu Zhelong, Draft letter from Pu Zhelong to Grishin, 1 November 1961.
46 "Zhongguo kunchong", p. 5.
47 Zhu Ruzuo·Hu Cui, "Nongzuowu haichong".
48 "Zhiwu baohu xuehui". 그러나 보고서는 분명히 예방의 중요성을 강조했으며, 따라서 1974년에 채택될 예방을 최우선으로 하는 통합방제 정책의 전조가 되었다고도 볼 수 있다. 이 보고서는 또한 대약진 시기의 개발 사업을 대단히 비판적으로 다루고 있으며, 식물 보호 강화에 필수 토대인 인프라 및 인력의 재건을 강조한다는 점에서 주목할 만하다.
49 Ma Shijun, "Xulun" [Introduction], Zhongguo kexueyuan dongwu yanjiusuo, *Zhongguo zhuyao haichong*, pp. 1~2.
50 이는 1974년판(1976년 발행) *Zhibaoyuan shouce*에서 분명히 드러난다.
51 2010년 6월 구더샹과의 인터뷰. 미국의 해충방제학과 화학 기업에 대해서는 다음을 참고. van den Bosch, *The Pesticide Conspiracy*; Schmalzer, "Insect Control".
52 Xinhua she, "Zai renmin"; 2010년 6월 마이바오샹과의 인터뷰.
53 비교를 위해서는 다음을 참고하라. Metcalf, "Changing Role", pp. 219~220.
54 Mai Baoxiang, "Pu Zhelong jiaoshou zai Dasha". 또한 다음을 보라. "Dasha gongshe

chonghai zonghe fangzhi". 마이바오샹은 1970년대에 작성한 자신의 일기 가운데 푸저룽의 활동을 다루고 있는 부분을 중산대학에 제공했다.

55 白天燕子田間飛, 夜晚啾壓蛙鳥, 沿途蠟蠟裝樓房. 2010년 6월 구더샹과의 인터뷰.

56 Stross, *The Stubborn Earth*, p. 206.

57 Mai Baoxiang, "Pu Zhelong jiaoshou zai Dasha"; Pu Zhelong, *Haichong shengwu*, p. 236. 또한 다음을 보라. Guangdong sheng Sihui xian Dasha gongshe, "Dasha gongshe shuidao".

58 Perry, *Anyuan*.

59 푸저룽은 어떤 정당에도 가입하지 않았다. "Guangzhou diqu chuli".

60 리추이잉도 또한 정협中國人民政治協商會議(the Chinese People's Political Consultative Conference)의 교육계 대표로 활동하기도 했다.

61 Cheng, "Insect Control", p. 269.

62 2010년 6월 구더샹과의 인터뷰.

63 Pu Zhelong·Liu Zhifeng, "Woguo zhequ"; Pu Zhelong·Liu Zhifeng, "Chiyanfeng daliang".

64 Xinhua she, "Zhongshan daxue pin".

65 그동안 역사학자들은 리스메이에 대해 공정하게 서술하지 못했다. 예를 들어 한 논문은 리스메이의 연구가 지식 일반에 실질적인 기여를 하지 못했으므로 그와 관련된 일화는 궁극적으로 실망스러운 것이었다고 결론 내렸다. Xue Pangao, "Dui tu zhuanjia". 그러나 구더샹은 리스메이가 대단히 경험이 많았으며 유능했다고 기억한다. "그는 이런저런 방법을 많이 알고 있었어요. 왜냐하면 농민 출신이잖아요. 경험이 아주 많았죠. 그래서 농민 전문가를 초빙해 와 연구를 하게 한 거죠." 2010년 6월 구더샹과의 인터뷰. 이후로도 수년간 리스메이는 중국과학원 곤충학연구소의 연구진으로 남아 있었으며 비정규 논문 한 편의 공저자로 이름을 올리기도 했다. 1989년 그는 전문가/일반인 이분법에서 전문가 쪽에 속해 있었다. 흰개미 방제와 관련된 업적을 인정받은 또 다른 아마추어가 있었는데, 리스메이가 이 사람을 지지해 주는 한 명의 과학자로서 《런민일보》지면에 등장했던 것이다. Cheng Guansen, "Ta mizui".

66 2010년 6월 구더샹과의 인터뷰.

67 Zhongshan daxue, "Mianxiang qunzhong". 당시의 시대적 흐름에 따라 이 기사는 구체적인 개인 연구자들의 이름을 언급하지 않고 모든 성과를 혁명위원회 또는 "교수진과 학생들"의 공으로 돌리고 있다. 그러나 이 연구는 푸저룽의 프로젝트임에 틀림없다.

68 See Pan, *Tempered*.

69 Xinhua she, "Zai renmin jiaoshi".

70 "Song jiaoyu ban".

71 2010년 6월 구더샹과의 인터뷰; Gu Dexiang·Feng Shuang, Nan Zhongguo, p. 28.

72 2010년 6월 구더샹과의 인터뷰.

73 2014년에 비로소 알려진 2004년도 인터뷰에서 시진핑은 하방된 청년으로서 자신이 겪은 경험에 대해 길게 이야기한 적이 있다. "첫 번째 시련은 벼룩의 시련이었습니다. 제가 처음 그곳에 도착했을 때, 저는 벼룩을 견디지 못했어요. 아직까지 벼룩이 많이 있을지 모르겠네요. 제 피부는 벼룩 때문에 알러지 반응이 일었고요. 벼룩들이 너무 물어대서 붉은 반점이 한가득이었죠. 나중에 그 상처가 물집이 되더니 다 터지더라고요. 저는 너무 고통스러워 죽고 싶을 정도였습니다. 하지만 3년이 지나니 제 피부는 마치 소고기와 말가죽처럼 질겨져 있었어요. 더 이상 벼룩에 물리는 게 두렵지 않게 되었죠." Buckley, "An Interview".

74 2010년 6월 구더샹과의 인터뷰.

75 Mai Baoxiang, "Pu Zhelong jiaoshou zai Dasha".

76 2010년 6월 전직 다샤공사 식물 보호 전문가와의 인터뷰.

77 Mai Baoxiang, "Pu Zhelong jiaoshou zai Dasha".

78 Guangdong sheng Sihui xian Dasha gongshe, "Dasha gongshe shuidao".

79 Pu Chih Lung·Tsui-Ying Lee, Letter to Dr. and Mrs. Richards.

80 Xinhua she, "Mei diguo"; "Meiguo qinlüezhe jinxing".

81 미국이 세균 무기를 운용했다는 중국의 주장에 대해서는 다음을 참고. Rogaski, "Nature, Annihilation, and Modernity"; Chen, "History of Three Mobilizations"; Esherick, *Ancestral Leaves*, pp. 243~244. 역사적 증거들은 중국 정부가 과학자들로 하여금 옛 동료들을 헐뜯도록 압력을 가했다는 점 외에도, 이런 의혹을 뒷받침하기 위

해 증거를 조작하기도 했다는 점을 강하게 시사한다.

82 유학파 출신이며 훗날 유학시절 중국 동료들과 미국 학자들을 비판하는 데 가담했던 인물인 저우이량周一良에 대해서는 다음을 참고. Cheek, *The Intellectual*.

83 Zhonggong Guangdong shengwei Tongzhanbu, Qiaowu zu, Letter to the Zhongshan daxue geweihui Zhenggongzu.

84 Guangdong sheng geweihui banshizu waishi bangongshi.

85 이러한 방문객으로는 아서 갈스턴Arthur Galston과 이선 싱어Ethan Signer(이들은 키신저의 역사적인 방화訪華보다도 앞서 중국을 찾았다), 인민을 위한 과학, 1975년 미국 해충방제학 대표단, 1975년 스웨덴 해충방제학 대표단, 1976년 국제미작연구소IRRI 대표단 등 다수를 들 수 있다. 다음을 보라. Schmalzer, "Speaking about China"; Schmalzer, "Insect Control".

86 Borlaug, Field Notebooks, China, no. 2, 1974, p. 38.

87 Chiang, "I Am Happy", p. 289.

88 Schmalzer, "Insect Control". 외국인들은 대단한 열정을 가지고 통합방제와 바이오가스(에너지로 쓰기 위해 축적한 퇴비로부터 생산되는 메탄을 활용) 방면에서 중국인들이 기울인 노력을 관찰했다. 이러한 열정에 고무되었던 루돌프 바그너Rudolf Wagner는 이들 주제와 관련하여 이용할 수 있는 중국 문헌에 대해 매우 유용한 조사를 진행한 바 있다. Wagner, "Agriculture".

89 Mai Baoxiang, "Pu Zhelong jiaoshou zai Dasha". 이 사람은 분명 M. J. 웨이Way 교수였을 것이다.

90 Brinck, *Insect Pest*. 비록 다샤공사에 가지는 않았지만 스웨덴 대표단은 중산대학에서 다샤공사에서의 작업에 대해 상세히 소개한 푸저룽의 강연을 들었다(pp. 39~43). 문화대혁명 말기의 해외 방문자들은 중국 과학에 대해 일반적으로 대단히 긍정적인 인상을 받았다. 이에 관해서는 다음을 보라. Berner, *China's Science*.

91 Johansson, "Mao and the Swedish". 멕시코를 향한 중국의 노력에 대해서는 같은 책에 수록된 다음 논문을 참고. Rothwell, "Transpacific Solidarities".

92 "Report of IRRI Team Visit", p. 10.

93 Pu Chih-lung, "The Biological Control".

94 Pu Zhelong, "Kexue yanjiu".

95 어느 한 전기 기사의 내용을 다른 전기에서 그대로 베껴 쓴 사례를 적어도 한 건 이상 찾아볼 수 있다. 그러나 이러한 현상—전기들의 형식과 논조의 전체적인 유사성—은 직접적인 베껴 쓰기보다는 훨씬 더 광범위하고 교묘하게 처리되었다. 다음 두 글 Su Shixin의 "Gaoshan yangzhi"와 Luo Lixin의 "Laizi ling yige"를 비교해 보라.

96 Su Shixin, "Gaoshan yangzhi".

97 Luo Lixin, "Laizi ling yige", p. 70. '조국'은 중국을 지칭하는 일반적인 용어이다.

98 Su Shixin, "Gaoshan yangzhi", p. 2.

99 Gu Dexiang·Feng Shuang, *Nan Zhongguo*, pp. 30~31; Su Shixin, "Gaoshan yangzhi", p. 3; Luo Lixin, "Laizi ling yige", p. 72.

100 Su Shixin, "Gaoshan yangzhi"; Luo Lixin, "Laizi ling yige".

101 Su Shixin, "Gaoshan yangzhi", p. 2.

102 Luo Lixin, "Laizi ling yige", p. 72.

제3장 위안룽핑: 농민 지식인

1 다른 많은 기관처럼 안장농학교도 여러 번 이름이 바뀌었는데, 마오 시대 대부분의 기간 동안 이 학교는 첸양농학교로 불렸다.

2 위안룽핑은 교잡옥수수와 교잡수수 연구, 그리고 일본과 미국의 과학자들이 이룬 기존의 교잡벼 연구 성과로부터 영감을 얻었음을 인정한 바 있다. Yuan Longping·Xin Yeyun, *Yuan Longping koushu*, p. 54.

3 Yuan Longping, "Shuidao de yongxing".

4 1986년에 집필된 "교잡옥수수의 정치경제학The Political Economy of Hybrid Corn"이라는 글에서 벌란Berlan과 르원틴Lewontin은 교잡옥수수가 자연적으로 수분되어 생산된 재래품종보다 특별히 더 생산성이 높지 않으며, 굳이 이런 교잡옥수수가 개발된 것은 대규모 농기업의 상업적 이해관계 때문이었다고 주장했다. 이러한 설명을 사회주의 중국에서의 교잡벼 개발의 정치경제학과 비교·대조하는 작업은 매우 흥미로운 일일

것이나 이는 나의 능력을 넘어서는 작업이다.

5 [역자 주] 여기서 말하는 3계통이란 웅성불임계, 유지계, 회복계를 뜻한다.

6 Hunan sheng, "Xuanyu shuidao", p. 8

7 "Yong Mao zhuxi"; Anhui sheng, "Liyong shuidao". 콩 육종 작업에 모순론을 활용한 사례에 대해서는 다음을 참조, Vang Jinling et al., "Hunhe geti".

8 "Peiyu shuidao"; Liaoning sheng, "Shuidao zazhong"; "Shuidao xiongxing"; Shuidao xiong-xmg, "1972 nian shuidao"; Guizhou nongxueyuan, "Shuidao xiongxing"; "Wosheng zhaokai".

9 Guangdong sheng keji ju, "Zazhong youshi".

10 Xinjiang Weiwuer, "Yebai gengxing".

11 Zhao'an xian, "Shuidao nantaigeng".

12 Xiong Weimin·Wang Kedi, *Hecheng yi ge*.

13 1971년에서 1976년 사이에 생산된 관련 근거를 중국 학술저널 데이터베이스를 사용하여 10가지 이상 찾을 수 있었다.

14 For Li Bihu, see Jiangxi sheng, *Zenyang zhonghao*, p. 11.

15 2012년 6월 광시에서의 인터뷰.

16 "Shuidao xiongxing buyuxi de xuanyu", p. 5.

17 Zhejiang sheng, *Jiji shizhong*, p. 6.

18 Guangxi shiyuan, "Kaizhan shuidao".

19 Jiangxi sheng, *Zenyang zhonghao*.

20 [역자 주] 노예처럼 서양을 떠받드는 철학.

21 Xiangzhou xian shuidao, "Jiaqiang lingdao".

22 Guangdong sheng Hainan, "Yi jieji douzheng".

23 Teiwes·Sun, "China's New Economic Policy"; Meisner, *Mao's China and After*, pp. 428~432.

24 중국 학술저널 데이터베이스를 통해 이용 가능한 자료 중 교잡벼를 다룬 모든 문헌 가운데 화궈펑이 언급되는 글은 단 한 건에 불과하다. 이마저도 그가 1973년 전국 농업 회의에서 행한 연설에서 간단하게 교잡벼를 다루었을 따름이다. "Wosheng zhaokai

shuidao".

25 Xinhua she, "Zajiiao shuidao".

26 [역자 주] 홍색 군중 노선과 반대되는 노선을 지칭하는 개념으로 마오 시대 프로파간다에 자주 등장한다.

27 "Hua zhuxi zhangduo". 나는 이 시점에서 아직 교잡벼 이야기에 화귀펑의 공헌이 제대로 삽입되어 있지 않았다는 점을 강조하기 위해 이러한 연도 표기 오류를 강조하고 싶다.

28 "Lüse wangguo".

29 *Hua zhuxi zai Hunan*, pp. 182~189.

30 "Di wu ci quanguo zajiao", pp. 2~3.

31 Yuan Longping·Li Bihu·Yin Huaqi, "Tantan zajiao shuidao".

32 Yuan Longping, "Zajiao shuidao peiyu".

33 Xie Changjiang, *Yuan Longping yu zajiao*, p. 158(quote); Xie Changjiang, *Zajiao shuidao zhifu*; Xie Changjiang, *Yuan Longping*.

34 Luo Runliang·Wu Jinghua, *Lüse shenhua*, pp. 98, 125ff.

35 Quan Yongming, "Qiantan Yuan Longping keyan zhong maodun guandian de yunyong", in Qi Shuying·Wei Xiaowen, *Yuan Longping zhuan*, pp. 411~414.

36 Yuan Longping·Xin Yeyun, *Yuan Longping koushu*, pp. 234~235.

37 Deng Xiangzi·Ye Qinghua, *Bu zai ji'e*, p. 195. 영문 번역은 다음 책의 영문판을 참고했다. Deng Xiangzi·Deng Yingru, *The Man Who Puts*, p. 200. The original article was Yuan Longping, "Cun cao".

38 Deng Xiangzi·Ye Qinghua, *Bu zai ji'e*, pp. 79~85.

39 Qi Shuying·Wei Xiaowen, *Yuan Longping zhuan*, pp. 141~147.

40 Yuan Longping·Xin Yeyun, *Yuan Longping koushu*, p. 241.

41 Xie Changjiang, *Zajiao shuidao zhi fu*, pp. 75, 89.

42 Yao Kunlun, *Zoujin*, p. 156, 217; Xie Changjiang, *Yuan Longping*, pp. 121~122.

43 예를 들어 다음을 참고할 수 있다. Yao Kunlun, *Zoujin*, p. 241; Nie Leng·Zhuang Zhixia, *Lüse wangguo*, pp. 138~139; Qi Shuying·Wei Xiaowen, *Yuan Longping zhuan*,

pp. 183~184.

44 한 가지 중요한 예외 사례는 뤄룬량과 우징화가 쓴 전기이다. *Lüse shenhua*, p. 92, 이들은 간부, 기술관료, 농민을 통합한 삼결합 소조를 다루고 있으며, 더 나아가 실험, 모범 선정, 보급의 통합에 관해 이야기한다. 그러나 다른 한편으로 이 책 또한 문화대혁명이 10년 동란이었다는 전형적인 서술 방식을 답습하고 있다. 또 다른 예외는 세 창장의 전기이다. *Zajiao shuidao zhi fu*, p. 41. 여기서도 연구와 생산의 통합이 강조되고 있다.

45 Qi Shuying·Wei Xiaowen, *Yuan Longping zhuan*, pp. 71, 142.

46 Nie Leng·Zhuang Zhixia, *Lüse wangguo*, p. 34; Luo Runliang·Wu Jinghua, *Lüse shenhua*, p. 60.

47 Yuan Longping·Xin yeyun, *Yuan Longping koushu*, p. 102.

48 Deng Xiangzi·Ye Qinghua, *Bu zai ji'e*, pp. 86~87. Deng Xiangzi·Deng Yingru가 번역, *The Man Who Puts*, p. 94.

49 Nie Leng·Zhuang Zhixia, *Lüse shenhua*, p. 109.

50 Yuan Longping·Xin Yeyun, *Yuan Longping koushu*, p. 117~118.

51 Ibid., p. 70.

52 [역자 주] 뇌지란 《진서晉書》에서 유래한 고사로 절대로 건너서는 안 되는 영역을 뜻한다.

53 Qu Chunlin·Xiang Biao·Wang Jue, "Zajiao shuidao wenhua", p. 160.

54 Yao Kunlun, *Zoujin*, p. 40.

55 문제의 내용은 1950년대 영문판 원문에서 정확하게 번역되었다. 관련된 내용은 다음의 책에서 찾을 수 있다. Sinnott·Dunn·Dobzhansky, *Principles of Genetics*, pp. 327~328.

56 Yuan Longping·Xin Yeyun, *Yuan Longping koushu*, p. 51.

57 Gowen, *Heterosis*, especially pp. 55, 173.

58 Dong Bingya, "Yumi yichuan"; Schneider, *Biology and Revolution*, p. 71. 시노트 저서의 첫 번째 번역 판본은 1943년 민국 시대에 활용되고 번역되었다. Pi Yan et al., "Guonei gaoxiao" 참조.

59 Yang Shouren et al., "Xianjingdao zajiao".

60 Xu Guanren·Xiang Wenmei, "Liyong xiongxing"; Zhongguo kexueyuan, *Zenyang zhong*.

61 "Zajiao yuzhong de qunzhong".

62 예를 들어 다음을 참고. Siddiqi, *The Red Rockets' Glare*. 소련 농업에서 리센코의 영향을 재평가한 최근의 저서로는 다음을 참고할 수 있다. J. L. Smith, *Works in Progress*.

63 중국에서의 리센코주의에 대한 중요한 연구로는 다음을 보라. Schneider's *Biology and Revolution*.

64 Qi Shuying·Wei Xiaowen, *Yuan Longping zhuan*, pp. 76~79; Deng Xiangzi·Ye Qinghua, *Bu zai ji'e*, pp. 48~51, 51~54.

65 Qi Shuying·Wei Xiaowen, *Yuan Longping zhuan*, 125ff.

66 Xie Changjiang, *Yuan Longpingyu zajiao*, p. 23.

67 Qi Shuying·Wei Xiaowen, *Yuan Longping zhuan*, p. 51.

68 Deng Xiangzi·Ye Qinghua, *Bu zai ji'e*, pp. 66~67. 첫 번째 에피소드의 다른 버전에 의하면, 위안룽핑은 가족을 위해 써야 할 돈을 연구에 탕진한 점에 대해 아내에게 사과해야 했다. 그 후 버려진 토지를 활용함으로써 문제를 해결할 수 있었다. Nie Leng·Zhuang Zhixia, *Lüse wangguo*, pp. 69~71.

69 Yao Kunlun, *Zoujin*, p. 79.

70 Deng Xiangzi·Ye Qinghua, Bu zai ji'e, p. 121. 다음 문헌을 번역. Deng Xiangzi·Deng Yingru, *The Man Who Puts*, pp. 127~128. 밧줄을 활용한 방법은 다음 문헌을 포함하여 다른 많은 자료에서 확인된다. Yuan Longping·Xin Yeyun, *Yuan Longping koushu*, p. 151. 저장성 농촌에서 자란 한 인터뷰이는 교잡벼의 현지 생산이 시작될 무렵 사람들이 이 방법을 사용했다고 회고한다.

71 보다 일반적으로 이러한 현상에 대해서는 다음을 참고. Schmalzer, *The People's Peking Man*, pp. 124~125.

72 Qi Shuying·Wei Xiaowen, *Yuan Longping zhuan*, p. 104.

73 Ibid., p. 97

74 Yao Kunlun, *Zoujin*, pp. 153~154.

75 CCTV, "Women dou you".
76 Qi Shuying·Wei Xiaowen, *Yuan Longping zhuan*, p. 193.
77 Taiji Mao, "Yuan Longping".
78 Han, *The Unknown*; Andreas, "Leveling the Little Pagoda".
79 Qi Shuying·Wei Xiaowen, *Yuan Longping zhuan*, p. 177.
80 Li Guihong·Xiao Jian, "Lengshui yuzhong".
81 [역자 주] 시미트CIMMYT는 멕시코에 위치한 국제 농업 연구기관이다. CIMMYT는 스페인어 Centro Internacional de Mejoramiento de Maíz y Trigo의 약자로 영어로는 International Maize and Wheat Improvement Center라는 의미이다. 녹색혁명의 역사에서 필리핀 소재 국제미작연구소IRRI(International Rice Research Institute)와 더불어 중요한 역할을 수행했으며, 이 책에도 여러 번 등장하는 녹색혁명의 아버지 노먼 볼로그가 바로 이 시미트에서 활동한 바 있다.
82 Borlaug, *Letter to Richard Critchfield*, p. 94~95; Critchfield, "China's Miracle Rice".
83 Epstein, *Dossier*.
84 Hammer, "On a Vast".
85 Deng Xiangzi·Deng Yingru, *The Man Who Puts*, pp. 205~206, 223.
86 Livingstone, *Putting Science*, p. 134.

제4장 중국 농민: '경험'과 '후진성'

1 [역자 주] 정통적 마르크스주의에서 자본주의를 지양하고 공산주의로 넘어가는 혁명을 일으키는 계급은 자본주의 사회의 핵심 모순인 생산수단의 사회적 독점을 체현한 노동자 계급이다. 여기서 농민 계급은 부르주아들과 봉건 사회를 지양하는 데는 역할을 했으나 자본주의 사회의 핵심 모순에서는 벗어나 있어 혁명의 동력이 되지 못할 것이라 여겨졌다. 일반적으로 사회주의 혁명의 전제 조건으로 상정된 고도로 발전되면서 갈등이 심화된 자본주의 사회에서 농민들은 수도 적고 힘이 없었기 때문이었다. 정통 마르크스주의에서 산업화가 거의 이루어지지 않은 농민 중심 사회였던 러시

아와 중국에서 혁명이 일어날 수 있다고 믿지 않은 이유도 여기에 있다. 이런 배경에서 20세기 초중반 당시 인구 대부분이 농민이었던 중국(80~90퍼센트)과 소련의 입장에서는 사회주의 혁명을 위해 농민을 혁명의 주요 동력으로 이끌어야 할 책임이 있었던 것이다.

2 중국어 단어 '農民'을 'peasants'로 번역하면서, 나는 의식적으로 일부 중국인 학자들 사이에서 더 존경의 의미를 담아 사용하는 'farmer'라는 단어를 채택하는 고귀한 움직임에 동참하지 않으려 했다(다음을 참고 Hayford, "The Storm over the Peasant"). 나는 보다 정확하게 '농민peasant'을 선택했는데, 왜냐하면 그 단어가 영어에서 더 많이 사용되고 있으며, 중국어 개념과 뜻이 더 잘 통하기 때문이다.

3 우리는 이 사례를 일부 국가에서 게이와 레즈비언을 지칭하는 '퀴어queer'라는 표현과 비교해 볼 수 있을 것이다. 더 근래에는 여성들이 강간에 저항하기 위해 '슬럿워크slut walks'라는 개념을 채택하기도 했다. 물론 중국 농민의 경우 멸칭을 전유하여 저항의 의미로 사용하는 이러한 용어 선택을 농민 스스로가 한 것이 아닌 중국 정부가 대신 했다는 점에서 명백한 차이가 있다.

4 "Report of IRRI Team Visit", p. 59.

5 Rowe, "Political, Social and Economic", p. 29.

6 Shanxi Yanbeiqu, "Yanbei zhuanshu"; Xie Jieyin, "Woyang xian Zhaowo xiang"; Fenghuangxian, "Laonong fangzhi".

7 Sun Xiuchun, "Yushi xiang".

8 Xu Jiatun, "Shixian nongye kexue", pp. 3~4.

9 미출간 원고를 미리 공유해 준 피터 라벨Peter Lavelle에게 깊은 감사를 표한다. "Imperial Texts in Socialist China". 관련한 여러 문헌은 다음을 참조. Li Baochu, "Yi, Lüfei zuowu".

10 Zhu Xianli·Chen Jisheng·Ren Huiru, *Nongyan zhujie*, pp. 2~3.

11 He Minshi·Wang Jianxun, *Guangzhou minjian chengyu*, p. 5.

12 Zhu Xianli·Chen Jisheng·Ren Huiru, *Nongyan zhujie*, pp. 7~8

13 [역자 주] 즉 해당 격언집의 저자들은 지주가 아닌 농민의 입장에서 보면 양돈이 돈이 안 되는 일이라고 판단할 수 없다는 주장을 하고 있다. 돼지를 기르는 농민들은 여

전히 사료비를 지출해야 하지만, 지주와 달리 임금으로 빠지는 비용이 소요되지 않는다. 이 상태에서 농업의 필수 자원인 퇴비를 돼지로부터 공짜로 얻을 수 있고, 추후 성돈成豚을 팔아 현금 부수익까지 올려 저축할 자금을 마련할 수도 있으니, 양돈은 농민에게 도리어 이익이 된다는 논리다. 이런 의미에서 농민은 돼지를 결코 멀리해서는 안 되며, 지주 계급을 비롯한 부자들은 실제 농민의 이해관계를 제대로 이해하지 못한 채 책에 있는 지식이나 되풀이한다는 것이다. 따라서 격언집을 해설한 연구자들은 전근대 전통 농업 격언을 마오 시대의 농민들에게 제공하고 해설할 때 격언들에 내포된 계급적인 요소에 유의해야 했다.

14 4대 해충 박멸 운동은 마오 시대 가장 잘 알려진 캠페인 중 하나다. 그것은 1958년 시작되어 쥐, 참새, 파리, 모기를 주요 타깃으로 삼았다. 그러나 참새가 사라지면서 메뚜기 개체 수가 급증하는 결과를 낳았고, 결국 참새 대신 빈대가 4대 해충의 하나로 자리 잡았다. 마오 시대 과학의 다른 많은 요소들과 마찬가지로, 여러 서구의 관찰자―과학자를 포함하여―들은 초창기에는 군중 동원이 제공하는 가능성들에 열광했다. 그러나 그들은 정치적 조류가 바뀌고 마오주의의 전형적인 사례들이 부정되자 곧 이와 같은 노력들을 조롱하는 쪽으로 입장을 선회했다. Schmalzer, "Insect Control"; Shapiro, *Mao's War*, pp. 86~89.

15 Zhu Xianli·Chen Jisheng·Ren Huiru, *Nongyan zhujie*, pp. 7~10.

16 Zhu Dehui·Zhu Xianli, *Nongyan li de kexue*.

17 Li Qun, "Qimin yaoshu".

18 Zhejiang sheng Huangyan xian, "Pinxia zhongnong". 또한 다음을 참고. Sun Changzhou, "Guan-tian shaobing"; "Guantian ji"; Xinhua she, "Qunzhong huanying".

19 Zhejiangsheng Huangyan xian, "Pinxia zhongnong".

20 Jiangsu sheng Jianhu xian, *Tianjia wuxing*. 문제의 《런민일보》 기사는 《전가오행》 발췌집의 출판일을 1977년으로 잘못 기재했으며, 터무니없게도 하향 지식청년 한 명의 작업으로 소개하기까지 했다. Sun Changzhou, "Guantian shaobing".

21 Wang Yuying et al., "Lunzuo, jianzuo"; Beijing nongye daxue, "Jianzuo tanzhong".

22 Zhu Dehui·Zhu Xianli, *Nongyan li de kexue daoli*, pp. 108~111.

23 문화대혁명 시기 간작에 대해서는 다음을 보라. Borlaug, "Field Notebooks", *China*,

no. 3, 1977, p. 5.

24 친저우와 바이서에서 2012년 6월 인터뷰 진행. 친저우는 1960년대에는 광둥에 소속되어 있지만 현재는 광시 남부에 위치하고 있다.

25 Mao, *Selected Works*, 5:486.

26 Xinhua she, "Fazhan nongye".

27 2012년 6월, Yi Ruoxin과의 인터뷰.

28 중국 국영 생산 웹 백과사전인 바이두 백과는 이에 대한 설명을 제공하고 있다. 출처는 황야오샹의 후배 연구자로 잘 알려진 쟝이쥔江奕君의 언론 인터뷰로 보인다. 그러나 반대로 해당 언론사가 바이두 백과의 정보를 따와 쟝이쥔의 발언처럼 편집했을 가능성도 있다. 해당 바이두 백과 기사는 다음의 링크를 확인하라. http://baike.baidu.com/view/321423.htm(2014년 7월 18일 최종 접속). 언론 기사는 다음을 보라. "Huang Yaoxiang 'banweigan shuidao zhi fu'". 여기서 언급하는 산터우는 차오산 내 일부 지역을 지칭한다.

29 많은 중국어 잡지의 기사들은 '차오산 문화'를 다루고 있다. 영어 사례로는 다음을 참고. Y. Z. Wang·Y. T. Chen, "The Eco-unit Settlement".

30 Xinhua she, "Fazhan nongye".

31 Kuhn, "Political and Cultural Factors", p. 66. 여기서 인용한 부분은 대표단의 공식적인 보고서에는 등장하지 않는다. 이에 대한 더 자세한 내용은 5장 주석 15를 참고할 것.

32 Interview in Guangxi, June 2012.

33 차오싱수이와의 인터뷰는 2012년 6월에 시행.

34 다음을 참조. Schmalzer, *The People's Peking Man*.

35 주디스 파커Judith Farquhar도 산둥성 농민들로부터 비슷한 증언을 들었다고 보고한 바 있다. 농민들은 농민 자신들의 기여보다 농업기술원의 추광 업무가 농업 발전에 더 장기적으로 공헌했다고 보았다. Farquhar, *Appetites*, p. 83.

36 Zhonggong Huarong xian weiyuanhui, "Jiaqiang lingdao, yikao qunzhong, banhao siji nongye kexue shiyan wang", Henan sheng, *Banhao siji nongye*, p. 29, 39.

37 이는 샤오핑 팡이 *Barefoot Doctors*에서 맨발의 의사 운동을 발견한 것과 비슷하다.

38 *Gongnong famingjia xiaozhuan*.

39 Zhonggong Nantong, "Nongmin zijue".

40 "Gao ju Mao Zedong sixiang hongqi gengjia", p. 4.

41 Zhonggong Huarong xian, "Jiaqiang lingdao, yikao qunzhong", Henan sheng, *Ban-hao siji nongye*, pp. 33~37; Nanzhao xian geming weiyuanhui, ed., "Quandang dongshou cengceng zhua, qun ban kexue kai honghua", Henan sheng, *Banhao siji nongye*, pp. 49~50.

42 Interview with Tan Chengping, in Qinzhou, June 2012.

43 Interview in Qinzhou, June 2012.

44 다자이 농업 학습 운동은 1965년에 이르러 시작되었다. 그러나 마오가 자력갱생의 사례로 다자이를 칭찬했다는 점 때문에 이 생산대대 당 서기가 '다자이 정신'을 언급했을 가능성은 없지 않다. MacFarquhar, *The Origins of the Cultural Revolution*, 3: 423~424.

45 "Yi suo pinxia zhongnong guanli de xinxing xuexiao", Henan sheng, *Banhao siji nongye*, pp. 68~78.

46 면화 생산에 여성의 참여를 장려하는 정부의 노력에 대해서는 다음을 참고. Hershatter, *The Gender of Memory*, pp. 214~215; Gao Xiaoxian, "'The Silver Flower Contest'".

47 Zhang Gui?, "Gao ju Mao Zedong sixiang hongqi, wei geming banhao mianhua", Henan sheng, *Banhao siji nongye*, pp. 24~29.

48 "Sunan nongmin".

49 "Zuotan xin qingkuang". 마오 시대 과학 교육 영화에 대해서는 다음을 참고. M. Johnson, "The Science".

50 Tang Ruifu, "Chen Yongkang"; "Report of IRRI Team Visit", pp. 126~130.

51 Lü Xinchu·Gu Mainan, "Shi kexuejia daxian shenshou".

52 Li Zhensheng, "Dalaocu".

53 Li Zhensheng, "Mao Zhuxi zhexue".

54 Ningwu xian liangzhong fanzhi chang, "Yunyong bianzheng weiwulun, Chuangkai

shanyao yuzhong men", Shanxi sheng Xinxian diqu, *Xinxian diqu nongye*, pp. 49~56.

55 Yangchun xian kexue jishu xiehui, "Yige tuchu zhengzhi jianku fendou de kexue shiyan xiaozu", Henan sheng, *Quanguo nongcun*, p. 31.

56 2012년 6월 차오싱수이와의 인터뷰.

57 Kuhn, "Political and Cultural Factors", p. 66. 여기에 인용된 섹션은 대표단의 공식 보고서에는 등장하지 않았음을 주의할 것.

58 Interview in Youjiang, June 2012.

59 2012년 6월 차오싱수이와의 인터뷰.

60 Stavis, *The Politics of Agricultural*, especially p. 170.

61 참조 e.g., "Fenxi xingshi"; "Xiaomai ruhe".

62 Xiyang xian weiyuanhui, "Yi dang de jiben luxian wei gang renzhen tuiguang Dazhai kexue zhongtian jingyan", Mianyang xian, *Qunzhongxing nongye kexue*, pp. 7~8.

63 Bai Zhaoqing·He Wentong, "Minbei shanqu".

64 WuJun, "Yu shuidao tu zhong".

65 Beijing nongye daxue·Shandong nongxueyuan, *Nongye huaxue*, p. 128.

66 Pingyang xian nonglin ju, "Pingyang xian 1964".

67 "He'erbin shi nongye".

68 Cao Longgong, "Tan Chen Fu de".

69 Dazhai dadui, "Cong Dazhai gaitu".

70 Bray, *Science and Civilization*, p. 293.

71 F. H. King, *Farmers of Forty*, p. 10. 킹의 1895년도 저서 *The Soil: Its Nature, Relations, and Fundamental Principles of Management*는 청의 마지막 50년 동안 강남제조국에서 중국어로 번역되고 출간된 서방의 여러 기술 관련 문헌 중 하나였다. Lavelle, "Agricultural Improvement", p. 336.

72 Hua xian Jiang Qizhang, "Pinxia zhongnong".

73 "Shai tian" [Sun drying fields], Baidu baike, 2015년 5월 7일 최종 접속. http://baike.baidu.com/view/127244.htm.

74 인터뷰는 2012년 6월 광시에서 수행. 그는 또한 해충방제와 비료 관리를 과학적으로

하지 못했다는 점을 지적했다.
75 인터뷰는 2012년 6월 친저우에서 수행.
76 인터뷰는 2012년 6월 광시에서 수행. 처음에 생산대장은 석회 채굴 기술이 대략 1966년 또는 1967년 정도 소개된 것 같다고 했다. 내가 반복해서 묻자 그는 그 기술이 이보다 몇 년 더 이른 '사청 운동' 시기에 그의 생산대로 처음 도입되었다고 답했다.
77 에드워드 멜릴로Edward D. Melillo는 질소가 풍부한 구아노 비료를 채취하는 고된 노동에 수반된 인간적 고통—페루로 이주한 중국인 노동자들의 고통도 포함하여—에 대해 분석한 바 있다. 그는 이를 '최초의 녹색혁명'이라 부른다. Melillo, "The First Green Revolution".
78 2012년 6월, Qinzhou에서 인터뷰를 수행.
79 2012년 6월, 광시에서 인터뷰를 수행.
80 농촌의 젠더 관계를 변화시키기 위한 마오 시대의 노력에 대해서는 다음을 참고. among others, K. A. Johnson, *Women, the Family*; Hershatter, *The Gender of Memory*.
81 Hershatter, *The Gender of Memory*.
82 예를 들어 Naquin, *Millenarian Rebellion*.
83 "Jianchi kexue shiyan." 여성만의 소조에서 활동했던 또 다른 여성의 사례는 다음을 참고. Xinxian Qicun gongshe Qicun dadui geming weiyuanhui, "Yanzhe Mao Zhuxi de geming luxian da gao qunzhongxing de nongye kexue shiyan yundong", Shanxi sheng Xinxian diqu, *Xinxian diqu nongye*, 39.
84 Fogang xian, "Jiji zuzhi funü."
85 Gao Xiaoxian, "'The Silver Flower Contest'"; Hershatter, *The Gender of Memory*, pp. 214~234; '보상 없는 생산 촉진 사업'에 대해서는 다음을 보라. Eyferth, "Women's Work", p. 386. 소련사에는 '스비나르키svinarki'라는 여성 돼지 사육사들을 양성한 사례가 있는데, 본문의 사례와 흥미로운 유사성을 보인다. 스비나르키들은 새끼돼지의 생존률과 비육 속도를 올리기 위한 경쟁에 침여해야 했다. 시투르거나 게으른 스비나르키는 신문 지면에서 망신을 당하기도 했다. 제니 스미스Jenny Leigh Smith는 스비나르키들이 돼지 관리법을 개선할 수 있던 것은 리센코주의 정책들이 제2차 세계대전 이후 거둔 일련의 성공 덕분이었다고 본다. Smith, *Works in Progress*, p. 10.

86 Zhang Kui?, "Gao ju Mao Zedong sixiang", pp. 24~29. 허샤터는 여성들에게 있어 "노래는 토지 개혁, 문맹 퇴치 운동, 혼인법과 같은 국가의 중차대사가 개인과 관련이 있다는 느낌을 주었으며, 정치 회의에서 전달된 공식적인 메시지와 일상 생활을 연결시켜 주었다"고 주장한다. *The Gender of Memory*, p. 102.

87 가오샤오셴Gao Xiaoxian은 여성의 권리와 이익 신장을 목표로 삼았던 다른 여타 매체보다 이러한 모범 노동자들에 관한 이야기가 농업기술의 추광을 위한 계기로서 기능했다는 점을 강조한다. Gao, "*The Silver Flower Contest*", p. 600.

88 Murphy, "Changes in Family", p. 227.

89 2012년 6월, 난징에서 인터뷰를 수행.

90 2012년 6월, 차오싱수이와 인터뷰 수행

91 "Gao ju Mao Zedong sixiang honggi gengjia guangfan."

92 Jiangxi sheng Nancheng xian Guanzhen si jiemei shouyi zhan fuzhanzhang Wu Lan Xlan, "Bu pa gan 'chou' shi, ganyu huan xintian", Henan sheng, *Quanguo nongcun*, pp. 17~23.

93 Braverman, *Labor*.

94 Fitzgerald, "Farmers Deskilled".

95 Vandeman, "Management in a Bottle".

96 다음을 참고하라. Grossman, *The Political Ecology*; and Cooke, "Expertise, Book Farming". '재교육'에 대해서는 다음을 참고하라. Apple, "Curriculum".

97 Stone, "Agricultural Deskilling", p. 85.

98 Eyferth, *Eating Rice*.

99 "Gao ju Mao Zedong sixiang hongqi gengjia guangfan", p. 9.

100 Eyferth, *Eating Rice*.

101 리처드 레빈스Richard Levins는 쿠바 농업에서 이러한 모습을 확인할 수 있다고 주장한다. 쿠바의 "사회주의적 사회 구조와 이데올로기적 우선고려사항 아래에서 생태적 발전은 경제적·사회적 발전 및 발전의 지상과제로서 삶의 질을 향상하려는 헌신과 거의 '자연스럽게' 연결된다." Levins, "How Cuba", p. 23.

102 Haraway, *Sirnians*, p. 68.

103 Schmalzer, "Speaking about China".
104 [역자 주] 계승과학은 고전적 과학 이론과는 다른 과학 이론을 만들고자 하는 페미니스트 접근 방식의 하나로 기존 사회 지배의 관행과 특권의 불평등한 부분을 고려해 세계를 설명하려는 목표를 가지고 있다. 이렇게 계승과학은 가치중립을 목표로 추구하기보다 불평등을 설명하려는 지식을 생산하는 것을 목표로 삼은 만큼 고전적 인식론과 분리된 영역을 포함하고 있다.

제5장 지방 간부처럼 보기

1 J. K. King, "Rice Politics", p. 458.
2 조르지오 블룬도Giorgio Blundo는 세네갈 임업 분야 국가공무원에 관한 자신의 연구에서 본 장과 동일한 제목을 채택하여 스콧이 국가를 "의도, 정책, 일관성 있는 계획의 획일적인 원천"으로 묘사한 것에 의문을 제기하고 "과연 공무원들의 관점이 국가의 관점과 완전히 동일한 것이었는지" 살펴본다. Blundo, "Seeing Like a State Agent".
3 [역자 주] 본문에서도 설명되고 있듯, 원문의 '국가의 현지 대리인들local state agents'은 '지방 간부local cadres'와 '농업기술(인)원agricultural technicians'이라는 두 집단을 지칭하는 개념이다. '지방,' '현지' 혹은 '기층' 등으로 번역되는 'local'이나 'grassroots'는 주로 인민공사급, 생산대대급, 생산대급, 그리고 간혹 생산대 예하의 촌급 공동체를 의미한다. 원문과 실제 중국 사료에서는 이러한 현지 공동체를 두고, 정치적으로 중립적인 표현인 '공동체communities' 대신 '집체集體(collectives 또는 cooperatives)'라는 일반명사를 쓰기도 한다. 한편 '상급' 혹은 '상부' 등의 표현 또한 원문에서 빈번하게 등장하는데, 이는 주로 인민공사급 위에 위치한 행정단위인 현급이나 성급의 기관이나 간부들을 지칭하며, 경우에 따라 그보다 상위 단위인 베이징의 중앙 당정기관과 간부까지를 포함힐 수도 있다.
4 진 오이Jean Oi는 간부와 농민의 관계를 '후원-피후원주의'라는 각도에서 분석한다. 한편 리화이인Li Huaiyin은 진 오이의 이러한 평가를 비판한 바 있는데, 특히 농민들이 적극적으로 간부들의 권력 남용을 견제하기 위해 전개한 노력을 강조하고 이 과

정에서 노출된 간부의 권력의 한계를 지적했다. Oi, *State and Peasant*; Li Huaiyin, *Village China*.

5 Steve Smith, "Local Cadres". p. 1010.

6 마이바오샹의 경험에 관한 이 장의 서술의 근거는 별도의 표기가 없는 한 2010년 6월에 그와 내가 진행한 인터뷰임을 밝혀둔다.

7 He Minshi·Wang Jianxun, *Guangzhou minjian chengyu*, p. 21.

8 Mai Baoxiang, "Pu Zhelong jiaoshou zai Dasha".

9 Dasha gongshe geweihui, "Dasha gongshe jiji tuiguang".

10 "Sihui xian Dasha gongshe 1975 nian shuidao bingchonghai".

11 "Dasha gongshe chonghai zonghe fangzhi".

12 "Sihui xian Dasha gongshe 1975 nian shuidao bingchonghai".

13 "Dasha gongshe chonghai zonghe fangzhi".

14 "Sihui xian Dasha gongshe 1975 nian shuidao bingchonghai".

15 Kuhn, "Political and Cultural Factors", p. 66. 이 에세이의 출판 버전은 조금 더 짧으며 구체적인 표현에서 다소 차이가 있다. 또한 쿤이 직접 편집했던 것도 아니다. 여기서는 쿤 본인의 해석을 더 잘 전달하기 위해 초고 원고를 참고했다. *Plant Studies in the People's Republic of China*, pp. 162~167. 미리엄 그로스Miriam Gross는 또한 마오 시기 공중보건 캠페인의 맥락에서 실험과 이른바 '퍼포먼스'의 차이를 구별한다. 그녀는 비록 과학 퍼포먼스가 실제 과학적 목적보다는 정치적인 목표를 염두에 두었기 때문에 "불필요"하고 "이상한" 것이었다고 간주할 수 있지만, 국가에는 대단히 유용했다는 점을 강조한다. "과학 퍼포먼스를 통해 국가는 촌민들이 완전히 표준화된 방식으로 실험을 수행하여 동일한 결과를 산출하게 만들 수 있었고, 이 과정에서 필연적으로 당의 영도가 강화될 수 있었다." 그로스는 실험이라고 포장된 퍼포먼스가 어떻게 당의 통제를 강화시켰는지에 초점을 맞추고 있다. 그러나 나는 국가 행위자와 비국가 행위자non-state actors가 다양한 의견을 조율하고 과학과 권력을 둘러싼 핵심적인 질문들을 해결하기 위해 실험이라는 실천 및 레토릭을 활용한 다양한 방식들을 부각시키고자 한다. Gross, "Chasing Snails", p. 656, 660.

16 [역자 주] 본문에서도 충분히 설명되었지만 조금 더 보충하면, '준점'이란 이론과 전

문성을 갖춘 인사들이 중앙이나 주요 도시에서 기층 단위로 몸소 내려가 현장에서 농민들과 호흡을 맞추며 그 실제 현실을 제대로 파악하기 위해 전개한 활동이다. 어느 정도 '하향' 또는 '하방'이라는 말과 유사한 의미로도 쓰일 수 있다.

17 게일 허샤터Gail Hershatter도 다음 단행본에서 준점 제도에 대해 상세히 설명한다. *The Gender of Memory*.

18 이 장과 본서 전반에 걸쳐 나는 특정한 용어가 언제 처음 등장했으며 어느 시점에서 널리 사용되었는지 확인하기 위해 《런민일보》데이터베이스의 전문 검색 기능을 활용했음을 밝혀 둔다.

19 Xu Jiatun, "Shixian nongye kexue", p. 8.

20 Jin Shanbao, "Yangbantian fazhan le nongye", p. 14.

21 Xu Jiatun, "Shixian nongye kexue", p. 2.

22 Jin Shanbao, "Yangbantian fazhan le nongye", p. 15.

23 Interview in Guangxi, June 2012.

24 Interview in Qinzhou, June 2012. 여기서의 한 농민은 아마도 뤄자구이羅家貴를 말하는 것 같다.

25 Interview in Youjiang, June 2012.

26 "Ronggeqing dadui dangzhibu". 국가가 생산한 이 문건은 특히 청년들을 양성하여 그들을 과학적 영농에 참여시키는 과정에서 당 서기가 해야 했던 역할을 분명하게 설명한다. 산시성의 하향청년이었던 예와Ye Wa는 그녀가 소속되어 있던 생산대의 지도자들이 그녀에게 보낸 지지가 너무나 중요했다고 내게 말했다. Interview, March 2012.

27 다음 집단 인터뷰에서 차오싱수이의 발언. Group interview in Qinzhou, June 2012.

28 Shanxi sheng Xinxian diqu, *Xinxian diqu nongye*, p. 15. 또 다른 사례로는 다음을 참고. *Nongcun zhishi qingnian*, p. 35.

29 Interview with Yi Ruoxin, June 2012.

30 Interview with Pan Yiwei, June 2012.

31 Interview with Cao Xingsui, June 2012.

32 Interviews in Qinzhou and Baise, June 2012.

33 Interview in Qinzhou, June 2012.

34 Ibid.

35 Interview with Cao Xingsui, June 2012.

36 Interview in Youjiang, June 2012.

37 Henan Sheng, *Quanguo nongcun*, 10.

38 Schmalzer, "Speaking about China".

39 Interview with Pan Yiwei, June 2012. 이 주제에 관한 국가의 레토릭의 또 다른 사례로는 다음을 참고. Zhang Dianqi, "Shehui zhuyi shi".

40 Friedman·Pickowicz·Selden, *Revolution, Resistance, and Reform*, p. 178.

41 Zhongguo kexueyuan caizheng bu, "Zengbo qunzhongxing kexue shiyan". 이 문건에 따르면, 중국과학원이 광둥성 전체에서 군중과학 실험 활동을 위해 배정한 예산은 6만 위안이었다.

42 Sheng nongkezhan weiyuanhui, "Guanyu shenqing qunzhongxing".

43 Nanzhao xian geming weiyuanhui, ed., "Quandang dongshou cengceng zhua, qun ban kexue kai honghua", Henan sheng, *Banhao siji nongye*, pp. 41~53.

44 "Gao ju Mao Zedong sixiang hongqi gengjia", p. 11.

45 Peng Baoshan, "Kaizhan qunzhong yundong", p. 7.

46 Wu Xianzhi, "'Si zi yi fu'".

47 "Gao ju Mao Zedong sixiang hongqi gengjia", p. 9.

48 Zhonggong Huarong xian weiyuanhui, "Jiaqiang lingdao, yikao qunzhong, banhao siji nongye kexue shiyan wang", Henan sheng, *Banhao siji nongye*, p. 38.

49 이 주제에 대한 비판적인 선행연구는 풍부한 편이다. 몇몇 예를 들면 다음과 같다. Berlan and Lewontin, "The Political Economy"; Lewontin, "Agricultural Research"; Shiva, "Seeds of Suicide".

50 Xiangpu xian. "Jiaqiang lingdao"; Shaoyang di, *Wei geming zhong hao*.

51 Peng Baoshan, "Kaizhan qunzhong yundong", p. 8. 또한 다음을 참고. Guangdong sheng Sihui xian Dasha gongshe, "Dasha gongshe shuidao".

52 Interview in Guangxi, June 2012.

53 Ibid.

54 Ibid.

55 Ibid.

56 Ibid.

57 Chan·Madsen·Unger, *Chen Village*, pp. 239~240.

58 Interview with Ye Wa, March 2012.

59 Gongqingtuan zhongyang qingnongbu, *Wei geming gao nongye*, p. 4.

60 "Gao ju Mao Zedong sixiang hongqi gengjia", p. 11.

61 Xinxian Qicun gongshe Qicun dadui geming weiyuanhui, "Yanzhe Mao Zhuxi de geming luxian da gao qunzhongxing de nongye kexue shiyan yundong", Shanxi sheng Xinxian diqu, *Xinxian diqu nongye*, pp. 34~35.

62 Liaoning sheng, "Shuidao zazhong youshi".

63 Xiyang xian weiyuanhui, "Yi dang de jiben luxian wei gang renzhen tuiguang Dazhai kexue zhongtian jingyan", Mianyang xian, *Qunzhongxing nongye kexue*, pp. 8~9.

64 Interview with Mai Baoxiang, June 2010.

65 "Yige shehui zhuyi jiaoyu yundong hou", p. 44.

66 Xiangzhou xian, "Kexue zhongtian duo gaochan", pp. 36~38.

67 "Yige shehui zhuyi jiaoyu yundong hou", p. 44.

68 Interview in Qinzhou, June 2012.

69 Zhonggong Fuqing xian Yinxi dadui, "Tuchu zhengzhi, kexue zhongtian", Henan sheng, *Quanguo nongcun*, p. 5.

70 Yangchun xian kexue jishu xiehui, "Yige tuchu zhengzhi jianku fendou de kexue shiyan xiaozu", Henan sheng, *Quanguo nongcun*, p. 34.

71 "Gao ju Mao Zedong sixiang weida hongqi, da gao kexue shiyan, si nian liangshi zengchan yi bei ban", Henan sheng, *Quanguo nongcun*, p. 11.

72 Hua xian Jiang Qizhang, "Pinxia zhongnong"; Zhonggong Fuqing xian Yinxi dadui, "Tuchu zhengzhi, kexue zhongtian", Henan sheng, *Quanguo nongcun*, pp. 4~5. 농민의 '미신'을 거론하고 있는 아카이브 자료들[檔案]은 셀 수 없이 많다. 다음을 참고. S. A. Smith, "Talking Toads"; Steve Smith, "Local Cadres"; Gross, "Chasing Snails". 민국 시

기 국가의 미신 척결 운동에 대해서는 다음을 참고. Nedostup, *Superstitious Regimes*.

73 Dasha gongshe geweihui, "Dasha gongshe jiji tuiguang".

74 "Gao ju Mao Zedong sixiang weida hongqi, da gao kexue shiyan", pp. 15~16.

75 Henan sheng, *Quanguo nongcun*, p. 10.

76 Pu Zhelong·Liu Zhifeng, "Woguo zhequ qunzhong".

77 Yangchun xian kexue jishu xiehui, "Yige tuchu zhengzhi jianku fendou de kexue shiyan xiaozu", Henan sheng, *Quanguo nongcun*, p. 34.

78 Zhonggong Fuqing xian Yinxi dadui, "Tuchu zhengzhi, kexue zhongtian", Henan sheng, *Quanguo nongcun*, pp. 4~5.

79 Interview in Youjiang, June 2012.

80 Interview in Qinzhou, June 2012.

81 Luo Zhongbi(羅仲弼), survey response.

82 Shapin, *A Social History of Truth*.

83 "Yige shehui zhuyi jiaoyu yundong hou", p. 43.

84 Ibid., p. 44.

85 Interview with Cao Xingsui, June 2012.

86 Schmalzer, "Breeding a Better China", pp. 14~15.

87 Interview with Zhao Yuezhi, March 2012.

88 Interview with Cao Xingsui, June 2012. 차오싱수이는 이러한 행위가 흑미와 여타 전통 품종이 멸종되지 않도록 보존하기 위함이었다고 말한다.

89 제1장 참고.

90 데보라 피츠제럴드Deborah Fitzgerald는 미국의 농업 과학과 관련하여 다음과 같이 유사한 논점을 지적한 바 있다. "농촌 주민들의 특수한 필요가 …… 농업과학자들로 하여금 과학이란 자연의 힘과 인간의 힘 사이의 협상이라고 생각하게끔 만들었다." *The Business of Breeding*, p. 3.

제6장 레이펑의 역설

1 Shen Dianzhong, *Sixiang chenfu*, p. 10.

2 Ibid., p. 249.

3 Hinton, Barmé·Gordon, *Morning Sun*; Chan, *Children of Mao*, pp. 61~62.

4 Han, *The Unknown*, p. 29; Bernstein, *Up to the Mountains*, pp. 61~62.

5 Mao, *Selected Works*, 5:264.

6 [역자 주] 문화대혁명 시기 통상적으로 프롤레타리아 계급의 적이자 인민의 적을 아홉 부류로 정리하여 "흑구류黑九類"라고 부르곤 했다. 이 아홉 부류란 각각 지주[地], 부농[富], 반혁명분자[反], 깡패[壞], 우파[右], 반역도[叛], 국민당과 외국의 스파이[特], 자본주의자 혹은 주자파[走], 지식인[知識分子]을 말한다.

7 제30장 '청년' 속 여섯 번째 어록을 보라.

8 이 구절은 천하이동陳海東이 제출한 설문 조사 답변서와 2012년 6월 친저우에서의 인터뷰에서 자연스럽게 사용되었다.

9 Goldman, *China's Intellectuals*, pp. 135~138; Williams, "Fang Lizhi's Big Bang", bk. 2, p. 679; Schmalzer, *The People's Peking Man*, pp. 124~125.

10 "Lindao zhishi qingnian".

11 Lu Youshang, "Guangkuo tiandi".

12 Interview with Pan Yiwei, June 2012.

13 *Kexue zhongtian*, p. 32.

14 *Nongcun zhishi qingnian*, p. 3.

15 Interview with Cao Xingsui, June 2012.

16 Interview with Chen Yongning, June 2012.

17 농촌에 하향된 도시 출신 청년들에게 책이 갖는 중요성과 여러 형태의 보다 넓은 '문화'에 대한 그들의 갈망에 대해서는 다음을 참고. Bonnin, *The Lost Generation*, pp. 261~265.

18 Interview with Pan Yiwei, June 2012; Shen Dianzhong, *Sixiang chenfu lu*, p. 265.

19 Interview with Baise, June 2012.

20 *Kexue zhongtian*, p. 10.

21 Dai, *Balzac*.

22 Interview with Guangxi, June 2012.

23 Bonnin, *The Lost Generation*, pp. 344~349.

24 Link, "The Limits"; Kong, "Between Undercurrent".

25 Zhang Yang, "Di'erci woshou", *wenziyu*, p. 149.

26 Interview with Ye Wa, March 2012.

27 Interview with Chen Yongning, June 2012.

28 Interview with Pan Yiwei, June 2012.

29 Interview in Guangxi, June 2012.

30 Guangxi, June 2012의 인터뷰이가 공유한 원고.

31 Interview with Cao Xingsui, June 2012.

32 Interview with Huang Shaoxiong, June 2012.

33 Gongqingtuan zhongyang, *Wei geming*, p. 4.

34 Xinhua she, "Quanguo nongcun."

35 說理論天花亂墜, 論實踐稀泥軟蛋.

36 Xinxian Qicun gongshe Qicun dadui geming weiyuanhui, "Yanzhe Mao Zhuxi de geming luxian da gao qunzhongxing de nongye kexue shiyan yundong", Shanxi sheng Xinxian diqu, *Xinxian diqu nongye*, p. 36.

37 "Lingdao zhishi qingnian", p. 4.

38 Seybolt, *The Rustication*, pp. 60~63. 이 책은 다음 중국 편집서의 영역본이다. *Reqing guanhuai xiaxiang*. 또한 다음을 보라. Heilongjiang sheng, "Bai ying dadou", p. 4; Zhang Renpeng, "Houlu duizhang", p. 26.

39 "Young Girl Fulfils", pp. 8~9.

40 *Nongcun zhishi qingnian*, p. 25.

41 E.g., ibid., pp. 29, 50.

42 *Nongcun zhishi qingnian*, pp. 5, 21. 아루납 고쉬Arunabh Ghosh는 '마오주의적 사회 조사 방법론'에 관한 최신 연구 성과를 유익하게 정리한 후, 그것이 통계적 분석에 입각

한 기존의 마르크스주의적 사회과학 연구 방법론과 어떻게 긴장 관계에 놓이게 되었는지 설명한다. Ghosh, "Making It Count", pp. 52~58.

43 *Kexue zhongtian*, p. 3, 12, pp. 19~20.

44 [역자 주] 퀴닌은 말라리아의 주요 치료제 중 하나이다. 아열대 기후를 보이는 중국 남방 각 지역에는 종종 말라리아가 창궐하기도 했다. 따라서 퀴닌의 안정적 생산과 배급은 인민의 건강과 직결된 문제였다.

45 Yunnan shengchan, "Jinjina shumiao", pp. 6~7.

46 *Kexue zhongtian*, pp. 29, 37~40.

47 Interview in Guangxi, June 2012; interview with Chen Yongning, June 2012. 그러나 진정한 문제는 과학 실험이 업무 외 작업이었기 때문에 사람들이 굳이 그 의무를 지고 싶어 하지 않았다는 점임을 천용닝은 분명하게 지적했다. 해충을 감시하기 위해 밤에 불빛을 들고 논밭으로 나가는 것은 "멍청한" 짓으로 생각되었다.

48 *Kexue zhongtian*, pp. 29, 37~40.

49 [역자 주] 덩옌탕의 실험이 과학이라는 거시적이고 멀기만 한 이상을 좇느라 당장 현지 농민들의 필요를 제대로 살피지 못했다고 비판하고 있는 것이다.

50 Ibid., pp. 14~16.

51 *Nongcun zhishi qingnian*, p. 36.

52 Gongqingtuan Shaanxi, *Dazhai Xiyang*, p. 175; Zhonggong Hunan sheng, "Women shi zenyang", p. 2. 혁명적인 계급 출신의 농민들도 운율을 활용하여 과학 실험을 지지하는 글을 써서 응수했다. Hukou xian, "Hukou xian yingyong".

53 Gongqingtuan Shaanxi, *Dazhai Xiyang*, p. 171.

54 Gongqingtuan zhongyang qingnongbu, *Wei geming gao nongye*, p. 8.

55 Wang Chunling, "Jianjue zou".

56 Shen Dianzhong, *Sixiang chenfu*, pp. 3~7; Lafargue, "Reminiscences of Marx", p. 23.

57 Shen Dianzhong, *Sixiang chenfu*, pp. 10, 360.

58 Zhang Yang, "Di'erci woshou" wenziyu, pp. 91~99, 104, 105, 129, 405~407.

59 Link, "The Limits", p. 158.

60 둥관 내 한 촌락의 변화에 대해서는 다음을 참고. Saich and Hu, *Chinese Village*,

Global Market.

61 Interview in Baise, June 2012.

62 Interview in Guangxi, June 2012.

63 Ibid.

64 윈난성 하향청년들의 저항을 다룬 연구로는 다음을 참고. Yang, "'We Want".

65 Guojia nongken, *Yong yu pandeng*, e.g., p. 46.

66 Ibid., pp. 37~38.

67 Ibid., p. 5.

68 페이올라 아이어벤Paola Iovene은 최근 1950년대와 1970년대 말의 중국 공상과학소설을 비교하는 흥미로운 연구를 발표했다. 놀랍게도 대약진 시대 공상과학소설도 "노동이 없는 미래를 상상"했다. 이 점에 대해서는 대약진 시대의 소설이나 포스트마오 시대의 소설이나 별반 다르지 않았다. 반면 문화대혁명 시대를 포함한 1960년대와 1970년대 초중반의 문학은 이러한 비전을 공유하지 않았다. 아이어벤은 또한 1970년대 후반과 1980년대 초반의 공상과학소설이 "정신노동과 육체노동 사이의 분리를 촉진시키는 데 기여하고 있다"는 점에서 독특하다고 지적한다. Iovene, "Tales of Futures Past", pp. 27~29, 34.

69 Shan Ren, "Xiangcun".

70 Mao Zedong, "Mao Zhuxi gei Mao Anying".

71 "과학의 봄"이라는 슬로건은 1978년 3월 전국 과학 회의에서 등장했다. 《런민일보》는 회의를 기념하기 위해 이 주제를 다룬 일련의 회화를 홍보했는데, 여기서 미래의 과학을 위한 "진정한 희망"과 그 희망을 실천할 아이들의 역할이 강조되어 있다. Yang Yuepu, "Kexue zhi chun".

72 Gao Shiqi, "Chuntian".

73 Zhou Peiyuan, "Kexue de weilai".

제7장 기회와 실패

1 판이웨이와 2012년 6월 난닝에서 수행한 인터뷰.
2 번스타인Bernstein은 농촌 출신 회향청년이 과학 실험 운동에 참여했던 청년의 다수를 대표한다고 보았다(*Up to the Mountains*, pp. 224~225). 내가 사료를 통해 파악한 바 또한 이러한 주장과 일치한다. 하향청년과 회향청년에 대한 통계 해석을 둘러싼 복잡성에 대해서는 다음을 참고. ibid. pp. 22~32.
3 Qin, "The Sublime"; Zheng, "Images, Memories".
4 "'Yinhua' kai".
5 Bernstein, *Up to the Mountains*, p. 22.
6 Guo Xiulian, "Sanjie qingnian".
7 Tuan shengwei, "Guangdong Yangchun Sanjie".
8 Yangchun xian kexue jishu xiehui, "Yige tuchu zhengzhi jianku fendou de kexue shiyan xiaozu", Henan sheng, *Quanguo nongcun*, p. 32.
9 Tuan shengwei, "GuangdongYangchun Sanjie".
10 *Nongcun zhishi qingnian*, pp. 21~22, 49, 64, 67. 또한 다음을 보라. Gongqingtuan zhongyang, *Wei geming*, p. 40
11 Lianjiang xian fulian, "Shengchan douzheng".
12 *Nongcun zhishi qingnian*, pp. 19~20. 강조 추가.
13 예와와 2012년 6월 수행한 인터뷰.
14 Shi Weimin, *Zhiqing riji*, pp. 160~161.
15 Shen Dianzhong, *Sixiang chenfu*, pp. 249, 255.
16 천용닝과 2012년 6월 난닝에서 수행한 인터뷰.
17 이 대목에서도 앞서 6장에서 언급한 대화에서 천용닝이 과학적 영농의 성공에 있어 청년들의 행위능력보다 국가의 하향식 행정의 중요성을 더 강조했다는 점을 기억해 두는 것이 유용할 것이다. 그러므로 나는 그가 자신의 주체성을 과도하게 강조하지 않을 것이라 기대했으며, 나는 그의 삶의 궤적에서 선택의 중요성에 대해 그가 진술하는 바를 신뢰하는 편이었다.

18 Interview with Mai Baoxiang, June 2010.

19 Interview with Luo Zhongbi, June 2010.

20 Luo Zhongbi, survey response.

21 차오싱수이와 2012년 6월 수행한 인터뷰.

22 판이웨이와 2012년 6월 난닝에서 수행한 인터뷰.

23 Yue, *The Mouth that Begs*, 156, 182.

24 Chan, Madsen and Unger, *Chen Village*, 238.

25 Shi Weimin, *Zhiqing riji*, p. 274. 소녀들은 물고기를 잡으면 소년들이 그 물고기를 손질했다.

26 Fan, "'Collective Monitoring'", p. 136.

27 자오위에즈와 2012년 3월에 수행한 인터뷰.

28 Yang Qiuying, survey response.

29 Bai Di, "Wandering Years in the Cultural Revolution", Zhong·Zheng·Di, *Some of Us*, p. 92.

30 Lihua Wang, "Gender Consciousness in My Teen Years", Zhong·Zheng·Di, *Some of US*, p. 121.

31 Wang Zheng, "Call Me Qingnian but Not Funü", Zhong·Zheng·Di, *Some of Us*, p. 37.

32 차오싱수이와 2012년 6월 수행한 인터뷰.

33 Hanson, "Trip diary", pp. 165~166. 이때 핼도어 핸슨은 노먼 볼로그가 소속되어 있던 기관 시미트CIMMYT의 총괄 디렉터였다. 그러나 그는 독특한 과거 이력을 갖고 있었다. 그는 한창 전쟁 중이던 1935~1938년 시기 중국에서 언론인으로 활동한 바 있다. 이 시절 핸슨은 공산주의 혁명에 공감하는 인물이었다. 다음을 참고. Borlaug, Field Notebooks, China, no. 3, 1977, pp. 72, 78.

34 Sun Zhongchen, "Gao hao kexue".

35 Zhonggong Nanweizi, "Yi jieji douzheng", p. 9.

36 천용닝과의 인터뷰는 난닝에서 2012년 6월에 수행.

37 Pan Yiwei, "Yijiu qiqi". 판이웨이는 내게 기사의 원문을 제공해 주었는데, 출판 후 자신이 다소 수정을 가했다고 했다.

38 인터뷰는 광시에서 2012년 6월에 수행. 왕샤오둥은 필명이다.

39 예와와의 인터뷰는 2012년 3월에 수행.

40 천용닝과의 인터뷰는 난닝에서 2012년 6월에 수행.

41 판이웨이와의 인터뷰는 난닝에서 2012년 6월에 수행.

42 나는 이 인터뷰에서 얼마나 많은 비용이 들었는지 사람들이 정확하게 기억하는 것을 보고 여러 번 충격을 받기도 했다. 당시 청년들이 동전 한 푼까지도 소중하게 여겼음을 알 수 있는 대목이다.

43 [역자 주] 한 번에 벨 수 있는 평평함이라는 의미이다.

44 Interview with Cao Xingsui, June 2012.

45 개인적인 인맥을 활용하는 것은 비단 지식청년들만의 전략은 아니었다. 교잡벼가 등장했을 무렵, 광시의 한 현급 단위 농업 과학 연구기관의 수장은 즉시 농학원으로 달려가 자신에게 종자를 줄 수 있는 동향 사람을 찾았다. 덕분에 그의 현은 주변 일대에서 가장 빨리 교잡벼를 추광할 수 있었고, 1978년에 이르러 이미 현 전체의 쌀의 80퍼센트를 교잡벼로 전환하는 데 성공했다. 2012년 6월 친저우에서 수행한 인터뷰.

46 또는 다음을 참고. Chan, Madsen, and Unger, *Chen Village*, p. 95.

47 Gongqingtuan zhongyang, *Wei geming*, p. 5.

48 Zhonggong Hunan sheng, "Women shi zenyang".

49 *Kexue zhongtian*, pp. 3, 12, 19~20, 27~28, 31, 64; "Lingdao zhishi qingnian".

50 *Nongcun zhishi qingnian*, p. 37.

51 예와와의 인터뷰는 2012년 3월에 수행, 이메일 소통은 2014년 8월.

52 [역자 주] 예와는 이 책의 저자 시그리드 슈말저의 지도교수이자 저명한 중국 근현대사 학자 조셉 에셔릭Joseph W. Esherick의 부인이다. 예와는 1982년 시안西安의 서북대학을 졸업한 후, 미국 유학길에 올라 2005년 UCLA에서 인류학 박사학위를 취득했다.

53 예와와의 인터뷰는 2012년 3월에 수행.

54 Shen Dianzhong, *Sixiang chenfu*, pp. 249-250.

55 Ibid., pp. 257~260.

56 Ibid., p. 297.

57 She Shiguang, *Dangdai Zhongguo de qingnian*, pp. 293~294.

58 Dangdai Zhongguo, *Dangdai Zhongguo de nongye*, pp. 571~572.
59 이것은 과학지식사회학 분야의 스트롱프로그램의 핵심 원칙으로, 이는 1970년대 등장한 이래 특히 에든버러대학 출신 연구자들에 의해 전개되었다.
60 예 웨이리Ye Weili 역시 *Growing Up*, p. 1에서 비슷한 지점을 짚었다.
61 [역자 주] '4-H'는 1970년대부터 시작된 미국 농무부의 농업 기반 청소년·청년 조직 프로그램을 지칭한다. 네 개의 H는 각각 머리head, 심장heart, 손hands, 건강health을 뜻한다.
62 Hightower, *Hard Tomatoes*, p. 124
63 Rosenberg, *The 4-H Harvest*, p. 6.
64 Stross, *The Stubborn Earth*; Thomson, *While China*; Schmalzer, "Breeding a Better". 이승준은 식량 문제를 해결하기 위해 과학과 기술을 도입하려는 민국 시대의 노력을 재고해야 한다고 주장했다. 이승준은 이전의 많은 선행연구들이 그랬던 것처럼 정부의 무능에 초점을 맞추기보다 국민당의 '미래지향적 태도'를 진지하게 평가한다. 그러나 그는 국민당 프로그램이 '계량화와 단순화'를 지나치게 강조했기 때문에 실패하고 말았다고 결론 내렸다. 이는 기술관료주의적 집착이 개혁을 좌초시킨다는 관념과 일맥상통한다. Lee, *Gourmets*, p. 135
65 자오위에즈와 2012년 3월 수행한 인터뷰.
66 Pan Gang, "Siying qiye".

에필로그

1 이 선행연구에 관한 비판적인 개괄로는 다음을 참고. Bramall, "Origins"; Peng, "Decollectivization"; and Zhun Xu, "The Chinese Agriculture".
2 Bramall, "Origins"; Zhun Xu, "The Chinese Agriculture".
3 앞의 장들에서 제시한 질적 증거들은 이러한 결론을 뒷받침한다. 마오 시대 농업 추광의 효율성에 관한 통계적 자료는 존재하지 않지만, 1980년대 후반과 2000년대 초반에 진행된 연구들은 농민들이 과거 농업 추광 활동에 참여한 덕분에 더 용이하게

새로운 기술들을 신뢰하고 받아들이게 되었다는 점을 보여 준다. Delman, "We Have to Adopt"; Huang Jianmin·Hu Ruifa·Huang Jikun, "Jishu tuiguang". 저스틴 린Justin Yifu Lin은 개별 농가가 교잡벼를 받아들일 때 영향을 미치는 요인들을 연구했으며, 교육이 가장 중요한 변수라고 결론 내렸다. 그러나 추광 서비스와의 접촉 경험은 이 연구에서 찾아볼 수 없다. Lin, "Education and Innovation", p. 720.

4 비록 농업은 전체 GDP의 작은 부분을 차지하고 있으며, 공업 부문이 포스트마오 시기 경제 성장을 주도했지만, 크리스 브래널Chris Brarnall에 따르면 "1978년과 1984년 사이 중국 대부분의 경제 성장 과정에서 농업은 핵심적인 역할을 수행했다. 또한 빈곤한 지역의 경우 1978년 이후에도 줄곧 농업은 결정적으로 중요했다." Brarnall, *Sources*, pp. 56~75, quotation on p. 74. 또한 공업 부문이 충분히 강력하기만 하다면 농산물은 언제나 수입으로 대체할 수 있다는 경제학자들의 일반적인 가정은, 일정 정도의 자급자족—특히 곡물에 관한 한—을 유지해야 한다는 정치적 동기를 반영하지 않은 관점이라는 점에서 유의할 필요가 있다.

5 비록 최근 수십 년간 중국의 빈곤율은 급격히 감소했지만, 유엔식량농업기구FAO는 중국과 다른 몇몇 나라의 현 상황을 "영양불균형의 이중 부담 상태"로 규정하고 있다. 중국의 초등학생들 가운데 8퍼센트가 영양실조로, 23퍼센트가 비만으로 고통받고 있기 때문이다. 더욱이 식량농업기구는 지역 간, 인종 간, 사회경제적 집단 간의 격차를 강조하는데, 충격적이게도 농촌 지역에서는 빈곤 아동 비율이 무려 29퍼센트까지 올라간다. Food and Agriculture Organization, *The Double Burden*, p. 40, 12. 주디스 파커Judith Farquhar는 포스트마오 시기 문학에서 문화대혁명의 굶주림이라는 주제가 확립된 데에는 옛 하향청년들의 글이 크게 기여했다고 주장한다. "하향청년들의 서사는 오늘날 수많은 중국인들이 여전히 충분한 음식을 확보하지 못하고 있음에도 불구하고 빈곤과 결핍을 오직 과거의 지난 것으로 취급하고 있다. 뿐만 아니라 그러한 과거의 삶의 단계를 특권화하는데, 이는 고학력자와 권력자에 의해 쉽게 지배되는 공공 담론 공간에서 영향력을 행사하는 지식인들의 발언권을 높여 주었다." Farquhar, *Appetites*, p. 82.

6 Ho, Zhao·Xue, "Access and Control", pp. 358~360.

7 Economy, *The River*.

8 Interview with Chen Yongning, June 2012.

9 Jacobsen, "Stung by Bees".

10 Interview in Guangxi, 2012.

11 Bramall, "Origins"; Zhun Xu, "The Chinese Agriculture"; Peng, "Decollectivization".

12 Day, *The Peasant*; Hale, "Reconstructing"; Lammer, "Imagined".

13 Day, *The Peasant*, p. 168.

14 [역자 주] 노동하는 인민이 주인이 되는 혁명 국가이기 때문에, 인민들이 자발적으로 전개하는 기층에서의 풀뿌리 정치 운동과 유리된, 별개의 관료화된 당과 국가기관 주도의 하향식 정치 캠페인의 존재를 공식적인 정치 담론 속에서 인정하지 않는다는 의미이다.

15 [역자 주] 앞 장들에서 다룬 마오 시기의 '준점' 활동을 연상시킨다.

16 Perry, "From Mass Campaigns".

17 Day, *The Peasant*, pp. 166~167.

18 Zhongguo fupin jijinhui, "Meng kaishi".

19 Ibid. 화룬 희망촌은《환상의 섬*Fantasy Islands*》에서 줄리 제Julie Sze가 분석한 현대 중국 에코 도시들의 '꿈꾸는 녹색'이라는 비전과 폭넓게 공명한다.

20 Day, *The Peasant*, p. 168.

21 엘리자베스 페리는 사회주의 신농촌 건설 프로그램을 마오 시대의 캠페인과 구별하려는 국가 관료들의 노력을 추적했다. 페리는 '사회주의 신농촌 건설'을 위한 오늘날의 시도와 마오 시대의 사업 사이에는 수사적·정책적으로 공명하는 바가 있다는 유사한 분석을 제시했다. Perry, "From Mass Campaigns", pp. 36, 38~42.

22 바이서 인구의 약 80퍼센트가 좡족이다. 광시 또한 공식적으로 하나의 성省이 아니라 좡족자치구이다.

23 Zhongguo fupin jijinhui, "Meng kaishi".

24 Chen Xiwen, *Zhongguo zhengfu*, p. 164.

25 이러한 해외 인사의 중국 방문의 역사에 관해서는 이 책 제2장과 다음을 참고. Schmalzer, "Speaking about China"; and Schmalzer, "Insect Control".

26 Brown, *City Versus Countryside*, p. 200.

27 Day, *The Peasant*, p. 108; 또한 다음을 참고. Hale, "Reconstructing".

28 Zhang Li et al., "Opening Our Eyes: Renewing the Chinese Public Extension System", Song and Vernooy, *Seeds and Synergies*, pp. 85~111; Li Liqiu et al., "Jianli guojia".

29 비록 논거들이 1980년대에 수행된 인터뷰밖에 없지만, 마오 시대 및 포스트마오 시대의 추광 체제에 관해 분석한 서구의 연구로는 다음을 참고할 수 있다. Delman, "We Have to Adopt". 저자 델만Delman은 다음의 다른 논문에서도 중국 추광 제도의 민영화를 대대적으로 지지한 바 있으며, 정부가 추광의 책무를 비정부 부문으로 이전해야 한다고 주장했다. "국가가 지속적으로 추광 서비스와 대부분의 유제품 공장에 대해 소유권을 가진 상태에서 잠재적으로 자유롭고 민주적인 농민 조직에 여전히 통제를 부과하고 있다는 점은, 당-국가가 통제권을 포기하고 업계 내의 실무자들과 대화하는 가운데 시장에 기반을 둔 제도적 혁신을 추진하기를 꺼려한다는 것을 방증한다." Delman, "Cool Thinking?", p. 4.

30 Zhongguo fupin jijinhui, "Meng kaishi".

31 Chen Tianyuan·Huang Kaijian, "Canyushi zhiwu", p. 490.

32 Ibid., pp. 491~492.

33 Ibid., pp. 493~494.

34 [역자 주] 일반적으로 관행 농업이라는 개념은 대안적이고 유기적인 농업의 반의어로서 공장식 농업을 주로 지칭하며, 이 책에서 비판적으로 다룬 20세기 녹색혁명의 기술들(품종개량 종자, 화학비료, 살충제 등) 또한 이 개념으로 포괄될 수 있다.

35 Ibid., p. 491.

36 Ibid., pp. 493~494. 쑹이칭은 영어와 중국어로 글을 발표하며, 본인이 직접 Song Yiqing이라는 병음식 로마자 표기법 대신 Song Yiching이라는 표기법을 선택했음을 밝혀 둔다.

37 Zhang Li et al., "Opening Our Eyes", Song·Vernooy, *Seeds and Synergies*, p. 87.

38 Song·Vernooy, *Seeds and Synergies*, p. 9.

39 Jinghua shibao, "Sannong zhuanjia". 이외에도 수많은 웹사이트들이 리창핑의 편지를 소개했다. 예를 들어 다음을 참고. Li Changping, "Zhi Yuan Longping".

40 See, e.g., Shiva, "Seeds of Suicide".

⁴¹ Song Yiching, "Nongmin liuzhong".

⁴² "Wei shenme women."

⁴³ 제4장의 103쪽을 보라.

⁴⁴ 제6장의 165쪽을 보라.

⁴⁵ Yan Hairong, "Cong dadou". 존 퍼킨스John Perkins는 녹색혁명의 역사 전반에 걸쳐 국가 안보라는 논점이 지대한 역할을 수행했음을 보여 주며, "이 유산은 농업을 더욱 지속가능하게 만들려는 모든 노력에 대해 여전히 영향을 미치고 있다"고 강조한다. *Geopolitics*, p. 264.

⁴⁶ Gupta, *Postcolonial Developments*, pp. 172~176, 229~230.

⁴⁷ 마르크스주의적 생물학자의 관점에서 농업과 관련된 개발주의를 비판한 논의로는 다음을 참고. Levins, "Science and Progress".

⁴⁸ [역자 주] 해서웨이의 '바람'이라는 개념에는 마오가 1950년대 말에 했던 다음과 같은 발언이 더 직접적인 참조가 되었을 것이라 생각된다. "현재 세계의 정세는 서풍이 동풍을 압도하는 것이 아니라 동풍이 서풍을 압도하고 있습니다."

⁴⁹ Hathaway, *Environmental Winds*, pp. 8~33.

⁵⁰ 엘리자베스 페리는 중국공산당이 스스로의 '혁명 전통'을 포함하여 중국의 여러 문화적 자원들을 "채굴"하는 다양한 방식에 대해 분석했다. 페리가 사용한 채굴이라는 메타포 또한 유용하다고 생각된다. 그녀의 감동적인 결론은 미래 세대들에게 다음과 같이 권고한다. "과거를 잊거나 위조하지 말고, 혁명의 유산 속에 내재한 영감과 비전이 마찬가지로 그 유산 속에 내재한 끔찍한 폭력을 극복할 수 있도록 장려하는 방식으로 과거를 채굴하라"고. Perry, *Anyuan*, p. 296.

옮긴이의 말

¹ Sigrid Schmalzer, *The People's Peking Man: Popular Science and Human Identity in Twentieth-Century China* (University of Chicago Press, 2008). 슈말저는 이 책으로 사회과학 사학회Social Science History Association에서 수여하는 앨런 샬린 기념 저술상Allan Sharlin

Memorial Award in Social Science History을 2009년에 수상했다.
2 활동가적 역사가인 슈말저의 역사 연구는 기본적으로 현실의 문제를 이해하고 변화시키려는 고민을 담고 있다. 이러한 고민은 그가 미국의 급진적 과학자 운동 단체인 '인민을 위한 과학Science for the People(SftP)'의 일원으로 지금까지 활발히 활동을 이어오는 것과도 연관된다. SftP 단체는 과학이 '중립적'이라는 주류적 이해를 비판하고 과학이 본질적으로 정치적임을 선언함으로써 과학으로 야기되는 군사주의, 인종, 농업, 지속가능성 등의 문제에 적극적으로 개입하고자 한다.
3 그가 편집·출판한 《인민을 위한 과학: 미국 급진적 과학자들의 사료들 Science for the People: Documents from America's Movement of Radical Scientists》은 1969~1989년까지 SftP 운동가들의 사료를 모은 귀한 자료이다. Alyssa Botelho, Daniel S. Chard, and Sigrid Schmalzer, eds., *Science for the People: Documents from America's Movement of Radical Scientists, 1969~1989* (Amherst: University of Massachusetts Press, 2018).
4 중국인 과학자의 환경친화적 농법을 다룬 아동용 그림책 《나방과 말벌: 중국인 과학자 푸저룽을 기억하며 Moth and Wasp, Soil and Ocean: Remembering Chinese Scientist Pu Zhelong》은 다수의 아동 문학상을 받았다. Sigrid Schmalzer, *Moth and Wasp, Soil and Ocean: Remembering Chinese Scientist Pu Zhelong*, illustrated by Melanie Linden Chan (Tilbury House, 2018).

참고문헌

아카이브

중국의 아카이브(당안관檔案館)는 그 접근성이 기관에 따라 천차만별이며 시기에 따라서도 큰 차이가 있다. 나는 2010년 여름 광동성의 여러 당안관을 방문했는데, 그즈음 기록물 사용과 관련된 정치적 사건이 터져 현지의 당안관들이 사정을 잘 아는 중국인들에게조차 얼마나 자료에 대한 접근성을 허용할지 매우 불확실한 상황이었다.

광동성 당안관廣東省檔案館은 내가 방문한 당안관 중 가장 "현대적"이며 표면적으로나마 "개방적"인 기록물 보관소였다. 전체 색인에 대해 세련된 컴퓨터 기반 검색 시스템을 갖추고 있었다. 다만 복사나 스캔이 일절 허용되지 않았고, 내가 요청한 자료 가운데 약 20퍼센트 정도만 열람하여 필기할 수 있었을 따름이다. 나로서는 열람이 허용되는 자료를 선별하는 기준을 알기 어려웠다. 어떤 자료는 명백히 "정치적"이었음에도 허용된 반면, 제목만 보면 매우 일상적인 것처럼 보이는 자료 중 접근이 거부된 경우도 있었다.

스후이시 당안관四會市檔案館은 훨씬 더 "현장"에 가까운 기록물 보관소였다. 족히 수십 년은 리모델링이 되지 않은 곳처럼 보였다. 나는 정치적 인맥이 탄탄한 한 인물에게서 해당 당안관의 아키비스트를 소개받았다. 아키비스트는 그 인물을 포함하여 나와 동행한 몇 명의 일행에게 제본된 색인 목록을 살펴보고(나는 이들의 어깨너머로만 볼 수 있었다) 내 연구 주제와 관련된 자료를 복사할 수 있도록 기꺼이 허락해 주었다. 자료를 선별하거나 복사하는 과정에서 검열은 없었다. 하지만 복사된 실물자료를 내게 전달하는 것이 과연 적절한가에 대한 우려가 있었다. 결국 나는 당안관 밖으로 나갈 때 사진으로 촬영한 디지털 사본만 소지할 수 있도록 허용되었고, 모든 기록물의 문서 번호를 가린 후에야 사진을 찍을 수 있었다(이렇게 함으로써 세관을 통과하는 과정에서 내가 사료들을 압수당하더라도 해당 당안관 아키비스트들의 신원이 특정되지 않도록 보호할 수 있었던 것이다).

또한 나는 중산대학中山大學 당안관의 아키비스트들로부터 많은 도움을 받았고, 푸저룽蒲蟄龍과 그의 다샤공사에서의 활동과 관련하여 다수의 중요한 문건 사본을 제공받았다. 그러나 이러한 자료의 문서 번호는 확인할 수 없었다.

그 외 아래에 나열된 여타의 당안관을 이용하는 데 특기할 만한 어려움이 없었다.

개별 당안 문서에 대한 서지 정보는 참고문헌의 본 섹션에 기재했다.

- 북경시 당안관
- 조지워싱턴대학교 글로벌자료센터 중화인민공화국 학술 커뮤니케이션 위원회 자료철
- 미네소타대학교 곤충학·경제동물학부 곤충학 자료철
- 광동성 당안관
- 미네소타대학교 UMedia 아카이브 노먼 볼로그Norman E. Borlaug 자료철
- 일리노이대학교 아카이브 로버트 멧카프Robert Metcalf 자료철
- 광동성 스후이시 당안관
- 중산대학 당안관
- 베이징 소재 외교부 당안관

약어

BSN. Beijing shi nongcun kexue shiyan xiaozu jiji fenzi huiyi wenjian[베이징시 농촌과학실험소조 적극분자 회의 문건]

NEB. 미네소타대학교 UMedia 아카이브 노먼 볼로그 자료철, http://umedia.lib.umn.edu/.

인터뷰

이 책이 결코 민족지학 연구서는 아니지만, 사회주의 중국에서 과학적 영농을 경험한 다양한 사람들(과학자, 농업기술원, 지식청년, 농민 등)과의 인터뷰가 중요한 자료로서 활용되었다. 중국어를 사용하는 인터뷰이들과의 인터뷰는 모두 중국어로 진행되었다. 내부분은 중국에서 이루어졌지만 현재 북미에 거주하고 있는 옛 하향청년 1명과 옛 회향청년 1명과의 인터뷰는 토론토에서 진행되었다. 인터뷰 대상자 중 일부는 이름을 밝히기를 원했고, 다른 일부는 이름을 공개하지 말아 줄 것을 요청했다. 전자의 경우, 그들의 선호를 최대한 존중하여 주석에 이

름을 인용했다. 반면, 나는 익명을 원한 인터뷰이의 신원을 보호하기 위해 항상 주의를 기울였다. 중국에서 진행한 인터뷰 중 일부는 집담회 형식으로 진행되었다. 대부분의 경우 인터뷰이들은 거리낌 없이 답변했지만, 그들이 이름을 공개하는 데 불편함을 느끼지 않을지 확신할 수 없었다. 이러한 이유로 나는 대체로 집담회 인터뷰들을 익명 처리하는 안전한 길을 택했다. 또한 공식적인 인터뷰 이외의 장소(예를 들어 자동차 안, 식사 자리 등등)에서 청취한 의견에 대해서도 실명을 밝히지 않았다. 더불어 인터뷰가 비공개로 이루어졌고 허락을 득한 경우에도, 특정한 이야기나 의견이 인터뷰이에게 어떤 문제나 곤란함을 야기할 수 있다고 판단되는 경우에는 익명 처리했음을 밝혀 둔다.

설문 조사

광둥 스후이의 다샤공사大沙公社(Big Sand Commune)는 20여 년 이상 푸저룽의 생물학적 해충방제 연구의 중심지였다. 그러나 주변 여타 지역과 마찬가지로 최근 수십 년 동안 대대적인 산업화와 도시화를 겪었다. 더 이상 과거 촌락의 모습을 찾아보기 어렵고, 옛 주민들은 다른 여느 지역 못지 않게 뿔뿔이 흩어졌다. 이러한 이유로 나는 2010년 광둥성을 방문했을 때 다샤에 살았던 사람들 몇 명을 인터뷰하는 한편, 푸저룽의 동료 구더샹古德祥을 통해 옛 지식청년들에게 설문 조사를 요청하여 푸저룽의 연구에 참여한 경험에 대해 물었다. 네 명으로부터 상세한 답변서를 받았으며, 이들의 이야기는 6장과 7장에서 다룬다.

저자가 없는 문헌

"Ba puji xiandai nongye kexue jishu jianli zai qunzhong de jichu shang" [Build dissemination of modern agricultural science and technology on the foundation of the masses]. *Renmin ribao*, 21 May 1964, 1.

"Banhao sanjiehe de yangbantian, cujin nongke kexue shiyan yundong" [Organizing three-in-one demonstration fields and promoting the agricultural scientific experiment movement]. *Renmin ribao*, 28 March 1965, 2.

"Beijing shi nongcun kexue shiyan xiaozu jiji fenzi huiyi jianbao" [Brief report on the Conference of Activists in Beijing Municipal Rural Scientific Experiment Groups]. 15 November 1965. BSN, Beijing Municipal Archives, 2.22.31, 20~21.

"Chanming nongye kexue gongzuo renwu" [Explaining agricultural science and technology work assignments]. *Renmin ribao*, 22 February 1963, 1.

"Dasha gongshe chonghai zonghe fangzhi, cong 1972 nian wanzao xiaomianji kaishi shiyan, dao 1973 nian zai Anren dadui kaizhan" [Big Sand Commune integrated control of insect damage, from a small area experiment in the late crop of 1972 to its development in 1973 in Anren Brigade]. 1982? Sihui Municipal Archives.

"Di wu ci quanguo zajiao shuidao keyan xiezuo hui zonghe jianbao (chubao)" [Summary report on the Fifth National Coordinating Conference on Scientific Research on Hybrid Rice]. *Hunan nongye keji* 1977. 3: 1-5.

"Fenxi xingshi zhengjia ganjin" [Analyze circumstances and increase vigor]. *Renmin ribao*, 17 January 1959, 3.

"Gao ju Mao Zedong sixiang hongqi gengjia guangfan shenru de kaizhan nongcun qunzhongxing kexue shiyan yundong (cao)" [Hold high the red flag of Mao Zedong thought in order to increase, broaden, and deepen the development of the mass scientific experiment movement(draft)]. 15 November 1965. BSN, Beijing Municipal Archives, 2.22.31.

"Gei Guba tigong nongyao ziliao shi" [On the provision of pesticide materials to Cuba]. 12 October 1961~21 February 1962. Waijiaobu Archives, 111-00444-10.

Gongnong famingjia xiaozhuan: "*Tu zhuanjia*" *sai guo* "*yang zhuanjia*" [Short biographies of worker and peasant innovators: "Native experts" rival " foreign experts"]. Jiangsu renmin chubanshe, 1958.

"Guangdong sheng Sihui xian Dasha gongshe 1975 nian shuidao bingchonghai zonghe fangzhi gongzuo zongjie" [Summary report of integrated control of rice insect pests and diseases in Guangdong Province, Sihui County, Dasha Commune, 1975]. 1975. Sihui Municipal Archives.

"Guangzhou diqu chuli bei chachao hu dingxing fucha, buchang biao: Pu Zhelong" [Guangzhou district form for investigating and compensating households that suffered confiscation]. 17 March 1987. Sun Yat-sen University Archives.

"Guantian ji" [On weather management]. *Renmin ribao*, 18 January 1973, 4.

"GuanyuGuba yaoqiu women gou huafei wenti de qingshi" [Request for instructions on Cuba's request for us to sell them chemical fertilizer]. 12~16 December 1963. Waijiaobu Archives, 111-00471-20.

"He' erbin shi nongye zhiye xuexiao yang xinxing nongmin" [Cultivating new-style peasants at the Harbin Agricultural Vocational School]. *Renmin ribao*, 23 November 1965, 2.

"Hua Zhuxi zhangduo bu mihang" [Chairman Hua will steer the boat and not drift off course].

Renmin ribao, 2 April 1977, 1.

"Huang Yaoxiang 'banweigan shuidao zhi fu' yinling diyici lüse geming" [Huang Yaoxiang, 'father of semi -dwarf rice' pioneered the first green revolution]. *Jiangmen ribao*, 16 November 2012. http://www.jmnews.com.cn /c12012111116/09/c_1287424.shtml.

"Jianchi kexue shiyan wunian de laotaitai Dan Liangyu" [Dan Liangyu, an old lady who for five years has persisted in scientific experiment]. 15 November 1965. BSN, Beijing Municipal Archives, 2.22.31, 50~52.

Kexue zhongtian de nianqing ren [Youth in scientific experiment]. Beijing: Zhongguo qingnian chuban she, 1966.

"Lingdao zhishi qingnian jiji kaizhan kexue shiyan" [Leading educated youth to actively develop scientific experiment]. *Renmin ribao*, 16 October 1972, 4.

"Lüse wangguo de yi ke xin xing: Woguo ajiao shuidao yanjiu de zhongda tupo" [A New Star in the Green Kingdom: China's Great Breakthrough in Hybrid Rice Research]. *Renmin ribao* 1978. 7. 21: 3.

"Meiguo qinlüezhe jinxing xijunzhan de zuixing laibudiao" [The biological warfare crimes of the American aggressors are undeniable]. *Renmin ribao*, 4 May 1952.

Nongcun zhishi qingnian kexue shiyan jingyan xuanbian [Selected experiences of rural educated youth in the scientific experiment movement]. Beijing: Renmin chubanshe, 1974.

"Peiyu shuidao xiongxing buyu baochixi de xin fangan: xuanze zijiao fa" [New plan for breeding male-sterile maintainer lines in rice: Methods of selection and self-fertilization]. *Keji jianbao* 1972. 5: 18.

Plant Studies in the People's Republic of China: A Trip Report of the American Plant Studies Delegation, Washington, DC: National Academy of Sciences, 1975.

"Report of IRRI Team Visit, October 7~27, 1976." Commissions, Conferences, Councils and Symposia, 1952~2001, China. NEB. http://purl.umn.edu I106463.

Reqing guanhuai xiaxiang zhishi qingnian de chengzhang [Have a warm concern for the maturation of sent-down educated youth]. Beijing: Renmin chubanshe, 1973.

"Ronggeqing dadui dangzhibu shi zenyang peiyang keji xiaozu zhichi shinian yuzhong de" [How the party branch secretary of Ronggeqing brigade cultivated the science and technology group to support ten years of breeding (work)]. 15 November 1965. BSN, Beijing Municipal Archives, 2.22.31, 62~65.

"Shuidao xiongxing buyuxi de xuanyu ji yingyong" [Selection and use of male-sterile lines in rice]. *Nongye keji tongxun* 1972. Z1: 4~7.

"Song jiaoyu ban" [To the Education Office]. 10 January 1972. Sun Yat-Sen University Archives.

"Sunan nongmin Chen Yongkang shuidao fengshou" [Southern Jiangsu peasant Chen Yongkang's bumper rice harvest]. *Huadong xinwen huibian* 1951. 12: 66.

"Tu zhuanjia he yang zhuanjia de jingyan huiliu" [Converging experiences of tu experts and yang experts]. *Renmin ribao*, 14 July 1958,1.

"Wei shenme women bu zhijie mai youjifei huo junzhong? Zizhi junzhong de" [Why don't we directly buy organic fertilizer or microbial strains? Homemade microbial strains]. 26 May 2014. http://www.shiwuzq.com/food/rights /science /20 14 /0526 /276.html.

"Wosheng zhaokai shuidao xin pinzhong xuanyu ji zazhong youshi liyong yanjiu xiezuo zuotanhui" [Sichuan Coordinating Conference on Research in Selection ofNew Rice Varieties and Heterosis]. *Sichuan nongye keji* 1973. 1: 8~11.

"Xiaomai ruhe pingheng shifei" [How to apply fertilizer evenly in wheat]. *Renmin ribao*, 24 April 2005, 6.

"'Yangbantian' shi nongye kexue wei shengchan fuwu de zhuyao zhendi" ['Demonstration fields' are the battlefront for agricultural science in the service ofthe people]. *Renmin ribao*, 25 October 1964, 1.

"Yige shehui zhuyi jiaoyu yundong hou chengzhang qilai de keji xiaozu: Tongxian Xiji gongshe Zhaoqing dadui keji xiaozu" [A science and technology group formed since the Socialist Education Movement: The Tong County Xiji Commune Zhaoqing Brigade Science and Technology Group]. 15 November 1965. BSN, Beijing Municipal Archives, 2.22.31, 42~49.

"'Yinhua' kai zai dahuang" ['Silver flowers' bloom in the great (northern) waste]. *Renmin ribao*, 20 December 1972, 2.

"Yong Mao zhuxi de guanghui zhexue sixiang zhidao xiongxing buyu yanjiu" [Using Chairman Mao's brilliant philosophical thought to guide research in male infertility]. *Liaoning nongye kexue* 1971. 4: 33.

"Young Girl Fulfills Geological Prospecting Task by Several Times." *Survey of China Mainland Press* 2136 (7 November 1959): 8~9.

"Zai Shanghai juxing de kexue jishu gongzuo huiyi shang Zhou Enlai chanshu kexue jishu xiandaihua de zhongda yiyi" [At the Shanghai Science and Technology Work Conference, Zhou Enlai elaborates on the great significance of scientific and technological modernization]. *Renmin ribao*, 31 January 1963, 1.

"Zajiao yuzhong de qunzhong yundong zhengzai woguo pengbo xingqi" [The mass movement for hybrid breeding is flourishing in China]. *Gansu nongye keji jianxun* 1971.5: 18~19.

"Zhengzhi jingji weiji riyi jiashen" [The political and economic crisis deepens daily]. *Renmin ribao*, 25 October 1969, 5.

Zhibaoyuan shouce [Plant protector handbook], 1974. Reprint, Shanghai: Shanghai renmin chubanshe, 1976

"Zhiwu baohu xuehui guanyu fangzhi bingchonghai wenti de baogao" [Report from the Plant Protection Conference on problems in the control of plant diseases and pests] (1 August 1962). In Nie Rongzhen. *Nie Rongzhen keji wenxuan*, 349~59. Beijing: Guofang gongye chubanshe, 1999.

"Zhongguo kunchong xuehui zhaokai xueshu taolunhui" [Chinese Entomology Association launches academic symposium]. *Renmin ribao*, 1 February 1962, 5.

"Zhonghua ernü duo qizhi" [China's sons and daughters have high aspirations]. *Renmin ribao*, 10 June 1969, 4.

"Zhuangzu guniang xue Dazhai: Kexue zhongtian duo gaochan" [Zhuangzu girls study Dazhai: Scientific farming reaps big harvests]. *Guangxi nongye kexue* 1975. 7: 32~35.

"Zuotan xin qingkuang xia de dianying gongzuo" [A discussion of film work under new conditions]. *Renmin ribao*, 1 May 1957, 7.

저자가 있는 문헌

American Insect Control Delegation, *Insect Control in the People's Republic of China: A Trip Report of the American Insect Control Delegation, Submitted to the Committee on Scholarly Communication with the People's Republic of China*, Washington, DC: National Academy of Sciences, 1977.

Anderson, Warwick. "Introduction: Postcolonial Technoscience." *Social Studies of Science* 32.5/6 (2002): 643~58.

Andreas, Joel. "Leveling the Little Pagoda: The Impact of College Examinations, and Their Elimination, on Rural Education in China." *Comparative Education Review* 48.1 (2004): 1~47.

_____. *Rise of the Red Engineers: The Cultural Revolution and the Origins of China's News Class*, Stanford, CA: Stanford University Press, 2009.

Anhui sheng Wuhu diqu nongkesuo. "Liyong shuidao zazhong youshi de 'liangxifa.'" *Keji jianbao* 1972. 20: 21~23.

Apple, Michael W. "Curriculum and the Labor Process: The Logic of Technical Control." *Social*

Text 5 (1982): 108~25.

Bai Zhaoqing and He Wentong. "Minbei shanqu qunzhong de 'sltou' shifei fa" [The 'four-head' method of fertilizer application among the masses of norther Fujiari's mountain region]. *Turang* 1960.4: 25.

Beijing nongye daxue and Shandong nongxueyuan, eds. *Nongye huaxue* [Agricultural chemistry]. Vol. 1. Bejing: Nongye chubanshe, 1961.

Beijing nongye daxue gengzuoxue jiaoyanzu. "Jianzuo tanzhong dayou kewei" [Intercropping and interplanting have great potential]. *Renmin ribao*, 3 January 1961, 7.

Berlan, Jean-Pierre, and Richard Lewontin. "The Political Economy of Hybrid Corn." Monthly Review 38 (1986): 35~47.

Bernal, J. D. *The Social Function of Science*. London: Routledge, 1939.

Berner, Boel. *China's Science through Visitors' Eyes*. Lund: Research Policy Program, 1975.

Bernstein, Thomas. *Up to the Mountains and Down to the Villages: The Transfer of Youth from Urban to Rural China*. New Haven, CT: Yale University Press, 1977.

Blundo, Giorgio "Seeing Like a State Agent: The Ethnography of Reform in Senegal's Forestry Services." In *States at Work: Dynarnics of African Bureaucracies*, edited by Thomas Bierschenk and Jean-Pierre Olivier de Sardan, 69~90. Leiden: Brill, 2014.

Bonnin, Michel. *The Lost Generation: The Rustication of China's Educated Youth* (1968~1980). Translated by Krystyna Horko. Hong Kong: The Chinese University Press, 2013. [Originally published in French in 2004.]

Borlaug, Norman. Field Notebooks, China, no. 1. 1974. Field Notebooks and Appointment Books, 1948~2000. NEB. http://purl.umn.edu/106358.

_____. Field Notebooks, China, no. 2. 1974. Field Notebooks and Appointment Books, 1948~2000. NEB. http://purl.umn.edull06357 .

_____. Field Notebooks, China, no. 2. 1977. Field Notebooks and Appointment Books, 1948~2000. NEB. http://purl.umn.edu/106370.

_____. Field Notebooks, China, no. 3. 1977. Field Notebooks and Appointment Books, 1948~2000. NEB. http://purl.umn.edull06369.

_____. Field Notebooks, China, no. 4. 1977. Field Notebooks and Appointment Books, 1948~2000. NEB. http://purl.umn.edu/106372.

_____. Letter to Richard Critchfield. 22 May 1992. Chronological Correspondence; Correspondence, 1954~2006, 94~96. NEB. http://purl.umn.edull06268.

Bramall, Chris "Origins of the Agricultural 'Miracle': Some Evidence from Sichuan." *China*

Quarterly 143 (Sep. 1995): 731~55.

──────────. *Sources of Chinese Econornic Growth*, 1978~1996. New York: Oxford University Press, 2000.

Bräutigam, Deborah. *Chinese Aid and African Developrnent: Exporting Green Revolution*. New York: St. Martin's Press, 1998.

Braverman, Harry. *Labor and Monopoly Capital*. New York: Monthly Review Press, 1975.

Bray, Francesa. "Chinese Literati and the Transmission of Technological Knowledge: The Case of Agriculture." In *Cultures of Knowledge: Technology in Chinese History*, edited by Dagmar Schäfer, 299~325. Leiden: Brill, 2011.

Bray, Francesa. *Science and Civilization in China*. Vol. 6, pt. 2, *Agriculture*. Cambridge: Cambridge University Press, 1984

──────────. *Technology and Gender: Fabrics of Power in Late Imperial China*. Berkeley: University of California Press, 1997

Brinck, Per, ed. *Insect Pest Management in China*. Stockholm: Ingenjörsvetenskapsakademien, 1979.

Brown, Jeremy. *City Versus Countryside in Mao's China: Negotiating the Divide*. Cambridge: Cambridge University Press, 2012.

──────────, "Spatial Profiling: Seeing Rural and Urban in Mao's China." In *Visualizing Modern China: Image, History, and Memory, 1750~Present*, edited by James Cook et al., 203~18. Lanham, MD: Lexington Books, 2014.

Buck, J. Lossing. "Missionaries Begin Agricultural Education in China." *Millard's Review* 14 (Sept. 1918): 78~79

Buck, Peter. *American Science and Modern China, 1876~1936*. New York: Cambridge University Press, 1980.

Buckley, Chris. "An lnterview With Xi, Long Before He Was China's Leader." *New York Times*, 12 June 2014. http://sinosphere.blogs.nytimes.com /20 14 / 06 /12 /an ‒interview‒with ‒xi‒long‒before‒he‒was‒chinas‒leader /.

Bullock, Mary B. *An American Transplant: The Rockefeller Foundation and Peking Union Medical College*. Berkeley: University of California Press, 1980.

Cao Longgong. "Tan Chen Fu de 'dili chang xin lun'" [On Chen Fu's "On rejuvenating fertility"]. *Renmin ribao*, 2 November 1965, 5.

CCTV. "Women dou you yishuang shou" [We each have a pair ofhands]. Accessed 5 February 2014. http://www.cctv.com/program / ddgr /2003062 7/1 0070 1_ 4.shtml.

Cenxi xian nongyeju. "Zajiao shuidao shizhong tihui" [Experiences in experimental planting of hybrid rice]. *Guangxi nongye kexue* 1976. 2: 24~25.

Chan, Anita. *Children of Mao: Personality Development and Political Activism in the Red Guard Generation*. Seattle: University of Washington Press, 1985.

Chan, Anita, Richard Madsen, and Jonathan Unger. *Chen Village: The Recent History of a Peasant Community in Mao's China*. Berkeley: University of California Press, 1984.

Cheek, Timothy. *The Intellectual in Modern Chinese History*. Cambridge: Cambridge University Press, 2015.

_____. *Propaganda and Culture in Mao's China: Deng Tuo and the Intelligentsia*. Oxford: Clarendon Press, 1997.

Chen, Shiwei. "History of Three Mobilizations: A Reexamination of the Chinese Biological Warfare Allegations against the U.S. in the Korean War." *Journal of American-East Asian Relations* 15 (2009): 213~47.

Chen Tianyuan and Huang Kaijian. "Canyushi zhiwu yuzhong yu kechixu liyong shengwu duoyangxing-yi Guangxi yumi wei li" [Participatory plant breeding and snstainable use of biological diversity: The case of maize in *Guangxi*]. *Zhongguo nongxue tongbao* 22.7 (2006): 490~94.

Chen Xiwen. *Zhongguo zhengfu zhinong zijin shiyong yu guanli: tizhi gaige yanjiu* [The use and management of Chinese state funds to support agriculture: Research on system reform]. Taiyuan: Shanxi jingji chubanshe, 2004.

Cheng, Tien-Hsi. "Insect Control in Mainland China." *Science* 140. 3564 (1963): 269~77.

Cheng Guansen. "Ta mizui zai baimi wanggong" [He is fascinated by the termite's palace]. *Renmin ribao*, 16 April 1989, 6.

Chiang, H. C. "I Am Happy to Be an Entomologist." *Zhonghua kunchong* 13. 2 (1993): 275~92.

Coffey, Brian F. "Fertilizers to the Front: HAER and U.S. Nitrate Plant No. 2." *Journal of the Society for Industrial Archeology* 23.1 (1997): 25~42.

Cook, Alexander C. "Third World Maoism." In *A Critical Introduction to Mao*, edited by Timothy Cheek, 288~312. Cambridge: Cambridge University Press, 2010.

Cooke, Kathy J. "Expertise, Book Farming, and Government Agriculture: The Origins of Agricultural Seed Certification in the United States." *Agricultural History* 76. 3 (Summer 2002): 524~45.

Critchfield, Richard. " China's Miracle Rice: A New Rivalry with the West." *International New*

York Times, 17 June 1992. http://www.nytimes.com Il 992/061l 7/opinion Il 7iht-edcr.html.

Cullather, Nick. *The Hungry World: America's Cold War Battle against Poverty in Asia.* Cambridge, MA: Harvard University Press, 2010.

Dai Sijie. *Balzac and the Little Chinese Seamstress.* Translated by Ina Rilke. New York: Anchor Books, 2002.[다이 시지에 저, 이원희 옮김, 《발자크와 바느질하는 중국 소녀》, 현대문학, 2005.]

Dangdai Zhongguo congshu bianji weiyuanhui, ed. *Dangdai Zhongguo de nongye* [Contemporary Chinese agriculture]. Beijing: Zhongguo shehui kexue chubanshe, 1992.

Dasha gongshe geweihui. "Dasha gongshe jiji tuiguang huaxue chucao jieshao" [Introduction to Big Sand Commune's active extension of chemical herbicide]. 1973. Sihui Municipal Archives.

Day, Alexander F. *The Peasant in Postsocialist China: History, Politics, and Capitalism.* Cambridge: Cambridge University Press, 2013.

Dazhai dadui "san jiehe" keyan zu. "Cong Dazhai gaitu de shijian kan turangxue lilun de fazhan" [The development of soil science theory from the perspective of Dazhai's soil improvement practices]. *Renmin ribao*, 4 November 1975, 2.

de Certeau, Michel. *The Practice of Everyday Life.* Translated by Steven Rendall. Berkeley: University of California Press, 1984.

Delman, Jørgen. "Cool Thinking? The Role of the State in Shaping China's Dairy Sector and Its Knowledge System." *China Information* 17. 2 (2003): 1~35.

_____. "'We Have to Adopt Innovations': Farmers' Perceptions of the Extension-Farmer Interface in Renshou County." In *From Peasant to Entrepreneur: Growth and Change in Rural China*, edited by E. B. Vermeer, 83~103. Wageningen, Neth.: Pudoc, 1992.

Deng Xiangzi and Deng Yingru. *The Man Who Puts an End to Hunger: Yuan Longping,* "Father of Hybrid Rice." Beijing: Foreign Languages Press, 2007.

Deng Xiangzi and Ye Qinghua. *Bu zai ji'e: Shijie de Yuan Longping* [Never again famine: The world's Yuan Longping]. Changsha: Hunan wenyi chubanshe, 2007.

Dikötter, Frank. *Mao's Great Famine: The History of China's Most Devastating Catastrophe, 1958~1962.* London: Bloomsbury, 2010. [프랑크 디쾨터 저, 최파일 옮김, 《마오의 대기근: 중국 참극의 역사, 1958~1962》, 열린책들, 2017.]

Dong Bingya. "Yumi yichuan yuzhong zhuanjia: Li Jingxiong" [Corn genetics and breeding specialist Li Jingxiong]. Zhongguo keji shiliao 15.3 (1994): 54~61.

Dong Guanbi. *Zhongguo jinxiandai kexue jishu shi lungang* [Outline discussion of science and technology in modern and contemporary Chinese history]. Changsha: Hunan jiaoyu chubanshe, 1992.

Economy, Elizabeth. *The River Runs Black: The Environmental Challenge to China's Future*. 2nd ed. Ithaca, NY: Cornell University Press, 2010.

Epstein, Edward Jay. *Dossier: The Secret History of Armand Hammer*. New York: Random House 1996.

Esherick, Joseph W. *Ancestral Leaves: A Family Journey through Chinese History*. Berkeley: University of California Press, 2011.

Evans, Harriet, and Stephanie MacDonald, eds. *Picturing Power in the People's Republic of China: Posters of the Cultural Revolution*. Lanham, MD: Rowman & Littlefield, 1999.

Eyferth, Jacob. *Eating Rice from Bamboo Roots: The Social History of a Community of Handicraft Papermakers in Rural Sichuan, 1920~2000*. Cambridge, MA: Harvard University Asia Center, 2009.

Eyferth, Jacob. "Women's Work and the Politics of Homespun in Socialist China, 1949~1980." *International Review of Social History* 57~3 (2012): 365~91.

Fan, Fa-ti. "'Collective Monitoring, Collective Defense': Science, Earthquakes, and Politics in Communist China." *Science in Context* 25.1 (2012): 127~54.

Fang, Xiaoping. *Barefoot Doctors and Western Medicine in China*. Rochester, NY: University of Rochester Press, 2012.

Farquhar, Judith. *Appetites: Food and Sex in Postsocialist China*. Durham, NC: Duke University Press, 2002.

Farquhar, Judith, and Qicheng Zhang. "Biopolitical Beijing: Pleasure, Sovereignty, and Self Cultivation in China's Capital." *Cultural Anthropology* 20.3 (2005): 303~27.

Fenghuang xian Longtan xiang youcai fengchan gongzuozu. "Laonong fangzhi youcai donghai de cuoshi" [Old peasants' methods for preventing freezing in rapeseed plant]. *Zhongguo nongye kexue* 1958. 9: 483.

Ferguson, James. *The Anti-Politics Machine: "Development," Depoliticization and Bureaucratic Power in Lesotho*. Cambridge: Cambridge University Press, 1990.

Fitzgerald, Deborah. "Blinded by Technology: American Agriculture in the Soviet Union, 1928~ 1932." *Agricultural History* 70.3 (Summer 1996): 459~86.

_____. *The Business of Breeding: Hybrid Corn in Illinois, 1890~1940*. Ithaca, NY: Cornell University Press, 1990.

_____. "Farmers Deskilled: Hybrid Corn and Farmers' Work." *Technology and Culture* 34.2 (April 1993): 324~43.

Fogang xian Lingkuang fudaihui. "Jiji zuzhi funü canjia nongye kexue shiyan" [Actively organize women to participate in agricultural scientific experiment]. July 1973 [no day specified]. Guangdong Provincial Archives, 233-3-0017-105-107.

Food and Agricuhure Organization of the United Nations. *The Double Burden of Malnutrition: Case Studies from Six Developing Countries*. Rome: FAO, 2006. ftp:/lftp.fao.org/docrep/fao/009/a0442e/a0442e.zip .

―――――――――――――――――――――. *Guidelines for Integrated Control of Rice Insect Pests*. Rome: FAO, 1979.

Friedman, Edward. "The Politics of Local Models, Social Transformation and State Power Struggles in the People's Republic of China: Tachai and Teng Hsiao-p'ing." *China Quarterly* 76 (1978): 873~90.

Friedman, Edward, Paul Pickowicz, and Mark Selden. *Revolution, Resistance, and Reform in Villiage China*. New Haven, CT: Yale University Press, 2005.

Fukuyama, Francis. *The End of History and the Last Man*. New York: Free Press, 1992. [프랜시스 후쿠야마 저, 이상훈 옮김, 《역사의 종말: 역사의 종점에 선 최후의 인간》, 한마음사, 1997.]

Fyfe, Aileen. "Reading Children's Books in Late Eighteenth-Century Dissenting Families." *The Historical Journal* 43.2 (June 2000): 453~73.

Gao Shiqi. "Chuntian" [Spring]. *Shaonian kexue* 1979. 1: 6~7.

Gao Xiaoxian. "'The Silver Flower Contest': Rural Women in 1950S China and the Gendered Division of Labour." Translated by Yuanxi Ma. *Gender and History* 18.3 (2006): 594~612.

Gaud, William. "AID Supports the Green Revolution." Address before the Society for International Development, 8 March 1968. Washington, DC?: Agency for International Development?, 1968.

Ghosh, Arunabh. "Making It Count: Statistics and State-Society Relations in the Early People's Republic of China, 1949~1959." PhD diss., Columbia University, 2014.

Gilman, Nils. "Modernization Theory, the Highest Stage of American Intellectual History." In *Staging Growth: Modernization, Development, and the Global Cold War*, edited by David C. Engerman, Nils Gilman, Mark H. Haefele, Michael E. Latham, 47~80. Amherst: University of Massachusetts Press, 2003.

Goikhman, Izabella. "Soviet-Chinese Academic Interactions in the 1950s: Questioning the 'Impact, t-Response Approach." In *China Learns from the Soviet Union, 1949~Present*, edited by Thomas Bernstein and Hua-yu Li, 275~302. Lanham, MD: Lexington Books, 2010.

Goldman, Merle. *Chinas Intellectuals: Advise and Dissent*. Cambridge, MA: Harvard University Press, 1981.

Gongqingtuan Shaanxi sheng wei. *Dazhai Xiyang qingnian gongzuo jingyan*. Beijing: Zhongguo qingnian chubanshe, 1977.

Gongqingtuan zhongyang qingnong bu, ed. *Wei geming gao nongye kexue shiyan* [Agricultural scientific experiment for the revolution]. Beijing: Zhongglo qingnian chubanshe, 1966.

Gowen, John W. *Heterosis: A Record of Researches Directed towurd Explaining and Utilizing the Vigor of Hybrids*. Ames: Iowa State College Press, 1952.

Greenhalgh, Susan. *Just One Child: Science and Policy in Deng's China*. Berkeley: University of California Press, 2008.

Grishin. Letter from Grishin to Pu Zhelong (translated into Chinese). 2 November 1959. Sun Yat-sen University Archives.

_____. Letter from Grishin to Pu Zhelong (translated into Chinese). 20 April 1961. Sun Yat-sen University Archives.

Gross, Miriam. "Chasing Snails: Anti-schistosomiasis Campaigns in the People's Republic of China." PhD diss., University of California, San Diego, 2010.

Grossman, Lawrence. *The Political Ecology of Bananas: Contract Parming, Peasants, and Agrarian Change in the Eastern Caribbean*. Chapel Hill: University of North Carolina Press, 1998.

Gu Dexiang and Feng Shuang, eds. *Nan Zhongguo shengwu fangzhi zhi fu: PU Zhelong* [The father ofbiological control in southern China: Pu Zhelong]. Guangzhou: Zhongshan daxue chubanshe, 2012.

Guangdong sheng. "Jieshao yige nongcun kexue shiyan xiaozu" [Introducing a rural scientific experiment group]. 23 November 1969. Guangdong Provincial Archives, 306-Ao.02-7-28.

Guangdong sheng geweihui banshizu waishi bangongshi [External Affairs Office of the Guang dong Provincial Revolutionary Cornrnittee Administrative Group]. Memo to the Waijiaobu libinsi [Foreign Ministry Protocol Department]. 20 July 197? [illegible]. Sun Yat-sen Uni versity Archives.

Guangdong sheng Hainan Lizu Miaozu zizhu zhou kejiju qingbaosuo. "Yi jieji douzheng wei gang, dali tuiguang zajiao shuidao" [With class struggle as the key link, vigorously extend hybrid rice]. *Yichuan yu yuzhong* 1976. 4: 23.

Guangdong sheng keji ju. "Zazhong youshi liyong he shengwu fangzhi liangxiang huizhan jinzhan qingkuang" [Progress on the Two Carnpaigns of Heterosis and Biological Control]. 28 May 1973. Guangdong Provincial Archives, 306-Ao.02-41-85.

Guangdong sheng Sihui xian Dasha gongshe geweihui et al., ed. "Dasha gongshe shuidao haichong zonghe fangzhi" [Integrated control of rice insect pests in Big Sand Commune].

Zhongshan daxue xuebao ziran kexue ban 1976. 2: 23~33.

Guangxi shiyuan shengwuxi shuidao "sanxi" keyan xiaozu. "Kaizhan shuidao zazhong youshi liyong jichu lilun yanjiu de yixie tihui" [Some experiences developing basic theoretical research on heterosis in rice]. *Guangxi shiyuan daxue xuebao* 1975. 1: 10~12.

Guizhou nongxueyuan zuowu yuzhong jiaoyanzu. "Shuidao xiongxing buyu yanjiu jiankuang" [The status of research on male sterility in rice]. *Guizhou nongye kexue* [title on cover differs: *Nongye keji* 1973. 1: 3~5.

Guo Xiulian. "Sanjie qingnian kaizhan kexue shiyan duo gaochan huodong de huigu" [Reflections on the activities of the youth of Sanjie who developed scientific experiment and achieved high production]. In *Yangchun wenshi ziliao*, ed. Guangdong sheng Yangchun shi zhengxie wenshi ziliao weiyuanhui, vol. 18, 81~87. Yangchun xian: Yangchun xian zhengxie wenshi zu, 1996.

Guojia nongken zong ju kejiao ju. *Yong yu pandeng de nianqing ren: Guoying nongchang zhishi qingnian kexue shyan de shiji* [Young people bravely scaling the heights: The scientific experiment achievements of educated youth on state farms]. Beijing: Nongye chubanshe, 1979.

Gupta, Akhil. *Postcolonial Developments: Agriculture in the Making of Modern India*. Durham, NC: Duke University Press, 1998

Haldane, J. B. S. *The Marxist Philosophy and the Sciences*. London: Allen and Undwin, 1938.

Hale, Matthew A. "Reconstructing the Rural: Peasant Organizations in a Chinese Movement for Alternative Development." PhD diss., University of Washington, 2013.

Hammer, Armand. "On a Vast China Market." *Journal of International Affairs* 39.2 (1986): 19~25.

Han, Dongping. "Rural Agriculture: Scientific and Technological Development during the Cultural Revolution." In *Mr. Science and Chairman Mao's Cultural Revolution: Science and Technology in Modern China*, edited by Chunjuan Nancy Wei and Darryl E. Brock, 281~30. Lanham, MA: Lexington Books, 2013.

──────. *The Unknown Cultural Revolution: Revolution: Education Reforms and Their Impact on China's Rural Development*. New York: Garland, 2000.

Hanson, Haldore "Trip diary." U.S. Wheat Sudies Follow-up; China; Commissions, Conferences, Councils and Symposia, 1952~2001, 33~205. NEB. http://purl.umn.edu/l06466.

Haraway, Donna. "Primatology is Politics by Other Means." *Proceedings of the Biennial Meeting of the Philosophy of Science Association*, 1984, 489~524.

_____. *Simians, Cyborgs, and Women: The Reinvention of Nature*. New York: Routledge, 1991. [도나 J. 해러웨이, 황희선·임옥희 옮김, 《영장류, 사이보그 그리고 여자: 자연의 재발견》, 아르테, 2023.]

Harlan, Jack R. "Plant Breeding and Genetics." In *Science in Contemporary China*, edited by Leo A. Orleans, 295~312. Stanford, CA: Stanford University Press, 1980.

Hathaway, Michael. *Environmental Winds: Making the Global in Southwest China*. Berkeley: University of California Press, 2013.

Hayford, Charles. "The Storm over the Peasant: Orientalism, Rhetoric and Reprsentation in Modern China." In *Contesting the Master Narrative: Essays in Social History*, edited by Shelton Stromquist and Jeffrey Cox, 150~72. Iowa City: University of Iowa Press, 1998.

He Minshi and Wang Jianxun. *Guangzhou minjian chengyu nongyan tongyao* [Guangzhou folk sayings, agricultural maxims, and nursery rhymes]. Guangzhou: Guangzhou shi qunzhong yishuguan, [preface dated 1963]

Heilmann, Sebastian "From Local Experiments to National Policy: The Origins of China's Distintive Policy Process." *China Journal* 59 (2008): 1~30.

Heilongjiang sheng Binxian Xinlisi dui keyan xiaozu. "Bai ying dadou wang de xuanyu" [The selection of white-breast soybean king]. *Nongye keji tongxun* 1973. 12: 4.

Henan sheng geming weiyuanhui kexue jishu weiyuanhui, ed. *Banhao siji nongcun kexue shiyan wang* [Build the four-level agricultural scientific experiment network]. N.p. 1975.

Henan sheng Nanyang zhuanqu kexue jishu xiehui, ed. *Quanguo nongcun kexue shiyanyundongjingyan huiji* [Collection of national experiences in the agricultural science experiment movement]. Vol. 1. N.p., 1966.

Hershatter, Gail. *The Gender of Memory: Rural Women and China's Collective Past*. Berkeley: University of California Press, 2011.

Hightower, Jim. *Hard Tomatoes, Hard Times: A Report of the Agribusiness Accountability Project on the Failure of America's Land Grant College Complex*. Cambridge, MA: Schenkman, 1973.

Hinton, Carma, Geremie R. Barmé, and Richard Gordon, dir. *Morning Sun*. Brookline, MA: Long Bow Group, 2005.

Ho, Peter, Jennifer H. Zhao, and Dayuan Xue. "Access and Control of Agrobiotechnology: Bt Cotton, Ecological Change and Risk in China." *Journal of Peasant Studies* 36.2 (2009): 345~64.

Hu, Danian. *China and Albert Einstein: The Reception of the Physicist and His Theory in China, 1917~1979*. Cambridge, MA: Harvard University Press, 2005.

Hua xian Jiang Qizhang. "Pinxia zhongnong yao dang kexue sbiyan de chuangjiang" [Poor and lower-middle peasants must become pathbreakers for scientific experiment]. 1965. Guangdong Provincial Archives, 235-1-365-047-049.

Hua zhuxi zai Hunan [Chairman Hua in Hunan]. Beijing: Renmin chubanshe, 1977.

Huang Jianmin, Hu Ruifa, and Huang Jikun. "Jishu tuiguang yu nongmin dui xin jishu de xiuzheng caiyong" [Agricultural technology extension and farmers' modification of new technology]. Zhongguo ruan kexue 2005.6: 60~66.

Hukou xian nongye ju. "Hukou xian yingyong shengwu zhichong qude xin fazhan" [Hukou County has achieved new developments in the use of biology to control insect pests]. Jiangxi nongye keji 1976. 8: 9~10.

Hunan sheng Qianyang diqu nongxiao keyanzu. "Xuanyu shuidao xiongxing buyu baochixi de yidian tihui" [Some experiences in selecting a male-infertile maintainer line in rice]. Nongye keji tongxun 1972.10: 8~9.

Iovene, Paola. Tales of Futures Past: Anticipstion and the Ends of Literature in Contemporary China. Stanford, CA: Stanford University Press, 2014.

Jacobsen, Rowan. "Stung by Bees." Newsweek. 23 June 2008. Viewed 15 January 2009. http://www.newsweek.com/id/1 41461 ?tid=relatedcl.

Jiangsu sheng Jianhu xian Tianjia wuxing xuanze xiaozu. Tianjia wuxing [The farmer's five phases]. Beijing: Zhonghua shuju, 1976.

Jiangxi sheng Yichun diqu nongyeju et al., ed. and pub. Zenyang zhonghao zajiao shuidao [How to plant hybrid rice]. 1975.

Jielianjia, H. A. Nonglin haichong shengwu fngzhi. Shanghai: Shanghai kexue jizhu chubanshe, 1957. [The author is Russian; however, the original Russian name is unknown. The name provided here is a Chinese transliteration.]

Jin Shanbao. "Yangbantian fazhan le nongye shengchan cujin le nongye kexue geminghua: Zai quanguo nongye kexue shiyan gongzuo huiyi shang de fayan" [Model fields have developed agricultural production and furthered the revolutionization of agricultural science: Speech at the National Conference on Agricultural Scientific Experiment Work]. Zhongguo nongye kexue 1965. 4: 12~15.

Jinhua shibao. "Sannong zhuanjia zhixin Yuan Longping: Huyu huan nongmin ziyou xuanze zhongzi quanli" [Three-rural expert writes letter to Yuan Longping: Give peasants back the right to freely select seeds]. 28 April 2011. http://www.chinanews.com/sh/2011/04-28/3003303.shtml.

Johansson, Perry. "Mao and the Swedish United Front against USA." In The Cold War in Asia: The Battle for Hearts and Minds, edited by Zheng Yangwen, Hong Liu, and Michael Szonyi, 217~40. Leiden: Brill, 2010

Johnson, Kay Ann. Women, the Family, and Peasant Revolution in China. Chicago: University of Chicago Press, 1983.

Johnson, Matthew D. "The Science Education Film: Cinematizing Technocracy and Internationalizing Development." Journal of Chinese Cinemas 5.1 (2011): 31~53.

Keene, Melanie. "'Every Boy & Girl a Scientist': Instruments for Children in Interwar Britain." Isis 98.2 (June 2007): 266~89.

Kennedy, John F. "Special Message to Congress on Urgent National Needs, 25 May 1961." Speech Files, Papers of John F. Kennedy, Presidential Papers, President's Office Files. Accessed 19 January 2014. http://www.jfklibrary.org/Asset-Viewer/Archives/JFKPOF-034-030.aspx.

King, Franklin Hiram. Farmers of Forty Centuries, Or, Permanent Agriculture in China, Korea and Japan. Madison, WI: Mrs. F. H. King, 1911.

King, John Kerry. "Rice Politics." Foreign Affairs 31.3 (April 1953): 453~60.

Kloppenburg, Jack Ralph. First the Seed: The Political Economy of Plant Biotechnology, 1492~2000. 2nd ed. Madison: University of Wisconsin Press, 2004. [잭 클로펜버그 2세 저, 허남혁 옮김, 《농업생명공학의 정치경제》, 나남, 2007.]

Kogan, Marcos. "Integrated Pest Management: Historical Perspectives and Contemporary Developments." Annual Review of Entomology 43 (1998): 243~70.

Kohlstedt, Sally Gregory. Teaching Children Science: Hands-On Nature Study in North America, 1890~1930. Chicago: University of Chicago Press, 2010.

Kong, Shu-yu. "Between Undercurrent and Mainstream: Social Energy and the Production of Hand-Copied Literature during and after the Cultural Revolution." Unpublished paper, delivered at the workshop "Between Revolution and Reform: China at the Grassroots, 1960~1980." Simon Frasier University, 2010.

Kraus, Richard. Pianos and Politics in China: Middle-Class Ambitions and the Struggle over Western Music. New York: Oxford University Press, 1989.

Kuhn, Philip. "Political and Cultural Factors Affecting Agriculturl Development" (Kuhn's draft, marked "Confidential Norman Borlaug") [archive cuts off]. Background; China; Commissions, Conferences, Councils and Symposia, 1952~2001, 52~76. NEB. http://purl.umn.edu/106459.

Kuo, Leslie T. C. The Technical Transformation of Agriculture in Communist China. New York:

Praeger, 1972.

Lafargue, Paul. "Reminiscences of Marx." In *Marx and Engels Through the Eyes of Their Contemporaries*, 22~39. Moscow: Progress Publishers, 1972.

Lam, Tong. *A Passion for Facts: Social Surveys and the Construction of the Chinese Nation State, 1900~1949*. Berkeley: University of California Press, 2011.

Lammer, Christof. "Imagined Cooperatives: An Ethnography of Cooperation and Conflict in New Rural Reconstruction Projects in a Chinese Village." PhD diss., University of Vienna, 2012

Lavelle, Peter. "Agricultural Improvement at China's First Agricultural Experiment Stations." In *New perspectives on the History of Life Sciences and Agriculture*, edited by D. Phillips, S. Kingsland, 323~44. Switzerland: Springer International Publishing, 2015.

_____. "Imperial Texts in Socialist China: Republishing Agricultural Treatises in the Early Maoist Era." Paper presented at the History of Science Society Annual Meeting, Montreal, Canada, 5 November 2010.

Lee, Seung-joon. *Gourmets in the Land of Famine: The Culture and Politics of Rice in Modern Canton*. Stanford, CA: Stanford University Press, 2011.

Lei, Sean Hsiang-lin. *Neither Donkey nor Horse: Medicine in the Struggle over China's Modernity*. Chicago: University of Chicago Press, 2014. [레이샹린 저, 박승만·김찬현·오윤근 옮김, 《비려비마: 중국의 근대성과 의학》, 잇다, 2021]

Levins, Richard. "How Cuba Is Going Ecological." *Capitalism, Nature, Socialism* 16.3 (2005): 7~25.

_____. "Science and Progress: Seven Developmentalist Myths in Agriculture." *Monthly Review* 38. 3 (July~August 1986): 13~20.

Lewontin, Richard. "Agricultural Research and the Penetration of Capital." *Science for the People* 14.1 (1982): 12~17.

Li, Lillian M. *Fighting Famine in North China: State, Market, and Environmental Decline, 1690s~1990s*. Stanford, CA: Stanford University Press, 2007.

LiBaochu. "Yi, Lüfei zuowu" [One: Green manure crops]. *Zhejiang nongye kexue* 1961.9: 451~53.

Li Changping. "Zhi Yuan Longping Laoshi de yifeng xin gongkai xin" [An open letter to Li Yuan Longping]. 28 April 2011. http://www.snzg.net/article/2011/0428/article_23504.html.

Li Guihong and Xiao Jian. "Lengshui yuzhong, qianwu guren: Luo Xiaohe qiaojie zajiao shuidao nanti" [Breeding in cold water (i.e., without support from others), going where no one has gone before]. *Sanxiang dushi bao*, 15 June 2005. Viewed 26 October 2011. http://www.hn

.xinhuanet.com /misc/2005-06 /15 /content_ 4442720.htm.

Li Huaiyin. *Village China under Socialism and Reform: A Micro-History, 1949~2008*. Stanford, CA: Stanford University Press, 2009.

Li Liqiu, Hu Ruifa, Liu Jian, and Feng Yan. "Jianli guojia gonggong nongye jishu tuiguang fuwu tixi" [Establishing a national public agricultural technology extension service system]. *Zhongguo keji luntan* 2003. 6: 125~28.

LiQun. "Qimin yaoshu he fajia sixiang" [Essential technologies for the common people and Legalist thought]. *Renmin ribao*, 16 September 1974, 3.

Li Zhensheng. "Dalaocu zui pei gao keyan" [Country bumpkins are a perfect match for scientific research]. *Nongcun kexue shiyan* 1976. 4: 2~5 .

_____. "Mao Zhuxi zhexue sixiang shi wo peiyu yumidao de jin yaoshi" [Mao Zedong philosophical thought was my golden key in breeding corn-rice]. *Yichuan xuebao* 2. 3 (1975): 187~93.

Lianjiang xian fulian. "Shengchan douzheng, kexue shiyan de jieguo, bian wo geng re'ai nongcun" [Results of the struggle for production and scientific experiment have deepened my love for the countryside]. 11 June 1966. Guangdong Provincial Archives, 233-2-0332-23-29.

Liaoning sheng nongkeyuan shuidao yanjiu shi. "Shuidao zazhong youshi liyong yanjiu chubu zongjie" [Initial summary of research on hybrid vigor in rice]. *Liaoning nongye kexue* 1972. 11~12 (Z2): 3~4.

Lin, James. "Sowing Seeds and Knowledge: Agricultural Development in Taiwan and the World, 1925~1975." East Asian Science, *Technology and Society* 9 (2015): 1~23.

Lin, Justin Yifu. "Education and Inovation Adoption in Agriculture: Evidence from Hybrid Rice in China." *American Journal of Agricultural Economics* 73.3 (1991): 713~23.

Link, Perry. "The Limits of Cultural Reform in Deng Xiaoping's China." *Modern China* 13. 2 (April 1987): 115~76.

Liu, C. L. Letter to William A. Riley. 28 July 1935. Box 10. Folder "China-Miscellaneous, 1932~1935." Collection 938, Entomology Papers, Division of Entomology and Economic Zoology, University of Minnesota Archives.

Livingstone, David N. *Putting Science in Its Place: Geographies of Scientifc Knowledge*. Chicago: University of Chicago Press, 2003. [데이비드 리빙스턴 저, 이재열·박경환·김나리 옮김, 《장소가 만들어 낸 과학》, 시그마프레스, 2019.]

Longino, Helen E. *Science as Social Knowledge: Values and Objectivity in Scientific Inquiry*.

Princeton, NJ: Princeton University Press, 1990.

Luo Lixin. "Laizi ling yige shehui de baogao: Ji zhuming kunchong xuejia PU Zhelong jiaoshou" [Report from another society: Remembering the famous entomologist Professor PU Zhelong]. *Gaojiao tansuo* 1989.1: 69~72.

Luo Runliang and Wu Jinghua. *Lüse shenhua jieshi*: *Lun Yuan Longping keji chuangxin* [Explaining the Green Legend: On Yuan Longping's Scientific-Technological Innovation]. Guangzhou: Guangdong keji chubanshe, 2003.

Lü Xinchu and Gu Mainan. "Shi kexuejia daxian shenshou de shihou le: Quanguo nongye kexue jishu gongzuo huiyi ceji" [This is the time for scientists to do their all: Notes from the National Agricultural Science and Technology Work Conference]. *Renmin ribao*, 6 April1963, 2.

Lu Youshang. "Guangkuo tiandi dayou zuowei" [In the vast land, great achievements are possible]. *Kexue shiyan* 1976. 7: 27.

Lynch, William T. "Ideology and the Sociology of Scientific Knowledge." Social Studies of Science 24, 2 (1994): 197~227.

MacFarquhar, Roderick. *The Origins of the Cultural Revolution*. Vol. 2, *The Great Leap Forward, 1958~1960*. New York: Columbia University Press, 1983.

──────────────. *The Origins of the Cultural Revolution*. Vol. 3, *The Coming of the Cataclysm, 1961~1966*. New York: Columbia University Press, 1997

Mahoney, Michael. "Estado Novo, Homem Novo (New State, New Man): Colonial and Anticolonial Development Ideologies in Mozambique, 1930~1977." In *Staging Growth*: *Modernization, Development, and the Global Cold War*, edited by David C. Engerman, 165~98. Amherst: University of Massachusetts Press, 2003.

Mai Baoxiang. "Pu Zhelong jiaoshou zai Dasha de rizi" [Professor Pu Zhelong's days at Big Sand]. *Zhongshandaxue xinwenwang*. Accessed 8 May 2015. Presented in three parts: http://news2.sysu.edu.cn/theory011l24756.htm, http:/ /news2.sysu.edu.cn /theory01/124755.htm, http:// news2.sysu.edu.cn /theory01/124754.htm.

Mai Shuping "Shengwu huanbao di yi ren: Pu Zhelong" [Pioneer ofbiological conservation: Pu Zhelong]. *Jiankang da shiye* 2002. 3: 10~11.

Manning, Kimberley Ens, and Felix Wemheuer, eds. *Eating Bitterness*: *New Perspectives on China's Great Leap Forward and Famine*. Vancouver: UBC Press, 2011.

Mao Tse-tung [Mao Zedong]. "Intra-Party Correspondence," 11 October 1959. In *Selected Works of Mao Tse-tung*, vol. 8. Accessed 7 May 2015. https://www.marxist.org/reference/archive/mao/selected-works/index.htm.

_____. *Quotations from Chairman Mao Tse-tung*. Beijing: Foreign Languages Press, 1966.

_____. *Selected Works of Mao Tse-tung*.Vol. 5. Beijing: Foreign Languages Press, 1977.

Mao Zedong. "Mao Zhuxi gei Mao Anying, Mao Anqing tongzhi de xin" [A letter from Chairman Mao to Mao Anying and Mao Anqing]. *Shaonian kexue* 1979. 1: 3.

Marx, Karl and Friedrich Engels. *The German Ideology: Part One with Selections from Parts Two and Three, Together with Marx's "Introduction to a Critique of Political Economy."* New York: International Publishers, 1970. [카를 마르크스·프리드리히 엥겔스 저, 김대웅 옮김, 《독일 이데올로기》, 2015.]

Meisner, Maurice. *Li Ta-chao and the Origins of Chinese Marxism*. Cambridge, MA: Harvard University Press, 1967

_____. *Mao's China and After*. 3rd ed. New York: The Free Press, 1999.

Melillo, Edward D "The First Green Revolution: Debt Peonage and the Making of the Nitrogen Fertilizer Trade, 1840~1930." *American Historical Review* 117.4 (October 2012): 1028~60.

Metcalf, Robert L. "Changing Role of Insecticides in Crop Protection." *Annual Review of Entomology* 25 (1980): 219~56.

_____. "China Unleashes Its Ducks." Environment 18. 9 (1976): 14~17.

Mianyang xian kexue jishu weiyuanhui. *Qunzhongxing nongye kexue shiyan ziliao huibian* [Collected materials on mass agricultural scientific experiment]. N.p., 1974.

Michelbacher, A. E., and O. G. Bacon. "Walnut Insect and Spider-Mite Control in Northern California." *Journal of Economic Entomology* 45. 6 (1952): 1020~27.

Mickel, Clarence. Letter from Mickel to China Institute of America. 27 May 1948. Box 56. Folder "Pu, Chih Lung." Collection 938, Entomology Papers, Division of Entomology and Economic Zoology, University of Minnesota Archives.

Mignolo, Walter D. "Delinking: The Rhetoric of Modernity, the Logic of Coloniality and the Grammar of De-coloniality." *Cultural Studies* 21. 2~3 (March/May 2007): 449~514.

Miller, H. Lyman. *Science and Dissent in Post-Mao China: The politics of Knowledge*. Seattle: University of Washington Press, 1996.

Miller, Robert F. *One Hundred Thousand Tractors: The MTS and the Development of Controls in Soviet Agriculture*. Cambridge, MA: Harvard University Press, 1970.

Mitchell, Timothy. *Rule of Experts: Egypt, Techno-Politics, Modernity*. Berkeley: University of California Press, 2002.

Mullaney, Thomas S. *Coming to Terms with the Nation: Ethnic Classification in Modern China*. Berkeley: University of California Press, 2011.

_____. "The Moveable Typewriter: How Chinese Typists Developed Predictive Text during the Height o fMaoism." *Technology and Culture* 53. 4 (2002): 777~814.

Murphy, Eugene T. "Changes in Family and Marriage in a Yangzi Delta Farming Community, 1930~1990." *Ethnology* 40. 3 (2001): 213~35.

Naquin, Susan. *Millenarian Rebellion in China: The Eight Trigrams Uprising of 1813*. New Haven, CT: Yale University Press, 1976.

Nedostup, Rebecca. *Superstitious Regimes: Religion and the Politics of Chinese Modernity* Cambridge, MA: Harvard University Asia Center, 2009.

Neushul, Peter, and Zuoyue Wang. "Between the Devil and the Deep Sea: C. K. Tseng, Mariculture, and the Politics of Science in Modern China." *Isis* 91. 1 (2000): 59~88.

Nie Leng and Zhuang Zhixia. *Lüse wangguo de yiwan fuweng* [Billionaire of the green kingdom]. Beijing: Huayi chubanshe, 2000.

Oi, Jean C. *State and Peasant in Contemporary China: The Political Economy of Village Govern ment*. Berkeley: University of California Press, 1989.

Owens, Larry. "Science 'Fiction' and the Mobilization of Youth in the Cold War." *Quest: The History of Spaceflight Quarterly* 14. 3 (2007): 52~57.

Pan, Yihong. *Tempered in the Revolutionary Furnace: China's Youth in the Rustication* Movement. Lanham, MD: Lexingtoon Books, 2003.

Pan Chengxiang. "The Development oflntegrated Pest Control in China." *Agricultural History* 62.1 (Winter 1988): 1~12.

Pan Gang. "Siying qiye tigao le nongmin shangping yishi" [Privately owned businesses raise peasants' commercial consciousness]. *Renmin ribao*, 12 April 1988, 2.

Pan Yiwei. "Yijiu qiqi shiluo de daxue meng" [1977: The lost dream of college]. *Nanguo zaobao*, 4 July 2007, 42.

Peng, Zhaochang. "Decollectivization and Rural Poverty in Post-Mao China: A Critique of the Conventional Wisdom." PhD diss., University of Massachusetts, Amherst, 2013.

Peng Baoshan. "Kaizhan qunzhong yundong da gao baijiangjun de shengchang he yingyong" [Develop a mass movement to produce and use *Beauvaria* on a large scale]. *Nongcun kexue shiyan* [Rural agricultural experiment] 1976. 5: 6~8.

Perdue, Peter. *Exhausting the Earth: State and Peasant in Hunan, 1500~1850*. Cambridge, MA: Council on East Asian Studies, Harvard University Press, 1987.

Perkins, John H. *Geopolitics and the Green Revolution: Wheat, Genes, and the Cold War*. New York: Oxford University Press, 1997.

Perry, Elizabeth. *Anyuan: Mining China's Revolutionary Tradition*. Berkeley: University of California Press, 2012.

_____. "From Mass Campaigns to Managed Campaigns: 'Constructing a New Socialist Countryside.'" In *Mao's Invisible Hand the Political Foundations of Adaptive Governance in China*, edited by Sebastian Heilmann and Elizabeth Perry, 30~61. Cambridge, MA: Harvard University Asia Center, 2011.

Pi Yan et al. "Guonei gaoxiao yichuanxu jiaocai fazhan yanjiu [Research on the development of Chinese high-school genetics textbooks]. *Yichuan* 31. 1 (Jan 2009): 102~12.

Pingyang xian nonglin ju. "Pingyang xian 1964 nian kaizhan wandao tianyang ping kexue shiyan yundong de jidian tihui" [A few observations from Pingyang county's 1964 scientific experiment movement experiences with raising duckweed in rice paddies]. *Zhejigang nongye kexue* 1965. 7: 361~63.

Pu Chih-lung [Pu Zhelong]. "The Biological Control of Insect Pests in Agriculture and Forestry in China." In *Biological Insect Control in China and Sweden*, edited by The Royal Swedish Academy of Sciences, 3. Stockholm: The Royal Swedish Academy of Sciences, 1979.

Pu Chih Lung [Pu Zhelong] and Tsui-Ying Lee. Letter to Dr. and Mrs. Richards. 2 February 1951. Box 56. Folder "Pu, Chih Lung." Collection 938, Entomology and Economic Zoology, University of Minnesota Archives.

Pu Zhelong. Draft letter from Pu Zhelong to Grishin (with comments by party officials). 14 June 1961. Sun Yat-sen University Archives.

_____. Draft letter from Pu Zhelong to Grishin. 1 November 1961. Sun Yat-sen University Archives

_____, ed. *Haichong shengwu fngzhi de yuanli he fangfa* [Principles and methods of biological control of insect pests]. Beijing: Kexue chubanshe, 1978.

_____. "Kexue yanjiu yao wei wuchan jieji zhuanzheng fuwu" [Scientific research must serve the dictatorship of the proletariat]. *Dongwu xuebao* 21.3 (September 1975): 213~15.

Pu Zhelong and Liu Zhifeng. "Chiyanfeng daliang fanzhi jiqi duiyu ganzhe mingchong de datian fangzhi xiaoguo" [Mass breeding of *Trichogramma* and its results in controlling sugarcane stem borers in large field studies]. *Kunchong xuebao* 11. 4 (1962): 409~14.

_____. "Woguo zhequ qunzhong liyong chiyanfeng fangzi ganzhe mingchong qingkuang" [Use of *Trichogramma* by the masses to control sugarcane stem borers in sugarcane producing areas of China]. *Kunchong zhishi* 1959. 9: 299~300.

Pu Zhelong, Mai Xiuhui, and Huang Mingdu. "Liyong pingfu xiaofeng fangzhi lizhichun shiyan chubao" [Preliminary report of experiments in the use of *Anastatus* to controllychee stinkbug]. *Zhiwu baohu xuebao* 1. 3 (1962): 301~6.

Pu Zhelong, Zhu Jinliang, and Wu Weiji. "Ganshu xiaoxiang bichong (*Cylas formicarius* Fabr.) tianjian huaxue fangzhi shiyan" [Field experiments in the chemical control of sweetpotato weevil]. *Zhongshan daxue xuebao* 1961.2: 79~80.

Qi Shuying and Wei Xiaowen. *Yuan Longping zhuan* [Biography of Yuan Longping]. Taiyuan: Shanxi renmin chubanshe, 2002

Qi Zhaosheng, Zhang Zepu, and Wang Dexiu. "Mian hongzhizhu de zonghe fangzhi fa" [Integrated control of red spider mites in cotton]. *Nongye kexue tongxun*, 1952. 5: 20~22.

Qin, Liyan. "The sublime and the profane: a comparative analysis of two fictional narratives about sent-down youth." In *The Chinese Cultural Revolution as History*, edited by Joseph Esherick, Paul Pickowicz, and Andrew Walder, 240~66. Stanford, CA: Stanford University Press, 2006.

Qu Chunlin, Xiang Biao, and Wang Jue. "Zajiao shuidao wenhua" [Hybrid rice culture]. *Hunan shehui kexue* 2006. 5: 159~62.

Reardon-Anderson, James. *The Study of Change: Chemistry in China*, 1840~1949. Cambridge: Cambridge University Press, 1991.

Rofel, Lisa. *Other Modernities: Gendered Yearnings in China after Socialism*. Berkeley: University of California Press, 1999.

Rogaski, Ruth. "Addicted to Science." Historical Studies in the Natural Sciences 42. 5 (2012): 581~89.

_____. "Nature, Annihilation, and Modernity: China's Korean War Germ-Warfare Experience Reconsidered." *Journal of Asian Studies* 61.2 (May 2002): 381~415.

Rosenberg, Gabriel. *The 4-H Harvest: Sexuality and the State in Rural America*. Philadelphia: University of Pennsylvania Press, 2016.

Rothwell, Matthew. "Transpacific Solidarities: A Mexican Case Study Oll the Diffusion of Maoism in Latin America." In *The Cold War in Asia: The Battle for Hearts and Minds*, edited by Zheng Yangwen, Hong Liu, and Michael Szonyi, 185~216. Leiden: Brill, 2010.

Rowe, William T. "Political, Social and Economic Factors Affecting the Transmission of Tecchnical Knowledge in Early Modern China." In *Cultures of Knowledge: Technology in Chinese History*, edited by Dagmar Schäfer, 25~44. Leiden: Brill, 2012.

Saha, Madhumita. "State Policy, Agricultural Research and Transformation of Indian Agriculture with Reference to Basic Food-Crops, 1947~75." PhD diss., Iowa State University, 2012.

Saich, Madhumita, and Sigrid Schmalzer. "Science and Agrarian Modernization in China and India: Technocracy, Revolution, and Social Transformation." Paper prepared for the collaborative project "ReFocus: New Perspectives on Science and Technology in 20th-century India and China." [제임스 C. 스콧 저, 전상인 옮김, 《국가처럼 보기: 왜 국가는 계획에 실패하는가》, 에코리브르, 2010.]

Saich, Tony, and Biliang Hu. *Chinese Village, Global Market*. New York: Palgrave Macmillan, 2012.

Schmalzer, Sigrid. "Breeding a Better China: Pigs, Practices, and Place in a Chinese County." *Geographical Review* 92. 1 (January 2002): 1~22 .

_____. "Insect Control in Socialist China and the Corporate Unites States: The Act of Comparison, the Tendency to Forget, and the Construction of Difference in 1970s U.S.-Chinese Scientific Exchange." *Isis* 104 (2013): 303~29.

_____. *The People's Peking Man: Popular Science and Human Identity in Twentieth-Century China*. Chicago: University of Chicago Press, 2008.

_____. "Self-Reliant Science: The Impact of the Cold War on Science in Socialist China." In *Science and Technology in the Global Cold War*, edited by Naomi Oreskes and John Krige, 75~106. MIT Press, 2014 .

_____. "Speaking about China, Learning from China: Amateur China Experts in 1970s America." *Journal of American-East Asian Relations* 16~4 (2009): 313~52.

Schneider, Laurence. *Biology and Revolution in Twentieth-Century China*. Lanham, MD: Rowman & Littlefield, 2003.

_____. "The Rockefeller Foundation, the China Foundation, and the Development of Modern Science in China." Social Science and Medicine 16 (1982): 1217~21.

Schram, Stuart. *The Thought of Mao Tse-tµ ng*. Cambridge: Cambridge University Press, 1989.

Schurmann, Franz. *Ideology and Organization in Communist China*. Berkeley: University of California Press, 1966.

Science for the People. *China: Science Walks of Two Legs*. NewYork: Avon, 1974.

Scott, James C. *Weapons of the weak: Everyday Forms of Peasant Resistance*. New Haven: Yale University Press, 1995.

_____. *Seeing Like a State: How Certain Schmes to Improve the Human Condition have Failed*. New Haven: Yale University Press, 1998.

Secord, James. "Knowledge in Transit." *Isis* 95. 4 (2004): 654~72.

Selden, Mark. *The Yenan way in Revolutionary China*. Cambridge, MA: Harvard University Press. 1971.

Seybolt, Peter, ed. *The Rustication of Urban Youth in China: A Social Experiment*. New York: M. E. Sharpe, 1975.

Shan Ren. "Xiangcun de weilai" [The future countryside]. *Shaonian kexue* 1979. 1: 38~44.

Shanxi sheng Xinxian diqu geweihui, Nonglin shuili ju keji xiaozu, eds. *Xinxian diqu nongye kexue shiyan* [Xin County region agricultural scientific experiment]. N.p., 1971.

Shanxi Yanbeiqu zhuanyuan gongshu. "Yanbei zhuanshu zhaokai kuihua zengchan laonong zuotanhui" [Yanbei District Commissioner's Office convenes old peasant conference on increasing production in sunflowers]. *Nongye kexue tongxun* 1954. 6: 300~301.

Shaoyang di gewei nongyeju, ed. *Wei geming zhong hao zajiao shuidao* [Plant hybrid rice for the revolution]. N.p., 1978.

Shapin, Steven. *A Social History of Truth: Civility and Science in Seventeenth-Century England*. Chicago: University of Chicago Press, 1994.

Shapiro, Judith. *Mao's War against Nature: Politics and the Environment in Revolutionary China*. Cambridge: Cambridge University Press, 2001.

She Shiguang, ed. *Dangdai Zhongguo de qingnian he gongqingtuan* [Youth and the Communist Youth League in contemporary China]. Beijing: Dangdai Zhongguo chubanshe, 1998.

Shen, Grace Yen. *Unearthing the Nation: Modern Geology and Nationalism in Republican China*. Chicago: University of Chicago Press, 2014.

Shen Dianzhong. *Sixiang chenfu lu* [Record of the ebb and flow of my thoughts]. Shenyang: Liaoning renmin chubanshe, 1998.

Sheng nongkezhan weiyuanhui. "Guanyu shenqing qunzhongxing nongye kexue shiyan jingfei de baogao" [Report on the application for funding for mass agricultural scientific experi-

Shepard, H. H. Letter from H. H. Shepard to the China Foundation for the Promotion of Education and Culture. 22 December 1939. Box 10. Folder "China-Miscellaneous, 1937~1945." Collection 938, Entomology Papers, Division of Entomology and Economic Zoology, University of Minnesota Archives.

Shi Weimin, ed. *Zhiqing riji xuanbian* [Selected diaries of educated youth]. Beijing: Zhongguo shehui kexue chubanshe, 1996.

Shiva, Vandana. "Seeds of Suicide and Slavery versus Seeds of Life and Freedom." Aijazeera 30 March 2013. http://www.aljazeera.com.

_____. *The Violence of Green Revolution: Third World Agriculture, Ecology, and Politics*. London: Zed Books, 1991.

Shuidao xiongxing buyu yanjiu xiaozu. "1972 nian shuidao xiongxing buyu shiyan xiao jie" [Summary of 1972 experiments on male sterility in hybrid rice]. *Nongye keji ziliao* 1972. 2: 1–8.

Siddiqi, Arif. *The Red Rockets' Glare: Spaceflight and the American Imagination*. Cambridge: Cambridge University Press, 2010.

Sihui xian Dasha gongshe geweihui et al. "Sihui xian Dasha gongshe 1975 nian zaozao shuidao bingchonghai zonghe fangfa" [Integrated methods for (controlling) disease and insect pests in early rice in Big Sand Commune, Sihui County]. 1976. Sihui Municipal Archives.

Sinnott, Edmund Ware, Leslie Clarence Dunn, and Theodosius Grigorievich Dobzhansky. *Principles of Genetics*. New York: McGraw Hill, 1950.

Smith, Aminda. *Thought Reform and China's Dangerous Classes: Reeducation, Resistance, and the People*. Lanham, MD: Rowman & Littlefield, 2013.

Smith, Jenny Leigh. *Works in Progress: Plans and Realities on Soviet Farms, 1930~1963*. New Haven, CT: Yale University Press, 2014.

Smith, Steve A. "Local Cadres Confront the Supernatural: The Politics of Holy Water (Shenshui) in the PRC, 1949~1966." *China Quarterly* 188 (2006): 999~1022.

_____. "Talking Toads and Chinless Ghosts: The Politics of 'Superstitious' Rumors in the People's Republic of China, 1961~1965." *American Historical Review* 111.2 (April 2006): 405~27.

Song Yiching and Ronnie Vernooy, eds. *Seeds and Synergies: Innovating Rural Development in China*. Warwickshire, UK: Practical Action Publishing, 2010.

Song Yiqing. "'Nongmin liuzhong keyi tigao zuowu pinzhong duoyangxing' [Peasant seeds can increase the diversity of crop varieties]. 1 January 2014. Accessed 4 June 2015. http://www.shiwuzq.com/plus/view.php?aid=141.

Stavis, Benedict. Making Green Revolution: *The Politics of Agricultural Development in China*. Ithaca, NY: Rural Development Committee, Cornell University, 1974.

_____. *The Politics of Agricultural Mechanization in China*. Ithaca, NY: Cornell University Press, 1978.

Stern, Vernon F., Ray F. Smith, Robert van den Bosch, and Kenneth S. Hagen. "The Integrated Control Concept." *Hilgardia* 29. 2 (October 1959): 81~101.

Stiffler, Douglas. "'Three Blows of the Shoulder Pole': Soviet Experts at Chinese People's University, 1950~1957." In *China Learns from the Soviet Union, 1949~Present*, edited by Thomas P. Bernstein and Hua-yu Li, 303-25. Lanham, MD: Lexington Books, 2010.

Stone, Glenn Davis. "Agricultural Deskilling and the Spread of Genetically Modified Cotton in Warangal." *Current Anthropology* 48.1 (February 2007): 67~103.

Stross, Randall. *The Stubborn Earth*: *American Agriculturalists on Chinese Soil, 1898~1937*. Berkeley: University of California Press, 1986.

Su Shixin. "Gaoshan yangzhi deye changcun: Mianhuai jiechu de kunchong xuejia PU Zhelong yuanshi" [A character like a lofty mountain whose noble deeds willlive forever: Remembering the outstanding entomologist academician PU Zhelong]. *Kexue Zhongguoren* 2001. 2: 1~3.

Sun Changzhou "Guantian shaobing Chen Changyu" [Chen Changyu, weather sentry]. *Renmin ribao*, 4 April 1981, 4.

Sun Xiuchun. "Yushi xiang qunzhong qingjiao, suishi he laonong shangliang" [Learning from the masses, always consulting with old peasants]. *Renmin ribao*, 4 August 1960, 4.

Sun Zhongchen. "Gao hao kexue shiyan, huiji youqingpai an feng" [Do scientific experiment well, fight back against the wind of the friendship faction]. *Nongcun kexue shiyan* 1976. 3: 4~5.

Suttmeier, Richard. *Research and Revolution*: *Science Policy and Societal Change in China*. Lexington, MA: Lexington Books, 1974.

Sze, Julie. *Fantasy Islands*: *Chinese Dreams and Ecological Fears in an Age of Climate Crisis*. Berkeley: University of California Press, 2015.

Taijii Mao [pseudonym meaning Extreme Mao]. "Yuan Longping shi Zhongguo zajiao shuidao zhi fu ma?" [Is Yuan Longping the father of Chinese hybrid rice?]. Viewed 5 February 2014. http://www.wengewang.org/read.php?tid=30019.

Tan Shouzhang. *Mao Zedong yu Zhongguo nongye xiandaihua* [Mao Zedong and the modernization of agriculture in China]. Changsha: Hunan daxue chubanshe, 2009

Tang Ruifu. "Chen Yongkang zhong dao gaochan jishu" [Chen Yongkang's high yield riceplanting technology]. *Nongye jishu tongxun* 1985.1: 2~5.

Teiwes, Frederick c., and Warren Sun "China's New Economic Policy under Hua Guofeng: Party Consensus and Party Myths." *China Journal* 66 (July 2011): 1~23

Thomson, James Claude. *While China Faced West*: *American Reformers in Nationalist China, 1928~1937*. Cambridge, MA: Harvard University Press, 1969.

Tuan shengwei Yangchun xianwei gongzuozu. "Guangdong Yangchun Sanjie dui qingnian kaizhan kexue shiyan huodong de jingyan" [The experience of youth in Sanjie Brigade, Yangchun, Guangdong carrying out scientific experiment activities]. 1965. Guangdong

Provincial Archives, 232-1-0084-106~108.

van den Bosch, Robert. *The Pesticide Conspiracy*. Berkeley: University of California Press, 1978 Reprint, 1989.

Vandeman, Ann M. "Management in a Bottle: Pesticides and the Deskilling of Agriculture." *Review of Radical Political Economics* 27. 3 (September 1995): 49~55.

Wagner, Rudolf G. "Agriculture and Environmental Protection in China." In *Learning from China? Development and Environment in Third-World Countries*, edited by Bernhard Glaeser, 127~43. New York: Routledge, 1987.

Walder, Andrew G. "Organized Dependency and Cultures of Authority in Chinese Industry." *Journal of Asian Studies* 43. 1 (1983): 51~76.

Wang, Y. Z., and Y. T. Chen. "The Eco-Unit Settlement Adapted to the Vernacular Culture: A Case Study of Dwelling Design in the Chaoshan Area of Guangdong Province, China." In *The Sustainable World*, edited by C. A. Brebbia, 265-74. Southampton, UK: WIT Press, 2011.

Wang, Zuoyue. "The Cold War and the Reshaping of Transnational Science in China." In *Science and Technology in the Global Cold War*, edited by Naomi Oreskes and John Krige, 343~69. Cambridge, MA: MIT Press, 2014

_____. "Transnational Science during the Cold War: The Case of Chinese/American Scientists." *Isis* 101. 2 (2010): 367~77.

Wang Chunling. "Jianjue zou yu gongnong xiang jiehe de daolu" [Resolutely traveling the road ofuniting with workers and peasants]. *Kexue shiyan* 1974. 3: 3.

Wang Jinling et al. "Hunhe geti xuanzefa zai dazadoujiao yuzhong gongzuo zhong de yingyong" [The use of mixing individual selection methods in breeding hybrid soybeans]. *Dongbei nongxueyuan xuebao* 1960. 1: 1~7.

WangYuying et al. "Lunzuo, jianzuo, tanzhong, hunzuo zai daban nongye zhong de zuoyong" [The use of crop rotation, intercropping, interplanting, and mixed planting in large-scale agriculture]. *Renmin ribao*, 29 April 1961, 7.

Williams, James H. "Fang Lizhi's Big Bang: Science and Politics in Mao's China." PhD diss., University of California, Berkeley, 1994.

Wu, Chenfu F. Letter to William A. Riley. 15 February 1941. Box 10. Folder "China Miscellaneous, 1937~1945." Collection 938, Entomology Papers, Division of Entomology and Economic Zoology, University of Minnesota Archives.

Wu Jun. "Yu shuidao tu zhong linfei de jingji shiyong fangfa wenti" [Questions regarding the economical methods of applying phosphate fertilizer to soil in rice paddies]. *Turang* 1961. 9:

58~59.

Wu Tingjie "'Liuliuliu' bu shi 'wanlingyao'" [BHC is not a "cure-all"]. *Renmin Ribao*, 3 September 1955, 6.

Wu Xianzhi "'Si zi yi fu' de youlai" [The origins of " four selfs and one supplement"]. *Zhongzi shijie* [Seed world] 1984. 8: 32.

Xia Yunfeng. "Nongmin weishenme meiyou pubian shiyong 'liuliuliu'" [Why peasants do not yet widely use BH C]. *Renmin ribao*, 10 June 1954, 2.

Xiangpu xian "Jiaqiang lingdao kaizhan zajiao shuidao shizhong, shifan, tuiguang" [Strengthen leadership and develop experimental planting, modeling, and extension of hybrid rice]. *Guangxi nongye kexue* 1976. 2: 21~23.

Xiangzhou xian shuidao zayou liyong tuiguang lingdao xiaozu. "Jiaqiang lingdao kaizhan zajiaoshuidao shizhong, shifan, tuiguang" [Strengthen leadership in developing the testing, modeling, and extension of hybrid rice]. *Guangxi nongye kexue* 1976. 2: 21~23.

Xiangzhou xian Xiangzhou gongshe Shalan yi dui nongkezu. "Kexue zhongtian duo gaochan zajiao shuidao chao qian jin" [Scientific farming seizes high yield of hybrid rice surpassing 1,000 jin]. *Guangxi nongye kexue* 1976. 2: 36~38.

Xie Changjiang. *Yuan Longping*. Guiyang: Guizhou renmin chubanshe, 2004.

_____. *Yuan Longping yu zajiao shuidao* [Yuan Longping and hybrid rice]. Changsha: Hunan kexue jishu chubanshe, 2000

_____. *zajiao shuidao zhi fu*: *Yuan Longping zhuan* [The father of hybrid rice: A biography of Yuan Longping]. Nanning: Guangxi kexue jishu chubanshe, 1990.

Xie Jieyin. " Woyang xian Zhaowo xiang laonong zuotan yanjiu xiaomai wanzhong baoshou de banfa" [Old peasant conference in Zhaowo Village, Woyang County, researches methods of protecting late-planted wheat]. *Nongye kexue tongxun* 1954. 11: 577.

Xinhua she. "Fazhan nongye shengchan de zhongyao cuoshi" [Important measures for developing agricultural production]. *Renmin ribao*, 21 May 1965, 5.

_____. "Mei diguo zhuyi xijunzhan zuixing diaocha tuan" [Investigative team on US imperialist crimes of germ warfare]. *Renmin ribao*, 26 March 1952, 1.

_____. "Nongcun tiandi guangluo: Qingnian dayou kewei" [The countryside is a big world where much can be accomplished]. *Renmin ribao*, 25 November 1960, 4.

_____. "Quanguo nongcun qingnian kexue shiyan huiyi zongjie jingyan tichu renwu" [Summary of experiences and proposed responsibilities at the National Conference on Rural Youth in Scientific Experiment]. *Renmin ribao*, 30 October 30 1965, 3.

────────. "Qunzhong huanying de 'guantian shaobin'" [The weather sentry welcomed by the masses]. *Renmin ribao*, 2 April 1976, 3.

────────. "Rang kunchongxue wei nongye xiandaihua fuwu" [Make entomology serve agricultural modernization]. *Renmin ribao*, 22 November 1977, 3.

────────. "Zai renmin jiaoshi de gangwei shang" [On the job as a teacher of the people]. *Renmin ribao*, 13 October 1972, 3.

────────. "Zajiiao shuidao shi zenyang peiyu chenggong de" [How Hybrid rice was successfully cultivated]. *Renmin ribao*, 17 December 1976, 5.

────────. "Zhongshan daxue pin Li Shimei wei jiaoshou" [Sun Yat-sen University hires Li Shimei as professor]. *Renmin ribao*, 22 June 1958, 1.

Xinjiang Weiwuer zizhi qu nongken zongju shuidao zayou xiezuozu. "Yebai gengxing 'sanxi' xuanyu he liyong" ["Three line" selection and use of wild abortive non-glutinous rice]. *Beifang shuidao* 1976. Z2: 28~32.

Xiong Weimin and Wang Kedi. *Hecheng yi ge danbaizhi: jiejing niuyi daosu de rengong quan hecheng* [Synthesize a protein: The story of total synthesis of crystalline insulin project in China]. Jinan: Shandong jiaoyu chubanshe, 2005.

Xu, Zhun. "The Political Economy of Agrarian Change in the People's Republic of China." PhD diss., University of Massachusetts, Amherst, 2012.

Xu Guanren and Xiang Wenmei. "Liyong xiongxing buyu xi xuanyn zazhong gaoliang" [Use of male-sterile lines in breeding hybrid galiang]. *Zhongguo nongye kexue* 1962. 2: 15~20.

Xu Jiatun. "Shixian nongye kexue jishu gongzuo geminghua de jige wenti: Zai Jiangsu sheng nongye kexue jishu gongzuo huiyi de jianghua" [A few questions in revolutionizing agricultural science and technology work: Speech at the Jiangsu Provincial Agricultural Science and Technology Work Conference]. *Zhongguo nongye kexue* [Chinese agricultural science] 1965. 10: 1~8, 6.

Xue Pangao. "Dui tu zhuanjia jin kexueynan dang yanjiuynan de fansi" [Reflections on native experts entering the academy as researchers]. *Beida kexueshi yu kexue zhexue*, 12 March 2008. Viewed 7 January 2009. http://hps.phil.pku.edu.cn/2008/03/2729/.

Yan Hairong and Chen Yiynan. "Cong dadou weiji kan shiwu zhuquan" [What the soybean crisis tells us about food sovereignty]. *Wuyou zhi xiang wangkan*. 10 September 2013. Accessed 4 June 2015. http://www.wyzxwk.com/Article/shehui/2013/09/306001.html

Yang, Bin "'We Want to Go Home!' The Great Petition of the Zhiqing, Xishuangbanna, Yunnan, 1978~1979." *China Quarterly* 198 (June 2009): 401~21.

Yang, Hsin-pao. "Promoting Cooperativ 'Agricultural Extension Servicein China" In *Farmers of the World: The Development of Agricultural Extension*, edited by Edmund deS. Brunner, Irwin T. Sanders, and Douglas Ensminger, 46~60. New York: Columbia University Press, 1945.

Yang Jisheng. *Tombstone: The Great Chinese Famine, 1958~1962*. Translated by Stacy Mosher and Guo Jian. New York: Farrar, Strauss, and Giroux, 2012. [Original published in 2008.]

Yang Shouren et al. "Xianjingdao zajiao yuzhong yanjiu (di'er bao)" [Research on hybridization of Xianjing rice (second report)]. *Zuowu xuebao* 1962. 2: 13 ~18

YangYuefu. "Kexue zhi chun: Quanguo kexue dahui suxie" [Springtime for science: Sketches of the National Conference on Science]. *Renmin ribao*, 4 April 1978, 4.

Yao, Shuping. "Chinese Intellectuals and Science: A History of the Chinese Academy of Sciences (CAS)." *Science in Context* 3 (1989): 447~73.

Yao Kunlun. *Zoujin Yuan Longping* [Approaching Yuan Longping]. Shanghai: Shanghai kexue jishu chubanshe, 2002.

Ye Weili with Ma Xiaodong. *Growing Up in the People's Republic of China: Conversations between Two Daughters of China's Revolution*. New York: Palgrave Macnillan , 2005.

Yuan Longping. "Cun cao yang chunhui, quan kao dang lingdao" [Little shoots growing under spring sunshine, everything depends on party leadership]. *Guangming ribao*, 6 July 2001 http://www.sina.com.cn

―――――. "Shuidao de yongxing buyunxing" [Male sterility in rice]. *Kexue tongbao* 1966 . 4: 185~88.

―――――. "Zajiao shuidao peiyu de shijian yu lilun" [Practice and theory in hybrid rice cultivation]. *Zhongguo nongye kexue* 1977. 1: 27~31.

Yuan Longping, Li Bihu, and Yin Huaqi "Tantan zajiao shuidao: Dui shuidao sanxi de renshi" [On hybrid rice: Knowledge ofthree-line rice]. *Shengming shljie* 1977. 1 : 41~42.

Yuan Longping and Xin Yeynn. *Yuan Longping koushu zizhuan*. Changsha: Hunan jiaoyu chu banshe, 2010.

Yue, Gang. *The Mouth that Begs: Hunger, Cannibalism, and the Politics of Eating in Modern China*. Durham, NC: Duke University Press, 1999

Yunnan shengchan jianshe bu dui mou bu sanjehe keyan xiaozu. "Jinjina shumiao shi zenyang peizhi chenggong de?" [How are cinchona saplings successfully cultivated?]. *Kexue shiyan* 1974. 3: 6~7.

Zhang Dianqi. "Shehui zhuyi shi an pinxia zhongnong de kaoshan" [Socialism is the rock that supports us poor and lower-middle peasants]. *Renmin ribao*, 20 October 1969, 5.

Zhang Renpeng. "Houlu duizhang Yang Liguo kexue zhongtian chuang gaochan" [Houlu Brigade leader Yang Liguo achieves high yields through scientific farming]. *Xin nongye* 1974. 14, 26.

ZhangYang. "Di'erci woshou" wenziyu [The literary inquisition of The Second Handshake]. Beijing: Zhongguo shehui chubanshe, 1999.

Zhao'an xian liangzhong chang. "Shuidao nantaigeng 'sanxi' de xuanyong tihui" [Experiences in "three-line" selection of nantai non-glutinous rice]. *Fujian nongye keji* 1976. 6: 9~12.

Zhejiang sheng Huangyan xian Haimen qu baodao zu. "Pinxia zhongnong de 'guantianbing': zhishi qingnian Su Fuxin'" [The poor and lower-middle peasants' "soldier who manages the heavens": The educated youth Su Fuxing]. *Kexue shiyan* 1974. 3: 8~9.

Zhejiang sheng nonglinju liangshi shengchanchu, ed. *Jiji shizhong tuiguang zijao shuidao* [Actively test and extend hybrid rice]. N.p.: May 1976.

Zheng, Xiaowei. "Images, Memories, and Lives of Sent-down Youth in Yunnan." In *Visualizing Modern China: Image, History, and Memory, 1750~Present*, edited by James Cook et al., 241~58. Lanham, MD: Lexington Books, 2014.

Zhong, Xueping, Wang Zheng, and Bai Di, eds. *Some of Us: Chinese Women Growing Up in the Mao Era*. New Brunswick, NJ: Rutgers University Press, 2001.

Zhonggong Guangdong shengwei Tongzhanbu, Qiaowu zu [Overseas Affairs Group of the United Front Department of the Guangdong Provincial Chinese Communist Party Committee]. Letter to the Zhongshan daxue geweihui Zhenggongzu [Sun Yat-sen University Revolutionary Committee Political Work Group]. 3 March 1973. Sun Yat-sen University Archives.

Zhonggong Hunan sheng Huarong xian weiyuanhui. "Women shi zenyang ban nongcun kexue shiyan wang de" [How we created a rural scientific experiment network]. *Kexue shiyan* 1974. 12: 1~3.

Zhonggong Nantong gongshe weiyuanhui. " Nongmin zijue zhangwo nongye kexue de shidai kaishi le" [The era of peasants consciously grasping agricultural science has begun]. *Renmin ribao*, 18 May 1966, 4.

Zhonggong Nanweizi Gongshe Weiyuanhui. "Yi jieji douzheng wei wang banhao sanji nongkewang" [With class struggle as the key link, create the three-level agricultural science network]. *Nongcun kexue shiyan* 1976. 8: 6~9.

Zhongguo fupin jijinhui "Meng kaishi de cunzhuang: Huarun Baise Xiwang Xiaozhen jianjie" [A village to dream of: Introducing Huarun Baise Hope Town]. Sina. 28 September 2010. htttp://gongyi.Sina.com.cn/gyzx/2010-09-28h71420499.html

Zhongguo kexueyuan caizheng bu. Zengbo qunzhongxing kexue shiyan huodong buzhu jingfei de han [Letter regarding increasing allocations for supplemental funding for mass scientific experiment activities]. 31 October 1975. Guangdong Provincial Archives, 306-Ao.05-22-91.

Zhongguo kexueyuan dongwu yanjiusuo. *Zhongguo zhuyao haichong zonghe fangzhi* [Integrated control of major insect pests in China]. Beijing: Kexue chubanshe, 1979.

Zhongguo kexueyuan yichuan yanjiusuo. *Zenyang zhong zajiao gaoliang* [How to plant hybrid sorghum]. Beijing: Kexue chubanshe, 1968.

Zhongshan daxue shengwuxi jiaoyu geming shijian dui. "Mianxiang qunzhong, mianxiang shiji, gaizao shengwuxi" [Turning toward the masses, turning toward practice, transforming the biology department]. *Renmin ribao*, 7 August 1970, 2.

Zhou Peiyuan. "Kexue de weilai jituo zai nimen shensheng" [The future of science rets on your shoulders] *Shaonian kexue* 1979. 10: 1.

ZhouYun. "Cong genben shang zhuanbian zuofeng" [Radically transform work styles]. *Renmin riba*o, 18 February 1958, 3.

Zhu Dehui and Zhu Xianli. *Nongyan li de kexue daoli* [Scientific rationality in agricultural maxims]. Beijing: Zhongguo qingnian chubanshe, 1965.

Zhu Ruzuo and Hu Cui. "Nongzuowu haichong huaxue fangzhi yu shengwu fangzhi de jiehe wenti" [Problems in the integration of chemical and biological control in agricultural pests]. *Zhongguo nongye kexue*, 1962. 4: 1~8.

Zhu Ruzuo and Hu Yongxi. "Chiyanfeng shenghuo zhi yanjiu" [Research on the life cyde of Trichogramma]. *Zhejiangsheng kunchongju niankan* 1935: 164~77.

Zhu Xianli, Chen Jisheng, and Ren Huiru. *Nongyan zhujie* [Annotated agricultural maxims]. Beijing: Tongsu duwu chubanshe, 1957.

Zhun Xu. " The Chinese Agriculture Miracle Revisited." *Economic & Political Weekly* 47. 14 (7 April 2012): 51~58.

Zweig, David. *Agrarian Radicalism in China, 1968~1981*. Cambridge, MA: Harvard University Press, 1989.

찾아보기

ㄱ~ㄴ

공산주의청년단 358
과학 실험 소조 19, 86, 218, 226, 236, 273, 274, 329, 367, 369
과학적 영농科學種田 18, 20, 33, 40, 49, 52, 64, 84, 214, 230, 231, 233, 241, 278, 297, 361, 402, 442
광장왜廣場矮 29
교잡벼hybrid rice 29, 51, 94, 95, 151, 153, 154~160, 162~177, 179, 180, 182, 187, 189~192, 196, 225, 226, 246, 256, 285, 287, 328, 422
구더샹古德祥 109, 118, 128, 129, 149, 434
국민당 271, 372
국제미작연구소International Rice Research Institute(IRRI) 29, 136, 190, 224

국제옥수수밀개량센터CIMMYT 189, 415
군중과학mass science 43, 50, 51, 85, 90, 93, 95, 122, 124, 138, 139, 162, 164, 176, 183, 185, 187, 246, 277, 280, 288, 295, 390, 392, 420, 445, 446
군중 노선 159, 166
굽타, 아킬Akhil Gupta 21, 22, 427
기술관료주의technocracy 16, 18, 19, 21, 50, 54, 55, 57, 63, 65, 66, 83, 84, 93, 96, 160, 174, 194, 225, 320, 393, 394, 403, 418, 421, 422, 425
녜룽전聶榮臻 84
노농老農 19, 67, 73, 87, 89, 90, 177, 202~205, 209~215, 219, 220, 228, 231, 236, 237, 246, 289, 294~296, 309, 315, 318, 321, 326, 328, 366, 379
녹색혁명 13~23, 27, 29~31, 33, 34,

54~56, 64, 66, 73, 75, 84, 96, 134, 151, 160, 211, 234, 239, 254, 255, 263, 264, 296, 402

농민기술원 52, 88, 138, 194, 218, 221, 246

농생태적 영농 27

농업 격언農諺 206, 207, 209, 210, 215, 216

농업 추광agricultural extension 44, 46, 47, 53, 65, 70, 71, 73, 74, 175, 211, 214, 227, 232, 257, 263, 264, 272, 395, 396, 415

농업 과학 실험 운동 85, 222, 239, 277

농업기술원 45, 47, 73, 88, 129, 213, 216, 227, 231, 254, 263, 267, 269~273, 283, 296, 352, 371

농학교 149, 151, 157, 165, 221, 229, 360

농화학물 13, 31, 32, 112, 137, 287, 322, 399, 400, 402

ㄷ~ㅂ

다샤공사大沙公社 49, 117~120, 128~130, 134, 135, 137, 143, 256, 257, 260~262, 285, 291, 333, 362, 363, 367

다수성 품종high-yield varieties(HYV) 13, 27, 30, 378

다이스지에戴思傑 144

다자이大寨 30, 44, 57, 91, 92, 221, 228, 230, 276, 283~285

단량위單良玉 236, 237

대약진 운동Great Leap Forward 24, 63, 74, 83, 116, 122, 321

던, L. C. Dunn, L. C. 178, 179, 180

덩샤오핑鄧小平 57, 63, 95, 96, 141, 160~162, 169, 173~175, 185, 190, 225, 333, 341, 346, 347, 392, 394, 404

덩옌탕鄧炎棠 312, 324, 328, 343, 369

도브잔스키, 테오도시우스Dobzhansky, Theodosius 179, 180

《두 번째 악수第二次握手》 314, 332, 366

DDT 112, 114, 137, 315, 316

딩졔총丁潔瓊 332, 333

딩현定縣 71

랑위핑郎玉平 322, 360

량수밍梁漱溟 403

러톈위樂天宇 79

레닌, 블라디미르Lenin, Vladimir 190, 191

레닌주의 64, 65, 170

레이펑雷鋒 304, 305

록펠러재단 18

뤼샤오허羅孝和 188

뤄종비羅仲弼 364

뤼밍헝呂銘衡 133

류샤오치劉少奇 63, 83, 84, 165, 221, 310, 320, 386

류충러劉崇樂 102, 105

리다자오李大釗 77

리루치李汝祺 106

리비후李必湖 162, 163, 167, 172, 173, 176, 187

리센코주의Lysenkoism 177, 181~183

리스메이 123, 124, 131, 142, 218, 223

리스푸李馿富 224

리전성李貞生 187, 224, 225

리징슝李竟雄 101

리창핑李昌平 422~424, 426

리추이잉利翠英 107~109, 115, 124, 131 ~133, 140, 259, 260

린뤄산林若山 187

린뱌오林彪 134, 159, 165, 221, 310, 386

마르크스주의 57, 170, 311, 314

마르크스, 카를Karl Marx 36, 37, 64, 331

마스쥔馬世駿 132

마오쩌둥毛澤東 8, 15, 64, 67, 95, 101, 143, 169, 170, 184, 186, 189, 239, 291, 294, 305, 335, 341, 346, 439~442, 444

마이바오샹麥寶祥 117, 129, 130, 256, 257~260, 262, 269, 285, 291, 434

메이민취안梅民權 356, 357

멘델, 그레고어Mendel, Gregor 182, 182

모건, 토머스Morgan, Thomas 106, 182

《모순론》 143, 163, 167, 168, 170, 171

문화대혁명 17, 43, 45, 48, 51, 53, 63, 64, 74, 80, 91, 93, 95, 102, 109, 110, 117, 125~128, 130, 134, 136, 140, 141, 144, 165, 166, 170, 172, 176, 177, 202, 209, 212, 221, 228, 230, 256, 259, 267, 269, 272, 275, 278, 305, 306, 309, 313, 314, 328, 333, 334, 339, 340, 342, 344, 352, 353, 355, 364, 366, 367, 373, 374, 379, 386, 387, 425, 428, 445

미첼, 티모시Mitchell, Timothy 76, 77

바오원쿠이鮑文奎 182

반우파투쟁 102, 332

《발자크와 바느질하는 중국 소녀》 144, 313

볼로그, 노먼Borlaug, Norman 30, 134, 151, 211, 371

브라운, 제러미Brown, Jeremy 30, 436

브레이, 프란체스카Bray, Francesca 66, 245

브레이버먼, 해리Braverman, Harry 245

비림비공 운동批林批孔運動 93, 159

BHC(육염화벤젠) 112, 114, 315, 334

비티 면화Bt cotton 245

빈하중농貧下中農 35, 127, 163, 166,

168, 180, 201, 205, 210, 221, 270, 277, 320, 323, 328, 359, 426

ㅅ~ㅈ

4단계 농업 과학 실험 네트워크四給農科網 39, 40, 92~95, 164, 166, 381, 387

4대 현대화四個現代化 84, 96, 162, 167, 191

사인방 43, 95, 141, 162, 165~167, 191, 314, 341, 342, 386

사회주의 교육 운동 84, 85, 264

삼결합三結合 19, 50, 82, 83, 86~88, 90, 96, 163, 169, 213

삼농三農 403, 406

샤오핑 팡方小平 456, 459

선뎬중沈殿忠 303~305, 311, 312, 331, 367, 384, 385, 386, 390, 391

세균전 132, 333

쉬자툰徐家屯 205, 206, 264, 266, 425

쉬터리徐特立 79

스콧, 제임스Scott, James 254, 289

시진핑習近平 128, 411, 412

시험전試驗田 83, 86, 87, 163, 203, 222, 237, 284, 327, 365, 366, 379

신원辛溫 324, 369

신향촌 건설 운동新鄕村建設運動 403~406, 414, 422

《실천론》 143, 163, 294, 170, 171

쑨중천孫中臣 371

쑹이칭宋一靑 418, 425

아나스타투스 말벌平復小蜂 114, 124, 125, 334

아이퍼스, 야콥Eyferth, Jacob 246, 248, 436

안장농학교安江農校 149, 184

앤더슨, 워릭Anderson, Warwick 80

양노철학洋奴哲學 137, 159

엥겔스, 프리드리히Engels, Friedrich 170

예두좡葉篤莊 101

예와葉娃 376, 377, 381~384, 434

옌안延安 78~80, 120, 276, 365

옌칭성閻慶勝 269

5·4운동 307, 346

왕청린王成林 295

왜각남특矮脚南特 29

왜성 벼 202, 220

원톄쥔溫鐵軍 406, 407, 414

로스토, 월트Rostow, Walt 64

위안룽핑袁隆平 43, 44, 51, 149, 150~158, 160, 162~191, 195, 196, 202, 221, 256, 422, 424, 445

유엔식량농업기구FAO 135

유전자 변형 농산품GMO 422

유전학 163, 166, 167, 178~180, 181, 189, 196

유점도면由點到面 66, 87, 91, 94, 263, 293
미추린, 이반Michurin, Ivan 181
인화치尹華齋 167, 172, 173, 187
자력갱생 20, 39, 40, 42, 43, 55, 72, 74, 78, 79, 92, 94, 103, 111, 116, 119, 122, 135, 137, 138, 167, 168, 184, 275~281, 283, 286, 290, 426, 431
자류지自留地 83
《자연변증법Dialectics of Nature》 170
자오광趙光 295
잡종강세 152, 153, 155, 156, 163, 167, 171, 178~181, 186, 187, 209
장샹자오張祥寵 220
장양張揚 314, 332
장옌카오張彦考 327, 328
장자타오張家桃 295, 328
장제스蔣介石 78
장치장江啓彰 231
클로펜버그, 잭Kloppenburg, Jack 58
저우언라이周恩來 63, 225, 314, 332
정경세작精耕細作 211, 212, 257, 258, 262, 291
옌, 제임스Yen, James(晏陽初) 71, 403, 406
벅, 존 로싱Buck, John Lossing 70
종합방제綜合防治 256, 261, 262, 363
주쉐친朱學勤 48
준점蹲點 177, 263, 263, 265, 266, 270

중국공산당 70, 73, 78, 81, 83, 107, 132, 169, 201, 296, 365, 394, 395
중국과학원 93, 224
쥐웨이에 왕王作躍 107, 435, 436
지식청년/하향청년下鄉靑年/회향청년回鄉靑年 8, 19, 37, 49, 53, 89, 202, 270, 305, 307, 309~311, 313, 315, 317, 318, 321, 322, 329, 327, 331, 334~337, 340~342, 352~356, 358, 360, 367, 372~374, 376, 377, 380~383, 387, 391, 407, 443, 446
진샨바오金善寶 264~266
쩡청쿠이曾呈奎 84

ㅊ~ㅎ

차오산潮汕 211, 212, 214, 283, 291
차오싱수이曹幸穗 45, 46, 215, 228, 241, 270~274, 318, 340, 364, 368, 372, 377~379, 413, 434, 435
천용구이陳永貴 166, 276
천용닝陳永寧 337~340, 361, 362, 372, 377
천용캉陳永康 223, 224, 226
천위핑陳禹平 224
천촌陳村 283, 365
천톈위안陳天淵 416, 417

천푸 우胡經甫 105

천하이둥陳海東 334, 362, 363

쳰양농학교黔陽農校 158, 180

춘완공사春灣公社 358

카슨, 레이첼Carson, Rachel 56, 115

토와 양 66, 75~77, 80~82, 110, 151, 195

쳉, 티엔-시Cheng, Tien-Hsi 122

파티 판範發迪 366

판이웨이潘益偉 337, 339, 340, 351~353, 356, 364, 365, 373, 374, 377

팔자헌법八字憲法 67, 68, 172, 223, 240

퍼듀, 피터 Perdue, Peter 67

페리, 엘리자베스Perry, Elizabeth 120, 404

푸저룽蒲蟄龍 51, 102~115, 117~134, 136~145, 149, 151, 159, 183, 189, 191, 195, 196, 218, 223, 246, 259, 260, 293, 333, 334, 363, 364, 401, 402, 420, 434, 447

피츠제럴드, 데보라Fitzgerald, Deborah 245

쿤, 필립Kuhn, Philip 73, 212, 227, 262, 297

하딩, 산드라Harding, Sandra 249

한국전쟁 132, 333

해러웨이, 도나Haraway, Donna 248

해머, 아먼드Hammer, Armand 190, 191

허샤터, 게일 Hershatter, Gail 38, 436

호선胡選 424

홍紅과 전專 81

홍위병 176, 305, 368

홍춘리洪春利 29, 202

홍췬잉洪群英 29, 202

화궈펑華國鋒 51, 95, 160, 161, 162, 164, 165, 166, 167, 169, 170, 171, 173, 174, 176, 177, 341, 342

화룬 바이서 희망촌 406~411, 416

화룽현華容縣 39, 40, 92, 164, 217, 260, 278, 280, 381

화이 치앙姜淮章 105~107, 134

화룬華潤 406

황샤오슝黃少雄 318, 337, 338, 340, 351, 352

황야오샹黃耀祥 29, 212

황춘라이黃春來 360

황카이젠黃開健 416, 417

후진타오胡錦濤 408, 429

후쿠야마, 프란시스Fukuyama, Francis 394

붉은 녹색혁명
마오 시대 중국의 농업개혁과 군중과학

2025년 7월 22일 초판 1쇄 인쇄
2025년 7월 29일 초판 1쇄 발행

지은이	시그리드 슈말저
옮긴이	이종식·문지호
펴낸이	박혜숙
디자인	이보용·김진
펴낸곳	도서출판 푸른역사

우) 03044 서울시 종로구 자하문로8길 13
전화: 02)720-8921(편집부) 02)720-8920(영업부)
팩스: 02)720-9887
전자우편: 2013history@naver.com
등록: 1997년 2월 14일 제13-483호

ⓒ 푸른역사, 2025

ISBN 979-11-5612-299-9 93300

• 잘못 만들어진 책은 교환해드립니다.